KB071475

심리 컨설팅

컨설팅 이론 · 과정 · 기법 · 사례 중심

Duane Brown · Walter B. Pryzwansky · Ann C. Schulte 공저
이동훈 · 김동민 · 김동일 · 서영석 · 강수운 공역

학지사

역자 서문

먼저 『심리 컨설팅(Psychological Consultation and Collaboration)』 번역이라는 길고 고된 여정을 함께해 주신 역자들께 감사의 마음을 전한다.

최근 교육·심리·의료·기업·법률 등 여러 영역에서 정부, 행정 및 공공 기관, 기업, 조직 등의 컨설팅에 대한 요구와 관심이 급증하고 있음에도 불구하고, 현장에서 적절하게 활용할 만한 이론서나 지침은 마련되어 있지 않은 것이 현실이다. 특히 심리와 정신건강 관점에서 컨설팅 시스템이 갖추어져 있는 미국과 달리 우리나라의 경우 이렇다 할 컨설팅 모델 개발은 미흡한 실정이다. 이에 역자들은 컨설팅, 특히 협업(혹은 협력, collaboration) 기반의 컨설팅을 주제로 한 Duane Brown과 그 동료들의 저서인 『심리 컨설팅』을 번역하게 되었다. 이 책에서는 포스트모더니즘의 철학적 원리에 기반을 둔 컨설팅 접근을 새롭게 구성하는 한편, 다문화 시대에 발맞추어 컨설턴트의 문화적 민감성과 유능감을 중요한 화두로 다루고 있다. 또한 이 책에서는 협업 기반의 컨설팅 모형을 중요하게 언급하고 있다. Caplan으로 대표되는 정신건강 컨설팅 모형과 Bergan으로 대표되는 행동주의 컨설팅 모형이 인간의 행동과 그 행동에 영향을 미치는 원인 및 가치 등에 의미를 둔다면, 협업 기반의 컨설팅은 특정 이론을 고수하기보다는 모형이 적용되는 실제적 측면을 강조한 절충적 모형이라 할 수 있다.

물론 미국의 현실을 바탕으로 수행된 컨설팅 이론·연구·교육을 우리나라에 그대로 적용하는 데는 한계가 있으나, 협업적 컨설테이션의 체계 구축을 위한 다양한 시도와 노력의 과정에 있는 상황에서 이 책이 작게나마 도움이 되기를 바라는 마음이다. 또한 이 책에서는 각 장마다 독자들이 눈여겨보아야 할 내용을 목표로 설정하고, 학생 학습 활동, 확인 문제 등을 제시하였는데, 이와 같은 내용들은 컨설팅에 관심을 갖고 있는 학습자들의 실습 및 학습서로서도 가치를 가질 수 있을 것이라 기대해 본다.

이 책은 오랜 기간 많은 분의 도움과 노력이 이루어 낸 결과라 해도 과언이 아니다. 특히나 처음에 원서 6판을 번역하여 마지막 3차 교정을 보던 중 개정된 원서 7판이 출간되는 바람에 기존의 작업을 접고 원서 7판 번역을 다시 시작하는 우여곡절을 겪었다. 이러한 어려움 속에서도 컨설팅이 하나의 학문 분야로 공고히 자리 잡고 발전하기를 바라는 마음으로 번역 작업에 온 마음을 쏟아 준 역자들은 물론 양질의 번역서가 출판되기까지 역자들과 한마음 한뜻으로 응원해 주신 학지사 김진환 사장님, 영업부 김은석 이사님, 편집부 유가현 대리님의 노고에 깊이 감사드린다.

명륜동 호암관에서
역자 대표 이동훈

저자 서문

『심리 컨설팅(Psychological Consultation and Collaboration)』은 다른 저서들이 미처 다루지 못한 내용을 담고 있다. 1987년에 이 책의 초판이 발행되었을 때, 우리는 독자들이 이 책에 들인 우리의 땀과 노력을 인정해 주고 원하던 성과가 실현되기를 고대하였다. 우리의 바람대로 이 책의 초판이 발행된 이후, 전문가 집단 사이에서 컨설테이션에 대한 관심이 날로 높아져 갔다. 실제로 전문가 훈련 프로그램에 컨설테이션을 주제로 한 교육과정이 새롭게 편성되거나 확대되었고, 공인 자격 검정 시험에 컨설테이션 관련 문제가 출제되고 있으며, 지원 서비스를 제공하는 전문가의 역할에 대해 명시한 각종 성명서에 컨설테이션 관련 내용을 포함하게 되었다. 『Journal of Educational and Psychological Consultation』과 같은 일부 저널에서는 컨설테이션에 관한 연구와 논평에 주의를 기울이고 있으며, 정기적으로 간행되는 대부분의 저널에도 컨설테이션에 관한 논설이 포함되어 있다. 분명 대부분의 전문가는 유용한 문제 해결 전략으로 컨설테이션을 수용해 왔으나, 여전히 컨설테이션과 관련된 쟁점들은 산재해 있는 것이 사실이다.

　다문화 컨설테이션은 컨설턴트에게 새로운 관심사 가운데 하나이다. 대부분의 컨설턴트는 1970년대 이후로 그들이 사용해 온 유럽 중심 모델을 아시아계 미국인, 아프리카계 미국인, 라틴아메리카계 미국인 그리고 미국 인디언들에게 적용하는 데 있어 많은 문제가 발생할 수 있다는 사실을 깨닫게 되었다. 그러나 어떠한 이론이나 연구도 현장에서 이와 같은 문제를 타개할 수 있는 명확한 지침을 제공하지 못하고 있다. 우리는 이 책의 6판에서 컨설테이션 실제에 있어 민족성의 차이에 민감하게 반응할 수 있는 기술에 대해 강조하였으며, 7판에서는 이 내용을 보다 구체화하기 위한 고민을 아끼지 않았다.

7판에서 새로워진 점

　일반적으로 개정 작업은 기존의 내용을 갱신하고 이와 관련된 새로운 내용을 삽입하는 두 개의 과정으로 이루어진다. 이와 관련하여 7판에서 달라진 점은 다음과 같다.

- 우리는 6판에서 컨설테이션의 아들러식 접근을 다룬 4장의 내용을 삭제하고, 포스트모던 철학에 기반을 둔 해결중심 의뢰인 초점 컨설테이션(Solution-Focused Consultee Centered Consultation: SFCCC)의 내용을 새롭게 삽입하였다. 컨설테이션의 아들러식 모델은 유용한 접근 방식이기는 하지만 SFCCC가 그 자리를 대신하는 것이 적절하다는 판단하에 내린 결정이다. 6판이 출간된 이래 아들러식 모델과 관련된 내용에 변함이 없었기 때문에 이 모델에 관심을 갖고 있는 학생 및 교육자들은 6판을 참고하면 될 것이다. SFCCC는 행동주의 같은 이론과는 완전히 다른 철학적 토대를 취하고 있다는 점에서 컨설테이션에 대한 활발한 논의를 촉진하는 데 영향을 미쳤다. 또한 SFCCC는 학생들로 하여금 컨설테이션 실제에 대한 다양한 가정을 상정할 수 있는 접근법을 제공해 주었다. 전통적인 컨설테이션 모델에서 컨설턴트는 의뢰인의 문제를 진단하고, 경우에 따라서는 컨설팅 인터뷰를 통제해야 한다고 가정한다. 반면, SFCCC에서 컨설턴트는 전문가가 아닌 코치 또는 조력자로서 의뢰인에게 도움을 제공해야 한다는 입장을 취한다. SFCCC는 의뢰인의 감정 탐색을 추구하는 긍정적이고 미래지향적인 접근 방식이라 할 수 있다.

- 컨설테이션의 근거 기반 접근에 대한 강조는 「아동낙오방지법(NCLB)」 및 「장애인교육법(IDEA)」과 같은 법령 제정으로 촉진되었다. 1장과 13장에서는 이러한 법령 및 이들이 컨설테이션 실제에 대하여 갖는 함의에 관하여 논의하였다.

- 2장에서는 정신건강 컨설테이션에 대하여 다루고 있다. 정신역동적 사고에 바탕을 둔 기존의 접근들과 다른 정신건강 컨설테이션에 대한 현재적 견해 및 이러한 새로운 변화에 대하여 상세하게 논의하였다.

- 컨설턴트에 따라서는 조작적·고전적 조건화에 바탕을 둔 전통적인 행동주의 컨설테이션 모델을 고수하고 있으나, 인지를 강조해야 한다는 것이 우리의 견해이다. 따라서 3장에서는 주로 조작적 학습이론 및 Albert Bandura의 자아효능감 이론에 대하여 다루었다.

- 우리는 7판의 각 장을 통해 독자들에게 컨설테이션 이론과 실제에 대한 최근의 견해를 제공하고자 노력하였다. 앞서 언급한 4장(해결중심 의뢰인 초점 컨설테이션과 협업)과 같이 7판에서는 각 장의 내용을 뒷받침하는 철학에 대하여 다루었다. 10장에서는 연합 행동주의 컨설테이션이라 불리는 새로운 모델을 제시하고 이에 대해 논의하였다. Sheridan과 Kratochwill이 발전시킨 이 모델은 모더니즘과 포스트모더니즘의 두 가지 접근을 모델링하고 있다.

- 독자들은 이 책 전반에 걸쳐 컨설테이션의 다문화 접근에 대한 언급과 논의가 보다 활발하게 이루어졌다는 사실을 발견할 것이다. 이는 컨설턴트가 문화적으로 유능해져야 한다는 데 대하여 높아져 가는 관심을 반영한 결과라 할 수 있다. 이에 대한 논의는 1장, 7장, 10장, 11장에서 다루어지기는 하나 우리는 이 책 전체를 통해 다른 문화, 문화적 공감, 숙련된 다문화적 상호작용에 대한 윤리적·도의적 의무와 관련된 지식의 중요성을 독자들에게 상기시키고자 하였다.
- 지금까지 이 책을 채택하는 주 독자층이 대학교수라는 사실을 감안하여 7판에서는 공립학교에서 이루어지는 컨설테이션에 주안점을 두되, 공립학교 이외에 다른 현장에서의 컨설테이션에 대한 논의 또한 유지하고자 하였다. 가령, 5장의 기업 컨설테이션 사례를 교육 컨설테이션 사례로 교체하는 등 결론적으로 5장의 3분의 1 이상이 새롭게 구성되었다.
- 협력에 보다 많은 주의를 기울여야 한다는 것이 원서 6판에 대하여 제시된 피드백이었다. 이에 우리는 1장에 협력이라는 주제를 삽입하여 컨설테이션과 협력이라는 두 가지 개입방법의 유사점과 차이점에 대하여 다루고, 2장부터 7장까지는 각각의 이론을 컨설테이션 모델에 적용한 방법에 대하여 그 개요를 서술하였다.
- 각 장의 목표, 학생 학습활동, 확인 문제는 새로운 내용 또는 강조점을 반영하여 구성하였다.

우리는 이 책의 6판에 격의 없는 지지와 피드백을 보내 준 친구와 동료들에게 감사를 표하며, 7판에 대해서도 아낌없는 논평을 청하는 바이다. 또한 귀한 시간을 할애하여 폭넓은 검토 작업을 해 주고, 6판에서 제기된 의문들에 대한 답을 제공하며, 이를 토대로 개정판에서 요구되는 변화의 방향을 제시해 준 플로리다 국제대학교의 Nicholas, 델라웨어대학교의 Jon M. Cooper, 오하이오 주립대학교의 Antoinette Miranda, 미주리대학교의 Barbara H. Williamson에게 감사의 마음을 전한다.

Duane Brown

Walter B. Pryzwansky

Ann C. Schulte

차례

chapter
04　해결중심 의뢰인 초점 컨설테이션과 협업 _ 137

chapter
05　컨설테이션과 협업을 통한 체계적 변화 _ 155

chapter 11 컨설테이션과 협업에서의 자료 기반 의사결정 _ 411

컨설테이션과 협업: 개관

목표 │ 이 장의 주요 목표는 컨설테이션과 협업에 대해 정의하고 두 개념의 차이를 규명하는 것이다. 또한 상담자, 심리학자, 사회복지사 등 복지 서비스 종사자들이 사용하는 다른 개입 전략들과 컨설테이션 및 협업이 갖는 차이에 대해 밝히는 것이다.

개요 │ 1. 컨설테이션과 협업 및 다른 개입 전략들의 정의를 제시하고 이에 대해 논의하고자 한다.
2. 컨설테이션과 협업의 역사에 대해 간략하게 살펴보고자 한다.
3. 개입의 개념적 틀을 제시하고자 한다.

컨설테이션(consultation)은 컨설턴트 또는 의뢰인에 의해 시작과 종결이 이루어지는 자발적 문제해결 과정으로 정의할 수 있다. 컨설테이션은 의뢰인이 개인이나 집단 또는 기관 등의 형태로 존재하는 내담자와 보다 효과적으로 소통하는 데 필요한 태도와 기술을 개발하고 지원하는 데 주된 목적이 있다. 따라서 컨설테이션 과정의 목표는, 첫째, 제3의 관계자(내담자)에 대한 서비스의 질을 향상시키는 것이고, 둘째, 내담자가 도움을 필요로 하는 영역에서 의뢰인의 수행 능력을 향상시키는 것으로 요약할 수 있다.

컨설테이션에서 진솔한 의사소통은 작업 성공에 필수적인 요인이기 때문에 이러한 형태의 의사소통이 생산적으로 이루어지기 위해서는 컨설턴트와 의뢰인 간의 관계가 동등해야 함은 물론 관계를 형성하는 과정에서 개방성, 온정, 진솔성, 공감 등이 원활하게 작용해야 한다. 컨설테이션 관계를 특징짓는 요인들은 진솔한 의사소통을 비롯하여 여러 가지 면에서 치료적 관계의 그것과 유사하지만, 컨설테이션은 의뢰인의 심리적인 문제에 직접적인 초점을 두지 않는다는 점에서 차이를 갖는다. 다만 컨설턴트는 내담자의 특정 문제를 다루는 데 있어 의뢰인 자신의 능력을 제한할 수 있는 심리적 결함을 지적하고 이를 해결하기 위한 일련의 행동들을 제안할 수 있다.

컨설테이션이 진행되는 과정에서 컨설턴트는 다양한 역할을 수행하게 된다. 위기 상황에서 컨설턴트는 필요에 따라 문제를 진단하고 해결책을 제시하는 전문가로서의 역할을 수행하는가 하면, 단순히 과정을 관찰하거나 의뢰인으로 하여금 그 자신의 기능을 저하시키는 요인들에 대해 인식할 수 있도록 조력하는 역할을 담당하기도 한다. 한편, 의뢰인들에게도 그 역할에 부여된 권한만큼의 책임이 따른다는 사실을 감안할 때, 컨설테이션 절차의 각 단계에서 컨설턴트와 의뢰인 간 협업은 매우 중요하게 고려되어야 하는 문제이다. 전문가로서 컨설턴트의 역할이 지나치게 장기간 지속될 경우, 의뢰인은 컨설턴트로부터의 독립성을 획득하는 데 필요한 기술을 개발하지 못하게 되고, 결과적으로 이는 의뢰인에게 부정적인 영향을 미칠 수 있다. 물론 과정에 대한 관찰자로서의 역할은 의뢰인의 성장을 촉진하는 효과적인 수단이 될 수 있지만, 컨설테이션의 장기적인 목표 달성 가능성을 높이기 위해서는 보다 강력하고 역동적인 협업이 필요하다. 또한 컨설턴트의 소재에 따른 컨설테이션의 효과성에 있어 내부 컨설턴트와 외부 컨설턴트의 컨설테이션은 동일한 효과를 보이는 것으로 나타났다. 이상의 내용을 토대로 컨설테이션의 특성을 요약하면 다음과 같다.

① 컨설테이션은 의뢰인 또는 컨설턴트에 의해 시작된다.

② 컨설테이션 관계는 진솔한 의사소통을 특징으로 한다.

③ 의뢰인은 전문가일 수도, 비전문가일 수도 있다.

④ 내담자를 효과적으로 조력하는 데 필요한 지식과 기술을 개발할 수 있도록 의뢰인에게 직접적인 서비스를 제공한다(예: 사고의 확장).

⑤ 내담자에게 간접 서비스를 제공한다는 점에서 컨설테이션은 삼각구도의 형태를 띤다.

⑥ 컨설테이션은 목표지향적이며, 경우에 따라 의뢰인의 목표와 내담자의 목표를 동시에 추구해야 할 때가 있다.

⑦ 컨설테이션을 직무(work)의 개념으로 보는 경우, 직무와 관련된 문제해결에 대한 고려가 이루어져야 한다.

⑧ 의뢰인의 요구에 따라 컨설턴트의 역할은 다양해질 수 있다.

⑨ 컨설턴트의 소재에 따라 내부 컨설턴트와 외부 컨설턴트로 구분할 수 있다.

⑩ 컨설턴트와 의뢰인 사이의 모든 의사소통은 비밀로 유지되어야 한다.

컨설테이션의 정의를 둘러싼 논쟁들

이슈 1: Caplan이 옳았는가

Caplan(1970)은 정신건강 컨설테이션 모델(mental health consultation model)을 정립하는 과정에서 컨설테이션에 관한 가장 포괄적 정의를 제시하였으며, 오늘날 우리가 채택하는 컨설테이션의 정의는 많은 부분 Caplan의 그것과 일치한다고 할 수 있다. 예컨대, 그는 컨설테이션이 자발적이고 비위계적인 관계를 토대로 이루어진다고 규정하였다. 또한 개인, 집단 혹은 기관 등의 형태로 존재하는 내담자를 조력하기 위해 필요한 의뢰인의 기능을 향상시키고, 향후 유사한 문제가 발생할 경우 컨설턴트의 도움 없이 의뢰인 스스로 이에 대처할 수 있는 기술을 발달시키는 것이 컨설테이션의 목표라고 주장하였다. Caplan은 컨설턴트가 의뢰인의 사적인 문제에 집중해서는 안 되며, 의뢰인은 컨설테이션 과정을 통해 도출된 모든 해결 방안에 대하여 이를 이행할 책임이 있다고 명시하였다. 하지만 컨설테이션이 컨설턴트와 의뢰인이라는 두 전문가에 의해서만 이루어질 수 있으며, 특히 직무와 관련된 문제해결이 목적인 의뢰인에게만 적용될 수 있다는 Caplan의 제안은 통용되지 않고 있다. 또한 Caplan은 주로 의뢰인의 조직 외부에서 초빙된 외부 컨설턴트의 역할과 기능에 국한하여 컨설턴트를 규정하였으나, 앞서 언급한 바와 같이 의뢰인에 대한 직접적인 서비스 제공 체제를 갖추었다는 사실을 고려할 때, 컨설테이션이 완전한 간접 서비스라는 Caplan의 견해는 수용하기 어려운 부분이 있다. 이상을 통해 컨설테이션은 직접적인 서비스인 동시에 간접적인 서비스로 간략하게 요약할 수 있다.

이슈 2: 누가 컨설테이션 과정을 통제하는가

초기 행동주의 컨설턴트인 Bergan(1977)을 비롯하여 Erchul과 Martens(2002)와 같은 현대 행동주의 컨설턴트들은 컨설테이션의 초기 단계에서 주도권을 확보하는 것이 컨설턴트의 역할이라고 주장한다. 이는 Erchul과 Schulte(2009)가 '문제의 발견과 분석'이라는 단계로 규정한 과정에서 이루어지는 작업으로서 개입 계획을 세우고 준비하는 작업까지를 포함한다. 컨설턴트는 문제가 해결되어 가는 수준을 평가하여 개입방법에 대한 재조정이 요구되는 경우, 필요에 따라 문제 평가단계로 되돌아가기도 한다. 이러한 행동주의 모델의 운영을 통해 컨설턴트는 컨설테이션의 전체 과정을 통제하는 핵심적 위치를 점하게 된다. 하지만 컨설팅을 통해 도출된 개입 방안을 이행하는 것은 의뢰인이기 때문에 컨설테이션 과정에서 근본적으로 통제력을 갖는 것은 의뢰인이라 할 수 있다.

Martens와 McIntyre(2009)는 행동주의 컨설테이션의 성공에 있어 중요한 변인 가운데 하나인 **처치의 완전성**(treatment integrity)에 대해 논한 바 있다. 처치의 완전성이란 '어떠한 처치를, 어느 정도의 규모로, 언제 시행할지에 관한 것으로서, 의도된 효과를 도출해 내는 데 요구되는 구성요소들의 조합'으로 정의할 수 있다(p. 60). 저자들에 의하면 처치의 완전성은 의뢰인이 받은 훈련의 질에서부터 개입의 수용가능성, 영향력, 공정성에 대한 의뢰인의 인식에 이르기까지 다양한 변인과 연관되어 있다. 처치의 완전성은 의뢰인의 개입 방안 이행에 대해 제공되는 피드백을 통해 향상될 수 있으나 컨설테이션 과정에서 의뢰인으로 하여금 참여 수준을 능동적으로 결정하도록 하는 것이 보다 효과적이라 할 수 있다.

이슈 3: 컨설팅 과정에서 컨설턴트의 진단은 필수적인가

Erchul과 Schulte(2009)가 제시한 컨설테이션 과정은 문제를 정의하고 기술하는 두 단계로 이루어져 있다. Dinkmeyer와 Carlson(1973)과 마찬가지로 Caplan(1970)은 컨설턴트의 진단 과정을 서술하는 데 많은 노력을 기울였다. 그러나 4장에서 제시할 해결중심 의뢰인 초점(Solution-Focused Consultee-Centered: SFCC) 접근에서는 문제와 목표의 정의 및 해결방안 탐색에 따른 의뢰인의 책임을 강조하며, 컨설턴트는 촉진자 혹은 지지자의 역할을 수행해야 한다고 본다. 이상의 내용을 통해 컨설테이션 과정에서 이루어지는 진단을 둘러싸고 제기되는 문제들은 '컨설턴트가 활용하는 컨설테이션 모델에 따라 다른 양상을 보인다'는 결론을 내릴 수 있다.

이슈 4: 사회정의 구현에 컨설테이션은 영향력을 갖는가

이에 대한 대답은 의심의 여지없이 '그렇다'이다. 「아동낙오방지법(No Child Left Behind: NCLB)」(P. L. 107-110)(2002) 및 「장애인교육법(Individuals with Disabilities Education Act: IDEA)」(P. L. 108-446)(2004)과 같은 법률들은 학교 기반 컨설턴트들이 장애를 지닌 학생들의 학업적(academic) 복지를 증진시키고; 교육과정에 라틴계 학생들의 부모를 참여시키며, 오늘날 학교현장의 자료 중심적 평가 및 검사 체계를 개선하는 데 주도적인 역할을 할 것이라 기대되고 있다. Mitchell과 Bryan(2007)은 컨설팅 및 협업적 개입이 카리브해 지역으로부터 이주한 이민자 자녀들의 교육적 경험 수준 향상에 어떻게 활용되는지에 대한 연구를 수행한 바 있다.

협업 정의하기

협업(혹은 협력, collaboration)은 광범위하게 사용되고 있는 용어이지만 그 개념은 명확하게 정의되어 있지 않다. 때로 우리는 전문가들이 협업의 개념을 완전히 이해하고 있다는 가정하에 협업이라는 용어에 대한 개념 정의를 생략하기도 한다(Michaels & Lopez, 2005 참조). 하지만 협업에 대한 개념이 정의되지 않을 경우, 협업과 컨설테이션을 다른 개입 방안들과 구분하는 데 어려움이 발생하게 된다. 경우에 따라 컨설테이션의 전문가 모델과 상호평등 모델(co-equal model)(Baker et al., 2009 참조)을 구별하기 위해 컨설테이션 과정에 협업이 언급되기도 하는데(예: 협업적 컨설테이션), 이러한 경우 협업과 컨설테이션 두 개념 모두 그 의미가 모호해지는 문제가 발생한다. 한편, 협업은 전문가가 컨설턴트로서 활동해 온 조직 내 활동(기초단체 의회나 위원회의 구성원으로 일하는 것, 지역사회의 자원을 발굴해 내는 것)을 의미하기도 한다(Bryan & Holcomb-McCoy, 2007). 몇몇 학자들(예: McLaughlin, 2002)이 조심스럽게 협업의 정의를 제시하고 있기는 하나, 한 가지 분명한 사실은 협업과 컨설테이션 그리고 다른 작업들 간의 차이에 대한 전문가들의 이해를 돕기 위해서는 앞으로 보다 활발한 연구가 필요하다는 것이다.

협업은 협업자들의 전문지식 통합 및 문제해결을 위한 정보활용과 관련되어 있다. Caron 과 McLaughlin(2002)은 자발적 참여, 공동의 목표, 의사결정 과정에 있어서의 동등한 지위, 컨설테이션을 통해 도출된 해결 방안을 이행하는 데 따르는 책임 공유 등 협업의 다양한 차원을 제시하였다. Homan(2004)은 효과적인 협업이 되기 위해서는 명확한 의사소통, 상호신뢰, 컨설턴트와 의뢰인 각각의 역할 및 계약 사항에 대한 뚜렷한 명시, 컨설테이션 효과에 대한 점검 및 평가, 협업자 간 상호이해가 선행되어야 하며, 이러한 요소들이 바로 협업의 특성이라 주장하였다.

앞서 언급한 바와 같이 협업은 컨설테이션과 마찬가지로 문제해결 과정이라 할 수 있다. Rubin(2002)은 협업자들을 위하여 12단계의 대략적인 문제해결 절차를 제시하였다. 그는 누가 협업 과정을 시작하는가에 관한 문제에 대해 직접적으로 언급하지 않았다. 다만 협업은 문제의 존재를 인식하고, 문제를 해결하기 위한 최상의 전략을 찾고자 적극적으로 참여하는 사람들에 의해 시작된다고 보았다. 그러므로 협업자들이 첫 번째 단계에서 해야 하는 일은 협업이 당면한 문제를 다루는 데 최선의 개입인지를 결정하는 것이라 할 수 있다. 일반적으로 협업을 통한 문제해결을 추구하는 전문가들은 다양한 개입 전략을 활용하는 경향이 있다. Caplan(1970)은 지식을 증진시키고 기술적 결함을 줄이기 위한 방법으로 직무연수(inservice training)의 활용을 제안하였다. Caron과 McLaughlin(2002)은 협업적 문제해결 활동으로 활용될 수 있는 공동계획, 공동교수, 코칭 및 컨설테이션 등을 협업의 또 다른 전략으로 논한 바 있다. 감독과 지지 또한 적절한 개입이 될 수 있으나, 이러한 전략의 사용은 문제해결을 위한 협업 활동에 있어 신중한 판단하에 이루어져야 할 것이다.

일단 협업이 최선의 개입이라는 판단이 이루어지고 나면 다음의 과정에 따라 협업 작업을 지속해 나가게 된다. ① 잠재적 가능성까지를 고려하여 컨설테이션 및 개입 전략 개발에 참여할 수 있는 협업자 목록을 작성한 후, ② 이들의 적합성을 평가한다. ③ 참여자 구인 전략을 개발하고 이를 토대로 협업자들을 모집하게 되는데, 이때 성공적인 협업은 변화에 대한 비전을 중심으로 한 응집력과 연관되어 있음을 염두에 두어야 한다(Keys, Bemak, Carpenter, & King-Sear, 1998; Rowley, Sink, & MacDonald, 2002). 이러한 과정을 통해 협업팀이 구성되고 나면 ④ 협업자의 역할과 규칙들을 개발하고, ⑤ 협업자들 간의 유대감을 형성하며, ⑥ 행동 계획을 수립하게 된다. ⑦ 작업의 성공을 위한 단기 목표 및 개입들을 개발하고 나면 ⑧ 여느 공동체와 마찬가지로 구성원들 간의 관계를 형성하는 작업이 이루어진다.

⑨ 협업을 통한 개입 전략이 성공적인 결과를 거두었을 경우, 함께 그 성공을 기념하고, ⑩ 문제 상황을 지속적으로 평가해 나가며, ⑪ 결과를 보고하고 함께 검토하는 과정에서 ⑫ 협업자들은 그들의 임무를 재점검하고 잘못된 부분들은 바로잡아 나가는 과정을 반복하게 된다(Rubin, 2002).

체계적인 변화 전략을 활용하는 데는 협업이 컨설테이션보다 적합하다고 할 수 있다. 예컨대, 학교 전체적으로 특수학생에 대한 교육 제고력의 향상을 원하는 학교심리학자, 학교 상담자 혹은 학교사회복지사들이 있다고 하자. 이를 위해 특수학생에 대한 태도의 변화를 비롯하여 특수학생에 대한 교육 관련 지식의 증가, 과학 기술의 향상, 학부모 참여의 증가, 예산 투자 등이 요구된다고 할 때, 그들은 이 사업을 추진하며 많은 장벽에 부딪힐 수 있다(Caron & McLaughlin, 2002). 이와 같은 문제를 해결하기 위해 실무자들은 상급 관리자 및 학교 운영위원들과 컨설팅을 할 수도 있으나 문제와 관련된 이해 당사자들(stakeholders)과 함께 협업적인 체계를 이루는 접근 방식이 보다 높은 성공 가능성을 보이는 것이 사실이다. 왜일까? 협업에 참여한 사람들은 조직의 지도자들에게 문제의 존재와 해결의 필요성을 납득시키고, 그들로 하여금 문제해결을 위해 직접 행동력을 발휘하게 할 자극제로서의 역할을 할 수 있기 때문이다. 나아가 협업 당사자들로 구성된 팀은 보다 조직적으로 문제의 존재를 인식시키는가 하면 문제상황을 체계적으로 다룰 수 있는 전문가들의 배치를 강조함으로써 문제해결에 관리자들의 협업을 이끌어 내기도 한다.

Homan(2004), Fiedler(2002), Rubin(2002), Steffy와 Lindle(1994), Whitaker와 Moses(1994)는 개입의 목표가 체계적 변화에 있다면 협업팀을 구성하는 것이 중요하다는 의견에 그 뜻을 함께하고 있다. 이들은 학교와 지역사회를 개혁하는 데 있어 실행 가능한 방법으로 협업을 제안한 바 있다. 총체적 교육의 질관리(Total Quality Education: TQE; 예: English & Hill, 1994)는 학교 개혁과 관련하여 최근에 등장한 접근 중 하나로, 품질경영(Total Quality Management: TQM; Deming, 1993) 이론을 그 배경으로 하고 있으며, 개혁 과정에서 협업의 중요성을 강조한다. Deming은 일본에 품질관리 접근(quality control approaches)을 소개한 인물로, 이를 통해 일본은 제조공정 혁신을 거둘 수 있었다. 그는 조직 관리와 조직 구성원들에 대한 교육에서 협업과 체계적 사고를 강조하였는데, 그에 따르면 근로자의 85%는 근로자 자신의 체계적 사고에, 15%는 개인적으로 보유하고 있는 기술에서 업무 효율성이 기인한다는 것이다. 학교에서의 리더십 향상에 있어 협업적 접근(Owens, 2004)을 비롯한 다양한 접근의 개발은 학교현장에서 이루어지는 협업 작업의 발달 가능성을 보여 주는 긍정적인 예라고 할 수 있다.

협업은 학교나 지역사회에서 재교육을 통한 변화를 도모하고자 하는 경우처럼 대규모 개입 장면에 국한되는 것은 아니다. Pryzwansky(1977)는 30여 년 전 특수 아동에게 필요한 교육적 경험을 계획하고 제공하기 위해 특수학급 교사와 일반학급 교사 간에 이루어진 협업 사례를 제시하며, 협업은 교실환경과 같은 소규모 상황에서도 이루어질 수 있다고 주지한 바 있다. 또한 미국학교상담자협회(American School Counselor Association: ASCA, 2003)는 학교상담 프로그램을 재정립하기 위한 기본적인 방법으로서 협업을 지지하고 있으며, 이를 바탕으로 학생들의 학업성취도 향상과 K-12 학교상담 프로그램 개발에 집중하고 있다. 학교상담 프로그램을 비롯한 다른 교육 프로그램이 갖는 특성을 재정립하기 위해서는 교육 관련 사업의 작은 부분에 대한 체제적 변화부터 이루어져야 한다.

컨설테이션 및 협업에의 참여

학교상담자, 학교심리학자, 학교사회복지사 그리고 다른 분야의 사회복지 서비스 전문가들은 협업을 컨설테이션의 실용적인 대안으로 보고 있는 추세이며, 이는 이 책의 6판에서 이미 주지한 바 있다. 이와 같은 관점에서 볼 때, 학교기반 컨설턴트들은 앞으로 컨설테이션 과정에서 협업적 방법에 더 많은 관심을 기울이게 될 것으로 예상되지만, 사실 이 문제를 다루는 연구들은 미비한 수준이다. 예를 들어, Stoiber와 Vanderwood(2008)는 도심에 위치한 86개 학교의 심리학자들을 대상으로 그들의 실천 사례에 대한 연구를 진행하였고, 그 결과 학교심리학자들은 협업적 문제해결 접근을 그들이 자주 사용하는 접근 방법 중 7위로 보고하였으며, 그 중요성에 대한 인식에서도 같은 수준의 순위를 부여하고 있다는 사실을 발견하였다. 컨설테이션은 그 유용성 부문에서 2위(1위: 지능 검사), 중요성 부문에서는 1위를 차지하였다. 그러나 이 연구결과는 현재 이루어지고 있는 논의에 그다지 많은 시사점을 제공하지 못하고 있다. Bryan과 Holcomb-McCoy(2007)는 학교-가족-지역사회 파트너십 형성에 학교상담자의 참여가 갖는 의미와 그 중요성 인식 수준에 대해 연구하였다. 이를 위해 학교상담자를 대상으로 설문조사를 실시하였고, 배부된 300부 가운데 회수된 72부의 설문지를 분석한 결과 5점 만점에 4.27점을 기록하였다. 응답자들은 절대적인 시간의 부족과 과중한 업무량 등을 학교-가족-지역사회 파트너십 형성에 작용하는 가장 큰 장벽으로 인식하고 있었다(Ametea, Daniels, Bringman, & Vandiver, 2004). 파트너십 형성을 위한 학교상담자의 참여를 두고, 이에 대한 사람들의 인식을 조사한 최근의 연구에서 235명의 연구 참여자들은 교직원, 가족 그리고 지역사회 구성원과의 팀 구성을 통한 협업 작업을 가장 높은 수준의 참여로 인식하고 있었다. 오히려 지역사회 전문가 협회와의 협업은 18개의 협업적 활동 중 4위를 차지하였다(Bryan & Holcomb-McCoy, 2007).

문헌고찰을 통해, 학교기반 컨설턴트가 협업적 역할을 수행하고 있기는 하지만 학교 현장의 변화는 「아동낙오방지법」 「장애인교육법」과 같은 교육법들이 명시하고 있는 수준에 미치지 못한다는 사실을 발견할 수 있었다. 이러한 법들은 홈스쿨을 통한 협업, 학생들의 교육력 제고 방안에 대한 이행 계획 및 기타 활동들에 대한 조항들을 명시하고 있으며, 이 법들을 시행하는 데 있어 컨설테이션과 협업은 중요한 역할을 담당하고 있다. 한편, 「아동낙오방지법」은 교사의 책무성 및 학생의 학업성취도 측정에 과학적 원리의 적용을 강조하고 있다. 그러나 이러한 측면은 컨설테이션과 협업에 참여하는 학교상담자가 학교평가 프로그램을 운영하는 등 그 역할이 방대해지는 형태로 변질될 수 있다는 점에서 의도하지 않은 결과를 초래하기도 한다(Brown, Galassi, & Akos, 2004; Dollarhide & Lemberger, 2006). 또한 이는 지능 검사에서 학교심리학자들의 자문적이고 협업적인 역할 수행을 방해할 수 있다는 문제를 내포하고 있다.

컨설테이션 및 협업 모델

컨설테이션 지침을 개발하기 위한 모델들은 대부분 협업 과정에 도입되었다. 이러한 모델에는 정신건강 모델(Caplan, 1970), 행동주의 모델(Bergan, 1977; Erchul & Martens, 2002), Adler 학파 모델(Dinkmeyer & Carlson, 1973), 체계이론 모델(Beer & Spector, 1993; Bennis, 1970, 1993; Homan, 2004; Katz & Kahn, 1978), 사회적 구성주의 모델(Vygotsky, 1978), de Shazer(1982, 1984, 1985, 1988, 1991, 1994, 2005)가 개발한 치료적 접근인 해결중심 모델(4장 참조) 등이 있다. 이러한 모델들을 협업 과정에 도입하고자 할 때, 각 협업자들은 모델의 기본 가정과 진행 과정, 해당 모델에서 사용되는 기술에 대해 잘 숙지하고 있어야 한다. 이는 해당 모델을 사용하게 될 협업팀의 전문가가 팀 차원의 개입 작업을 시작하기 전에 모델의 사용과 관련된 전문적 훈련을 받아야 한다는 것을 의미한다. 모델에 대해 충분한 학습이 이루어진 전문가는 협업 과정에서 팀의 지도자로 기능할 수 있다.

컨설테이션과 협업의 역사

〈표 1-1〉에서는 오늘날 컨설테이션과 협업의 형태를 갖추는 데 영향을 미친 역사적 사건

을 간략하게 제시하고 있다. 컨설테이션과 협업은 일정 부분 동일한 역사적 뿌리를 공유하고 있지만 그 발달은 대부분 다른 배경에 기인한다. 컨설테이션 최초의 형태는 13세기에 의사–환자 관계를 중심으로 형성된 임상 모델이라고 할 수 있다(Gallessich, 1982). 이러한 임상 모델(전문가 모델)은 19세기 중반까지 광범위하게 적용되었으며, 의학 분야에서는 오늘날까지 지속적으로 활용되고 있다. 이 접근에서 주치의는 특정 질병에 대해 높은 수준의 지식을 지닌 다른 의사에게 자신의 환자를 진찰한 후 서면진단을 작성하도록 요청한다. 이때 환자는 주치의가 의뢰한 의사에게 진찰과 진단을 받고 약물을 비롯한 적절한 처치를 처방받게 되는데, 이와 같은 점에서 환자는 의사–전문가–환자로 구성된 삼각구도 모델에 있어 수동적인 참가자라 할 수 있다. 물론 의뢰 요청을 하는 의사 또한 수동적인 성격을 띠기는 하나, 환자가 갖고 있는 건강상의 문제를 밝히고 어느 의사에게 의뢰할지를 결정한다는 점에서 환자와 차이를 갖는다고 할 수 있다. 주치의 또는 주치의로부터 환자를 의뢰받은 의사는 환자의 요구를 포함하여 다양한 요인을 기초로 치료를 실시한다. Tharp와 Wetzel(1967)은 행동주의 심리학에 기초한 서비스를 제공하기 위해 중재자(mediators)를 훈련시키는 컨설테이션 전문가 모델을 활용하였다. 한편, Erchul(1987)과 그의 동료들(Erchul & Chewning, 1990; Erchul & Martens, 1997, 2002)은 컨설테이션에서 이루어지는 면담의 특성을 통제하고, 컨설턴트에 의한 체계적인 목표설정 작업을 강화함으로써, 컨설턴트의 의도가 반영된 개입으로서의 위계적 관계기반 컨설테이션 모델을 발달시켰다. 하지만 다른 컨설팅 접근의 발달, 해당 모델의 근거가 되는 권위적 철학에 대한 사회복지 컨설턴트들의 반감, 컨설턴트와 의뢰인이 함께 도출해 낸 개입 방안은 가치가 떨어진다는 통념으로 인해 전문가 접근은 점차 그 인기가 떨어지고 있다(Schulte & Osborne, 2003).

Caplan은 그의 저서 『정신건강 컨설테이션의 이론과 실제(The Theory and Practice of Mental Health Consultation)』(1970)에서 **내담자 중심 컨설테이션**(client-centered consultation)이라는 용어를 사용하였다. 교육학, 심리학, 정신의학에 그 뿌리를 두고 있는 내담자 중심 컨설테이션은 임상장면에 비해 컨설테이션 장면에서 의뢰인과 내담자가 보다 능동적인 역할을 수행한다고 본다. Caplan은 컨설턴트와 의뢰인 간 비위계적이고 동등한 관계의 중요성을 강조하였는데, 이에 대해 Schulte와 Osbourne(2003)은 Caplan의 경우, 중재 과정에서 컨설턴트가 자신의 견해를 관철시키기 위해 때로는 의뢰인의 요구를 간과해야 한다는 입장을 취하고 있기 때문에 Caplan이 권위적 모델을 온전히 배제했다고는 볼 수 없다고 보고하였다.

조직 컨설테이션은 역사적으로 Kurt Lewin(1951)의 장이론(field theory) 및 이후 등장한 체계이론(system theory; Bertalanffy, 1962)의 영향을 받아 형성된 삼각구도 모델을 표방하고 있다. Lewin이 주창한 장이론의 요소들인 체계이론, 현장 연구에 대한 Caplan의 입장은 협업에 대해 전문가 자신의 견해를 피력한 여러 문헌에서도 발견할 수 있다(예: Havelock & Zlotolow, 1995; Rubin, 2002). 조직개발 컨설테이션과 협업은 그 과정에서 상호동등한 관계 유지가 성공을 위한 필수조건이라는 점에서 인본주의적이라 할 수 있다. 품질관리에서 Deming(1993)의 품질경영 접근은 사업 및 교육 분야의 조직변화 관리, 리더십 이론 및 아이디어에 큰 영향을 주었고, 그 과정에서 협업이 갖는 가치를 향상시켜 왔다. Deming은 2003년에 별세하였는데 장기목표 설정, 관리 및 변화 과정에서의 두려움, 질투, 복수와 분노 감정 제거, 자신감을 저해하는 습관 제거, 본인의 업무에서 긍지를 갖게 하는 모든 기회의 촉진 및 수행 능력 향상 등을 포함하는 네 가지 기본 개념을 정립하는 한편, 품질경영과 관련하여 14가지의 기본 명제를 제시하였다(5장 참조).

사회복지사를 비롯하여 다양한 분야의 전문가들이 제시하는 관점들은 컨설테이션과 협업에 대한 우리의 시각을 확대하는 데 영향을 미친다. 사회복지사인 Homan(2004)은 집단 작업을 이해하기 위한 근거로는 체계이론을, 집단차원의 변화를 이끌어 내기 위한 주된 개입 방법으로는 협업을 활용해야 한다고 주장하였다. 해결중심 의뢰인 초점(Solution Focused Consultee Centered) 컨설테이션과 협업(4장 참조)은 사회복지 분야에서 사용하는 치료적 모델의 영향을 받았다(de Schazer, 1982, 1984, 1985, 1988, 1991, 1994, 2005). 교육 행정가인 Steffy와 Lindle(2004)은 협업 전략을 활용한 집단 내 체계 규명 및 통합의 중요성을 역설하였다. 특수교사인 Fiedler(2000) 또한 이와 유사한 관점을 제시한 바 있다. 컨설테이션과 협업은 현재 계속해서 발전하고 있으며 앞으로도 지속적으로 발전해 나갈 것이다.

‖ 표 1-1 ‖   컨설테이션과 협업의 역사에서 중요한 사건들

13세기 초	의사들이 컨설테이션의 임상적 모델을 활용함
1920년대	심리학자인 Lightmer Witmer가 장애아동의 학습능력 향상을 위해 교직원(school personnel)과 상담을 실시함
1951년	Lewin이 장이론을 발표함
1962년	Bertalanffy가 1940년대 중반부터 논의해 오던 『일반체계이론(General System Theory)』을 출판함
1967년	Tharp와 Wetzel이 『자연환경에서의 행동수정(Behavior Modification in the Natural Environment)』을 출판함. 행동주의 개입 방안을 수행할 수 있는 중재자 훈련 컨설테이션 모델 지침을 정립함

1969년	Schein은 『과정 컨설테이션: 조직개발에서의 역할(Process Consultation: It's Role in Organizational Development)』을 출판함. 장이론과 인간중심 심리학에 기반을 두고 조직 컨설테이션 모델을 정립함
1970년	Caplan은 『정신건강 컨설테이션의 이론과 실제(The Theory and Practice of Mental Health Consultation)』를 출판함. 내담자 중심 접근을 비롯한 네 가지 컨설테이션 모델을 제시하였으며, 컨설테이션과 구분된 협업의 개념을 규정함
1972년	Bennis는 『관료주의를 넘어(Beyond Bureaucracy)』를 출판함. 조직을 이해하는 데 체계적 사고를 적용하였으며, 조직 컨설테이션 과정 모델을 개관함
1972년	Altrocchi는 컨설테이션과 구별된 개념으로서 협업을 규정함
1973년	Dinkmeyer와 Carlson은 『컨설팅: 인간의 잠재력과 변화 촉진하기(Consulting: Facilitating Human Potential and Change Process)』를 출판함. 아들러 학파 심리학에 기반한 모델을 제시함
1974, 1977년	Pryzwansky는 학생에게 직접 서비스를 전달한다는 점에서 협업은 또 다른 형태의 서비스 전달 모델임을 제안함
1975년	Mannino와 Shore는 『컨설테이션을 통한 변화의 효과(Effecting Change through Consultation)』를 출판함. 초기 조직개발 컨설테이션에 대한 출판물 가운데 하나로서, 이후 『정신건강 컨설테이션의 실제(The Practice of Mental Health Consultation)』라는 개정판이 출판됨
1977년	Bergan은 『행동주의 컨설테이션(Behavioral Consultation)』을 출판함. 주로 조작적 학습 원리에 기반을 둠. 그가 제시한 모델은 Caplan의 모델과 함께 교육분야에서 가장 영향력 있는 컨설테이션 모델로 자리 잡음
1978년	Katz와 Kahn은 『조직의 사회심리학(The Social Psychology of Organizations)』을 출판함. 조직에 체계이론을 최초로 적용함
1979년	Meyers, Parsons와 Martin은 정신건강 컨설테이션을 학교현장에 적용할 수 있도록 재개념화함
1987년	Brown과 Schulte는 Albert Bandura의 사회학습이론에 기반하여 컨설테이션 모델을 제시함
1987년	Erchul은 컨설테이션에서 협업관계가 갖는 특성을 검토하는 논문을 최초로 발표하였으며, 컨설테이션 관계는 위계적이어야 한다고 결론 내림
1993년	Deming은 『산업, 정부, 교육에서의 새로운 자본 환경(The New Economics for Industry, Government and Education)』을 출판함. 체계이론을 토대로 협업적 접근을 적용한 품질경영이 체계관리와 변화에 있어 최우선시되어야 한다는 견해를 밝힘
1994년	Corwin Press는 교육 행정가들을 겨냥하여 품질경영에 대한 12권의 저서를 출판함. W. Edward Deming이 제안한 TQM에 기반하여 저술하였으며, 협업의 중요성을 강조함
1997년	Erchul과 Martens는 『학교 컨설테이션: 실무 수행의 개념적·경험적 근거(School Consultation: Conceptual and Empirical Bases of Practice)』를 출판함. 행동주의 컨설테이션에서 위계적 관계의 중요성에 대해 재강조함

| 1999년 | Gutkin과 Erchul은 『학교심리학회지(Journal of School Psychology)』에서 컨설테이션의 협업적 접근과 비협업적 접근에 대해 논의한 다양한 연구 문헌을 고찰함 |
| 2003년 | 미국학교상담자협회는 협업을 학교상담자들이 수행하는 모든 작업의 토대 가운데 하나로 제안함으로써 학교상담자의 업무에서 협업의 중요성을 강조함 |

출처: Srebalus & Brown (2001), pp. 60-61.

 ## 컨설테이션과 협업의 문화적 전제들

이 장에서는 컨설테이션 및 협업과 관련된 문화적 쟁점들에 대해 살펴볼 것이다. 컨설테이션 분야에서 다문화적 접근이 새로운 화두로 등장한 것은 아니지만(예: Gibbs, 1980) 성(性)과 관련된 주제만큼이나 문화적 주제들에 대한 논의가 활발하게 이루어지고 있는 것이 사실이다 (Brown, 2001; Celano & Kaslow, 2000; Duncan, 1995; Duncan & Pryzwansky, 1993; Dustin & Ehly, 1992; Harris, 1993; Lopez, 2000; Sheridan & Henning-Stout, 1993).

점차 다원화되는 사회에서, 컨설턴트와 협업자들은 의뢰인과 협업자들에 따라 특별히 선호하는 컨설테이션 모델이 있다는 사실, 컨설테이션보다는 협업에 보다 호의적이라는 점 등을 발견하게 될 것이다.

약 40년 전 Pinto(1981)는 컨설테이션 및 협업이 효과적인 성과를 거두기 위해서는 컨설턴트 자신이 문화적 공감 능력을 반드시 갖추어야 한다고 주장하였다. 최근 Cross-Bazron, Dennis와 Isaacs(1989) 그리고 Davis(1997)는 이와 같은 현상을 설명하기 위해 '문화적 역량 (cultural competence)'이라는 용어를 사용하였다. 문화적 공감 능력(cultural empathy) 또는 문화적 역량(cultural competence)은 다른 문화에서 온 사람들의 독특한 관점을 이해하는 능력, 특정 개인이나 집단의 문화에 대한 지식을 소화해 내는 능력 그리고 컨설테이션의 질을 향상시키기 위해 특정 지침이나 실제적인 개입 및 조력 방안들을 개발시키는 능력을 의미한다고 할 수 있다. Pinto(1981) 그리고 King, Sims와 Osher(n.d.)는 문화적으로 유능한 컨설턴트와 협업자라면 그들 자신의 문화적 유산과 가치에 대한 인식을 바탕으로 문화가 갖는 다양성의 가치를 존중할 수 있어야 한다고 주장하였다. 또한 서로 다른 문화적 배경을 가지고 있는 사람들 간의 상호작용은 동일 문화권 내의 그것과는 다른 역동을 낳는다는 사실을 염두에 두고, 이러한 역동이 긍정적인 성과를 생산해 낼 수 있는 방식으로 컨설테이션 패러다임을 조정해 나갈 수 있어야 한다고 보았다.

Altarriba와 Bauer(1998) 그리고 Brown(2001)은 **내담자 중심 적응적 컨설테이션**(client-centered adaptive consultation)이라는 Pinto(1981)의 조작적 정의에 대해 의뢰인의 의사소통 방식과 문화적 가치에 민감할 것 그리고 이러한 변인들에 따라 면담 및 문제해결 과정을 조정해 나갈 것을 제안하였다. Srebalus와 Brown(2001)은 시선 맞추기, 악수하기, 개인 간 적정 거리 유지하기 및 표정과 같은 비언어적 의사소통이 갖는 의미가 각 개인이 속한 문화에 따라 다르다는 사실을 지적하였다. 언어적 표현 또한 문화 집단에 따라 매우 다양하게 나타난다고 할 수 있다. 각 문화에 따른 비언어적 의사소통 유형의 유사점과 차이점은 〈표 1-2〉에 요약되어 있다.

가치는 행동을 결정짓는 신념이라 할 수 있다. 미국 내 다양한 하위 집단 간 문화적 유사점과 차이점을 파악하는 데에는 다양한 방법이 존재하며, 이 가운데 가치의 평가는 컨설턴

‖ 표 1-2 ‖ 미국 내 존재하는 각 문화 집단들의 비언어적 의사소통 유형

	선호하는 조력 유형	함축적 의미
유럽계 미국인		
눈 맞춤	대화 시간의 최소 4분의 3가량 눈 맞춤 유지하기	눈 맞춤은 존중의 표현임. 눈을 맞추지 않는 것은 정직하지 않은 것으로 간주함
개인 간 거리	의사소통 시 선호하는 개인 간 적정 거리는 36~42인치임	보다 가까운 거리는 개인의 공간을 침해하는 것으로 간주함. 보다 먼 거리는 회피하는 것으로 간주함
고개 끄덕임, 표정	미소와 고개 끄덕임은 대화에 대한 흥미를 의미함	미소를 짓지 않거나 고개를 끄덕이지 않는 것은 상대에 대한 무관심으로 이해함
악수	꽉 잡음	'약한 강도의' 악수는 열정의 결여 또는 나약한 성격으로 이해함
미국 인디언		
눈 맞춤	직접적으로 눈을 마주치지 않음	직접 눈을 맞추는 것은 무례한 것으로 간주함
개인 간 거리	처음에는 거리를 두는 것이 상대에 대한 존중을 의미하지만 시간이 지나면서 거리를 좁혀 가도 무방함	초면부터 너무 가까운 거리는 개인의 공간을 침해하는 것으로 여김
고개 끄덕임, 표정	좀처럼 미소를 짓지 않고 고개를 끄덕이지 않음	내담자와 조력자의 관계가 형성되기 전에는 조력자의 미소와 고개 끄덕임이 자기 통제력의 결핍 또는 어리석음으로 비춰질 수 있음
악수	부드러운 악수	손에 힘을 싣는 것은 공격적으로 보일 수 있음

아프리카계 미국인

눈 맞춤	조력자가 말할 때 눈길을 피하는 것은 무례해 보일 수 있음	눈을 맞추지 않는 것은 무례함으로 간주됨
개인 간 거리	36~42인치를 선호함	유럽계 미국인들에 비해 가까운 거리에 관대함
고개 끄덕임, 표정	고개 끄덕임과 표정을 통한 감정 표현은 일반적인 표현 방법임	온화한 미소를 짓는 조력자를 선호함
악수	손에 힘을 실어 악수를 함. 특히 남자들의 경우에 그러함	약하게 악수하는 것은 열정의 부족으로 오해할 수 있음

라틴계 미국인

눈 맞춤	적어도 초면에는 직접적으로 눈을 맞추지 않음	눈 맞추는 것을 불편해함. 시선 맞추기는 친밀함의 표현임
개인 간 거리	중간에 방해물이 없다는 전제하에 24~36인치가 적절함	적정 거리 이상의 거리를 두거나 방해물이 존재할 경우, 상대에 대한 무관심으로 해석함
고개 끄덕임, 표정	시간의 경과에 따라 미소 짓기 및 고개 끄덕임의 빈도가 잦아짐	미소를 짓지 않는 것은 관심과 열정의 결여로 간주함
악수	남성의 경우 손을 꽉 잡음. 여성에게는 부드러운 악수를 청함	남성이 약한 힘으로 악수하는 것은 열정의 결핍으로 간주함

아시아계 미국인

눈 맞춤	직접적으로 눈을 맞추지 않음	직접 눈을 맞추는 것은 공격성 또는 관계 형성 의지의 결여로 비춰짐
개인 간 거리	36~42인치 정도의 적정 거리 유지를 선호함	적정 거리 이상의 가까운 거리는 공격성 또는 관계 형성 의지의 결여로 간주함
고개 끄덕임, 표정	절제된 미소 짓기와 고개 끄덕임을 존중의 표시로 봄	미소는 상대방에게 어색함과 같은 부정적인 감정을 전달하는 것으로 간주함
악수	부드러운 악수를 선호함	손에 힘을 실어 악수하는 것은 공격적으로 비춰질 수 있음

출처: Srebalus & Brown (2001), pp. 60-61.

트와 협업자가 일반적으로 접하는 다섯 개 집단(유럽계 미국인, 미국 인디언, 아프리카계 미국인, 라틴계 미국인, 아시아계 미국인)이 갖는 문화적 신념과 세계관에 대해 고려해 보도록 한다는 시사점을 제공한다. 다시 말해, 문화적으로 유능한 전문가들은 현장에서 만나는 의뢰인 또는 내담자의 신념 체계, 세계관, 습관 및 관습에 대해 어떠한 선입견도 갖지 않는다는 것을 의미한다.

　여기서는 서로 다른 문화를 지닌 집단과 개인이 추구하는 전통적 가치에 대해 요약하고자 한다. 이 논의에서 다루고자 하는 가치는 Kluckhorn과 Strodtbeck(1961)에 의해 개발된 분류 기준을 토대로 하여, 자기조절, 시간 관리, 활동(발생한 문제를 처리하는 작업), 사회적 관계 및 인간과 자연의 공존 관계와 같은 내용을 포함하고 있다.

서유럽의 문화는 개인으로 하여금 집단보다는 개인의 가치를 소중히 여김으로써 문제 발생 시 개인의 이익을 위해 행동하도록 하고, 타인의 개인적인 생각과 감정에 대한 언급을 삼가도록 하며, 미래지향적인 사고를 독려한다. 아프리카게 미국인들의 대다수는 유럽 중심의 문화적 가치를 수용하였다. 다만 그들은 개인주의보다는 사회적 가치를 추구하고 미래보다는 현재에 초점을 두고 있다(이들에게는 집단의 규범이 개인의 가치보다 중요하다). 미국 인디언들이 추구하는 가치 기준은 부족마다 다르기 때문에 그 특징을 한마디로 규정짓는 데는 어려움이 있다. 그러나 자신의 문화적 가치를 추구하는 대부분의 미국 인디언은 개인의 생각과 감정을 좀처럼 드러내지 않고, 개인보다는 집단을 우선시하는 경향이 있다. 또한 시계와 달력보다는 자연 현상에 근거한 시간 개념이 형성되어 있고, 문제의 발생에 행동의 촉발이 반드시 수반되어야 하는 것은 아니라고 여긴다. 그들은 개인의 유익을 좇기보다는 타인의 입장에서 생각하고 행동하는 데 높은 가치를 둔다. 아시아게 미국인들 또한 자기관리를 중요시하고, 개인의 생각과 감정 표현을 매우 꺼리는 경향이 있다. 그들은 전통을 중요시 하고, 보다 나은 미래를 설계하는 데 있어 과거의 경험을 활용하고자 한다. 그들은 문제 발생 시 이에 대응하는 행동력을 보이며, 사회적 관계를 위계적으로 보는 경향이 있다. 이러한 문화가 컨설팅 장면에서 컨설턴트에 대한 위계적 태도로 나타날 때, 동등한 관계를 수립하고자 하는 컨설턴트의 노력은 좌절될 수 있다. 라틴계 미국인들은 유독 가족 중심의 사회적 가치를 추구하는 경향이 있으며, 따라서 그들에게 집단의 규준 이행은 자아 발달 및 자기 개발보다 중요하게 추구되어야 할 가치라고 할 수 있다. 라틴계에 속하는 대부분의 하위 집단은 현재를 중요시하고(지금 일어나고 있는 일이 미래의 일보다 중요하다), 사고와 감정에 대해 자기 통제적이며, 적극적인 행동력에 가치를 둔다. 행동지향적인 개인들은 가족 또는 집단의 기능 향상이라는 목적을 달성할 때, 비로소 그들이 수행한 행동이 의미를 갖는다고 믿는다.

W. Edwards Deming(1993)의 품질경영 체계가 미국에서는 거부된 반면, 미국과 상반된 문화적 가치를 지닌 일본에서 수용되었다는 사실은 크게 놀랄 일이 아니다. Deming은 직장에서 협업이 갖는 중요성에 대해 강조하면서, 이는 일본인들이 추구하는 사회적 가치와 상통하는 반면, 미국 내 유럽 중심 문화가 추구하는 가치인 '독립성'과는 매우 다르다고 하였다. Deming은 또한 관리자들이 조직 관리에 대한 우려를 떨쳐 버리고, 관료적인 장벽을 타파하며, 개인 상호 간의 경쟁 관계를 종식시켜야 한다는 점을 강조하였다. 개인의 체면이

손상될 수 있는 난처한 상황을 최대한 피하고자 하는 일본 사회에서 관리자들은 Deming의 견해에 매우 큰 매력을 느끼게 되었고, 이는 일본 사회에서 TQM 채택과 실행에 있어 조기 정착을 촉진했다. 이후 일본인들이 양질의 물건을 생산하고, 미국의 생산성을 능가하는 수준에 이르자 비로소 미국 기업의 관리자들은 TQM에 관심을 기울이기 시작하였다.

문화에 따라 리더십과 양육, 그리고 교육을 인식하는 방식은 매우 다양하며 자기표현, 자기통제, 시간과 자연의 관계에 대한 관점 또한 매우 상이하다. 따라서 컨설턴트와 협업자는 그들 자신이 추구하는 가치에 대해 명확히 자각해야 하며, 이러한 가치들이 그들의 사고방식과 행동양식에 어떠한 영향을 미치는지 인식할 수 있어야 한다(Brown, 2001). 또한 그들은 의뢰인의 가치관을 이해하고 이를 수용해야 하며, 컨설테이션과 협업 과정에 그들의 생각을 반영할 수 있는 방법에 대해 진지하게 고민해야 한다.

이 책의 관점

사회과학을 응용한 다양한 분야의 전문 서적들을 검토해 보면 주목할 만한 이론적 접점을 발견할 수 있다. 이 접점은 체계이론 및 조직, 가족치료, 교육, 자아초월 상담, 지역사회 등에 대한 이해를 돕는 데 적용된다. Lewin(1951)이 제시한 공식 $B=f(P \times E)$(행동은 개인-환경 간의 상호작용 함수), Bandura(1977a)의 상호결정론과, 체계이론을 통해 조직 기능에 대해 설명한 Katz와 Kahn(1978)의 이론 가운데 무엇을 염두에 두든, 개인이나 개인이 소속된 소집단은 조직, 공동체 그리고 문화와 같이 보다 크고 복잡한 사회 구조들과 상호연관성을 갖는다는 결론에 이르게 된다. 개인 및 집단을 이해하기 위해서는 그 안에서 일어나는 상호작용 자체에 대한 이해는 물론 개인과 그들이 소속된 집단 그리고 그 안에서 일어나는 상호작용 과정에 대한 이해가 선행되어야 한다는 것이 이 책의 기본 전제다. 하지만 모든 컨설턴트가 체계이론을 지지하는 것은 아니므로 다른 관점 또한 제시되어야 할 것이다.

상호관련성은 컨설턴트가 고전적이고 단편적인 방식으로 문제를 다루어서는 안 된다는 사실을 전제하고 있다. 문제의 인과관계는 단일한 차원으로 설명할 수 없는데, 이는 문제가 다양한 원인을 가지고 있는 것처럼 이에 대한 해결에서도 수많은 방법이 존재하고 있을 뿐 아니라, 특정 영역에서 발생한 문제를 경감시키기 위해 고안된 해결 방안이 다른 영역에서는 부정적인 결론을 낳을 수도 있기 때문이다. 학생의 학업 성취 수준이 뒤떨어지고 있는 상황을 인식한 학교 관계자가 학생의 학업 성취 수준을 끌어올리고자 높은 난이도의 교육프로그램을 적용하였지만 오히려 학업 중단 학생의 배출을 양산하는 역효과를 낳은 것은 이를 잘 나타내 주는 예라 할 수 있다. 이와 유사한 예로 진보된 산업 기술 활용을 통해 생산 목표를 달성하고자 했던 기업들이 기술 사용 및 운영에 대한 사원들의 불만으로 이익을 얻기보다 오히려 손해가 더 커진 경우도 있다. 요컨대, 서두에 제시했던 근본적인 전제로 되짚어 올라가 살펴볼 때, 컨설테이션 및 협업은 단편적이고 일차원적인 생각에서 벗어나 다각적이고 논리적인 인과관계 및 해결책을 상정함으로써 개인, 집단 그리고 조직 간의 상호관계에 적극적으로 관여해야 함을 알 수 있다.

학생 학습활동 1-1

이 장에서 배운 내용을 바탕으로 빈칸에 알맞은 명칭을 쓰시오.

1. 양자 간의 위계적인 컨설팅 과정 _____
2. 비위계적인 삼자 간 조력 과정 _____
3. 모든 사람이 개입 방안 도출 과정에 참여함 _____
4. 위계적인 삼자 간 조력 과정 _____
5. 다문화적 컨설테이션에서 요구되는 것 _____
6. 높은 수준의 자기통제에 가치를 두는 문화 집단 _____
7. 자신의 감정을 가장 잘 표현할 것 같은 문화 집단 _____
8. 문화적 동화가 이루어지지 않았다면 가장 미래지향적이지 않았을 것
   같은 문화 집단 _____
9. 힘찬 악수로 환영하지 않는 문화 집단 _____
10. 직접적으로 눈을 맞추지 않는 사람을 의심하는 문화 집단 _____
11. 개인보다 집단을 우선시하는 문화 집단 _____

답: 1. 정신과 의사/컨설턴트 2. 정신건강 조력 3. 협업 4. 행동주의 컨설테이션 5. 문화적 역량 6. 미국 백인 문화, 아시아인 문화 7. 유럽계 미국인 8. 미국 백인 문화, 아시아인 문화 9. 미국 백인 문화 10. 유럽계 미국인 11. 동양권 문화 모든 문화

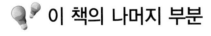 **이 책의 나머지 부분**

다음에 제시될 네 개의 장에서는 컨설테이션의 주요 모델에 대해 개관할 것이다. 2장에서는 컨설테이션에 대한 Caplan 학파의 견해를 다루면서 컨설테이션의 네 가지 접근 방법을 제시할 것이다(Caplan, 1970). 3장에서는 컨설테이션의 절충적 행동주의 모델을, 4장에서는 사회 구성주의 이론에 기반한 컨설테이션 모델에 대해 살펴보고, 5장에서는 체계이론 및 조

직 컨설테이션(조직 개발) 모델을 개관하고 이에 대해 논의할 것이다.

6장에서는 컨설테이션의 과정 변인을 비롯하여 컨설테이션 절차에 대한 설명 및 각 단계에서 활용되는 사례를 제시함으로써 컨설테이션 과정을 개관할 것이다. 또한 7장에서는 효과적인 컨설테이션을 위해 필요한 기술과 각 기술이 갖는 특징, 8장에서는 컨설테이션 과정에서 좀처럼 드러나지 않지만 컨설테이션의 중요한 요소 가운데 하나인 의뢰인에 대해 다룰 것이다. 9장과 10장에서는 실제 사례를 제시하고, 그 효과성 평가에 필요한 자료수집 방법을 제시할 것이며, 11장에서는 교사 및 부모와 함께하는 컨설테이션에 대해 고찰해 보고자 한다.

이 책의 마지막 부분에서는 컨설테이션 분야에서 논의되고 있는 몇몇 쟁점들에 대해 다룰 것이다. 12장에서는 컨설테이션을 수행하는 과정에서 고려해야 할 수많은 윤리적 원칙들과 컨설턴트가 직면할 수 있는 법적 문제에 대해 논의할 것이다. 13장에서는 컨설테이션과 협업의 활용 가능성, 이에 대한 연구의 필요성, 그리고 심리치료를 비롯한 다양한 개입 접근법과 구별되는 컨설테이션의 특징에 대해 다룰 것이다.

요약

이 장에서는 협업과 컨설테이션이 당면해 있는 다양한 주요 쟁점을 제시하였으나 이러한 주제들이 협업과 컨설테이션에 대한 정의라 볼 수는 없다. 협업과 컨설테이션은 별개의 과정으로, 협업자들은 변화의 모든 과정에 능동적으로 참여하는 반면, 컨설턴트는 개입 방안을 이행하는 작업에 참여하지 않는다는 차이를 갖는다. 이러한 관점에서 볼 때 **협업적 컨설테이션**이라는 용어는 그 의미를 정의하는 데 있어 혼란을 초래할 수 있다.

이 장에서 언급한 주제 가운데 하나인 문화적 역량은 이 책 전체를 통해 지속적으로 다루고자 한다. 미국 내 존재하는 구성원들은 인종적으로 다양하기 때문에 선호하는 의사소통 방식, 문화적 가치, 컨설테이션과 협업 과정에서 일어나는 역동에 영향을 미치는 다양한 문화적 이슈에 대한 전문가들의 이해가 충분히 이루어지도록 하는 지원과 조력 체계가 필요하다.

실무자를 위한 조언

1. 당신의 스타일과 성격에 가장 부합하는 컨설테이션 모델을 선택하라. 컨설테이션 모델 및 이를 지지하는 가치 기준과 기본 전제들을 선택하는 것은 문화적 역량을 개발하기 위한 첫 단계다.
2. 당신이 추구하는 문화적 가치, 신념, 행동을 이해하기 위해 노력하라. 당신은 미래지향적인가, 아니면 다른 지향점을 추구하고 있는가? 누군가 당신에게 개인 정보를 밝히도록 요구한다면 당신은 어떻게 반응하겠는가? 눈 맞춤의 중요성에 대해 당신은 어떠한 신념을 갖고 있는가? 악수할 때 손을 꽉 쥐는가? 문화적 역량을 개발하는 데에는 장기적인 안목이 필요하다. 자기이해를 위한 노력의 시작점이 빠르면 빠를수록 문화적 공감 능력을 지닌 전문가로서의 면모를 갖추어 가는 시점 또한 앞당길 수 있다.
3. 컨설테이션과 협업이 어떠한 관계에 있을 때 가장 효과적인지 생각해 보라.

확인 문제

1. 이 장에서 논의한 주요 개입 기법 가운데 가장 지속적인 변화를 일으킬 수 있을 것 같은 접근법은 무엇이라고 보는가? 그 이유는 무엇인가?
2. 컨설테이션과 협업이 갖는 장점과 단점은 각각 무엇인가?
3. 우리는 7장에서 효과적으로 컨설팅 작업을 수행하는 컨설턴트와 협업자의 특성에 대해 논의할 것이다. 여기서 배운 내용을 바탕으로 효과적인 협업자와 컨설턴트의 특성이 무엇인지에 대해 당신의 신념과 생각들을 개괄적으로 기술하라. 그 특성들은 얼마나 다양한가?

참고문헌

Altarriba, J., & Bauer, L. (1998). Counseling the Hispanic client: Cuban Americans, Mexican Americans, and Puerto Ricans. *Journal of Counseling and Development, 75*, 389–396.

Amatea, E. S., Daniels, H., Bringman, N., & Vandiver, F. M. (2004). Strengthening counselor-teacher-family connections: The family-school collaborative consultation project. *Professional School Counseling, 8*, 47–55.

American School Counselors Association. (2003). *ASCA national model: A framework for comprehensive school counseling programs*. Alexandria, VA: Author.

Baker, S. B., et al. (2009). School counselor consultation: A pathway to advocacy, collaboration, and leadership. *Professional School Counseling, 12*, 200–206.

Bandura, A. (1977a). Self-system: Toward a unifying theory of behavior change. *Psychological*

Review, 84, 191-215.

Bandura, A. (1977b). *Social learning theory.* Englewood Cliffs, NJ: Prentice Hall.

Beer, M., & Spector, H. (1980). *Organizational change and development: A systems view.* Santa Monica, CA: Goodyear.

Bennis, W. (1970). *Beyond bureaucracy: Essays on the development and evolution of organizations.* New York: John Wiley & Sons.

Bennis, W. (1993). *Beyond bureaucracy: Essays on the development and evolution of organizations* (2nd ed.). New York: John Wiley & Sons.

Bergan, J. R. (1977). *Behavioral consultation.* Columbus, OH: Merrill.

Bertalanffy, L. V. (1962). General systems theory: A critical review. *General Systems, 7*, 1-20.

Brown, D. (2001). An eclectic, culturally sensitive approach to consultation in mental health settings. In S. Salvatore (Ed.), *Counseling and psychotherapy: A practical guidebook for trainees and new professionals* (pp. 440-471). Boston: Allyn & Bacon.

Brown, D., Galassi, J. P., & Akos, P. (2004). Counselors' perceptions of the impact of high-stakes testing. *Professional School Counseling, 8*, 31-39.

Brown, D., & Schulte, A. (1987). A social learning model of consultation. *Professional Psychology: Research and Practice, 18*, 283-287.

Bryan, J., & Holcomb-McCoy, C. (2007). An examination of school counselor involvement in school-family-community partnerships. *Professional School Counseling, 10*, 441-454.

Caplan, G. (1970). *The theory and practice of mental health consultation.* New York: Basic Books.

Caron, E. A., & McLaughlin, M. J. (2002). Indicators and beacons in excellent schools: What do they tell us about collaborative practices? *Journal of Educational and Psychological Consultation, 13*, 279-284.

Celano, M. P., & Kaslow, N. J. (2000). Culturally competent family interventions: Review and case illustrations. *American Journal of Family Therapy, 28*, 217-228.

Cross-Bazron, B., Dennis, K., & Isaacs, J. (1989). *Toward a culturally competent system of care, Vol. I.* Washington, DC: Georgetown University Child Development Technical Assistance for State Mental Health Planning.

Davis, K. (1997). *Exploring the intersection between cultural competency and managed behavioral health policy: Implications for state and local mental health agencies.* Alexandria, VA: National Technical Assistance Center for State Mental Health Planning.

Deming, W. E. (1993). *The new economics for industry, government, and education.* Cambridge, MA: Center for Advanced Engineering Study.

de Shazer, S. (1982). *Patterns of brief family therapy: An ecosystemic approach.* New York: Guilford Press.

de Shazer, S. (1984). The death of resistance. *Family Process, 23*(1), 1-17.

de Shazer, S. (1985). *Keys to solution in brief therapy.* New York: W. W. Norton.

de Shazer, S. (1988). *Clues: Investigating solutions in brief therapy.* New York: W. W. Norton.

de Shazer, S. (1991). *Putting difference to work.* New York: W. W. Norton.

de Shazer, S. (1994). *Words were originally magic.* New York: W. W. Norton.

de Shazer, S. (2005). *More than miracles: The state of the art of solution-focused therapy.* Binghamton, NY: Haworth Press.

Dinkmeyer, D., & Carlson, J. (1973). *Consulting: Facilitating human potential and change processes.* Columbus, OH: Merrill.

Dollarhide, C. T., & Lemberger, M. E. (2006). "No child left behind": Implications for school counselors. *Professional School Counseling, 9,* 295-304.

Duncan, C. F. (1995). Cross-cultural consultation. In C. Lee (Ed.), *Cunseling for diversity* (pp. 129-139). Boston: Allyn & Bacon.

Duncan, C. F., & Pryzwansky, W. P. (1993). Effects of race, racial identity development, and orientation style on perceived consultant effectiveness. *Journal of Multicultural Counseling and Development, 21,* 88-96.

Dustin, D., & Ehly, S. (1992). School consultation in the 1990s. *Journal of Elementary School Guidance and Counseling, 26,* 165-175.

English, F. W., & Hill, J. C. (1994). *Total quality education.* Thousand Oaks, CA: Corwin.

Erchul, W. P. (1987). A relational communication analysis of control in consultation. *Professional School Psychology, 2,* 113-124.

Erchul, W. P. (1999). Two steps forward, one step back. *Journal of School Psychology, 37,* 191-203.

Erchul, W. P., & Chewning, T. G. (1990). Behavioral consultation from a request-centered relational communication perspective. *School Psychology Quarterly, 5,* 1-20.

Erchul, W. P., & Martens, B. K. (1997). *School consultation: Conceptual and empirical bases of practice.* New York: Plenum.

Erchul, W. P., & Martens, B. K. (2002). *School consultation: Conceptual and empirical bases of practice* (2nd ed.). New York: Kleuer Academic/Plenum.

Erchul, W. P., & Schulte, A. (2009). Behavioral consultation. In A. Akin-Little, S. G. Little, M. A. Bray, & T. J. Kehle (Eds.), *Behavioral interventions in schools: Evidence-based positive strategies* (pp. 13-25). Washington, DC: American Psychological Association.

Fiedler, C. R. (2000). *Making a difference: Advocacy competencies for special education professionals.* Boston: Allyn & Bacon.

Gallessich, J. (1982). *The profession and practice of consultation: A handbook for consultants, trainers of consultants, and consumers of consultation services.* San Francisco: Jossey-Bass.

Gibbs, J. T. (1980). The interpersonal orientation in mental health consultation: Toward a model of ethnic variation in mental health consultation. *Journal of Communication Psychology, 8*, 426–435.

Harris, K. C. (1993). Culture and consultation: An overview. *Journal of Educational and Psychological Consultation, 4*, 237–251.

Havelock, R. G., & Zlotolow, S. (1995). *The change agent's guide* (2nd ed.). Englewood Cliffs, NJ: Educational Technology Publications.

Homan, M. S. (2004). *Promoting community change: Making it happen in the real world* (3rd ed.). Pacific Grove, CA: Brooks/Cole.

IDEA. (2004). Individuals with Disabilities Education Act. http://www.copyright.gov/legislation/pl108–446.pdf. Accessed September 30, 2009.

Kahn, B. B. (2000). A model of solution–focused consultation for school counselors. *Professional School Counseling, 3*, 248–254.

Katz, D., & Kahn, R. L. (1978). *The social psychology of organizations*. New York: Wiley.

Keys, S. C., Bemak, F., Carpenter, S. L., & King–Sear, M. E. (1998). Collaborative consultation: A new role for counselors serving at–risk youth. *Journal of Counseling and Development, 76*, 123–133.

King, M. A., Sims, A., & Osher, D. (n.d.). *How is cultural competence integrated into education?* [Online]. Available: http://www.air.org/cecp/culturzl/Q-integrated.htm.

Kluckhorn, F. R., & Strodtbeck, F. L. (1961). *Variations in values orientation*. Evanston, IL: Row Paterson.

Lewin, K. (1951). *Field theory in social sciences*. New York: Harper & Row.

Lopez, E. C. (2000). Conducting instructional consultation through an interpreter. *School Psychology Review, 28*, 378–388.

Mannino, F. V., & Shore, M. F. (1986). Introduction. In F. V. Mannino, E. J. Trickett, M. F. Shore, M. G. Kidder, & G. Levine (Eds.), *Handbook of mental health consultation* (pp. xi–xvii). Washington, DC: U.S. Government Printing Office.

Martens, B. K., & McIntyre, L. E. (2009). The importance of treatment integrity in school–based behavioral interventions. In A. Akin–Little, S. G. Little, M. A. Bray, & T. J. Kehle (Eds.), *Behavioral interventions in schools: Evidence–based positive strategies* (pp. 59–71). Washington, DC: American Psychological Association.

McLaughlin, M. L. (2002). Examining special and general education collaborative practices in exemplary schools. *Journal of Educational and Psychological Education, 13*(1), 270–284.

Meyers, J. (1978). Training school psychologists for a consultation role. *School Psychology Digest, 7*, 26–31.

Michaels, C. A., & Lopez, E. C. (2005). Collaboration and consultation in transition planning: Introduction to the mini–theme. *Journal of Educational and Psychological Education,*

16, 256-262.

Mitchell, N. A., & Bryan, J. A. (2007). School-family-community partnerships: Strategies for school counselors working with Caribbean immigrant families. *Professional School Counseling, 10*, 399-409.

No Child Left Behind P.L. 107-110. (2002). http://www.wrightslaw.com/nclb/law/nclb.107-110. pdf. Accessed September 6, 2009.

Owens, R. (2004). *Organizational behavior in education* (8th ed.). Boston: Allyn & Bacon.

Pinto, R. F. (1981). Consultation style and client systems perspectives: Styles of cross-cultural consultation. In R. Lippitt & G. Lippitt (Eds.), *Systems thinking: A resource for organizational diagnosis and intervention* (pp. 231-265). Washington, DC: International Consultants Foundation.

Pryzwansky, W. P. (1974). A reconsideration of the consultation model for delivery of school-based psychological services. *American Journal of Orthopsychiatry, 44*, 579-583.

Pryzwansky, W. P. (1977). Collaboration or consultation: Is there a difference? *Journal of Special Education, 11*, 179-182.

Rowley, W. J., Sink, C. A., & MacDonald, G. (2002). An experimental, systemic approach to encourage collaboration and community building. *Professional School Counseling, 5*, 360-365.

Rubin, H. (2002). *Collaborative leadership.* Thousand Oaks, CA: Corwin.

Schein, E. H. (1969). *Process consultation: Its role in organizational development.* Reading, MA: Addison-Wesley.

Schein, E. H. (1989). Process consultation as a general model of helping. *Consulting Psychology Bulletin, 41*, 3-15.

Schulte, A. C., & Osborne, S. (1993). What is collaborative consultation? The eye of the beholder. In D. Fuchs (Chair), *Questioning popular beliefs about collaborative consultation.* Symposium presented at the annual meeting of the Council for Exceptional Children, San Antonio, TX.

Schulte, A. C., & Osborne, S. (2003). When assumptive worlds collide: A review of definitions of *collaboration* and *consultation. Journal of Educational and Psychological Consultation, 14*(2), 109-138.

Sheridan, S. M., & Henning-Stout, M. (1993). In J. E. Zins, T. R. Kratochwill, & S. E. Elliot (Eds.), *Handbook of consultation services for children* (pp. 95-113). San Francisco: Jossey-Bass.

Srebalus, D. J., & Brown, D. (2001). *Introduction to the helping professions.* Boston: Allyn & Bacon.

Steffy, B. E., & Lindle, S. (2004). *Building coalitions: How to link TQE schools with government, business, and community.* Thousand Oaks, CA: Corwin.

Stoiber, K. C., & Vanderwood, M. I. (2008). Traditional assessment, consultation, and intervention practices: Urban school psychologists use, importance and competence ratings. *Journal of Educational and Psychological Consultation, 18,* 254–292.

Tharp, R. G., & Wetzel, R. J. (1967). *Behavior modification in the natural environment.* New York: Academic Press.

Vygotsky, L. (1978). *Mind in society.* Cambridge, MA: Harvard Press.

Whitaker, K., & Moses, M. (1994). *The restructuring handbook.* Boston: Allyn & Bacon.

정신건강 컨설테이션

목표 | 이 장에서는 Caplan의 정신건강 컨설테이션 모델 및 그의 이론을 기반으로 정립된 동시대의 컨설테이션 모델에 대해 살펴보고자 한다.

개요 | 1. 정신건강 컨설테이션의 발달을 촉진한 역사적 사건들을 소개한다.

2. 정신건강 컨설테이션의 정의 및 그 기저를 이루는 기본 가정들을 검토한다.

3. Caplan이 제시한 컨설테이션의 진행 과정을 요약한다.

4. 내담자 중심 사례 컨설테이션, 의뢰인 중심 사례 컨설테이션, 프로그램 중심 행정 컨설테이션, 의뢰인 중심 행정 컨설테이션 등 Caplan이 제시한 네 가지 유형의 컨설테이션에 대해 살펴본다.

5. 의뢰인 중심 컨설테이션과 관련하여 의뢰인이 내담자의 문제를 다루면서 부딪히는 한계 및 이를 감소시키기 위한 방안에 대해 상세히 논의한다.

6. 정신건강 컨설테이션이 소개된 이후 그 발전 과정 및 재구성 양상을 간략하게 살펴본다.

Gerald Caplan은 심리학적 컨설테이션 분야에서 가장 영향력 있는 인물 가운데 한 사람으로 꼽힌다. 정신과 의사이자 사회 정신의학 발달의 선구자인 그는 컨설테이션 관련 저서들을 집필한 초기 정신건강 전문가다. 환경적·심리적 관점을 반영하고 있는 그의 견해는 많은 부분 심리학적 컨설테이션을 연구하는 전문가들에게 강력한 영향력을 미치고 있다. 이 장에서는 Caplan(1964, 1970, 1974, 1977, 1986, 2004; Caplan & Caplan, 1999)의 심리학적 컨설테이션(정신건강 컨설테이션 혹은 Caplan 컨설테이션)을 비롯하여 Caplan 컨설테이션의 응용 모델 및 그의 견해에 근거하여 발달한 동시대 컨설테이션 모델에 대해 논의하고자 한다(예: Ingraham, 2007; Rosenfield, 2008).

정신건강 컨설테이션의 기원

제2차 세계 대전 이후 정신건강 및 장애와 관련하여 사회적 접근 혹은 예방적 접근이라 불리는 컨설테이션의 새로운 관점이 등장하였는데, 이는 심리적 장애의 예방에 있어 지역사회에서 제공하는 지지 체계의 중요성을 강조하고 있다(Albee, 1982).

예방적 관점에서는 부적응 행동과 심리적 장애의 원인을 스트레스 상황에 놓여 있는 개인에게 사회적 지지 체계 내에서의 양육자, 가족, 친구 그리고 지역사회로부터의 충분하고 안정적인 방향 제시나 지원이 제공되지 않았기 때문이라고 본다. 따라서 스트레스 상황에 놓여 있는 개인을 보다 효과적으로 지원하기 위한 사회체제의 구조 개선이 이루어진다면 정신건강 전문가들의 직접적 개입을 요하는 심리적 장애의 발생률은 감소할 수 있으며 이는 결과적으로 전 사회적인 정신건강 증진 효과에 긍정적으로 작용할 수 있다는 것이다(Albee & Fryer, 2003).

Caplan은 이와 같은 컨설테이션 접근의 발달에 앞장선 인물로서(Caplan, 1964; Rosenfeld & Caplan, 1954), 컨설테이션을 정신장애 예방을 위한 중요한 열쇠로 보았다. 정신건강 전문가들은 교사, 경찰, 성직자 등과 같은 사회의 인적 지지 체계를 견고하게 구축함으로써 강도 높은 수준의 정신건강서비스에 대한 수요를 감소시킬 수 있었다(Caplan, 1974). Caplan (1970)은 제2차 세계 대전 이후 이스라엘 아동보호센터에 재직하며 컨설테이션에 대해 관심을 갖기 시작하였다. 그는 이스라엘 전역에 설치된 무상 거주 기관 100여 곳에 소속된 약 1만 6천여 명의 이민 아동들의 정신건강을 관리·감독하는 전문가 집단의 일원으로 활동하였다. 그러나 정신과 의사, 심리학자, 사회복지사 등으로 구성된 전문가 집단의 인력에 비해 지역의 범위 및 수용 인원의 수준이 지나치게 높은 나머지, 전통적 정신건강 서비스의 접근 방식으로는 아동 개개인에 대한 진단 및 치료가 제대로 이루어질 수 없는 상황이 발생하게 되었다. 당시 이민 아동 관리기관의 직원은 개인이 담당하고 있는 지역의 거주 기관에 위탁된 아동들에게 서비스를 제공하기 위해 해당 기관으로 출장을 다녔으며, 지역 기관에 머무르는 동안 전문적인 심리치료를 제공하는 대신 아동이 갖고 있는 문제를 해결하고 돌보기 위한 대안적 방법들을 보육 담당 직원과 함께 논의하는 업무를 진행하였다.

이 과정에서 이민 아동 관리기관의 직원들은 컨설테이션이 여러 가지 면에서 정신건강 문제를 다루는 중요하고 효과적인 수단이 될 수 있다는 사실을 발견하게 되었다(Rosenfeld & Caplan, 1954). 그 근거를 살펴보면, 첫째, 기관 또는 아동 보육 담당자에 따라 위탁 아동들이 겪고 있는 문제가 각각 다른 양상으로 나타나고 있다는 것이다. 예컨대, 어떤 기관은 학습문제를 지닌 아동들의 위탁률이 높은가 하면 또 다른 기관의 아동들은 공격적인 성향을 강하게 드러내고 있었다. 이는 아동에 대한 개별적이고 직접적인 서비스 없이도 이민 아동들의 정신건강을 관리하고 감독하는 전문가들이 특정 분야(예: 학습문제 또는 아동들의 공격성 등)에 대한 전문성을 향상시킴으로써 보다 많은 아동의 문제를 효과적으로 해결해 줄 수 있다는 시사점을 제공해 주었다. 둘째, 컨설턴트들은 아동보육 직원이 아동의 문제에 대해 다소 편협한 시각을 가지고 문제 자체에 몰입하는 경향이 있음을 발견하였다. 이에 컨설턴트들은 보육 직원들에게 컨설턴트와의 공감적이고 객관적인 논의를 통해 아동을 문제아로 보기보다는 어려움을 지닌 존재 자체로 보도록 하였다. 또한 그들의 어려움을 다루기 위해 취할 수 있는 대안적 방법들을 폭넓게 강구해 봄으로써 보다 효과적으로 문제를 해결할 수 있다는 점에 주목하였다(Calpan, 1970). 셋째, 컨설턴트들은 아동보호센터(중앙기관)보다는 보육기관에서의 근무 경험이 특정 문제를 가지고 있는 아동과 보육 담당자(caregiving agent)에게 보다 강력한 영향을 미치며, 컨설테이션 실시와 관련된 기관 내부의 다양한 요인을 이해하는 데 도움이 된다는 사실을 발견하였다. 아동의 문제에 영향을 미칠 수 있는 다양한 외적 요인들을 제대로 파악하지 못한 상태에서 이루어지는 센터 전문가들의 서비스는 효과적이지 못했다. 한편, 교사를 비롯한 다른 아동 보육 담당자들은 자신이 처한 환경에서 보다 편안해 보였으며 사례에 대한 자신의 견해를 피력하는 데 있어 컨설턴트와 자유로이 공유하고자 하였다.

이스라엘 아동보호센터에서의 활동 이후, Caplan은 예방정신의학의 또 다른 선구자인 Erich Lindermann과 함께 일하기 위해 하버드로 향했다. 그곳에서 그는 공중보건대학원의 현장 수련 실습과 하버드 의대 지역사회 정신의학 연구실에서 연구를 수행하였으며, 이를 통해 정신건강 컨설테이션의 기법들을 개발하는 한편, 보다 정교한 형태로 개선해 나갔다. Caplan은 컨설테이션을 새로운 영역이 아닌 정신건강 서비스의 한 형태로 보았는데, 지금까지 컨설테이션을 정신건강 서비스가 표방하는 하나의 영역으로 인식하지 않았다는 점, 다른 서비스와의 구분이 뚜렷하지 않았다는 점 등을 고려할 때 Caplan의 이러한 시각은 컨설테이션에 대한 중요한 인식의 전환이라고 볼 수 있다. 실제로 그는 컨설테이션과 관련된 다양한 활동(1964, 1974, 1977)은 물론, 『정신건강 컨설테이션의 이론과 실제(The Theory and Practice of Mental Health Consultation)』(Caplan, 1970)와 같은 저작 활동 등을 통해 정신건강 전문가로서 컨설테이션을 공식화하고 발전시키고자 하였다.

정신건강 컨설테이션의 기본 개념

컨설테이션의 정의

다른 학자들(Gallessich, 1982; Reschly, 1976)과 마찬가지로 Caplan(1970) 역시 '컨설테이션'이라는 용어가 다양한 용도로 사용되고 있다는 사실에 주목하였다. 이에 Caplan은 특정한 분야의 전문가인 컨설턴트와 그의 도움을 구하는 또 다른 전문가인 의뢰인 사이에 이루어지는 상호작용 과정으로 컨설테이션의 개념을 제한한 바 있다. 즉, 의뢰인은 현재 당면한 문제를 컨설턴트의 특성화된 전문적 능력의 범주 안에서 해결해 나간다고 보았다(Caplan, 1970).

정신건강 컨설테이션은 의사, 간호사, 교사, 변호사, 사회복지사, 보호관찰관, 경찰, 성직자 등과 같은 케어 전문가들이 현재 당면한 직무상의 문제(work problem)로 경험하고 있는 심리적 측면을 다루고, 더 나아가 가까운 미래에 이와 유사한 문제를 보다 효과직으로 처리할 수 있도록 조력하기 위해 제공되는 서비스다(Caplan, 1970). Caplan은 그의 초기 저서들(1970)에서 개인 컨설테이션을 강조했지만 그가 규정한 컨설테이션의 정의에는 개인 및 집단 컨설테이션이 모두 포함되어 있다.

Caplan이 정의 내린 컨설테이션의 개념에서 가장 근본적인 측면인 동시에 컨설테이션에 강력한 영향을 미치는 요인 가운데 하나는 컨설턴트와 의뢰인 간의 비위계적이고 협업적인 관계 형성이라고 할 수 있다(Gutkin & Curtis, 1990; Meyers, 1981; Meyers, Brent, Faherty, &

Modafferi, 1993; Schulte & Osborne, 2003). 컨설턴트와 의뢰인은 모두 자신의 영역에서 전문가의 위치에 있기 때문에 컨설턴트는 의뢰인에 대해 어떠한 권위도 갖지 않는다. 즉, 의뢰인은 컨설턴트의 제안을 수용하거나 거부하는 데 있어 자유로우며, 개입 전략 실행에 대한 모든 책임을 지게 된다. Caplan은 의뢰인이 컨설테이션을 통해 획득한 지식을 자신의 사고 체계에 통합하는 데 있어 컨설턴트와의 협업관계가 중요하다고 보았다. 한 사람이 다른 사람에 대해 권위를 갖는 위계적 관계는 학습에 방해 요인으로 작용하게 되는데, 컨설턴트와 의뢰인 간에 위계적 관계가 성립될 경우, 의뢰인은 컨설턴트의 제안을 수용하는 데 있어 강요받는다고 느낄 수 있으며, 자신의 자율성을 지키기 위해 컨설턴트의 개입에 저항적인 태도를 취할 수 있다(Caplan, 1970).

Caplan은 ① '컨설테이션의 초점이 특정 내담자의 문제인가, 행정적 문제인가', ② '컨설테이션의 주된 목적이 의뢰인에게 전문적인 정보를 제공하는 것인가, 의뢰인의 문제해결 능력을 향상시키는 것인가'의 두 가지 중요한 기준에 근거하여 컨설테이션을 네 가지 유형으로 분류하였다. 컨설테이션의 각 유형에 대해서는 추후 상세히 논의하겠지만, 여기서 간략히 정리해 보면 다음과 같다.

내담자 중심 사례 컨설테이션(client-centered case consultation)의 초점은 의뢰인이 담당하는 특정 내담자 개인 또는 내담자 집단의 관리에 있다. 이 유형은 컨설턴트가 내담자의 문제를 사정하고, 문제를 해결하는 데 필요한 정보를 의뢰인에게 제공함으로써 의뢰인이 내담자의 문제를 보다 효과적으로 다룰 수 있도록 하는 데 그 목표가 있으며, 이러한 면에서 내담자 중심 사례 컨설테이션은 처방적 성격을 띠고 있다. **의뢰인 중심 사례 컨설테이션**(consultee-centered case consultation) 역시 내담자 개인 또는 내담자 집단의 문제를 다루는 의뢰인의 관리 능력과 관련되어 있으나 이 유형에서 내담자의 기능 향상은 이차적 목표가 된다. 일차적 목표는 의뢰인의 기술을 증진하는 것이며, 컨설테이션의 초점은 내담자(혹은 내담자들)의 문제로 의뢰인이 경험하는 어려움이라 할 수 있다. **프로그램 중심 행정 컨설테이션**(program-centered administrative consultation)은 내담자에 대한 관리적 측면에서 내담자 중심 사례 컨설테이션과 유사한 컨설테이션 유형이라 할 수 있다. 이 컨설테이션 유형에서 컨설턴트는 정신건강 및 특정한 사회 조직체계 전문가로서 기능하며, 특정 조직을 위한 프로그램 개발 및 행정 체계와 관련된 조언을 제공하게 된다. 컨설테이션의 마지막 유형인 **의뢰인 중심 행정 컨설테이션**(consultee-centered administrative consultiaton) 또한 프로그램 개발과 행정적인 측면을 중시하지만, 그 초점은 의뢰인 중심 사례 컨설테이션과 마찬가지로 특정 조직 내에서 발생하는 문제에 대해 컨설턴트가 해결책을 제시하는 것이 아니라 의뢰인이 문제를 효과적으로 해결하는 데 필요한 능력을 향상시키는 데 있다. 정신건강 컨설테이션에 대한 초기 개념에서, 컨설턴트는 의뢰인이 속한 조직의 구성원이 아니며 내담자에 대하여 어떠한 행정적 책임도 지지 않는 것으로 설정되어 있다(Caplan, 1970).

정신건강 컨설테이션의 기본 가정

정신건강 컨설테이션의 과정에 대하여 논하기 전에 정신건강 컨설테이션의 기저를 이루는 기본 전제 및 다른 유형의 컨설테이션과 구분되는 특징에 대해 살펴보는 것은 매우 중요하다.

정신 내적 측면과 환경적 요인들은 개인의 행동을 설명하고 변화시키는 데 중요하게 작용한다. 정신건강 컨설테이션은 다른 어떤 컨설테이션 모델보다 행동 변화에 중요한 영향을 미치는 의뢰인의 정서, 태도, 신념과 같은 정신 내적 변인에 초점을 둔다(Lambert, 2004; Meyers, 1981). 그러나 이미 주지한 바와 같이 Caplan이 제시한 컨설테이션 모델은 행동 변화에 있어 환경이 갖는 영향력을 매우 중요하게 다루기 때문에 보다 현실적이고 다각적인 차원에서 환경적 요소를 반영한다고 할 수 있다. 따라서 정신건강 컨설테이션은 문제를 단순히 내담자 개인의 차원으로 이해하는 것이 아니라 조직의 내·외부에 잠재하는 다양한 수준의 가능성들을 열어 두고 있다. 정신건강 컨설테이션의 진단은 내담자의 특성, 의뢰인과 내담자 간의 의사소통, 의뢰인의 기술 수준, 의뢰인의 관점과 태도, 의뢰인과 내담자가 겪고 있는 어려움이 유사한 측면을 가지는 데에 영향을 미치는 조직적 요소 그리고 문제를 보다 악화시키는 조직 내 부정적 정서 등과 연관되어 있는 광범위한 요인들을 탐색함으로써 이루어진다. Caplan이 의뢰인의 정신내적 요인들에 주목한 것 또한 의뢰인이 내담자에게 중요한 사회적 환경의 일부라는 인식에서 비롯된 것으로, 환경적 요인을 중요시하는 그의 신념을 반영하고 있다(Meyers, 1981).

효과적 개입 전략을 수립하는 데 있어 숙달된 기술과 전문지식은 매우 중요하다. 개입 기법 채택에는 단순히 그 기법의 기능이 갖고 있는 효과뿐 아니라 그 외에 많은 요소가 영향을 미친다. Alpert와 Silverstein(1985)은 "Caplan은 기본적으로 각 의뢰인을 규범, 역할, 언어, 일련의 지식을 가진 하나의 직업군(profession)으로 간주함으로써 일정한 틀 안에서 이들을 이해하고자 하였다. 그러나 각각의 의뢰인은 하나의 특정 조직 문화의 구성원이며 ……(중략)…… 이러한 맥락이 갖는 독특한 측면들을 고려할 때, 컨설턴트는 의뢰인의 사고 체계를 완전히 이해할 수 있다고 볼 수 없으며, 따라서 컨설턴트가 제시하는 제안들은 결국 의뢰인의 자유의지에 따라 채택되어야 한다."라고 주장하였다(p. 285). 다시 말해, 컨설턴트가 다른 기관이나 전문 직종의 의뢰인들에게 적합한 개입 방안을 설계하는 데는 많은 어려움이 따른다는 것이다. 비록 컨설턴트가 전문성을 지니고 있다고는 하지만 실제적인 개입은 온전히 의뢰인의 몫으로 남겨져 있다.

학습과 일반화는 의뢰인이 그 자신의 행위에 대한 책임감을 가질 때 일어난다. Caplan이 제시한 컨설테이션 모델에서 행동에 대한 책임은 의뢰인에게 있다. 내담자 중심 사례 컨설테이션에서 컨설턴트는 문제해결에 직접적으로 참여하지 않는가 하면, 행정적 컨설테이션에서는 조직 변화를 위한 움직임에 동참하지 않는다. Caplan(1970)의 관점에서 볼 때, 컨설턴트가 문제해결에 직접적으로 관여하는 것은 문제해결에 대한 의뢰인의 주인의식을 약화시킴으로써 컨설테이션을 통해 습득한 지식들을 그 자신의 업무에 적극적으로 반영하지 않을 가능성이 높다는 것이다.

또한 단일 사례 컨설테이션은 의뢰인이 문제와 관련된 쟁점에 대한 논의 이상의 수준으로 컨설턴트에게 의존하는 것을 방지하기 위해 2~3회 정도의 짧은 인터뷰로 제한하는 방식이다. 개입 또는 변화의 전략을 선택하고 이행하는 과정에서 컨설턴트가 보이는 최소한의 참여는 의뢰인에게 그들 스스로 문제를 관리할 수 있다는 기대감을 전달할 수 있다. 컨설테이션을 통해 습득한 지식과 기술들을 업무 현장에 일반화하는 데에는 의뢰인의 태도와 감정이 중요하게 작용한다. 설령 의뢰인에게 특정한 문제를 다룰 수 있는 기술이 있다 하더라도 상황에 대한 객관적 판단력이 부족하거나 상황적 요구와 갈등을 빚는 경우 혹은 특정 전략이 그들 자신의 신념 체계에 부합하지 않을 경우, 그들은 자신의 기술과 지식들을 적용하지 못할 것이다. 예컨대, 온정적인 태도로 환자와 상호작용하도록 훈련받은 의사의 경우, 환자에게 보다 많은 권한을 부여하는 것이 환자로 하여금 순응감과 안녕감을 느끼게 한다는 사실은 인식하고 있지만 환자가 치료 결정 과정에서 주도적인 역할을 하는 데에는 반감을 가질 수 있다.

정신건강 컨설테이션은 조직 내 다른 문제해결에 보완적 역할을 한다. Caplan(1970)은 조직 내에서 내담자의 문제를 다루는 데에는 다양한 방법이 존재하며, 경우에 따라서는 컨설테이션 이외의 다른 방법들이 문제해결에 보다 적합하다고 주장하였다. 예를 들어, 의뢰인의 기술이 부족한 경우, 컨설턴트는 의뢰인의 직업 및 조직 환경과 관련된 기술을 이해하는 데 한계가 있으므로 이러한 문제들은 컨설테이션이 아닌 슈퍼비전을 통해 다루기도 한다.

의뢰인의 태도와 정서는 컨설테이션의 중요한 요인이지만 직접적으로 다루어질 수 없는 부분이기도 하다. 앞에서 언급한 바와 같이 컨설테이션에 대한 Caplan의 접근법은 의뢰인의 생각과 감정을 매우 강조한다. 예컨대, 특정한 사람 혹은 상황에 대한 고정관념은 내담자에 대한 의뢰인의 이해를 방해할 수도 있고, 의뢰인의 과거 또는 현재의 삶 속에서 해결하지 못한 갈등들이 현재 경험하고 있는 문제에서 유사하게 드러날 수도 있다.

물론 의뢰인의 감정이 중요하다고는 하나 컨설턴트는 이를 직접적으로 다루어서는 안 된다. 대신 의뢰인이 경험하고 있는 문제와 유사한 문제 상황을 설정하여 이를 활용함으로써 의뢰인이 기능하는 데 방해가 되는 간접적 요인들을 문제 유형에 맞추어 탐색하는 방법을 취하게 된다. Caplan과 Caplan(1999)은 이를 가리켜 '대체 대상 활용하기(using the displacement object)'라 칭하였다. Caplan(1970; Caplan & Caplan, 1999)은 직면이 여러 가지 측면에서 컨설테이션을 방해한다고 하였다. 그 이유는, 첫째, 효과적인 문제해결을 방해할 것으로 판단되는 의뢰인의 태도와 느낌에 대해 컨설턴트의 지적이 이루어진다면 컨설턴트와 의뢰인의 협업 관계는 깨지고 말 것이기 때문이다. 개인의 자율성에 대한 의심은 컨설테이션을 통해 문제를 해결해 나갈 수 있는 의뢰인의 능력 발휘를 방해하는 요소로 작용한다. 둘째, 의뢰인으로 하여금 자신의 감정을 명확히 자각하도록 하는 것은 의뢰인의 자존심을 상하게 하고 불안과 방어적인 태도를 불러일으킬 수 있으며, 나아가 문제를 다루는 의뢰인의 능력을 감소시킬 수 있다. 셋째, 컨설테이션의 초점이 문제의 본질로부터 벗어날 수 있다. 한편, 컨설턴트는 외현화된 문제(상담에서 다루어지는 문제)와 잠재적 문제(개인 내적 갈등)를 동시에 다룸으로써 의뢰인의 직무상 문제해결을 조력할 수 있다. 이를 통해 의뢰인은 직업 현장에서 경험하는 문제 이외에 개인 내적 갈등에 대한 해결점도 찾을 수 있다.

학생 학습활동 2-1

Caplan은 학습과 일반화는 컨설턴트가 그의 견해를 피력하지 않은 상태에서, 의뢰인이 문제에 대한 책임감을 가지고 있을 때 가장 활발히 일어날 수 있다고 하였다. 컨설테이션을 통해 습득한 기술을 다른 상황에 일반화시킬 수 있다고 생각하는 조건들을 나열해 보시오. Caplan과 당신의 생각을 비교해 보시오(이에 대한 해답은 이 장의 후반부에 수록되어 있음).

 컨설테이션 과정

Caplan이 제시한 컨설테이션 유형에 따라 그 과정이 다소 다른 형태로 전개되기는 하지만 효과적인 컨설테이션을 위해 많은 고민과 과제가 수반된다는 점은 모든 유형에 공통적이라고 할 수 있다. 컨설테이션에 관한 Caplan의 첫 저서(1970)와 개정판(Caplan & Caplan, 1999)에서는 컨설턴트가 컨설테이션 과정에서 만나는 다양한 쟁점이 무엇이며, 이를 어떻게 다루어야 하는가에 대해 상세히 기술되어 있다. 일정한 조직과 관계를 형성하고 해당 조직에 속한 의뢰인들과 작업하기 위해 알아 두어야 할 구체적·실용적 조언은 모델의 유형과 상관없이 모든 컨설턴트에게 유용하게 적용될 수 있다. 여기서는 컨설테이션의 네 가지 유형에 대해 설명하기 전에 Caplan이 제시한 컨설테이션 접근에 대한 이해를 돕기 위해 조직과의 첫 만남에서 추수 지도 및 평가에 이르는 컨설테이션의 전 과정을 개관하고자 한다.

의뢰인 기관과 관계 형성하기

Caplan은 조직과의 관계 형성이 궁극적으로 컨설테이션의 모든 과정과 깊이 연관되어 있다는 사실을 강조하였다. 초기 컨설턴트의 역할 수행은 제한적이고 직접적인 서비스 제공에 그칠 수 있으나 점차 그 역할의 범위가 넓어질 수 있다. 예컨대, 지역사회에서 운영하는 정신건강센터의 복지 전문가는 센터에서 만난 내담자 아동의 자료를 수집하기 위해 먼저 해당 아동의 학교를 방문할 것이며, 내담자를 돕기 위한 컨설턴트의 적극적인 활동이 반복되면 해당 기관에서는 전문가에게 이와 관련된 주제에 대한 워크숍 진행을 요청해 올 수 있다. 조직이 외부 전문가에 대해 편안해지고, 전문가가 조직 구성원들과 좋은 관계를 유지하며 유용한 정보를 제공한다는 사실을 알게 되면 조직과 컨설턴트의 만남은 공식적인 컨설테이션 관계로 발전해 나갈 수 있게 된다.

또한 이러한 접촉을 통해 컨설턴트는 직원뿐 아니라 높은 직급의 행정가들과도 협조적 관계를 발전시켜 나갈 수 있게 된다. 컨설턴트는 유능하고 신뢰로우며 기꺼이 돕는 자세로 직원들을 대하되 조직 및 직원 고유의 특권을 존중하는 사람이라는 평판을 얻고자 해야 한다. 컨설턴트는 또한 컨설테이션을 성공적으로 이끌어 가기 위해 조직을 이해하고자 노력해야 한다. Caplan은 의전, 약속을 잡는 방법, 시간 관념과 같은 문제들을 둘러싼 조직의 고유한 사회적 규준에 대해 컨설턴트가 반드시 이해하고 있어야 함을 강조하였다.

컨설테이션은 일반적으로 컨설턴트와 의뢰인이 속한 조직 간의 협상을 통해 시작된다. 컨설턴트는 높은 직위의 행정가로부터 승인을 받는 것도 중요하지만, 조직 구성원들로부터의 지지가 수반되지 않으면 효과적인 컨설테이션을 기대하기 어렵기 때문에 조직의 모든 수준에서 컨설테이션 진행과 관련된 승인과 지지를 받기 위해 노력해야 한다. 컨설테이션이 진행되는 과정에서 컨설턴트의 역할이 변화됨에 따라 컨설턴트와 조직 간 초기에 맺은 합의

사항은 재조정되기도 한다. 이와 같은 컨설테이션과 조직 간 협상은 점차 그 성격과 형태가 명백해지고, 공식화 · 연속화되어 가는 가운데 조직의 가장 높은 수준에서 합의점을 찾게 된다(Caplan & Caplan, 1999; Kelly, 1993).

의뢰인과 관계 수립하기

컨설턴트와 의뢰인의 관계는 모든 유형의 정신건강 컨설테이션의 핵심적 요인이라 할 수 있다. 의뢰인은 그들의 전문적인 역할과 한계에 대해 가르치는 컨설턴트의 교육이 원활하게 진행될 수 있도록 컨설테이션의 능동적 참여자로서 자신을 인식해야 한다. 앞서 언급한 바와 같이, 컨설턴트는 전문적 쟁점과 주제들이 자유롭게 논의되는 개방적인 환경에서 의뢰인과 협조적이고 비위계적인 관계를 형성할 수 있다. 이때 가장 중요한 쟁점은 비밀보장이라 할 수 있다. Caplan은 의뢰인의 문제를 다루는 데 있어 비밀보장이 갖는 중요성에 대해 언급하면서 컨설턴트는 의뢰인의 문제에 대해 다른 사람, 특히 의뢰인의 상급자와 논의해서는 안 된다고 주장하였다(Caplan & Caplan, 1999).

개입방안 이행에 대해 의뢰인이 갖는 책임감은 그들의 행동에 영향을 미친다. 또한 컨설테이션을 통해 습득한 주요 기법을 활용하는 데 있어 의뢰인은 컨설턴트를 모방하는 경향이 있기 때문에 컨설테이션 과정에서 형성되는 의뢰인과 컨설턴트의 관계는 매우 중요하다고 할 수 있다. 즉, 견고하고 긍정적인 컨설테이션 관계에서는 컨설턴트가 의뢰인의 역할 모델이 될 수 있다. Caplan은 의뢰인의 역할 모델로서 컨설턴트가 지닌 전문성의 세 가지 일반적 특징을 기술하였는데, ① 내담자에 대한 공감, ② 다른 사람과 자신에 대한 인내심, ③ 체계적이고 객관적인 방식을 통해 풍부한 정보를 수집함으로써 인간 행동을 이해할 수 있다는 신념이 바로 그것이다.

Caplan(1970)은 컨설테이션 관계 안에서 민감한 쟁점으로 다루어지곤 하는 지위(status) 문제에 대해 상세히 설명한 바 있다. 비록 컨설턴트는 의뢰인에 대해 그 어떤 행정적 권한도 행사하지 않지만, 의뢰인은 컨설턴트로부터 위협을 느낄 수도 있고 동료보다는 상급자로서 컨설턴트와의 관계를 형성할 수도 있다. Caplan은 이러한 관행들이 계급적이고 지배적인 관계를 강화하는 요인으로 작용할 수 있기 때문에 컨설턴트는 의뢰인의 행동과 관련하여 가능한 한 판단적 진술을 피하도록 권고하였다. 또한 그는 자기비하적 행동을 통해 컨설테이션 관계에서 우위를 점하려는 의뢰인의 움직임에 대해 컨설턴트는 절대 반응해서는 안 된다고 주장하였다. 예컨대, 깊은 근심에 빠져 있는 의뢰인에 대해 컨설턴트는 더 많이 공감하고 경청하는 노력 외에 때로는 의뢰인이 편한 시간에 맞춰 약속 시간을 잡아야 하는 상황이 발생할 수도 있다.

사정하기

수집된 평가 정보의 형태는 물론, 평가에 대한 책임 또한 컨설테이션 유형에 따라 다양하다. 그러나 컨설테이션의 형태와 상관없이 컨설턴트는 일정 수준에서 개인 문제 및 그 해결과 관련하여 의뢰인이 속한 조직의 요소들을 평가한다. 이 내용에 대해서는 이 장의 후반부에서 보다 자세히 기술하고자 한다.

평가의 중요한 측면 가운데 하나는 컨설턴트와 의뢰인이 함께 문제의 검토 작업을 진행하는 것으로, 이는 의뢰인의 변화를 목표로 고안된 개입 전략이라 할 수 있다. 이 단계에서 이루어지는 질문을 통해 의뢰인은 문제에 대해 폭넓은 시야를 확보할 수 있을 뿐 아니라 추후 비슷한 상황이 발생했을 때 컨설테이션을 통해 습득한 지식과 기술을 바탕으로 문제에 접근하는 새로운 방법을 학습할 수 있다. 이에 대해 Caplan은 다음과 같이 설명하였다.

> 상황에 대한 평가나 조언을 직접적으로 제공하지는 않지만 컨설턴트는 의뢰인에게 질문을 던짐으로써 앞에서 언급한 두 가지 개입 효과를 모두 실현할 수 있다. 단, 이 과정에서 이루어지는 질문은 단순히 의문(interrogation)의 형태를 취해서는 안 되며, 컨설턴트가 의뢰인 곁에서 그가 경험하고 있는 문제에 적극적으로 참여하는 것, 이를테면 문제가 갖는 복잡성에 대해 함께 고민하는 등의 형태를 취해야 한다. 이를 통해 컨설턴트는 의뢰인에게 정보 수집의 새로운 방법, 개인사를 통한 깊이 있는 자기이해의 새로운 가능성, 현재의 어려움을 타개할 수 있는 새로운 방식을 제시함으로써 문제에 대한 의뢰인의 시야를 보다 넓고 깊게 확장시킬 수 있다(1970, p. 59).

개입

컨설테이션의 형태와 상관없이 정신건강 컨설테이션에서는 문제해결을 위한 행위와 관련된 모든 책임이 의뢰인에게 있다. 의뢰인 중심 컨설테이션에서 컨설턴트는 의뢰인으로 하여금 지금까지 자각하지 못한 그 자신의 결점을 개선할 수 있도록 하기 위한 개입 전략을 수립하고 이를 실행에 옮기게 된다. 이러한 개입들은 문제와 관련된 주제에 대해 다양한 질문을 던짐으로써 현 상황에 대한 의뢰인의 인식을 전환시키는 방법, 자신이 처한 어려움으로 다급함과 불안감에 휩싸여 있는 의뢰인을 안정시킴으로써 이성적으로 문제를 해결해 나갈 수 있도록 모델링하는 방법 등과 같이 비교적 간단한 형태에서부터 복잡한 형태에 이르기까지 매우 다양하다. 주제 방해 감소(theme interference reduction) 기법을 예로 들어 보자. 자신의 삶 속에서 해결하지 못한 상황과의 유사성으로 인해 특정 유형의 문제에 대해 비극적 결과를 예상하는 의뢰인에 대하여 컨설턴트는 컨설테이션 회기를 어떻게 진행해 나갈 것인지 그 진행 과정(혹은 연속적 회기)을 결정할 수 있다. 컨설테이션 과정을 통해 컨설턴트는 의뢰인으로 하여금 현재 봉착해 있는 문제와 그에 대한 행동의 결과는 피할 수 없다는 사실을 인식할 수 있도록 돕는 한편, 미래에 이와 유사한 상황이 발생할 경우 의뢰인이 효과적으로 대처할 수 있다는 신념을 갖도록 함으로써 의뢰인이 자신의 문제를 성공적으로 처리해 나갈 수 있도록 조력한다. 주제 방해 감소 전략을 비롯한 그 외 다른 개입 전략은 의뢰인의 객관성 결여에 대해 논의하는 부분에서 자세히 설명하고자 한다.

추수 관리 및 평가

개입 방안을 이행하는 과정에서 취하는 행동의 모든 책임이 비록 의뢰인에게 있다 하더라도 컨설턴트는 컨설테이션에서 논의한 의뢰인 개인 및 조직의 문제를 비롯하여 컨설테이션의 결과로 개인 및 조직 내에 일어난 변화에 대해 인지할 필요가 있다. Caplan은 전문가로서의 효과성을 증진하기 위한 수단으로 컨설테이션 서비스를 평가하기 위한 시도의 필요성을 제안하였고, 이와 관련된 평가 방법들에 대해 논의하였다. 다만, 그는 컨설턴트의 개입, 의뢰인의 인식과 태도의 변화, 의뢰인의 행동 변화, 내담자의 변화, 조직의 변화, 미래의 내담자와 의뢰인 간 상호작용 양식의 변화가 갖는 효과성을 가늠하기 위한 컨설테이션 평가, 복잡하고 간접적인 서비스를 제공하는 과정에서 발생하는 어려움에 주목하였다.

학생 학습활동 2-2

Caplan은 의뢰인의 문제해결 능력을 향상시키는 데 컨설턴트가 제시하는 질문 유형이 중요한 영향을 미칠 수 있다고 주장하였다. 실제 컨설테이션 장면에서 다루어지는 문제를 주제로 한 역할극을 통해 이 접근을 시도해 보시오. 문제를 다루는 방법에 있어 직접적인 제안이나 조언을 피하는 것이 좋은가? 의뢰인 역할을 맡았던 사람에게 컨설테이션 회기에 대한 그의 생각과 느낌을 물어보시오.

정신건강 컨설테이션의 유형

이 장에서는 Caplan이 제시한 컨설테이션의 네 가지 유형에 대해 상세히 기술하고자 한다(1970; Caplan & Caplan, 1999). 〈표 2-1〉은 컨설테이션의 네 가지의 유형을 다양한 차원에서 비교하고 있다.

‖ 표 2-1 ‖ Caplan이 제시한 네 가지 컨설테이션 유형의 다차원적 비교

정신건강 컨설테이션			
	내담자 중심 사례 컨설테이션	의뢰인 중심 사례 컨설테이션	프로그램 중심 행정 컨설테이션	의뢰인 중심 행정 컨설테이션
초점	특정 내담자를 조력하기 위한 방안 개발에 초점	특정 사례와 관련하여 해결에 필요한 의뢰인의 전문적 기능 개선에 초점	프로그램 개발 또는 정책 개선에 초점	특정 프로그램 또는 정책과 관련하여 의뢰인의 전문적 기능 개선에 초점
목표	내담자 치료를 둘러싼 제반 문제와 관련하여 의뢰인에게 조언하기	내담자의 문제해결에 필요한 기술 및 지식에 대해 의뢰인 교육하기	새로운 프로그램 및 정책 개발 또는 현재 시행 중인 프로그램 개선을 위해 조력하기	의뢰인이 당면한 조직 내 문제를 다루기 위한 문제해결 기술을 개선할 수 있도록 조력하기
사례	학생의 독해 문제 진단을 위해 학교심리학자에게 자문을 요청한다.	학생의 약물 관련 문제 해결을 위해 학교상담자가 전문가에게 도움을 요청한다.	돌봄의 집 관리자가 직원 오리엔테이션 프로그램 개발을 위해 자문을 요청한다.	경찰서장이 경력직 경찰관과 신임 경찰들 사이에 발생하는 대인관계 문제를 다루기 위한 프로그램 개발을 요청한다.
컨설턴트의 역할과 책임	문제를 진단하기 위해 컨설턴트는 보통 의뢰인의 내담자를 만난다.	컨설턴트는 꼭 필요한 경우가 아닌 이상 의뢰인의 내담자와 접촉하지 않는다.	문제를 정확히 평가하기 위해 집단 및 개인별 접촉을 시도한다.	의뢰인의 문제해결 기술 개발을 돕기 위해 집단 및 개인별 접촉을 시도한다.
	문제를 평가하고 그에 맞는 행동의 방향을 지시하는 데 책임이 따르는가?	의뢰인이 경험하고 있는 어려움의 본질을 파악한 후, 이를 간접적으로 다룰 수 있어야 한다.	정확한 문제 평가 및 이에 근거한 프로그램 운영, 관리 지침을 제공하는 데 있어 책임이 따르는가?	컨설턴트는 조직이 처한 어려움의 본질을 인식함으로써 행정가가 문제를 합리적으로 해결할 수 있게 하는 촉매제 역할을 담당하도록 돕는다.

내담자 중심 사례 컨설테이션

Caplan(1970)은 내담자 중심 사례 컨설테이션(client-centered case consultation)을 정신건강 전문가들이 수행하는 가장 일반적인 형태로 특징짓고 있다. 내담자 중심 사례 컨설테이션에서 컨설턴트는 내담자 진단을 비롯하여 의뢰인이 내담자의 문제를 처리하는 데 있어 수정·개선해야 할 점들에 대한 권고 사항들을 제시하는 등 내담자를 평가하는 전문가로서의 기능을 수행한다. 때로 내담자 중심 사례 컨설테이션은 보다 심층적인 진단과 처치를 위해 내담자를 선별하는 수단으로 활용되기도 한다. 컨설턴트는 의뢰된 문제가 컨설테이션에서 다루기에 적절한지를 판단하는 한편, 그 적절성 여부와 상관없이 의뢰인과 내담자 사이에 일어난 상호작용에 대하여 의견을 개진한다.

종종 평가, 진단 그리고 권고는 서면 보고서로 요약되어 의뢰인에게 전달되기도 한다. 의뢰인은 컨설턴트의 참여를 최소화하는 가운데 내담자의 문제를 다루기 위해 필요한 자신의 계획을 개발하고 이행하는 데 보고서에 제공된 정보를 활용한다. 내담자 중심 사례 컨설테이션에는 임상적 문제를 지니고 있는 환자를 검사하고 사례의 정신건강적 측면에서 사례를 어떻게 이해해야 하는지 병원 내 심리학자에게 요청한 사례가 있다. 또한 학교심리학자에게 독해 학습에 문제가 있는 아동의 어려움에 대한 적절한 교육적 접근법을 요청한 교사의 사례도 이에 해당한다고 할 수 있다.

내담자 중심 사례 컨설테이션의 일차적인 목표는 내담자가 경험하고 있는 어려움을 다루기 위한 계획을 수립하는 것이다. 의뢰인을 위한 교육 방법 혹은 기술의 개발은 이차적인 목표에 해당한다. 사정 작업은 내담자가 경험하고 있는 어려움의 본질에 그 초점을 두고 이루어지며, 컨설턴트는 내담자와의 직접적인 대면 작업에 많은 시간을 할애한다. 또한 컨설턴트는 내담자에 대한 성공적인 개입 계획에 영향을 미칠 수 있는 의뢰인의 상황적 자원과 한계를 평가한다.

내담자에 대한 직접적인 평가는 심리적·교육적 검사 또는 임상적 면담과 같은 표준화된 평가 기법을 통해 이루어지는데, 이때 평가의 초점은 의뢰인에게 유용한 정보를 제공하는 것이라고 할 수 있다. 독해에 어려움을 보이는 아동의 문제로 고민하고 있는 교사가 학교심리학자에게 자문을 요청한 사례에서 컨설턴트는 규준참조검사(norm-referenced test: 동급생 집단에서 차지하는 해당 아동의 위치와 관련된 정보를 제공)가 아닌 준거참조검사(criterion-referenced test: 아동이 갖고 있는 특정 기술의 결핍에 관한 정보를 제공)를 활용하게 되는데, 이러한 경우 검사 결과들은 대부분 학습교정 전략으로 활용되지 못한다.

컨설턴트가 의뢰인에게 유용한 정보를 제공하는 데 있어 반드시 기억해야 할 점은 어려움을 유발하는 환경에 대한 명확한 이해를 통해 의뢰인이 처한 환경에서 실현 가능한 조언이 제공되어야 한다는 것이다. 따라서 역할 기대, 규준, 재정적·시간적 한계, 내담자에 대한 개입 계획의 수립에 영향을 미칠 수 있는 의뢰인 개인의 강점과 약점 등 의뢰인이 처한 환경의 자원과 한계에 대한 조사가 실시되어야 한다. 사정 작업이 진행되는 과정에서는 의뢰인-내담자 관계 및 이들의 관계가 문제 상황을 개선하는 데 어떻게 강화되거나 변화되어야 하는가에 주목한다. 컨설턴트는 문제해결을 방해하는 잘못된 판단과 의사소통을 찾아낸 후, '의사소통의 가교'(Caplan, 1970, p. 115)로 활동함으로써 의뢰인과 내담자 간의 의사소통과 이해 증진을 위해 노력한다. 또한 의뢰인과 그의 작업환경에 대한 이해는 컨설턴트가 의뢰인에게 정보를 전달하기 위한 가장 효과적인 방법을 결정하는 데 도움이 될 수 있다. Caplan이 지적한 바와 같이, 이는 단순히 전문용어를 가급적 사용하지 말라고 말하는 것이 아니라 의뢰인에게 제공되는 정보에 사용되는 개념 및 의뢰인의 전문적 역할과 스타일에 적합한 정보 제공 방식을 주의 깊게 선택하는 것과 관련되어 있다. 예컨대, 가정 문제로 극도의 스트레스를 겪고 있는 직원을 관리하는 매니저에게 심리학자는 직원의 불편감을 덜어 주고 적응 기술을 개선할 수 있는 방안에 대한 조언을 제공할 수도 있으나, 그보다는 직원의 생산성 유지에 초점을 둔 문제해결 방안을 제시할 것이다.

컨설턴트의 제언에 대한 이행 결과의 책임은 의뢰인에게 있다. 한편, 컨설턴트는 자신이 제공한 조언에 대해 의뢰인과 논의하고, 의뢰인이 이를 이해했는지 확인하기 위해 의뢰인을 만나기도 한다. 컨설턴트는 컨설테이션이 종료된 이후에도 내담자의 개선 과정을 확인하기 위해 의뢰인과의 접촉을 시도할 수 있으며, 이를 통해 컨설턴트는 정확한 진단을 위해 필요한 아이디어를 얻는 한편, 자신이 제공한 제언이 갖는 유용성에 대해 판단할 수 있게 된다.

의뢰인 중심 사례 컨설테이션

정신건강 컨설테이션과 Caplan 컨설테이션이라는 용어는 의뢰인 중심 컨설테이션(consultee-centered consultation)을 주제로 한 컨설테이션 문헌에서 동의어로 쓰이곤 한다. 의뢰인 중심 컨설테이션은 여러 면에서 Caplan의 컨설테이션 모델과 매우 유사한데, 실제로 Caplan은 자신이 제시한 네 가지 컨설테이션 유형 가운데 의뢰인 중심 사례 컨설테이션(consultee-centered case consultation) 개발에 가장 많은 주의를 기울였다. 의뢰인 중심 사례 컨설테이션은 내담자 중심 사례 컨설테이션과 대응되는 개념으로, 의뢰인이 관리하는 특정 내담자의 직무상 어려움과 관련되어 있다. 그러나 의뢰인 중심 사례 컨설테이션의 일차적 목표는 현재 내담자가 처한 어려움 해결에 대해 책임을 지고 있는 의뢰인의 전문적 기능 결손의 개선이라 할 수 있으며, 내담자의 기능 향상은 이차적 목표가 된다.

의뢰인 중심 사례 컨설테이션은 내담자가 경험하고 있는 문제해결에 도움이 되는 의뢰인의 특성에 초점을 맞추기 때문에, 내담자에 대한 직접적 평가는 반드시 필요한 경우를 제외하고는 거의 이루어지지 않는다. 컨설턴트의 주된 평가 방식은 사례에 대한 의뢰인의 설명을 주의 깊게 듣고 확인하는 것으로, 문제에 관한 의뢰인의 설명에서 비일관적이고 부정확한 면들을 발견함으로써 의뢰인의 기능을 방해하는 인지적이고 정서적인 요인들을 확인하게 된다.

Caplan은 의뢰인이 컨설턴트의 자문을 필요로 하는 이유를 ① 지식의 부족, ② 기술의 부족, ③ 자신감의 부족, ④ 객관성의 부족 등으로 제시하였는데, 이는 의뢰인이 경험하는 어려움을 네 가지 범주로 분류한 것이다. 여기서는 각각의 내용에 대해 상세히 기술하고자 한다.

:: **지식의 부족**(lack of knowledge)　　현재 경험하고 있는 어려움의 원인이 지식의 부족에 있을 경우, 의뢰인은 사례에 관한 심리적 혹은 사회적 요소들을 간과하거나 이러한 요소들 간의 관련성을 파악하는 데 실패할 수 있다. 간호사들의 경우, 환자에게 치료와 처방에 대한 이론적 근거를 제시하면 환자들이 치료에 보다 순응적이 될 것이라고 생각할 수도 있지만, 외래환자들에게는 이러한 원칙 준수가 오히려 역효과를 낼 수 있다는 사실 또한 인지해야 할 것이다. 반복학습이 정보를 기억하는 능력 향상에 도움이 된다는 사실은 알고 있지만 실제 수업 장면에서는 관련 내용을 한 번 이상 다루지 않는 교사 또한 지식의 부족을 나타내는 예가 될 수 있을 것이다.

지식의 부족으로 인한 문제는 컨설턴트가 의뢰인에게 정보를 제공함으로써 그 해결점을 찾을 수도 있으나 지식의 부족으로 인해 이루어지는 컨설턴트와의 개인적이고 반복적인 접촉은 의뢰인에게 소모적이고 비효율적인 방법이라는 점에서, Caplan은 이 방법이 적절하지 않다고 주장하였다. 이러한 경우 컨설턴트는 문제해결에 보완이 필요하다고 생각되는 부분에 대해 피드백을 제공하고, 평생교육, 슈퍼비전, 집단 컨설테이션 등 의뢰인의 요구를 충족시킬 수 있는 대안적 방법을 제시해야 한다는 것이다. 예컨대, 교칙 제정과 관련하여 컨설테이션을 원하는 요구의 목소리가 높을 경우, 학교상담자는 학교 행정가에게 이를 교사 대상 직무 연수 주제로 제안할 것이다.

:: **기술의 부족**(lack of skill)　　두 번째 소개할 범주는 기술의 부족이다. 이는 의뢰인이 내담자의 문제를 해결하는 데 필요한 요인들 간의 관련성을 이해하고 있으나 만족스러운 해결책을 찾지 못하고 있는 경우에 해당한다. Caplan이 제시한 컨설테이션 모델에서는 기본적으로 의뢰인의 직업과 의뢰인이 속한 조직 환경 및 요구되는 기술에 대한 컨설턴트의 완벽한 지식을 기대할 수 없기 때문에 의뢰인에게서 발견되는 단편적 기술 부족의 문제는 컨설테이션에서 다루기에 적합한 주제라고 할 수 없다. 기술 부족으로 의뢰인이 경험하는 어려움은 의뢰인의 직업과 그가 속한 기관에 대해 충분한 이해 수준을 갖춘 슈퍼바이저의 슈퍼비전을 통해 보다 적절하게 다루어질 수 있으며, 슈퍼비전을 토대로 수립된 개입 방안들은 여러 측면에서 의뢰인의 직업적 정체성 및 작업 환경 내에서 추구하는 규준에 부합된다고 할 수 있다.

Caplan은 의뢰인의 기술 부족 문제를 해결하기 위한 방안으로 컨설턴트의 역할을 제시하였는데, 그에 따르면 컨설턴트는 내담자의 문제를 둘러싼 쟁점들에 대해 이해하고, 직업 현장에서 유용하게 활용할 수 있는 기술 개발 방법을 탐색하도록 의뢰인을 지지해야 한다는 것이다. 또한 Caplan은 컨설턴트가 의뢰인의 직업과 그가 속한 조직의 규준을 고려하지 않은 상태에서 의뢰인의 기술 부족 문제에 대한 해결책을 제시하는 것은 별로 바람직하지 않다고 충고하였다. 보다 바람직한 방법은 의뢰인에게 다양한 대안을 제시하는 것이라고 할 수 있다. 전문성 및 의뢰인의 직무 현장에서 추구하는 제도적 규준에 부합하는 계획을 수립하는 데 있어 컨설턴트의 무지가 초래할 수 있는 문제의 심각성은 다음의 예에 잘 나타나 있다.

> 좋지 않은 습관을 끊거나 원하지 않는 행동(예: 만성적 걱정)을 줄이고자 하는 성인들을 대상으로 경미한 자기처벌 기법을 활용하여 집단을 운영했던 경험이 있는 한 컨설턴트가 학교에서 근무를 시작하게 되었다. 그리고 그곳에서 학생들이 과제에 집중하기를 원하는 4학년 담당 교사로부터 컨설테이션을 요청받게 되었다. 이에 컨설턴트는 학생의 행동 통제를 위한 방법의 하나로 자기처벌 기법을 제안하였고, 이는 학생이 과제에 집중하지 못할 때 자신의 허리에 고무줄을 튕기는 방법으로 진행되었다. 신체적 처벌이 이미 해당 초등학교에서 일상적으로 사용되고 있었고, 그 처벌 수위가 비교적 경미하다는 사실에도, 컨설턴트가 제안한 방법은 학교 현장에서 추구하는 규범과 맞지 않아 결국 교사, 행정가, 학부모에게 심한 혼란을 안겨 주고 말았다. 컨설턴트는 물론, 자문을 요청한 의뢰인 모두 많은 비판을 받았고, 이 사건을 계기로 컨설턴트가 행사할 수 있는 역할의 범위 및 그에 대한 신뢰는 크게 감소하였다. 이 사례는 컨설턴트의 잘못된 판단에 대한 경각심을 불러일으키기도 하지만, 그보다는 실제

현장에서 수용되는 규준에 대한 충분한 인식이 수반되지 않을 때 컨설테이션은 실패로 귀결될 수 밖에 없다는 Caplan의 경고를 강하게 보여 주고 있다.

:: **자신감의 부족(lack of confidence)**   Caplan은 의뢰인이 경험하는 어려움의 세 번째 원인으로 자신감 부족에 대해 논의하였다. 그러나 Caplan은 의뢰인의 자신감 부족을 컨설테이션에서 다루어야 하는 문제로 인식하지 않았다. 다시 말해, 문제해결에 있어 의뢰인의 자신감이 결핍되어 있다는 판단이 서면, 컨설턴트는 의뢰인으로 하여금 그가 속한 조직 내에서 지원 가능한 다른 자원을 발견할 수 있도록 돕는 동시에 의뢰인에게 지지와 확신을 제공한다. 처음으로 청소년 자살 시도 문제를 맡게 된 임상사회복지사는 부모에게 공지해야 하는 법적·윤리적 의무 조항에 대해 잘 알고 있었고, 청소년 내담자가 자살을 시도했을 경우 이에 대한 처리절차에 대해 숙지하고 있었지만, 그럼에도 불구하고 그는 자신이 처한 상황 자체에 대한 두려움 때문에 자신이 맡은 업무를 제대로 처리할 수 있다는 확신의 근거들을 찾고 싶어 할 수 있다. 이때 컨설턴트는 일시적으로 의뢰인이 원하는 지지를 제공할 수는 있으나 장기적인 안목으로 볼 때 미래에 유사한 상황이 발생할 경우, 이러한 지지를 제공할 수 있는 조직 내 선임자들을 찾도록 돕는 것이 보다 효과적인 지원 방법이라 할 수 있다.

:: **객관성의 부족(lack of objectivity)**   의뢰인이 경험하는 어려움의 마지막 원인은 객관성의 부족이다. Caplan은 관리·감독이 철저하고, 행정적인 메커니즘의 기능이 원활하게 이루어져야 하는 복지 서비스 분야에서 의뢰인 중심 컨설테이션이 이루어질 때, 의뢰인이 가장 많이 호소하는 어려움이 바로 객관성의 부족이라 밝힌 바 있다. 객관성 부족은 내담자와 작업을 진행하는 과정에서 의뢰인이 전문가로서의 권위 또는 객관성을 상실함으로써 현재 당면한 내담자의 문제해결에 자신의 기술을 적용할 수 없을 때 발생한다. 게다가 의뢰인 단독으로 문제를 해결하기 위한 시도가 실패로 돌아갈 경우 상황은 더 악화될 수 있다. 예컨대, 학생과의 상담을 진행하는 데 있어 학부모로부터 동의서를 받기 위한 수차례의 시도에도 결국 실패하고 만 교사의 객관성은 더할 나위 없이 실추될 수 있다. 의뢰인의 객관성 수준에 대한 평가는 주로 사례에 대한 의뢰인의 설명, 의뢰인이 강조하는 요소들, 의뢰인이 도출해 낸 결론의 기저를 이루는 추론과 전제 그리고 의뢰인이 말하는 사실들 간에 존재하는 비일관성에 근거하여 이루어진다. 일반적으로 컨설턴트는 의뢰인으로 하여금 문제에 대해 설명하도록 요구하고, 이에 기초한 질문을 던짐으로써 의뢰인이 진술과 지각을 반복하도록

유도한다.

Caplan은 사례를 통해 발견되는 의뢰인의 객관성 부족 문제를 ① 직접적·개인적 관계, ② 단순 동일시, ③ 전이, ④ 성격적 왜곡, ⑤ 주제 방해의 다섯 가지 범주로 제시하였다. 여기서는 이와 관련된 내용에 대해 자세히 살펴보고자 한다.

객관성 부족의 첫 번째 범주는 직접적·개인적인 관계로, 내담자와 의뢰인의 관계가 전문적인 성격을 벗어나 개인적 관계로 변질될 때 발생한다. 예컨대, 의사는 환자에게 매력을 느낄 수 있고(Caplan, 1970), 아동 보육사는 상주 탁아 시설에 위탁된 아이에 대한 지나친 애착과 관심으로 입양을 고려할 수 있으며, 교사는 무례한 태도를 보이는 학생에게 과도한 징계 처벌을 가할 수 있다.

Caplan(1970)은 내담자와의 직접적이고 개인적인 관계로 인해 의뢰인의 판단력이 흐려지고 효과적으로 행동하지 못한다는 판단이 설 때, 컨설턴트가 개입할 수 있는 방안을 두 가지 관점에서 제시하였다. 다만 의뢰인으로 하여금 내담자와의 관계에서 전문적인 역할을 수행하도록 돕는 이 과정에서 컨설턴트는 의뢰인에게 간접적으로 접근해야 한다. 첫째, 의뢰인과 내담자 사이에 빚어지는 역할 갈등은 보통 의뢰인 자신의 역할 갈등을 간접적으로 나타낸다. 따라서 컨설턴트는 의뢰인에게 '다양한 사회적 역할 속에서 타인과 적절한 관계 형성하기' '다양한 사회적 맥락 속에서 부적절한 처신이 무엇인가를 판단하기' 등에 대한 내담자 학습의 중요성을 강조함으로써 의뢰인 스스로 내담자와 적절한 관계를 유지할 수 있도록 조력할 수 있다. 상주 탁아 시설에 위탁된 아이와 과도한 애착 관계를 형성한 아동 보육사의 사례에서 컨설턴트는 보육사가 부모와 같은 모습으로 아이를 대하는 태도와 방식에 대해 지적할 수 있다.

둘째, 컨설턴트가 의뢰인의 역할 모델이 되는 것이다. 예컨대, 동성애자인 내담자의 문제를 다루는 데 있어 동성애에 대한 의뢰인의 반감 및 개인적 편견이 작용한다고 판단될 경우, 컨설턴트는 의뢰인이 가능한 한 내담자의 부분적 특성에 집중하기보다는 다양한 측면을 평가하도록 돕는다. 이를 통해 의뢰인은 내담자 및 내담자의 문제를 보다 객관적으로 바라볼 수 있는 시야를 확보할 수 있게 된다.

두 번째 범주인 단순 동일시는 의뢰인이 그 자신을 내담자 혹은 내담자와 관련된 다른 사람들과 동일시함으로써 내담자가 처한 상황 및 문제에 대해 중립적 관점을 놓칠 때 발생한다. 노부모를 부양해야 하는 책임으로 인해 일상생활 전반에 걸쳐 혼란을 경험했던 사회복지사는 그 자신과 비슷한 상황에 놓여 있는 내담자에 대해 노부모 부양을 피할 수 있는 다른 대안을 찾아야 한다고 주장할 수 있다. 내담자와 의뢰인의 직접적이고 개인적인 관계 형성으로 발생한 문제에 대하여 취하는 개입방안과 마찬가지로 단순 동일시로 발생하는 문제에 대해서도 컨설턴트는 의뢰인으로 하여금 내담자의 상황을 보다 다각적으로 점검함으로써 객관적 시각을 갖도록 돕는다.

객관성 부족의 세 번째 범주는 전이다. 이는 다른 관계에서 비롯된 감정과 태도를 심리 치료적 관계에 있는 내담자에게 그대로 적용하는 것으로, 심리 역동적 구조에서 파생된 개념이라 할 수 있다. 전이 문제를 보이는 의뢰인은 자신의 과거 경험에 기초하여 내담자의 역할과 행동 양식을 강요하는 경향이 있으며, 이러한 패턴은 시간이 지나면서 다른 내담자들에게도 그대로 반복되어 나타난다.

Caplan은 미성숙한 아동에 대해 컨설테이션을 의뢰한 교사의 사례를 제시하였다. 교사는 아동에 대해 적대적인 태도를 보이고 있었는데, 사례에 대한 교사의 설명을 통해 컨설턴트는 교사가 버릇없이 자란 자녀에 대한 자신의 부정적 감정을 학생에게 전이하고 있다는 사실을 발견하게 되었다. 학생에 대한 교사의 평가가 비현실적이라고 본 컨설턴트의 판단은 ① 학생에 대해 확연하게 드러나는 교사의 부정적 시각, ② 학생에 대한 교사 자신의 평가를 뒷받침할 만한 설득력 있는 근거 제시의 어려움, ③ 학생에 대한 교사의 부정적 설명과는 달리 교우관계가 원만하고, 학교에서 문제행동을 보이지 않는다는 교사의 보고, ④ 비슷한 사례로 의뢰를 요청했던 해당 교사의 이력 등에 그 근거를 두고 있다. 또한 컨설턴트는 교사가 반복적으로 경험하고 있는 이러한 문제가 버릇없는 여동생과의 해결되지 않은 갈등에 기인할 수 있다는 추측을 하게 되었다.

이에 컨설턴트는 교사로 하여금 학생에 대해 객관적 시각을 갖도록 할 뿐 아니라 교사를 언니로 인식하고 있는 학생이 교사와 언니를 구별할 수 있도록 자세한 설명을 제공하는 등 학생을 보다 가까이에서 관찰하도록 조력함으로써 교사의 전이를 줄이고자 노력하였다.

네 번째 범주는 성격적 왜곡으로, 이는 전문적 기능을 방해하는 의뢰인의 성격적 측면을 가리킨다. 예컨대, 소년 범죄를 다루는 의뢰인이 권위자와의 해결되지 않은 갈등 문제를 경험하고 있는 경우, 그는 그의 권위에 대한 타인의 도전 내지 이의 제기가 정당함에도 이에 대한 합리적인 판단 과정 없이 무분별하게 과도한 반응을 보일 것이며, 자신의 슈퍼바이저에 대해서도 도전적이고 비순응적인 태도를 나타낼 수 있다.

Caplan은 비록 컨설턴트가 의뢰인의 기능을 장기적으로 향상시키지 못한다 할지라도 컨설턴트는 사례에 따라 의뢰인의 기능을 방해하는 고질적인 개인 문제들을 다루어 줄 수 있다고 주장하였다. 컨설턴트는 의뢰인이 경험하는 분노와 불안을 완화시키기 위해 필요한 지지를 제공하는 한편, 내담자와의 적정 거리 유지를 통해 객관성을 충분히 확보하도록 조언함으로써 객관성 유지 및 내담자 행동에 대한 폭넓은 이해에 있어 좋은 모델이 되어 줄 수 있다.

학생 학습활동 2-3
정신건강 컨설테이션 사례 예시 활동

Marcie Templeton은 20대 중반의 백인 여성으로, 간호학 학위 취득 후 방문 간호사로 일하고 있다. 그녀는 담당하고 있는 환자 가운데 유독 신경이 쓰이는 환자 한 명이 있었는데, 결국 그녀가 속한 기관을 통해 정신건강 컨설테이션을 요청하게 되었다. 그녀에게 컨설팅을 해 줄 Carter Moss는 아프리카계 미국인으로 경험이 많은 정신과 의사였다. Marcie는 Dr. Moss에게 다음과 같이 상황을 설명했다.

간호사: 매주 방문 치료를 진행하고 있는 Roy Johnson이라는 환자가 있는데요, 저는 그 환자가 정말 많이 걱정됩니다. 그분은 육십 대의 흑인 미국인으로, 당뇨와 고혈압이 있어요. 심장박동에 심각한 문제를 보이기도 하고요. 그래서 저는 그분에게 약을 복용하는 것과 처방된 식이요법을 따르는 것이 얼마나 중요한지 반복해서 말씀드렸습니다. 하지만 그분은 제 이야기를 귀담아들으려 하지 않고, 그 중요성에 대해서도 잘 인식하지 못하는 것 같아요. 그건 그 환자의 혈압이나 당뇨 등 모든 면에서 전혀 관리가 되고 있지 않은 걸 보면 알 수 있거든요. 제가 방문할 때 그 환자분과 가족분들은 아주 친근하고 정중하게 대해 주시긴 하는데요, 정작 치료와 관련해서 제가 말씀 드리는 부분의 중요성에 대해서는 잘 이해하지 못하시는 것 같아요.

정신과 의사: 당신이 마지막 방문했을 때의 경험에 대해 이야기해 주세요.

간호사: 지난주 월요일에 환자를 마지막으로 방문했어요. Roy는 혈압과 혈당이 모두 높았어요. 저는 그분에게 약을 제대로 복용하고 있는지 물었고, 그는 약을 조금 먹었다고 했어요.

정신과 의사: 약의 일부만 복용했다고요?

간호사: 네, 저는 그분이 왜 약을 일부만 복용했는지 이유를 알고자 여러모로 노력해 봤지만 그분은 화제를 바꿔 버리더군요. 제가 의사의 지시를 따르는 것이 얼마나 중요한지 그 환자에게 확실히 알려 주려고 할 때, 마침 그분의 손자가 방으로 뛰어 들어왔고, 너무 시끄러워 더 이상 이야기할 수 없었어요.

정신과 의사: 그러고 나서 어떤 일이 있었나요?

간호사: 글쎄요. 별일 없었어요. 저는 Roy의 아내에게 식이요법에 대해 말해 주려고 했어요. 그녀에게 저염·저당 요리법에 관한 자료를 주었고, 이러한 요리를 만들어 보려 한 적이 있는지 물어봤어요. 하지만 그녀는 그런 요리를 만들 시간적 여유가 없다고 하더군요. 교회 일로 바쁘다고요. 그러면서 이번 주에는 시간이 있을 것 같다고 했어요. 저는 Roy의 건강에 대해 환자 자신과 그 가족이 얼마나 위험한 생각을 갖고 있는지 제대로 전달할 수 없을 것 같아요. 이건 정말 중요한 문제이기 때문에 제가 앞으로 어떻게 해야 하는지 선생님의 방향 제시가 필요해요.

정신과 의사: 네, 알겠습니다.

1. 이 사례에서 보이는 정신과 의사의 접근 방식은 정신건강 컨설테이션 접근의 어떤 측면을 채택하여 적용하고 있는가?
2. 이 사례에서 정신과 의사는 어떠한 가설들을 수립해야 하는가?
3. 이 사례에서 의뢰인이 경험하고 있는 어려움이 자신의 문화적 이해에 대한 부족 또는 민감성의 부족 때문이라면, 컨설턴트는 이를 어떻게 다루어야 하는가?

주제 방해

비록 주제 방해(theme interference)는 의뢰인의 객관성 부족을 다루는 하나의 하위 범주에 불과하지만 Caplan이 이 부분을 그의 저서에서 중점적으로 다루었던 만큼 여기에서도 별도로 논의하고자 한다.

Caplan에 의하면 주제는 의뢰인이 경험한 미해결 문제 혹은 문제해결의 실패를 의미하는데, 이는 내담자에 대한 의뢰인의 기대에 영향을 미친다. 주제는 때로 삼단논법의 형식을 취한다. 즉, 의뢰인은 상황과 원치 않는 결과 간에 필연적인 관련성이 있다고 본다. Caplan의 표현에 따르면 "진술 A는 근본적으로 풀리지 않는 문제의 특성을 가진 특별한 상황과 상태를 나타낸다. 진술 B는 불편한 결과를 나타낸다. 삼단논법은 모든 A는 필연적으로 B를 이끈다는 형식을 취하고 있으며, 이러한 일반화는 보편적으로 적용되는 현상이라 본다. 삼단논법의 대전제가 의미하는 바는 A라는 상황이나 상태에 연루된 사람은 그 상황에 처한 자기 자신을 발견할 때마다 B로 고통받는 운명에 처하게 되며, 따라서 A의 상황 또는 상태와 관련된 모든 사람은 필연적으로 B로 고통받는다는 의미를 내포하고 있다"(Caplan & Caplan, 1993, 1999, pp. 122-123). 예컨대, 한부모 밑에서 자란 모든 소년은 낮은 자기통제 능력을 보이며, 학업을 중단하고, 소년 범죄를 저지르게 될 가능성이 크다고 믿는 의뢰인이 있다고 하자. 그는 다소 미숙하고 과잉행동을 보이는 한부모 가정의 8세 전학생 소년을 자신의 주제(한부모 가정의 소년)에 가두어 놓고 바라볼 것이며, 낮은 자기통제력, 학업 중단, 소년 범죄 등 자신이 예상하는 부정적 결과를 예방하는 데 초점을 두고 컨설테이션을 의뢰할 것이다.

주제 방해를 경험하는 의뢰인은 현재 상황을 개선의 가능성이 전무한 상태로 인식한 나머지 성급하고 소모적인 문제해결 방식을 취하게 되는데, 이러한 행동들은 사례에 대한 의뢰인의 절망감을 확인시켜 줄 뿐이다.

주제 방해에 대한 Caplan의 개념 정의를 통해 의뢰인은 자신의 선입견에 맞추기 위해 상황을 조작하기도 한다는 것을 알 수 있다. "의뢰인은 무의식적으로 자신이 아닌 내담자에게 좋지 않은 일이 일어날 것이라는 데 위안을 느낀다. 보다 심층적으로는, 연기자(내담자)로 하여금 의뢰인의 주제에 따라 움직이도록 조작함으로써 전체 드라마를 감독하고 연출하며, 의뢰인은 이러한 대리 경험을 통해 어느 수준의 유능감을 달성하게 된다는 것을 확신하게 된다"(1970, p. 147).

Caplan은 주제 방해가 빈번하게 발생하지만 일반적인 현상이며, 업무를 수행하는 데 걸림돌로 작용할 수도 있다고 하였다. 그러나 주제가 언제나 의뢰인의 기능을 방해하는 것은 아니며, 주제 방해는 어떤 다른 현재의 상황이 특정한 주제를 두드러지게 부각시킬 때 발생하는 것이 일반적이다(다시 말하지만, 이것은 Caplan이 환경을 행동의 정신 내적 원인과 어떻게 관련지었는지에 대해 보여 주는 예다).

주제 방해와 관련된 사례를 접하는 컨설턴트는 두 가지 개입방법 중 하나를 선택하게 되는데 그 첫 번째 방법은 ① 연결고리 끊기(unlinking)로 일시적 효과를 기대할 수 있고, 두 번째 방법은 ② 주제 방해 감소(theme interference reduction)로 이는 보다 장기적인 의뢰인의 기능 향상을 기대할 수 있다. 연결고리 끊기는 컨설턴트가 의뢰인으로 하여금 내담자를 다른 시각으로 보게 함으로써 의뢰인이 더 이상 내담자의 상황을 자신의 주제에 끼워 맞추지 않도록 하는 방법이다. 의뢰인이 내담자를 보다 객관적으로 바라보게 되면, 의뢰인의 문제 해결 기술은 원래의 수준으로 회복된다. 의뢰인의 주제가 그대로 존재하기 때문에 주제 방해는 언제든 다시 발생할 수 있다는 점에서 Caplan은 연결고리 끊기를 컨설테이션 기법에서 범하는 주요 오류로 보았다. 주제 방해 문제를 해결하는 데 보다 선호되는 개입방법은 주제 방해 감소 기법이다. 내담자의 어려움은 의뢰인 자신이 갖고 있는 주제가 누구에게나 적용될 수 있다는 사실을 확인할 수 있는 시험적 사례라고 보는 의뢰인의 무의식적인 전제를 수용하되, 그 결과는 의뢰인의 주제와 일치하지 않을 수 있다는 점을 의뢰인에게 설득하는 기법이다. 이 방법은 사례에 관한 의뢰인의 불안을 감소시켜 내담자와 함께 문제를 해결해 나갈 수 있도록 돕는다. 이와 같은 과정을 통해 이루어 낸 성공적인 경험은 의뢰인으로 하여금 자신의 주제가 타당하지 않음을 깨닫게 해 줌으로써 의뢰인 스스로 개인 내적 갈등에서 벗어날 수 있을 뿐 아니라 전문적 기능도 향상시켜 나갈 수 있게 된다.

컨설턴트는 이러한 주제 방해 감소를 위해 네 가지 주요 방법들을 사용하고 있다. 각각의 사례에서 컨설턴트는 의뢰인의 인식 속에 강하게 존재하는 촉발 상황과 필연적 결과 간의 연결고리를 약화시키려 노력한다. 그 네 가지 방법에는 ① 내담자에게 초점을 둔 언어적 기법, ② 비유, ③ 사례에 초점을 둔 비언어적 기법 그리고 ④ 컨설테이션 관계에 초점을 둔 비언어적 기법 등이 있다.

:: **내담자에게 초점을 둔 언어적 기법**(verbal focus on the client)　주제 방해 감소를 위해 이 기법을 활용하는 컨설턴트는 의뢰인과 함께 내담자의 상황을 꼼꼼하게 검토하고 발생 가능한 결과들을 가늠해 보는 과정을 거친다. 컨설턴트는 의뢰인이 두려워하는 필연적 결과를 부인하는 대신 의뢰인으로 하여금 덜 불행한 결과의 가능성을 생각해 보도록 돕는다. 한부

모 가정에서 성장한 소년의 예에서 컨설턴트는 한부모 가정에서 성장한 몇몇 남학생의 경우, 학교생활 적응의 어려움, 학업 중단, 법률에 저촉되는 행동으로 인한 징계 조치 등을 겪을 수 있으며, 의뢰인이 당면한 현 사례에서도 이러한 가능성에 관심을 가질 필요가 있다는 점을 인정하되 다른 가능성들도 고려해야 한다. 예컨대, 학교에서 겪는 내담자의 어려움은 현시점에서 그다지 심각하지 않으며, 학생의 가족들 또한 교사 및 해당 학생의 학습에 꾸준한 관심을 보이고 있다. 다만 학생은 몇 가지 기본적인 기술을 놓칠 수 있는데, 이는 해당 학생이 다른 교육과정을 적용하는 학군으로부터의 전학생이라는 사실을 감안해야 하는 부분이라 할 수 있다.

내담자에게 초점을 둔 언어적 기법에서 컨설턴트는 두 가지 목표하에 작업을 진행한다. 첫째, 의뢰인으로 하여금 현실에 대한 객관적 검토를 통해 상황을 보다 현실적으로 인식하도록 한다. 둘째, 사례에 대한 객관적 검토와 결과가 갖는 다양한 가능성에 대한 깊은 사고를 통해 유사한 상황에서 발생할 수 있는 결과에 대한 의뢰인 자신의 선입견이 옳지 않다는 것을 스스로 깨닫게 해 준다. 사례를 접하면서 스스로에게 던지는 질문들과 성공적인 해결 경험은 결국 주제의 강도를 감소시키게 된다.

:: 비유(parable)　　이 기법에서 컨설턴트는 현재 의뢰인이 경험하고 있는 문제와 유사한 자신의 경험을 비유적으로 설명함으로써, 의뢰인으로 하여금 현 상황이 초래할 것이라고 믿는 부정적 결과가 반드시 일어나는 것은 아니라는 사실을 깨닫도록 해 준다. 이때 컨설턴트는 의뢰인이 당면한 현 상황의 중요한 세부 사항과 자신의 이야기를 연관 짓되 환경과 주요 인물들의 나이, 성별과 같이 중요하지 않은 사항들은 조정하여 제시하도록 한다. 남편의 가정 복귀를 허락하는 내담자의 결정이 아내와 아동에 대한 학대로 귀결될 것을 두려워하는 사회복지 자격심사 위원에게 컨설턴트는 다른 가족의 이야기를 해 줌으로써 남편의 가정 복귀가 가정의 안정감을 증진시켜 줄 수 있다는 사실을 알려 줄 수 있다.

:: 사례에 **초점을 둔 비언어적 기법**(nonverbal focus on the case)　　컨설턴트는 의뢰인으로 하여금 사례에 대해 보다 현실적인 접근 태도를 모델링하도록 함으로서 내담자에 대한 의뢰인의 염려가 과장되어 있다는 점을 간접적으로 전달할 수 있다. 컨설턴트는 의뢰인이 사례를 잘못 해석하지 않았다는 사실을 재확인시키기 위해 의뢰인이 두려워하는 사례의 결과에 대해 매우 상세한 논의를 펼치되, 논의는 이완된 방식으로 진행할 수 있어야 하며, 컨설턴트는 의뢰인의 신속한 조치를 요구하거나 재촉하지 않아야 한다.

:: **컨설테이션 관계에 초점을 둔 비언어적 기법**(nonverbal focus on the consultation relationship)
주제 방해에서 자신의 개인적 문제와 관련하여 의뢰인이 갖는 감정과 인식은 사례에 전이되어 표현되어 왔다. Caplan에 의하면, 의뢰인의 이러한 인식과 감정은 컨설테이션 관계에서도 나타날 수 있으며, 컨설턴트는 이를 활용하여 의뢰인으로 하여금 의뢰인이 갖고 있는 주제 자체가 잘못되었다는 점 또는 의뢰인의 기대가 정확하지 않다는 점을 깨닫도록 할 수 있다. 학교와 가정에서 부적응 문제로 고민하는 아동을 위하여 지원을 요청한 한 교사의 예를 살펴보자. 컨설턴트는 교사에게 해당 아동의 부모가 지역사회의 정신건강센터에서 주관하는 부모 훈련에 참여할 수 있도록 안내할 것을 제안하였다. 그러나 교사는 그곳에서 사용하는 기법에 대해서는 교사 자신도 이미 알고 있다는 사실을 강조하였고, 그곳에서의 교육은 단지 부모를 질책할 뿐 실제적인 도움은 제공하지 못한다고 주장하며 컨설턴트의 제안에 강하게 반대하였다. 면담을 통해 컨설턴트는 대립 관계에 놓인 상황에서 의뢰인이 적대적인 발언을 서슴지 않는다는 사실에 주목하였고, 이러한 점에 착안하여 일관되게 의뢰인의 적대적 발언을 무시하면서도, 친근하고 방어적이지 않은 태도로 의뢰인의 부정적 반응을 다루었다.

Caplan은 이와 같은 네 가지 기법이 주제 방해를 야기하는 의뢰인의 주제를 무효화하고 사례에 대한 의뢰인의 객관성과 문제해결 능력을 증진시키는 데 단독으로 혹은 통합되어 사용될 수 있다고 설명하였다. 의뢰인에게 사례를 바라보는 객관성이 갖추어졌을 때, 컨설턴트는 내담자의 문제를 독립적으로 다룰 수 있는 의뢰인의 곁을 떠나게 된다. 의뢰인이 이전에 해결하지 못했던 내담자의 어려움, 자신의 주제에 갇혀 문제 자체를 무효화해 버렸던 사례를 적극적으로 다루는 역할을 수행할 수 있을 때 비로소 컨설턴트의 퇴장이 가능해진다.

프로그램 중심 행정 컨설테이션

프로그램 중심 행정 컨설테이션(program-centered administrative consultation)은 내담자 중심 사례 컨설테이션과 여러 가지 면에서 유사하다. 컨설턴트는 문제에 대해 연구하고 문제를 해결하는 데 필요한 권고 사항들을 제공해 주는 전문가로서 의뢰되는 것이 일반적이다. 다만 내담자 중심 사례 컨설테이션에서 컨설턴트의 역할이 특정 내담자의 문제를 둘러싼 판단, 평가, 권고와 관련된 것이라면, 프로그램 중심 행정 컨설테이션에서 컨설턴트의 역할은 새로운 프로그램 개발을 둘러싼 문제 혹은 조직의 기능적 측면과 관련되어 있다고 할 수 있다.

사례 컨설테이션과 달리, 행정 컨설테이션에서 추구하는 중요한 조직 요인은 정신건강 전문가가 지니고 있는 전문적인 지식의 일반적인 영역 밖에 존재할 수 있다. Caplan은 행정 컨설턴트들에게는 임상적 기술은 물론, 조직 이론, 기획, 재정적·인적 관리를 비롯하여 행정에 대한 이해가 반드시 필요하다고 주장하였다. 프로그램 중심 행정 컨설테이션의 1차적 목표는 컨설테이션을 요하는 행정적 문제를 해결하기 위해 의뢰인과 그 동료들이 이행할 수 있는 행동 계획을 문서화된 보고서 형식으로 개발하는 것이다. 여기서 컨설턴트의 공식적인 문제 제기와 이에 대한 해결책으로서 제시한 조언의 일치는 매우 중요하기 때문에 컨설턴트는 정보 수집을 위해 의뢰인의 지각에만 의존하기보다는 다각적인 방법을 활용하게 된다.

그러나 다른 유형의 컨설테이션과는 달리 프로그램 중심 행정 컨설테이션에서는 컨설턴트가 자신이 작성한 보고서에 제시된 권고 사항들을 이행하는 데 주도적인 역할을 하지 않는다. 의뢰인은 컨설턴트가 제안한 계획을 수용·수정·거부할 자유가 있으며, 이때 컨설턴트는 조직이 어떤 조치를 취할 것인지에 대해 관심을 표하면 된다.

의뢰인 중심 행정 컨설테이션

의뢰인 중심 행정 컨설테이션(consultee-centered administrative consultation)의 목표는 직원들의 전문적 기능을 향상시키는 것이다. 의뢰인 중심 행정 컨설테이션은 프로그램을 운영하는 책임자 또는 특정 관리직 집단에 대한 컨설테이션 등 다양한 형태를 취할 수 있는데, 이는 컨설턴트의 역할에 대한 Caplan(1970)의 광범위한 개념 정의에 기초하고 있다.

컨설턴트는 조직과의 작업에서 장기적인 합의점을 찾아 나가게 된다. 이때 행정가들은 모든 수준에서 컨설테이션을 요청할 수 있으나, 컨설테이션에서 특별히 초점을 두는 부분 및 특정 의뢰인에 대해서는 명시하지 않는 것이 보통이다. 더욱이 의뢰인 중심 행정 컨설테이션을 운영하는 컨설턴트는 조직의 모든 구성원에게 자유로이 접근할 수 있는데, 이러한 자유는 조직 전체에 대한 관점을 제공하는 데 있어 유용하게 작용한다. 이와 같은 사실을 감안할 때, 조직 내에서의 역할 수행이 제한적일 수밖에 없는 의뢰인들에게는 이러한 권한이 주어지지 않는다는 점에서 컨설턴트에게 주어진 자유의 의미를 찾을 수 있다. 따라서 컨설턴트는 주의를 끄는 의뢰인들의 문제에만 컨설테이션을 국한하지 말고, 조직 내에서 발견된 문제를 명료화하고, 이러한 사안들을 논의하는 데 필요한 잠재적 의뢰인들에게 적극적으로 접근할 수 있어야 한다.

물론 컨설턴트가 조직 내부에 존재하는 대부분의 사안을 다루기는 하지만, 컨설테이션은 여전히 자발적 관계에 해당하기 때문에 컨설턴트는 컨설테이션의 내용을 결정할 권한 혹은 해결책을 규명하고 이행하기 위한 책임을 갖고 있지 않다. 대신 컨설턴트는 문제를 확인하고, 문제에 의뢰인들의 주의를 집중시키며, 의뢰인들 스스로 이에 대해 논의하도록 하는 등 문제해결을 돕는 촉매제로서의 역할을 수행한다.

의뢰인 중심 행정 컨설테이션에서의 개입은 개인, 집단 또는 조직 전체에 적용할 수 있다. 개인적 수준의 개입에서, 부하직원의 행동을 이해하고자 하는 의뢰인에 대해 컨설턴트는 부하직원의 행동을 보다 잘 이해하기 위해 고려해야 하는 요인의 영역을 넓히도록 조력할 것이다. 또한 의뢰인으로 하여금 부정적인 감정과 혼란에 대해 인내하는 능력을 증진하도록 함으로써 이러한 감정의 발생을 촉발하는 문제들과의 접촉 가능성을 낮출 수 있게 한다. 집단 수준의 개입에서, 컨설턴트는 집단 구성원 간 혹은 슈퍼바이저와 직원들 간의 의사소통을 개선하기 위한 작업을 수행할 수 있다. 컨설턴트는 또한 조직이 보다 건강해질 수 있도록 돕는 작업을 실시할 수 있다. 예컨대, 컨설턴트는 고등학교에서 교사-학생 간 성격 차이로 발생하는 갈등을 해결하기 위해 학생 전학 정책을 개발하도록 돕는 등 부정적인 감정을 인식하고 이를 다루기 위한 조직 내 공식적 방안을 수립하도록 작업할 수 있다.

의뢰인 중심 사례 컨설테이션과 마찬가지로 의뢰인 중심 행정 컨설테이션에서 컨설턴트는 의뢰인의 문제해결 능력을 증진하거나 조직의 문제에 주의를 기울일 때에 한하여 관여하게 된다. 컨설턴트가 적절한 개입을 설계하는 데 있어 조직에 대해 충분한 정보를 가지고 있지 않다는 점, 모든 행동 계획은 의뢰인에게 책임이 있다는 점을 전제로 하고 있으나, 다른 유형의 정신건강 컨설테이션과 마찬가지로 의뢰인 중심 행정 컨설테이션의 컨설턴트 또한 문제해결을 위한 의뢰인의 노력에 관심을 가져야 한다.

정신건강 컨설테이션에서의 저항

변화의 과정에서 부딪히는 의뢰인의 저항은 모든 컨설테이션 모델에서 논의되어야 하는 문제다. 정신건강 컨설테이션에서 의뢰인과 형성된 관계는 의뢰인과의 저항을 최소화하는 데 있어 중요한 역할을 한다(Caplan, 1970). 컨설턴트는 의뢰인에 대해 협업적이고, 비위계적인 자세를 가져야 하며, 의뢰인은 컨설턴트의 아이디어를 수용하거나 거절하는 데 자유로워야 한다. Caplan의 견해에 따르면, 의뢰인은 컨설턴트가 제시한 아이디어를 받아들이고 이를 자신의 작업 환경에 통합시킬 가능성이 크다.

정신건강 컨설테이션 모델의 발달: 1970~1989년

Caplan의 기념비적 저서라 할 수 있는 『정신건강 컨설테이션의 이론과 실제』(Caplan, 1970)가 출간된 이래, 정신건강 컨설테이션의 발달에 대한 논의는 20년을 주기로 하여 두 개의 기간으로 구분된다. 비록 그 기준이 임의적이긴 하지만 정신건강 컨설테이션이 태동한 시기(1970~1989)와 정신건강 컨설테이션의 다양한 응용 모델 및 대안적 모델이 등장한 시기로 나누어 살펴볼 수 있다. 이 가운데 첫 번째 시기는 대부분 정신건강 컨설테이션 개발 및 발달을 위한 Caplan의 기초 작업에 활용되었다. 그러나 두 번째 시기인 1990년대에 들어서면서 정신건강 컨설테이션은 의뢰인 중심의 다양한 컨설테이션에 초점이 맞추어지기 시작하였다. 이러한 수정 및 응용 작업은 Caplan이 고안한 기본적인 모델에서 표방하고 있는 정신역동적 기반에 대해서는 거부하되, Caplan이 주창한 의뢰인의 변화 촉진, 예방, 그리고 비지시적인 기법은 그대로 유지하고 있다. 일찍이 Caplan이 컨설테이션의 주제 방해 요인으로 지목한 의뢰인의 '결핍 기반(deficit-oriented)' 관점은 대화와 질문을 통해 의뢰인의 인지적 변화를 이끌어 내는 데 초점을 둔 '성장 기반(growth-oriented)' 관점으로 교체되었다. 2008년에 세상을 떠난 Caplan은 죽음을 얼마 남겨 두지 않은 기간에도 컨설테이션에 대한 그 자신의 아이디어를 수정하고, 다른 이들의 비판에 대한 자신의 견해를 논하는 저작 활동을 활발하게 펼쳤다(Caplan, 1981, 1982, 1986, 2004; Caplan & Caplan, 1999; Caplan, LeBow, Gavarin, & Stelzer, 1981).

이 절에서는 1970년에서 1989년에 걸쳐 이루어진 정신건강 컨설테이션의 세 가지 주요 발달 모델에 관하여 논의하고자 한다. 여기서는 집단 기반 컨설테이션을 비롯하여 특별히 학교 현장을 위하여 고안된 컨설테이션 모델의 발달 그리고 컨설테이션의 대안으로 언급되고 있는 협업에 대해 소개할 것이다.

집단 기반 컨설테이션

Caplan(1970)은 그의 초기 작업에서 집단 컨설테이션의 문제점에 대해 지적하면서, 특히 의뢰인 중심 컨설테이션에서 문제가 발생할 가능성이 높다는 점에 대해 우려를 표했다. 의뢰인에 대한 집단적 컨설테이션 접근은 컨설턴트에게 언어적 상호작용의 통제에 대한 어려움을 던져 주는가 하면, 의뢰인들은 동료들로부터 잘못을 지적당함으로써 정서적으로 상처를 받을 수도 있다. 또한 Caplan은 특정한 의뢰인의 사례에서 도출된 문제에 대한 논의가 다른 집단 참여자들에게는 아무런 도움이 되지 못할 수도 있다는 점에 대한 우려를 표하기도 하였다.

한편, Caplan(1970)과 달리 Altrocchi(1972)는 집단 컨설테이션의 장점, 예컨대 보다 다양한 가설과 관점은 의뢰인에게 유용할 수 있다는 점, 의뢰인 본인과 유사한 경험을 한 다른 집단원의 성공적인 문제해결 방법은 의뢰인이 현재 겪고 있는 어려움을 극복하는 데 필요한 지지 자원으로 활용될 수 있다는 점 등에 대해 주장하였다. Caplan(1977; Caplan & Caplan, 1993, 1999)은 그의 후기 작업에서 이 접근에 대한 자신의 우려가 실제로 증명된 사실이 없다는 점을 언급하면서 집단 컨설테이션의 중요성과 유용성에 대해 인정하였다.

학교에서의 정신건강 컨설테이션

컨설테이션이 유일한 서비스 모델이었던 컨설테이션의 발달 초기, Joel Meyers와 그의 동료들은 컨설테이션을 학교 현장에 적용할 수 있는 방법에 대해 논의하였다(Meyers, 1973, 1981, 1989; Meyers & Kundert, 1988; Meyers, Parsons, & Martin, 1979; Parsons & Meyers, 1984). Meyers(1973)는 컨설테이션에 대한 Caplan의 수많은 견해와 아이디어를 기초로 컨설테이션의 새로운 내용과 활동들을 소개하였다.

Meyers는 Caplan의 네 가지 컨설테이션 유형을 학교 장면에 맞는 특정한 유형 체계로 대체하였다. 이 유형 체계에서는 컨설턴트가 학생에게 직접적으로 서비스를 제공하는 방법을 그 수준에 따라 다양한 차원에서 설명하였다(Meyers, 1989; Meyrs et al., 1979). 수준 I은 아동, 수준 II는 교사, 수준 III은 시스템에 초점을 두고 있다. 예컨대, 수준 I에서 컨설턴트는 교사가 특정 아동의 읽기 문제를 다루는 데 필요한 전략을 개발하도록 돕는다. 수준 II에서 컨설턴트는 학급 내에서 읽기 문제가 있는 모든 아이가 보다 효과적으로 수업에 참여할 수 있도록 집단 구성 방법 및 교수 전략을 수정한다. 수준 III에서 컨설턴트는 읽기 문제를 경험하고 있는 아동들의 읽기 능력 향상을 위해 교직원을 대상으로 직무연수 등을 실시함으로써 교직원들이 활동 방안을 개발하도록 돕는다.

Caplan(1970)과 마찬가지로 Meyers(1973)는 의뢰인에게 컨설테이션을 통해 도출된 제언에 대한 수용 또는 거절의 자유가 주어지고 컨설턴트와의 비위계적인 관계가 형성될 때, 의뢰인이 컨설테이션에서 발견해 낸 아이디어를 이행할 가능성은 보다 높아진다고 주장하였다. Meyers(1973)는 관찰 가능한 행동과 내담자의 행동에 대한 외재적 조건에 컨설테이션의 초점이 맞추어져야 함을 제안하면서도 내담자의 감정 및 객관성의 부족은 때로 교사-학생 혹은 교사-학생 집단 간의 상호작용에 영향을 미칠 수 있다는 점 또한 인정하였다. 의뢰인의 정서적 측면을 다루는 비지시적 방법만을 옹호하는 Caplan과 달리, Meyers는 지시적 · 비지시적 방법을 통해 의뢰인의 객관성 부족 문제를 평가하고 다룰 수 있다고 주장하였다. 그의 비지시적 접근은 많은 부분 Caplan(1970)의 영향을 받았다. 지시적 접근은 의뢰인으로 하여금 감정을 표현하도록 하기, 관계 구축, 의뢰인의 관점에서 도출된 기법에 관심 갖기, 직면 등을 포함한다(Meyers, 1981). Meyers와 그의 동료들(Meyers et al., 1979)은 비지시적 방법이 항상 효과적일 수는 없으며, 적절한 직면을 다룰 수 있는 의뢰인에게 신뢰를 얻는 데 실패할 수도 있다는 점을 감안하여 지시적 방법의 사용을 정당화하였다.

Caplan의 영향을 받은 Meyers의 주장 가운데 마지막으로 살펴볼 내용은 복잡한 사례에 대해 의뢰인과 컨설턴트의 공동 책임이 이루어져야 한다는 점이다. 즉, 의뢰인은 개입 계획의 수행에 있어 핵심적인 인물이기는 하지만, 컨설턴트와의 책임 분담은 의뢰인의 부담을 경감시켜 줄 수 있다는 것이다.

컨설테이션에 대한 대안으로서의 협업

Caplan(1970)이 제시한 컨설테이션 모델은 컨설턴트가 의뢰인과는 다른 기관 혹은 직종에 종사한다고 가정한다. 이는 컨설턴트에게 내담자를 위한 적절하고 현실적인 책임감이 없음을 의미한다고 할 수 있다. 이제 갓 컨설테이션을 활용하기 시작한 심리학자, 상담자, 학교 및 여타 기관의 사회복지사 등의 전문가들은 컨설테이션에서 상정하고 있는 몇몇 전제들이 실제로 전문성을 발휘해야 하는 현장에 반드시 부합하는 것은 아니라는 사실을 발견하였다. Meyers(1973)는 학교 기반 컨설테이션에서 다루는 복잡한 사례의 경우, 의뢰인과 컨설턴트의 공동 책임이 수용되어야 한다고 주장하였으며, 학교 기반 컨설테이션을 주제로 한 다른 연구물에서도 사례에 대한 모든 책임을 의뢰인에게 부과하는 것에 대한 타당성에 의문을 제기하고 있다. Pryzwansky(1974, 1977; Babcock & Pryzwansky, 1983)는 컨설테이션과 정신건강 전문가에 의해 제공되는 학교 기반 서비스 간에 일치하지 않는 부분에 대해 최초로 의문을 제기한 인물 가운데 한 사람이다. 그는 학교 전문가의 신념 및 구체적인 해결 방안에 대한 교사의 요구가 컨설테이션에서 추구하는 몇몇 가치들과 갈등을 빚어 왔다고 주장하면서, 학교 현장에서는 컨설테이션보다 협업이 보다 적절한 서비스 접근 방법이라고 제안하였다.

Pryzwansky(1974, 1977)는 협업이란 컨설턴트와 의뢰인이 컨설테이션 과정의 모든 측면에서 상호 책임을 갖는 것이라 주장하였다. 이는 컨설턴트와 의뢰인이 컨설테이션의 목표에 동의하고, 함께 문제를 규정하며, 개입 계획을 공동으로 개발하는 것을 말한다. 개입 계획의 실제적인 이행 및 그 평가에 대한 책임의 공유 또한 협업의 한 측면으로 볼 수 있으며, 계획 수행이 이루어지는 과정에서 내담자에게 제공되는 정신건강 전문가들의 직접적인 서비스 또한 협업의 중요한 부분이라 할 수 있다. Babcock과 Pryzwansky(1983)는 교사의 경우 하나 또는 그 이상의 몇 개 과정에서 학생에 대해 전적으로 모든 책임을 지기보다는 문제해결의 전 과정에서 책임감을 분담하는 방식을 선호한다는 연구 결과를 발표하기도 하였다.

이후 Caplan은 컨설테이션의 간접적인 속성이 지니는 제한점에 대해 인식하게 되었는데, 이는 사례의 정신건강 관련 측면들이 복합적이거나 컨설턴트가 외부에서 초빙된 인사가 아닌 내부 인사일 때 한계가 나타날 수 있다는 것이었다. 그는 Pryzwansky(1974)가 제시한 학교 대상 서비스 협업 모델의 대안으로 정신건강 협업 모델을 제시하였다. 의뢰인이 전적으로 내담자를 책임지는 컨설테이션과 달리, 협업 관계에 있는 정신건강 전문가는 사례에서 다루어지는 정신건강 측면에 대한 책임감을 수용하는 한편, 내담자의 정신건강 증진을 위한 작업을 직접 수행한다. 그러나 내담자에 대한 직접적인 서비스와 책임감이 협업의 한 부분이기 때문에 정신건강 전문가는 사례의 정신건강 측면에 대한 개입을 넘어서 의사결정 권한 또한 갖게 된다. 정신건강 전문가와 함께 협업 작업에 참여하는 교사 혹은 다른 학교의 전문가는 더 이상 정신건강 전문가의 조언에 대해 수용하거나 거부할 수 있는 절대적 자유를 갖지 못한다. Caplan이 규명한 협업의 정의는 Pryzwansky의 그것과는 다르다. Caplan의 모델에 따르면, 정신건강 전문가는 자신의 전문성을 발휘할 수 있는 분야에서 책임감을 가질 때 의사결정에 대한 권한 또한 갖게 된다고 규정하고 있다. 한편, Pryzwansky는 그의 저서에서 의사결정은 그 결정 내용과 상관없이 공동의 책임이라 설명하였다. Caplan과 Pryzwansky가 제시한 협업 모델은 실제 장면에서 상당 부분 유사해 보인다. 그러나 우울증 혹은 학습 문제가 있는 아동을 돕고자 하는 교사와 함께 작업하는 학교 기반 정신건강 전문가에 대해 생각해 보라. 교사와 정신건강 전문가가 행사하는 의사결정력의 파급 범위가 같을 수 있겠는가? 우울증과 관련된 영역에서는 교사가 정신건강 전문가의 의견에 따르고, 교수-학습 영역에서는 정신건강 전문가가 교사의 전문성을 존중해 주어야 하는 것은 아닌가?

정신건강 컨설테이션 모델의 발달: 1990년~현재

정신건강 컨설테이션의 역사를 논하는 데 있어 그 기준이 다소 임의적이기는 하나 1990년은 정신건강 컨설테이션에 관한 Caplan(1970)의 저서가 편찬된 지 20년을 맞이하는 해로, 이론적 발전이라는 측면에서 주목할 만하다. 1990년에 Caplan은 그의 연구를 심포지엄에서 발표하기 위해 이스라엘에서 미국으로 향했고, 미국심리학회(American Psychological Association: APA) 연차대회에서의 발표를 통해 심리학계에 큰 파장을 일으켰다. 심포지엄에서 발표된 연구물은 이후 정신건강 컨설테이션에 관한 저서로 출판되었고, 이는 20년이 지난 지금도 정신건강 컨설테이션 연구의 지침이 되고 있다(Erchul, 1993).

1990년대는 또한 정신건강 컨설테이션의 개념적 토대가 변화되었다는 점에서 그 의미를 찾을 수 있으며, 학교 장면에 의뢰인 중심 컨설테이션을 적용하였다는 사실은 특히 주목할 만한 변화라 할 수 있다. 의뢰인 중심 컨설테이션 사례에 관한 저서(예: Caplan, 1970)에서, Caplan은 그가 지향하는 정신역동적 이론을 토대로 심리적 갈등을 다룰 때 나타나는 의뢰인의 객관성 부족 문제 및 불안에 대한 방어에 관하여 기술하였다. 그러나 Caplan과 다른 이론적 견해를 가지고 있는 심리학자들은 정신건강 컨설테이션 모델을 구성주의적이고 인지적인 관점으로 재해석하였다. 이 장에서 우리는 초기의 이론적 뿌리에 근거하여 현대 정신건강 컨설테이션의 두 가지 핵심 발달 과업에 대해 논하고자 한다. 그 하나는 개념적 토대에 대한 변화이며, 또 다른 하나는 새로운 기술의 발달과 일반화를 통해 학교 장면에서 교사를 지원하는 형태로 이루어지는 의뢰인 중심 컨설테이션의 적용이라 할 수 있다.

의뢰인 중심 컨설테이션에 대한 인지적 조망

의뢰인 중심 컨설테이션은 의뢰인의 인지적 · 정서적 성장을 촉진하는 데 초점을 두고 있다. 정신역동 분야에 대해 수련을 받은 Caplan의 배경을 감안할 때, 내담자와의 문제해결 과정에서 그 효과성을 경감시킬 수 있는 의뢰인의 지각적 왜곡과 방어를 컨설턴트가 간접적으로 다룰 수 있는 방법에 초점을 두고 의뢰인의 변화 과정을 설명한 그의 입장은 놀랄 만한 것은 아니다(Caplan, 1970). 한편, 몇몇 저자들(예: Knotek, Rosenfield, Gravois, & Babinksi, 2003; Rosenfield, 2004; Sandoval, 1996, 2003, 2004)은 사회 구성주의적 · 인지적 관점(Vygotsky, 1978)에서 의뢰인의 변화를 논의하였다.

이러한 관점에서 볼 때, 의뢰인 중심 컨설테이션의 주요 목표는 의뢰인이 내담자와 관계를 형성하고 잠정적인 해결책을 찾아 가는 과정에서 경험하는 어려움을 다루기 위해 사용하는 인지적 도식 또는 구조를 변화시키는 것이다(Sandoval, 2004; Knotek, Kaniuka, & Ellingsen, 2008). 구성주의적 관점은 새로운 지식을 습득해 나가는 데 있어 대화와 적극적인 참여의 중요성을 강조한다(Knotek et al., 2003; Rosenfield, 2004). 다만 컨설턴트와 의뢰인 간의 대화 및 컨설턴트의 조언에 대해 수용 또는 거절할 수 있는 의뢰인의 자유는 재개념화된 의뢰인 중심 컨설테이션에서도 여전히 중요한 방법적 측면으로 여겨지고 있다. 그러나 한 가지 기억해야 할 점은 앞에서 언급한 두 가지 핵심 요인의 활용 근거가 현대의 의뢰인 중심 컨설테이션에서는 사뭇 다른 성격을 띠고 있다는 사실이다. 대화는 문제에 대한 의뢰인의 관점을 탐색하고, 문제에 접근하는 다양한 관점 또는 새로운 정보 소개와 해결 방안 제시 등을 통해 문제를 재구조화하는 수단으로 활용된다(Knotek & Sandoval, 2003). 컨설턴트의 견해를 수용하거나 거절할 자유는 의뢰인이 능동적으로 문제를 '구조화' 또는 '재구조화'하고 컨설턴트와 동등한 관계를 조성해 나갈 수 있도록 해 준다. 또한 문제를 둘러싼 컨설턴트의 공식적 입장을 수용하는 데 있어 어떠한 판단이나 압력의 영향을 받지 않고 그 자신의 인지적 도식에 새로운 지식을 통합할 수 있도록 해 준다. 컨설턴트가 지니고 있는 지식의 구조는 또한 의뢰인 중심 컨설테이션에서 이루어지는 상호 반영(reflection) 및 정보 교환의 결과를 통해 변화되기도 한다.

Sandoval(1996)은 암묵적이긴 하나 의뢰인은 자신만의 이론을 기준으로 내담자가 경험하고 있는 어려움의 이유를 탐색하게 되는데, 이때 의뢰인이 추구하는 이론은 문제해결에 방해 요소로 작용할 수 있다고 주장하였다. 따라서 컨설턴트는 내담자 또는 내담자 집단에 대한 의뢰인의 부정확한 추측들이 변화될 수 있도록 도와야 하며, 이와 같은 측면에서 주제 방해는 의뢰인의 관점이 변화되는 과정으로 이해되어야 한다. Sandoval은 장애와 그것이 아동의 기능에 미치는 영향에 대한 오해가 학생과 교사 간의 효과적인 상호작용에 방해 요인으로 작용할 수 있는 현장에서 신체적 장애를 지닌 학생들과 작업하는 교사들과의 컨설테이션 사례를 제시하였다. 이 책의 저자 중 한 명과 함께 컨설턴트로 활동한 한 학교에서 있었던 일이다. 학급 내 주의가 산만한 학생으로 고심하던 한 교사는 당뇨병 및 혈당 수치 관리에 관한 기본적인 정보를 듣고 난 후, 학생이 보이는 문제행동에 대한 인식의 변화를 경험하게 되었다. 이후 교사는 아동의 아침 간식 섭취를 이해할 수 있게 되었으며, 이는 아동을 염려의 차원이 아닌 책임감 차원에서 바라봤던 이전과는 달라진 변화였다.

이와 같이 재구조화된 현대의 의뢰인 중심 컨설테이션은 그 모델과 과정의 다양한 측면에 대한 개념 정립, 컨설턴트와 의뢰인 간의 상호 반영, 가설의 일반화, 지지적 맥락 속에서 이루어지는 정보 교환, 동등한 관계 형성 및 이를 통해 성취하고자 하는 목표의 수립, 의뢰인이 지니고 있는 개념적 틀의 변화와 같은 내용을 포함하고 있으며, 컨설테이션의 내용은 상황에 따라 언제든 달라질 수 있다. 예를 들어, 컨설턴트는 수업, 학급 경영, 아동의 인지적 발달 또는 학급 내 존재하는 문화적 다양성에 대해 내담자가 반응하는 방법에 대한 의뢰인의 이해 능력 향상에 초점을 맞출 수 있다. 또한 이 모델은 의뢰인과 같은 기관에서 근무하는 전문가들을 위하여 만들어졌기 때문에 컨설턴트는 의뢰인에게 직접적인 서비스를 제공하면서 의뢰인 중심 컨설테이션을 진행할 수 있으며, 정신건강 전문가들은 컨설테이션과 협업의 영역을 자유롭게 넘나들 수 있다(Knotek & Sandoval, 2003; Knotek et al., 2003).

교사 지지하기: 의뢰인 중심 컨설테이션의 혁신

현재 미국에서 이루어지고 있는 의뢰인 중심 컨설테이션의 현대적 접근법은 학급에서 교사를 지지하는 수단으로 가장 널리 활용되고 있다. 몇몇 저자들은 의뢰인 중심 컨설테이션에서 표방하는 원칙이 교사와의 작업에 어떻게 적용되었는지에 대한 설명을 제시하기도 하였다. 그 한 예는 집단 컨설테이션을 통해 훈련을 받은 신규 교사들이 그 내용을 학급에 적용하고자 할 때 이들을 지원하는 방법에 관한 것이었다(Babinski, Knotek, & Rogers, 2004; Rogers & Babinski, 2002).

또 다른 예는 교육적 컨설테이션(instructional consultation)이라 할 수 있다(Rosenfield, 2008; Rosenfield & Gravois, 1996; Rosenfield, Silva, & Gravois, 2008). 이러한 다중 요소적 · 체계적 수준의 개입은 학교 기반 컨설턴트의 발전을 지지하기 위해 교육적 컨설테이션 팀을 활용한다. 이때 컨설턴트는 증거 기반 교수 전략의 구현을 통해 의뢰인 중심 컨설테이션에 참여한 교사의 변화를 이끌어 낼 수 있게 된다. 물론 의뢰인 중심 컨설테이션이 교육적 컨설테이션의 핵심적인 구성요소이기는 하지만 아동이 학급에서 보이는 행동과 기대 행동 간의 불일치를 해소하는 데 문제해결의 초점이 있는 경우, 의뢰인 중심 컨설테이션 모델은 구조화된 문제해결 과정과도 깊이 관련되어 있다고 할 수 있다. 이를 위해 아동이 갖고 있는 문제에 대한 기초 자료를 수집하고, 개입에 대한 아동의 반응을 기록하되 개입 과정은 있는 그대로 관찰되어야 한다.

교육적 컨설테이션에서 교사와 함께 작업할 때, 컨설턴트는 의뢰인의 관심과 견해에 대해 충분히 이해했다는 사실을 의뢰인에게 확신시키기 위해 반영과 요약 기법을 사용한다.

그들은 의뢰인으로 하여금 학생의 기술 수준, 교사의 수업, 학급 과제 등 교육적 삼각구도 내에서 발생한 부조화로 인하여 아동이 경험하는 어려움을 개념화하도록 돕기 위해 또 다른 전략을 활용한다. 이러한 전략에는 개방형 질문, 가설의 수립, 컨설테이션에서 수립된 가설의 타당성 여부를 시험하기 위한 학급 자료의 수집 등이 포함된다(Knotek et al., 2003).

의뢰인 중심 컨설테이션이 교사에 대한 지지를 제공하는 데 재구조화·재조정되는 방법의 마지막 예는 Ingraham(2000, 2004, 2007, 2008)의 다문화 학교 컨설테이션 체계 모델이라 할 수 있다. 이 모델에서는 다문화와 관련된 문제들을 명료하게 다루고 있다. 이에 대한 내용은 다음 장에 요약되어 있다.

다문화 상담에 대한 의뢰인 중심 컨설테이션의 적용

Ingraham(2007)은 내담자 중심 컨설테이션이 가족문화, 언어 학습과 관련된 문제들, 소수 집단의 사회적 지위, 서로 다른 문화 사이에 이루어지는 의사소통의 역동성에 대한 이해가 학생과의 소통에 어떠한 영향을 미치는가에 대해 교사들을 교육하는 데 유용한 도구라고 주장하였다. 다문화 학교 컨설테이션 체계 모델에서 내담자 중심 컨설테이션의 토대 가운데 하나라 할 수 있는 신뢰 관계 수립은 의뢰인으로 하여금 문화적 오해가 학생의 학습 또는 행동 문제에 어떻게 영향을 미칠 수 있는가에 대해 탐색할 수 있도록 하는 안전 장치로 활용된다. 문화가 학생의 학습에 어떻게 영향을 미치는가에 대한 숙고의 과정은 의뢰인 스스로 문화적 차이에 대한 추상적 지식으로부터 벗어나 문화적 차이가 학생과의 관계에 어떠한 영향을 미칠 수 있는가를 이해하는 데 큰 도움을 준다.

:: **의뢰인이 경험하는 어려움의 원천(sources of consultee difficulties)** Ingraham은 경험하지 못한 문화적 집단에서 온 내담자와 작업을 진행하는 과정에서 의뢰인이 봉착하게 되는 어려움을 분류하는 데에 의뢰인이 경험하는 어려움의 이유에 대한 Caplan의 분류(지식·기술·자신감·객관성의 부족) 방법을 사용해 왔다. Ingraham은 의뢰인 중심 컨설테이션의 현대적 접근에서 주목하는 인지적 측면에 대한 초점을 유지하면서, 의뢰인이 경험하는 어려움을 '의뢰인의 학습과 발달을 위한 영역'에서 설명하였다(Ingrahanm, 2000, p. 330).

지식 영역에서 의뢰인은 내담자의 행동을 이해하고 특정 문제에 대한 계획을 세우는 데 중요하게 작용하는 내담자의 문화나 경험에 대해 무지할 수 있다. 예컨대, 시선을 맞추는 방식에 있어 문화적 차이가 존재한다는 사실을 모르는 교사는 시선을 잘 맞추지 않는 학생에 대해 존중보다는 수줍음의 표시로 해석할 수 있다. 기술 영역에서 의뢰인은 다른 배경 경험에 기초하여 독특한 도움을 원하는 내담자의 요구를 충족시켜 주는 데 필요한 그들의 전문적 기능을 갖추지 못할 수도 있을 것이다.

자신감의 부족이라는 측면에서 볼 때, 자신이 일반적으로 사용하는 문제해결 방식이 비효과적이라는 사실을 인식하게 된 의뢰인은 다른 문화적 배경을 지닌 내담자와 작업하는 것에 자신감이 저하되는 것은 물론, 더 많은 불안을 느끼게 될 것이다. 그들은 자신이 수행하는 개입방법이 적절하지 않다는 사실을 알고 있으며, 어떻게 진행할 것인지에 대한 확신이 없어 결국 "개입 불능(intervention paralysis)"이 초래되는 상황에 놓이기도 한다(Ingraham, 2000, p. 333).

객관성 부족의 영역에서, Ingraham은 의뢰인이 친숙하지 않은 문화 집단의 내담자들과 작업하는 과정에서 어려움에 봉착할 때 발생할 수 있는 왜곡을 '고정관념으로 인한 인식의 왜곡' '문화에 대한 지나친 강조' '인종차별적 접근' '인종에 대한 편견주의자로 비춰질 것에 대한 두려움' 등 네 가지 유형으로 구분하여 설명하였다(Ingraham, 2000, 2004). '고정관념으로 인한 인식의 왜곡'과 '문화에 대한 지나친 강조'는 상황적 요소들과 개인차를 고려한 보다 세밀한 분석이 이루어져야 함에도, 의뢰인이 내담자의 행동을 해석하기 위해 특정 문화 집단에 대한 고정관념을 사용하거나 내담자의 행동을 설명하는 데 오로지 문화적 차이만을 고려할 때 나타날 수 있는 왜곡이라 할 수 있다.

'인종차별적 접근'이란 내담자들이 같은 행동을 취한다 하더라도 성별, 민족성 등 내담자들 간에 존재하는 차이로 인해 그 행동이 갖는 의미는 다를 수 있음을 인식하고, 특정 내담자에게 영향을 미치지 않도록 의뢰인은 모든 개인을 똑같이 대해야 함을 의미한다. 인종에 대한 편견주의자로 비춰질 것에 대한 두려움은 의뢰인 자신이 갖고 있는 문화적 편견이 행동으로 드러날 것에 대한 두려움으로, 직면한 문제 상황을 회피할 수도 있고 문제해결 자체에 대해 크나큰 심적 부담을 갖게 될 수도 있음을 의미한다.

:: **컨설턴트 전략(consultant strategies)** Ingraham(2007)은 의뢰인의 다문화적 역량 향상을 지원하기 위해 컨설턴트가 활용할 수 있는 다양한 전략을 제시하였다. 이러한 전략들에는 비밀보장, 선입견 없는 자세, 의뢰인이 선호하는 대인관계 및 전문적 컨설테이션 방식 취하기 등의 방법이 포함된다. 의뢰인에 따라서는 직면한 문제를 다루기 전에 컨설턴트에 대해 파악하는 시간을 확보하고자 할 수 있고, 또 어떤 의뢰인들은 오로지 문제에만 집중하고 싶어 할 수 있다.

재구조화(reframing)는 또 다른 전략이다. 컨설턴트는 의뢰인이 내담자 혹은 문제에 대한 기존의 관점에 새로운 정보나 인식을 통합할 수 있도록 돕기 위한 작업을 수행한다. 예를 들어, 컨설턴트는 의뢰인에게 아동이 교실에서 이야기하기를 꺼리는 것이 부끄러움이나 불행 때문이 아니라 해당 아동의 문화 및 그 가족이 추구하는 행동 양식에 따른 행동이라는 사실을 인식하도록 함으로써 의뢰인을 도울 수 있다. 컨설턴트는 의뢰인 혹은 내담자가 추구하는 문화적 가치와 조화를 이룰 수 있는 개입 전략으로 재구조화할 수도 있다. Soo-Hoo (1998)는 필리핀 문화권에서 자녀를 보호하기 위한 부모의 역할이, 학생은 학급 내에서 독립적으로 기능할 것이라는 학교의 기대와 충돌하는 상황에서 개입 전략이 재구조화된 사례를 제시했다. 곧, 어머니가 학교에 오는 것을 직접적으로 반대하기보다는 학생이 친구를 만들고자 노력할 수 있도록 돕는 한편, 학생에게 새로운 문화에서 살아남는 생존 기술을 제공함으로써, 학생이 가정과 학교에서 안전한 삶을 영위할 수 있음을 어머니가 인식할 수 있도록 돕는 노력이 이루어졌다.

정신건강 컨설테이션과 의뢰인 중심 컨설테이션에 관한 연구

컨설테이션에 대한 연구 결과를 종합적으로 고찰한 1985년 메타분석에서 Medway와 Updyke는 정신건강, 행동적 · 조직적 발달 컨설테이션의 효과성을 검증하는 24개의 연구 결과를 종합하였다. 메타분석은 개별 연구 결과들을 통계적으로 통합하는 양적연구 방법이다(Hunter & Schmidt, 2004). 이와 같은 연구 방법에서 개별 연구 결과는 공통 척도인 효과크기로 표현된다. 여기서 효과크기가 어떻게 계산되고 기술되는지를 자세히 언급하는 것은 지면 관계상 어렵지만, 공통 척도로 표현된 모든 연구결과는 연구자에게 연구결과의 평균치에 대한 정보를 제공한다. 연구자는 이를 토대로 처치의 효과성에 대해 일반적인 진술을 할 수 있고, 중요한 영역에서 차이를 보이는 연구집단과 비교할 수 있다. 예컨대, 특정 문제에 대해 한 번의 처치가 이루어진 연구의 평균 효과크기는 같은 문제에 대해 두 번의 처치가 이루어진 평균 효과크기와 비교할 수 있다.

정신건강 컨설테이션의 평균 효과크기를 검증한 24개 이상의 연구에서 Medway와 Updyke(1985)는 비록 그 효과가 대부분 의뢰인에 의해 보고된 것이기는 하지만, 그럼에도 정신건강 컨설테이션은 의뢰인과 내담자 모두에게 긍정적인 영향력으로 작용했음을 발견하였다. 컨설턴트, 의뢰인, 내담자를 대상으로 이루어진 컨설테이션 모델의 상대적 효과성을 측정한 연구 결과, 효과성 면에서는 차이가 없는 것으로 나타났다.

Gutkin과 Curtis(1990)는 정신건강 모델을 주제로 Medway와 Updyke가 실시한 메타분석에 활용된 연구들이 과연 정신건강 컨설테이션을 대표할 수 있는가에 대해 의문을 제기하였다. 연구가 수행되는 과정에서 컨설테이션이 실제로 어떻게 이행되고 있는가에 대해 입증할 수 있는 자료는 거의 제공되지 않기 때문에(Gresham, 1989) 컨설테이션의 효과성을 둘러싼 쟁점은 쉽게 해결될 수 없다. 컨설테이션 연구에서 컨설턴트가 무엇을 했고, 또 어떻게 했는가에 대한 확인의 어려움이 계속해서 논의되는 것은 컨설테이션 모델에 대한 연구 수행에서 온전한 형태의 자료수집 및 처리가 얼마나 중요한가를 나타낸다고 할 수 있다.

Medway와 Updyke가 메타분석을 수행한 이후, 이 연구는 저서로 출판되었고, Sheridan, Welch와 Orme(1996)은 Medway와 Updyke(1985)의 후속 연구에서 컨설테이션의 효과성 연구를 검토하였다. 컨설테이션이 어떻게 실행되는지를 입증할 수 있는 자료의 부족 문제가 컨설테이션 연구에 있어 지속적인 논란이 되고 있기는 하지만, 이 가운데서 그들은 정신건강 컨설테이션이 낳은 긍정적 결과들을 발견하였다. 그들은 행동 컨설테이션에 대한 연구가 정신건강 컨설테이션을 포함한 다른 컨설테이션 모델에 대한 연구들에 비해 양적으로 많고, 방법론적으로 보다 강력한 특성을 나타낸다고 보고하였다.

의뢰인 중심 컨설테이션의 현대적 접근이 갖는 효과성을 교사의 지식 혹은 개념적 기술의 변화라는 측면에서 볼 때, 이를 평가할 수 있는 방법이 경험적으로 입증되지 않았음은 물론이고 학생들의 기능 개선을 위한 교사의 개념적 기술 향상에 대해 직접적으로 논의한 연구도 존재하지 않는 것이 사실이다. 그러나 질적 연구와 프로그램 평가는 의뢰인 중심 컨설테이션에 참여하는 교사로 하여금 서비스가 갖는 유익함을 발견하도록 돕는다. 이러한 평가에는 비슷한 문제 상황에 직면했을 때, 컨설테이션 참여 이전과 비교하여 자기효능감이 향상되어 있다는 내용, 컨설테이션이 종료된 후에도 학생이 컨설테이션에서 소개된 전략을 활용하고 있다는 보고 등이 포함된다(Kaiser, Rosenfield, & Gravois, 2009; Knotek et al., 2003). 교육적 컨설테이션 프로그램은 소수 민족 집단 학생의 특수 교육 위탁률을 떨어뜨린다는 보고도 있다(Gravois & Rosenfield, 2006). 2005년에는 교육적 컨설테이션에 대한 다년간의 무작위적·통제적 실험이 시작되었다(Rosenfield & Gottfredson, 2006). 이 연구 결과는 의뢰인 중심 컨설테이션이 학교, 교사, 학생의 변화에 미치는 영향에 대해 많은 정보를 제공할 것이다. 그러나 이 모델의 다양한 구성요소가 갖는 효과는 문제해결 또는 학생에 대한 자료의 기록과 같이 의뢰인 중심 컨설테이션 모델의 요소들이 교사 지원에 미치는 영향과 구분 짓기 어렵다는 한계가 존재한다.

정신건강 컨설테이션의 미래 방향

2008년 사망하기 전, Caplan(2004)은 그의 마지막 저서에서 정신건강 컨설테이션의 발전에 관하여 논의하였으며, 이를 응용하고 요약한 내용들을 이 장의 많은 부분에서 다루었다. 그는 기존의 모델에 새로운 기법들을 통합시켜 나가기보다는 컨설테이션에 참여하는 실무자들이 보다 성공적으로 작업을 이끌어 나갈 수 있도록 실용적이고 다원론적인 모델로서 정신건강 컨설테이션을 특성화했다. 그는 수년간에 걸쳐 정신건강 컨설테이션에 나타난 다양한 변화를 다음의 두 가지 요인에 기초하여 설명하였다. ① 다양한 이론적 배경을 지닌 전문가들은 정신건강 컨설테이션 모델을 그들 자신의 요구와 신념 체계에 맞춰 사용해 왔으며, ② 모델이 개발될 당시, 사람들이 직면했던 문제들과는 다른 도전과제들이 제기되는 상황에 맞게 모델을 적용해야 할 필요성이 생겨났다.

Caplan이 개척한 몇 가지 예방적 개념, 예컨대 '내담자와의 직접적인 작업보다는 보육 담당자와의 작업이 보다 효과적이다' '학교 기반 서비스를 설계하는 데 있어 문제 예방을 위해 반드시 필요한 자원은 학교 내 다양한 구성원의 승인을 얻어 내는 것에서 시작된다' 등과 같은 주장은 매우 흥미롭다고 할 수 있다. Caplan이 제안한 3단계 개입 모델은 학생들에 대한 보다 강도 높은 서비스의 필요성을 감소시키는 방법으로, 핵심 교육과정과 학교 환경의 질에 대한 검토하고 개선하는 데 현재 많은 학교 현장에서 사용되고 있다(Burns & Gibbons, 2008). 일반적으로 이 3단계 개입 모델은 아동들이 개입 피라미드의 상위 단계로 이동하는 접근 방식을 취함으로써 중재 반응 접근(response-to-intervention approach)과 병행하여 사용되고 있는데, 여기서 개입 피라미드는 전반적인 교육적 연습(1단계, 피라미드의 가장 아래 부분), 1단계보다 집중적인 서비스(2단계), 가장 개별화되고 집중적인 서비스(3단계, 피라미드의 꼭대기)의 구조로 이루어져 있다. 이 접근에서 교사는 과학적 문헌을 통해 입증된 개입방법을 각 단계에서 실시함은 물론 학생이 피라미드의 상위 단계로 이동하는 것이 타당한가를 입증할 수 있도록 개입에 대한 학생의 반응 자료를 수집한다. 비록 3단계 모델과 중재 반응 접근이 아동의 다양한 요구에 대해 학교가 제공하는 서비스의 질 향상을 보장할 수는 있으나, 새로운 접근인 만큼 교사에게 많은 부담으로 작용할 수밖에 없다. 교사는 새로운 기술들(예: 지속적인 관찰, 연구를 기반으로 한 개입)을 익혀야 할 뿐 아니라 때로는 학생들을 효과적으로 지원하는 방법 및 전문적 개입에 있어 그 자신의 역할에 대한 생각을 변화시켜야 한다. Knotek(2007)은 의뢰인에 대한 지원과 의뢰인의 전문성 개발에 초점을 둔 의뢰인 중심 컨설테이션은 새로운 접근의 내실 있는 운영을 보장하는 수단으로 작용할 수 있다고 주장하였다.

학생 학습활동 2-4

다음의 각 사례에서 설명하고 있는 컨설테이션 유형을 찾으시오.

1 = 내담자 중심 사례 컨설테이션
2 = 의뢰인 중심 사례 컨설테이션
3 = 프로그램 중심 행정 컨설테이션
4 = 의뢰인 중심 행정 컨설테이션

심리학자가 사회적 기술이 부족한 1학년 학생을 평가한 후, 학급에서 긍정적인 사회적 상호작용을 증진시키는 방법에 대해 조언을 제공한다. _____

사회복지사가 직원들로 하여금 환자들의 심리적 적응 능력을 관리하고 향상시킬 수 있는 비용 효율적 방법을 개발하도록 돕기 위해 요양소를 방문한다. _____

정신과 의사는 환자의 질병에 관한 심리적 측면을 논의하기 위해 방문 간호사 집단과 만날 수 있다. _____

학교상담자가 학급 운영 기술을 향상시키고자 하는 교사와 함께 작업한다. _____

상담심리학자가 자살 가능성이 있는 기숙사 학생의 문제를 다루는 데 필요한 계획을 개발해야 하는 기숙사 사감을 지원한다. _____

부서의 장이 인사 문제를 논의하기 위해 컨설턴트와 수시로 만난다. _____

심리적·신체적 요인들이 환자의 통증에 작용하는 수준을 측정하기 위해 정신과 의사가 진료 전에 환자의 요통 정도를 평가한다. _____

컨설테이션 실제를 위한 함의

컨설테이션의 발달에 있어 Caplan의 업적은 역사적으로 매우 큰 의미를 갖는다. 하지만 컨설테이션이 이루어지는 조직 내에 소속되어 활동하거나 앞으로 실시할 컨설테이션 장면에 정신역동적 관점을 통합할 생각이 없는 수련생들은 Caplan이 제시한 컨설테이션 이론과 기법이 자신의 작업에 어떻게 적용될 것인가에 대해 가늠하기 어려울 것이다.

상황과 역할에 따라 Caplan이 제시한 이론과 기법들은 매우 다양한 형태로 적용될 수 있다. Caplan이 개발한 이론과 기법들이 오늘날에도 꾸준히 활용되고 있다는 사실은 전문 심리학의 발달에 대한 Caplan의 공헌을 기리는 한 권의 책에서 언급되었고(Erchul, 1993), 이 책은 그의 죽음 이후 곧 출판되어 찬사를 받았다(Erchul, 2009). 우리 자신의 경험은 물론, Caplan의 업적 및 이와 관련된 다른 연구물(예: Caplan & Caplan, 1999; Caplan, Caplan, & Erchul, 1995; Kelly, 1993)을 통해 우리는 컨설테이션의 실제에 있어 Caplan이 중요하다고 언급한 내용을 다음과 같이 간추려 살펴볼 수 있다.

① 의뢰인의 지각과 감정이 중요하며, 이는 내담자와의 상호작용에 영향을 준다는 사실에 대한 인식

② 체계적인 문제해결을 위해 컨설턴트가 의뢰인의 역할 모델이 되어 도움을 제공하는 방법 및 내담자와 내담자의 문제에 대한 의뢰인의 관점을 확장시킬 수 있는 방법에 대한 논의

③ 조직과 관계를 형성해 가는 역동적인 과정에 대한 기술 및 조직 내 지속적인 변화를 확인하는 데 있어 분명한 계약과 행정적 승인이 갖는 중요성에 대한 인식

④ 정신건강과 관련된 내담자의 요구에 대한 즉각적인 현장 처치 및 소수의 내담자를 위한 집중적인 치료보다는 정신건강 전문가들의 영향력 극대화에 초점을 둔 치료가 갖는 중요성에 대한 인식

⑤ 컨설턴트의 개입이 의뢰인의 직무에서 요구되는 역할에 부합해야 하고, 실제 이행 가능성을 높이기 위해 문제해결에 있어 의뢰인의 참여가 중요하다는 인식

⑥ 컨설턴트가 간접적으로 작업을 진행하는 데에는 직접적인 개입과는 다른 기술이 요구되며, 따라서 전문가라 하더라도 이에 필요한 훈련을 받아야 한다는 인식

1장에서 언급한 바와 같이 컨설테이션과 협업 모델에 성별, 민족, 문화가 미치는 영향력은 계속해서 연구와 논의의 주제가 되어 왔다(Duncan & Pryzwansky, 1993; Ingraham, 2000; Li & Vazquez-Nuttall, 2009; Meyers, Meyers, & Grogg, 2004; Sheridan & Henning-Stout, 1994; Tarver Behring & Ingraham, 1998). Caplan식 컨설테이션은 의뢰인의 사고, 감정 그리고 지각에 초점을 둔다는 점, 비지시적 의사소통 기법을 사용한다는 점 그리고 비위계적인 관계 유지에 초점을 둔다는 점에서 다음의 장들에서 논의할 다수의 컨설테이션 모델과는 확연한 차이를 보인다. 이와 같은 측면에서 볼 때, 정서적인 측면에 대해서는 논의하지 않거나 직접적인 직면을 활용하지 않는 문화적 집단의 의뢰인과 작업하는 컨설턴트에게 정신건강 컨설테이션 및 그 개입 기법들은 가치 있는 도구가 될 수 있다. Conoley와 Welch(1988), Getty와 Erchul(2009)은 컨설턴트의 성별에 따라 컨설테이션 진행 방식과 활용하는 변화 전략에 차이가 있을 것이라고 주장하였다. Caplan식 컨설테이션은 의뢰인에 대한 지지가 이루어진다는 점, 컨설턴트와 의뢰인 간에 비위계적인 관계를 형성한다는 점, 비지시적 의사소통 방식을 지향한다는 점에서 지시적인 접근 방식을 지향하는 컨설테이션 모델에 비해 미국 문화내 여성 컨설턴트들의 대인 관계적 양식과 기대에 보다 잘 부합하는 것으로 보인다. 반면, 위계적 관계에 익숙하고, 컨설턴트의 직접적인 역할 수행을 기대하는 문화의 의뢰인에게 정신건강 컨설테이션은 적절하지 않을 수 있다.

요약

정신건강 컨설테이션은 정신장애를 다루기 위한 예방적 접근의 일부로 개발되었으며, 그 이론과 실제의 확립 및 발달에 있어 Gerald Caplan은 핵심적인 인물이라 할 수 있다. 당면한 문제의 심리적 측면을 다루고, 더 나아가 미래에 비슷한 문제에 직면했을 때 이를 효과적으로 처리할 수 있도록 컨설턴트가 의뢰인을 조력한다는 면에서 컨설테이션은 두 전문가 간의 상호작용 과정이라 할 수 있다. 정신건강 컨설테이션의 핵심은 컨설턴트와 의뢰인 간의 동등하고 비위계적인 관계이다.

정신건강 컨설테이션의 기저를 이루는 몇 가지 전제에는 행동을 설명하고 변화시키는 심리 내적·환경적 요인들의 중요성, 다른 직종의 컨설턴트가 제공하는 조언을 자신의 상황에 맞게 조정해 나가는 의뢰인의 작업, 컨설테이션에서 의뢰인의 태도와 정서가 갖는 중요성 등의 내용들이 포함된다.

Caplan은 컨설테이션을 내담자 중심 사례 컨설테이션, 의뢰인 중심 사례 컨설테이션, 프로그램 중심 행정 컨설테이션, 의뢰인 중심 행정 컨설테이션의 네 가지 유형으로 구분하였다. 컨설테이션의 네가지 유형 가운데 Caplan은 의뢰인 중심 사례 컨설테이션을 가장 깊이 있게 논의하였다. 의뢰인 중심 사례 컨설테이션에서 의뢰인이 경험하는 어려움의 원인에는 지식의 부족, 기술의 부족, 자신감의 부족 그리고 객관성의 부족 등이 있으며, Caplan은 의뢰인의 객관성 부족과 관련된 문제는 컨설테이션에서 다루기에 적절한 주제라 보았다. 그는 의뢰인의 객관성 부족을 다섯 개의 범주로 나누어 설명하였으며, 이를 다루는 개입 기법으로 주제 방해 감소, 비유, 문제해결을 위한 객관적 접근의 모델링 등을 제시하였다.

정신건강 컨설테이션이 응용된 형태는 Altrocchi, Meyers, Ingraham, Rosenfield를 비롯하여 다른 많은 연구자에 의해 제시되었다. 최근 정신건강 컨설테이션에서 눈에 띄는 발전은 의뢰인이 직면하고 있는 문제와 잠재적 해결책을 나타내기 위해 사용되는 인지적 구조를 이해하고 수정하는 데 초점을 둔 의뢰인 중심 컨설테이션의 개념적 토대에 대한 재고가 이루어진 것이라 할 수 있다. 몇몇 저자들은 컨설턴트가 의뢰인과 같은 조직에 속해 있는 경우, 협업과 같은 지지적 역할 수행을 통해 컨설테이션이 갖는 본연의 기능이 보완될 수 있다고 주장하였다.

실무자를 위한 조언

1. 6장에서 보다 깊게 논의하겠지만, 조직 내 최고 관리자로부터 컨설턴트로서 당신의 작업에 대한 승인을 얻는 것은 중요하다.
2. 컨설턴트의 역할은 때로 직접적인 서비스를 제공하는 일을 성공적으로 완수함으로써 시작된다는 사실을 명심하라.
3. 의뢰인과의 상호작용에서 사려 깊고, 신중하며, 합리적으로 문제를 해결하는 모델이 돼라. 의뢰인의 절박함에 반응함으로써 오히려 그들의 불안을 증폭시키고 있는지, 아니면 문제 상황을 이해하고 해결하기 위해 체계적으로 접근함으로써 의뢰인의 불안을 감소시키고 있는지에 대해 자기 자신을 관찰하라.
4. 컨설테이션, 협업, 직접적 서비스는 내담자의 문제를 해결하기 위해 선택할 수 있는 방법들이다. 문제의 긴급성, 의뢰인의 기술 수준, 의사결정에 있어 조직 내 당신의 역할 등 상황적 특성을 고려하여 가장 적합한 모델을 선택하라.
5. 컨설턴트의 개입을 최소화한 가운데 의뢰인이 자신의 언어로 문제를 이야기하도록 함으로써 컨설테이션을 시작한다. 문제와 내담자에 대한 의뢰인의 관점을 평가하고, 이것이 의뢰인과 문제에 대한 당신의 접근 방법에 어떠한 영향을 미치는지에 대해 고려하라.

확인 문제

1. 개입 전략으로 컨설테이션을 활용해야 하는 근거에는 무엇이 있는가?
2. Caplan이 개념화한 컨설테이션의 정의는 1장에 제시된 정의와 어떻게 다른가?
3. Caplan은 컨설테이션의 모든 과정에서 의뢰인이 자신의 행동에 책임을 지는 것이 왜 중요하다고 생각했는가?
4. 내담자 중심 사례 컨설테이션과 의뢰인 중심 사례 컨설테이션은 어떻게 다른가?
5. 프로그램 중심 행정 컨설테이션과 의뢰인 중심 행정 컨설테이션은 어떻게 다른가?
6. 의뢰인 중심 사례 컨설테이션에서 의뢰인이 겪는 어려움의 근거 네 가지를 기술하시오.
7. Caplan식 컨설테이션에서 다루는 주제의 예를 제시하시오.
8. 주제 방해를 다룰 때, 주제 방해 감소가 연결고리 끊기보다 선호되는 이유는 무엇인가?
9. 협업이 컨설테이션보다 적절하게 활용되는 경우는 언제인가?
10. Rosenfield가 제시한 교육적 컨설테이션의 어떠한 요소들이 의뢰인 중심 접근과 일치하는가? 어떠한 요소들이 의뢰인의 변화를 촉진하기 위한 조건을 개념화한 Caplan의 초기 모델과 모순되는가?
11. 의뢰인의 객관성 부족을 다루기 위해 '인종차별'적 접근을 취한다는 것은 어떠한 의미인가?
12. 현대의 의뢰인 중심 컨설테이션은 Caplan의 모델과 어떻게 다른가?

참고문헌

Albee, G. W. (1982). Preventing psychopathology and promoting human potential. *American Psychologist, 31*, 77-82.

Albee, G. W., & Fryer, D. M. (2003). Praxis: Toward a public health psychology. *Journal of Community and Applied Social Psychology, 13*, 71-75.

Alpert, J., & Silverstein, J. (1985). Mental health consultation: Historical, present, and future perspectives. In J. Bergan (Ed.), *School psychology in contemporary society* (pp. 281-315). Columbus, OH: Charles E. Merrill.

Altrocchi, J. (1972). Mental health consultation. In S. E. Golann & C. Eisdorfer (Eds.), *Handbook of community mental health* (pp. 477-508). New York: Appleton-Century-Crofts.

Babcock, N. L., & Pryzwansky, W. B. (1983). Models of consultation: Preferences of educational professionals at five stages of service. *Journal of School Psychology, 21*, 359-366.

Babinski, L. M., Knotek, S. E., & Rogers, D. L. (2004). Facilitating conceptual change in new teacher consultation groups. In N. M. Lambert, I. Hylander, & J. H. Sandoval (Eds.), *Consultee-centered consultation: Improving the quality of professional services in schools and community organizations* (pp. 101-113). Mahwah, NJ: Erlbaum.

Burns, M. K., & Gibbons, K. A. (2008). *Implementing response-to-intervention in elementary and secondary schools.* New York: Routledge.

Caplan, G. (1964). *Principles of preventive psychiatry.* New York: Basic Books.

Caplan, G. (1970). *The theory and practice of mental health consultation.* New York: Basic Books.

Caplan, G. (1974). *Support systems and community mental health.* New York: Behavioral Publications.

Caplan, G. (1977). Mental health consultation: Retrospect and prospect. In S. C. Plog & P. I. Ahmed (Eds.), *Principles and techniques of mental health consultation* (pp. 9-21). New York: Plenum.

Caplan, G. (1981). Partnerships for prevention in the human services. *Journal of Primary Prevention, 2,* 3-5.

Caplan, G. (1982). Epilogue: Personal reflections by Gerald Caplan. In H. C. Schulberg & M. Killilea (Eds.), *The modern practice of community mental health* (pp. 650-666). San Francisco: Jossey-Bass.

Caplan, G. (1986). Recent developments in crisis intervention and in the promotion of support services. In M. Kessler & S. E. Goldston (Eds.), *A decade of progress in primary prevention* (pp. 235-260). Hanover, NH: University Press of New England.

Caplan, G. (2004). Recent advances in mental health consultation and collaboration. In N. M. Lambert, I. Hylander, & J. H. Sandoval (Eds.), *Consultee-centered consultation: Improving the quality of professional services in schools and community organizations* (pp. 21-36). Mahwah, NJ: Erlbaum.

Caplan, G., & Caplan, R. B. (1999). *Mental health consultation and collaboration.* Prospect Heights, IL: Waveland. (Original work published in 1993.)

Caplan, G., Caplan, R. B., & Erchul, W. P. (1995). A contemporary view of mental health consultation: Comments on "Types of Mental Health Consultation" by Gerald Caplan. (1963). *Journal of Educational and Psychological Consultation, 6,* 23-30.

Caplan, G., LeBow, H., Gavarin, M., & Stelzer, J. (1981). Patterns of cooperation of child psychiatry with other departments in hospitals. *Journal of Primary Prevention, 4,* 96-106.

Conoley, J. C., & Welch, K. (1988). The empowerment of women in school psychology: Paradoxes of success and failure. *Professional School Psychology, 3,* 13-19.

Duncan, C., & Pryzwansky, W. B. (1993). Effects of race, racial identity and development, and orientation style on perceived consultant effectiveness. *Journal of Multicultural Counseling and Development, 21,* 88-96.

Erchul, W. P. (1993). *Consultation in community, school, and organizational practice: Gerald Caplan's contributions to professional psychology.* Washington, DC: Taylor & Francis.

Erchul, W. P. (2009). Gerald Caplan: A tribute to the originator of mental health consultation. *Journal of Psychological and Educational Consultation, 19*, 95–105.

Gallessich, J. (1982). *The profession and practice of consultation.* San Francisco: Jossey-Bass.

Getty, K. C., & Erchul, W. P. (2009). The influence of gender on the likelihood of using soft social power strategies in school consultation. *Psychology in the Schools, 46*, 447–458.

Gravois, T., & Rosenfield, S. (2006). Impact of instructional consultation teams on the disproportionate referral and placement of minority students in special education. *Remedial and Special Education, 27*, 42–52.

Gresham, F. M. (1989). Assessment of treatment integrity in school consultation and prereferral intervention. *School Psychology Review, 18*, 37–50.

Gutkin, T. B., & Curtis, M. J. (1990). School-based consultation: Theory, techniques, and research. In T. B. Gutkin & C. R. Reynolds (Eds.), *The handbook of school psychology* (2nd ed., pp. 577–611). New York: John Wiley & Sons.

Hunter, J. E., & Schmidt, F. L. (2004). *Methods of meta-analysis: Correcting error and bias in research findings* (2nd ed.). Thousand Oaks, CA: Sage.

Ingraham, C. L. (2000). Consultation through a multicultural lens: Multicultural and cross-cultural consultation in schools. *School Psychology Review, 29*, 320–343.

Ingraham, C. L. (2004). Multicultural consultee-centered consultation: Supporting consultees in the development of cultural competence. In N. M. Lambert, I. Hylander, & J. H. Sandoval (Eds.), *Consultee-centered consultation: Improving the quality of professional services in schools and community organizations* (pp. 135–148). Mahwah, NJ: Erlbaum.

Ingraham, C. L. (2007). Focusing on consultees in multicultural consultation. In G. B. Esquivel, E. C. Lopez, & S. Nahari (Eds.), *Handbook of multicultural school psychology* (pp. 98–118). Mahwah, NJ: Erlbaum.

Ingraham, C. L. (2008). Studying multicultural aspects of consultation. In W. P. Erchul & S. M. Sheridan (Eds.), *Handbook of research in consultation* (pp. 269–291). New York: Erlbaum.

Kaiser, L., Rosenfield, S., & Gravois, T. (2009). Teachers' perception of satisfaction, skill development, and skill application after instructional consultation services. *Journal of Learning Disabilities, 42*, 444–457.

Kelly, J. G. (1993). Gerald Caplan's paradigm: Bridging psychotherapy and public health practice. In W. P. Erchul (Ed.), *Consultation in community, school, and organizational practice: Gerald Caplan's contributions to professional psychology* (pp. 75-85). Washington, DC: Taylor & Francis.

Knotek, S. (2007). Consultation within response to intervention models. In S. R. Jimerson, M. K. Burns, & A. M. VanDerHeyden (Eds.), *Handbook of response to intervention: The science and practice of assessment and intervention* (pp. 53–64). New York: Springer.

Knotek, S. E., Kaniuka, M., & Ellingsen, K. (2008). Mental health consultation and consultee-centered approaches. In W. P. Erchul & S. M. Sheridan (Eds.), *Handbook of research in consultation* (pp. 127-145). New York: Erlbaum.

Knotek, S. E., Rosenfield, S. A., Gravois, T. A., & Babinski, L. M. (2003). The process of fostering consultee development during instructional consultation. *Journal of Educational and Psychological Consultation, 14*, 303-328.

Knotek, S. E., & Sandoval, J. (2003). Current research in consultee-centered consultation. *Journal of Educational and Psychological Consultation, 14*, 243-250.

Lambert, N. M. (2004). Consultee-centered consultation: An international perspective on goals, process, and theory. In N. M. Lambert, I. Hylander, & J. H. Sandoval (Eds.), *Consultee-centered consultation: Improving the quality of professional services in schools and community organizations* (pp. 2-20). Mahwah, NJ: Erlbaum.

Li, C., & Vazquez-Nuttall, E. (2009). School consultants as agents of social justice for multicultural children and families. *Journal of Educational and Psychological Consultation, 19*, 26-44.

Medway, F. J., & Updyke, J. F. (1985). Meta-analysis of consultation outcome studies. *American Journal of Community Psychology, 13*, 489-505.

Meyers, J. (1973). A consultation model for school psychological services. *Journal of School Psychology, 11*, 5-15.

Meyers, J. (1981). Mental health consultation. In J. C. Conoley (Ed.), *Consultation in schools* (pp. 35-58). New York: Academic Press.

Meyers, J. (1989). The practice of psychology in the schools for the primary prevention of learning and adjustment problems in children: A perspective from the field of education. In L. A. Bond & B. E. Compas (Eds.), *Primary prevention and promotion in the schools* (pp. 391-422). Newbury Park, CA: Sage.

Meyers, J., Brent, D, Faherty, E., & Modafferi, C. (1993). Caplan's contributions to the practice of psychology in schools. In W. P. Erchul (Ed.), *Consultation in community, school, and organizational practice: Gerald Caplan's contributions to professional psychology* (pp. 99-122). Washington, DC: Taylor & Francis.

Meyers, J., & Kundert, D. (1988). Implementing process assessment. In J. L. Graden, J. E. Zins, & M. J. Curtis (Eds.), *Alternative educational delivery systems: Enhancing instructional options for all students.* Washington, DC: National Association of School Psychologists.

Meyers, J., Meyers, A. B., & Grogg, K. (2004). Prevention through consultation: A model to guide future developments in the field of school psychology. *Journal of Educational and Psychological Consultation, 15*, 257-276.

Meyers, J., Parsons, R. D., & Martin, R. (1979). *Mental health consultation in the schools.* San Francisco: Jossey-Bass.

Parsons, R. D., & Meyers, J. (1984). *Developing consultation skills.* San Francisco: Jossey-Bass.

Pryzwansky, W. B. (1974). A reconsideration of the consultation model for delivery of school-based psychological services. *American Journal of Orthopsychiatry, 44*, 579–583.

Pryzwansky, W. B. (1977). Collaboration or consultation: Is there a difference? *Journal of Special Education, 11*, 179–182.

Reschly, D. J. (1976). School psychology consultation: "Frenzied, faddish, or fundamental?" *Journal of School Psychology, 14*, 105–113.

Rogers, D., & Babinski, L. M. (2002). *From isolation to conversation: Supporting new teachers' development.* Albany, NY: State University of New York Press.

Rosenfeld, J. M., & Caplan, G. (1954). Techniques of staff consultation in an immigrant children's organization in Israel. *American Journal of Orthopsychiatry, 24*, 42–62.

Rosenfeld, S. (2004). Consultation as dialogue: The right words at the right time. In N. M. Lambert, I. Hylander, & J. H. Sandoval (Eds.), *Consultee-centered consultation: Improving the quality of professional services in schools and community organizations* (pp. 337–347). Mahwah, NJ: Erlbaum.

Rosenfeld, S. (2008). Best practices in instructional consultation. In A. Thomas & J. Grimes (Eds.), *Best practices in school psychology, V* (pp. 1645–1660). Bethesda, MD: National Association of School Psychologists.

Rosenfeld, S., & Gottfredson. (2006). 2006 IC effectiveness study updates. Retrieved November 30, 2009 from http://www.icteams.umd.edu/IESupdates.html

Rosenfeld, S. A., & Gravois, T. A. (1996). *Instructional consultation teams: Collaborating for change.* New York: Guilford.

Rosenfeld, S. A., Silva, A., & Gravois, T. A. (2008). Bringing Instructional Consultation to scale: Research and development of IC and IC teams. In W. P. Erchul & S. M. Sheridan (Eds.), *Handbook of research in consultation* (pp. 203–223). New York: Erlbaum.

Sandoval, J. (1996). Constructivism, consultee-centered consultation, and conceptual change. *Journal of Educational and Psychological Consultation, 7*, 89–97.

Sandoval, J. (2003). Constructing change in consultee-centered consultation. *Journal of Educational and Psychological Consultation, 14*, 251–261.

Sandoval, J. (2004). Constructivism, consultee-centered consultation, and conceptual change. In N. M. Lambert, I. Hylander, & J. H. Sandoval (Eds.), *Consultee-centered consultation: Improving the quality of professional services in schools and community organizations* (pp. 37–44). Mahwah, NJ: Erlbaum.

Schulte, A. C., & Osborne, S. S. (2003). When assumptive worlds collide. *Journal of Educational and Psychological Consultation, 14*, 109–138.

Sheridan, S. M., & Henning-Stout, M. (1994). Consulting with teachers about girls and boys. *Journal of Educational and Psychological Consultation, 5*, 93–113.

Sheridan, S. M., Welch, M., & Orme, S. F. (1996). Is consultation effective? A review of outcome research. *Remedial and Special Education, 17*, 341–354.

Soo-Hoo, T. (1998). Applying frame of reference and reframing techniques to improve school consultation in multicultural settings. *Journal of Educational and Psychological Consultation, 9*, 325–345.

Tarver Behring, S., & Ingraham, C. L. (1998). Culture as a central component of consultation. A call to the field. *Journal of Educational and Psychological Consultation, 9*, 57–72.

Vygotsky, L. V. (1978). *Mind in society: The development of higher psychological processes.* Cambridge, MA: Harvard University Press.

학생 학습활동 해답

학생 학습활동 2-1
Caplan에 의하면, 사람들은 그들 자신의 아이디어에 대해 주인 의식을 느끼고, 변화에 대한 외부의 압력이 없을 때 일반화될 가능성이 높다. 의뢰인이 자신의 행동에 대한 책임감을 갖는 것과 작업 과정에서 컨설턴트와 내담자가 직접적 관계를 맺지 않는 것은 매우 중요하다.

학생 학습활동 2-2
정답은 없다. 이 활동은 당신으로 하여금 간접적 형태의 질문을 실험적으로 경험해 보도록 하는 데 그 의미가 있다.

학생 학습활동 2-3
1. 정신과 의사는 사례에 대해 설명하는 의뢰인의 말을 중단하거나 방해하지 않았고, 의뢰인을 격려해 주었다.

2. 이 시점에서 정신과 의사에게는 무엇이 간호사의 효능감을 제한하는지에 대해 파악할 수 있는 정보가 거의 없다. 그러나 다음과 같은 가설은 수립할 수 있다. (a) 간호사는 환자의 가족과 그녀 사이에 존재하는 문화적 배경의 차이에 대한 지식이 부족하고, 환자의 가족들에게 무례하거나 비판적으로 비춰질 수 있는 방식으로 상호작용하고 있다. (b) 환자에 대해 간호사가 경험하고 있는 어려움은 첫 번째 직장에서 유능감을 보여 주어야 한다는 데 대한 불안에 의해 악화되었다. (c) 환자의 가족에게는 필요한 약을 살 수 있는 경제적 여유가 없을 수 있으며, 간호사 앞에서 이 사실을 인정하는 것이 불편할 수 있다. (d) 환자와의 상당한 연령 차이가 간호사에게 불편하게 작용할 수 있으며, (e) 거기에는 민족성 및 연령에 기반한 고정관념이 작용하고 있다. 즉, '우수한' 배경을 가진 간호사는 환자의 가족들이 자신의 지시에 순응해야 한다는 기대를 가지고 있는 반면, 환자의 가족들은 젊고 경험이 전무한 간호사의 조언을 귀담아듣고 싶지 않을 수 있다. 당신은 또 다른 가설을 세울 수 있겠는가?

3. 정신과 의사는 간호사가 컨설턴트인 자신의 높은 지위 및 컨설턴트와 환자와의 민족적 유사성에 의해 쉽게 위축될 수 있기 때문에 직접적으로 이러한 우려에 대해 논의하지 않을 것이다. 대신 그는 그녀의 지시를 따르지 않는 환자 가족에 대한 인식을 재구성하거나 재고할 수 있도록 질문을 던짐으로써 그녀로 하여금 환자의 가족에 대해 보다 확장된 관점을 갖도록 돕되, 덜 위협적이고 간접적인 방식으로 접근할 것이다. 예컨대, 간호사에게 Roy의 선택적 약물 복용을 어떻게 설명할 수 있는지에 대해 고려하도록 요청할 수도 있고, 환자 가족에 대한 간호사의 이야기에 등장하는 손자의 존재에 대해 물을 수도 있다(조부모가 손자를 양육하고 있기 때문에 제한적인 수입의 가능성에 대해서도 생각해 보도록 유도하기). 정신과 의사는 또한 간호사에게 환자가 나이 어린 사람으로부터 지시를 받는 것에 대해 반감을 가지고 있다는 인상을 받았는지에 대해서도 물어볼 수 있다.

학생 학습활동 2-4

1, 3, 2, 2, 3, 4, 1

인지-행동주의 컨설테이션과 협업

chapter 03

목표 | 이 장의 목표는 행동주의 컨설테이션과 협업에 관하여 논의하고 고전적 · 조작적 · 사회적 학습이론에 근거하여 인지-행동주의 컨설테이션/협업 모델을 제시하는 것이다.

개요 | 1. 행동주의 컨설테이션 모델 및 협업의 발달 과정에 관하여 간략하게 논의하고자 한다.
2. 인지-행동주의 컨설테이션 모델에 관하여 심도 있게 탐색하고자 한다.
3. 행동주의 컨설테이션과 행동주의 협업의 차이에 대해 살펴보고자 한다.

　　행동주의 관점에서의 개입은 기능적 행동 분석(Functional Behavior Analysis: FBA)과 같이 행동주의 전략 사용을 의무화하는 법령 또는 학교 전체를 대상으로 실시하는 긍정적 행동 지원 프로그램을 지지하는 법령 시행에서 큰 성과를 거두고 있다(Simonsen & Sugai, 2009). 이와 관련하여 Simonsen과 Sugai는 1997년에 제정된 「장애인교육법(Individuals with Disabilities Act: IDEA)」에 따라 특수교육지원부(Office of Special Education Programs)가 긍정적 행동개입 및 지원 국가기술센터(National Technical Center on Positive Behavior Interventions and Support)를 설립한 사실에 대해 지적한 바 있다. 「아동낙오방지법(No Child Left Behind: NCLB)」(2004)은 긍정적 행동개입의 대상을 장애학생뿐 아니라 지원을 필요로 하는 모든 학생으로 확대하였고, 이 과정에서 집단검사 및 컨설턴트, 협업자, 그 외 관련자들의 경험을 통해 효과가 증명된 프로그램에 대한 합리적인 채택과 효과적인 운영을 강조하였다. 이러한 움직임은 약칭 중재반응(Research to Intervention: RTI)라는 이름으로 명명되어 오다가 마침내 2009년, 『학교에서의 행동주의 개입: 증거 기반 긍정적 전략(Behavioral Interventions in Schools: Evidence-Based Positive Strategies)』이라는 저서로 출판되었다. Atkin-Little, Little, Bray와 Kehle에 의해 편집 · 수정된 이 책은 저명한 학교심리학자들이 저술한 21개의 장으로 구성되어 있으며, 컨설턴트 및 협업자들이 눈여겨보아야 할 내용들이 수록되어 있다. 예컨대, 특정 행동주의 기법에 관한 내용은 많은 심리학자 및 관계자에게 익숙하겠지만, '학업 능력 향상을 위한 단위 학교 차원의 긍정적 행동 지원 프로그램' 또는 '그룹 단위의 행동주의 전략 활용' 등 예방과 개입을 위한 체계적 접근과 관련된 내용은 그룹 또는 일정한 체제 안에서 행동주의 전략을 사용하고자 하는 많은 전문가에게 도움이 될 것이다.

　　B. F. Skinner의 조작적 학습이론에 근거하여 지금까지 다섯 개의 컨설테이션 모형이 제시되었다. 이 가운데 Bergan의 모형은 매우 정교하게 개발된 컨설테이션 모형으로서, 이는 컨설테이션 실제의 청사진이며 연구의 자극제로서 강력한 영향력을 갖게 되었다. 1990년에 Bergan과 Kratochsill이 Bergan의 초기 모형을 재정비하고 확장하였으나 기본적인 전제는 대부분 그대로 유지되고 있다. 다만 특정한 면담 전략을 사용하고, 기대되는 반응과 행동을 이끌어 내기 위해 의뢰인을 강화함으로써 컨설테이션 과정을 통제해야 한다는 Bergan의 주장은 행동주의 컨설테이션에서 가장 논쟁이 되는 이슈 가운데 하나로 남아 있다. 마지막으로, 1996년 Sheridan, Kratochsill과 Bergan은 행동주의와 생태학적 체계이론을 조합한 연합 행동주의 컨설테이션(Conjoint Behavioral Consultaion: CBC)이라는 절충적 모형을 발표했다. 여기서 '연합한다(conjoint)'라는 용어는 내담자(학생)를 돕는 데 있어 교사, 학부모, 컨설턴

트가 모두 관련되어 있음을 의미한다. 이 모형에 관한 내용은 10장에서 보다 심도 있게 다룰 것이다.

컨설턴트가 컨설테이션 관계를 통제해야 한다는 Bergan(1977)의 주장과 초기 몇몇 연구 (Bergan & Tombari, 1975, 1976; Tombari & Bergan, 1978)는 행동주의 연구자들에 의해 오랜 세월 동안 여과 없이 받아들여졌다. 컨설테이션 맥락에서의 통제는 컨설턴트가 문제를 확인하는 데 필요한 정보를 이끌어 내고, 문제의 차원을 분석하여 고안해 낸 해결책을 제시함으로써 의뢰인과 내담자를 돕는 것이라 할 수 있다. 이러한 입장은 '컨설팅 관계가 비위계적'이라는 Caplan의 주장과는 상충된다(Schulte & Osborne, 2003).

1987년 후반 Erchul은 신중하게 채택한 단서와 반응을 토대로 인터뷰를 통제할 때 효과적인 컨설테이션이 이루어진다는 주장을 문서화할 목적으로 연구를 시작하였고, 이에 관한 후속 연구들이 꾸준히 진행되었다. 그 결과, 연구자들은 컨설턴트가 인터뷰를 통제하는 것이 효과적이라는 결론을 얻게 되었다.

예상했던 대로 다른 컨설턴트들은 Erchul과 그의 동료들이 내린 결론에 대해 의문을 제기했다. 예컨대, Gutkin(1999)은 인터뷰를 통제해야 한다는 의견에 맞서 컨설테이션 관계에서 협업을 지지하는 것이 설득력 있는 논리임을 주장하였다. 그는 자신의 주장을 뒷받침하기 위해 컨설테이션 과정에서 이루어지는 통제와 협업에 관하여 개관하였고, 협업적(비위계적)인 접근을 지지한다는 결론을 내렸다. Gutkin의 주장에 대응하여, Erchul(1999)은 컨설테이션의 협업적 관점에 대한 문헌들을 개관하였고, 이를 통해 비록 위계적 관점과 비위계적 관점 간 타협의 여지가 있을 수는 있으나, 컨설턴트는 컨설팅 인터뷰를 구조화하고 지시적으로 운영해 나가야 한다는 관점을 지지하는 증거가 보다 우세하다고 주장함으로써 그 자신의 의견을 관철시켰다.

Erchul과 Gutkin은 모두 컨설테이션 과정에서 중요하게 언급되고 있는 쟁점을 명백하게 규명해 내기 위한 노력을 아끼지 않았으나, 이 쟁점은 근본적으로 연구에 사용된 방법론의 특성 차이로 인해 여전히 미해결 상태로 남아 있다. 대부분의 연구는 작은 표본크기를 사용했고, 상관분석을 사용했으며, 실제적인 컨설테이션 인터뷰를 포함하지 않은 유사 연구였다. 무엇보다 연구의 목적이 행동주의 컨설테이션의 효과를 평가하는 것이었음을 고려할 때, 의뢰인의 만족 수준을 종속적인 수치로 설정한 것은 부적절한 연구방법이라 할 수 있다 (예: Hughes, Erchul, Yoon, Jackson, & Henington, 1997). 이러한 유형의 연구에 적용할 수 있는 적절한 측정법은 의뢰인과 내담자의 행동에 초점을 두는 것이다. 컨설테이션 인터뷰를 통제하는 문제는 여전히 해결되지 않은 채 남아 있다. 그럼에도 행동주의 컨설턴트들은 잘

구상된 행동주의 개입만이 효과적인 중재라 믿고 있으며, 인터뷰를 통제해야 한다는 Bergan (1977) 그리고 Erchul과 Martens(2003)의 제안을 따르고 있다.

협업에는 통제와 관련된 결정적인 단어가 요구된다. 우리는 인터뷰를 통제하는 것이 협업에 적절하거나 유용하다고 믿지 않는다. 한 사람에 의한 통제는 일대일 협업인가, 집단 협업인가에 상관없이 협업의 기본적인 의미에 위배된다. 이러한 입장은 행동주의가 표방하는 협업을 배제하는 것이 아니라 단위 학교 차원의 행동 지원 프로그램과 같이 학교 차원의 체계적 기반에 활용할 수 있는 협업적 전략을 제공할 수 있음을 의미한다. 그러나 1장에서 제시한 바와 같이 협업에 관한 가정 때문에 행동주의 협업에서는 ① 모든 관련 당사자는 처음부터 컨설테이션 과정이 행동주의 원칙에 근거하고 있다는 사실에 동의할 것, ② 모든 협업자는 행동주의 심리학의 원칙에 관한 지식을 보유하고 있거나 협업 과정 동안 이 지식을 획득해야 하는 의무에 동의할 것을 요구한다.

 ## 인지-행동주의 모델: 기초

1980년대에 몇몇 저자는 다양한 학습이론에 근거하여 컨설테이션의 행동주의 모델을 발달시키기 시작했는데(Brown, Pryzwansky, & Schulte, 1987; Brown & Schulte, 1987; Reynolds, Gutkin, Elliot, & Witt, 1984), 우리는 이를 행동주의-절충 모델이라 부르고자 한다. 이러한 모델들은 대부분 고전적 · 조작적 학습이론을 컨설테이션의 기본 원리로 반영하고 있으며, 사회학습이론(Bandura, 1971, 1976, 1977a, 1978, 1982a, 1982b)의 원칙 및 모델링 방법을 컨설턴트가 활용 가능한 전략으로 접목하였다. Bandura의 사회학습이론과 상호결정론은 개인의 행동을 발달 · 유지하는 데 환경뿐 아니라 인지 또한 중요한 요인임을 강조하고 있다. 즉, Bandura는 개인의 변화가 환경, 행동 또는 인지를 변화시킴으로써 가능하다는 것을 이론화했다. 새로운 행동은 대부분 모델을 관찰함으로써 획득할 수 있다는 그의 주장은 조작적 학습이론에 그 근원을 두고 있으며, 이는 새로운 행동이 정적 강화와 부적 강화, 처벌 및 소거를 포함한 환경적 변인의 영향으로 형성된다는 점에서 조작적 학습이론과의 공통점을 찾아볼 수 있다. 환경적 변인은 행동주의-절충 모델에서 중요한 도구이지만, 개입은 환경적 변인을 다루는 것으로 한정하기 어렵다. Bandura의 개념적 구조화 작업에서, 자기효능감(어떤 과업을 할 수 있다는 자신감)과 평가(과업을 완성하고 목표를 달성하는 데 있어 자신이 부여하는 중요도)에 대한 인지적 구조는 인간 행동의 다양한 측면을 설명하는 데 사용될 수 있다. 인간은 높은 수준의 자기조절 능력이 있고, 외적인 자극이 없어도 자기강화와 자기처벌을 실시할 수 있다. 또한 개인이 문제를 해결하는 데 있어 그와 유사한 문제를 경험한 모델을 관찰하게 될 경우, 개인은 자신이 봉착한 어려움에 대한 창의적 해결책을 모색할 수 있다. 여기서 모델은 주위에 있는 사람들을 비롯하여 책, 비디오테이프와 같은 간접적인 매체들을 포함한다.

마지막으로 인지-행동주의 관점의 기초를 세 가지로 정리하면 다음과 같다. 첫째, 인지-행동주의 모델은 인간의 행동은 다양한 개인 내·외적 변인에 의한 결과라고 가정한다. 행동주의 심리학자들은 대개 ABC 모델이라 불리는 3요인 양식을 지지하는데, 이는 선행 사건(Antecedents), 행동(Behavior), 결과(Consequences)로 구성된다. 하지만 어떤 행동들은 상황에 따라 개인이 처한 환경에 대한 반응으로 나타난다. 즉, 상황 사건은 전형적인 반응 패턴을 변화시킬 수 있다. 예를 들어, 교사가 학생들에게 수학책 60페이지를 펴라고 말하면, 대부분의 학생은 이 선행 자극에 따른 요구에 반응한다. 하지만 이 과목이 수학이라는 이유 때문에 어떤 학생들은 그들이 다른 과목(예: 국어, 과학, 미술 등)에서 보이는 것과는 다른 반응을 보일 수 있다. 요컨대, 특정한 상황은 서로 다른 반응을 이끌어 낼 수 있다. 둘째, 인지-행동주의자들은 행동에 대한 선행 자극 중 일부는 가족, 학교, 문화 등을 포함한 인지적·생물학적·환경적·문화적 변인에 따른 결과일 수 있다고 본다. 이는 종종 인지적 변인을 무시하는 행동주의적 관점과 상충한다(Scheurmann & Hall, 2008 참조). 전날 밤, 부모님이 이혼을 하겠다고 싸우는 장면을 본 학생은 선생님의 요구에 대해 늘 해 오던 방식대로 반응하지 않을 수 있다. 이와 비슷한 예로, 그가 속한 집단의 규범보다 개인을 우선시해서는 안 된다는 사회적 규범 때문에 학교 성적점수 높이기를 거부하는 미국 인디언 학생은 당면한 환경적 요구와 무관한 방식으로 문화적 변인에 반응할 것이다. 셋째, 인지-행동주의 모델을 표방하는 실무자들은 행동이 기능적이라는 원리를 지지한다. 이는 행동이 의도를 수반하기 때문이다. 그러나 심리학자들과 다른 학자들이 믿어 왔던 것처럼 행동의 기능은 의식하기 쉬운 것은 아니다. 몇몇 행동주의자들은 쉽게 관찰할 수 없는 생리 기능 및 인지와 관련된 내적 기능을 다룬다.

💡 인지-행동주의 모델: 관계

컨설테이션 과정에서의 통제와 관련된 논쟁은 이전부터 있어 왔기 때문에 여기에서는 더 깊이 있게 다루지 않고자 한다. 그러나 여전히 많은 절충주의 모델 제안자들은 컨설테이션 과정에 '평등한 권력-평등한 가치 접근법'(Schulte & Osborne, 2003)을 적용해 오고 있다(예: Brown & Schulte, 1987). 인지-행동주의 컨설테이션의 목적 가운데 하나는 의뢰인의 자기효능감, 즉 미래에 일어날 유사한 문제들뿐 아니라 주변의 작은 문제를 다룰 수 있는 자신감을 향상시키는 방법으로 의뢰인의 행동과 인지를 변화시키는 것이다. 의뢰인의 자기효능감은 가장 낮은 수준의 자신감을 나타내는 1부터 가장 높은 수준의 자신감을 나타내는 10까지의 척도에 당면한 문제를 해결하는 자신의 능력 점수를 매기는 간단한 방법을 사용함으로써 반복하여 측정할 수 있다. 자기효능감은 문제를 처리하는 데 필요한 행동의 모델링, 의뢰인 본인 스스로 문제를 해결할 수 있다는 자신감의 표현, 유사한 문제를 다루는 모델의 관찰, 권위 있는 서적들과 시각적 자료의 활용을 통해 향상될 수 있다. 자기효능감을 향상시키는 데 있어 협업은 컨설테이션에 비해 명백한 장점을 가지고 있다. 협업적인 개인 혹은 집단이 전체적인 과정 속에서 함께 작업을 하기 때문에 협업자는 각각의 모델링을 통한 학습이 보다 용이해질 수 있다. 그러므로 컨설테이션을 대신하여 협업이 이루어질 때, 자기효능감의 향상과 새로운 행동의 채택이라는 점에서 모든 참여자에게 유리하게 작용할 것으로 보인다.

여기에 제시된 관점과 전통적인 행동주의 컨설턴트(Bergan, 1977; Bergan & Kratochwill, 1990) 간의 차이는 각각의 접근에서 추구하는 철학이 다르다는 점이다. Gallessich(1982)를 비롯한 몇몇 학자들은 Bergan이 제시한 컨설테이션 과정이 다른 사람을 조작할 위험이 있다고 비판하였다. Bergan과 Kratochwill(1990)은 통제에 대한 그들의 접근에 대해 그것이 비밀스럽게 진행되는 과정은 아니라고 주장했다. 그들은 컨설턴트가 컨설테이션 결과에 영향을 미칠 의도까지를 포함하여 그들의 역할에 대해 준비되어 있어야 한다고 믿는다. 그들은 일단 개입 방법이 선택되면 컨설턴트는 의뢰인에게 심리적 정보를 제공하고 행동주의 원리를 가르치는 자신의 역할을 전달해야 한다고 주장하였다. 또한 Bergan의 관점에서 보면, 컨설테이션 과정에서 의뢰인의 역할은 관찰 가능하고 측정 가능한 용어들로 문제를 정의하고, 행동주의 학습 원리에 부합하는 개입방법을 선택한 후, 계획을 실행하며, 개입이 이루어지는 동안 내담자의 행동을 관찰하는 것이라 할 수 있다. 즉, 의뢰인과 컨설턴트는 컨설테이션 진행을 평가하고 내담자에게 필요한 변화를 이끌어 내기 위해 협업적 관계 속에서 작업을 하게 된다.

우리는 철학적이고 현실적인 이유로 컨설팅 관계에 있어 비위계적이고 평등한 힘-평등한 가치 개념을 채택해 왔다. 우리는 Erchul과 Chewning(1990)의 반대 주장에도 불구하고, Bergan과 Kratochwill이 '컨설턴트에 의해 구조화된 의뢰인 참여 접근'에서 표방하는 것과 같이 의뢰인에 대한 어느 정도의 조작은 불가피하다는 Gallessich(1982)의 의견에 동의한다. 또한 앞에서 언급한 바와 같이 우리는 비위계적 접근이 협업에서 역효과를 낳을 것이라고 생각한다.

Schulte와 Osborne(2003)은 평등한 힘-평등한 가치 관계를 충족하는 다섯 가지 조건을 다음과 같이 제시하였다. ① 컨설테이션 과정은 자발적이어야 한다. ② 참여자들은 서로를 동등한 파트너로 인식하여 평등한 위치에서 의사결정에 참여할 수 있어야 한다. ③ 참여자들은 목표를 공유해야 한다. ④ 참여자들은 자신의 자원을 공유해야 한다. ⑤ 문제 정의 및 개입 방안 결정에 대한 책임은 서로 공유되어야 한다. 우리는 평등한 힘-평등한 가치 관계가 존재하기 위해 두 가지 부수적인 조건들이 충족되어야 함을 제안한다. 이 중 하나는 의사소통이 정직하고, 존중적이며, 공감적이고, 신뢰가 있어야 한다는 것이다(6장 참조). 또 다른 조건은 논쟁이 모두에게 유익한 타협(win-win negotiation)을 통해 해결되어야 한다는 것이다. 비록 다소의 대립이 있을지라도, 컨설테이션의 평등한 힘-평등한 가치 접근에서도 타협의 여지는 있으며, 이는 행동주의 접근에도 동일하게 적용된다. 평등한 힘-평등한 가치 관계의 결과는 단순히 내담자의 문제해결과 의뢰인의 기술 향상뿐 아니라 참여자 모두에게 도움이 되어야 한다. 내담자의 문제행동을 평가하고, 중재 내용을 적용하는 데 요구되는 능력을 향상시키는 것뿐 아니라 기술적 지식도 습득해야 한다. 이 과정에서 의뢰인은 환경과 상황 사건(setting events)에 대한 정보, 지금까지 사용되어 온 전략들, 전략이 실패한 이유, 평가에 활용할 전략을 결정하는 데 유용한 정보를 수집하고 제공하게 된다. 이 모델에서 컨설턴트는 전문적 진단가와 강사라기보다는 학습자와 협업적 문제해결자의 성격을 띠고 있다. 복잡한 상황에서 개인의 기능에 대한 컨설턴트의 지식은 컨설테이션의 결과를 통하여 풍부해진다. 의뢰인, 내담자, 그리고 이들의 상호작용은 각각 독특한 특징을 갖고 있으므로, 컨설턴트는 의뢰인에 의해 제공된 정보와 평가 과정에서 수집된 정보에 비추어 컨설테이션에 대한 자신의 지식기반에 대해 재고해 보아야 한다. 컨설턴트와 의뢰인들은 내담자를 돕기 위해 그들의 지식을 모아 창의적인 전략들을 만들어 낼 것이다.

인지-행동주의 모델: 내담자의 문제 확인하기

문제 확인은 내담자(학생)가 ① 행동을 수행할 능력은 있으나 그렇게 행동하려 하지 않을 때, ② 상황에 맞지 않는 부적절한 행동을 나타낼 때 혹은 ③ 적절하게 처신할 수 있는 기술이 부족하다고 판단될 때, 교사와 같은 보호자에 의해 이루어진다.

거의 모든 상황에서 때리거나 욕하기, 교실에서 무분별한 잡담하기, 모든 유형의 자해 행위 하기, 거짓말하기, 도둑질하기, 자리 이탈하기, 공부를 하거나 집중하고 있는 친구 방해하기와 같은 공격적 행동은 부적절한 행동의 예가 될 수 있다. 학생은 학업 기술이나 사회적 기술을 비롯한 모든 영역에서 결함을 가지고 있을 수 있다. 단어의 의미를 구별하지 못하거나 똑바로 쓸 수 없는 것, 수학 문제를 풀지 못하는 것 혹은 적절하게 이야기를 써 나가지 못하는 것이 전형적인 학업 결함이다. 교우 관계를 형성하거나 지속시키지 못하는 것, 적극적인 행동이 요구될 때에 수동적으로 대응하는 것, 그리고 학급 활동에 참여하지 못하거나 참여하지 않으려 하는 것은 사회적 기술 결함의 예다. 규칙적으로 숙제를 완성하지 못하는 것, 공부를 거의 하지 않거나 시간을 관리하지 못하는 것은 대부분의 학생이 보이는 모습이지만, 설령 그러한 행동을 보인다 하더라도 반복적으로 나타나는 것은 아니다. 대개 행동주의 컨설테이션의 목적은 부적절한 행동이 너무 빈번하게 나타날 때 그 행동의 발생 빈도를 감소시키는 것이다. 의뢰인은 학생의 문제를 대략적으로 기술한 뒤, 보다 구체적이고 관찰 및 측정 가능한 용어를 사용하여 문제를 확인하게 된다. 더불어 의뢰인은 학생과 관련된 문제를 다룰 때 경험하는 어려움과 스스로 당면한 부족함에 대해서도 언급한다. 그러나 행동주의 컨설테이션을 통해 언급된 모든 문제를 관찰 가능한 것으로 단정할 수는 없으며, 이와 관련된 내용은 이 장의 후반부에서 보다 자세히 논의할 것이다.

　　문제 확인 과정의 다음 단계는 기능적 행동평가(functional behavioral assessment)를 수행하는 것이다. 인지-행동주의 모델의 많은 접근과 마찬가지로 기능적 행동 평가는 조작적 조건형성 학습이론과 사회학습이론에서 비롯되었다. Martella, Nelson과 Marchand-Martella (2003)는, 행동을 설명하는 데 사용되는 가장 단순한 모델은 '3단계 모델(three-term model); 선행 자극, 행동, 결과' 또는 'ABC 모델(ABC model)'이라는 연구 결과를 발표하였다. 그러나 그들은 행동에 대한 이해를 돕는 데 있어 보다 용이한 4단계 모델을 기능적 행동 평가를 위한 근거로 다루어야 한다고 제안하였다. 4단계 모델에서 네 번째 요소는 **상황 사건**(setting event)으로 선행 자극, 행동, 결과에 나타나는 상호작용의 역동을 변화시키는 변수다. 다음의 예를 살펴보자.

상황 사건	선행 자극
엄마	가서 숙제해라
아빠	가서 숙제해라
행동	**결과**
텔레비전 보기	숙제 안 함: 처벌
숙제하기	언어적 칭찬: 좋은 성적

행동과 결과에서 아빠와 엄마의 영향은 분명 중요하다. 많은 요인이 상황 사건에 포함될 수 있다. 두통이나 질병은 선행 자극, 행동, 결과 사이의 일반적인 상호작용을 변화시킬 수 있다. 주 양육자의 부재, 폭넓은 교우관계, 혹은 '직접적이지 않은(distant)' 여러 변수가 상황 사건에 해당될 수 있다. 물론 상황 사건이 문제행동을 이해하는 데 크게 도움이 되지 않아 ABC 모델만으로도 충분한 경우가 있다. 그러나 행동주의 컨설턴트와 협업자들은 행동의 평가 및 분석에 대해 보다 완전한 이해를 돕는다는 점에 착안하여 그들의 연구에서 4단계 모델을 채택하고 있다.

컨설테이션 과정에 익숙한 교사나 전문가들은 기능적 행동 평가를 비공식적으로 수행하기도 한다. 그러나 평가가 개별화된 교육 프로그램(IEP)의 개발을 홍보하기 위한 목적으로 실행되었을 때 혹은 학생을 비롯한 내담자가 심각한 결과를 초래하는 행동을 지속적으로 보이거나 보이지 않을 때에는 공식적이고 체계적인 과정이 요구된다. 공식적인 평가는 컨설턴트와 의뢰인 혹은 협업자들이 문제를 정의하고, 어떤 상황에서 그 행동이 가장 잘 일어나는지 측정함으로써 시작된다. 일단 평가가 시작되면, 교실이나 학생 식당, 복도 등 비공식적인 공간을 비롯한 다양한 환경에서 학생을 관찰한다. 평가 첫 단계에서의 목적은 문제행동이 어디에서 일어나는지(환경), 얼마나 자주 일어나는지(빈도), 언제 일어나는지(하루 중 일정한 시간)를 파악하는 것이다.

인지-행동주의 컨설테이션의 가정 가운데 '행동은 일반적으로 그것이 일어나는 맥락에서 특별한 기능을 수행한다'는 내용을 기억하라. 예컨대, 학교 일과 중 첫 30분의 80%에 해당하는 시간을 다른 친구를 때리는 데 사용하는 5세 아이는 자신에 대한 미움과 자신이 학교에 가는 것을 기뻐하는 엄마에 대한 분노를 분출한 것이라 할 수 있다. 폭력적인 행동으로 자신이 주목받게 되면 공격성은 강화된다. 수업 시간에 끊임없이 친구에게 쪽지를 건네는 고등학생은 스스로 부정적 상태에서 벗어나는 것은 물론, 친구들의 주의까지 끌게 되면서 그 행동이 강화되었다고 볼 수 있다. 궁극적으로 문제의 정의에는 무엇을(행동적인 용어로 묘사), 언제, 어디에서, 누구와 함께(맥락적 변인) 그리고 얼마나 자주, 어느 정도의 시간 동안, 어느 정도의 강도로 행동하는지가 포함된다. 이때 일반적인 행동에 대한 사례를 포함하면 행동을 보다 쉽게 관찰하고 기록할 수 있다.

직접적인 측정

일반적인 평가 전략 가운데 하나는 직접적으로 관찰되는 행동을 기록하기 위해 스캐터 플롯(scatter plot)을 이용하는 것이다(Martella et al., 2003). 스캐터 플롯이란 세로축에 일정한 시간적 간격을 둔 하루 시간(8:00~8:30, 8:30~9:00 등)을, 가로축에는 요일을 표시한 단순한 격자표다([그림 3-1] 참조). 그 간격의 길이는 행동이 빈번하게 발생할수록 짧아지고, 간헐적

학생 이름: _____
시작 날짜: _____
관찰 장소: _____
관찰 행동: 밀기, 때리기, 깨물기, 할퀴기, 찌르기 등의 신체적 공격 행동

시간	월요일 1일	화요일 2일	수요일 3일	목요일 4일	금요일 5일
오전					
8~9					
9~10					
10~11					
11~12					
오후					
12~1					
1~2					
2~3					
3~4					
시간	월요일 6일	화요일 7일	수요일 8일	목요일 9일	금요일 10일
오전					
8~9					
9~10					
10~11					
11~12					
오후					
12~1					
1~2					
2~3					
3~4					

공백 = 공격 행동이 일어나지 않음
숫자 = 공격 행동 빈도

[그림 3-1] 관찰지

으로 발생할수록 길어질 것이다. 예를 들어, 효과적 협업과 실천을 위한 센터(Center for Effective Collaboration and Practice: CECP, 1998)에서는 싸움과 같은 행동의 경우, 하루 중 학교에서 보내는 시간을 중심으로 이를 일정한 간격에 따라 기록할 것을 제안한다([그림 3-1] 참조). 각 칸은 그 행동이 일어나지 않을 때는 빈칸으로 남을 것이고, 행동이 일어나면 슬래시(/)로 표시될 것이다. 스캐터 플롯을 활용한 관찰이 이루어지면 행동이 '얼마나 자주' 그리고 '언제' 일어났는지에 대해 파악할 수 있다.

I. 선행 자극: 문제행동의 원인 혹은 원인 제공자. 주로 밀접한 관련성을 갖는 원인의 범주에는 다음의 세 가지가 거론된다. 　**A. 생리적/심리적 선행 자극** • 학생의 에너지를 약화시키고, 학교 결석을 요하는 등의 건강 문제 • 수면 부족 • 아침은 절대 먹지 않음 • 낮은 학업 능력(예: WISC-R IQ=72) • 학습장애(예: 난독증) • 과잉행동을 보이는 ADD(Attention Deficit Disorder, 주의력결핍증)로 진단받음 • 불안 　**B. 환경적/문화적 선행 자극** **가정** • 부모와 지역사회의 문화적 신념 • 가정에서의 관리 · 감독 소홀 또는 부재 • TV 시청 및 컴퓨터게임에 너무 많은 시간을 할애 • 소란스러움 • 사람이 많음 • 집이 없거나 가정 내 안정감 부족 • 부적절한 행동의 강화 • 적절한 행동에 대한 강화 부족 • 회피 또는 부정적 강화의 결과를 야기함 • 국어 능력의 부족 **학교** • 잘 통제되지 않는 교실 • 교사의 성향/기술[예: 속도 맞추기, 지시하기, 개별화 문제(individualization issues)] • 또래 집단 규준	**이웃** • 또래 집단의 압력(긍정적 또는 부정적) **인지적 문제** • 지루함 • 좌절 • 낮은 자기효능감 • 일에 대한 낮은 평가 • 목표 부재 • 불안 **II. 행동**(빈도, 기간, 또는 강도) • 35%에 그치는 숙제의 완성도 • 일주일에 세 번 지각(ISSP) • 조용하게 책 읽는 시간에 자리를 4회 이탈함 • 시험 성적이 부진하자 15분간 울었음 • 학생 식당에서 하루 평균 한 번, 손바닥을 펴서 중간 정도의 힘으로 다른 친구를 때림 **III. 결과**: 행동을 유지 · 증가 · 감소시키는 사건 • 긍정적 강화(행동의 증가 또는 유지) • 부정적 강화(행동의 증가 또는 유지) • 자기 강화/처벌(행동의 증가/유지/감소) • 지루함과 같이 회피적인 생리학적 상태 감소(행동의 증가 또는 유지) • 처벌/논리적 결과/강화 억제(행동 억제 또는 회피 유발) • 무시하기(단기간에는 행동 증가, 장기간에는 행동의 촉발 감소)

[그림 3-2] 선행 자극, 행동, 결과의 예시

행동 발생의 시기와 빈도를 파악하는 것은 형식적·기능적인 행동 측정 과정(formal functional behavioral assessment process)의 첫 번째 단계다. 측정 과정에서 두 번째 단계의 목표는 맥락적 변인들, 생리학적 조건 및 행동의 발생을 예측하는 데 도움이 되는 인지적 요소들, 그리고 이미 발생한 행동을 유지시키는 요소에 대한 가설을 세우는 것이다(CECP, 1998; Malott & Surarez, 2004). 측정은 직접적 측정 또는 간접적 측정 가운데 어느 하나의 접근을 활용하여 수행할 수는 있으나, 두 가지 접근의 조화로운 접목이 가장 바람직하다. 다만 어떤 평가 접근을 사용하든, 그 목적은 행동의 선행 자극과 결과를 파악하는 것임을 기억해야 한다. ABC(선행 자극-행동-결과) 그래프는 기능적 정보, 즉 행동에 대한 선행 자극과 특별한 상황에서 행동을 유발하는 기능에 관한 정보를 제공한다. [그림 3-2]는 선행 자극, 행동, 결과의 예를 보여 주고 있다.

4요소(ABC 모델에 상황 사건이 추가됨) 관찰 양식(four factor observation form)이 [그림 3-3]에 제시되어 있다. 이 양식은 사건의 맥락에 대한 간략한 설명과 함께 선행 자극들, 행동들, 그리고 측정된 행동을 유지시키는 요소를 포함한다. ABC 모델을 활용한 관찰의 결과는 [그림 3-3]과 같다.

학생: _____   J: _____   관찰자: _____   MR: _____

날짜: _____   시간: _____

활동: ___수학 수업___

상황 자극(행동과 관련된 맥락적 요소)

선행 자극:
교사가 자습을 지시한다.

행동:
J는 책을 덮고 엎드려서 자는 척을 한다. J는 큰 소리로 '코를 곤다'.

결과:
학생들이 웃는다. 교사는 J와 '잠깐 이야기를 나누기 위하여' 복도로 같이 걸어 나간다. J는 웃으며 일어나 교사와 함께 나간다. 다른 학생들은 J를 보며 웃는다.

설명/다른 관찰:
T(교사)가 부재한 상황에서 추가적인 관찰이 더 필요하다.

[그림 3-3] 4요소 관찰 양식

간접 평가

Touchette, MacDonald와 Langer(1985)가 주장한 바와 같이 기능적 행동평가에서는 행동의 발생과 시간, 상황 내 개인, 물리적 환경의 특징, 활동의 유형, 우연한 강화 자극 (reinforcement contingencies), 그 외 다양한 요인과의 관계를 밝혀야 한다. 스캐터 플롯과 ABC 관찰 양식을 활용하면 이러한 관계들을 비교적 많이 찾아낼 수 있으며, 대개의 경우 정

학생 이름: _____

나이: _____   학년: _____

인터뷰 대상: _____

학생과의 관계: _____

면담 실시자: _____

날짜: _____   학교: _____

문제행동에 초점 맞추기	part 1의 요약: 가설
1. 표적 행동은 관찰 가능한 용어로 어떻게 표현되는가?	A. 행동의 단서가 될 만한 선행 자극/상황 사건을 나열하시오. _____ _____
2. 표적 행동의 예시는 무엇인가?	
3. 그 행동은 하루 중 언제 일어나는가?	
4. 행동은 얼마나 자주 일어나는가?	
5. 지금까지의 자료를 중심으로 생각해 보았을 때 행동의 원인은 무엇인가?	B. 어떤 행동을 하는지 규정하시오. _____ _____
6. 행동이 발생할 때의 환경을 설명해 보시오. 예를 들어, 특정 교과목, 특정한 유형의 수업, 또는 교실 이동 시 문제행동이 발생하는가? (교사) 등교 전, 방과 후, 잠들기 전 등의 시간 가운데 문제행동은 언제 발생하는가? (부모) 문제행동을 일으키기 이전 또는 동시에 일어나는 다른 사건이 있는가?	C. 그 행동의 기능을 규정하시오. _____ _____
7. 그 행동이 나타날 때 당신은 어떤 반응을 했는가?	**긍정적인 대안 행동을 모색하시오.**
8. 일반적으로 행동은 강화를 받기 위해, 처벌을 피하기 위해, 또는 지루함과 같은 어떤 내적 상태를 완화시키거나 두려움, 자신감 부족 등과 같은 개인의 특정한 인지·정서 상태를 감추기 위해 나타난다. 그 행동은 학생에게 어떠한 기능을 하고 있는 것으로 보이는가?	1. 학생은 선행 자극이나 환경에 대하여 부적절한 반응 대신 긍정적이거나 적절한 행동을 보인 적이 있는가? 만약 그렇다면, 이런 행동들은 어떻게 증가될 수 있는가? 2. 좌절이나 지루함 같은 선행 상황이 제거되거나 감소될 수 있는가?
9. 학생의 문제행동은 당신이 확인해 온 시간이나 상황 이외의 시간이나 상황에서도 일어나는가?	3. 문제행동의 효과적인 감소와 제거를 위해 변경 가능한 상황 변수들이 있는가?

[그림 3-4] 기능적 행동평가 면담 양식

<table>
<tr><td colspan="2">

학생 이름: _____

나이: _____   학년: _____

면담 실시자: _____

날짜: _____   학교: _____

</td></tr>
<tr><td>

자기효능감

1. 1~10까지의 척도(아동은 1~5 척도)를 사용하여 다음에 제시된 수업이 당신에게 얼마나 어려운지 나타내시오(1: 가장 낮은 난이도, 10: 가장 높은 난이도).

수업	척도	지루함/좌절
읽기		
수학(구체적 단원)		
쓰기(철자)		
과학		
필기체		
언어학/영어		
사회과학		
체육		
음악		
컴퓨터		

2. 경우에 따라 수업이 너무 쉬울 때 우리는 그 수업을 지루하게 느낄 수 있다. 당신은 지금 표기한 수업에서 지루함을 느낀 적이 있는가? 앞에 제시된 수업 가운데 지루하게 느꼈던 경험이 있는 과목에 B를 적는다. 한편, 내용 이해의 어려움 때문에 좌절감을 느낄 수 있다. 좌절감을 느꼈던 과목은 무엇인가? (목록을 다시 보고 좌절감이 느껴지는 과목에 F를 적으시오)

학교에 대한 평가

1. 나는 학교를 좋아하는가?
2. 내가 학교생활을 잘하는 것은 얼마나 중요한가?
3. 내가 학교생활을 잘하는 것이 부모님에게 중요하다고 생각하는가?
4. 내가 무엇인가를 잘할 때 선생님은 이를 인정해 주시는가?
5. 내가 학교에서 무엇인가를 잘할 때 부모님은 이를 인정해 주시는가?

</td><td>

행동

1. 선생님을 비롯한 다른 사람들은 당신이 교실에서 해서는 안 되는 행동으로 무엇을 이야기하는가? 당신은 선생님이 어떤 행동을 못 하게 한다고 생각하는가?
2. 선생님의 입장에서 당신이 더 많이 하기를 바라는 행동에는 어떤 것이 있는가? (예를 제시하시오)
3. 당신은 주로 언제 선생님과 갈등을 경험하는가?
4. 당신은 얼마나 자주 선생님과 갈등을 경험하는가?
5. 학교에서 가장 바람직한 행동을 할 때는 언제인가? 왜 그런가?

선행 사건

1. 문제를 일으키기 직전에 지루함이나 좌절감이 느껴지는가?
2. 평균적인 수면 시간은?
3. 등교 전에 아침을 먹는가?
4. 등교 전에 가끔 화를 내는가?
5. 다른 학생들이 당신을 괴롭히는가? (만약 그렇다면) 어떤 식으로 괴롭히는가?

결과

1. 당신이 문제를 일으킬 때 다른 학생들은 이를 의식하는가? 그 친구들은 어떻게 반응하는가?
2. 내가 일으키는 문제행동에 대해 신경 쓰는 선생님의 반응이 기분 좋을 때가 있는가?
3. 내가 잘못된 일을 한다고 생각하는 선생님의 반응은 어떠한가?
4. 당신은 때로 당신에게 화를 내는 선생님을 보는 것이 재미있는가?
5. 선생님이 원하는 행동을 하고 난 후, 어떤 보상을 받고 싶은가?

가설

A. 행동에 단서가 될 만한 선행 사건/상황 사건을 목록화하시오.
B. 자신의 행동을 확인하시오.
C. 그 행동의 기능을 확인하시오.

</td></tr>
</table>

[그림 3-5] 학생 기능평가에 대한 인터뷰 절차

확한 측정을 위해 간접평가가 이루어진다. 합리적으로 수행된 행동기능 분석의 결과는 행동의 선행 자극에 대한 정보 및 개입방안 채택에 필요한 인지적 · 정서적 · 환경적/문화적 정보를 제공한다. 따라서 부모, 교사, 학교행정가와의 면담과 같은 간접평가는 학생에 대한 면담과 함께 이루어져야 한다. 부모 또는 교사를 대상으로 함께 활용할 수 있는 기능적 행동평가 면담 양식은 [그림 3-4]에 잘 나타나 있다. 학생 면담 양식의 예시는 [그림 3-5]에 제시되어 있다.

 ## 자료의 요약

기능적 행동평가에서 다룰 수 있는 자료의 요약은 자료의 출처와 함께 [그림 3-6]에 제시되어 있다.

선행 자극	문제행동	결과
환경적/문화적 가정 학교 이웃 또래 집단 규준 **인지적** 자기효능감/신념 평가 지루함 좌절 강화에 대한 기대 지연 심리적 저항 **심리적 문제** 학습장애 정신건강 문제 **생리학적** 영양 휴식/잠 건강 문제/약물 치료	**관찰 가능한 & 측정 가능한** 문제행동은 무엇인가? 관련된 사람은 누구인가? 언제 발생하는가? 어디에서 발생하는가? 행동의 빈도는? 문제가 일어나는 기간은? 문제에 대한 반응의 대기 기간은? 문제에 대한 반응의 강도는?	**강화자** 부정적(감각적/외적) 긍정적(감각적/사회적/ 유형의) 자기(내적 언어/통제) **처벌** 자의의 타의의 **없음(무시됨)**

정보의 출처	
1. 부모, 교사 그리고 학생과의 인터뷰	5. 성취 경험(achievement histories)
2. 관찰	6. 가족력
3. 심리 검사	7. 출결 기록
4. 신체 검사	8. 생활기록부

[그림 3-6] 기능적 행동평가: 요약

Trish의 사례

Trish에 대한 기능적 행동평가에서 다루고 있는 자료의 요약은 평가 과정에 대한 간략한 논의 후에 제시하고자 한다. 일단 자료수집이 완료되면 컨설턴트와 의뢰인(또는 협업자)은 행동의 원인과 결과를 밝히기 위한 형태로 자료를 정리한 후, 개입방법의 선택에 돌입하게 된다. 이 과정에서 활용할 수 있는 방법 중 하나가 바로 삼각 측량법이다. 명칭에서 알 수 있듯이, 이는 관찰 자료, 스캐터 플롯에 나타난 자료, 그리고 학생의 행동을 이해하기 위해 실시한 면담에서 얻은 정보 등 세 가지 방법을 통해 수집한 자료를 검토하는 것이다.

ABC 도표와 상황사건으로부터 획득된 정보는 ① Trish가 놀이터에 있을 때, ② 주변에 어른이 없는 상황에서 소리를 지르고 때리며, 여자아이들에게 장난감을 던지는 등의 행동을 보인다는 것이다. Trish가 다른 상황에서는 이러한 행동을 보이지 않기 때문에 놀이터는 상황 사건에 해당한다. 소리를 지르고 때리는 행동은 놀이터를 감독하는 사람이 없고, 여자 아이들이 있는 상황에서 발생한다. 그러므로 감독의 부재와 그곳에서 놀고 있는 다른 여자 아이들의 존재는 부적절한 행동의 선행 자극에 해당한다. Trish가 소리 지르고 때리며 장난감을 던지지만 여자아이들은 마지못해 참고 있으며, 보복에 대한 두려움으로 선생님에게 알리지도 못한다. 선생님은 Trish의 행동을 알아차리고, 잘못에 대해 조용히 꾸짖는다. 여기에서 부적절한 행동을 유지시키는 요인에는 ① Trish가 여자아이들의 장난감을 가지고 놀기 시작했다는 점, ② 질책의 수준이 낮았기 때문에 Trish는 선생님으로부터 관심을 받았다고 느꼈다는 점, ③ Trish 자신이 다른 친구들을 괴롭히며 즐거움을 느낀다는 사실을 인정했다는 점 등이 있었으며, ④ 놀이터 관리자와의 면담을 통해 다른 여자아이들이 Trish의 요구에 따른다는 사실을 알게 되었다. 이러한 정보는 수집된 자료에 대한 이해를 돕기 위한 방법의 하나인 '행동경로(behavior pathway)'를 통해 요약될 수 있다. Trish의 행동경로는 다음과 같다.

관리 · 감독되지 않은 놀이터 → 여자아이들이 놀고 있음 → 때림, 소리 지름 → 선생님의

관심은 또 다른 자기강화의 일환으로서 장난감에 대한 관심으로 작용함

CECP(1998)에 따르면, 가설(행동경로)은 어떤 행동이 발생할 것 같은 특정 맥락에 대한 예측을 바탕으로 형성된다고 하였다. '수학을 잘하지 못하는 것으로 인해 좌절감을 느낀 Charles는 자습 시간에 타임아웃을 당하기 위해 고의로 바닥에 교재를 떨어뜨리거나 다른 학생들에게 큰 소리로 말을 걸 것이다.'라는 사례에서 볼 수 있듯이 가설은 상황 사건, 선행 자극, 행동 그리고 결과를 포함하여 기술되어야 한다. CECP에 의하면 가설 수립의 다음 단계는 행동이 발생할 수 있는 조건하에서 자극을 하거나 자연스럽게 교실 환경을 활용하는 방법 가운데 하나를 채택하여 가설을 검증하는 것이다. 그러나 일정한 조건하에서 예상했던 행동을 할 것이라는 가설을 입증하기 위해 좌절을 느끼는 상황에 방치한 채 학생으로 하여금 행동에 대한 결정을 내리도록 함으로써 부정적 결과를 경험하게 하는 것이 과연 옳은 것인지에 대한 윤리적 고려가 필요하다.

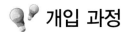 개입 과정

목표 수립하기

개입 과정은 행동 목표의 수립과 함께 시작되는데, 증가되거나 감소되어야 할 행동에 대한 기초 정보를 담고 있는 스캐터 플롯은 이 과정에서 매우 유용하게 활용된다. 목표 설정 과정의 첫 번째 단계는 학생과 협업하여 초기 목표를 수립하는 것이다. 중간 목표와 최종 목표 수립이 이 단계에서 이루어져야 한다는 의견도 있다. 행동 목표를 수립하는 데 컨설턴트의 역할은 의뢰인에게 행동 목표 수립 과정에 필요한 기술 관련 정보와 훈련을 제공하는 것이다. 행동 목표는 관찰 가능하고 측정 가능해야 하며, 적절한 기간 내에 달성 가능한 것이어야 한다.

Malott와 Suarez(2004)는 행동에 대한 개입이 철회된 후에도 행동이 유지되도록 하기 위해서는 그 행동에 대한 즉각적 강화가 주어지지 않더라도, 행동 규범을 따르는 것이 좋은 결과를 가져올 것이라고 인식하는 개인 내적 규칙을 발달시켜야 한다고 주장하였다. 개인 내적 규칙은 "만약 (행동을) ~ 한다면, 난 성공할 거야."와 같이 긍정적인 말을 하는 것 등을 예로 들 수 있다. 학생들이 하는 긍정적인 진술을 선택한 다음에는 협업자 또는 의뢰인을 모

방해서, 소리를 내어 연습하기도 하고 그림 또는 글로 표현하기도 한다.

요컨대, 개입 이후에도 개인적 규칙의 발달을 도모하는 데 있어 행동의 목표는 중요하기 때문에 목표를 수립할 때 다음 사항에 대해 고려할 것을 제안한다.

1. 초기 · 중간 · 최종 목표의 달성은 자신의 평가 척도에 대한 지표로서 개인에게 중요한 것이어야 한다.
2. 자기효능감 척도에서 알 수 있듯이 개인은 목표가 달성 가능한 것으로 인식해야 한다.
3. 목표 달성을 촉진하기 위한 과정에 사용되는 만일의 상황들(contingencies)은 '실제' 세계의 그것과 유사해야 한다.

개입

개입방법의 선택은 인지-행동주의 컨설테이션 및 협업 과정에 있어 중요한 요소다. 인지-행동주의 모형은 사회학습이론뿐만 아니라 고전적 학습이론과 조작적 학습이론의 영향을 받아 형성되었기 때문에 컨설테이션과 협업 과정에서 사용할 수 있는 개입방법은 매우 광범위하다. 그러나 행동주의에서 사용하는 몇몇 전략들은 실제 적용이 너무 어렵기 때문에 컨설턴트와 의뢰인이 그 전략들에 전적으로 헌신하지 않는 한 오히려 피하는 것이 좋다. 너무 복잡한 개입 방안들은 종종 이를 유지하는 데 요구되는 막대한 시간과 에너지 때문에 그 사용을 피하게 되고, 결국 폐기되는 경우가 많다.

의뢰인과 협업자가 해야 할 일은 제약이 적고, 윤리적이며, 가장 효과적인 개입방법을 채택하는 것이다(Martella et al., 2003). 제약이 많은 개입은 학생에게 활동의 자유를 제한한다. 부모가 자녀에게 외출 금지라는 벌을 주는 것은 또래 친구들과 상호작용할 수 있는 시 · 공간적 제약을 가하는 개입으로, 예컨대 교실, 점심시간, 그 외 다른 활동들로부터 학생을 격리시키기 위해 '교내 정학 프로그램'에 학생을 보내는 교사와 같이 제한적 전략을 사용하는 것이라 할 수 있다.

Martella 등(2003)은 '침범'이라는 용어를 신체적 · 개인적 권리에 영향을 미치는 정도로 정의한다. 학생을 자신의 자리에서(예: 교실의 스크린 뒤편으로) 내보내는 배제적 타임아웃 제도는 학생으로 하여금 수업에 참여하는 대신 타임아웃 동안 자기 자리에 가만히 앉아서 지켜보게 하는 비배제적 타임아웃 제도보다 강제적이라고 하였다. 또한 우리는 잠재적 개입이라는 측면을 고려할 때 보다 중요하고 중재가 이루어지는 환경 전반에 걸쳐 영향을 미칠 수 있는 또 다른 차원의 침범이 있다고 생각한다. 예컨대, 언어적 강화와 같은 개입은 크게 환경적 변화를 요구하지 않는 반면, 토큰경제체계와 같은 개입방법은 상당한 환경적 변화를 요구한다. 도덕적으로 올바른 윤리적 개입은 법, 컨설턴트 또는 협업자의 윤리 규범을 침범하지 않는 것이다. 미국의 몇몇 주에서는 배제적 타임아웃의 적용을 규제하고 있으며, 대부분의 주에서는 처벌의 적용에 엄격한 제한을 두고 있다. 대부분의 경우, 특히 장애아동에게 적용하는 개입방법은 반드시 IEP(개별화 교육 프로그램)의 일환으로 이루어져야 한다. 내담자를 신체적·정서적 위기에 처하게 하는 개입은 비윤리적이므로 결코 시행되어서는 안 된다. 심리학자, 상담자 그리고 교육 관련 종사자들은 기대되는 결과를 기준으로 개입 방안들을 분류해 왔다. 그러므로 개입의 결과로서 성취되어야 하는 목표는 개입의 기준이 충분히 논의되고 난 후, 개입의 종류를 선택하면서 설정되어야 할 것이다. 요컨대, 최소한의 노력과 규제 및 간섭이 이루어지고 윤리적인 중재가 적절하게 시행될 때 효과적으로 개입의 목표를 달성할 수 있을 것이다.

  :: **부적절한 행동을 줄이는 것이 목표인 경우**　부적절한 행동의 발생을 감소시키기 위한 확실한 접근은 행동을 유지시키는 강화 체계를 제거하여 행동이 소거되기를 기다리는 것이다. 그러나 이 방법에는 두 가지 문제가 있다. 첫째, 강화 요인을 제거했음에도 오히려 문제행동의 발생 빈도가 높아지는 경우다. 둘째, 행동은 완전히 소멸되지 않으며, 행동의 발생을 일정 수준까지 줄이는 데 꽤 오랜 시간이 필요하다는 것이다. 그러므로 차별적 강화와 같은 다른 전략들에 대해서도 고려해야 한다. 차별적 강화란 문제행동을 대체하는 대안 행동을 강화하고, 부적절한 행동은 무시하는 과정이다. 이는 문제행동과 양립할 수 없는 대안 행동을 강화하고(예: 자리에 앉는 행동은 자리를 떠나 돌아다니는 행동과 양립할 수 없음), 문제행동 이외의 다른 행동에 대해 반응함으로써 바람직한 행동을 강화하는 것이다. 예를 들어, 학생들 간의 다툼 상황을 제거하고자 한다면, 학생들이 점심 값을 가지고 학교에 오지 않도록 할 것이다. 이런 경우 우리의 목표는 다툼을 유발하는 자극과 그렇지 않은 자극 간의 차이를 구별하도록 가르침으로써 다툼의 발생을 줄이는 것이라 할 수 있다.

  부적절한 행동을 줄이기 위한 또 다른 전략에는 '반응-대가 접근법' '비배제적 타임아웃' '교정활동'과 같이 비교적 가벼운 수준의 혐오전략 등이 있다(Martella et al., 2003; Walker, Shea, & Bauer, 2004). 체벌(팔굽혀펴기 20회), 부적 처벌(자기 자리에서 일어나 일정하게 지정된 장소에 서 있기), 비배제적 타임아웃, 격리적 타임아웃, 야단치기와 같이 비교적 엄격한 혐오전략은 교사와 학생 사이의 관계에 부정적인 영향을 미칠 수 있고, 이를 실행하는 과정에서 예기치 않은 문제가 발생할 수 있기 때문에 이러한 전략은 사용하지 않는 것이 좋다. 손을 들지 않고 질문에 불쑥 대답하는 학생의 문제를 다루고자 하는 교사는 학생에게 토큰 두 개를 주고 반응-대가 접근법을 실행할 수 있다. 학생이 불쑥 대답을 할 때마다 교사는 학생의 책상에서 토큰을 가져온다. 만약 학생이 일주일 중 4일 동안 토큰 한 개를 유지하게 되면, 방과 후 한 시간 동안 남아야 하는 벌을 받지 않아도 된다. 앞서 언급한 바와 같이 비배제적 타임아웃은 학생을 교실에서 배제하지 않고 학생의 참여를 제한하는 접근법이다. 파울을 범한 농구 선수는 비배제적 타임아웃에 처해진다. 행동 교정은 법정에서 종종 벌금형이나 구류 대신 사용되는 방법이다. 로스앤젤레스 법원의 한 판사는 범죄 조직원들에게 벽이나 보도블록에 페인트로 채색된 조직의 표시나 메시지 내용을 지우고 다시 새롭게 칠하는 도시 미화작업을 지시하는 판결을 내리기도 했다.

부적절한 행동을 줄이기 위해 사용할 수 있는 마지막 한 가지 전략은 부정적인 강화를 제거하는 것이다. 다음 시나리오를 읽어 보도록 하자.

> John은 수학 수업에 지루함을 느낌 → 그는 책을 바닥에 떨어뜨리고 시끄럽게 소리를 내며 주움 → 작은 소리지만 선생님이 들을 수 있을 정도로 "이건 바보짓이야."라고 투덜거림 → 이에 대한 처벌로 그는 교감 선생님과 면담을 하게 됨

John은 하나의 혐오스런 상황(수학 수업)으로부터 '교사가 생각하기에 보다 혐오스런 상황'(교감실)에 처하게 되었다. 하지만 결과적으로 교사는 John으로부터 '수학 수업'이라는 혐오 자극을 제거해 줌으로써 '책을 바닥에 던지고 중얼거리는' 그의 문제행동을 증가시키는 결과를 초래하였다. 즉, 혐오스러운 상황에서 벗어나거나 탈출하게 하는 부적 강화는 위의 상황과 같이 때로 문제행동을 강화시키는 결과를 초래할 수도 있기 때문에 주의를 기울여야 한다.

:: **바람직한 행동을 증가시키는 것이 목표인 경우**   바람직한 행동의 빈도를 증가시키기 위해서는 모델링, 연속적 접근과 행동 조성, 단서 제공하기, 프리맥의 원리(Premack's principle), 반응 박탈 가설, 행동탄력성(behavioral momentum)을 포함한 몇 가지 원칙에 대해 이해해야 한다. 이에 대한 설명은 다음과 같다.

• 모델링(modeling): 실존하는 모델이나 책, 영화, 비디오를 이용하여 새로운 행동을 가르

치는 기법

- 자기대화(self-talk): 자기교수, 자기강화, 자기처벌에 사용될 수 있는 혼잣말(subvocal speech)
- 긍정적 강화: 표적 행동을 했을 때, 원하는 보상을 제공하는 기법
- 연속적 접근과 행동 조성: 표적 행동 또는 표적 행동 패턴을 형성하기 위한 단계적이고 체계적인 강화 계획 수립을 통해 현재 수준에서 이루어지고 있는 행동을 표적 행동에 가까워지게 함으로써 새로운 행동을 조성해 나가도록 하는 기법
- 단서 제공하기: 적절한 행동 또는 부적절한 행동에 대한 힌트로 사용되는 환경적 신호 또는 단서를 제공하는 기법
- 프리맥의 원리: 저빈도 행동(숙제하기)을 강화하기 위해 고빈도 행동(비디오게임 하기)을 사용하는 기법
- 반응 박탈 가설: 고빈도 행동의 기회를 박탈당함으로써 저빈도 행동의 강화가 이루어질 수 있다는 가설
- 행동탄력성: 특정 영역에 대한 개인의 반응에 대하여 이와 관련된 행동을 강화시킴으로써 표적 행동을 증가시키는 기법(수학 공부를 하라는 지시에 반응하지 않는 학생에게 다른 교과를 공부하도록 하는 지시에 따르도록 강화한다면, 이후 수학 공부에 대한 지시에 따를 가능성이 높아진다)

이 장에서는 긍정적인 행동을 증가시키는 데 사용되는 개입기법의 두 가지 유형으로 정적 자기관리 전략과 행동계약에 대해 논의하고자 한다. 또 다른 접근법인 토큰경제체계는 다음 장에서 논의될 것이다.

자기관리 전략은 다섯 가지 유형으로 나눌 수 있다. 첫 번째는 자료의 자기기록이다. 이는 학생 또는 성인이 담배를 얼마나 많이 피우는지, 특정 수업 시간 동안 얼마나 자주 손을 드는지, 얼마나 많은 수학 문제를 정확하게 푸는지 등과 같은 정보를 스스로 기록하도록 하는 비교적 단순한 과정이다. 이러한 과정은 기록해야 할 행동을 결정하고, 이를 조작적으로 정의하는 것에서부터 시작된다. 대개 '3×5칸'으로 만들어진 카드 또는 손목 계측기를 사용하는 것과 같이 단순한 기록 방식이 사용된다. 학습자(학생 또는 성인)에게는 하루 일정, 수업 시간표 또는 달성하고자 하는 목표에 따라 적정하게 배분된 시간표 등의 내용이 포함된 활동지가 제공된다. 공부를 시작할 때마다 그 시간을 기록하기로 한 고등학생에 의해 수집된 자료는 정신이 맑지 않은 밤늦은 시간이 되어서야 학습이 이루어진다는 사실을 보여 줄

1. 당신이 공부를 시작한 시간과 가장 근접한 시간대에 표시하시오.
2. 공부를 마쳤을 때, 당신이 공부하는 데 할애한 시간의 양을 분(minute)으로 환산하여 기록하시오.
3. 일주일간 학습한 시간의 총합을 계산하여 기록하시오.

시간	4:00	4:30	5:00	5:30	6:00	6:30	7:00	7:30	8:00	8:30	9:00	9:30	10:00 이후	전체 시간
월요일														
분														
화요일														
분														
수요일														
분														
목요일														
분														
금요일														
분														
토요일														
분														
일요일														
분														
총합														

[그림 3-7] 과제 자기기록표(self-recording device for homework)

수 있을 것이다. [그림 3-7]은 일반적인 자기기록 관찰 차트다. 만약 학습과 관련된 다른 행동들이 기록에 추가된다면, 학습 행동에 대해 보다 명확한 그림을 그릴 수 있을 것이다.

자기기록은 종종 힌트나 단서의 형식으로 제공될 수 있다. 기록되어야 하는 행동이 선택·정의되고 난 후의 다음 단계는 힌트나 단서를 선택하는 것이다. 때로 교사나 부모가 힌트를 제시할 수도 있고, 또 때로는 진동기(MotivAider; Behavior Dynamics, 2004; 역자 주: 전자시계가 내장된 작은 진동 박스로, 주의 집중을 강화하기 위해 정기적으로 피부에 신호를 주도록 타이머를 설정함. 10대 청소년들에게는 다른 사람이 모르게 비언어적 방법으로 신호를 줄 수 있다는 장점이 있음)와 같은 장치가 이용될 수도 있다. 100g 이하의 경량인 이 장치는 보통 팔에 묶거나 벨트에 부착하여 약한 진동을 내보냄으로써 학생으로 하여금 자신이 앉아서 공부를 하고 있는지, 교사에게 집중하고 있는지, 딴생각을 하고 있는지 아니면 부적절한 행동을 하고 있는지 학생 스스로 확인할 수 있도록 해 준다. 이때 학생은 이 장치의 사용이 자신에게 적절한지, 그리고 이 기계를 사용하는 데 필요한 지시 사항을 제대로 이해하고 있는지를 확인하기 위하여 기계 사용 방법에 대해 배우는 시간을 반드시 가져야 한다. MotivAider에 대한 비공식적 실험에서, 어떤 교사의 수업 시간에 20% 이하의 집중력을 보였던 두 명의 중학교 학생이 이 장치를 사용한 후에는 70% 이상의 수업 집중력을 보이는 것으로 나타났다. 그러나 학생들의 수업 집중력은 2~3주 후에 급격하게 떨어졌는데, 이는 교사가 언어적 강화를 멈췄기 때문이었다.

시각적 단서 역시 자기기록 체계의 한 부분으로 사용될 수 있다. 우리는 학생이 토론 수업 시간에 손을 들도록 자극하고, 부적절한 발언을 줄이기 위해 특정한 사진이나 그림을 사용해 왔다. 이는 표적 행동을 하고 있는 학생의 사진을 찍어 이를 학생의 책상 위에 붙인 후, 학생으로 하여금 사진에 찍힌 표적 행동을 따라 하도록 하는 과정으로 진행되었는데, 사진을 보고 자신이 적절한 행동을 했는지 스스로 기록하도록 하는 것이다. 그림도 같은 목적으로 사용될 수 있다. 사진이나 그림은 학생이 어떻게 행동해야 하는지를 지속적으로 상기시키는 역할을 한다.

Alberto와 Troutman(2003)은 자기기록을 주제로 이루어진 선행 연구를 검토한 결과, 이 방법이 많은 영역에서 긍정적 행동 변화를 가져오지만, 그 행동이 유지되는 기간은 매우 짧다는 결론을 내렸다. 그들은 자기기록이 행동계약과 같이 보호자에 의한 관리 전략을 통해 발달되어 온 행동 유지에 가장 효과적이라고 하였다. 또한 그들은 자기기록이 자기강화나 외적 동기화 전략과 조화롭게 사용되어야 한다고 주장하였는데, 우리도 이 주장에 동의한다.

:: **자기강화와 처벌**   외적 강화와 처벌 전략의 사용은 근본적으로 조작적 학습이론에 그 뿌리를 두고 있다. 한편, 자기관리법은 사회학습이론을 기반으로 하고 있다(Bandura, 1976, 1977, 1978, 1982a). 사회학습이론은 '상호결정론'을 기반으로 하며, 사람은 환경과 역동적으로 상호작용하고 자기조절이 가능한 존재라는 내용을 그 핵심으로 하고 있다. 앞서 언급한 바와 같이 자기효능감, 평가, 관찰 학습은 Bandura 이론의 세 가지 구성 개념이다. Bandura가 제안한 것처럼 만약 사람이 자기주도적이라면, 자기를 칭찬하고(자기강화), 꾸짖는(자기처벌) 등의 내적 대화는 변화를 위한 강력한 힘으로 작용할 수 있다는 명제로 이어진다. 따라서 학생들로 하여금 개인적 준거를 수립하도록 하고, 이에 기초하여 자신의 수행 수준에 대해 내적 언어로 보상을 주거나 처벌할 수 있도록 격려해 주어야 한다.

Bandura는 자기효능감이 상징적 모델링(예: 비디오 활용), 실제적 모델링(실존하는 모델 활용), 암묵적 모델링(covert modeling; 표적 행동을 수행하는 다른 인물을 상상함), 수행 구현 (performance enactment; 표적 행동을 성공적으로 수행) 등을 통해 증진될 수 있다고 주장하였다. 또한 회피행동(예: 두려움 때문에 대중 연설을 피함)에는 모델링에 인지적 재구성(부적응적인 내적 언어 '난 시험에 실패할 거야.'를 적응적인 내적 언어 '공부하면 이 시험을 통과할 수 있어.'로 대체하는 것) 및 이완 전략과 같은 불안 감소 기법을 추가하여 적용할 필요가 있다고 지적하였다. 한 가지 분명한 사실은 자기강화(그리고 우발적 강화)의 경우, 새로운 기술을 가르치는 과정에서 자기효능감 증진에 중요한 역할을 한다는 것이다.

자기강화와 자기처벌은 일종의 내적 대화이자, 발생할 수 있는 모든 상황에 대해 스스로 상 또는 벌을 주는 자신만의 체계를 수립하는 것이라 할 수 있다. 교사는 학생이 기대 이상의 수준으로 과업을 성취해 냈을 때, 교실에서 제공할 수 있는 강화물 가운데 원하는 것을 선택할 수 있다는 사실을 명시하는 방법으로 후자의 접근을 자주 사용한다. 예를 들어, 학생들로 하여금 50개 나라의 수도 이름을 모두 외우도록 지도한 한 교사는 50개 중 48개를 정확하게 외울 경우, 세 가지 보상을 제공하기로 하였다. 이 세 가지 보상은 일주일 동안 하루한 번 막대사탕을 받는 것, 주말에 놀이터에서 다섯 명의 친구와 함께 한 시간 동안 노는 것, 매일 15분의 자유 시간 동안 비디오게임을 하는 것이었다. 반면, 평가에서 75% 이하의 성취 수준을 보인 학생들은 퀴즈 다시 풀기, 50개 주와 주도(州都)명 적기, 비어 있는 지도에 주와 주도를 찾아 표기하기 등 내키지 않는 후속 과제들을 부여받게 된다. 여기서 자기보상과 자기처벌 방법의 활용은 학교 내 환경으로 제한되어서는 안 된다. 보상과 처벌에 필요한 대부분의 자원이 학교 밖 환경에 존재하기 때문에 학생들로 하여금 자기 자신과의 약속에 기초하여 긍정적인 행동을 강화시키기 위해서는 자기보상을 활용하고, 부적절한 행동을 감소시키기 위해서는 자기처벌을 스스로 실행할 수 있도록 격려할 수 있다. 자기처벌과 자기보상의 활용은 자신에 대한 학생 스스로의 약속(예: '수학 시험에서 85점을 받지 못하면 내가 제일 좋아하는 TV 쇼를 보지 않을 거야.')과 깊이 관련되어 있다고 할 수 있다.

:: **자기지시**(self-instruction) 자기지시는 예컨대, 수학 문제 풀기 또는 복잡한 기계 조립 등과 같은 과제를 완수하는 데 있어 자기주도적으로 그 과정을 이끌어 나가는 능력과 관련되어 있다. 자기지시는 또한 자기대화를 통해 학생으로 하여금 새로운 행동을 형성하는 데 도움을 줄 수 있다. 학생이 자기지시를 활용하여 수학문제를 풀기 원하는 교사는 다음과 같은 전략을 사용할 수 있다.

① 교사는 학생에게 수학 문제의 풀이 과정을 보여 주고, 학생으로 하여금 문제 풀이에 필요한 인지 과정을 언어화하도록 한다(in vivo modeling, 실존 모델링).

② 학생은 언어화된 인지 과정을 큰 소리로 반복하면서 교사가 풀었던 문제와 동일한 문제를 푼다(performance enactment, 수행 구현).

③ 이러한 과정을 통해 자기강화를 경험한 학생은 다른 많은 문제를 자기주도적으로 풀 수 있게 된다.

예컨대, 생물 교사가 과학 실험 방법을 가르칠 때 또는 학교상담자가 주장 행동을 가르칠 때 이와 같은 전략을 사용할 수 있다. 궁극적으로 복잡한 과업을 수행하는 데 요구되는 역량(proficiency)은 스스로의 행동을 이끌어 나가는 개인의 능력에 달려 있다고 할 수 있다.

:: **행동/조건부계약** 행동계약은 개인과 집단 수준에서 사용할 수 있다. 여기서는 개인 수준의 행동계약에 한하여 개관하고자 한다. 간단히 말해, 행동계약은 "만약 ~이면, ~이다."라는 명제로 표현할 수 있는데, 학생이 계약 과정에서 동의한 학업 또는 행동 목표를 달성하면 보상을 받는 원리라 할 수 있다. Martella 등(2003)은 과업 성취(if), 보상(then) 그리고 기록을 행동계약 성립의 세 가지 주요 요소로 제시하였다. 행동계약을 실행하기 위한 첫 단계는 기록하기다. 즉, 관찰 가능하고, 측정 가능한 용어로 문제행동을 확인한 다음, 앞서 언급했던 다양한 전략을 활용하여 발생 비율을 도출해 낼 수 있다. 문제행동의 지속 시간 혹은 심각성에 대한 판단은 문제 유형(운동장에서 제멋대로 소리 지르기)에 따라 달라질 수 있다. 이러한 자료는 행동계약의 기준(baseline)이 되며, 기준을 수립할 때에는 학생 스스로 부적절한 자신의 행동을 개선하고자 하는 의지가 있는지를 확인하는 과정이 반드시 필요하다. 학생과의 합의가 이루어지고 나면 행동 개선을 위한 구체적인 초기 목표가 설정되며, 이때 과업 완수 기한, 목표 성취 시 제공되는 강화물, 문서 보관(record-keeping) 과정의 특징, 그리고 계약 내용의 재검토 주기를 설정하게 된다. 행동계약의 예시는 [그림 3-8]과 같다.

계약 내용은 학생 자신 또는 교사와 같은 보호자가 관리할 수 있다. 학생 스스로 행동계약 사항을 관리할 경우, 내담자인 학생은 자가 기록, 목표 수립, 그리고 강화물 선택을 통하여 계약 이행에 필요한 기본적인 정보들을 수집하게 된다. 행동주의 컨설테이션 과정에서 의뢰인은 보다 용이하게 계약을 관리할 수 있다. 가령, 행동계약이 협업 활동의 일환으로 시행된다면, 한 명 또는 그 이상의 협업자들은 계약 관리자의 역할을 수행할 수 있을 것이다. 관리자는 학생과 약속된 날짜에 만나 학생이 목표를 달성했는지의 여부를 판단하게 된다. 만

날짜: _____   이 계약은 _____ 에 시작되어 _____ 에 종료됩니다.

학생 이름: _____

목표 행동은 무엇입니까? _____

현재 학생의 목표 행동 수행 수준은? _____

성공의 기준은 무엇입니까? (비율, 기간, 정확성, 반응 시간) _____

행동이 발생하는 곳은 주로 어디입니까? _____

누가 계약을 평가하게 됩니까? _____

학생은 누구에게, 어떠한 방식으로 보상을 받게 됩니까? _____

서명(관련자 전원 서명)

학생: _____

교사: _____

상담자: _____

부모: _____

기타: _____

[그림 3-8] 일반적인 조건부계약의 예시

약 목표를 달성했다면 관리자는 학생에게 보상을 하고 다음 목표를 수립하게 되며, 이 과정은 최종 목표가 달성되어 행동계약이 종료될 때까지 반복된다. Alberto와 Troutman(2003)은 행동계약을 마무리하는 과정은 기본적으로 계약 내용을 서서히 철회해 나가는 것이라 할 수 있으며, 무분별하게 계약을 종결해서는 안 된다고 경고하였다. 행동계약의 종결은 단서 자극을 점차적으로 제거하고, 강화물을 제공하지 않거나 강화물의 양 또는 질을 줄이면서 행동을 유지해 나가는 데 대한 내담자의 동의가 선행되어야 한다.

계약이 성립된 초기 단계 이후, 계약의 효력이 저하되는 현상은 흔히 발생한다. 특히 계약에서 설정한 행동 목표가 지나치게 높거나, 이행해야 하는 행동이 구체적으로 규정되지 않은 경우 또는 관리자가 적시에 보상을 제공하지 않는 경우에는 계약의 초기 단계에서 그 목적을 상실해 버리기도 한다. 행동계약의 근본적인 목적은 연속적인 접근(successive approximation) 원리에 기반을 두어야 하기 때문에 첫 번째 행동 목표는 매우 쉽게 성취할 수 있는 수준으로 설정하는 것이 중요하다. 첫 목표 달성은 자기효능감 증진을 통해 미래 목표 달성의 기반을 구축한다는 점에서 중요한 의미를 갖는다. 또한 이행해야 하는 행동이 구체적으로 규정되지 않아 학생이 원하는 보상을 제대로 제공하지 못한다면 목표를 달성하는 과정은 난관에 봉착할 수도 있다. 행동계약이 실패로 돌아가는 또 다른 이유에는 보상이 즉시 제공되지 않는 경우, 학생의 입장에서 계약이 불공정하게 성립되어 억울한 감정을 불러일으킨 경우, 초기 단계에서의 성공을 문제해결로 잘못 판단하여 더 이상 행동계약을 진행하지 않는 경우, 계약 관리자가 계약 주기를 지키지 않는 경우, 칭찬이나 사회적 강화기제가 다른 강화물과 함께 제공되지 않는 경우, 강화물이 보상으로서의 가치를 일정 부분 또는 온전히 상실해 버림으로써 다른 강화물로 대체되어야 하는 경우 등이 있다.

마지막으로 계약이 합리적으로 성립되지 않는다면 계약 관리자와 학생은 곤란한 상황에 처할 수 있다. 이행해야 할 일들이 과중하면 계약은 부담스러운 짐이 되고 만다. 행동의 목표가 너무 높아 이를 달성하지 못하고, 달성하지 못한 대가로 벌을 받아야 하는 상황은 학생에게 매우 큰 고통이며, 이러한 경우 계약은 거의 실패로 귀결된다. 또한 문화적으로 적절하지 않은 계약은 학생을 비롯한 다른 사람들을 곤란에 빠뜨릴 수 있다. 행동주의 개입은 근본적으로 미래지향적이고 개인주의에 입각한 유럽 사회의 가치체계에 근거하고 있으나, 히스패닉, 아시아계 미국인, 미국 원주민을 비롯하여 유럽 문화에 동화되지 않은 여러 민족은 이러한 가치체계를 공유하지 않는다는 사실을 기억해야 한다.

:: **선행 자극에 초점을 맞춘 개입 전략**　행동의 변화 또는 행동의 결과에 초점을 맞춘 개입에 대한 오랜 논의 끝에 행동에 대한 기능적 측정은 문제행동과 선행 사건의 기능적 연관성을 시사해 준다는 놀라운 사실을 발견해 냈다. 대부분의 교사는 학생들이 휴식 시간, 체육 시간, 점심시간, 이동 수업 시간 등의 시간 이후에 더 소란스럽다는 사실을 익히 알고 있다. 이러한 시간에 이루어지는 활동들은 많은 학생을 자극하게 되고, 학생들은 자신의 평정심을 되찾을 때까지 타인을 과도하게 자극하기도 한다. 예컨대, 어떤 학생이 너무 느리게 진행되는 수업에 지루함을 느끼게 되었다고 하자. 일단 지루함을 느낀 그 학생은 지루함에서 벗어나고자 옆에 있는 학생을 괴롭히거나 방해 행동을 하게 된다. 이와 유사한 예로, 어떤 학생들은 수업 속도가 너무 빠르거나 과제가 지나치게 어려운 경우에 좌절감을 경험한다. 또 다른 학생들은 수면 부족으로 수업 시간에 조는가 하면 또 어떤 학생들은 가정 문제, 친구들의 괴롭힘 등과 같은 문제로 분노를 느끼기도 한다. 각자가 처한 곤란한 상황으로 인한 두려움(불안)은 학생들로 하여금 일상적인 질문에도 대답하지 못하게 하는가 하면 칠판에 적힌 문제를 풀거나 발표하기 등의 활동들에도 지장을 초래한다.

기능적으로 부적절한 행동과 연관되어 있는 내적(인지적 또는 심리적) 선행 조건들은 교사, 학생, 학부모가 참여한 가운데 간접적 평가 절차를 활용함으로써 가장 잘 확인될 수 있다. 부적절한 행동에 대한 개입은 양육 기술 개선을 위해 부모와 함께 받는 상담, 수업의 속도 및 수업의 개별화에 대한 교사와의 상담 혹은 또래 집단을 활용한 상담과 같이 학생이 기능하는 환경을 변화시키는 간접적 전략을 요한다. 또한 상담자에게 의뢰하여 학생으로 하여금 스트레스 관리 기법을 배우도록 할 수도 있다. 무료 또는 저렴한 가격으로 아침식사와 점심식사를 제공하는 프로그램에 배고픈 학생들을 참여시키는 데에 대한 옹호적 태도는 행동주의적 개입이나 또래 중재에서 표방하는 방법 또는 목표와는 다르다. 행동의 기능적 분석의 목적은 상황 사건, 선행 자극, 행동, 그리고 결과 사이의 역동을 제거하거나 바꾸기 위해 고안된 개입 계획을 개발함으로써 학생의 행동을 긍정적이고 상황에 적절하게 반응하는 방식으로 변화시키는 데 있다. 이 과정은 동그란 나사를 네모난 구멍에 끼워 넣는 것과 같은 무리한 과정은 아니며, 대부분의 경우 나사 모양에 맞춰 나사 구멍을 다시 만들듯이 행동주의 심리학자들은 부적절한 행동을 유발하는 인지와 내적인 정서 상태의 변화에 대해 조금씩 그 중요성을 인식하게 되었다(Alberto & Troutman, 2003). 그들은 수많은 신체적·심리적 조건이 평가와 개입에 반드시 포함되어야 하는 선행 자극이 될 수 있다는 사실을 알고 있다 (Walker et al., 2004).

체계적 개입

토큰경제체계(token economy system)는 컨설턴트의 자문을 받은 교사가 교실에서 직접 적용해 볼 수 있는 기법 가운데 하나로, 교사와 학교 행정가, 컨설턴트 및 심리학자가 협업적이고 체계적으로 프로그램을 설계·운영하는 방식으로 활용되기도 한다. 여기서 토큰경제체계에 대한 기존의 논의를 모두 제시하는 것은 불가능하지만, 이 방법이 행동 변화를 촉진하는 데 효과적인 수단임에는 틀림없다. 그러나 토큰경제체계 활용 시 반드시 기억해야 할 것은 Martella 등(2003)이 언급한 바와 같이 부적절한 행동을 했을 때 토큰을 빼앗는 것, 즉 행동에 대한 대가 반응(벌)도 포함되어야 한다는 사실이다.

토큰경제체계의 과정은 프로그램의 내용 및 지향하는 목표에 따라 각기 다른 양상을 나타내지만, 일반적으로 교사(의뢰인)가 행동계약서를 작성하는 작업을 통해 토큰을 받을 수 있는 행동 또는 빼앗기는 행동이 무엇인지에 대한 규준을 정립하게 된다. 즉, 토큰이 주어지거나 또는 제거된다는 측면에서 목표 행동이 갖는 가치에 대한 충분한 안내가 이루어져야 한다. 일단 보상을 받거나 처벌을 받는 행동에 대한 기준 설정이 이루어지고, 행동별 토큰 지급수준이 결정되고 나면, 문서 보관 시스템(record-keeping system)을 설계해야 한다. 단, 학교에서 문서 보관 시스템을 도입하는 경우 가능한 한 표준화된 양식 활용을 권장한다. 예컨대, 교사는 일반적으로 학생의 결석, 지각, 숙제의 완성도 및 정확도, 자습 태도, 퀴즈 성적, 징계 처분 이력 등에 대해 파악하고 있으며, 이에 일선의 많은 학교에서는 삼진 아웃제

(three-strike rule)를 도입하여 학생들의 문제행동 빈도를 기록함으로써 학생 지도에 활용하고 있다. 삼진 아웃 제도는 학급 내 규칙을 어긴 학생이 발생할 경우, 첫 번째 단계에서는 해당 학생의 이름을 적고, 두 번째 단계에서는 이름에 동그라미를 치며, 마지막으로 세 번째 규칙 위반 발생 시에는 동그라미에 선을 긋는 방식으로 진행되는데, 이러한 경우 규정에 따라 알림장을 통해 학부모에게 이 사실을 통보하거나 정학 처분이 내려진다. 하루 종일 아무런 문제행동을 보이지 않은 학생은 하루 일과가 끝날 때 하나의 토큰을 받는 반면, 문제행동을 보임으로써 두 번 또는 그 이상의 지적을 받은 학생들은 그때마다 토큰을 반납하게 된다. 따라서 규칙 위반을 세 번 범한 학생들은 자신이 갖고 있는 전체 토큰 중 세 개를 내놓아야 한다. 토큰경제체계 수립에 필요한 또 다른 과정에는 ① 가능한 한 행동이 일어나는 시점에 토큰을 지급할 수 있는 방법 결정하기, ② 토큰을 어떻게 사용할지 결정하기, ③ 대체 강화물의 가격 정하기, ④ 토큰 지급에 사회적 강화가 병행되어 이루어지고 있는가에 대해 확인하기, ⑤ 토큰경제체계의 효과를 평가하기 위한 공식적 평가 양식 수립하기, ⑥ 협업자와의 지속적인 조정 회기에 대한 일정 수립하기 등이 있다.

토큰경제체계는 행동 수정에 매우 효과적이지만 이 방법이 성공을 거두기 위해서는 참여자들의 열정과 신중한 모니터링이 수반되어야 한다. 예컨대, 몇몇 초등학교 교사들은 학교심리학자들과의 협업 작업을 통해 토큰경제체계를 활용하여 학생들의 학업적 수행 능력을 증진시키기 위한 구체적 계획을 수립하였다. 완성된 숙제를 제출한 4, 5학년 학생들에게는 흰색 토큰을 지급하고, 일주일간 한 번도 빠짐없이 숙제를 제출한 학생에게는 흰색 토큰 다섯 개와 같은 가치를 지닌 빨간 토큰 한 개를 지급하였다. 흰색 토큰을 받을 수 있는 경우로는 ① 수업 중 이루어지는 토론에 적극적으로 참여하기(손을 들고 발표하는 등의 행동), ② 임장 지도하에 이루어지는 자습 분량 채우기, ③ 기한 내에 프로젝트 완성하기, ④ 교사의 감독하에 자신의 학습 분량을 채운 후 조용히 다른 친구의 공부 돕기 등이 있다. 한편, 빨간색 토큰은 ① 퀴즈와 시험에서 합격 점수를 받은 경우, ② 프로젝트에서 합격 점수를 받은 경우, ③ 집단 프로젝트 작업에 협업적으로 참여함으로써 집단원들의 추천을 받은 경우에 한해서 지급된다. 그리고 학생들이 모은 토큰은 부모-교사협회(Parent-Teacher Association) 기금으로 운영되는 매점에서 학용품이나 간식을 구입하는 데 사용하도록 하였다. 교사들은 여름방학 기간 중 학교심리학자들로부터 자문을 구하여 이 체계를 수립하였고, 학기 시작후 첫 6주에 걸쳐 매주 학교심리학자들을 만났으며, 이 체계를 시행한 후에는 그 효과를 평가하기 위해 매달 학교심리학자들을 만나는 과정을 거쳤다.

이 장의 서두에서 몇몇 집단지향적이고 체계적인 개입 기법들이 『학교에서의 행동주의적

개입: 증거 기반 긍정 전략』(Atkin-Little et al., 2009)이라는 책에 수록되어 있음을 언급한 바 있다. 이 가운데 학교 전체를 대상으로 한 긍정 행동 지원(School-Wide Positive Behavioral Support: SWPBS) 프로그램은 가장 중요하게 다루어지고 있는 부분이라 할 수 있다. 이러한 프로그램들은 학생들의 체계적 변화를 추구하며 협업적 행동에 많은 가치를 부여한다. 또한 SWPBS 프로그램은 모든 학생을 위하여 교육 체계를 개선시킬 수 있는 잠재력을 지니고 있다. SWPBS 프로그램은 협업팀을 구성함으로써 시작된다(Scheuermann & Hall, 2008; Simonsen & Sugai, 2009). 다만 협업팀을 구성하는 과정과 절차에 대해서는 이미 1장에서 소개한 바 있으므로 여기에서는 더 이상 논의하지 않고자 한다. 협업팀은 가치화되고 조작적으로 정의된 목표 수립, 자원 확보, 의사결정권자들에게 필요한 정보로서의 평가 절차 수립, 학급 내 규칙 개발 및 실제 적용, 경험에 기반한 개입의 선택 등과 같은 작업을 수행해야 한다. 여기서 이루어지는 개입은 RTI(Research to Intervention)로, 조사 및 연구에 근거한 개입 기법이라 할 수 있다. 그러나 RTI는 개입에 대한 반응(Response to Intervention)의 머리글자로 사용되는 사례가 보다 일반적이라 할 수 있는데, 이에 대해서는 이 책의 뒷부분에서 추후 논의하고자 한다.

SWPBS 프로그램은 Simonsen과 Sugai가 명명한 세 단계로 개념화되는데, 1차 단계는 대부분의 학생(80%)에게 적용될 것이라 추정된다. 하나 혹은 두 개의 행동적 개입으로 구성되어 있는 2차 단계는 15%의 학생에게, 개별화된 형태로 제작되고 실행되는 3차 단계는 약 5%의 학생에게 적용될 것이라 예상된다.

SWPBS 프로그램 수립의 계획 및 실행 단계에서 협업팀이 작성한 포괄적인 활동 체크리스트는 'http://www.pbis.org'에서 확인할 수 있다. 이 체크리스트는 SWPBS 프로그램을 실행하기 위한 근거이자 지침서인『학교 전체를 대상으로 한 긍정 행동 지원: 실무자를 위한 청사진 및 자기평가(School-Wide Positive Behavior Support: Implementers' Blueprint and Self-Assessment)』(Sugai et al., 2005)라는 문헌의 일부로 수록되어 있다. 한편, Scheuermann과 Hall(2008)은 SWPBS에 대한 심도 있는 논의를 통해 SWPBS 프로그램 개발 과정의 각 단계에서 강조하는 내용을 규명하였다.

1차 단계에서는 학생 및 교직원들을 대상으로 학교 내에서 추구하는 행동 지침에 대한 교육 실시하기, 일관성 있는 징계 방침 수립하기, 비행행동(예: 복도를 어슬렁거리며 돌아다니는 것)의 선행 자극이 될 수 있는 교내 환경 변화시키기, 교사와 교직원을 대상으로 기본적인 행동 원칙에 대한 교육 실시하기 등을 강조한다고 할 수 있다.

2차 단계에서는 행동주의 원칙에 대한 교육을 강화하고, 1차 단계에서의 개입에 반응하지 않는 학생들을 위해 모든 학생에 대한 개입 방안을 개발하는 데 초점이 맞추어져 있다. 이 단계에서는 정기적인 행동 평가, 매일매일의 긍정적 강화, 규칙적인 검토 등의 활동이 이루어진다는 점에서 다른 단계에 비해 노동집약적 성격이 강하게 나타난다고 할 수 있다. 2차 단계에 비해 노동집약적 성격이 강하게 나타나는 3차 단계는 행동주의적 개입을 설계하고 적용할 수 있는 전문가의 개입을 요한다. 앞서 언급했듯이 이러한 개입은 대부분 개인을 대상으로 이루어진다. 또한 개입은 기능적 행동 측정을 통해 시작되며, 의도치 않은 강화의 제거, 부정적 행동의 원인이 되는 선행 자극의 제거, 연속적 접근을 통한 새로운 행동의 형성 등에 초점이 맞추어져 있다.

🔦 모니터링과 평가

Bergan과 Kratochwill(1990)이 제안한 바와 같이 행동주의 상담에서 의뢰인은 컨설턴트에게 훈련을 받은 후, 이에 기초하여 개입 방안들을 수행한다. 그러나 CBC 접근의 경우에는 컨설턴트가 제시하는 개입 과정에 대해 의뢰인이 이견을 제시하기도 하고, 상반된 입장을 취하기도 한다. 협업 작업에서 협업자들이 모두 똑같은 역할을 수행해야 하는 것은 아니지만 다 함께 실행 과정에 참여하게 된다. 한 명의 협업자가 개입 작업을 수행하는 동안 다른 협업자는 자료수집을 통해 수립된 목표에 대한 진척 상황을 모니터링할 것이다. 이 과정에서 컨설턴트와 의뢰인, 그리고 내담자 또는 협업자들은 정기 회의를 열어 목표 행동의 진척 정도에 대해 논의하고, 현재 활용되고 있는 강화물 또는 전략의 적절성을 평가하며, 필요한 경우 새로운 목표를 수립하기도 한다.

평가는 행동주의 컨설테이션/협업 과정 안에서 구축되어야 하며, 이는 'AB 설계'로 비교적 간단하게 나타낼 수 있다. 기초선 (A) 자료(예: 행동의 출현, 빈도, 행동 지속 시간)는 목표설정과 개입 방안 실행 이전에 설정된다. 스캐터 플롯 또는 자기기록표를 활용하여 개입 단계에서 수집된 자료 (B)를 정기적으로 기초선과 비교함으로써 행동의 진전을 측정할 수 있다. 또한 개입 단계에서 수집된 자료는 중간 또는 최종 목표를 겨냥하여 수립된 준거와의 비교도 가능하게 해 준다.

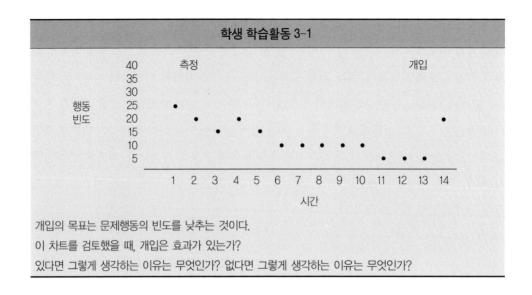

개입의 목표는 문제행동의 빈도를 낮추는 것이다.
이 차트를 검토했을 때, 개입은 효과가 있는가?
있다면 그렇게 생각하는 이유는 무엇인가? 없다면 그렇게 생각하는 이유는 무엇인가?

저항

저항은 모든 컨설턴트가 경험하는 현상이다. 행동주의 상담에서의 저항은 행동주의를 결정론적이고 조작적인 철학으로 보는 의뢰인들의 인식을 비롯하여 그 외 다양한 요인에 근거하여 나타난다. 그러나 행동주의가 Bandura의 사회학습이론과 함께 인지-행동주의적 접근의 토대로 인식되면서 행동주의에 대한 오해는 사라지게 되었다. 일부 의뢰인들, 특히 교사들은 학생들을 돈에 매수된 것처럼 취급하는 것과 같은 행동주의의 방법론적 측면에 대해 강한 반감을 표시했다. 그러나 행동주의 접근에 대한 이러한 인식은 대부분의 사람이 음식, 휘발유, 그 외 다른 물건들을 구입하는 데 사용할 수 있는 토큰(돈)을 벌기 위해 일을 하러 다닌다는 점을 명시함으로써 불식시킬 수 있다. 또한 어떤 학생들은 집이나 학교에서 그들의 행동을 강화받는 반면, 어떤 학생들은 그렇지 않다는 점에 대해서도 짚고 넘어갈 필요가 있다. 마지막으로, 저항은 행동의 목표를 달성하기 위해 들여야 하는 시간과 노력에 대한 지나친 부담감으로 인해 발생할 수도 있다. 이러한 문제를 극복하기란 쉽지 않지만 교사에게 보너스를 지급하거나 휴가를 제공하는 등 그들의 노력에 부응하는 '특혜'를 부여함으로써 저항을 다루는 방법도 있다. 컨설턴트는 일선에서 학생들을 지도하는 교사나 부모 등과 같은 보호자들의 노력과 수고가 슈퍼바이저를 비롯한 다른 사람들로부터 공식적·비공식적으로 인정받는 사회 문화를 정립하기 위해 힘써야 한다. 예컨대, 이들에 대한 평가 문항에는 '다른 사람들과의 성공적인 컨설테이션 및 협업 활동에 적극적으로 참여하였는가'와 같은 내용이 포함되어야 한다. 또한 개입이 순조롭게 잘 진행된 경우, 평가회나 교내 소식지에 원고를 게재하거나 회의록에 관련 내용을 기록함으로써 비공식적 형태로 학부모와 교사가 보인 관심과 수고에 대한 인정을 나타낼 수 있다.

문화적 제한점

인지-행동주의 모델은 근본적으로 미래지향적이고 개인주의적인 유럽 사회의 가치 체계에 근거하고 있다. 그러나 이러한 문화에 적응하지 못한 내담자 집단 및 다른 시간적 지향점을 추구하는 의뢰인 그리고 아메리칸 인디언 부족과 라틴계 미국인 집단과 같이 그들만의 고유한 사회문화적 가치체계를 지닌 소수 민족에게 일괄된 철학적 접근은 적절하지 않다. 단기 목표 및 장기 목표를 달성하기 위해 미래 시간 계획을 세우고, 달력에 표시를 하여 인생을 조직화한다는 것은 과거지향적이거나 순환론적 역사관을 지닌 사람들에게는 생소한 개념이다. 이와 비슷한 맥락에서 볼 때, 개인이 집단보다 우선시되고, 개인이 또래 집단과 경쟁하는 것을 허용하는 사고방식은 많은 문화에서 쉽게 수용되지 않고 있다. 개인 중심의 사회적 가치관을 지니고 있는 사람들은 그 자신을 집단보다 우선시하는 한편, 이와 반대로 평등을 추구하는 사회적 가치 체계를 갖고 있는 의뢰인들은 집단 전체의 복지를 자신의 복지에 앞세울 것이다(Sue & Sue, 2007).

개인은 집단의 평균 성취 수준을 넘어서는 안 된다는 평등적 가치관을 갖고 있는 내담자의 경우, 컨설턴트와 의뢰인, 협업자들은 개입의 초점을 개인에서 집단으로 바꿔 나갈 필요가 있다(Skinner, Skinner, & Burton, 2009 참조). 이때 행동계약은 소집단 전체 또는 학급 학생을 대상으로 성립시킬 수 있으며, 토큰경제체계를 적용할 경우 협동 학습 집단의 형태로 구성하여 협업적인 행동에 대해 보상하는 방법으로 활용할 수 있다.

인지-행동주의 접근은 독립적이고, 미래 혹은 과거-미래 지향적이며, 능동적이고 적극적인 사고체계에 높은 가치를 부여하는 사람들에게 보다 유용한 방법이라고 할 수 있다. 문제해결에 대한 체계적 접근 방식은 미래지향적인 유럽 사회의 문화, 과거-미래 지향적인 아시아의 많은 하위 문화권에 있는 사람들에게 비교적 친숙한 개념이다. 많은 아시아 국가 및 아메리칸 인디언 부족과 같이 자기통제에 중요한 가치를 부여하는 사람들, 그리고 생각과 감정의 자기노출을 피하는 것이 중요하다고 믿는 사람들은 행동적 관점을 보다 잘 수용하는 경향이 있는데, 이는 외현적 행동이 평가와 개입의 초점이 되기 때문이다. 또한 자기효능감 및 판단 등 개인 내적 요인에 대한 인식이 평가 과정에서 중요하게 다루어지는 경우, 자기통제에 대한 개인의 생각을 묻는 질문들은 집단 내에서 조심스럽게 다루어져야 한다.

인지-행동주의 컨설턴트는 직접적 질문이나 관찰을 통해 의뢰인과 내담자의 가치 체계를 확인해야 한다. 시간에 대한 관념이 명확하지 않은 의뢰인과 내담자는 컨설턴트와 만나는 날을 시계나 달력에 표시하지 않을 수 있으며, 이로 인해 의뢰인이나 협업자와의 약속 일정을 잡는 데 어려움이 발생할 수도 있다. 예컨대, 의뢰인이 약속된 시간에 나타나지 않는 것을 인지한 컨설턴트는 앞으로 회기가 늦게 시작될 수도 있다는 가능성을 열어 두고 보다 유연성 있는 태도로 약속 시간을 잡고자 할 수 있어야 한다.

인지-행동주의 컨설테이션과 협업의 지위

조작적 학습이론에 근거한 행동주의 컨설테이션(예: Bergan, 1977)은 의뢰인을 조종한다는 이유(Erchul, Hughes, Meyers, Hickman, & Winkler, 1972)로 비판을 받아 왔다. 최근 Witt, Gresham과 Noell(1996)은 문제에 대한 의뢰인의 기술(description)을 그대로 수용하는 것이 타당한가의 여부를 두고 의문을 제기하였다. 이 장의 서두에서 주지한 바와 같이 면담을 통제하는 문제는 미해결 상태로 남아 있지만(Erchul, 1999; Erchul & Chewning, 1990; Cutkin, 1996, 1999), Sheridan과 Kratochwill(2008)에 의해 행동주의에서 협업적인 관계와 과정이 중요한 화두로 자리 잡음으로써, 행동주의자들은 행동주의 컨설팅에서 논란이 되었던 이슈에 대해 더 이상 고민의 여지없이 자신들이 추구하는 신념과 철학에 따라 활동할 수 있게 되었다. 컨설테이션과 협업의 인지-행동주의 모델은 관계에서 평등한 가치-평등한 힘의 개념을 지지하고, 전적으로 의뢰인에게 의존하지 않는 복합적 평가 접근을 지향하며, 학생을 비롯한 대부분의 사람들이 자기주도적이라는 사실을 강조한다.

Erchul과 그의 동료들이 수행한 연구(Erchul & Chewning, 1990; Witt, Erchul, McKee, Pardue, & Wickstrom, 1988; Witt, Erchul, Pardue, McKee, & Fitzmaurice, 1991)에서는 컨설테이션의 행동주의 접근을 둘러싼 이슈들에 대해 지속적인 탐색의 필요성을 피력하고 있으며, 이러한 목소리는 컨설테이션 연구에 있어 행동주의 접근이 중요한 위치로 자리매김하는 데 큰 영향을 미치고 있다. 최근에 제정된 「장애인교육법」과 「아동낙오방지법」의 조항에서도 상담과 협업에 행동주의 접근이 미치는 영향력이 큰 것으로 나타났다. 가령 장애아동이 징계 처분의 대상이 되는 문제행동을 보이는 경우, 대상 학생의 처리에 있어 기존 방식을 변화시키기 위한 기초자료 또는 문제행동을 다루는 새로운 행동주의적 개입방법 개발의 근거로서 행동의 기능 분석 및 평가가 이루어져야 한다고 명시하고 있다. 기능적 행동 분석의 또 다른 목적은 처벌 대상이 되는 행동이 기능적으로 학생의 장애에서 비롯된 것인지를 판단하는 것이다. 만약 문제행동과 학생이 지니고 있는 장애 간에 관련성이 없다면 문제행동을 보인 학생은 다른 학생들과 동일한 방식으로 처벌을 받아야 한다. 「장애인교육법」은 행동주의 접근의 중요성을 강조할 뿐 아니라 협업적 행동주의 모델에 대한 학교상담자, 학교심리학자, 특수 교육 교사, 특수 학생들의 이해와 교육적 실천을 의무화하였다는 점에서 그 변화의 양상을 찾아볼 수 있다.

💡 사례 설명: 자기관리와 대가-반응

5학년 학생들을 가르치는 한 교사가 제기한 Gerrard의 문제는 행동 중심적 접근으로 규정하는 데 어려움이 있었다. 교사는 Gerrard가 "바지 안에 개미를 갖고 있다."라고 말했다. 컨설턴트는 교사에게 Gerrard의 행동이 최악이었을 때 어떠했는지에 대해 이야기하되 '영화 필름이 돌아가듯 장면을 생생하게 묘사하는' 방식을 활용하여 진술을 명료화하도록 요구하였다. Gerrard의 문제행동은 수학 수업 시간에 가장 두드러지게 나타났다. Gerrard는 수학적 개념을 배우는 수업이 시작된 후 20~25분가량은 집중하였지만, 수업이 진행될수록 그의 과제 집중력은 저하되었다. Gerrard는 수학 학습지에 낙서를 하고, 주위 친구들에게 말을 걸거나 자신이 그린 그림을 보여 주며 귀찮게 하는가 하면, 간혹 자리를 이탈하기도 하였다. 수업 시작 후 약 20~25분의 시간이 흐른 뒤에는 자신의 자리를 이탈하여 교실 곳곳을 돌아다녔고, 이러한 행동은 다른 학생들에게 방해가 되었다. Gerrard는 이러한 과잉행동으로 인하여 ADD로 의뢰된 바 있으나, 진단 결과는 아닌 것으로 판명되었다. 그는 매일 학교에 출석하였으며 뚜렷한 건강 문제도 없었다.

보조교사는 수학시간에 보이는 Gerrard의 행동에 대해 일주일간 스캐터 플롯 측정을 실시하였다. Gerrard는 관찰 시간 5분 동안 평균 두 번 정도 과제에 집중하지 않고 다른 행동을 하였다. 스캐터 플롯의 결과에 의하면 Gerrard는 교사가 진술한 바와 같이 수학 수업 종료 직전 5분 동안에는 세 번의 문제행동을 보이는 등 수업의 후반부로 갈수록 문제행동이 심해지는 것으로 나타났다. 이 사례에서 Gerrard가 보이는 문제행동의 선행 사건(조건)은 수학 수업인 것으로 판명되었다. 즉, Gerrard가 다른 과목에서도 집중력이 떨어지고 산만한 행동을 보이기는 하였지만 그러한 행동이 '통제 가능한' 수준에 그쳤다면, 수학 수업에서는 시간이 지남에 따라 점점 더 심각해지는 양상을 나타냈기 때문이다. Gerrard의 성적표를 검토해 본 결과, WISC-R IQ가 128임에도 불구하고 그의 수학 성적은 계속해서 저하되고 있었다. Gerrard 및 그의 부모와 인터뷰를 실시한 결과, '① Gerrard는 학교를 지루하게 느껴 학교에 오고 싶어 하지 않았다. ② Gerrard의 부모는 그의 성적에 대한 기대 수준(낙제점을 받지 않는 수준)이 매우 낮았다. ③ 산만한 행동에 대한 주의 사항과 바람직한 행동에 대한 약속 내용을 기재하여 학부모에게 보낸 교사의 알림장에 대해 부모가 관심을 기울이지 않았다. ④ 부모는 Gerrard의 성적표와 학교 과제에 대하여 전혀 관심을 기울이지 않았다.'라는 사실을 알 수 있었다. 인터뷰 자료를 통해 Gerrard의 문제행동을 파악한 결과, Gerrard의 사례 내 상황 사건은 수학 수업이며 선행 자극은 수학 수업 시간에 부여되는 과제의 난이도가 지나치게 쉬운 나머지 수학 수업에 대해 느끼는 지루함으로 드러났다.

이에 교사는 세 가지 개입방법을 채택하였다. 먼저, 선행 자극인 지루함을 감소시키기 위한 환경의 변화가 필요했다. 이를 위해 Gerrard를 수학성적이 우수한 집단에 배치하고, 수업 시간 동안 교사에게 집중하는 Gerrard의 사진을 자극제(cue)로 하여 용납될 수 없는 문제행동들(결석 포함)의 목록과 함께 그의 책상에 붙여 두었다. 또한 반응-대가 체계(response-cost system)를 적용하였다. 우선 Gerrard에게 여섯 개의 토큰을 준 다음, 목록화된 문제행동의 규정을 어길 때마다 교사나 보조교사는 한 개의 토큰을 압수하였다. 수업 시간 동안 적어도 한 개의 토큰이 남아 있는 경우 Gerrard는 별을 받았고, 이것은 그의 별 차트에 보관되었다. 일주일 동안 세 개의 별을 모으면 Gerrard는 교사와 함께 작성한 보상 리스트에 기록된 활동 중 한 가지를 30분 동안 할 수 있었다. 단, 이러한 방법을 활용하기 위해서는 스티커와 보상을 받는 기준이 2주 차와 3주 차에는 보다 까다로워질 수 있다는 사실을 명시하고 교사와 학생 모두 이에 동의하는 작업이 선행되어야 한다. 교사와 보조 교사는 교과목과 상관없이 수업 시간에 집중하는 Gerrard의 행동에 대해 언어적 강화를 제공하기도 하였다. 그 결과, 4주 후 Gerrard의 문제행동은 수학 시간은 물론, 다른 교과목의 수업 시간에도 현격하게 감소된 것으로 나타났다.

요약

행동주의 컨설테이션은 비록 인지의 중요성을 간과하기는 하였으나, 오랜 시간 동안 다양한 컨설테이션 접근 가운데 주도적 위치를 점하고 있다. 최근 교육과 관련하여 이루어진 입법 조치는 학교 전체를 대상으로 한 긍정 행동 지원 프로그램 등에서 행동주의 접근을 가장 중추적인 부분으로 자리 잡도록 하였다. 최근 발의된 법안에서 장애학생들에 대한 처우를 둘러싸고 행동주의 접근의 활용과 협업의 중요성이 부각되고 있으며, 그 결과 협업적이고 기능적인 행동 분석의 활용이 요구되고 있다. 다행스럽게도 장애학생들에 대한 평가 및 개입에 적용된 방법론이 비장애학생에게도 일반화됨으로써 행동주의 자문의 위상은 더욱 공고해지게 되었다.

인지-행동주의 컨설턴트와 협업자가 사용하는 접근 방법은 엄격하고 철저하다. 그들은 평가에 대한 간접적 접근 방법뿐 아니라 문제행동에 대한 행동적 정의, 사전 평가 검토, 스캐터 플롯과 ABC 일화 관찰을 활용한 체계적 관찰의 개발을 필요로 한다. 이와 같은 방법을 통해 행동주의 컨설턴트와 협업자는 풍부한 개입방법을 도출해 낼 수 있으나, 대부분의 사람은 자기관리와 관련된 긍정적인 접근 방법을 선호하는 것으로 나타났다. 또한 행동주의적 접근은 민족 집단, 특히 미래지향적·독립적인 사회 가치 체계를 추구하지 않는 문화적 집단에 적합한 형태로 수정되고 변경될 필요가 있다.

실무자를 위한 조언

1. 다른 문화권의 사람과 컨설팅을 진행하기 전에 해당 문화의 관습, 가치, 전통에 대한 당신의 지식 수준을 확인하라. 그 문화에 익숙하지 않은 상황에서 컨설팅을 진행하는 것은 오히려 역효과를 낳을 수 있다.
2. 의뢰인의 견해를 수용하는가의 여부와 상관없이 당신은 컨설팅 관계에서 의뢰인의 모델이다. 그러므로 따뜻하고, 공감적이며, 높은 문화적 수용 능력을 갖추는 것은 컨설턴트로서 당신의 지위를 향상시키는 데 중요한 요소다.
3. 컨설테이션 과정을 시작할 때 전문가보다는 학습자로서의 태도를 견지하라.
4. 의뢰인이 컨설테이션 과정을 이끌어 가도록 하라. 의뢰인이 자신의 언어로 문제를 설명하고, 질문을 하도록 유도하라. 또한 당신이 협업적인 문제해결자라는 점을 인지시키고, 문제해결에 대한 성공과 실패의 책임을 의뢰인과 공유하라.

확인 문제

1. Bergan의 컨설테이션 모델과 인지-행동주의 컨설테이션 모델의 주요한 차이점은 무엇인가?

2. Bergan과 Erchul은 인터뷰를 통제할 때 효과적인 행동주의적 개입의 설계가 가능하다고 믿었다. 이에 대한 당신의 생각은 어떠한가?

3. 행동주의 컨설테이션과 행동주의 협업의 장점과 단점은 각각 무엇인가?

4. 기능적 행동 분석 과정의 단계는 무엇인가?

5. 평등한 가치-평등한 힘의 개념은 인지-행동주의 모델 내 관계를 지지하기 위해 채택되었다. 그러나 어떤 컨설턴트는 의뢰인이 무비판적으로 컨설턴트의 지시를 따를 것이기 때문에 컨설테이션 과정에서 비위계적인 평등 관계의 유지는 불가능하다고 보았다. 컨설테이션 과정에서 평등한 가치-평등한 힘의 관계를 유지하는 것은 가능한가? 가능한 이유 혹은 불가능한 이유는 무엇이라고 생각하는가?

6. 우리가 살고 있는 사회의 다양성은 문화적 역량이라는 개념의 중요성을 더욱 부각시키고 있다. 행동주의-절충모델을 미국 내 주류 문화 집단에 적용하고자 할 때, 그 장점과 단점은 각각 무엇인가?

7. 만약 행동의 발생 빈도를 증가시킬 필요가 있다면 당신은 어떠한 개입 방안을 사용할 것인가? 그 이유는 무엇인가?

8. 만약 행동의 발생 빈도를 감소시킬 필요가 있다면 당신은 어떠한 개입 방안을 사용할 것인가? 그 이유는 무엇인가?

9. 만약 장기적인 변화를 이끌어 내기 위한 것이라면, 여기에 적용되는 개입은 현실 세계의 환경과 유사해야 한다고 제안한 바 있다. 어떠한 행동적 개입이 '현실 세계'에 가깝다고 생각하는가? 그렇게 생각하는 이유는 무엇인가?

참고문헌

Akin-Little, A., Little, S. G., Bray, M. A., & Kehle, T. J. (Eds.). (2009). *Behavioral interventions in schools: Evidence-based positive strategies*. Washington, DC: American Psychological Association.

Alberto, P. A., & Troutman, A. C. (2003). *Applied behavior analysis for teachers* (6th ed.). Englewood Cliffs, NJ: Merrill/Prentice-Hall.

Bandura, A. (1971). Psychotherapy based on modeling principles. In A. E. Bergin & S. L. Garfield (Eds.), *Handbook of psychotherapy and behavioral change: An empirical analysis* (pp. 653-708). New York: John Wiley & Sons.

Bandura, A. (1976). Self-reinforcement: Theoretical and methodological considerations. *Behaviorism, 4*, 135-155.

Bandura, A. (1977). Self-efficacy: Toward a unifying theory of behavior change. *Psychological Review, 84*, 191-215.

Bandura, A. (1978). The self system in reciprocal determinism. *American Psychologist, 33*, 344-358.

Bandura, A. (1982a). The assessment and predictive generality of self-precepts of efficacy. *Journal of Behavior Therapy and Experimental Psychiatry, 13*, 195-199.

Bandura, A. (1982b). Self-efficacy mechanism in human agency. *American Psychologist, 37*, 122-147.

Behavioral Dynamics. (2004). About the MotivAider®. Thief River Falls, MN: Author.

Bergan, J. R. (1977). *Behavioral consultation*. Columbus, OH: Charles E. Merrill.

Bergan, J. R., & Kratochwill, T. R. (1990). *Behavioral consultation and therapy*. New York: Plenum Press.

Bergan, J. R., & Tombari, M. L. (1975). The analysis of verbal interactions occurring during consultation. *Journal of School Psychology, 13*, 209-226.

Bergan, J. R., & Tombari, M. L. (1976). Consultant skill and efficiency and the implementation and outcomes of consultation. *Journal of School Psychology, 14*, 3-14.

Brown, D., Pryzwansky, W. B., & Schulte, A. (1987). *Psychological consultation: Introduction to theory and practice*. Boston: Allyn & Bacon.

Brown, D., & Schulte, A. (1987). A social learning model of consultation. *Professional Psychology Research and Practice, 18*, 283-287.

Caplan, G. (1970). *The theory and practice of mental health consultation*. New York: Basic Books.

Center for Effective Collaboration and Practice. (1998). *Addressing student problem behavior: Conducting a functional behavior assessment*. [On-line]. Available: http://www.air.org/cecp/fba/problembehavior2.main2.htm.

Erchul, W. P. (1987). A relational communication analysis of control in school consultation. *Professional School Psychology, 2*, 113-124.

Erchul, W. P. (1992). On dominance, cooperation, teamwork, and collaboration in school-based consultation. *Journal of Education and Psychological Consultation, 3*, 363-366.

Erchul, W. P. (1999). Two steps forward, one step back: Collaboration in school-based consultation. *Journal of School Psychology, 37*, 191-203.

Erchul, W. P., & Chewning, T. G. (1990). Behavioral consultation from a request-centered relational comi perspective. *School Psychology Quarterly, 5*, 1-20.

Erchul, W. P., Hughes, J. N., Meyers, J., Hickman, J. A., & Braden, J. P. (1992). Dyadic agreement concerning the consultation process in relationship to outcome. *Journal of Educational and Psychological Consultation, 3*, 119-132.

Erchul, W. P., & Martens, K. (2003). *School consultation: Conceptual and empirical bases of practice* (2nd ed.). New York: Plenum Press.

Gallessich, J. (1982). *The profession and practice of consultation*. San Francisco: Jossey-Bass.

Gutkin, T. B. (1996). Patterns of consultant and consultee verbalizations: Examining communication leadership during initial consultation interviews. *Journal of School Psychology, 34*, 199-219.

Gutkin, T. B. (1999). Collaborative versus directive/prescriptive/expert school-based consultation: Reviewing and resolving a false dichotomy. *Journal of School Psychology, 37*, 161-190.

Houk, J. L., & Lendowski, L. J. (1996). Consultant verbal control and consultee perceptions. *Journal of Educational and Psychological Consultation, 7*, 107-118.

Hughes, J. N., Erchul, W. P., Yoon, J., Jackson, T., & Henington, C. (1997). *Journal of School Psychology, 35*, 281-297.

Keller, H. R. (1981). Behavioral consultation. In J. C. Conoley (Ed.), *Consultation in schools: Theory, research and practice* (pp. 59-99). New York: Academic Press.

Malott, R. W., & Suarez, E. A. T. (2004). *Principles of behavior* (5th ed.). Upper Saddle River, NJ: Pearson/Prentice-Hall.

Martella, R. C., Nelson, J. R., & Marchand-Martella, N. E. (2003). *Managing distruptive behavior in the schools.* Boston: Allyn & Bacon.

Piersel, W. C. (1985). Behavioral consultation: An approach to problem solving in educational settings. In J. R. Bergan (Ed.), *School psychology in contemporary society* (pp. 331-364). Columbus, OH: Charles E. Merrill.

Reynolds, C. R., Gutkin, T. B., Elliot, S. N., & Witt, J. C. (1984). *School psychology: Essentials of theory and practice.* New York: John Wiley & Sons.

Russell, J. L. (1978). Behavioral consultation: Theory & process. *Personnel and Guidance Journal, 56*, 346-350.

Scheuermann, B. K., & Hall, J. A. (2008). *Positive behavioral supports for the classroom.* Upper Saddle River, NJ: Pearson.

Schulte, A., & Osborne, S. (2003). When assumptive worlds collide: A review of definitions of *collaboration* and *consultation. Journal of Educational and Psychological Consultation, 14*(2), 109-138.

Sheridan, A. M., & Kratochwill, T. R. (2008). *Conjoint behavioral consultation: Promoting family-school connections and interventions* (2nd ed.). New York: Springer.

Sheridan, S. M., Kratochwill, T., & Bergan, J. R. (1996). *Conjoint behavioral consultation: A procedural manual.* New York: Plenun.

Simonsen, B., & Sugai, G. (2009). School-wide positive behavior support: A systems level application of behavioral principles. In A. Akin-Little, S. G. Little, M. A. Bray, & T. J. Kehle (Eds.), *Behavioral interventions in schools: Evidence-based positive strategies* (pp. 125-140). Washington, DC: American Psychological Association.

Skinner, C. H., Skinner, A. L., & Burton. (2009). Applying group oriented contingencies in the classroom. In A. Akin-Little, S. G. Little, M. A. Bray, & T. J. Kehle (Eds.), *Behavioral interventions in schools: Evidence-based positive strategies* (pp. 157-170). Washington, DC: American Psychological Association.

Sue, D. W., & Sue, D. (1990). *Counseling the culturally different: Theory and practice.* New

York: Wiley.

Sue, D. W., & Sue, D. (2007). *Counseling the culturally different: Theory and practice* (5th ed.). New York: Wiley.

Sugai, G., Horner, R. H., Sailor, W., Dunlap, G., Eber, L., Lewis, T., et al. (2005). *School-wide positive behavior support: Implementers' blueprint and self-assessment.* Eugene, OR: University of Oregon.

Tharp, R. G., & Wetzel, R. J. (1969). *Behavior modification in the natural environment.* New York: Academic Press.

Tombari, M. L., & Bergan, J. R. (1978). Consultant cues and teacher verbalizations, judgments, and expectations concerning children's adjustment problems. *Journal of School Psychology, 16,* 212-219.

Touchette, P., MacDonald, R., & Langer, S. (1985). A scatterplot for identifying stimulus control of problems. *Journal of Applied Behavior Analysis, 18,* 343-351.

Walker, J. E., Shea, T. M., & Bauer, A. M. (2004). *Behavior management: A practical approach for educators* (8th ed.). Englewood Cliffs, NJ: Prentice-Hall.

Wickstrom, K. F., Jones, K. M., LaFleur, L. H., & Witt, J. C. (1998). An analysis of treatment integrity in school-based behavioral consultation. *School Psychology Quarterly, 13,* 141-154.

Winett, R. A., & Winkler, R. (1972). Current behavior modification in the classroom. *Psychology, 5,* 499-504.

Witt, J. C., Erchul, W. P., McKee, W. T., Pardue, M. M., & Wickstrom, K. F. (1991). Conversational control in school-based consultation: The relationship between consultant and consultee topic determination and consultation outcome. *Journal of Educational and Psychological Consultation, 2,* 101-116.

Witt, J. C., Erchul, W. P., Pardue, M. M., Mckee, W. T., & Fitzmaurice, J. (1988). Quantification of interpretational interactions in school-based consultation: A molecular analysis. Paper presented at the meeting of the American Psychological Association, Atlanta.

Witt, J. C., Gresham, F. M., & Noell, G. H. (1996). What's behavioral about behavioral consultation? *Journal of Educational and Psychological Consultation, 7,* 327-344.

학생 학습활동 해답

개입 결과는 아마도 성공적이겠지만 기초선에서 나온 최신 정보들 때문에 확신할 수는 없다. 최신 자료가 위치하는 지점을 확인했는지의 여부, 가장 마지막에 수집된 자료가 가리키는 지점이 이례적인 것인지 혹은 전반적인 경향인지에 대한 관찰이 이루어져야 한다.

해결중심 의뢰인 초점 컨설테이션과 협업

목표 이 장에서는 최근 새롭게 등장한 포스트모던 철학에 기초하여 형성된 컨설테이션 및 협업 접근법에 대해 소개하고자 한다.

개요 1. 모던철학 및 포스트모던 철학의 기본 전제에 대해 소개하고자 한다.
2. 해결중심 의뢰인 초점(SFCC) 접근법의 토대를 이루는 사회구성주의에 대해 소개하고자 한다.
3. SFCC의 과정을 개관하고, 이에 대해 논의하고자 한다.
4. SFCC 적용 사례를 제시하고자 한다.

🔦 배경

교육, 상담, 심리치료와 문제해결에 있어 포스트모던 접근법의 인기는 날로 높아지고 있다. 이러한 접근법은 최근까지 측정 및 연구 분야에서 난공불락의 요새로 인식되었던 모더니즘에도 영향을 미치고 있다. SFCC의 철학적 근거는 이 장에서 다루게 될 몇몇 접근법 및 인지-행동적 접근에서 비롯되었다. 사실 심리 컨설테이션을 주제로 한 이 책에서 컨설팅의 이론과 실제를 뒷받침하는 철학적 쟁점에 대한 고찰이 적절하지 않을 수 있으나, 인식론적 근거로서 사회구성주의에 대한 이해는 해결중심 의뢰인 초점(Solution-Focused Consultee Centered, 이하 SFCC) 접근법의 효과적인 현장 적용을 위해 반드시 선행되어야 하는 과정이라 할 수 있다.

여기에서는 SFCC 접근법의 이론과 실제에 있어 그 기초를 이루는 철학적 사조를 크게 모더니즘과 포스트모더니즘으로 구분하여 각 사조의 기본 전제에 대해 살펴보고자 한다.

먼저, 모더니즘의 기본 전제는 다음과 같다.

① 인식 가능한 객관적 실재가 존재한다.
② 과학적인 방법으로 새로운 지식을 규명하고 검증할 수 있다.
③ 사람의 행동은 객관적이고 유의미한 방법으로 측정하고 수치화할 수 있다.
④ 연구 수행을 위해서는 개체와 환경을 임의로 분류할 수 있다.
⑤ 인과관계가 존재하며, 이는 연구를 통해 발견할 수 있다.
⑥ 개인이 구성하는 환경적 맥락은 중립적인 성격을 띠며, 중요한 의미로 다루어지지 않는다.

포스트모더니즘의 인식론적 관점을 반영한 사회구성주의의 기본 전제는 다음과 같다.

① 개인과 그 개인을 둘러싼 환경을 분리하는 것은 불가능하므로 인간에 대한 연구는 환경적 맥락 안에서 이루어져야 한다.
② 인과관계는 규명할 수 없다. 인간행동이 갖는 법칙과 원리를 밝히는 것은 타당하지 않다.
③ 개인의 주관적 사고 틀은 그 자신에게 유의미한 지식을 얻는 데 중요한 자원이다.
④ 지식의 습득은 대부분 사회적 교류를 통해 이루어진다.

SFCC 접근의 다양한 측면에 대한 이해는 사회구성주의의 전제를 기억하는 데 효과적으로 작용할 수 있을 것이다.

해결중심 컨설테이션과 협업에 대한 소개

Vygotsky(1978)가 교육, 상담, 심리학 등을 아우르는 사회구성주의 발달에 중요한 영향을 미친 인물이라면, Piaget(1972), Dewey(1933), Bruner(1990) 등은 사회구성주의의 이론과 철학을 정립한 인물들이라 할 수 있다. Steve de Shazer는 상담과 심리치료에 사회구성주의를 적용한 선구자로, 1978년 그의 아내 Insoo Kim Berg와 위스콘신(Wisconsin)의 밀워키(Milwaukee)에 단기가족치료센터(Brief Family Therapy Center)를 설립했다. 이후 그는 단기해결중심치료(Brief Solution-Focused Therapy: BSFT)의 이론과 실제를 다룬 수많은 저서와 논문을 발표했다(예: 1982, 1984, 1985, 1988, 1991, 1994, 2005). de Shazer(1982, 1985)가 BSFT에서 채택한 '단기(brief)'라는 용어는 그의 치료적 접근법이 전통적인 심리치료 접근법에 비해 컨설테이션과 협업에 할애되는 시간이 짧다는 사실을 나타낸다는 점에서 그가 제시한 이론의 성격을 잘 나타내고 있다.

어떠한 형태의 진단도 내리지 않는다는 점에서 de Shazer가 개발한 BSFT와 현대의 다른 상담 및 심리치료 접근법들 간에는 뚜렷한 차이가 존재한다. 치료는 내담자가 자신의 문제에 대해 설명하는 것으로 시작된다. BSFT의 중요한 특징 가운데 하나인 '예외(exception)'에 대한 논의가 아직 이루어지지 않았기 때문에 BSFT의 성격을 단정적으로 명시할 수는 없으나, BSFT(de shazer, 1985)는 내담자의 호소문제가 일단 명료화되면 과거를 다루지 않고, 내담자와 치료자가 함께 문제해결을 위한 탐색을 시작한다는 두 가지 측면에서 미래지향적이라 할 수 있다.

수많은 치료 접근법과 마찬가지로 '목표 세우기(goal setting)'는 BSFT에서도 중요한 영역이다. 일단 내담자의 문제가 확인되면 상담자는 내담자로 하여금 스스로 목표를 세우도록 돕는다. 단, 목표를 수립하는 과정에서 다음의 두 가지 측면을 반드시 고려해야 한다. 첫째, 내담자가 그들의 문제를 다루는 과정에서 다른 사람을 비난하지 않고, 자력으로 이룰 수 있는 목표를 설정하도록 한다. 둘째, 내담자로 하여금 결점의 제거가 아닌 문제해결을 위한 기술과 습관의 강화와 같은 긍정적 용어로 목표를 설정할 수 있도록 한다.

Kim(2001)은 목표 수립의 다음 단계로 기적질문(miracle question)을 제안한다. 예컨대, 기적질문은 내담자에게 "아침에 일어났을 때, 당신이 잠든 사이 기적이 일어나서 당신이 고민하던 문제가 해결되었습니다. 다음 날 아침 당신이 눈을 떴을 때 기적이 일어났다는 것을 어떻게 알 수 있을까요?"와 같은 방식으로 이루어진다. 기적질문은 다양한 형태로 제시될 수 있으나 근본적으로 내담자에게 문제가 해결된 미래에 대해 상상해 보도록 하는 데 중요한 의미가 있다고 할 수 있다. 기적질문을 받은 내담자들은 문제해결 전·후의 상황이 전반적으로 어떻게 달라질지, 자신에 대해 어떻게 생각하고 느끼게 될지, 자신을 비롯한 주변 사람들은 무엇으로 문제가 해결되었다는 것을 알아차릴 수 있을지에 대해 생각해 볼 수 있다.

"과거에 이러한 문제가 일어나지 않았거나 혹은 지금처럼 심각하거나 어렵지 않았던 때가 있었나요?"와 같은 질문을 활용한 '예외(exception)'의 탐색은 문제해결을 통한 목표 달성의 첫걸음이라 할 수 있다.

내담자가 그 자신에게 문제가 없었거나 덜 심각했던 상황을 찾아내면, 상담자는 내담자로 하여금 그때와 현재의 차이점, 특히 내담자 자신이 문제를 경험하고 있는 현재와 다르게 했던 행동은 무엇인지에 대해 생각해 보도록 한다. 더불어 과거의 경험을 통해 배운 내용 가운데 현재 문제에 적용할 수 있는 것에는 무엇이 있는지 질문한다. 만약 예외질문을 통해 문제해결의 단서를 발견할 수 없다면, 상담자는 내담자에게 일기를 쓰거나 신뢰할 수 있는 주변 사람들과의 논의를 통해 그 자신의 문제를 반추해 보도록 할 수 있다. 이는 내담자 스스로 지금까지 고수해 온 인지적 틀을 해체하고 새로운 사고를 발전시켜 나가는 데 있어 매우 효과적인 방법이라 할 수 있다.

문제해결의 가능성이 확인되면 내담자는 목표에 보다 가까이 접근할 수 있는 전략을 선택할 수 있게 된다. 예컨대, 내담자가 문제의 해결 정도를 나타내는 10점 척도에서 자신이 3에 있다고 한다면, 목표에 좀 더 가깝게 다가가기 위한 방법들을 생각해 보도록 할 수 있다. 물론 가능성 자체를 배제할 수는 없지만 일반적으로 내담자가 현재 상태를 3이라고 했을 때, 현재 문제에 대한 완전한 해결을 나타내는 10으로의 변화를 기대하기는 어렵다. 변화는 목표 달성에 관한 내담자의 자기보고 및 그 자신과 환경을 기술하는 내담자의 언어 패턴(내담자에게 갖는 의미와 그에 대한 해석)으로 평가된다.

해결중심 의뢰인 초점 컨설테이션에 대한 소개

이 책의 2장에서는 1964년 Gerald Caplan에 의해 최초로 도입된 정신건강 컨설테이션에 대해 언급한 바 있다. 독자들은 Caplan 모델의 네 가지 접근 방법, 즉 내담자 중심 사례 컨설테이션(client-centered case consultation), 의뢰인 중심 사례 컨설테이션(consultee-centered case consultation), 의뢰인 중심 행정 컨설테이션(consultee-centered administrative consultation), 프로그램 중심 행정 컨설테이션(program-centered administrative consultation)으로 분류된다는 것을 기억할 것이다. 이 가운데 Caplan이 제시한 의뢰인 중심 사례 컨설테이션은 이 장에서 다룰 내용과 연관되어 있다. Caplan에 따르면 의뢰인 중심 사례 컨설테이션이 추구하는 가장 중요한 목표는 의뢰인이 내담자 집단을 대하는 데 요구되는 정보, 기술, 능력의 향상에 있으며, 내담자 또는 내담자 집단의 향상은 2차적으로 고려해야 할 문제라는 것이다. 다시 말해, Caplan은 SFCC 모델의 기본적인 목적이 내담자 집단 또는 개인을 효과적으로 돕는 데 필요한 의뢰인의 기능 향상에 있음을 강조하고 있다.

해결중심 컨설테이션을 확립하는 데 있어, de Shazer가 공헌한 바에 대해서는 앞서 개관한 바 있다(Barlieb, 2003; Kahn, 2000). 여기서는 SFCC의 진행 과정을 제시하고 이에 대해 논의하고자 한다. 치료과정에서 희망에 대한 내담자의 기대를 조장하기 위해 목표 설정 후 기적질문을 활용한다는 점을 제외하면 SFCC 과정의 대부분은 Steve de Shazer가 개발한 치료 모델을 표방하고 있다.

:: **관계 형성(relationship development)**   해결중심 접근에 있어 참여 및 그 진행과정에서 이루어지는 공감과 개입의 간결성은 중요하게 다루어져 왔으나 관계 구축에 활용되는 기술에 대해서는 간과해 온 것이 사실이다. 무엇보다 해결중심 접근에서는 상호존립(intersubjective compatibility)을 중요하게 다루고 있는데, 이는 언어, 세계관, 사회적 규범에 대한 일반적인 사회·문화적 개념에 기초하여 상담자와 내담자 간 또는 집단 구성원 간 상호 이해를 공유하는 것이라 할 수 있다. 이렇게 공유된 가치들이 반드시 일치해야 하는 것은 아니지만, 소통의 기반을 마련하기 위해서는 상호주관적인 가치판단과 사고방식은 반드시 양립되어야 한다(Rogoff, 1990). 더욱이 상대적으로 지식수준이 높은 개인에 의한 공감적 사회 교류 활동(empathic intersubjective social activity)은 새로운 지식 구조를 형성하는 데 중요한 전제조건이라 할 수 있다(Kim, 2001). 지식획득과 새로운 인지 도식 발달에 영향을 미치는 다른 요소

들은 사회·문화적 역사, 언어와 상징적 체계 그리고 논리 획득에 대한 개인의 방식 등이라 할 수 있다(Gredler, 1997).

다양한 문화에 대한 지식과 민감성이 선행될 때 사회복지, 학교 심리학, 상담자 훈련 프로그램(6장 참조)에서 가르쳐 온 전통적인 의사소통 기술은 컨설턴트와 협업자 사이에서 보다 효과적으로 기능할 수 있다. 따라서 기존의 컨설팅 방식을 변화시킬 필요는 없지만 실시 가능한 다른 방안에 대한 고려는 가능하다. SFCC의 첫 회기에서는 의뢰인 자신이 관리 가능한 방식으로 문제를 재구조화하고, 자신의 강점을 찾을 수 있도록 돕는 작업에 역점을 둔다. 컨설턴트나 협업자가 전문가의 입장으로 군림하거나 자신의 권력을 이용하여 의뢰인이 갖는 권한 여부를 결정하게 된다면 의뢰인의 역량은 개발되기 어렵고, 내담자를 돕고자 하는 의욕 또는 동기 또한 좌절될 수 있다.

모든 조력 관계(helping relationship)에서 어느 정도의 구조화가 요구된다는 점을 고려할 때, 컨설턴트가 그 자신을 코치, 촉진자 또는 지지자로서 인식하는 것은 매우 고무적이라 할 수 있다. 이와 같이 문제해결 과정으로서의 컨설테이션 장면에서 의뢰인의 조력자이자 리더로서 그 역할을 수행해 내는 컨설턴트는 '문제해결의 촉진자(facilitator of problem solving)'로 표현되어도 좋을 것이다. '협업자(collaborator)'라는 용어는 컨설테이션 관계에서 많은 혼란을 야기하기 때문에 가급적 그 사용을 피하고 있으나, 컨설턴트와 협업자 간 협조적인 관계가 정립되어 있는 경우에는 필요에 따라 적절하게 사용할 수 있다.

:: **초기**(early on) 상호존립(intersubjective compatibility)은 컨설턴트가 의뢰인과 같은 언어를 사용할 때 성립 가능하다. 즉, 컨설턴트는 전문용어, 약어(略語) 등 의뢰인이 이해하기 어려운 어휘의 사용은 가급적 피하되, 의뢰인이 내담자와 형성하고 있는 관계상의 맥락 또는 환경 안에서 그 의미를 이해하고 있는 경우에 한해 새로운 단어, 개념, 상징을 소개할 수 있다. 또한 컨설턴트나 협업자는 필요한 경우 통역을 활용하여, 또 때로는 의뢰인이 사용하는 용어나 개념에 대해 질문하고 설명을 요구함으로써 의뢰인이 사용하는 언어를 명료화할 수 있어야 한다.

앞서 언급한 바와 같이 SFCC의 중요한 목표 가운데 하나는 의뢰인의 역량 강화다. 의뢰인이 문제를 해결해 나가는 데 필요한 절차들을 명확하게 인식하는 것은 목표를 성취하기 위한 전략 가운데 하나다. 무엇보다 문제해결 능력에 대한 의뢰인 자신의 신념과 자신감을 표현하는 것은 목표 달성에 긍정적으로 작용한다. 의뢰인의 역량을 강화하는 또 다른 방법은 바람직한 변화에 대한 의뢰인의 관점을 존중하고, 의뢰인이 그 자신의 환경을 이해하고 있으며 동기화되어 있다는 점을 전제하는 것이다(Kim, 2001).

:: **문제기술과 관점의 변화**(problem description and perspective changing)　문제 확인은 "무엇을 도와드릴까요?"라는 컨설턴트의 질문으로 시작된다. 협업은 컨설턴트와 의뢰인이 서로의 관점을 공유하고, 이에 대한 합의가 충분히 이루어진 후에 진행된다. SFCC 전문가는 인과관계를 상정하는 '왜'라는 질문을 하지 않고 "이것은 어떤 면에서 당신에게 문제가 됩니까?"라는 질문을 한다. 경우에 따라서는 문제가 두 개 또는 그 이상이 될 수 있는데, 이때 의뢰인은 컨설턴트나 협업자와 함께 문제해결의 우선순위를 정하고, 이 가운데 가장 중요한 문제부터 처리해 나가도록 한다.

Khan(2000)은 문제 그 자체보다 의뢰인의 내적 경험을 새롭게 구성하는 데 초점을 맞추는 것이 의뢰인의 역량을 강화하고 관점을 변화시키는 데 효과적이라 하였다. 예컨대, 기적질문을 비롯하여 "이 문제가 없다면, 당신의 인생은 어땠을 것 같습니까?"와 같은 질문은 의뢰인의 관점을 바꾸는 데 도움이 될 수 있을 것이다. SFCC에서 활용되는 기법들은 기존 치료법의 그것과 거의 유사하다. 다만, SFCC에서는 "마술처럼 당신의 문제가 없어진다면, 당신의 인생은 어떻게 달라질까요?" 혹은 "오늘 밤 당신이 잠든 사이 기적이 일어나 잠에서 깼을 때 문제가 없어졌다고 상상해 보세요." 등의 질문을 비롯하여, "당신은 무엇이 달라진 것을 알아차리게 될까요?" "그 외에 또 어떤 것을 보고 알 수 있을까요?" "기적이 일어나면 당신 외에 또 누가 알아차리게 될까요?" "그들은 무엇을 알아차리게 될까요?"와 같은 후속질문을 활용한다는 특징을 갖고 있다. 문제 상황과 관련되어 있는 학생, 부모, 교사와 같은 대상에 대해서는 '그들(they)'이라 지칭하여 질문할 수 있다.

:: **목표 수립 및 척도**(goal formulation and scaling)　SFCC에서 마법질문(magic question)은 의뢰인의 관점을 문제 중심(부정적)에서 문제가 없는 삶(긍정적)으로 변화시키고, 목표 수립을 위한 단계를 설정해 준다는 점에서 두 가지 명백한 목적을 갖는다. "고민하던 문제가 해결된 당신의 삶에 대해 이야기해 주셨는데, 이것이 우리가 함께하는 작업의 목표인가요?"라는 질문에 '예'라고 대답하면 척도질문을 하고, 반면 '아니요'라고 대답하면 의뢰인이 명확하게 목표를 진술할 수 있도록 격려한다. "나는 학생들과 보다 원활하게 긍정적인 상호작용을 하고 싶어요."라고 말한 의뢰인은 학생들을 비난하지 않고 자신의 문제에 대한 긍정적 목표를 설정한 것이다.

이는 문제를 일으키는 학생이 항상 학급 내에 존재한다는 사실을 인정함으로써 문제가 완전히 없어지지 않는다는 사실을 의뢰인이 잘 인식하고 있는 경우라 할 수 있다. 이와 같은 과정을 통해 일단 목표가 설정되면 척도질문을 하게 된다.

Khan(2000)은 의뢰인이 내담자로 하여금 목표를 설정하고, 다양한 방법을 활용하여 그 목표를 조정해 나갈 수 있도록 도와야 한다고 주장하였다. 이는 한 명의 내담자를 대상으로 하는 장면 또는 의뢰인의 기능 향상에 초점을 두는 모든 장면에 적절한 방법일 수 있다.

de Shazer가 제시한 BSFT 모델에 대한 논의에서 살펴본 바와 같이, 1~10점 척도를 사용하여 "1에서 10까지의 척도 중 목표에서 가장 먼 지점을 1이라 하고, 목표가 달성된 상태를 10이라 할 때, 지금 당신은 어디쯤 있을까요?"와 같이 단순하게 질문한다. 내담자가 숫자를 선택하면, "무엇 때문에 당신은 4를 선택했나요?"와 같은 후속 질문을 해야 하며, 이러한 과정을 통해 목표가 수치화되어 측정되고 충분한 논의가 이루어지면 다음 단계로 넘어가게 된다.

:: **해결책 찾기**(finding a solution)   해결책 찾기는 문제가 정의된 시점부터 시작된다. 해결책 찾기 단계에서 "문제를 해결하기 위해 무엇을 했나요?" "문제를 해결하고자 할 때 무슨 일이 있었나요?"와 같은 질문을 하는 것이 중요하다. 이 외에 "문제를 해결하고자 노력하는 과정에서 무엇을 배웠나요?"라는 질문을 비롯하여, 눈앞에 닥친 문제해결을 회피하는 사람에 대해서는 "문제를 해결하고자 할 때와 회피하고자 할 때, 당신 스스로에 대해 무엇을 배우게 되었나요?"와 같은 질문을 던질 수 있다. 문제해결을 위해 시도하거나 노력한 일들에 대해 의뢰인 스스로 기술할 때, 컨설턴트는 이를 충분히 칭찬하고 격려해 줄 수 있어야 한다.

해결책을 찾는 과정에서 컨설턴트는 의뢰인으로 하여금 그들의 삶에 문제가 없거나 보다 적절한 방식으로 문제를 다루었던 경험을 발견해 내도록 돕는다. 이를 위해 컨설턴트는 의뢰인에게 "이전에도 이와 같은 문제가 발생한 적이 있나요?"와 같은 질문을 할 수 있다. 의뢰인의 대답이 "아니요."라면 "그 문제가 당신 삶의 일부가 아니었을 때와 현재 상황과의 차이는 무엇인가요?" 또는 "그때와 달라진 점은 무엇인가요?"와 같은 후속 질문을 한다. 교사의 경우, 간단하게는 과거에 활용했던 수업 전략이나 교재, 좌석 배치 등에 대해 상기해 볼 수 있을 것이다. 한편, 의뢰인이 "네, 과거에도 이런 문제가 있었지만 그때는 잘 해결했어요."라고 한다면, 컨설턴트는 "마지막으로 그 문제가 발생한 시점이 언제였죠?" "문제가 발생했을 때 어떻게 처리했죠?" "어떻게 해서 더 나은 결과를 얻을 수 있었나요?" "지금과 무엇이 달랐죠?" 등의 질문을 하도록 한다.

예외를 확인하기 위한 또 다른 접근 방식은 의뢰인으로 하여금 자신이 어떻게 행동하는지 관찰할 누군가를 '지정(appoint)'하도록 하는 것이다. 예를 들어, 컨설턴트는 "당신을 관찰하고 있던 선생님은 무엇을 보고 당신의 상황이 나아졌다는 것을 알아차릴 수 있을까요?" 또는 "그들은 당신에게 어떤 말을 할까요?"라고 질문할 수 있다. 이와 같은 질문들은 현재 봉착한 문제를 해결하는 데 적용 가능한 의뢰인의 강점(strengths)을 발견하기 위한 작업이라 할 수 있다.

딴청을 부리는 등의 비협조적인 태도로 인하여 예외 탐색을 통한 해결방안 모색이 제대로 이루어지지 않은 경우, 내담자를 독서치료에 참여시키고 컨설턴트 및 협업자들과 함께 이에 대해 논의해 볼 수 있다. 새롭고 유용한 아이디어는 사회적 상호 작용의 맥락 속에서 보다 효과적인 방식으로 구성될 수 있으며, 따라서 독서 · 관찰 · 성찰과 같은 내담자의 경험은 매우 중요하다. 의뢰인으로 하여금 그들 자신의 지식, 정서 반응, 현재 문제와 관련되어 있는 의식구조를 보다 잘 이해할 수 있도록 하는 방법에는 다른 교사 관찰하기, 다른 부모 및 교사들과 그들의 문제에 대해 논의하기, 해당 분야의 전문가들과 대화하기, 일기 쓰기 등이 있다.

:: **첫 회기의 종결**(ending the first session) 한 가지 분명한 사실은 상담 장면에서 일어나는 컨설턴트와 의뢰인의 역동에 따라 첫 회기를 종결하는 방법이 달라진다는 것이다. 의뢰인이 목표달성에 필요한 해결방안, 즉 목표 성취 방법에 대해 몇 가지 주요한 결론에 이르게 되면 컨설턴트는 의뢰인으로 하여금 새로운 해결책을 시도해 보도록 해야 한다. 그러나 해결책을 찾지 못했다면 앞서 언급한 방법(예: 과제, 관찰, 일기 쓰기 등)들을 활용하도록 한다. 만일 의뢰인이 문제 처리에 있어 자신의 능력을 확신하지 못하고 의심한다면, 스스로 문제를 해결할 수 없다고 믿게 된 이유에 대해 생각해 보는 역설전략(paradoxical strategy)을 사용해 보도록 한다. 이는 목표 수립 또는 문제해결 방안 선택 시 어려움을 호소하는 사람들에게 "이 문제를 해결할 수 없다면 어떻게 될까요?"와 같은 질문을 하는 것과 같은 원리라 할 수 있다. 한편, 바라는 결과에 대한 기대는 해결 방안을 좀처럼 선택하지 못하는 의뢰인 자신의 무능력에 대해 인식할 수 있는 기회를 제공한다.

:: **후속 회기**(follow-up sessions) 두 번째 회기는 첫 회기가 어떻게 종결되었는가에 따라 두 가지 요인 가운데 하나를 기반으로 구축되어야 한다. 만일 첫 회기에서 의뢰인이 해결책을 선택하고 이를 행동에 옮기기 시작했다면, 다음 회기에서는 컨설팅의 모든 진행과정에서 일어나는 일련의 상황에 초점을 두고 목표의 범위를 구체화함으로써 목표에 보다 가깝

게 접근해 나가도록 한다. 아마도 의뢰인은 컨설턴트를 처음 만났을 때의 4.0(전반적인 목표와 관련하여 현재 위치 수준)에서 일주일이 지난 지금 5.5까지 상승했다고 할 것이다. "전략은 얼마나 효과적이었나요?" "선택된 전략의 효과를 향상시킬 수 있는 또 다른 방법이 있나요?" "지난 한 주간 배운 점은 무엇인가요?"와 같은 질문을 통해 의뢰인은 본인이 선택한 해결책에 대해 재평가해야 한다. 이러한 질문에 답함으로써 의뢰인은 목표를 재설정하고, 선택한 전략을 재확인할 수 있게 된다.

반면, 목표를 이루는 데 유용한 잠정적 해결책에 대한 선택 없이 회기가 끝났다면, 의뢰인은 그 자신, 숙제, 문제 혹은 잠정적인 해결책들에 대해 생각하는 과정을 통해 내린 결론들을 재검토해야 한다. 요컨대 SFCC는 의뢰인이 스스로 목표를 달성해 나가고 있으며, 외부의 도움 없이도 목표를 성취할 수 있다는 믿음을 가지고 마무리되어야 한다.

:: **목표달성의 실패**(failure to move ahead)　대부분의 컨설턴트는 과거 목표 달성에 실패한 경험이 있는 의뢰인을 만나게 된다. 목표 달성의 실패에는 다양한 이유가 존재하는데, 이것이 때로는 정신분석을 근간으로 한 Caplan 이론의 영향으로 인해 '저항(resistance)'이라는 이름으로 잘못 인식되기도 한다. '저항'이라는 용어는 어떠한 변화도 일어나지 않은 상태 또는 문제의 원인을 규명하지 못한 상태에서는 변화 또한 일어날 수 없다는 전제를 내포하고 있다. 반면, SFCC 치료자들은 어떠한 가정도 하지 않는다. 문제 자체에 대해 논의하는 것만으로도 관점과 지식의 변화를 가져올 수 있다고 보기 때문이다. 의뢰인은 변화를 위한 노력이 갖는 가치에 대해 어떠한 의미도 부여하지 않는 자신의 생각을 컨설턴트에게 밝히지 않을 수도 있다. 또는 문제 자체가 해결되거나(문제 학생이 퇴학을 당함), 내담자가 변화되기도 한다. 따라서 SFCC 치료자들은 문제해결의 실패를 저항이라고 치부하지 않는다.

입지

현재까지 SFCC 자체를 하나의 이론으로 정립한 연구물은 존재하지 않는다. 이는 컨설테이션이 논리적 실증주의를 지지하는 사람들에 의해 지배되어 왔다는 점, de Shazer의 견해에 착안하여 컨설테이션이라는 영역에 해결중심 접근을 적용한 것이 비교적 최근의 동향이라는 점을 감안하면 이해할 수 있다. 그러나 한 가지 확실한 것은 연구자들이 SFCC의 효과성을 평가하기 시작할 때쯤이면 논리적 실증주의에 기초한 전통적인 접근법들은 사례 연구와 같은 질적인 연구 방법을 필요로 할 것이라는 점이다.

SFCC와 BSFT

BSFT와 해결중심 컨설테이션 및 협업에 대한 소개 후 떠오르는 한 가지 의문은 'BSFT와 SFCC는 동일한 개입방식인가?'라는 것이다. 대답은 '아니다'이다. 진행 과정상의 단계를 지칭하는 표현이 동일하고, 의뢰인이나 내담자의 기능 향상을 목표로 한다는 점에서 두 접근법은 그 성격이 동일하다. BSFT의 관점에서 볼 때, 의뢰인은 근무지에서의 기능 향상을 위해 협업적 업무 처리가 필요한 경우 해결중심적 방법을 표방하는 컨설턴트나 실무자들과 접촉하게 된다. 그러나 SFCC는 그 진행과정의 특성상 의뢰인의 정신건강 문제를 다루는 데 한계가 있을 뿐 아니라 컨설턴트에 의한 의뢰인의 정신건강 문제해결은 결코 SFCC의 목표가 될 수 없다는 점에서 차이를 보인다고 할 수 있다.

다문화적 민감성

문화는 많은 요소, 특히 언어 기술 발달의 결과물이라 할 수 있다. 또한 문화는 세계관, 가치관, 전통, 관습이라 불리는 독특한 관점들을 발달시키기도 한다. SFCC가 추구하는 가장 중요한 가치 가운데 하나는 컨설턴트와 협업자가 의뢰인을 조력하는 과정에서 반드시 상호존립이 이루어져야 한다는 것이며, 이와 같은 상호존립의 출발점은 의뢰인이 속한 집단의 문화에 대한 지식과 민감성의 습득에 있다고 할 수 있다.

사례 연구

Kelly는 도시의 한 중학교에서 문학과 언어를 가르치는 2년 차 교사다. 그녀는 자신이 가르치고 있는 학생 가운데 13세의 유럽계 미국인 남자아이 Jon에 대해 의논하기 위해 SFCC를 찾았다. Jon은 공식적으로 5학년 수준의 학습 능력을 지닌 것으로 평가되었고, 독해 능력 및 집중력 부족 문제가 있는 것으로 확인되었으나, 특정한 학습장애 진단은 받지 않았다. Kelly는 컨설테이션에 필요한 질문 사항을 3일 전에 미리 작성하였다.

Ⅰ. SFCC는 교사의 목표와 강점, 이전의 성공 경험을 강조하는 것으로 시작한다.

SFCC: 만나게 되어 반가워요, Kelly. 어떻게 지내고 있나요? 며칠 후면 우리가 함께하게 될 거라 생각하니 전 기뻐요. 오늘 우리의 만남을 통해 어떤 결과가 나타나기를 희망하나요?

교사: 글쎄요, 네 번째 학기에 맡은 반은 정말 힘드네요. 문제를 해결하려고 노력해 봤지만 지금은 도무지 이 문제에서 벗어날 수 있을 것 같지 않아요. 좌절감이 느껴지고, 통제력도 잃은 것 같아요. 사실 저는 교사가 된 첫해에 아이들에게 가르쳐야 할 것들을 완전히 익혔다고 생각했거든요. 하지만 지난해에 만난 아이들을 통해 제가 감당할 수 없는 아이들도 있다는 것을 깨닫게 되었어요.

SFCC: 매우 특별한 아이들을 만났나 보군요. 하지만 저는 선생님이 아이들을 가르치는 과정에서 많은 성공 경험을 갖고 있다는 것도 알고 있어요. 선생님은 방과 후 교실을 시작했고, 어떤 아이들에게는 처음으로 독서의 즐거움을 느끼도록 도와주기도 했어요. 사실 저는 여러 동료 선생님과 학부모로부터 올해 선생님이 맡은 학급에 별도의 주의가 필요한 학생이 많다는 이야기를 들었어요. 어떤 선생님은 선생님이 학생 개개인의 학습 욕구를 충족시키기 위한 커리큘럼 개발에 얼마나 많은 노력과 열정을 쏟았는지에 대해 얘기해 주기도 했고요. 선생님은 올해 일정에 코칭과 대학원을 포함시키지도 않았다면서요? (칭찬하기)

교사: 네, 맞아요. 때로는 저 스스로도 이 짧은 시간 동안 성취한 것들에 대해 믿을 수 없을 때가 있어요. 그렇지만 지금의 저는 수업을 제대로 이끌어 가기를 원할 뿐인데, 아무것도 할 수 없을 것만 같은 느낌이에요.

SFCC: 저는 선생님의 전반적인 태도에서 '혼란 효과(drowning effect)'를 볼 수 있는데요, 선생님의 혼란스러움에 대해 우리가 도울 수 있는 방법을 같이 생각해 봐요(**의뢰인의 언어를 사용하고, 긍정적인 표현으로 재진술하라**). 선생님은 혹시 우리가 처음 만났을 때, 학생들에게 해결중심 접근을 적용하는 방법에 대해 얘기했던 거 기억하세요? 여기에서 직접 그 작업을 해 보려고 하는데요, 해결중심 접근에서 가장 중요한 것은 우리가 함께 고민해 볼 학생들과 같은 언어를 사용해야 한다는 것입니다. 수업 시간에 어떤 일이 일어났는지 이야기해 주세요.

교사: 글쎄요, 저는 수업 시간에 제가 쇼를 하고 있는 것처럼 느껴져요. 아니, 한두 명의 학생들이 그러는 것뿐인데 다른 모든 학생이 그 아이들을 따라 하죠. 제가 세운 규칙도 사실 일관적이지 않아요. 뭔가 한 가지를 얘기했는데, 정신없이 하루를 보내다 보면 그게 지켜지지 않을 때가 많아요. 특히 Jon과 함께 있을 때는요. 저는 Jon이 특별한 학습 욕구를 가지고 있다는 것을 알고 있기 때문에 최대한 그 아이에게 맞춰 주기 위해 노력해요. 하지만 Jon은 항상 자기에게만 집중해 주길 원해요. Jon이 원하는 대로 해 주지 못할 때, 그 아이는 수업을 온통 '코미디'로 만들어 수업 진행을 방해해요. 저는 결국 지쳐 버리고, Jon은 더 대담하게 자신의 행동을 이어 가죠.

SFCC: 정말 힘드셨겠네요. 만약 수업시간에 Jon이 좀 나아진다면, 그건 어떻게 알 수 있을

까요?(문제에 대한 간결한 탐색: 긍정적인 변화에 집중하기)

교사: Jon이 수업에 집중할 때?

SFCC: 그렇다면 Jon이 수업에 집중할 때는 무엇을 할까요? (SFCC 접근은 교사가 학생에 대한 **목표를 명확히 규정하도록 도움. 목표의 척도를 통해 보다 구체화됨**)

교사: 음…… Jon은 많은 시간 과제를 하는데 집중할 거예요. 나를 부르지도 않을 거고, 내 수업을 망치지도 않을 거예요.

SFCC: 좋아요. Jon은 과제에 집중할 거예요. 손을 들어 친구들과 선생님에게 도움을 요청하기도 하고, 원활한 소통도 이루어지겠죠. 시의적절한 농담을 던지기도 하면서 말이에요. **(학생에 대하여 구체적으로 진술된 목표)** 1부터 10까지의 척도에서 10은 Jon이 자신의 문제를 통제할 수 있는 수준으로, 1은 2의 문제가 그를 통제하는 수준으로 볼 때, 선생님께서는 현재 Jon이 몇 점 정도에 있다고 생각하시나요?

교사: 한 4점 정도요.

SFCC: 좋습니다. 질문을 더 할게요. Jon이 집중할 때 선생님께서는 어떻게 하실 건가요?(**초점을 의뢰인에게 옮김**)

교사: 음…… 저는 좀 더 안정적으로 수업의 내용에 집중할 수 있을 것 같네요. 좀 더 많이 웃을 수도 있고, 학생들과 즐거운 시간을 보낼 수도 있을 것 같아요. 좀 더 창의적인 수업 방식을 시도해 볼 수도 있고요.

SFCC: 같은 척도에서 문제를 통제하고 안정된 상태를 10이라 하고, 문제에 압도된 상태를 1이라고 하면, 현재 선생님은 몇 점 정도인가요?

교사: 음…… 저 역시 4점 정도요.

SFCC: 자, 다시 Jon에 대한 얘기로 돌아가지요. 과거에 Jon이 선생님께서 원하는 대로 행동하고, 수업에 집중하는 모습을 본 것은 언제인가요?

교사: 그 아이는 한 번도 그런 적이 없어요!

SFCC: Jon이 아주 조금이라도 그렇게 한 적이 있을 거예요. **(내담자의 예외적인 상황을 찾음)**

교사: 음…… Jon이 Cecily와 활동할 때요. 그 여자아이는 수줍음을 많이 타지만, 좋은 학생이에요. 마치 Cecily는 Jon을 침착하게 하는 능력을 가진 것처럼 보여요. Cecily는 Jon의 농담을 받아 주지 않아요. Cecily와 함께 무엇인가를 하거나, Cecily 가까이 있을 때 Jon은 Cecily의 공부 습관을 따라 하려고 하는 것처럼 보였어요.

SFCC: 좋아요. 또 뭐가 있을까요?

교사: 음…… 제가 Jon의 과제를 줄여 주거나 Jon이 주변을 돌아다닐 수 있는 휴식 시간을 줄 때 효과가 있었던 것 같아요. 때로는 다른 학생들을 방해하기도 했지만요.

SFCC: 그럼 다시 Jon의 과제를 줄여 주거나 쉬는 시간을 주기 위해 선생님은 무엇을 해야 할까요?

교사: 우리는 학년 초에 15분간 공부하고 잠깐 쉰 뒤, 다시 공부를 시작하는 제도를 운영했어요. 하지만 이 제도는 Jon이 다른 학생들을 방해하기 전까지만 효과가 있었죠. 그래서 지금은 하고 있지 않아요.

SFCC: 다시 그 제도를 시행하려면 선생님은 무엇을 해야 할까요?

교사: 음…… 잘 모르겠어요. 산만함을 바로잡는 작업을 다시 시작해야 한다는 생각만 해도 머리가 아파 와요. 저는 Jon이 쉬는 시간에서 완전히 수업으로 돌아오기 위해 무엇이 필요한지 물어봐야 하겠죠.

SFCC: 좋은 생각이에요. 선생님께선 정말 좋은 아이디어를 갖고 계시네요. 저는 선생님께서 이번 과정에 열린 마음으로 임해 주신 데 대해 진심으로 감사드립니다. 그럼 이번 주 Jon의 척도가 4점이라면, 우리가 다음에 만날 때까지 5점이 되도록 하기 위해선 Jon에게 어떤 일이 일어나야 할까요?

교사: 음…… 이전의 수업 방식을 다시 실행하려고요. Jon이 Cecily와 함께할 활동들을 계획하고, 이에 대해 Jon과 이야기해 봐야겠어요.

SFCC: 좋습니다. 저는 선생님이 무엇인가를 반드시 해야 한다는 것은 아닙니다만, 선생님께서 마지막으로 생각해 보셨으면 하는 건 '선생님이 Jon과의 관계에서 어떻게 달라질 수 있는가?'입니다. 많은 마찰을 빚고 있는 선생님과 Jon의 관계에서 선생님은 Jon에게 어떻게 다르게 반응함으로써 Jon을 놀라게 할 수 있을까요? 한번 생각해 보시면 좋을 것 같아요. 귀한 시간 내 주셔서 감사드리며 주중에 함께 확인해 보는 걸로 하겠습니다.

출처: Kahn, B. B. (2000).

SFCC와 부모

이 장에서는 사례 연구를 포함하여 교사와의 컨설팅에 초점을 맞추고 있다. "이 모델은 부모에게 적용 가능한가?"라는 질문에 대한 답은 '그렇다'이다. 펜실베이니아의 공공복지부, 아동 및 청소년부 그리고 가족부는 사례관리자가 부모 및 가족 구성원을 보다 효과적으로 조력하기 위한 목적으로 많은 고등 교육 기관과의 공동작업을 통해 광범위한 훈련프로그램 개발에 착수했다(펜실베이니아 아동 복지 훈련 프로그램 등). 그리고 이에 대한 마무리 작업으로 그들은 수많은 해결중심 질문을 웹 사이트에 게시했다. 이러한 프로그램은 그 첫 번째 단계가 '문제 확인'에서 '과거 성공 경험'이라는 명칭으로 변화됨으로써 de Shazer(1982, 1985)가

BSFT를 정립할 당시와 다소 차이를 보이긴 하지만, 근본적으로 de Shazer가 개발한 BSFT 접근을 따르고 있다. 다음과 같은 질문들은 컨설턴트와 의뢰인의 관계 발달에 있어 필수적인 부분으로, 내담자의 역량을 강화하는 데 그 목적이 있다. 그 두 가지 예시는 다음과 같다.

① 혼자 세 자녀를 키우는 건 결코 쉬운 일이 아닌데요, 어떻게 그렇게 할 수 있었나요?
② 당면한 문제를 해결한 후 당신은 이 상황을 유지해 나갈 강점들을 찾았나요?

다음 질문들은 예외를 발견하는 질문, 기적질문, 척도질문 등과 함께 이 장에서 제시한 내용들을 잘 나타내 주고 있다.

	학생 학습활동 4-1		
1	해결중심 컨설테이션은 구성주의 철학에 뿌리를 두고 있다.	T	F
2	해결중심 컨설테이션의 첫 단계에서는 내담자를 규명한다.	T	F
3	해결중심 컨설턴트는 의뢰인의 문제를 진단해서는 안 된다.	T	F
4	의뢰인의 문제 자체에 집중하지 않는 시간이 필요하다.	T	F
5	해결중심 컨설테이션과 협업 그리고 치료의 과정들은 근본적으로 동일하다.	T	F

답: 1. T, 2. F, 3. T, 4. T, 5. T

협업

이 장에서는 컨설테이션을 중심으로 살펴보았다. SFCC 모델을 협업 관계에 활용할 때에는 관계의 단순함 혹은 복잡함과 관계없이 이러한 협업 관계를 누가 이끌어 나갈 것인가 하는 문제에 직면하게 된다. 만약 협업에 참여하는 모든 사람이 SFCC 모델에 익숙하다면 리더십은 공유되어야 한다. 그렇지 않은 경우, 컨설테이션에 참여한 사람들은 확인된 문제의 해결책을 탐색하는 데 있어 SFCC 모델에 익숙한 한 사람이 리더로서의 역할을 하기 원할 수도 있다. 또 다른 선택사항은 SFCC에 숙련된 사람이 SFCC 과정이 시작되기 전에 다른 협업자들을 훈련하는 것이다.

요약

해결중심 의뢰인 초점(SFCC) 컨설테이션은 많은 컨설테이션 모델에 비해 상대적으로 최근에 등장한 접근이다. 이 접근법은 철학적 근거를 비롯하여 여러 측면에서 다른 접근법들과 차이를 갖는다. 시스템 기반 모델을 제외한 대부분의 컨설테이션 모델은 논리적 실증주의를 표방하는 모더니즘 철학과 관련되어 있다. 사회구성주의에 기초한 포스트모더니즘 철학은 객관적 세계는 알 수 없거나 혹은 존재한다 하더라도 전혀 중요하지 않다는 점을 전제로 한다. 포스트모더니즘을 지지하는 사람들에게 있어 지식의 유일한 원천은 질적 방법론을 통해 얻은 개인의 주관적 관점이다.

SFCC의 과정은 참여 또는 관계형성, 의뢰인의 역량강화, 의뢰인의 관점에 입각한 문제규명, 기적질문을 사용하여 문제가 해결된 후의 삶으로 내담자의 관점을 전환시킴으로써 현재 당면한 문제의 예외탐색, 목표수립, 예외상황을 활용한 전략으로서의 해결책 탐색 등으로 이루어진다. SFCC 컨설테이션은 부모나 교사를 대상으로 개인 혹은 집단 컨설테이션 및 협업 작업에 적용 가능하다.

실무자를 위한 조언

1. 이전에 당신의 삶에서 보다 효과적으로 문제를 다루었던 적이 있는가? 그때와 다른 점이 있다면 무엇인가?
2. 당신의 삶에서 반복적으로 당신을 괴롭히는 문제에 대해 생각해 보라. 기적질문을 사용하여 당신이 잠든 사이 문제가 기적적으로 해결되었다면 무엇이 달라져 있을지 생각해 보라.
3. 학생 한 명을 선정하여 해결중심 컨설테이션 과정을 역할극으로 재구성해 보라. 역할을 바꾸어 협업자의 입장에서 같은 역할극에 참여해 보라. 각각의 과정에 대한 당신의 관점을 함께 나누어 보라.
4. 특정 문제를 해결하기 위해 구성된 위원회와 함께 문제해결 회기에 참여해 보라. 그들이 표방하는 문제해결 과정은 무엇인가? 해결중심 과정이 보다 효과적인가?
5. 해결중심 컨설테이션 기술을 습득하는 데 있어 필요한 경우 교사나 부모에게 도움을 구하고, 각 과정에 대한 피드백을 요청하라.

확인 문제

1. 사회구성주의와 논리적 실증주의의 차이점을 검토하시오.
2. 해결중심의 의뢰인 초점 컨설테이션 및 협업에서 추구하는 어떠한 부분이 사회구성주의 철학을 가장 명확하게 반영하고 있는가?

3. 정신건강 컨설테이션 실무자가 학교 장면에 해결중심 컨설테이션을 적용하고자 할 때, 가장 문제가 되는 부분은 무엇이라고 생각하는지 당신의 의견을 이야기해 보시오.

4. 해결중심 의뢰인 초점 컨설테이션과 de Shazer가 개발한 단기해결중심치료의 주요 차이점은 무엇인가?

참고문헌

Barlieb, D. (2003). Applying a solution focus to consultation. In R. L. Dingman & J. D. Weaver (Eds.), *Days in the lives of counselors* (pp. 144-150). Needham Heights, MA: Allyn & Bacon.

Bruner, J. (1990). *Acts of meaning*. Cambridge, MA: Harvard University Press.

Caplan, G. (1964). *Principles of preventive psychiatry*. New York: Basic Books.

de Shazer, S. (1982). *Patterns of brief family therapy: An ecosystemic approach*. New York: Guilford Press.

de Shazer, S. (1984). The death of resistance. *Family Process, 23*(1), 1-17.

de Shazer, S. (1985). *Keys to solution in brief therapy*. New York: W. W. Norton.

de Shazer, S. (1988). *Clues: Investigating solutions in brief therapy*. New York: W. W. Norton.

de Shazer, S. (1991). *Putting difference to work*. New York: W. W. Norton.

de Shazer, S. (1994). *Words were originally magic*. New York: W. W. Norton.

de Shazer, S. (2005). *More than miracles: The state of the art of solution-focused therapy*. Binghamton, NY: Haworth Press.

Dewey, J. (1933). *How we think*. Boston, MA: Houghton Mifflin.

Gredler, M. E. (1997). *Learning and instruction: Theory into practice*. Upper Saddle River, NJ: Prentice Hall.

Kahn, B. B. (2000). A model of solution-focused consultation for school counselors. *Professional School Counseling, 3*, 248-254.

Kim, B. (2001). Social constructivism. In M. Oprey (Ed.), *Emerging perspectives on learning, teaching, and technology*. Retrieved September 3, 2009, from http://projects.coe.uga.edu/epltt/

Pennsylvania Child Welfare Training Program (n.d.). *Module 11: Family Service Planning Process/Case Transfer and Closure*. Handout #16. http://www.pacwebcbt.pitt.edu/curriculum/CTC/MOD11/handts/HO16_SltnFosdQstns.pdf

Piaget, J. (1972). *The psychology of the child*. New York: Basic Books.

Rogoff, B. (1990). *Apprenticeship in thinking: Cognitive development in social context*. New York: Oxford University Press.

Schulte, A., & Osborne, S. S. (2003). When assumptive world collide: A review of definitions of collaboration and consultation. *Journal of Educational and Psychological Consultation, 14*(22), 109–138.

Vygotsky, L. (1978). *Mind in society.* Cambridge, MA: Harvard University Press.

컨설테이션과 협업을 통한 체계적 변화

목표 | 이 장의 주요 목표는 체계이론을 개관하고, 조직 컨설테이션 모델에 대해 소개하며, 교육 개혁에서 활용되는 협업 모델에 대해 안내하는 것이다.

개요 | 1. 이 장의 서두에서는 체계이론에 대해 소개하고자 한다.
2. 조직 컨설테이션의 다양한 접근법 중 체계기반 접근에 대해 살펴보고자 한다.
3. 교육의 변화를 위한 협업적 접근으로서 총체적 교육의 질 관리(Total Quality Education: TQE)는 Deming의 총체적 품질관리 접근(Deming's total quality management approach)을 토대로 수립된 접근 방법으로, 이 장에서는 TQE와 함께, TQE를 활용하여 교육 개혁을 단행하는 데 유의해야 할 사항들에 대해 제시하고자 한다.

2장과 3장에서 언급한 바와 같이 정신건강 컨설테이션과 행동주의 컨설테이션은 학교를 포함한 다양한 형태의 조직들을 재설계하는 데 유용하게 활용된다. 사실 조직의 변화에 대한 과거의 접근들은 대부분 실패로 귀결되거나, 전체적이고 체계적인 변화가 아닌 조직의 부분적 변화에 국한되었다. 그러나 오늘날에는 조직의 변화가 포괄적이고 종합적인 측면에서 다루어져야 한다는 생각이 지배적이며, 이러한 생각은 체계이론(systems theory)에 그 뿌리를 두고 있다.

미국 교육에 대한 비판의 증가로 교육자들과 다른 전문가들은 미국 학생들의 학업 성취 수준이 개발도상국 학생들의 학업 성취 수준에 뒤떨어지지 않도록 전반적인 교육의 질을 향상시키고, 미국 내 소수 인종 학생들과 백인 학생들 간 학업 성취 수준의 격차를 해소하며(NCES, 2009a), 학업 중단율을 약 25% 수준으로 경감시킬 수 있는 방법을 찾아야 하는 상황에 봉착하게 되었다(NCES, 2009b). 이에 따라 「아동낙오방지법(No Child Left Behind: NCLB)」(2002)이라는 교육 관련 법령이 제정되었고, 미국의 각 주, 지역교육청 및 각 학교는 장애 학생을 포함한 모든 학생의 학업 성취 수준 향상에 대한 책임을 짊어지게 되었다. 미 교육부 교육통계센터(National Center for Educational Statistics: NCES, 2009a)는 매년 「교육의 조건(The Condition of Education)」이라는 보고서를 발표하고 있으며, 이 보고서의 최신판은 46개의 지표를 기준으로 미국 내 학교들의 순위를 매겼다. 또한 교육 통계 센터의 보고서만큼 그 범위가 방대하지는 않지만 미국 내 학교들의 서열을 매기는 보고서가 간행되기도 하였다.

개혁을 위한 시도들

미국 법무부는 학령기 청소년들의 심각하고 폭력적인 범죄 행위를 예방하기 위해 적극적인 교육 혁신 활동에 착수하였다(Loever & Farrington, 1998). 미국 법무부 웹사이트에 탑재되어 있는 마지막 보고서의 1장(Catalano, Loeber, & Mckinney, 1999)에서는 학교에 대한 개입 방안으로 구조화된 운동장 활동, 행동주의 컨설테이션, 행동 관찰 및 강화, 흡연 측정기의 사용, 학교 체계의 전반적 개편 등 다섯 가지 유형이 검토되었다. 미 법무부의 행정 국장인 Steve Bilchick은 온라인에 게재된 학교 개입 방안 보고서의 첫 장에 "청소년 범죄 예방을 위한 논의 끝에 내린 결론은 시의적절한 학교 기반 개입과 지역사회 기반 개입이 범죄 예방에 최고의 효과를 지니고 있으며, 청소년의 가정 · 학교 · 지역사회가 함께 참여하는 프로그램이 청소년 범죄 유발 요인을 최소화하는 데 있어 가장 효과적이다."라며 자신의 생각을 피력하였다. 보고서의 저자들은 그들이 검토한 12개 내외의 개입 방안들이 학령기 청소년의 폭력 범죄 감소의 가능성을 시사한다고 설명하였다. 뉴헤이븐(New Haven), 노르웨이(Norway), 찰스턴(Charleston), 볼티모어(Baltimore)가 협업하여 개발·실행된 체계적 개입은 청소년 범죄를 일으키는 위험 요소를 경감시키는 한편, 친사회적 행동과 학업 성적의 향상에 있어 그 효과가 입증되었고, 보고서의 저자들은 해당 지역을 청소년 범죄 예방의 우수한 지역으로 선정하였다.

2007년 Hoagwood와 그 동료들은 학업 및 정신건강 기능을 주제로 한 학교 개입 연구 논문 2,000편을 검토하되, 경험에 기반한 연구들로 엄선하였다. 그들은 자신들이 세운 기준에 부합하는 64편의 연구를 채택하였고, 해당 논문들에 대한 검토를 통해 흥미로운 사실을 발견하였다. 64개 중 61개의 연구에서 학업과 정신건강 가운데 하나 이상의 영역에서 긍정적인 효과를 보인 것으로 나타났고, 15개의 연구에서는 두 개 영역 모두에 걸쳐 긍정적인 변화가 일어난 것으로 나타났다. 한편, 광범위하게 이루어진 그들의 문헌 검토는 이 장과 밀접하게 관련된 또 다른 정보를 제공해 주었다. 예컨대, 그들은 문헌 검토를 통해 긍정적인 가정-학교 간 관계 형성은 학생의 학업적 유능감 및 정신건강을 예측할 수 있도록 해 준다는 점, 학급 내에서 이루어지는 개입들은 학급 외부로부터 제공된 개입보다 효과적일 수 있으며, 적극적인 학급 관리 전략은 학생들의 긍정적인 발달에 기여할 수 있다는 점, 긍정적인 학교 분위기는 학업 성취 및 학교 적응에 매우 큰 도움이 된다는 점 등을 제시하였다.

제대로 계획되고 이행된다는 전제하에 이루어지는 체계적 개입은 학교와 관련된 모든 대상에 대해 긍정적인 효과를 보일 수 있을 뿐 아니라 학생들의 정신건강과 교육 환경 개선에 이바지할 수 있다. 이 장의 주된 초점이 개방체계로서의 학교 조직에 대한 이해에 있는 만큼, 이 장에서는 학교 조직의 특성에 대해 살펴본 후 학교 혁신을 위한 설계와 이행에 대해 논의하고자 한다.

🔦 체계이론의 원리

체계이론은 생물학에 그 뿌리를 두고 있지만(Bertalanffy, 1969), 그 원리는 조직·지역사회(Homans, 2004)·가족(Bronfenbrenner, 1979)을 설명하는 데 광범위하게 활용되어 왔으며, 이 과정에서 다수의 저자에 의해 변화되었다(Beer & Spector, 1993; Katz & Kahn, 1978; Kuhn

& Beam, 1982; Morasky, 1982). 일반적으로 체계는 개방체계(open systems)와 폐쇄체계(closed systems)의 두 가지 유형으로 구분된다. 이 가운데 개방체계는 연못의 생태계와 같은 자연환경과 가족·조직·공동체와 같은 인적 구조의 하위 체계로 분류할 수 있다. 한편, 폐쇄체계는 침투할 수 없는 경계를 가지고 있으며, 자원의 획득이나 산출이 전혀 이루어지지 않는다는 특징을 갖고 있다. 단순히 물을 순환시키는 분수 안의 펌프는 폐쇄체계를 설명하는 좋은 예라 할 수 있다. 경작되지 않은 초지와 같은 특성을 지닌 개방체계는 목표가 없다는 점에서 인간 체계와는 다르다. 인간은 하나 혹은 그 이상의 목표를 성취하기 위한 수단으로서 결혼, 학교, 직장, 봉사 단체와 같은 체계를 형성하게 된다(Morasky, 1982). 물론 인간 체계가 목표를 가지고 있기는 하나 그 목표가 분명하게 명시되었을 수도, 명시되지 않을 수도 있으며, 분명한 목표가 있다 하더라도 목표 자체만으로는 체계기능에 영향을 미치지 못할 수도 있다.

체계사고(system thinking)의 기저를 이루는 철학은 포스트모더니즘이다. 포스트모더니즘에 대한 설명은 이미 4장에서 다루었으므로 이 장에서는 언급하지 않고자 한다. 다만 여기서는 체계이론을 이해하는 데 필수적이라 할 수 있는 포스트모던 철학의 기본 가정에 대해 살펴보고자 한다. 그 내용은 다음과 같다.

- 인간 행동은 선형적이지 않다.
- 체계 내에서 발생하는 사건은 복잡한 상호작용의 결과이며, 따라서 인과관계는 확인할 수 없다.
- 변화를 위한 노력의 초점은 산출물이 아닌 의사소통과 같은 과정에 두어야 한다.
- 우리는 모두 서로 연결되어 있다. 체계 내 한 측면의 변화는 체계 전체에 영향을 미칠 수 있다. 나비의 조용한 날갯짓 한 번이 때로 전 우주에 파장을 불러일으킬 수 있다는 믿음 때문에 이를 흔히 '나비효과'라 부른다.

포스트모더니즘의 많은 가정이 체계이론의 논의 과정에서 반복적으로 언급될 것이다.

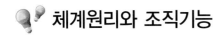

체계원리와 조직기능

차이는 개방체계의 자연스러운 경향이다

두 사람 간의 상호작용은 체계를 형성할 수 있다(Kuhn & Beam, 1982). 단 두 명(예컨대, 남편과 아내)만 있어도 역할 차이에 대한 경향(tendency)이 존재할 수 있으며, 많은 사람이 관련되어 있는 경우, 이러한 경향은 보다 분화된 형태의 체계를 형성함으로써 리더십, 목표와 가치관, 구조, 기술, 심리사회적 하위체계 등 다양한 구조 및 하위 체계로 나타나게 된다.

리더십 하위체계는 조직 내 의사결정권자들의 집단이다. 대부분 이 하위체계의 구성원들은 공식적으로 의사결정 권한을 행사할 수 있는 지위에 있다. 다만 Beer(1980)가 주장한 바와 같이 모든 조직에는 의사결정 과정에 영향을 미치는 비공식적 권력 구조 또한 존재한다. Beer는 지배적 연합(dominant coalition)이라는 용어를 사용하여 리더십 하위체계를 설명하고 있다.

목표와 가치관 하위체계는 두 가지 목표와 관련되어 있다. 이 가운데 하나는 조직에 의해 생산되는 산출물(products)에 대한 것으로, 여기서 산출물은 지역 정신건강센터에서 도움을 받았던 다수의 고객이 될 수도, 대형 제철 공장에서 생산된 수 톤의 강철이 될 수도 있다. 한편, 학교는 신념을 지닌 학생을 배출하기 위해 노력한다. 이를 위해 그들은 '생산적인 목표'를 세우는데, 이러한 생산적 목표는 졸업생 수, 학업 성취 수준, 4년제 대학 진학률과 같이 학교에서 기대하는 결과의 성취라는 측면에서 수립된다. 목표의 두 번째 유형은 조직 내에 있는 사람들(교사, 학교 관리자, 학교심리학자 등)의 욕구 충족과 관련되어 있다. Lippitt(1982)는 이러한 욕구를 개인적 삶과 개인적 실현이라는 두 가지 영역으로 분류했다. 개인적 삶의 욕구는 음식, 의복, 안식처, 안전과 관련이 있는 반면, 개인적 실현의 욕구는 소속, 성취, 취미, 일, 사회적 지지와 관련되어 있다. 목표와 가치관 하위체계에서 가치관과 관련되어 있는 측면은 목표를 어떻게 성취해 나갈 것인가에 초점이 맞추어져 있으며, 문화와 같은 다른 하위체계와 상호작용하며 목표를 성취해 나가는 방법에 대한 생각을 나타낸다고 할 수 있다.

구조 하위체계는 조직 내에서 행동을 통제하는 기능을 담당하고 있다. 보상 체계, 평가 과정, 승진 정책, 출석과 같은 일상 행동을 관리하기 위해 수립된 방침들은 구조 하위체계의 한 부분이다.

기술 하위체계는 보통 조직 내 인간 행위(human process)의 효율성과 효능성을 증진시키는데 그 목적을 두고 있다(Lippitt, 1982). 인간 행위는 조직에 따라 각기 독립적인 의미로 사용될 수도 있으나, 일반적으로 사람들 간의 상호작용 기술은 조직 발달에 보다 효과적이고 유용하게 활용될 수 있다. 인적 요소에 미칠 영향력에 대한 고려가 수반되지 않은 기술 개발은 비참한 결과를 초래할 수 있다는 인식이 높아지고 있는 추세이다(Golembiewski, 1993).

심리사회적 · 문화적 하위체계

심리사회적 · 문화적 하위체계는 조직 내 사람들이 추구하는 가치, 신념체계, 규범, 사고 및 행동 양식과 관련되어 있다. 다소 단순하기는 하나, 조직 문화는 조직 내에서 사람들이 그들의 업무를 수행하는 방법으로 요약할 수 있다. 조직 문화는 전통, 의식, 추앙되는 인물, 조직에 관한 이야기나 신화, 행동 규범 간의 상호작용을 통해 창출된다. Schein(1990)은 보다 넓은 시각으로 조직 문화를 다음과 같이 규정하였다.

> ① 기본 전제들을 충족시키는 일정한 패턴은 ② 특정 집단에 의해 만들어지고, 발견되며, 개발됨. 그리고 ③ 외부 적응과 내부 통합 문제를 처리하기 위한 학습이 이루어지며, ④ 조직이 제대로 기능함으로써 그 타당성이 충분히 확보됨. 따라서 ⑤ 이와 관련된 내용을 새로운 구성원들에게 가르쳐야 함. ⑥ 단, 당면한 문제를 올바로 인식하고 생각하고 느낄 수 있는 방법을 활용해야 함(p. 111).

모든 조직의 목표는 조직의 목표 성취 가능성을 향상시키기 위해 사람들을 사회화하는 것으로, 이러한 목표는 채용 · 오리엔테이션 · 감독 · 보상 등의 다양한 과정을 통해 이루어진다. 하지만 사회화 과정의 상당 부분은 비공식적 상호작용을 통해 이루어지며, 이는 조직 내에 널리 퍼져 있는 신념을 조직 구성원들에게 주입하는 방식으로 나타나게 된다.

조직 문화는 학교 분위기를 결정짓는 핵심 변수 가운데 하나로, 학교 분위기는 학교가 추구하는 효과성과 연관되어 있는 요인이라 할 수 있다(Owen & Valesky, 2007). 학교 분위기를 결정짓는 또 다른 요인에는 생태학(시설, 기술, 교육적 필요에 의한 발명품), 환경(인종, 민족성, 성별, 리더십, 기술, 사회경제적 지위), 구조(의사소통 및 의사결정 양식, 규범) 등이 있다.

Brown(2004)은 Schein과 마찬가지로 조직의 성공이 그 문화에 기인한다는 점에 주목하였다. 다만 그는 일반적인 가치, 신념, 규범의 수립이 분명할 수도, 그렇지 않을 수도 있다는 점에서 Schein의 견해와 다소 차이를 보인다. 또한 그는 특정 조직 내 구성원 중에는 자신이 속한 조직 문화의 특성과 그것이 개인과 집단의 기능에 어떤 영향을 미치는지에 대해 명쾌하게 설명하지 못하는 사람도 있을 수 있다고 주장하였다.

　문화를 이해하는 데 있어 핵심은 그 문화가 추구하는 가치관 또는 기본가정(basic assumption)으로, 여기에서 기본가정이라는 용어는 Schein에 의해 규정된 개념이라 할 수 있다. 한 조직이 성장하고 발전함에 따라 조직에 속한 구성원들은 어떻게 그 조직이 성공할 수 있는지, 그리고 자신들이 조직 내에서 어떻게 성공할 수 있을지에 대한 생각을 발전시켜 나가게 된다. 이러한 믿음은 일반화된 가치가 된다. 예컨대, '독재적 접근은 목표에 도달하기 위한 최상의 방법이다.' 또는 '합의는 의사 결정의 유일한 접근 방법이다.'와 같은 진술은 때로 어떤 조직을 특징짓는 가치관을 반영하고 있다고 볼 수 있다. 단, '조직이 추구하는 가치가 오늘날 적절한 것인가'에 대한 질문은 항상 제기되고 있다. 그러나 Beer와 Spector (1993)는 공교롭게도 문화를 뒷받침해 주는 토대로서의 가치는 경험에 근거하고 있기 때문에 오히려 역기능적으로 작용할 수 있다는 점에 주목하였으며, 따라서 조직에서 활동하는 컨설턴트는 조직의 문화를 변화시키는 데 많은 시간과 노력을 쏟아야 한다고 주장하였다.

　컨설턴트와 협업자는 그들이 속한 학교의 문화를 이해해야 함은 물론, 이를 변화시킬 수 있는 방법에 대해 이해해야 한다. 내실 있고 높은 성취 수준을 나타내는 학교 문화가 어떠한 특징적 요소를 지니고 있는지에 대해 Brown(2004)이 제시한 항목들은 그러한 학교 문화를 형성하는 데 매우 도움이 될 것이다. 그가 제시하는 요소들은 다른 표현으로 호환 가능하며 우선순위가 존재한다.

- 지역사회 및 학부모의 질 높은 지원(시작 단계에서 필요함, 단 개발해 나갈 수 있음)
- 개혁을 독려하는 학교 수준의 리더십과 유연성을 발휘할 수 있는 지역 수준의 리더십 (시작 단계에서 필요함)
- 가치관, 협업적 책임감, 교육의 질 향상, 성공을 기념하기 위한 기회 등 학교문화 형성 요소들에 대한 논의 기회(개발 단계 초기)
- 교육과정과 수업방식 등 학교 본연의 기능 수행을 통해 학생들의 학습의욕을 고취하는 비전 제시(문화 구축의 결과)
- 자료 주도적 의사결정(시작 단계에 전념하기, 문화 구축 과정에서의 훈련)
- 개방적인 의사소통과 학교 관리자, 교사, 학생, 학교 관계자들 간 신뢰 관계에 기반한 학교 환경 조성(반드시 달성해야 하는 목표이지만 문화 구축 과정에서 부작용이 발생할 가능

성이 존재함)

- 명백한 목표 진술(저자들에 의해 추가됨)

조직의 하위체계는 상호연관되어 있으며 상호의존적이다

구별(differentiation)의 과정은 조직 내에서 일련의 다른 실체들을 만들어 낸다. 다만 이러한 구조들은 역동적 방식 안에서 작용하게 된다. 예컨대, 한 하위체계에서 발생한 문제는 리더십의 변화는 물론, 조직 내 다른 요소들의 반향을 야기한다. 조직 내 하위체계가 상호 밀접하게 연관되어 있다는 인식은 발생하는 모든 문제에 대해 그 원인의 가능성을 다각적으로 고려해야 함을 시사한다. 조직의 실패는 ① 적절하지 않은 기술의 활용, ② 빈약한 리더십, ③ 불충분한 의사소통, ④ 관리·감독에 대한 훈련과 교육이 제대로 되어 있지 않은 교사와 교직원, ⑤ 불충분한 자원, ⑥ 경쟁, ⑦ 열악한 시설, ⑧ 학생의 복지보다 교사 및 교직원의 복지를 우선시하는 것, ⑨ 학교 내 구성원들이 보이는 환경과의 부적절한 상호작용 패턴, ⑩ 그 외에 다양한 요소에 의해 발생하게 된다.

조직의 실패에 다양한 원인이 존재하는 것처럼 문제해결을 위한 작업을 실시하는 사람들은 문제를 해결하는 데 수많은 잠재적 해결책들이 존재한다는 사실을 기억해야 한다. Catalano 등(1999)은 학교에서 발생하는 심각한 폭력 문제를 줄이기 위한 아홉 가지 방법에 대해 규명하였지만, 우리는 그들의 제안이 완벽하지 않다는 사실을 확인한 바 있다. 또한 Hoagwood 등(2007)은 학생들의 학업 수행 능력을 증진시키기 위해 수많은 방법을 제시하였다. 조직의 하위 체계들이 갖는 역동적인 상호 관련성으로 특정 문제에 대한 해결책은 단하나만 존재할 수 없으며, 이는 보통 등결과성(equifinality)이라고 일컬어지는 가정을 전제로 설명된다. 등결과성은 각각의 문제를 해결할 수 있는 최선의 방법이 오직 하나만 존재한다는 상식을 거부한다. 또한 의사결정자들이 최선의 대안을 선택할 때 일련의 과정 안에 그들의 사고를 가두어 버리는 의사결정 모델을 정면으로 반대했다. 역동적이고 상호의존적인 조직의 특성 때문에 특정 목표에 이르는 길은 매우 다양할 수 있다. 예컨대, 생산성이 증대되길 바란다면 ① 새로운 기술을 도입하고, ② 직원의 사기를 향상시키며, ③ 보다 공정하게 초과근무 시간을 할당하고, ④ 평가 절차를 변화시키는 몇 가지 접근들을 적용해 볼 수 있을 것이다.

조직은 그 환경과 역동적으로 연관되어 있다

앞서 언급한 바와 같이 조직은 투입과 산출이 상호작용하는 개방체계다. 투입은 사람, 원료, 돈, 기술 등과 같은 자원의 형태로 조직에 작용한다. 학교의 경우, 학생 및 학생의 교육과 관련된 업무를 담당하는 모든 인적 자원, 학교 환경으로부터 파악 가능한 기술과 그 수준 등이 이에 해당한다고 할 수 있다.

학교의 사례를 놓고 볼 때, 학생들이 보이는 다양한 학업 성취 및 사회적 기술 수준, 그리고 다양한 양상의 사고방식 등은 학교 환경에 '제공되는' 산출물로 이해할 수 있다. 따라서 학교에서 이루어지는 성공의 영역과 범위에 대한 판단은 곧 산출물에 대한 판단에 의해 이루어진다고 할 수 있다. 최근 미국의 모든 학교는 특정 영역에서 나타나는 비효율성에 근거하여 그 평가가 이루어지고 있다. 공립학교를 시장 경제에 비유하는 것은 다소 적절하지 않을 수 있으나, 공립학교에 대한 비판은 자원의 경쟁력을 향상시키는 원동력이 되었으며, 이를 통해 공립학교는 종교학교(신학교), 사립학교, 차터스쿨(공적 자금을 받아 교사·부모·지역 단체 등이 설립한 학교) 등 다른 교육기관과의 경쟁력을 갖출 수 있게 되었다. 전미교육협회 및 미국교사협회는 학생과 학부모가 학교를 자유롭게 선택할 있는 바우처 제도(공적 기관이 사립학교에 수업료의 지불을 보증하는 증명서를 발행하여 공립·사립학교를 선택할 수 있도록 하는 제도) 관련법이 제정되지 않기를 바라며, 현재의 지위와 신분을 유지하기 위해 막대한 자원을 쏟아 왔다.

우수한 자원을 확보하기 위한 학교 조직의 노력은 단순히 환경과의 상호작용에 국한되지 않는다. 보다 중요한 것은 바로 교육자, 부모, 교육 정책 입법자들과의 상호작용이라고 할 수 있다. 그러나 이 책에서 이미 입법 과정에서 이루어진 노력이 학교 기능에 영향을 미치는 방식에 대한 논의가 이루어졌기 때문에, 여기서는 더 이상 언급하지 않고자 한다. 다만 교육에 대한 지역, 주, 연방정부의 공공자본 지출이 교사와 교직원 그리고 그들이 이루어 내는 교육적 성과의 질에 영향을 미친다는 사실만으로도 이에 대한 설명은 충분할 것이다. 노동조합의 구성 또는 해산과 관련된 「노동권법」과 달리 「장애인교육법」과 같이 특정 상황에 대한 규제를 요구하는 규정들은 성교육이나 체벌과 같은 특정 유형의 행동을 금지하는 한편, 학교의 효과적 기능 수행과 밀접하게 관련된 졸업요건 등을 명시함으로써 학교 기능의 많은 측면에 영향을 미친다.

성장 가능한 개방체계는 내·외적으로 변화하는 상황에 적응할 수 있다

몇몇 조직의 핵심 과정과 특성들이 조직의 적응 가능성에 중요한 영향을 미치는데, 여기에는 감각/의사소통, 의사결정과 계획하기, 조직 유연성, 연구와 개발 등이 포함된다. 이러한 특징 가운데 이윤지향적인 조직체들이 갖는 가장 중요한 요소는 외재적 감각/의사소통 기제인데, 이는 두 가지 유형으로 구분된다(Kuhn & Beam, 1982; Morasky, 1982). 현재의 경제 상황과 사회적 동향을 예견하지 못함으로써 공급에 대한 수요를 예측하지 못하는 조직은 살아남을 수 없다. 예컨대, 디트로이트(Detroit)시의 자동차 회사는 고객의 요구를 예측하는 데 실패했거나 조직의 수익성에 영향을 미칠 수 있는 특정한 경제적 변화들을 알아채지 못했다.

적응적인 조직은 기능하는 데에 역기능적인 영향을 미칠 수 있는 조직 내 갈등을 찾아내는 내적 감각 기제를 가지고 있다. 이러한 기제들에는 평가를 요하는 작업, 구조화 또는 비구조화되어 있는 피드백 세션, 다양한 종류의 설문 조사(예: 구성원의 사기)가 포함된다.

감각 기제들은 필수적이지만 보이거나 들리는 것에 대한 해석과 의사소통 및 그 정보를 행동으로 변환하는 것이 조직적응성에 있어 핵심적인 요소라 할 수 있다. 대부분의 조직이 수많은 요구조사와 근로자들의 시기에 관한 조사들을 해 왔지만, 이를 실제로 활용하는 데는 매우 소극적이다. 실제로 공립학교와 같이 관료주의적인 조직은 주로 지위에 따라 조직화되어 있어 상향식(bottom-up) 내적 의사소통이 사실상 매우 빈약하다. 효과적으로 기능하는 학교에는 구성원들의 의견을 묻는 조사결과와 평가결과가 반영된 내적 의사소통 체계가 훌륭하게 설계되어 있었을 뿐 아니라, 조사 및 평가결과에 대해 문제를 해결하고자 적극적으로 적용하는 리더들이 있다.

혼란스러운 환경에 있는 학교는 그 방향을 상실한 채 구성원들에게 성과를 강요하고 재촉하는 역할로 전락해 버린다. 따라서 적응적인 조직은 감각 기제가 빈약해서 발생하는 무질서한 변화를 방지하기 위해 노력한다. 혼란스러운 변화로 인해 조직이 높은 수준의 기능을 발휘하는데 요구되는 조화가 깨지게 되고, 이로 인해 조직은 어쩔 수 없이 비상 상황으로 바뀌어야 하기 때문에 조직의 주요 업무를 수행하는 데 자원을 제대로 사용하지 못하게 된다. 시민권 관련 법안에는 학교 통합에 관한 조항이 포함되는데, 의외로 많은 학교가 이를 알지 못했다가 소수 인종 학생들의 입학과 관련하여 예상하지 못한 사회적 문제에 봉착하게 되었다. 오늘날 학군의 배정은 주기적으로 검토되고 있으며, 학군별로 다양한 인종의 학생 배치를 통해 인종의 조화를 유지할 수 있도록 조치하고 있다. 학교에는 일반적으로 입학

전 인구학적 분포를 확인하고 준비하는 데 몇 달간의 선행시간을 갖는다. 그러나 여전히 도심 지역으로부터 유입되는 학생들의 영향을 전혀 인식하지 못하는 학교가 교외 지역에 수없이 존재하고 있으며, 결국 그들의 유입을 적절히 준비하는 데 실패하고 만다.

효과적인 학교조직은 에너지 혹은 추동력을 상실하는 엔트로피를 피한다. 엔트로피는 일반적으로 오랜 기간 안정되어 현실에 안주하는 교사들이 있는 학교에서 발생하는 문제이다. 때때로 성과를 유지하기 위해서는 조직이 변화해야 한다. 학교 조직에 작용하는 환경의 영향(예: 예산 부족) 및 입학생 유형(예: 라틴 아메리카계 학생의 대거 입학)에 대해 미리 예측하고, 교사 및 교직원이 변화를 준비함으로써, 학교 조직은 엔트로피를 피할 수 있게 된다.

우로보로스 효과 피하기: 의도하지 않은 결과

우로보로스(Ouroboros)란 자신의 꼬리를 게걸스럽게 먹어 치우는 큰 뱀으로, Swenson(2002)에 의하면, 우로보로스 효과가 상징하는 것은 문제를 해결하기 위해 우리가 시도하는 최선의 노력이 때로 나쁜 결과로 되돌아와 우리 자신을 '베어 물 수 있다'는 것이다. Swenson은 우로보로스 효과를 독일어 verschlimmbessern로 설명하였는데, 이는 글자 그대로 해석하면 '보다 나은 어떤 것을 하려는 시도로 인해 상황이 더 악화되는 것'을 의미한다. 졸속으로 수립된 계획에 따라 문제해결을 위한 노력이 이루어질 때, 결국 예상하지 못한 결과를 얻게 되고, 이는 의도했던 결과와 상충됨으로써 문제는 더 악화될 수밖에 없다는 것이다. Swenson은 산업, 농업을 비롯한 그 외의 다양한 영역에서 잘못된 방향으로 진행되고 있는 문제해결 프로젝트의 사례들을 제시하는 데 다수의 지면을 할애하였다. 그는 이러한 노력들을 체계적 역발효과(systemic backfire)라고 칭했는데, 이는 문제해결 당사자가 즉각적인 문제해결에 초점을 둠으로써 문제해결이 갖는 체계적이고 장기적인 영향력에 대해 고려하지 못한 경우 발생한다. 흔한 예로, 자립심을 향상시키기 위한 복지 프로그램들이 오히려 의존심과 빈곤의 증가를 초래했다는 사실은 의도하지 않은 결과를 명확하게 보여 주고 있다. 같은 맥락에서 폭력, 약물을 비롯하여 다른 사회 문제를 다루기 위한 프로그램을 과도하게 실시하는 학교의 경우, 학생의 학업성취도 수준을 향상시키고자 하는 그들의 노력이 크지 않기 때문일거라는 의심을 받기도 한다.

Swenson(2002), Swenson과 Anstett(n.d.)는 만약 컨설턴트와 협업자들이 의도치 않은 결과를 피하고자 한다면 많은 예방조치를 취해야 한다고 주장하였으며, 예방조치를 취하는 과정에서 문제를 '정확하게' 규정하는 것은 무엇보다 중요한 작업이라는 점을 지적하였다.

Swenson과 Anstett는 또한 문제해결 당사자들이 잘못된 것의 확인 및 그 제거에 초점을 두는 전통적 문제해결 전략들을 피해야 한다고 주장하였다. 대신 보다 생산적인 문제해결 방법으로 4장에서 제시했던 해결중심 접근의 채택을 추천하였다. 해결중심 접근에서는 조직 문제해결을 위해 옳은 것에 대한 확인 및 그것의 긍정적 측면들을 확대해 나갈 수 있는 방법을 확인함으로써 시작된다. 반면, 전통적 문제해결에서의 초점은 문제를 확인하는 것으로 시작되는데, 이러한 작업은 문제해결에 아무런 도움이 되지 않을 수도 있다. 문제해결에 있어 해결중심 접근의 목표는 옳은 것에 대한 내담자의 생각을 증진시키는 것이다. Swenson은 변화에 의해 누가 영향을 받을지, 변화에 의해 나타날 수 있는 반응의 특징은 무엇인지에 대해 컨설턴트와 협업자들이 반드시 알아야 한다고 주장하였다.

우로보로스 효과에 대한 논의에서 언급한 바와 같이, 의도하지 않은 결과를 피하고자 한다면 변화 과정에서 발생할 수 있는 '나비효과'에 대해 인지하는 것 역시 중요하다고 할 수 있다. 나비효과는 초기에 일어나는 작은 변화의 효과를 의미한다. 노스캐롤라이나(North Carolina)주는 대규모의 고부담테스팅프로그램(high-stakes testing program) 운영을 초기에 채택한 주 가운데 한 곳이다. 그 업무의 담당자를 고용하는 데 필요한 자금의 부재로 학교상담자들이 이 프로그램을 담당하게 되었고, 이는 학생들에 대한 상담서비스의 급격한 감소를 초래하였다(Brown, Galassi, & Akos, 2004). 비록 이러한 사건들과 직접적인 연관성을 갖는 결과들을 언급하는 것은 다소 조심스러울 수 있으나 해당 학교에서 학업 중단 학생이 급증한 것은 부인할 수 없는 사실이다.

문제해결 당사자들이 해결책을 고안하면서 던져야 하는 또 다른 질문은 "확신 없는 해결책은 문제를 악화시키는가?"에 대한 것이다. 학교 내 총기 소지를 둘러싼 무관용 정책(범법자에 대한 처벌을 대단히 엄격하게 적용하는 정책)은 콜로라도주 리틀턴, 켄터키주 페두커를 비롯하여 그 외 다른 지역에서의 총기 난사 사건 이후 채택되었다. 유난히 사건·사고가 많았던 2003년에는 노스캐롤라이나주에서 집행유예를 받은 학생들에 의한 수업 결손이 실로 어마어마하게 발생하였다(Associated Press, 2004). 미국의 어떤 지역교육청에서는 중학교에 교내 정학 프로그램을 신설하기도 하였다. 그러나 프로그램의 성격 및 친구들과 함께 있기를 원하는 중학교 학생들의 특성상 오히려 학생들의 정학률이 높아지는 결과가 발생하게 되었다.

문제해결자들은 장·단기적으로 문제해결에 대한 관리·감독의 책임을 지는 개인 또는 집단을 확인해야 한다. 해결책이 우로보로스 효과를 보이지 않는다는 보장이 없으므로, 누군가는 해결책이 기대했던 결과와 부합하는 방향으로 수행되고 있는지 책임을 지고 확인해야 한다.

Swenson(2002)이 지지하는 해결중심 접근의 문제해결 과정은 다음 네 단계의 질문으로 이루어져 있으며, 이는 4장에서 제시한 내용과 약간의 차이를 보인다.

① 문제가 나타나지 않았던 때나 상황이 있었는가? (예외)
② 만약 이 문제가 기적적으로 해결된다면, 우리 조직은 어떻게 달라 보이겠는가? (미래에 초점을 둠)
＊ 일반적으로 ①과 ②는 해결 방안을 찾는 데 충분하다. 만약 아니라면, ③과 ④를 활용하라.
③ 우리 조직 내의 문제가 현재보다 더 악화되지 않은 이유는 무엇이라고 생각하는가? (사람들은 문제 상황에 어떻게 대처하고 있으며, 그들의 행동에서 우리는 무엇을 배울 수 있는가?)
④ 만약 문제가 없어지지 않는다면, 미래에 무슨 일이 발생할 것인가? (문제가 해결되지 않았을 때의 시나리오)

이러한 일련의 질문들은 변화 과정의 최종 목표(비전)에 도달하기 위한 전략을 찾는 데 필수적인 요소라 할 수 있다. Swenson과 Anstett는 전통적 문제해결 모델의 활용을 완전히 배제하지 않는다. 다만 그들은 해결중심 문제해결 모델이 전통적 접근을 대신하여 채택되어야 하는 경우가 존재한다고 보았다. 해결중심 문제해결 모델이 전통적 문제해결 모델에 비해 효과적으로 활용될 수 있는 상황을 판단하기 위한 지침이 〈표 5-1〉에 제시되어 있다.

‖ 표 5-1 ‖ 해결중심 문제해결 접근을 사용할 때 vs 전통적 문제해결 접근을 사용할 때

해결중심(solution-focused)
1. 매우 복잡한 문제들(대부분 조직의 문제)
2. 재발하는 문제들
3. 초기의 해결이 더 많은 문제를 야기하거나 문제를 악화시키는 경우
4. 문제해결자들 간 문제해결 방안에 대한 합의를 도출하지 못한 경우

전통적(traditional)
1. 비교적 단순한 문제들
2. 처음 발생한 문제

Peer의 법칙을 기억하라

Peer의 법칙이란 '문제의 해결은 그 문제를 변화시킨다'는 것으로(출처 미상), 체계이론과 조직변화에 대한 완벽한 이해를 통해 형성된 '법칙'이라고 할 수 있다. 성공한 기업은 계속해서 성공가능성이 높은 새로운 과업들을 구축해 나갈 것인지 아니면 현 상태를 유지해 나갈 것인지에 대해 결정해야 한다. 성공적인 공립학교들의 경우, 자신의 자녀를 해당 학교에 입학시키고 싶어 하는 학부모들로 인해 입학률이 증가하는 사례를 찾아볼 수 있다. 문제해결을 위한 조직의 노력은 결코 멈추지 않는다. 성장가능한 체계에는 조직 기능에 영향을 미치는 내·외적 상황을 모니터링하는 감각기제, 즉 개인이나 집단이 있음을 상기하라. 컨설턴트와 협업자들은 그들이 제시한 해결 방안들이 예상치 못한 다수의 부정적 결과를 초래할 수 있다는 사실을 인식해야 한다. 그뿐만 아니라 조직과 환경 간의 역동적 관계로 인해 새로운 문제가 계속해서 발생할 수 있으므로 컨설턴트와 협업자들은 해결해야 할 문제가 끊임없이 발생할 가능성에 대해 개방적인 자세를 취할 수 있어야 한다.

문화의 변화를 위한 작업

Dooley(1995)는 체계적 변화가 지속되기 위해서는 조직이 추구하는 가치의 전환이 필요하다고 주장하였다. 조직이 추구하는 가치란 '사물이 존재하는' 방식에 대한 집단 신념으로, 여기에 조직 내 구성원들의 의식과 행동이 결합될 때 조직의 문화가 형성된다. Dooley는 조직 구성원들에게 지지되는(espoused) 가치와 숨겨진(hidden) 가치의 두 가지 유형이 존재한다고 하였다. 이를테면, 변화를 위해 노력하는 과정에서 발생하는 스트레스 상황 또는 위협 상황에서 숨겨진 가치가 나타나게 되는데, 이는 조직 내에서 추구하는 가치와 갈등을 일으킬 수 있다. 컨설턴트와 협업자들은 조직이 추구하는 가치와 모순되는 행동의 발생을 경계하고, 그러한 행동을 유발하는 가치들을 확인하며, 현재의 수준보다 악화될 가능성에 대한 우려를 잠재우기 위한 작업을 실시해야 한다. 만약 이러한 작업이 불가능한 상황이라면 컨설턴트와 협업자들은 처음부터 조직의 구성원들로 하여금 그들이 추구하는 가치들을 확인하기를 희망할 수 있다. 이는 조직 내 집단 및 개인의 행동 유형을 이해하는 데 그 토대를 제공한다. 비록 정확한 용어로 표현하기는 어렵지만, Dooley는 변화로 인해 초래된 위협이 커질수록 숨겨진 가치가 출현할 가능성이 높아질 것이라고 주장하였다.

조직 차원의 변인들은 변화 과정에 영향을 미칠 것이다

컨설테이션 또는 협업이 일어나는 환경은 조직의 변화 과정에 큰 영향을 미친다(Ilbeck & Zins, 1993). 낮은 이직률, 높은 시기, 적절한 개인적ㆍ재정적 자원을 가지고 있는 학교의 변화 추진 위원회는 높은 이직률, 예산 문제, 과로에 시달리는 교사와 교직원 문제를 안고 있는 학교의 변화 추진 위원회와는 매우 다른 성격의 문제에 직면하게 될 것이라 예상할 수 있다. 따라서 이 영역의 내용은 주로 체계적 사고, 컨설테이션과 협업 분야에서 나타나는 일부 권위적 사고, 주제와 관련하여 몇몇 연구에서 상정하고 있는 가정에 기초하고 있다(Chin & Benne, 1976; Huse, 1980; Sarason, 1982).

Conoley(1981)와 Sarason(1982)은 각각 조직 내 존재하는 중재 변인의 특성, 즉 컨설테이션 및 협업 과정에서 다루어지는 문제들을 토대로 조직 특성에 관한 항목들을 제시하였다. 조직에 영향을 미치는 변인은 입법부, 지방자치단체, 정치ㆍ경제단체, 조합, 시민단체, 인증기관, 현행법과 같은 시스템 밖의 변인(extrasystem variables)과 권력 구조, 관계자들의 전반적 특징, 조직의 규범적 구조, 역할 명료성, 의사결정 양식, 전달체계를 포함한 시스템 내 변인(intrasystem variables)으로 구분할 수 있다.

남부대학 및 학교협회 또는 주 단위의 공교육 담당부서와 같은 지역 단위 인증기관은 직원들의 자격 및 물리적 시설과 행정적 절차에 대한 규정을 제시하였다. 컨설턴트와 협업자들은 일반적으로 인증기관이 명시한 프로그램, 정책 혹은 이에 대한 절차들을 임의로 변경할 수 없다는 사실을 개입 초기에 알게 된다. 그러나 공교롭게도 현행 정책들 또는 실무 절차에 대해 컨설턴트와 협업자들이 느끼는 무능감은 때로 문제의 원인이 되기도 한다. 물론 조합 협약(union agreement)은 직원 개인의 수준에 그 영향력이 머무르는 경향이 있기는 하지만 조직 내 집단과 개인들에게 영향을 미치는 방식에 있어 인증기관과 상당 부분 공통점을 지니고 있다. 쇄신을 위한 험난한 여정 가운데 있는 학교가 정년보장제도와 같은 현 정책에 정면으로 맞설 의지가 없는 경우, 이러한 제도는 변화를 위한 조직의 역량 개발 노력 수준에 영향을 미칠 수 있다. 드문 예이기는 하지만, 미국의 한 지역교육청에서는 교장의 권위의식을 약화시키고자 교장으로 하여금 퇴근 후 교육에 필요한 시설들을 점검하고 학교 운동장을 순시하도록 하기도 하였다.

표준 자격 기준, 조합의 규정, 정년 보장법은 비교적 잘 알려진 제도들로, 개입 과정에서 이러한 제도들이 갖는 영향력은 예측 가능하다. 다만 그 영향력을 예측하는 데에는 미묘한 외적 요인들이 작용한다. 인종 및 민족과 관련된 문제들은 변화를 위한 노력의 과정 가운데 갑자기 출현할 수 있다. 특정 민족 혹은 인종 집단 내에서 현실적이거나 당연한 것으로 여겨지는 문화가 있으며, 이러한 부분을 고려한 개인적 접근이 그 범위 안에서 이루어져야 한다고 보는 기관장의 태도는 변화를 위한 컨설턴트와 협업자의 노력을 방해하는 결과를 초래하기도 한다.

변화를 위한 노력 과정에 개입하는 데 있어 제도적 규준은 가장 강력한 영향력으로 작용할 수 있는 내적 변수 가운데 하나이다. 규준은 특정 집단 구성원의 행동을 통제하는 함축적 기준이다. 규준의 명백한 지표는 직원, 학생, 그 외의 다른 조직 구성원들이 똑같은 복장을 착용하는 것이라 할 수 있다. 그러나 공교롭게도 모든 조직 규준이 '복장 규정(dress code)'처럼 쉽게 파악되는 것은 아니다.

모든 기관에는 다양한 규준이 존재하고, 이러한 규준들은 의사소통 방식, 동료 및 관리자와의 상호작용, 수행 규준, 다양한 다른 변인 등 다양한 기능에서 명백하게 드러나게 된다. 이 중 수행 규준에 대한 지각은 컨설턴트 입장에서는 가장 큰 문제가 될 수 있다. 학생 성적에 대한 교사의 책임과 관련된 규준을 채택하여 학생들이 교육과정을 이수해야만 진급할 수 있도록 하는 것은 매우 상식적인 일이다. 이러한 규준은 교사와 학생의 행동에 모두 영향을 미친다.

의사소통 방식에 관한 규준은 또한 컨설턴트와 협업자들이 조직 내에서 다루어야 하는 또 하나의 주제이다. 예컨대, 대부분의 학교는 공식적인 지위 체계를 통해 의사소통이 이루어지기를 기대하지만 실현되기 어렵다. 만약 교장이나 기관장과 같은 핵심 인물들이 그 필요에 의해 규준을 개발하였지만 그 규준이 부하 직원들에게 무시된 채 수용되지 않는 경우, 기관의 관리자들은 결국 조직 운영에 필요한 정보들로부터 차단되어 버릴 것이다. 따라서 역효과를 초래할 수 있는 의사소통 방식은 진정한 의사소통을 회복하기 위해 반드시 변화되어야 한다.

권력 구조는 조직의 변화를 위한 핵심 요소로, 수많은 사람에 의해 규명되어 왔다. 이러한 권력 구조는 공식적 구조와 비공식적 구조의 두 가지 유형으로 구분할 수 있다. 공식적 권력 구조는 강압적이고 보상적 힘이 부여된 직책을 지니고 있는 개인으로 구성되어 있다. 교육장, 부교육장, 교장과 교감은 일반적으로 지역교육청 내에서 공식적 권력 구조를 차지하고 있다. 앞서 언급한 바와 같이 조직 내에서 변화를 위한 노력이 성공적인 결실을 거두기 위해 관리자들은 변화를 위해 노력하는 주체들을 지지하고 지속적으로 강화해 주어야 한다(Beer & Spector, 1993).

비공식적 권력 구조는 상당 부분 학교의 규준 구조와 관련되어 있다. 비공식적 권력 구조는 변화를 위한 체계적 노력의 성공 여부를 결정짓는 리더만큼이나 막대한 영향력을 지니고 있기 때문에 여기서는 학교의 규준 구조와 분리하여 논하고자 한다. 비공식적 권력 구조는 전문적 지식, 직업의 정년보장, 핵심 과정에 대한 통제, 공동체 내 사회적 지위와 같은 외적 요인들로, 다른 사람에게 영향을 미칠 수 있는 개인 또는 집단으로 구성된다. 비서는 리더에 대한 타인의 접근을 통제하는 역할을 수행하는 과정에서 다소간의 권력을 획득하게 된다. 매우 유능한 중견교사, 상담자, 심리학자는 업무 현장에서 발휘되는 그들의 능력을 통해 권력을 획득하게 되며, 능력 있는 교사들은 조직 수행에 대한 기대치를 형성해 나가는 역할을 담당하게 된다. 조직의 변화를 위한 노력이 성공을 거두기 위해 교사, 상담자, 심리학자들은 협업적인 자세를 취해야 한다.

조직의 목표가 명확하게 기술되어야 한다는 생각에 대해서는 이미 앞에서 언급한 바 있다(Morasky, 1982; Sarason, 1982). 때로 공립학교가 수립한 목표는 불분명한 성격을 띠곤 한다. 목표가 부재할 때, 학교는 정치적 바람을 타서 근본주의를 강조하거나, 학생들의 효과적인 노동시장 진입을 위한 준비를 하거나, 무신론적인 입장을 견지하기 위해 인간주의 교육을 중단하게 되는 등 그 목표가 바뀌게 된다. 결국 이러한 학교들은 모호한 목표의 함정 속을 헤매게 된다. 대부분의 인적 자원 기관은 많은 목표를 가지고 있지만, 이 가운데에는 분명하게 명시되지 않은 목표도 존재한다. 명시된 목표가 '진짜 목표'인가의 여부에 대해 판단할 수 있는 가장 좋은 방법은 예산이 뒤따르는가를 보는 것이다. 목표의 진술은 아주 흔한 일이지만 기관의 활동을 안내해 주지는 못한다.

앞서 언급한 바와 같이 역할 명료화는 컨설턴트와 협업자가 직면한 또 다른 문제이다. 컨설턴트와 협업자는 공식적 권력 구조의 일부분이 아니기 때문에 컨설턴트와 협업자의 변화를 위한 리더십에 의문을 제기하기도 한다. 권위적 위치에 있는 어떤 사람들은 리더십과 변화의 영역에서 컨설테이션과 협업자들이 가지고 있는 특권을 몹시 부러워한다. 이러한 상황에서 컨설턴트는 리더 지위의 역할을 빼앗는 것으로 비춰지기 때문에 학교의 변화를 유도하기 위한 그들의 노력이 문제가 되는 경우도 있다. 또 다른 예로, 지도자들은 그들만의 성역(인적 관계)을 확보하고 있기는 하나, 소통에 있어서는 매우 서툴 수 있다. 따라서 컨설턴트와 협업자들은 학교의 변화를 위한 협업적 개입에 돌입하기에 앞서 이러한 영역에 대한 문제들을 명료화해 두는 과정이 필요하다.

성실한 업무와 성취로 특징지어지는 조직문화의 형성에 필수적인 요소 한 가지는 바로 구성원들이 업무를 하는 시간이라고 주장한 Brown(2004)의 의견을 기억하기 바란다. 컨설턴트와 협업자 또한 컨설테이션과 협업 작업에 참여하기 위해서는 시간이 필요하다. 어떤 중등학교는 수업 준비에 전념하라는 의미에서 교사들에게 단지 하루 한 시간의 자유 시간을 부여하는가 하면, 어떤 초등학교 교사들은 컨설테이션이나 협업 작업은커녕 휴식시간도 없다고 주장한다. 경우에 따라 직무에 대한 기대는 변화를 위한 노력에 동참하는 교사들과 관계자들의 활동 범위를 제한하기도 하고, 그들이 수행하는 기능의 변질을 초래하기도 한다. 이에 대한 논의는 8장에서 보다 자세히 다루고자 한다.

다음은 컨설테이션 혹은 협업 과정에서 변화를 위한 노력에 영향을 미치는 조직의 변수들을 요약한 항목들이다.

조직 외 변수들(external organizational variables)
① 인증기관
② 조합협정
③ 법률 제정
④ 지역사회 압력 단체
⑤ 지역사회 정치 단체
⑥ 정년보장 관련 법률
⑦ 민간 서비스 규제

조직 내 변수들(internal organizational variables)
① 집단 규준
② 공식적 권력구조
③ 비공식적 권력구조
④ 조직 목표의 명료화
⑤ 조직 목표의 우선순위
⑥ 역할 명료화
⑦ 시간

조직 개발 컨설테이션

이 장에서는 컨설테이션과 협업 작업을 종합적으로 다루어 왔다. 이 절에서는 학교를 포함한 모든 조직의 기능 향상을 위해 특별히 설계된 컨설테이션 모델이라 할 수 있는 조직 개발 컨설테이션(Organizational Development Consultation: ODC)에 대해 집중적으로 논의하고자 한다. 조직의 기능 향상을 위해 개발된 컨설테이션 단계들에 대해 여러 저자가 각기 다른 이름을 사용했다는 점에 주의하기 바란다. 물론 이것은 독자들에게 혼란을 주고자 함이 아니다. 다만 ODC 컨설턴트가 사용하는 몇몇 전문용어에 독자가 익숙해지기를 바라는 마음에 이루어진 시도라고 이해하면 될 것이다. 그리고 이러한 시도는 궁극적으로 독자들이 컨설테이션은 관계 형성으로부터 시작되는 인간 활동이며, 문제해결에 대한 의지의 산물인 동시에 성공 또는 실패로 귀결되는 문제해결 과정이라는 점을 기억하는 데 많은 도움이 될 것이다.

ODC 모델은 조직의 내・외부 컨설턴트에 의해 발달되어 오긴 했지만, 지금까지는 조직 외부 컨설턴트의 역할이 강조되어 온 것이 사실이다. 학교상담자와 학교심리학자는 일반적으로 내부 컨설턴트로서의 기능을 수행하고 있다. 조직의 내부 컨설턴트와 외부 컨설턴트의 활동에는 일장일단이 존재하며, 〈표 5-2〉에는 이를 요약한 내용이 제시되어 있다. 표에서 알 수 있는 바와 같이, 내부 컨설턴트가 갖는 주된 장점은 조직의 문제에 직접적으로 참여함으로써 문제를 보다 깊이 있게 이해할 수 있고, 이를 토대로 이루어진 개입의 결과를 보다 효과적으로 평가할 수 있다는 점이다. 외부 컨설턴트는 일반적으로 문제의 특성을 확인하고, 문제해결에 필요한 메커니즘을 수립한다. 결과적으로 조직의 내・외부 소재에 상관없이 모든 컨설턴트는 조직의 변화를 성공으로 이끄는 데 필수적인 기술과 지식을 갖추어야 한다는 사실을 반드시 기억해야 한다. 혹시라도 내부 컨설턴트가 학교에 소속되었다는 이유로 컨설턴트로서의 역할을 미흡하게 수행한다면, 외부 컨설턴트는 이 부분에 대해 날카로운 지적과 비판을 아끼지 않을 것이다.

ODC는 체계 기반 접근으로서, 실무자의 작업 방식은 이 장에서 지금까지 상정해 온 가정에 기초하고 있다.

Schein(1969), Lippitt(1982)를 포함하여 수많은 이론가와 사회과학자는 조직 개발 컨설테이션이 현재의 수준에 이르도록 하는 데 크게 기여하였다. Kurt Lewin과 Carl Rogers는 이러한 접근의 토대가 되는 철학의 발달에 특히 중요한 역할을 한 인물들이다. Lewin(1951)은

‖ 표 5-2 ‖ 내·외부 컨설턴트 및 협업자로서의 활동이 갖는 장점과 단점

단계	내부		외부	
	장점	단점	장점	단점
진입/초기	1. 문제에 대해 보다 정확하게 이해함 2. 지금까지의 경험에 근거하여 문제를 효과적으로 명료화할 수 있음	1. 조직 내 동료들 스스로 도움이 필요하다는 사실을 잘 인정하지 못함 2. 동료들로 하여금 방어적인 태도를 유발할 수 있음 3. 방어적인 태도는 협업 관계를 수립하는 데 장애물이 될 수 있음 4. 조직 내에서의 다른 경험을 통해 의뢰대상에 대한 선입견이 형성되어 있을 수 있음	1. 외부 사람들과 문제를 보다 쉽게 공유할 수 있음 2. 보다 풍부한 전문적 지식을 제공할 수 있음 3. 변화에 대한 준비도를 공개적으로 검증할 수 있음 4. 변화를 위해 활용 가능한 자원들에 대하여 의사결정이 용이함	1. 실제적인 지식의 결여 (예: 역사)
진입/계약체결	1. 컨설테이션의 타당성 평가가 용이함	1. 개인들은 내부 컨설턴트와의 작업을 중단할 수도 있다는 우려 때문에 계약을 진행하는 데 주저할 수 있음 2. 어떤 형태로든 직속 상사와 관련되어 있는 경우, 컨설테이션에 대한 요구가 감소됨	1. 보다 넓은 관점을 확보할 수 있음	
평가/진단	1. 자료의 흐름에 보다 근접함		1. 평가에 보다 전념할 수 있음	1. 필요한 정보 획득을 위해 조직 내부 사람에게 의존해야 하는 상황이 발생할 수 있음
목표설정/중재	(확인된 차이가 없음) 1. 잠재적 의뢰인들을 보다 폭넓게 고려할 수 있음 2. 수립될 목표 간의 연관성을 보다 효과적으로 파악할 수 있음	1. 집단 집권층의 참여가 거의 이루어지지 않음	1. 조직 내 집권층에게 필요한 사항을 보다 쉽게 요구할 수 있음 2. 일반적으로 조직 구성원들의 참여를 독려하는 데 보다 많은 영향력을 행사할 수 있음	
평가	1. 지속적으로 성과에 대한 평가가 보다 용이함	1. 의뢰인은 방어하기 위해 자료를 '은폐'할 수 있음		

장이론의 창시자로서, 개인이 능력을 발휘할 수 있는 영역은 각기 다르기 때문에 조직의 문제는 조직에 속한 모든 개인이 문제해결 과정에 참여하는 방식으로 해결되어야 한다는 관점을 취하고 있다. 한편, Rogers(1951)는 한 사람을 둘러싼 작업 환경은 개인의 자아실현에 도움이 될 수도 있고 이를 손상시킬 수도 있다는 가정하에, 존중과 배려를 특징으로 하는 인간 중심 접근을 컨설테이션에 접목시킨 형태로 그 자신의 이론을 확립해 나갔다.

조직 개발 컨설테이션 모델에 그 토대를 제공하는 전제(assumptions)에는 여러 가지가 있다. 첫째, 개인 간·집단 간 갈등은 효과적이고 효율적인 조직의 기능 수행에 장애로 작용한다. 이러한 갈등은 조직 내 개인이 적절한 의사소통 기술을 갖추지 못하거나 조직 자체적으로 구성원들 간 원활한 의사소통 장치를 확보하지 못함으로써 조직 구성원들 간의 의사소통이 적절하게 이루어지지 못할 때 발생한다.

갈등의 다른 원인에는 영향력 있는 개인 각자가 지닌 특성 차이로 인한 갈등, 개인과 집단 간 발생하는 가치 체계의 충돌, 정보의 부족, 조직 목표와의 충돌, 의사결정 기술이 부족한 관리자 등이 있다(Huse, 1980; Lippitt, 1982).

또한 조직 개발 접근은 관리자들이 교사와 교직원의 심리적 필요를 자신들의 관료주의적 사고보다 우선시할 때, 조직은 이익을 창출해 낼 수 있다는 입장을 취한다(Huse, 1980). 요컨대, 직원들의 심리적 욕구가 충족될 때 조직은 보다 생산적이고 효율적이 될 수 있다는 것이다. 조직 개발 컨설테이션 모델의 기저를 이루는 또 다른 가정은 컨설테이션의 인간 관계 접근에서 표방하는 원리로, 민주적으로 운영되는 조직은 관리자가 독재적인 접근을 사용한 조직보다 효과적인 결과들을 창출해 낸다는 것이다(Beer, 1980; Lippitt, 1982).

이는 개인의 심리적 안녕(well-being)이 조직 목표에 선행되어야 한다는 개념과 매우 밀접하게 연관되어 있다. 더 정확히 말해, 개인의 욕구 충족은 조직의 효율성과 효과성을 충족시키기 위한 전제조건이라 할 수 있다.

진입 과정

컨설테이션은 일련의 단계를 거쳐 이루어지며, 이 가운데 일부는 다른 단계들과 뚜렷하게 구분된다. Kurpius, Fuqua와 Rozecki(1993)는 컨설테이션을 ① 진입 전(pre-entry) 단계 (외부 컨설턴트만 해당), ② 계약 체결, ③ 문제 탐색, ④ 정보 수집, 문제 확인 및 목표 설정, ⑤ 해결방안 찾기 및 개입 전략 선택, ⑥ 평가, ⑦ 종결의 7단계로 정의하였다(p. 601).

내·외부 컨설턴트는 계약을 체결하되, 계약 내용에는 컨설테이션 과정에 대해 지지적인 태도를 갖는 것은 물론, 성공적인 컨설테이션을 위해 필요한 자원을 제공한다는 약속이 포함되어야 한다. 이러한 계약 내용이 포함된 컨설테이션 계획안이 마련되지 않는다면, 컨설테이션은 종결되어야 한다. 또한 컨설턴트는 학교의 기록 보관소에 문제를 규명하는 데 필요한 근거를 제공해 줄 수 있는 유용한 자료가 있는지, 아니면 자료수집 과정이 처음부터 이루어져야 하는지에 대해 확인해야 한다. 성공적인 컨설테이션은 자료를 기반으로 이루어져야 하기 때문이다. 요컨대 초기 단계에서 컨설턴트는 협의 사항들을 처리하고 서로의 역할을 명확하게 정하게 되며, 이때 의뢰인은 이러한 내용을 포함하는 계약서를 작성하게 된다. 이 과정은 〈표 5-3〉에 간략히 소개되어 있다. 컨설턴트는 전문가 역할을 포괄하며, 컨설테이션 과정을 이끌어 나가는 역할까지 수행한다.

Schein(1969, 1989, 1990)은 과정 컨설테이션(process consultation)이라는 독특한 ODC 모델을 제시하였는데, 그는 과정 컨설테이션을 "내담자(의뢰인)로 하여금 내담자가 처한 환경에서 발생하는 사건들을 지각하고, 이해하며, 적절한 과정에 따라 문제를 처리하도록 돕는 컨설턴트의 역할과 그 과정에서 이루어지는 일련의 활동들"이라 정의하였다(p. 9). Schein은 과정 컨설테이션에서 컨설턴트의 역할은 전문가의 역할과 상당한 차이를 보인다고 설명하였다. 이 모델에서 컨설턴트는 의사소통, 역할의 상호관계, 리더십, 의사 결정, 집단 상호작용, 하위체계와 조직 그 자체가 지닌 규준 구조 등 기본적인 인간 활동 과정에 대한 자료를 생성한다. 컨설턴트는 생성한 자료를 관리자들과 공유하고, 그 자료를 토대로 관리자들이 다양한 주제에 대한 결론에 이르도록 독려한다. 또한 관리자들로 하여금 당면한 문제해결에 대해 그 자신만의 결정을 내려 보도록 격려한다.

그러나 앞서 일반적인 ODC 모델에 대해 언급한 바와 같이, 컨설턴트는 대개 컨설테이션

‖ 표 5-3 ‖ 조직 컨설테이션에서 진입 이전 및 진입 과정

단계		중지(no go)
1단계	일반적으로 조직이 당면한 문제와 조직이 추구하는 목표에 대해 조사한다.	a. 컨설턴트가 도달 불가능한 목표라 여김
2단계	변화를 위한 헌신의 정도를 결정한다.	a. 헌신적 태도의 결핍
3단계	원하는 변화를 성취하는 데 필요한 자원들(예: 돈, 시간, 사람)이 이용 가능한지에 대해 확인한다.	a. 자원 이용 불가
4단계	컨설테이션을 지속시키기 위한 계약을 체결한다.	a. 일정이 지나치게 촉박함 b. 과업을 완수하는 데 요구되는 적절한 역할 관계가 수립되지 않음

과정에서 단계에 따라 다양한 역할을 수행한다. 예컨대, 컨설턴트는 때로 과정 컨설턴트로서 기능하면서 때로는 전문가로서의 역할을 수행하기도 한다(Hale, 1998). 따라서 예비 컨설턴트는 진입 단계에서 이루어지는 협상의 내용이 컨설턴트가 수행하기를 원하는 역할의 범위와 깊이를 반영해야 한다는 사실을 명심해야 한다.

진단: 일반적인 고려사항

진단은 조직이 경험하는 특정 문제에 대해 평가하고 이러한 문제들과 관련된 요인들을 제거해 나가는 과정이라 할 수 있다. 경험하고 있는 문제와 조직의 구성원 또는 조직 내 특정 측면 간에는 단일한 인과 관계가 형성되는 경우는 기대하기 어려우며, 따라서 조직에서 발생하는 문제는 대부분 단순한 형태를 띠고 있지 않다. 일반적으로 컨설턴트의 임상 능력은 이 과정에서 중요한 역할을 하지만, 조직 개발 컨설턴트는 자신을 실험 중에 있는 과학자로 보기 때문에 진단은 자료수집과 통합의 과정이라 할 수 있다.

진단 단계에서는 주로 네 가지 자료가 활용된다(Beer, 1980; Kuhnert & Lahey, 1993; Lippitt & Lippitt, 1986). 발생론적(genetic) 자료는 조직의 비전 진술문과 목표, 회의록, 연말 보고서, 내부 기록물 등과 같은 역사적 자료를 포함한다. 기술적(descriptive) 자료는 급여 지급 계획, 장비 설치 및 기술, 사무실 배치와 같은 조직구성도(조직이 얼마나 구조화되어 있는가), 인사 및 보상 체계를 포함한다. 과정(process) 자료는 의사전달 체계와 원활한 의사소통을 위해 조직 내 마련된 각종 장치, 의사결정 방법 및 문제해결과 관련된 활동을 의미한다. 자료의 네 번째 유형인 해석적(interpretive) 자료는 조직의 현재 기능에 대한 인식, 조직에 대한 태도와 신념, 조직 내 존재하는 비공식적 관계에 대한 인식과 설명으로 구성된다. 그러나 여기에 제시한 내용이 전부는 아니다. 대부분의 경우, 해당 학교가 직면하고 있는 특정 문제를 정확하게 파악하기 위해서는 학생에 대한 지역사회 및 인구통계학 자료가 학부모 및 이해 당사자들의 생각 및 평가자료와 함께 반영되어 활용해야 한다.

요컨대 대부분의 학교는 다량의 산출 자료를 갖고 있으며, 이러한 자료는 학교 당국자와 지역사회 구성원들이 학교의 효과성과 학교 체계를 판단하는 데 활용된다. 현대의 어떤 미국의 학교는 효과적으로 진단하기 위해 학교의 목표를 학교 체계 밖에서 수립하는 경우도 많다. 주 교육부(state department of education) 내 기관들은 목표 수립 및 평가, 연례 중간 경과 보고서(Annual Yearly Progress reports: AYP) 발행에 깊이 관여하고 있으며, 이러한 자료들은 지역에서 운영하는 웹사이트, 더 나아가 주 정부 또는 연방 정부 소관 웹 사이트에 게재되기도 한다. AYP에 의해 이루어지는 평가 결과의 파급력은 매우 크며, 평가 결과에 대한 조치의 형태 또한 매우 다양하다. 어떤 주에서는 주 교육부가 수립한 목표를 달성한 학교의 교사와 교직원들에게 가산점을 부여한 반면, AYP가 제시한 교육목표를 충족하지 못한 학교에 대해서는 교육 활동 전반에 대한 조언을 제시하기 위해 지역 차원에서 컨설턴트 팀을 해당 학교에 파견하는 조치를 취하였다. AYP가 제시한 교육목표 달성에 실패를 거듭하는 학교는 주(state) 교육 공무원에 의해 그 경영권을 빼앗길 수 있고, 최악의 경우 교사와 관리자들은 그 자격을 박탈당하기도 한다.

컨설턴트는 설문지, 포커스 그룹, 브레인스토밍, 기록 분석, 인터뷰, 체계적 관찰, 다양한 조직 구성원들이 자신의 전문성에 초점을 맞춰서 문제를 확인하는 문제−진단 회의 등 문제를 진단하는 데 필요한 정보를 확보하기 위해 다양한 자료수집 기술을 활용할 준비가 되어 있어야 한다(Kuhnert & Lahey, 1993). 자료수집을 위한 이러한 접근법은 다음의 여섯 가지 문제 영역에 초점을 맞추고 있다. ① 부적절한 목표가 수립되었거나 적절한 계획 없이 목표가 변경되었다. ② 조직 내에서 발생하는 갈등에 대한 관리가 미흡하다. ③ 업무 분장(구조)에 문제가 존재한다. ④ 리더십이 부족하다. ⑤ 조직을 이끌고 조정하는 방법들이 의사소통의 부족으로 실패해 왔다. ⑥ 조직 내 외부에서 비교적 동일한 역할을 수행하는 사람들에게 보상이 동일하지 않은 보상체계의 불일치문제로 문제가 발생하였다(Weisbord, 1976).

자료 통합하기

컨설턴트는 이용 가능한 대량의 자료를 액션을 가이드하는 지침으로 활용할 수 있도록 일련의 합리적 진술문으로 변환할 수 있는 방법을 알아야 한다. 자료를 통합하는 데 있어 가장 오래되고 유용한 도구는 장이론(force field theory)이라 할 수 있다(Lewin, 1951). 이 과정은 환경에 존재하는 주요 문제들을 확인하는 것으로 시작된다. 예컨대, 학생의 대다수가 중산층의 백인학생들로 구성된 한 중학교에서는 지역교육청에서 많은 수의 신입생을 대거 재배치한 이후, 교사에 의한 징계 회부율이 급상승했다는 사실을 발견했다. 교내 정학 프로그램은 학교 밖 정학 프로그램이 실패했던 것처럼 학생들의 비행행동을 막는 데 실패했다. 해당 학교에 근무하는 교사들의 사기는 전반적으로 저하되었고, 몇몇 우수 교사들은 다른 학교로의 전근을 단행하였다. 새로 임용된 교사들은 높은 수준의 교사 훈련 프로그램을 가지고 있는 기관의 졸업생들이었지만, 가난하고 동기가 없는 학생들을 가르치고 훈육한 경험이 거의 없었다. 게다가 신입생들의 대다수가 영어를 제2언어로 사용하는 학생들이어서 그들의 입학으로 학력고사 점수는 일반학생들에 비해 현격한 하락률을 기록하였다. 결국 학교는 두 명의 ESL(English as a Second Language) 교사를 채용하였고, 심각한 비행행동을 보이는 학생들에게는 '개인적' 책임을 묻도록 학교 카운슬러들에게 요청하였다. 교사의 징계 회부율은 다소 감소하였지만, 싸움이나 갱관련 사건들은 증가하였다. 결국 교장은 증가하는 학생훈육문제를 해결해야 할 핵심문제로 결정하였다.

장이론의 두 번째 단계는 이해 당사자가 참여하거나 문제해결을 지원하도록 압력을 행사하는 힘인 추진력(driving force)을 확인하는 것이다. 여기에는 문제해결을 방해하는 힘인 저항에 대한 확인도 필요하다. 추진력과 저항력은 일반적으로 이해 당사자들이 자유롭게 문제를 정의하는 브레인스토밍 회기에서 확인할 수 있는데, 브레인스토밍을 통해 도출된 의견들을 회의실에 부착된 큰 종이에 기록하는 방식으로 진행된다. 각자의 아이디어 제시가 완전히 마무리되고 나면, 이 과정을 통해 발견된 해결방안에 대해 토의를 하고, 의견을 통합하며, 우선순위를 정하게 된다. 우선순위는 문제해결에 대한 기여도에 따라 결정된다. 우선순위가 정해지지 않은 추진력과 저항력의 목록들은 앞서 언급한 학교의 전철을 밟게 만든다. 교직원들이 고려해야 할 다양한 추진력과 저항력의 우선순위를 정리한다(다음의 순위 참조). 문제해결에 필요한 결론을 도출하기 위해서는 수집된 자료가 통합되고, 우선순위에 따라 액션이 이루어질 필요가 있다.

1. 추진력
   a. 교실 및 교내 전체에서의 징계 문제(1순위와 4순위에 대한 작업을 통해 다루게 됨)
   b. 교사들의 사기 저하(3순위로 동차순위)
   c. 교직원의 이직(3순위로 동차순위)
   d. 낮은 성과와 상여금 삭감(노력의 결과로 기대했던 부분에 대한 상실)
   e. 행정적 지원(충분한 고려가 이루어져야 함)
2. 저항력
   a. 체계 전체에 영향을 미치는 징계 규정의 비효과성(5순위)
   b. 언어와 문화적 변인으로 인해 부모의 참여를 이끌어 내지 못함(2순위)
   c. ESL 학생에 대한 교육적 지원의 부족(4순위)
   d. 교실 내에서의 교사의 훈육 기술(1순위)

목표설정과 개입

장이론의 관점에서 XYZ 중학교를 분석해 보면, 교실 및 교내 전체에서의 징계 문제, 교사들의 사기 저하, 교직원의 이직, 낮은 성과와 상여금 삭감, 행정적 지원 이 다섯 가지가 문제해결에 대한 추진력으로 확인되었다. 이와 비슷한 방식으로 저항력은 체계 전체에 영향을 미치는 징계 규정, 교사와 학부모 사이의 언어 장벽, ESL 학생에 대한 교육적 지원의 부족, 교실에서의 교사의 훈육 기술 부족 네 가지로 확인되었다. 이러한 힘은 목표 설정 근거로서의 역할을 하게 된다.

변화를 모색할 때 행정적 지원은 매우 중요한 부분을 차지하므로(Kowalski, 2008), 일반적으로 변화를 위한 노력에서 행정적 지원의 확보는 높은 수준의 순위를 점하게 된다. XYZ 중학교의 사례에서는, 교장이 그 과정을 주도하였고, 교장이 하나의 추진력으로 작용하였다. 교사의 학급 규율 관리 능력 향상이 최우선 순위가 되었다는 것은 목표설정이 그 지점에서 시작된다는 것을 의미한다. 두 번째 목표는 라틴 아메리카계 학부모들과의 의사소통을 증진시키고, 교육의 과정에 이들의 참여를 이끌어 내는 것이다. 자료분석을 통해 라틴 아메리카계 학생들의 학급규율문제가 심각하지는 않았지만, 잦은 무단결석으로 출석률이 저조하다는 사실을 보여 주었다. 또한 같은 옷을 입고, 신호를 사용하며, 공공장소에 낙서를 하는 등의 집단 행동이 라틴 아메리카계 학생들은 물론, 모든 문화권의 청소년 문제의 시발점으로 작용할 수 있다는 몇몇 증거가 있었다. 마지막으로, 이 특정 학군에서는 학생의 문제를 오히려 악화시킬 위험이 있는 학교 밖 정학프로그램을 운영하도록 하는 징계규정을 많이 가지고 있었다. 교직원들은 이 규정을 바꾸기로 결정하였다. 마지막 목표에서는 교사의 사기 향상을 다룬다.

목표를 설정하고 나면 개입 전략을 채택해야 한다. Kurpius(1985)는 "개입 전략을 선택한다는 것은 선호하는 기법을 강요하는 것이 아니라 구체적인 요구나 염려를 다룰 접근법을 선택하는 것이다"(p. 373)라고 지적하였다. 이에 대해 그는 개입 전략 선택에 반드시 고려해야 하는 네 가지 요인을 제시하였다. ① 욕구가 진단되어야 하고, ② 개입을 하는 데 있어 문화적 맥락이 활용되어야 하며, ③ 표적 집단이 채택되어야 한다. 또한 ④ 컨설턴트의 가치와 기술이 개입 전략에 부합되어야 한다. Parsons와 Kahn(2005)은 개입 전략 선택의 기준을 나타내는 항목에 컨설턴트의 가치관과 지식을 추가하였다. 그들은 또한 Kurpius와 마찬가지로 혁신은 학교의 미션 및 가치와 일관되어야 한다고 주장하였다. Parsons와 Kahn(2005)은 또한 개입 그 자체의 특성, 특히 많은 부담감을 수반하는 개입의 특성에 대해 살펴보는 것은 매우 중요하다고 덧붙였다. 이 가운데 비용 문제는 조직에 부담을 주는 하나의 원인이 될 수 있기 때문에 가장 경제적인 개입 전략을 선택하는 것이 일반적이라 할 수 있다. 또한 과중한 시간 부담은 교직원에게 큰 압박감으로 작용할 수 있기 때문에 교사와 교직원이 컨설테이션에 할애하는 시간을 최소화할 수 있는 방법을 고민해야 한다.

조직 개발 컨설턴트들이 엄청난 개입 전략을 고안해 냈으며, 이러한 전략들은 체계적으로 분류되어 다양한 조직에 활용되어 왔다(Beer, 1980; Blake & Mouton, 1993; French & Bell, 1973, 1998; Kurpinus, 1985; Lippitt, 1982). French와 Bell은 집단, 집단 간 관계, 조직 전체를 포함한 복잡한 대인관계 상황부터 상대적으로 단순한 대인관계(2인관계)에 이르기까지 개인 및 대인관계 개입에 적용할 수 있는 분류체계를 개발하였다. 이는 조직 개발 컨설턴트에 의해 설계된 수많은 개입 전략 가운데 가장 간단한 형태로 손꼽히고 있다.

:: **개인 개입**(individual intervention)　　이 개입은 조직 내 핵심 인물들의 수행 능력을 향상시킴으로써 조직의 기능을 향상시키는 데 그 목적이 있다. 스킬 개발 또는 태도 변화를 목표로 하는 코칭활동(Blake & Mouton, 1993; French & Bell, 1973, 1998)이 개인 수준 개입의 한 예이다.

:: **집단 개입**(group intervention)　　조직 개발 컨설턴트는 두 명 혹은 세 명의 관계 기능을 향상시키는 수단으로 과정 컨설테이션, 개입, 훈련, 갈등 관리 전략 등을 활용한다. XYZ 중학교의 사례에서는 교사와 교직원에게 상이한 학급의 관리 체계가 소개되었고, 다른 문화권에서 온 학생들에 대한 훈련을 할 때 요구되는 기술이 주어졌다. 집단 의사소통 및 응집성 증진을 위해 활용되는 집단 목표 설정과 집단 형성 기술은 조직 내 집단들에서 어려움이 발생했을 때 흔히 사용하는 기법이다(French & Bell, 1973, 1998). 주로 소집단 문제해결 방법으로 Kurpius(1985)가 제시한 질 관리 서클(quality circle) 역시, 보다 효과적으로 집단 기능을 돕는 수단으로서 그 활용이 점차 증가하고 있다. 다양성 훈련(diversity training)과 자기주도 작업 집단(self-directed work group) 또한 집단 내 문제해결을 위한 개입 전략으로 활용되고 있다(Hale, 1998).

:: **집단 내 조직**(intergroup organization)　　조직 내부 전산망(intranets)과 의사소통 장비들을 설치하는 것이 집단 내 기능을 향상시키는 한 가지 방법이다. 과정 컨설테이션, 개입, 갈등 해결, 설문조사를 통해 얻은 경험하고 있는 문제들에 대한 자료를 조직의 구성원들에게 제공하는 것이 이러한 기법들의 예이다(French & Bell, 1973, 1998; Hale, 1998; Lippitt, 1982).

:: **조직 전체**(total organization) 조직 전체에 걸쳐 이루어지는 개입은 경험하고 있는 문제들에 대한 설문조사와 질문지, 사람들로 하여금 자신의 염려를 자유롭게 표현하도록 하는 대규모 집단 회의, 의사소통 및 의사결정과 같은 기본 과정에 대한 평가, 새로운 규범 구조를 개발하는 데에 초점을 둔 문화 구축, 전략적 계획을 포함하는데(Beer, 1980; French & Bell, 1998; Kurpius, 1985; Lippitt, 1982), 이것들은 가장 복잡한 개입 전략이므로 추후에 좀 더 확인할 필요가 있다. 이 중 가장 많이 활용되는 기법은 전략적 계획(strategic planning)이라 할 수 있다.

전략적 계획은 리더 및 협업팀으로 하여금 그들이 추구하는 가치와 그들이 내린 의사결정 간 관계를 인식하고 불확실한 미래와 그러한 미래에서의 조직 기능의 비전에 집중함으로써 창의적인 의사결정을 내리도록 독려한다(Kolwalski, 2008). 따라서 리더는 의사 결정을 위해 요구되는 지식의 확인, 환경 조사와 같은 절차의 수립, 그러한 자료의 생성, 주변에 있는 자료를 활용하는 데 필요한 체계적 문제해결 기술에 대한 학습의 필요성에 대해 배워야 한다(Kurpius, 1985). 모든 개입 전략이 그러하듯, 학교의 총체적 변화를 위한 전략적 계획 기법은 교사와 교직원이 많은 시간을 투입해야 하는 매우 고된 과정이라 할 수 있다. 이 과정은 변화를 주도하는 사람들이 학교의 핵심 가치와 학교문화를 확인하는 것부터 시작한다(〈표 5-4〉 참조). 장이론에 근거하여 이루어지는 브레인스토밍 과정은 강점과 약점을 확인하는 데 3단계에서 아주 유용하게 활용될 수 있다.

‖ **표 5-4** ‖ **학교 현장에 적용 가능한 전략적 계획**

1. 우리 자신에 대한 신념은 무엇인가?	가치 진술
2. 현재 우리 조직의 문화는 어떠한가?	문화 진술
3. 우리의 미션은 어떻게 이루어져야 하는가?	비전 진술
4. 관계에 있어 우리의 내적 강점과 약점은 무엇인가?	앞으로 수행해야 할 미션에 대한 교직원들과 그 외 인적 자원들의 자기 검증 진술
5. 우리의 문화는 우리의 새로운 미션을 지지할 것인가?	문화 분석
6. 우리를 둘러싼 환경의 기회와 장애물은 무엇인가?	환경에 대한 평가 진술
7. 미션을 수행하는 과정에서 우리는 어떠한 '미래'와 마주하게 될 것인가?	예측 진술
8. 협상을 하는 데 있어 어떠한 정책과 전략이 필요한가?	계획 진술
9. 미래 변화에 대처하는 데 있어, 자원의 관리와 배분을 위해 어떠한 정책이 시행되어야 하며, 그 변화에 우리는 과연 적응할 수 있겠는가?	–
10. 누가 우리의 진행상황을 모니터링하는 데 책임이 있는가?	모니터링 진술
11. 우리의 전략적 계획을 어떻게 수정할 것인가?	환류 진술

접근 방법 선택하기

앞에서 논의된 네 가지의 개입 전략 가운데 컨설턴트는 무엇을 사용해야 하는가? Blake 와 Mouton(1993)은 한 가지 개입 전략에 지나치게 의존하는 것은 오류의 발생 가능성을 높 인다고 하였다. Parsons와 Kahn(2005)은 학교의 문화와 양립 가능하고, 경제적 · 심리적 긴 장을 최소화할 수 있으며, 점진적으로 실행될 수 있는 개입 전략이 가장 성공 가능성이 높다 고 주장했는데 우리도 동의하는 바이다.

저항

변화에 대한 저항은 우리 삶에서 불가피한 요소임에도 때로 부정적으로 인식되곤 한다. 저항은 변화를 요구하는 다양한 힘 앞에서도 조직의 항상성을 유지하게 해 준다. 조직이 생 존 가능하기 위해서는 지속적이고 체계적인 변화를 감수해 나가야 한다. 사람들의 일자리, 조직 내 지위, 업무 부담을 위협하는 변화는 저항에 부딪힐 가능성이 높다. 이때 저항을 최 소화하는 첫 번째 단계는 예상되는 변화의 특징에 대해 이야기를 나누는 것이다. 계획된 점 진적 변화는 미흡하게 계획된 무질서한 변화에 비해 저항을 덜 불러일으킬 수 있다. 리엔지 니어링(reengineering)은 조직 변화 관련 문헌에 자주 등장하는 용어인데 체계적이고, 계획 적이며, 질서정연한 조직 변화를 가장 잘 설명하는 표현이다. 변화 과정에 조직구성원을 협 업자로 개입시키는 것도 저항을 최소화하는 방법 가운데 하나다. 저항을 줄이는 또 다른 방 법은 상여금, 쉬는 시간, 인정을 활용하여 변화 과정에 관련된 참여자들의 동기와 의욕을 강 화하는 것이다.

학생 학습활동 5-1
컨설팅 사례: 당신은 어떻게 할 것인가?

당신은 과도한 공공시설 파괴 행위로 몸살을 앓고 있는 지역의 한 학교에 근무하고 있다. 이 학교 교장 은 그 자신을 '구시대적 인물(being from the old school)'로 묘사하고, 엄격한 규율을 적용하여 학교 를 운영해 왔다. 교장은 공공 기물을 훼손하는 사람들이 자기 학교의 누군가일 것이라 믿고 있다. 이에 대해 교사나 학생들로부터 얻을 수 있는 정보는 거의 없었고, 학교에 있는 모든 사람은 학교 규정집에 명시된 규칙들을 따르고 있는 것으로 보인다. 당신은 학교의 다른 전문가들로부터 높이 평가되고 있으 며, 학교에 다소간의 변화가 필요하다는 점에 대해 교장과 뜻을 같이하고 있다. 이 상황을 해결하는 데 있어 French와 Bell의 접근 중 어느 쪽이 가장 성공적일 것이라 예상하는가? 그렇게 생각하는 이유는 무엇인가?

평가와 종결

이 두 단계는 때로 동시에 일어나기도 하는데, 초기에 수립했던 목표가 달성되었을 때에 특히 그러하다. 평가는 문제 확인 후 채택된 개입의 효과를 체계적으로 측정해 나가는 과정이다(Hale, 1998). 이러한 경우, 종결은 컨설테이션 과정의 자연스러운 정점이라 할 수 있다(평가에 대한 접근 방법은 다음 장에서 논의될 것이다). 평가 시 목표가 달성되지 않은 경우, 컨설턴트와 의뢰인은 개입 전략 수정, 다른 개입 전략 채택, 컨설팅 관계 종결이라는 세 가지 방법을 선택할 수 있다. 대개는 관계를 지속시키는 방향으로 결정을 내리는 것이 보통이다. 종결 작업은 컨설턴트 혹은 의뢰인 중 한 사람이 요청할 수 있고, 뜻을 같이하여 함께 종결 작업에 들어갈 수도 있다.

교육의 재구조화를 위한 협업적 문제해결 접근

W. E. Deming 박사의 작업은 기업 및 교육 분야에서의 리더십 및 관리에 큰 변화를 가져왔다. Deming은 총체적 품질관리(Total Quality Control: TQC)(1993)라 불리는 품질관리법을 개발했는데, 이는 흔히 14가지의 기본 명제로 요약된다. English와 Hill(1997)은 교육 분야에 Deming의 생각들을 적용함으로써, 교육의 질 향상을 도모하고자 이루어진 논의에서 총체적 교육의 질 관리(Total Quality Education: TQE)라는 용어를 사용하였다. 그러나 그들은 Deming이 제시한 14가지 명제 가운데 몇 개는 교육 장면에 직접 적용되지 않는다고 지적하였다. Deming이 제시한 스포츠 활동을 제외하고는 학교 내에서 모든 형태의 경쟁은 없어져야 하며, 시험과 학점은 사라져야 한다는 주장이 논란되는 부분이다. Deming에 따르면 경쟁, 학점, 시험은 학생들을 승자와 패자로 분류하는 것과 같으며, 따라서 오히려 역효과를 초래할 수도 있다는 것이다. Deming(1993)은 또한 효과적인 조직은 자기개선 과정에서 PDSA 주기(계획하기: Plan, 실행하기: Do, 학습하기: Study, 행동하기: Act)를 따르고, 조직이 행동으로 옮길 때 심오한 지식에 주목한다고 주장하였다. 여기서 말하는 심오한 지식에는, ① 하나의 체계로서 학교를 이해하는 것, ② 원인이 되는 일반적인 변화들과 특별한 변인들 간의 차이를 탐색하는 것, ③ 문제 혹은 조직에 대해 이용 가능한 가장 높은 수준의 지식(오늘의 명언), ④ 오늘의 진리가 내일의 진리일 것이라 기대하지 않는 것, ⑤ 사람들은 관계에 대한 욕구를 갖고 있고, ⑥ 학생들은 자신의 활동을 통해 즐거움을 얻고자 하며, ⑦ 외적 동

기에 대한 과도한 의존은 내적 동기를 약화시킨다는 것이 포함되어 있다.

일반적 원인 변인 및 특별한 원인 변인에 관한 Deming의 견해는 좀 더 명료한 설명이 필요하다. 일반적 원인 변인은 자연적으로 발생하는 현상으로, 인간행동의 차이에서 기인한다. 그리고 그 명칭이 나타내고 있는 바와 같이 특별한 원인 변인은 팀 혹은 집단의 기능에 있어 변화를 유발하는 특별한 환경의 결과로, 일반적 원인 변인으로는 설명할 수 없다. 고부담 시험(high-stakes test)에서 점수의 미세한 변동은 기대할 수 있지만, 급격한 하락 또는 상승은 거의 나타나지 않는다. 여기서 후자(시험 점수의 급격한 하락 또는 상승)가 바로 특별한 원인 변인으로 발생할 수 있는 결과라 할 수 있으며, 이러한 결과의 원인을 규명하기 위해서는 충분한 연구가 선행되어야 한다.

Deming이 제시한 명제를 토대로 한 TQE의 14개 기본 가정은 다음과 같다.

- 학교는 교육적 과정, 즉 '교육적 산출물'(학생)을 개선하기 위해 목표가 항상성을 가져야 하며, 이 과정은 중단되어서는 안 된다.
- 학교는 구성원들의 노력을 격려하는 지지적 환경을 조성하여, 교직원, 교사, 학생들의 두려움이 사라지도록 해야 한다. 두려움은 교육의 질 향상 과정에 필수 요소인 원활한 의사소통을 방해한다.
- 학교는 리더십 문제를 다루는 데 있어 협업적 접근을 사용해야 한다. 모든 이해당사자들의 적극적인 참여로 이루어지는 리더십 과정은 교육적 변화, 지속적인 향상, 주인의식에 대한 긍지를 느끼는 데 전제조건이라 할 수 있다.
- 학교는 시험결과를 더 이상 성취에서의 상승의 지표로 생각해서는 안 된다. 성공 여부는 다른 사람과의 비교를 통해서가 아니라 개인을 기반으로 정의되어야 한다.
- 학교는 등급 매기기를 비롯하여 역효과를 초래할 수 있는 교사와 학생에 대한 평가를 폐지해야 한다. 또한 학생을 일정한 범주로 분류하는 작업을 그만두어야 한다.
- 학교는 교육의 질을 향상시키기 위해 학부모 및 지역사회의 기관들과 함께 일해야 한다. 지역사회와 가정 역시 교육 기관들이기 때문이다.
- 학교는 지속적인 직업 훈련에 모든 학교 관계자를 참여시켜야 한다.
- 교육의 과정을 개선시키기 위해 교사를 비롯한 학교관계자들이 기술 및 다른 산출물들을 효과적으로 사용할 수 있도록 돕기 위해 슈퍼비전은 컨설테이션으로 교체되어야 한다.
- 학군 간, 교내 부서 간 학교 프로그램들 간 장벽이 없어져야 한다. 모든 교육 관계자와

학생들은 협업팀을 이루어 작업해야 한다.

- 학교는 교사와 학생을 위해 외부적으로 설정된 목표를 설정해서는 안 된다.
- 학교에는 중퇴자의 감소 또는 새로운 학업성취 수준과 같이 할당 목표량과 근무 기준 등이 없어져야 한다. Deming은 과정이 향상되면 결과는 그에 따라 나타나므로 교육을 통해 바람직한 결과를 얻기 위해서는 결과 자체가 아니라 교육의 과정에 초점을 두어야 한다고 주장하였다.
- 학교는 직원, 교사, 행정가들에 대한 능력별 승급 제도 및 근무 평가 제도를 폐지해야 한다.
- 학교는 능동적인 자기개선 프로그램에 모든 관계자를 참여시켜야 한다.
- 경쟁에 기반한 교실 활동들은 협동 학습들로 교체되어야 한다.

교육개혁에 대한 Deming의 아이디어는 고부담 시험, 졸업을 위한 보다 높은 학업 기준, 학생들의 시험 점수에 근거한 학교 평가, '실패한' 학교들을 접수하려는 주 교육부의 위협, 다양한 요인에 근거하여 학교를 평가하는 국가 차원의 보고서 등과 같은 교육 개혁의 다양한 측면에 대해 반대 입장을 취하였다. 그러나 우리가 생각하기에는 전통적 학교체제를 옹호하는 사람들은 English와 Hill(1997)이 학습 공간(learning place)이라고 부른 것을 재구조화하고, 개선해 가야 한다고 믿고 있으며, 협업적인 변화 과정을 통해 이를 달성한다고 믿는다.

재구조화 과정 시작하기

Whitaker와 Moses(1994)는 학교의 재구조화가 하향식 또는 상향식으로 이루어질 수 있음을 지적하면서, 학교 재구조화 과정에서 협업적 리더십은 장차 변화의 주도자가 될 사람들에게 권한을 부여할 수 있기 때문에 협업적 리더십이 하나의 중요한 전제조건이라 주장하였다. 학교심리학자, 학교상담자, 학교사회복지사, 인적 서비스 제공자들은 리더십 팀의 지원을 받는다고 생각되지 않으면 자신이 속한 학교 또는 기관들을 재구조화하는 큰 과업을 시작하지 않을 것이다. 따라서 잠재적인 협업자들은 재구조화를 위해 애쓰는 이들에 대한 행정가의 지원 수준을 파악해야 한다. 대부분의 경우에 잠재적인 협업자들은 변화가 필요한 기관의 파워를 가지고 있는 사람들을 설득해서 제안한 변화가 학교 또는 지역 교육청이 원하는 목표에 한 발짝 다가설 수 있도록 해 준다는 것을 알려야 한다. Havelock과 Zlotolow

(1995)는 변화과정에서 이 단계를 관심의 환기(arousal of concern) 단계라 명명하였다. 대부분의 경우에는 재구조화를 통해, 긍정적인 결과를 얻은 다른 주 또는 다른 나라의 비슷한 학교 및 교육청을 소개함으로써 이 단계의 목표를 성취할 수 있다. 제안된 변화를 지지할 수 있는 자료를 제시함으로써 이해시킬 수 있다. 변화 주도자들이 변화에 대한 교육청의 관심을 향상시키는 데 성공한다면, 이제 행동으로 옮길 때이다.

협업팀 구성하기

협업팀은 교사, 행정가, 학생 지원 업무 담당 직원, 학부모, 학생, 지역사회 기관의 인적자원종사자들, 기업체 대표 등 교육 기관 내 주요 이해당사자들로 이루어져야 한다. 교육의 질 관리를 지지하는 사람들을 팀 내에 포함시키는 것이 일반적이다.

팀 구성원들을 훈련시켜 협업자로 만들기, 역할 수행, 팀 구축하기

앞에서 주지한 바와 같이, 협업자가 되고자 하는 사람들 중에는 협업자가 되기 위해 필요한 기술을 가지고 있지 않은 경우도 존재한다. 그러나 협업자로서의 기능을 수행해 내기 위해서는 의사소통 기술, 팀 구성원을 존중하는 태도, 협업에 대한 이해, 의사결정 전략이 필요하며, 이러한 영역에서 그들 스스로 훈련이 필요하다고 생각하는지를 판단하기 위한 조사가 이루어져야 한다.

초기 역할 수행은 팀의 누군가가 협업팀 구성원들과의 의사소통, 팀에서 이루어진 활동을 기록하기 위한 회의록 작성, 팀의 활동계획 관리(예: 회의 장소 확보하기 및 회의 일정 잡기)와 같은 책임을 주도적으로 맡아 줘야 한다. 팀에서 이루어지는 회의를 실제 주재하는 역할은 팀 리더의 가장 중요한 과업이다. Basham, Appleton과 Dykeman(2000)에 의하면, 효과적으로 팀을 이끌어 가는 리더는 지시하는 사람이 아닌 촉진자로서, 리더십을 공유할 기회를 찾으며, 모든 사람이 의사소통에 참여할 수 있도록 힘쓰고, 팀원들의 안녕을 관찰하고 보호하는 것이다. 다른 사람들을 동기화시키고, 격려하며, 성공의 꿈을 공유하는 것 또한 효과적으로 팀을 이끌어 가는 리더의 특성이다.

협업팀의 첫 번째 임무는 협업이 문제를 해결하는 데 최선의 접근인가를 판단하는 것이다(Rubin, 2002). 관련된 문제가 교육 체계를 재구조화하는 것만큼 복잡할 경우, 대답은 대부분 예외 없이 '그렇다'이다. Basham 등(2000)은 문제해결 과정이 시작되기에 앞서 ① 효과적인 팀들은 어떻게 기능하는지 팀 이해시키기, ② 협업팀의 임무에 대하여 명확하게 이해시키기, ③ 헌신과 양질의 작업에 대해 기대하기, ④ 팀원들은 팀이 자신의 의견을 자유롭게 표현할 수 있는 안전한 공간이라는 확신 갖기의 네 가지 과업이 성취되어야 한다고 제안하였다. 그러나 Patterson(2003)은 갈등이 없는 환경과 안전한 환경을 동일시함으로써 발생하는 부작용에 대해 경고하면서, 다양한 의견을 표현하는 과정에서 빚어지는 갈등은 협업 과정에 반드시 필요한 측면이라고 주장하였다.

학교의 비전 개발하기

"만약 목적지가 없다면, 어떤 길을 선택하는지 경로는 중요하지 않다."와 같이 비전의 중요성을 강조하는 문구는 수없이 많다. 학교, 기관의 경우 변화를 위해 명확히 기술된 비전을 갖는 것은 필수적이다. 따라서 협업팀이 두 번째로 성취해야 하는 과업은 미션진술문에 학교의 비전을 구체화하는 것이다. 미션진술문의 초안을 작성 후 동의를 얻게 되면 그에 따라 향후 팀 작업을 이끌어 나가게 된다(Patterson, 2003; Whitaker & Moses, 1994). 미션진술문은 교육청 내에서 추구하는 교육적 가치, 학교가 존재하는 근본적인 이유, 학교나 교육청이 미래에 어떤 모습이기를 바라는지에 대한 내용을 반영해야 한다. 또한 미션진술문은 간략하고, 전문 용어가 포함되어서는 안 되며, 학교 내 모든 관계자와 관련되어야 하며, 카리스마를 가지고 있어야 하고, 결함이 없어야 한다. 물론 미션진술문을 작성하는 데 한 가지 방법만 존재하는 것은 아니지만, 일반적으로 간략하고 핵심적이다. 그 팀의 미션진술문은 '교육의 질 관리를 위한 협업: 양질의 교육적 실천＋양질의 지역사회 참여＋양질의 리더십＝양질의 학생'일 수 있다. 다소 길기는 하지만 우리의 미션진술문은 다음과 같은 분위기에서 양질의 학생을 배출하는 것이다.

① 배제보다 포함에 가치를 둠
② 경쟁보다는 협동에 가치를 둠
③ 교육의 질 관리는 전 생애적인 과정이라는 것을 학생에게 가르침
④ 학부모와 지역사회는 또 다른 형태의 교육자라는 사실을 인식함
⑤ 학생 각자의 독특성을 인정함
⑥ 한 번에 한 학생의 질 관리를 측정함

일단 미션진술문의 초안이 완성되면 학생들과 다른 이해관계자들뿐만 아니라 모든 전문적·비전문직 직원에게 배포해야 한다. 이는 향후 변화과정의 실행 단계를 시작하기 위한 합의 구축 과정의 시작이다. 협업팀 구성원들은 미션진술문에 대한 조직 구성원들의 반응을 보기 위해 가능한 한 많은 토론에 참여해야 한다. 궁극적으로 미션진술문의 특성에 대해서 이해관계자들의 대다수가 합의에 이르러야 한다.

체계 조사

미국상담교사협회(ASCA, 2003)는 프로그램에 대한 조사를 수행하기 위해 쉽게 변형 가능하고, 학교 전반을 심사하는 데 활용할 수 있는 광범위한 일련의 지침을 개발하였다. ASCA의 조사에는 신념과 철학, 미션진술문, 목표, 전달체계, 리더십 및 운영, 자료의 접근 가능성과 활용, 책임 체계, 그 외의 다른 변수들이 포함된다. 조사는 교육적인 임무를 지원하는 데 이용 가능한 재정적·인적·물리적 자원 목록, 도움을 제공해야 할 학생들의 욕구에 대한 평가, 학부모와 지역사회 기관이 참여함으로써 이루어지는 협동적·협업적 방식에 대한 기록 등을 포함해야 한다. 학생, 교사, 그 외 학교 관계자들이 참여한 포커스 그룹 자료 혹은 설문 조사 자료는 학교 외부 사람들의 관점뿐 아니라 학교 분위기를 확인하기 위해 수집되어야 한다. 이때 심사자는 해결중심의 문제해결모델에 맞춰, 사람들이 문제로 인식하고 있는 영역뿐 아니라 무엇이 작동하고 있는지에 대해 확인해야 한다.

Havelock과 Zlotolow(1995)는 협업팀이 자료를 처리하는 데 있어, 진단적 자료와 해결지향적 자료의 두 가지 범주로 정리할 것을 제안하였다. 진단적 자료에는 확인된 문제들의 우선순위, 재구조화를 요하는 체계의 주요 요소, 이해당사자들의 변화의 필요성에 대한 관점 추측, 변화를 촉진하는 데 활용 가능한 이해당사자들의 강점 및 자원이 포함된다. 그리고 해결지향적 자료에는 이해당사자들이 제시한 해결방안, 변화의 윤곽을 잡는 데 도움이 되는 조사 연구, 변화를 위한 노력에 도움이 되는 인적·물적 정보가 포함된다. 요컨대, Havelock과 Zlotolow는 변화를 주도하는 협업팀이 다음의 다섯 가지 기본 질문에 관한 진단적 목록을 작성해야 한다고 제안하였다. ① 학교의 목표는 무엇인가? ② 학교의 구조는 목표 달성을 촉진하는가? ③ 사람들은 자유롭게 의사소통하는가? ④ 학교는 목표를 성취하는 데 필요한 자원을 갖고 있는가? ⑤ 목표는 환경의 변화를 반영할 수 있을 정도의 융통성을 지니고 있는가? 학교는 과거에 머물러 있는가?

전략 선정하기

학교의 재구조화 전략으로서 TQE를 채택한 사례에 대해서는 앞서 살펴본 바 있다. 그러나 학교를 재구조화하는 데에는 TQE 외에도 선택할 수 있는 다른 전략들이 존재한다. 비록 Deming(1993)에 의해 거부되기는 했으나, 목표관리 및 인센티브 프로그램이 학교 재구조화 전략의 하나라 할 수 있다. 관리 방식의 변화(권위적에서 협업적으로 변화됨), 지지, 자원 획득 역시 학교를 리엔지어링하는 데 사용되는 방법들이다.

전략적 계획 개발하기

전략적 계획은 취해야 하는 조치, 조치가 이루어지는 일자, 조치를 취하고 그에 대한 변화를 모니터링할 책임이 있는 개인 또는 집단이 포함된 일련의 실행 조치들이다. 모든 단계가 중요하기는 하지만 공교육에서 시도한 혁신의 실패 사례들을 살펴볼 때, 모니터링은 가장 중요한 단계라 할 수 있다.

교육 및 다른 분야에서의 혁신은 때로 길고 고통스러운 여정이 될 수 있다. 그 과정이 매우 길고 고통스럽기 때문에 저항이 발생해서 변화과정을 완전히 방해하거나, 실질적인 제한을 가할 수 있다. 염려 중심의 채택 모형(The Concern-Based Adoption Model: CBAM)은 혁신 과정에서 발생하는 문제를 확인하고 교정하기 위한 체계적 접근으로서, 텍사스 대학 교사 교육을 위한 연구 개발 센터에서 개발되었다(Hall & Hord, 1987). 이 모델은 학교 내 변화의 의미를 이해하고, 변화를 위한 노력을 실천하고자 하는 개인의 염려와 행동을 관찰하기 위해 개발되었다. 이 모델의 개발자들은 혁신을 위한 움직임에 참여하는 관계자들이 거치는 일곱 단계를 ① 인식, ② 혁신에 대해 보다 많이 알고 싶은 욕구, ③ 혁신이 개인에게 미치게 될 영향력 측면(혁신이 나에게 어떤 영향을 미칠까?), ④ 혁신의 새로운 측면을 어떻게 관리해 나갈 것인지에 대한 궁금함, ⑤ 혁신이 학생들에게 어떠한 영향을 미치게 될 것인지에 대한 궁금함, ⑥ 혁신의 협업적 측면(다른 사람들이 수행한 작업을 그들이 하고 있는 일에 어떻게 결부시킬 것인가에 대한 궁금함), ⑦ 이번 사례에 사용된 혁신 전략보다 더욱 효과적인 혁신 전략들을 확인하는 것으로 제시하였다. 이와 같은 염려 중심의 채택 모형의 일곱 가지 수준은 실제 현장에서 활발하게 사용된다. 혁신에 대한 인식을 키워 나가는 과정에 있는 교육자들은 혁신의 사용자들이 아니다. 그들이 혁신에 더 많은 배우게 된다. 혁신 방안들을 사용하도록 하는 조직 개편 단계에서 이러한 일이 있게 되는데, 이때 혁신 방안들은 상당 부분 배운

대로 사용된다. 일단 사용될 혁신 방안들이 채택되고 나면, 사용자들은 이를 다듬게 되고, 사용을 위해 다른 사람들과의 조정 작업을 하게 되며, 현재 활용되고 있는 혁신 방안의 대안적 접근들을 적극적으로 찾기 시작한다.

CBAM을 활용함으로써, 모니터링을 하는 사람들은 사람들이 갖고 있는 염려와 염려에 대한 그들의 행동을 확인할 수 있게 된다. 만약 혁신 관계자들이 인식 전(pre-awarness) 단계에 있다면, 협업팀은 학교의 미션에 관하여 합의에 이르기 위해 사용되어 온 전략의 효과에 대해서 그리고 혁신과 어떤 관련성이 있는지 문제를 제기해야 한다. 비슷하게, 만약 수많은 사람이 혁신 방안들에 대한 정보를 찾고 있다면, 이에 대한 홍보 및 보급 노력이 보다 적극적으로 이루어져야 할 것이다. 컨설테이션과 같은 전략들은 실행과정이 진행될 때 필요하다. 요컨대, CBAM 모니터링 체계로부터 얻은 자료는 혁신적 변화를 채택하여 이를 지속적으로 이행하는 데 필요한 기초 자료로 활용될 수 있다.

이행

English와 Hill(1997)은 "전통적 학교를 TQE 체제의 학교로 재구조화하는 과정은 관계자들이 이 접근법 기저의 개념을 명확히 이해해야 함은 물론, 이러한 재구조화 과정이 반드시 필요하다는 합의가 수반되어야 한다."라고 주장하였다. 이것은 알래스카주 시트카라는 도시에 소재한 Mt. Edgecombe High School에서 실제로 있었던 일이다. TQE 체제로의 전환과정은 Deming이 제시한 TQM 개념을 주제로 애리조나주에서 열린 세미나에 참석한 한 교사가 그 개념들을 동료교사들에게 전달하면서 시작되었다(Cotton, n. d.). Mt. Edge-combe High School의 교사들은 Deming의 개념 모두를 채택하지는 않았으나, 개선이라는 불변의 목표, 신뢰에 근거한 문화와 협업적인 의사결정, 소비자에 초점(학생)을 위한 작업에 착수하였다. 학생과 교사 집단이 TQE 월례 회의에 참석하게 하여 교육적 성취 향상에 관심을 갖게 하고, 학생들이 자신의 학습을 평가하는 데 광범위하게 개입시킴으로써 그들은 이것을 달성했다. 학생들과 교사들은 협업을 통해 수업을 위한 역량 매트릭스를 개발했다. 그들은 표준화검사에서 탈피하여 포트폴리오와 같은 평가도구를 개발하였다.

Deming(1993)이 제안한 대로 현재의 교육 개혁하에서는 TQE 체제(Deming, 1993)를 도입하여 학교개혁을 추진하는 학교들에게 주에서 규정하고 있는 교육과정 및 모든 학교에서 흔히 치러지는 고부담 시험 폐지 권한을 부여하지는 않을 것이다. 그러나 이러한 방식을 채택할 수 있다면, 학교는 유연한 교육과정을 개발하고, 협동적 학습 전략을 활용하며, 능력별

반 편성 제도를 폐지할 수 있고, 협업적 리더십 전략을 사용하며, 성적 산출 제도를 폐지할 수 있을 것이다.

가정과 지역사회에서 협업적 파트너십 발전시키기

학교는 보다 큰 지역사회 체계 속에서 기능하는 체계라 할 수 있다. 협업은 모든 사람이 관심 갖는 목표를 보다 잘 성취해 갈 수 있기 위해 지역사회와 학교의 목표를 조정해 나갈 수 있게 해 준다. Deming(1993) 그리고 English와 Hill(1997)은 학교가 학습 효과를 향상시키는 협업 관계를 구축해야 한다고 제안하였다. 기업은 해당 기업이 아니면 가질 수 없는 전문 지식을 제공하고, 학생들이 현장감 있는 직업 세계를 단편적으로나마 체험할 수 있는 기회를 제공하는 방식으로 학교를 조력할 수 있다. 한편, 기업과 파트너십을 구축한 학교에 재학하는 학생들은 성인으로 성장해 가는 전환기를 준비하는 데 필요한 학습경험을 설계할 수 있다. 이와 같이 학교-대학의 협약, 의료 및 치과 치료 서비스 공급자와의 협업적 관계를 비롯하여 사회복지 기관, 법 집행 기관, 레크리에이션 부서, YMCA와 YWCA, 주와 연방 기관들은 교육의 질과 그 기관들을 향상시키는 역할을 하게 된다. Steffy와 Lindle(1994)은 "학교는 모든 기관 및 전문가가 학교 안에서 학생들을 조력하도록 노력해야 한다."라고 제안하였다. 일단 협업팀이 조사를 끝내고 학교가 취해야 할 방향에 대한 합의가 이루어지고 나면, 협업팀은 재구조화 과정에서 획득한 협업 관련 전문 지식을 공유함으로써, 지역사회 내에서 협업적 관계를 발달시켜 나가길 희망하는 교사와 다른 사람들에게 컨설턴트로서 기능을 할 수 있다.

Deming의 원리를 포함하여 모든 학교 개혁운동에서 중요하게 다루어지고 있는 주제 가운데 하나는 교육의 과정에 학부모를 참여시키는 것이다. 학교는 학생의 가족을 학교의 의사결정 과정에 참여시키는 한편, 학부모에게 자녀의 교육적 삶에 더욱 적극성을 발휘하도록 교육적 경험을 가르치고 지원함으로써, 학부모를 지원할 수 있다. 학부모는 자원봉사, 가정학습, 학교에 대한 지원 및 협업을 증진시키는 지역사회 활동에 적극적으로 참여함으로써 학교를 조력할 수 있다.

TQE 체제 학교들에 대한 평가

전통적 목표에 근거한 평가 기준을 TQE 체제의 학교에 적용하는 데에는 무리가 있다는 사실은 그리 놀랄 만한 일이 아니다. 사례 연구, 포커스 그룹 연구, 민족지적 연구와 같은 질적 평가 방법들(Patton, 1980, 1997)은 TQE 체제 학교에서의 중요한 과정들에 대해 유용한 자료를 제공해 줄 수 있다.

요약

이 장의 서두에서는 기업 및 학교와 같은 개방체계를 지배하는 특징과 원리들에 대해 탐색하였다. 또한 변화를 위해 애쓰는 사람들 및 조직으로부터 기대하는 것을 포함하여 컨설턴트와 협업자들을 위한 실제적 조언, 의도하지 않은 결과를 피하는 방법, 내·외부 컨설턴트가 수행해야 하는 기능 등에 대해서도 살펴보았다. 컨설테이션의 조직개발 모델을 소개하는 한편, 조직의 변화를 이끌어 내기 위한 협업 모델을 제시하였다. 협업 또는 컨설테이션이 성공한다면, 조직의 기본 가치와 신념은 변경되어야 할 것이다.

실무자를 위한 조언

1. 체계 원리를 활용하여 당신의 가족 혹은 현재의 삶의 방식에 대해 분석하라.
   a. 각 가족 구성원은 가정 내에서 어떠한 역할을 하는가? (차별화)
   b. 어떻게 의사결정을 내리는가? (리더십)
   c. 가족의 목표는 명확하게 표현되었는가? 목표 내에 갈등이 있는가?
   d. 가족 내 기본적인 보상체계는 무엇인가?
   e. 가족 기능을 강화하기 위해 사용되는 테크놀로지는 무엇인가? 테크놀로지의 사용은 어떤 역효과를 주었는가?
   f. 가족이 추구하는 가치는 무엇인가? 이에 대한 의사소통은 어떻게 이루어지는가? 강요되었는가?
   g. 문제해결 방안을 다양하게 모색해 보라.
   h. 가족들은 변화하는 상황에 어떻게 적응하는가?
2. 지금부터 이와 같은 원리를 활용하여 단순한 조직을 분석해 보라. 하루 또는 이틀 정도의 시간 동안 그 조직을 관찰할 수 있도록 허락을 구하라. 다만 이때 해당 조직에 속한 사람들과 상호작용을 해서는 안 되며, 관찰이 끝난 후 조직의 책임자와 함께 관찰 결과의 정확성에 대해 평가해 보라.
3. 해당 조직과 일하는 컨설턴트를 조력하는 작업에 자원해 보라.

확인 문제

1. 선형적 사고가 조직에서 바람직하지 못한 결과를 야기한 예들을 제시하시오.

2. 당신이 관심을 갖고 있는 문제가 무엇인지 확인하시오. 장이론을 활용하여 당신이 관심을 갖고 있는 문제를 다루는 데 적용할 수 있는 문제해결 방법을 개발하시오.

3. 인간 중심 컨설테이션 모델의 기저를 이루는 기본 가정은 무엇인가?

4. 컨설테이션 내용에 관한 컨설턴트의 역할에 관한 Schein의 권고에 당신은 동의하는가? 동의한다면 그 이유는 무엇인가? 동의하지 않는다면 그 이유는 무엇인가?

5. 조직의 어떠한 요소들이 변화 과정에 지장을 초래하는가?

6. 컨설테이션 팀을 만들어서 그 팀이 기능하도록 준비시키기 위한 방법에 대해 논하시오.

7. Deming의 원리란 무엇인가? 그 원리들을 현실에 적용하고자 할 때, 발생할 수 있는 문제는 무엇인가?

참고문헌

American School Counselor Association (ASCA). (2003). *ASCA national model: A framework for comprehensive school counseling programs.* Alexandria, VA: Author.

Associated Press. (2004). Getting into more trouble: NC student suspension rates continue to increase in 2003. *Wilmington Star-News,* p. 2B.

Basham, A., Appleton, V. F., & Dykeman, C. (2000). *Team building in education.* Denver, CO: Love.

Beer, M. (1980). *Organizational change and development.* Santa Monica, CA: Goodyear.

Beer, M., & Spector, B. (1993). Organizational diagnosis: Its role in organizational learning. *Journal of Counseling and Development, 71,* 642–650.

Bertalanffy, L. V. (1969). *General system theory: Foundation, development, and applications.* New York: Braziller.

Blake, R. R., & Mouton, J. S. (1993). The consulcube: Strategies for consultation. In R. T. Golembiewski (Ed.), *Handbook of organizational consultation* (pp. 37–42). New York: Marcel Dekker.

Bronfenbrenner, U. (1979). *Ecology of human development: Experiments by nature and design.* Cambridge, MA: Harvard University Press.

Brown, D., Galassi, J. P., & Akos, P. (2004). Counselors' perceptions of the impact of high-stakes testing. *Professional School Counseling, 8,* 31–39.

Brown, R. (2004). School culture and organization: Lessons from research and experience.

http://www.dpsk12.org/pdf/culture_organization.pdf. Accessed October 13, 2009.

Catalano, R. F., Loeber, R., & McKinney, K. C. (1999). School and community interventions to prevent serious and violent offending. http://www.ncjrs.gov/pdffiles1/ojjdp/177624.pdf. Accessed October 13, 2009.

Chin, R., & Benne, K. (1976). General strategies for effecting change in human systems. In W. G. Bennis, K. D. Benne, R. Chin, & K. D. Corey (Eds.), *The planning change* (3rd ed., pp. 45–63). New York: Holt, Rinehart and Winston.

Conoley, J. C. (1981). Emergent training issues in school psychology. In J. C. Conoley (Ed.), *Consultation in schools: Theory, research and procedures* (pp. 223–263). New York: Academic Press.

Cotton, K. (n.d.). Applying total quality management principles to secondary education. [On-line] Available: http://www.nwrel.org/scpd/sirs/9/so35.html. Accessed September 15, 2005.

Deming, W. E. (1993). *The new economics for industry, government, and education.* Cambridge, MA: Center for Advanced Engineering Study.

Dooley, J. (1995). Cultural aspects of systemic change. http://www.well.com/user/dooley/culture/pdf. Accessed September 15, 2005.

English, F., & Hill, J. (1997). *Total quality education.* Thousand Oaks, CA: Corwin.

French, W. L., & Bell, C. H., Jr. (1973). *Organizational development: Behavioral science interventions for organizational improvement.* Englewood Cliffs, NJ: Prentice Hall.

French, W. L., & Bell, C. H., Jr. (1998). *Organizational development: Behavioral science interventions for organizational improvement* (3rd ed.). Englewood Cliffs, NJ: Prentice Hall.

Golembiewski, R. T. (1993). Cuing the reader to six orientations: An interpretive introduction. In R. T. Golembiewski (Ed.), *Handbook of organizational consultation* (pp. 1–26). New York: Marcel Dekker.

Hale, J. (1998). *The performance consultant's fieldbook.* San Francisco: Jossey-Bass.

Hall, G. E., & Hord, S. M. (1987). *Change in schools: Facilitating the process.* Albany, NY: State University of New York at Albany Press.

Havelock, R. G., & Zlotolow, S. (1995). *The change agent's guide* (2nd ed.). Englewood Cliffs, NJ: Educational Technology Publications.

Hoagwood, K. E., Olin, O. S., Kerker, B. D., Kratochwill, T. R., Crowe, M., & Saka, N. (2007). Empirically based school interventions targeted at academic and mental health functioning. *Journal of Emotional and Behavioral Disorders, 15,* 66–92.

Homan, M. S. (2004). *Promoting community change: Making it happen in the real world* (3rd ed.). Pacific Grove, CA: Brooks/Cole.

Huse, E. F. (1980). *Organizational development and change* (2nd ed.). St. Paul, MN: West.

Ilbeck, R. J., & Zins, J. E. (1993). Organizational perspectives on child consultation. In J. E. Zins,

T. R. Kratochwill, & S. N. Elliot (Eds.), *Handbook of consultation services for children* (pp. 87–109). San Francisco: Jossey-Bass.

Katz, D., & Kahn, R. L. (1978). *Social psychology of organizations.* New York: Wiley.

Kowalski, T. J. (2008). *Case studies on educational administration* (5th ed.). Boston: Pearson.

Kuhn, A., & Beam, R. D. (1982). *The logic of organizations.* San Francisco: Jossey-Bass.

Kuhnert, K. W., & Lahey, M. A. (1993). Approaches to organizational needs assessment. In R. T. Golembiewski (Ed.), *Handbook of organizational consultation* (pp. 467–474). New York: Marcel Dekker.

Kurpius, D. J. (1985). Consultation interventions: Successes, failures, and proposals. *Counseling Psychologist, 13,* 368–389.

Kurpius, D. J., Fuqua, D. R., & Rozecki, T. (1993). The consulting process: A multidimensional approach. *Journal of Counseling and Development, 71,* 801–606.

Lewin, K. (1951). *Field theory in the social sciences.* New York: Harper & Row.

Lippitt, G. (1982). *Organizational renewal* (2nd ed.). Englewood Cliffs, NJ: Prentice Hall.

Lippitt, G., & Lippitt, R. (1986). *The consulting process in action* (2nd ed.). San Diego, CA: University Associates.

Loeber, R., & Farrington, D. P. (1998). *Serious and violent juvenile offenders risk factors and successful interventions.* Newbury Park, CA: Sage Publications.

Morasky, R. L. (1982). *Behavioral systems.* New York: Praeger.

National Center for Educational Statistics (NCES). (2009a). *The condition of education.* http://nces.ed.gov/programs/coe/. Accessed October 13, 2009.

National Center for Educational Statistics (NCES). (2009b). *High school dropout and completion rates in the United States: 2007.* NCES Publication number 2009064. Washington, DC: Author.

No Child Left Behind. P.L. 107–110. (2002). http://www.wrightslaw.com/nclb/law/nclb.107–110.pdf. Accessed, September 6, 2009.

Owen, R. G., & Valesky, T. C. (2007). *Organizational behavior in education: Adaptive leadership and school reform* (9th ed.). Boston: Pearson Education.

Parsons, R. D., & Kahn, W. J. (2005). *The school counselor as consultant: An integrated model for school-based consultation.* Belmont, CA: Thomson.

Patterson, J. L. (2003). *Coming even cleaner about organizational change.* Lanham, MD: Scarecrow Education.

Patton, M. Q. (1980). *Qualitative evaluation methods.* Thousand Oaks, CA: Sage.

Patton, M. Q. (1997). *Utilization-focused evaluation* (3rd ed.). Thousand Oaks, CA: Sage.

Rogers, C. R. (1951). *Client-centered therapy.* Boston: Houghton-Mifflin.

Rubin, H. (2002). *Collaborative leadership.* Thousand Oaks, CA: Corwin.

Sarason, S. B. (1982). *The culture of the school and the problem of change* (2nd ed.). Boston:

Allyn & Bacon.

Schein, E. H. (1969). *Process consultation: Its role in organizational development.* Reading, MA: Addison-Wesley.

Schein, E. H. (1989). Process consulting as a general model of helping. *Consulting Psychology Bulletin, 41,* 3-15.

Schein, E. H. (1990). Organizational culture. *American Psychologist, 45,* 109-119.

Steffy, B. E., & Lindle, S. (1994). *Building coalitions: How to link TQE schools with government, business, and community.* Thousand Oaks, CA: Corwin.

Swenson, D. X. (2002). *The Ouroboros effect: The revenge effects of unintended consequences.* http://www.css.edu/users/dswenson/web/REVENGE.HTM. Accessed September 15, 2009.

Swenson, D. X., & Anstett, D. N. (n.d.). *Solution focused problem solving: Finding exceptions that work.* Available: http://www.css.edu/users/dswenson/web/Solfocus.htm. Accessed September 15, 2005.

Weisbord, M. (1976). Organizational diagnosis: Six places to look for trouble without a theory. *Group and Organizational Studies, 1,* 430.

Whitaker, K., & Moses, M. (1994). *The restructuring handbook.* Boston: Allyn & Bacon.

컨설테이션 단계와 과정들

목표 │ 이 장의 목표는 컨설테이션 과정 및 컨설테이션을 특징짓는 활동에 대해 기술하는 것이다.

개요 │ 1. 컨설테이션 관련 업계에 종사하고 있는 전문가들이 알고 있으면 유익한 세 가지 컨설테이션 동향에 대해 소개한다.
2. 진입, 컨설테이션 관계의 시작, 사정, 문제의 정의와 목표 설정, 전략 선택, 전략 실행, 평가, 종결의 여덟 단계로 이루어진 컨설테이션 각 과정에 대해 살펴본다.
3. 컨설테이션 각 단계의 효과적 진행을 촉진하는 컨설턴트의 대인관계 기술에 대해 살펴본다.

광의적 측면에서, 컨설테이션이란 컨설턴트와 의뢰인이 문제 상황을 변화시키기 위한 방법을 찾아 나가는 과정이라 할 수 있다. 물론 컨설테이션의 각 단계를 설명하는 데 사용되는 특정 용어들이 다양하게 존재하기는 하지만, 일반적으로 컨설테이션은 문제해결 접근 모델의 단계를 따르고 있다. 컨설테이션을 문제해결 과정으로 이해하는 시각이 지배적이라는 점을 감안할 때, 컨설테이션을 '사정, 문제 정의, 전략 선택, 실행, 평가'의 과정으로 규정한 수많은 저서(예: Bergan & Kratochwill, 1990; Erchul & Martens, 2010; Sheridan & Kratochwill, 2007)가 존재한다는 사실은 그리 놀랄 만한 일이 아니다. 컨설테이션의 '방법' 혹은 컨설테이션의 과정을 여덟 단계로 구분하면 ① 조직으로의 진입, ② 컨설테이션 관계 수립, ③ 사정, ④ 문제 정의와 목표 설정, ⑤ 전략 선택, ⑥ 전략 실행, ⑦ 평가, ⑧ 종결과 같다.

일면 각 단계의 진행 과정이 복잡해 보일 수도 있으나, 이러한 진행 과정은 일정하고 동일한 형태를 취하고 있다. '단계'라는 용어는 사실 컨설테이션 과정에 적용되는 개념은 아니다. 다만 여기서는 일련의 연속적인 컨설테이션 과정에서 일반적으로 이루어지는 활동에 대해 설명하는 개념으로 사용하고자 한다. 경우에 따라 컨설테이션에서 하나 혹은 그 이상의 단계들이 누락될 수도 있고, 또 때로는 각 단계에서 이루어지는 활동이 서로 중복될 수도 있다. 예컨대, 의뢰인과 관계를 수립한 후, 현존하는 문제와 관련되어 있는 요소들에 대해 사정하는 작업을 컨설테이션과 분리된 독립적인 단계로 이해하는 시각이 존재하기도 한다. 그러나 컨설테이션 과정의 일부분으로 이해하는 견해가 일반적이라고 할 수 있다. 컨설테이션 과정이 선형적인 진행 방식을 표방하고 있기는 하나, 이전 단계에서의 작업에 대한 재해석을 요하는 새로운 정보가 발생할 경우, 컨설턴트와 의뢰인은 컨설테이션의 이전 단계로 되돌아갈 것이다(Bergan & Kratochwill, 1990; Erchul & Schulte, 2009). 예를 들어, 컨설테이션을 통해 도출된 전략이 문제에 대한 해결책을 제공하지 못한다면, 컨설턴트와 의뢰인은 문제해결 방안 개발에 필요한 사정 단계로 되돌아가고자 할 것이다. 이러한 경우, 컨설테이션의 초점은 사정 단계로 되돌아가게 된다.

이 장에서는 컨설테이션 작업에 적용되는 모델이나 컨설테이션이 이루어지는 환경과 상관없이 컨설테이션을 특징짓는 공통 핵심 활동에 대해 살펴보고자 한다. 또한 각 단계의 원활한 진행을 촉진하는 주요 대인관계 기술에 대해 논하고자 한다. 컨설테이션 단계의 원활한 진행을 돕는 대인관계 기술 모델에 근거하여(예: Carkhuff, 1983; Ivey, Ivey, & Zalaquett, 2010), 여기서는 컨설테이션 과정에 있어 대인관계 기술의 중요하고 차별화된 특징을 세 가지로 나누어 살펴보고자 한다. 첫째, (컨설테이션 관계의 초기 단계에서) 컨설턴트는 의뢰인과 좋은 작업 관계를 수립해야 한다. 둘째, 컨설턴트는 의뢰인으로 하여금 문제를 개인화 (personalize)하도록 도와주어야 한다. 즉, (문제 정의와 목표 설정 단계에서) 컨설턴트는 문제가 의뢰인 자신과 어떻게 결부되어 있는지 이해할 수 있도록 해야 한다는 것이다. 또한 내담자의 상황 변화가 의뢰인의 행동 변화를 요한다는 사실을 인식하는 것은 내담자 문제해결을 위한 단초가 된다. 마지막으로, (전략 실행 단계와 형성 평가 단계에서) 컨설턴트는 의뢰인이 전략을 선택하고, 내담자와의 컨설테이션 작업 과정에서 이를 이행하며, 이행 과정에서 의뢰인이 경험하는 어려움들을 대처해 나가고자 할 때 그들을 지지해 주어야 한다.

이 장에서는 내부 컨설턴트와 외부 컨설턴트의 활동들을 구분하여 각각 논의하고자 한다. 특히 컨설테이션의 초기 단계에서 내부 컨설턴트와 외부 컨설턴트가 직면하는 문제들은 매우 다른 양상을 보인다. 본론으로 들어가기 전, 하나 또는 그 이상의 컨설테이션 단계에서 이루어지는 전문가의 활동에 유익한 영향을 미치는 컨설테이션 발전 동향에 대해 제시하고자 한다. 그 구체적인 내용은 ① 근거 기반 개입 접근으로의 전환, ② 개입 방안 이행에 있어 치료의 완전성에 대하여 높아진 관심, ③ 단계화된 예방 및 개입 체계이다. 이와 같은 세 개의 새로운 컨설테이션 발전 양상이 컨설턴트의 행동에 어떠한 영향을 미치는지 판단하기 위해서는 컨설테이션의 다양한 단계에서 이루어지는 컨설턴트 및 의뢰인의 활동에 대한 탐색이 선행되어야 한다.

🔎 근거 기반 개입

의학 기술은 근거 기반 의학 운동의 영향을 받아 왔다(Bernstein, 2004). 이 운동은 의료진들로 하여금 그들이 선택한 치료법의 효과를 입증할 수 있는 경험적 근거를 탐색함으로써 치료법의 선택 범위를 확대하도록 하였다. 최근 몇 년간, 이 운동은 의학 분야를 넘어 다양한 분야에서 전개되었으며, 복지사업 및 교육 전문직이 실험연구 및 준(quasi)실험연구에서 긍정적인 효과를 나타낸 치료 방법을 신뢰하고 채택할 정도로 그 관심이 매우 높아졌다. 상담과 임상심리학, 학교심리학과 교육을 담당하는 다양한 기관은 근거 또는 경험을 기반으로 한 특정 치료 방법들을 개발하는 데 있어 명확한 기준을 확보하고 있다(예: Chambless & Ollendick, 2001; Task Force on Evidence-Based Interventions in School Psychology, 2008; U.S. Deptartment of Education, 2008). 특정한 교육 자격 부여와 관련된 사항을 결정하기 위하여 개입-반응 모델을 활용한 몇몇 주(state)의 사례에서 알 수 있는 바와 같이, 근거 혹은 연구를 기반으로 한 사정 및 개입 절차는 상황이나 환경에 따라 다양한 방법으로 활용되기도 한다. 사회복지사업에 종사하는 대부분의 사람은 치료가 갖는 효과성에 대해 검증된 과학적 근거를 가지고 있었다. 하지만 최근 '근거에 기초한' 치료 방법이라 판단할 수 있는 공식적 기준은 물론, 과학적으로 입증된 사정 및 치료 방법의 사용을 요하는 명백한 정책 지침들이 새롭게 마련되었다. 정책이 개입 방식에 큰 영향력으로 작용함에 따라 여러 정책 지침은 사정 단계 및 전략 선택 단계에 영향을 미치게 되었는데, 이 단계에서 컨설턴트는 현재 자신이 활용하고 있는 전략이 근거에 기초하여 형성되었다는 사실을 의뢰인에게 충분히 안내해 주어야 한다.

치료의 완전성

치료의 완전성은 의도한 만큼 치료가 실행된 정도를 나타낸다(Noell, 2008). 컨설턴트와 의뢰인(또래지도자)은 일주일에 4일 동안 아동이 또래 지도자와 함께 책을 읽도록 하는 전략 사용에 대해 의견을 함께했지만 또래 지도자가 이를 실행하지 않는다면, 해당 아동의 읽기 문제는 해결되기 어려울 것이다. 치료의 완전성은 컨설테이션 관련 문헌에서 꾸준하게 중요한 주제로 다루어져 왔는데, 이는 보통 의뢰인이 개입 방안을 잘 수행하는 경우 컨설턴트의 존재 이유는 그 의미를 잃어버리고, 결국 의뢰인은 컨설턴트의 의도대로 개입 방안들을 수행하지 않는다는 연구 결과 때문이라고 할 수 있다(Wickstrom, Jones, LaFleur, & Witt, 1998; Wilkinson, 2006). 최근 치료의 완전성에 대해 종합적으로 고찰한 저서들(Durlak & DuPre, 2008; Fixsen, Naoom, Blase, Friedman, & Wallace, 2005; O'Donnell, 2008)은 치료의 완전성에 대해 아직 연구가 이루어지지 않은 분야의 종사자들에게 적용할 수 있는 개입 방안과 그 실행에 대한 관심의 환기를 거듭 강조하고 있다. 앞으로 전략 실행에 대한 논의에서 다루겠지만 치료의 완전성을 촉진하고 유지하기 위한 전략들을 통합하는 것은 컨설테이션의 중요한 연구 영역이라 할 수 있다.

예방 과학과 다단계 예방/개입 모델

행동 건강 문제에 대한 대응 방안으로 등장한 공중 보건 모델들은 최근 몇 년간 많은 호응을 얻어 왔다(Botvin, 2004; Hoagwood & Johnson, 2003; Hughes, Loyd, & Buss, 2008).

이러한 모델들은 조직의 내담자들 사이에 널리 퍼져 있는 건강 · 학업 · 행동 관련 문제들에 대응하고자 할 때, 근거 기반 치료, 문제행동들에 대한 다양한 수준의 예방 노력(보편적인 · 선별된 · 지시적 개입), 조직화되고 체계화된 접근들을 강조한다(예컨대, 학령기 아동의 읽기 문제, 대학생들의 폭음). 공립학교에서 예방을 목적으로 사용되는 공중 보건 모델 접근은 문제 개입 팀에 의해 공식적으로 실행되며, 많은 아동이 어려움을 경험하는 영역에서 그 진전 상황을 파악하기 위해 풍부한 정보의 수집을 요한다(예를 들어, 아동들의 읽기 및 수학 실력 향상 정도를 파악할 수 있는 자료의 수집이 한 해 동안 3회에 걸쳐 이루어짐, 단 부진한 아동들에 대해서는 보다 집중적인 관찰이 이루어짐). 자연스러운 환경에서 내담자들을 돕고, 아동의 보호자와 함께 하는 작업을 강조한다는 점에서 컨설테이션이 예방에 그 초점을 두고 있음을 알 수 있다. 컨설테이션의 예방적 성격은 다양한 분야에 적용되었고, 학교 및 다른 기관에서 이루어진 체계 수준 설계 및 조직화된 예방 노력들은 컨설테이션과 협력에 있어 사회복지 전문가들의 높은 호응을 얻어 내는 원동력이 되었다. 그러나 컨설테이션의 예방적 성격은 컨설턴트와 의뢰인이 동일한 조직에서 작업을 진행해야 한다는 전제를 수반할 뿐 아니라 컨설테이션과 협력의 결과가 타인들에 의해 평가될 수 있다는 가능성 또한 높여 주었다. Martens와 DiGennaro(2008)가 제시한 바와 같이 현대사회는 '고위험, 팀 기반 서비스 지원'의 시대에 놓여 있으며, 이는 자발적인 참여, 의뢰인의 전략 이행, 비밀보장과 같은 컨설테이션의 주요 측면들이 갖는 중요성을 시사하고 있다(p. 163).

 ## 컨설테이션 절차

조직으로의 진입

진입은 컨설턴트가 직무를 수행하기 위해 체계 및 조직의 경계를 넘는 것이다. 진입 단계에서 다루어지는 문제들은 대부분 조직 외부 컨설턴트와 관련되어 있다고 할 수 있다. 진입에는 공식적 진입과 심리적 진입의 두 가지 방식이 존재한다. 공식적 진입은 조직 내 관리 직급 인사들에게 컨설턴트로서의 활동에 대해 승인을 얻는 것이라 할 수 있으며, 심리적 진입은 컨설테이션 작업 과정에서 의뢰인이 될 조직 구성원들에게 컨설턴트로서 수용되는 것이라 할 수 있다. 이 두 가지 측면은 모두 성공적인 컨설테이션을 위한 단계를 설정하는 데 매우 중요하다.

:: **공식적 진입**(formal entry)　외부 컨설턴트는 일반적으로 조직의 요구와 컨설턴트의 기술이 조화를 이룰 수 있는 접점에 대한 예비 탐색을 통해 진입을 시작한다. 보통 이러한 탐색은 컨설턴트와 조직 구성원이 정보를 교환하는 예비 모임을 1회 또는 그 이상 가짐으로써 이루어지게 된다. 이와 같은 사전 논의에서는 조직, 조직의 요구, 원하는 결과에 대한 기본적인 정보, 컨설턴트의 기술과 업무 방식에 관한 정보, 특정한 작업 환경에서 컨설테이션이 어떻게 실행되는지에 대한 명확한 설명은 물론, 컨설테이션에 소요되는 비용과 시간에 대해서도 다루어질 것이다. 이러한 모임은 또한 컨설턴트와 조직 구성원들이 서로를 평가하고, 생산적인 작업 관계를 형성하는 데 도움이 될 수 있는 잠재적 가능성에 대해 판단할 수 있는 기회를 제공해 준다.

이러한 단계가 전개되는 과정에서, 컨설턴트는 조직이 이 시점에서 컨설테이션을 요청한 이유, 해당 문제를 지목한 이유 그리고 다른 사람이 아닌 그 자신에게 컨설테이션을 요청한 이유에 대해 알고 싶어 할 것이다(Pipes, 1981). 이러한 판단에 작용하는 몇몇 요인은 컨설테이션의 과정과 결과에 매우 큰 영향을 미칠 수 있다. 예컨대, 생산성의 향상 또는 학교 규정 수립과 같이 특정 분야의 전문가로 활동하고 있는 컨설턴트를 선택했다는 것은 조직이 문제를 어떻게 개념화했는지를 컨설턴트에게 보여 주는 것이라 할 수 있다. 이때 컨설턴트가 문제를 달리 개념화하고자 한다면 저항에 부딪힐지도 모른다. 또한 조직이 컨설테이션 서비스를 요청한 이유에는 숨은 의도가 존재할 수도 있다. 슈퍼바이저가 조직관리자에게 도움을 구하도록 압력을 행사했을 가능성이 있는가 하면 특정한 문제에서 누군가가 희생양이 된 정황을 파악하고 이에 대한 근거자료를 수집하기 위한 하나의 방법으로 컨설테이션을 요청했을 가능성도 있다. '왜 나지?' 그리고 '왜 지금이지?'라는 질문들에 대해 깊은 고민을 끝낸 컨설턴트는 비로소 사정 작업을 시작할 수 있으며, 컨설테이션 딜레마 상황에서 발생하는 크고 작은 어려움들을 예측하여 이를 피할 수 있게 된다(Pipes, 1981).

컨설턴트가 조직에 적용하고자 하는 방법들이 조직의 문제해결에 유익한 영향을 미칠 수 있다는 잠정적 가능성에 대하여 컨설턴트와 조직 대표자 간 합의가 이루어지고 나면, 그들은 공식적 진입의 두 번째 과정인 계약 단계로 이동한다. 계약은 컨설테이션의 특성을 둘러싸고 컨설턴트와 조직 간에 이루어지는 교섭과 합의를 말한다. 이 단계에서는 공식적인 서면 계약 방식을 취하지 않을 수도 있으나, 결과적으로 컨설턴트와 조직이 서로 각자의 책임을 이해하고 이에 대해 합의해야 한다는 점에서 서면 계약과 동일한 효력을 갖는다. 계약은 컨설테이션에 대한 명확한 이해를 돕기 위해 모든 관련자를 대상으로 다양한 수준에서 이루어진다. 조직 관리자로부터의 승인은 조직 구성원들이 부담 없이 컨설테이션 과정에 참여할 수 있는 환경을 조성하는 데 특히 중요하다고 할 수 있다(2장 참조). 이러한 승인 없이는 직원들의 컨설테이션 활동 참여가 조직 내에서 어떻게 비춰지고, 잠재적으로 그 결과가 어떻게 나타날 것인가에 대해 판단할 수 없다. 일반적으로 계약 과정에서 논의되는 주제들은 다음과 같다.

- 컨설테이션의 목표 또는 의도하는 결과
- 의뢰인의 신분 보장
- 비밀보장 및 비밀보장의 한계
- 조직 또는 개인에게 서비스를 제공하는 기간
- 컨설턴트가 의뢰인과 컨설테이션을 실시할 수 있는 시간
- 컨설턴트에게 컨설테이션을 요청하는 절차
- 컨설턴트를 위한 공간
- 필요한 경우 컨설턴트와 접촉하는 방법
- 변화가 필요한 경우 계약 재협상의 가능성
- 비용
- 조직 내에서 컨설턴트가 접근할 수 있는 다양한 자원과 정보 유형
- 컨설턴트가 담당하고 있는 의뢰인

계약 과정에서 컨설테이션에 대한 합의가 이루어지지 못한 경우, 컨설턴트는 조직의 최고 관리자에게 메일 보내기, 합의 내용의 요점 정리하기, 합의 내용대로 이행되지 않는 부분에 대해 질문하기 등과 같은 방법을 통해 계약 내용에 대한 논의가 보다 원활하게 이루어질 수 있도록 할 수 있다. 컨설턴트가 작성한 메일은 컨설턴트의 활동에 대하여 문제가 제기되었을 때 양측의 입장을 보여 주는 기록 문서로 활용될 수 있다. 이는 또한 그동안 미처 인식하지 못했으나 합의 내용의 본질을 이해하는 과정에서 컨설턴트와 조직의 견해 차이로 인해

발생할 수 있는 문제를 미연에 방지해 준다.

컨설턴트의 공식적 진입에 있어 세 번째 단계는 직무 현장으로의 물리적 진입이다 (Gallessich, 1982). 외부 컨설턴트의 조직 진입은 의뢰인과 조직구성원들에게 컨설턴트를 공식적으로 소개하는 방식으로 이루어지기도 한다. 이는 앞으로 제공하게 될 서비스의 개요를 소개하고, 이에 대한 직원들의 질문에 대답할 수 있는 시간이 주어지는 직원회의가 가장 대표적인 예라 할 수 있다. 이러한 절차에는 몇 가지 이점이 있다. 직원회의에서 컨설턴트를 소개하는 것은 컨설턴트의 활동에 대한 공식적인 인정과 승인을 의미하며, 잠재적 의뢰인이라 할 수 있는 조직 구성원들의 질문에 대답해 줌으로써 조직 구성원들과 소통할 수 있는 기회를 가질 수 있다. 이러한 절차는 또한 컨설턴트로 하여금 서비스가 제공되는 방법을 관리할 수 있도록 해 준다. 컨설테이션에 대한 소개가 이루어지지 않거나 컨설테이션이 공식적·체계적인 방식으로 소개되지 못할 경우, 컨설턴트의 역할에 대한 오해 또는 왜곡이 발생할 가능성이 커진다. 한편, 컨설턴트와 개인적으로 접촉하기에 앞서 컨설턴트의 역할과 대인관계 방식에 대한 공식적 입장을 확인함으로써 컨설턴트에 대한 확신이 높아질수록 의뢰인이 컨설턴트에게 접근할 가능성은 커지게 된다.

:: **심리적 진입**(psychological entry)   공식적인 계약 체결 및 컨설턴트의 소개가 이루어지고 나면, 컨설턴트는 조직에 진입하게 된다. 물론 컨설턴트가 현재 개인 의뢰인과 작업을 시작했을 수는 있으나 컨설턴트의 존재와 그의 활동이 직원들에게 인식되기까지는 일반적으로 과도기가 존재한다. 이 기간에 신뢰의 부족, 협동심의 결핍 또는 정보 공유를 꺼리는 의뢰인으로 인해 컨설테이션 작업은 제대로 이루어지지 않을 수도 있다(Gallessich, 1982). 경험이 부족한 컨설턴트의 경우, 시행착오가 거듭되는 과도기는 언뜻 보면 버려진 시간으로 비춰질 수 있고, 이로 인해 좌절을 경험할 수도 있다. 그러나 컨설턴트는 과도기를 예측할 수 있어야 하며, 이 기간은 여러 가지 면에서 컨설턴트와 의뢰인 모두에게 유용한 기능으로 작용한다는 사실을 기억해야 한다.

컨설턴트를 받아들이는 과정에서 의뢰인이 갖게 되는 경계심은 의뢰인으로 하여금 본격적인 컨설테이션 작업을 시작하기 전 컨설턴트를 비롯하여 컨설턴트가 사용하는 기술, 작업 방식, 문화적 인식, 조직에 대한 잠재적 가치관을 평가하고, 컨설테이션과 관련된 위험 요소들(시간의 낭비, 부정적 결과)에 대해 사정할 수 있도록 해 주는 방어기제로 작용할 수 있다. 이 기간은 컨설턴트에게 조직에 대한 표면적 이해 수준을 넘어 컨설턴트로서의 성공적인 기능 수행을 위해 중요한 정보를 수집할 수 있는 기회를 제공해 준다. 컨설턴트는 매일 조직의 활동을 관찰하고 이에 참여함으로써 조직 내 인간관계 분열, 공식적·비공식적 네트워크, 조직 내 금기 사항과 규범 등 조직 기능의 미묘하지만 중요한 측면에 대해 알아 가게 된다. 그 예는 다음과 같다.

한 대기업 총수는 영업 직원 선발에 대한 지침을 마련하기 위해 컨설턴트를 고용했다. 영업 직원들에게는 상당한 수준의 기술(technical) 지식이 요구되었는데, 새롭게 채용된 대부분의 직원은 이에 대한 교육을 받은 후 곧 퇴사하는 경우가 많았다. 많은 조직 구성원 가운데 컨설턴트는 영업 부장에게서 강한 첫인상을 받았다. 그는 자신의 생각과 느낌을 분명히 표현하였고, 매력적이었으며, 부하 직원들에 대한 관심도 높아 보였다. 그러나 조직과 함께 작업하는 몇 주 동안, 직원들과 함께하는 부장의 태도가 컨설턴트와 함께할 때의 태도와는 상당히 다르다는 것을 확실하게 파악할 수 있었다. 부장은 그가 제시한 아이디어에 대해 직원들이 제공하는 건설적 피드백에 냉소적 태도를 취하는가 하면 여성을 비롯한 소수 민족 집단의 직원들을 무시하였다. 컨설턴트는 채용 방식의 개선이 영업 사원의 이직 문제를 근본적으로 해결하지 못할 것이라는 사실을 분명히 깨닫게 되었다.

컨설턴트에 대한 조직 구성원들의 수용 및 조직에 대한 컨설턴트 자신의 이해가 온전히 이루어지지 않은 상태에서 너무 성급하게 컨설테이션 작업에 돌입하는 경우, 컨설턴트는 문제를 잘못 진단할 수 있고, 성공적인 개입 계획을 수립하는 데 있어 중요한 요소들을 간과하게 되며, 의뢰인들의 협력을 얻어 내는 데 실패할 수 있다는 사실을 발견하게 될 것이다.

모든 외부 컨설턴트는 조직으로의 공식적 진입과 조직 구성원에게 수용되는 과정 사이에 일정한 시간적 간격이 발생할 것이라고 예상할 것이다. 다만 이때 컨설턴트가 조직 구성원에게 받아들여지는 데 필요한 시간은 얼마든지 달라질 수 있다. 조직 내 발생하는 중요한 사건은 때로 컨설턴트를 신뢰할 만한 대상으로 받아들이는 데 상당한 영향력으로 작용하는 직접적 서비스의 성공적 사례가 되기도 한다. 이와 관련하여 여기서는 몇 달간 학교에서 컨설테이션 작업을 진행하였으나 최소한의 진입에 성공하여, 한 명의 교사와 주로 일하면서 비교적 사소한 문제들만 다루어 온 컨설턴트의 사례에 대해 소개하고자 한다. 평소 컨설턴트와 작업을 해 오던 교사는 어느 날 지나가는 말로 일과표를 완성하지 못한 몇몇 4학년 학생들에 대해 언급하였고, 이에 컨설턴트는 짧은 시간이지만 매일 해당 학생들과의 작업에 자원하여, 이를 진행해 나갔다. 이 과정에서 컨설턴트는 학생들이 학업 부담에 압도되어 어디서부터 시작해야 할지 갈피를 잡지 못하고 있다는 사실을 발견하게 되었다. 컨설턴트는 행동지표가 기록된 카드를 준비하여 학생들로 하여금 플래시카드를 만들고, 작은 단위들로 기억을 쪼개어 이를 실연하는 방법에 대하여 가르쳤다. 몇 회기가 진행된 후, 학생들은 구구단을 이해하는 데 상당한 학업적 진전을 보였다. 그로부터 몇 주 후, 컨설턴트는 그의 서비스를 찾는 교사들의 수가 급증했다는 사실을 몸소 경험하게 되었고, 처음 컨설테이션을 의뢰했던 4학년 담당교사가 몇몇 교사를 대상으로 자신의 작업 내용과 그 효과성에 대해 전달한 사실을 알게 되었다. 이와 같이 직접 서비스의 성공적인 사례는 교사들이 학급 문제를 다루는 데 있어 신뢰할 만한 대상으로서 컨설턴트를 인식할 수 있는 근거로 작용하였다.

컨설테이션이 시작되기 전에 컨설턴트와 의뢰인 간의 상호작용을 통해 서로에 대하여 깊이 있는 이해가 이루어지고 나면, 컨설턴트에 대한 의뢰인의 우려는 경감될 수 있다(Caplan, 1970; Scholten, 1990). 예컨대, 컨설턴트는 잠재적 의뢰인들에게 프레젠테이션이나 워크숍 서비스를 제공할 수 있고, 차후에 비공식적인 집단 모임을 가질 수도 있다. 이러한 형태의 접촉은 의뢰인들로 하여금 컨설턴트가 친근한 존재이며, 조직과 그 구성원들에게 관심이 있다는 확신을 갖도록 하는 데 도움이 될 수 있다. 한편, 컨설턴트가 컨설턴트 자신 또는 컨설테이션에 대해 갖고 있는 오해를 공공연하게 밝히게 될 경우, 컨설테이션에 대한 우려는 사람들 사이에서 비공식적인 형태로 거론될 수 있다.

요컨대, 진입은 하나의 단계가 아니라 공식적 · 비공식적 요소를 지니는 지속적 과정이라 할 수 있다. 컨설턴트의 역할에 대해 조직이 얼마나 진보적이고 심도 있게 이해하느냐에 따라 컨설턴트에 대한 조직 구성원들의 신뢰 및 수용 수준, 컨설테이션의 목표, 방법, 세부 절차에 대한 컨설턴트와 조직 구성원들 간 명확한 상호 이해 등이 수반된 성공적 진입 여부가 결정된다.

학생 학습활동 6-1

새로운 훈련지로서의 조직 진입 시, 조직, 리더, 리더십 유형, 의사소통 방식 및 직원들 사이에서 발견되는 공통의 관심사와 이슈들에 대한 당신의 느낌을 기록할 수 있는 일지를 지참하기 바란다. 또한 그곳에서 받은 인상에 대해서도 편안하게 기록하라. 그리고 훈련이 끝나 갈 무렵, 당신이 기록한 일지의 첫 페이지를 다시 찾아보라. 당신의 관점이 어떻게 바뀌었는가? 처음 당신은 조직에 대해 어떠한 오해를 갖고 있었는가? 어떠한 부분에서 강한 인상을 받았는가? 또한 당신에 대한 직원들의 인식이 시간이 지남에 따라 어떻게 변화했는지에 대해서도 주목하기 바란다.

∷ **내부 컨설턴트**(internal consultants)   2장에서 언급한 바와 같이, 컨설테이션의 몇몇 모델은 컨설턴트가 조직 외부의 존재라는 가정에 기초하고 있다. 그러나 조직에서 요구하는 특정 기술을 가지고 직접 서비스를 제공하는 컨설턴트로서의 역할을 수행하고 있는 전문가들에게 이러한 가정은 해당되지 않는다. 예컨대, 학교상담자와 학교심리학자들은 학생들에게 직접적인 서비스를 제공하는 것은 물론, 학급에서 발생하는 학생들의 학업적 · 행동적 문제들을 다루는 데 어려움을 경험하고 있는 교사들과 함께 컨설테이션 작업을 진행하기도 한다. 내부 컨설턴트가 직간접 서비스 제공자로서의 역할을 조화롭게 수행해 나가는 것은 많은 이점을 내포하고 있다. 내부 컨설턴트는 직원들을 알고, 조직 내에서 발생하는 정치적 사안에 대해 이해하고 있으며, 조직의 방침 및 조직 내 자원에 대해 높은 관심을 갖고 있을 가능성이 크다. 그들은 컨설테이션이 시작되기 전, 내담자의 개인사에 대해 파악할 수 있다는 점에서도 유리한 입장에 있다고 할 수 있다. 그러나 조직 내에서 다양한 역할을 수행하는 데 있어 발생하는 어려움 또한 존재한다. 예컨대, 만약 컨설턴트와 의뢰인의 컨설테이션 작업 과정에서 도출된 개입 방안을 내담자가 따르지 않는 상황이 발생할 경우, 의뢰인은 컨설턴트가 내담자에게 직접적인 서비스를 제공해야 한다고 생각할 수도 있다. 덧붙여, 비밀보장의 한계 또한 명확하지 않은 것이 사실이다. 컨설턴트와 의뢰인이 조직 내 동일 인물에 대해 보고를 하는 경우, 해당 기관장은 컨설턴트에게 의뢰인의 진전 상황에 대해 보고하도록 할 것이다. 따라서 내부 컨설턴트도 외부 컨설턴트와 마찬가지로 그들의 역할에 대한 조직 내 완전한 이해와 비밀보장에 대한 확신을 가져야 한다. 만일 내부 컨설턴트가 '변화'라는 컨설테이션의 본질적 기능을 수행하는 데 제약을 받고 있다면, 본격적인 컨설테이션이 시작되기 전에 컨설테이션에 대한 관리자, 컨설턴트, 의뢰인의 견해가 어떤 부분에서 공통되고 또 어떤 부분에서 차이를 보이고 있는지에 대하여 이해하는 과정이 반드시 이루어져야 한다.

컨설테이션 관계의 시작

컨설테이션의 핵심 전제는 서로 다른 영역의 전문 지식을 가지고 있는 두 전문가의 협력 작업이 혼자 하는 작업보다 효과적인 문제해결 방법을 도출해 낼 수 있다는 것이다. 그러나 컨설테이션에서 생산적인 업무 관계가 미리 설정되어 있는 것은 아니다. 새로운 의뢰인과 컨설테이션을 시작할 때 이루어져야 하는 초기 작업 가운데 하나는 긍정적인 컨설테이션 관계 수립을 위한 노력이라 할 수 있다. 이미 1장에서 언급한 바와 같이, 컨설턴트와 의뢰인

간의 개방적인 의사소통을 통해 형성된 평등관계, 컨설테이션의 각 단계에 대한 컨설턴트와 의뢰인의 적극적 참여, 컨설테이션이 시작되기 전에 미리 논의되고 합의된 예외 사항을 제외하고 컨설테이션의 전 과정을 통해 이루어지는 모든 의사소통의 비밀보장 등은 이러한 관계 수립에 필요한 구성요소들이다.

:: **역할 구조화**(role structuring)   생산적인 컨설테이션 관계 형성의 초기 단계에서 이루어져야 하는 작업 가운데 하나는 컨설턴트와 의뢰인이 컨설테이션에서 수행하게 될 역할에 대한 논의이다. 이러한 절차는 의뢰인이 그의 선호를 표현할 수 있는 기회를 보장해 주고, 컨설테이션이 기본적으로 갖는 한계에 대해 컨설턴트와 의뢰인이 이해하고 합의할 수 있도록 돕는다(Parsons & Meyers, 1984). 컨설테이션 작업 관계에 대한 열린 논의는 주로 컨설턴트의 주도하에 이루어지는데, 이러한 논의는 차후에 이루어질 컨설테이션의 명료하고 개방적인 의사소통 모델을 의뢰인에게 미리 제공하는 한편, 각자의 역할에 대한 합의가 컨설테이션의 성공과 밀접하게 연관되어 있다는 사실을 시사해 준다(Erchul, Hughes, Meyers, Hickman, & Braden 1992).

일반적으로 이러한 역할 구조화는 컨설턴트와 의뢰인 간의 조직적 · 비위계적인 관계 형성을 목표로 한다. 이러한 관계는 문제에 대해 컨설턴트와 의뢰인이 공유하고 있는 관점을 확인하고, 이를 기초로 의뢰인이 문제해결 방안을 개발할 수 있도록 해 준다는 점에서 중요하다고 할 수 있다. 그러나 컨설턴트는 컨설테이션 관계에서의 위계성은 문화에 따라 달라질 수 있으며(7장 참조), 문제 유형에 의해 결정될 수 있다는 사실을 알아야 한다. 예컨대, Graham(1998)은 문제에 대한 명확한 생각을 가지고 문제해결을 시도한 경험이 있는 의뢰인의 경우, 협력적인 관계를 추구하는 컨설턴트보다는 지시적이고, 조언을 제공하는 컨설턴트를 보다 선호한다는 사실을 발견하였다.

역할 구조화의 두 번째 주요 구성요소는 수행을 위한 합의 사항을 수립하는 것이다. 컨설테이션은 문제 상황의 변화를 통한 문제해결을 목표로 하며, 이 과정에서 컨설턴트와 의뢰인은 각자 맡은 바 역할을 수행해야 한다. 앞서 언급한 바와 같이, 의뢰인에게는 컨설턴트가 문제와 그 해결에 대한 책임을 부담할 것이라는 암묵적 기대가 존재할 수 있으므로, 의뢰인의 역할 수행에 대한 컨설턴트의 지원 정도, 컨설턴트에 대한 의뢰인의 기대를 어느 정도 충족시켜 줄 것인가에 대한 합의는 컨설테이션이 시작되기 전에 이루어져야 한다. 마지막으로 컨설테이션 초기 관계의 발전은 컨설테이션 종결 시 기대하는 결과를 이끌어 낼 수 있는 방향으로 이루어져야 한다(Dougherty, Tack, Fullam, & Hammer, 1996). 물론 초기 단계에서 종결에 대해 언급하는 것이 이상하게 들릴 수도 있지만, 의뢰인이 내실 있고 독립적인 존재로 기능할 수 있도록 돕는 컨설테이션의 궁극적인 목표는 항상 인식하고 있어야 한다.

역할 구조화에 쏟는 노력들은 성공적인 컨설테이션을 방해할 수 있는 오해의 발생을 방지할 수 있다. 예컨대, 컨설턴트가 의뢰인을 문제해결을 위한 능동적 역할 담당자로 인식하는 것과 달리 의뢰인은 컨설턴트를 문제해결 전문가로 인식할 수 있다. 이와 비슷한 예로, 컨설턴트는 의뢰인이 컨설턴트 자신에 대해 열린 마음으로 함께하는 것이 중요하다는 사실을 인식하고 있을 것이라 생각하고 있지만, 의뢰인은 컨설턴트에게 자신의 마음을 완전히 드러내는 것에 대해 망설일 수 있으며, 그가 하는 말들이 컨설턴트를 유쾌하게 하지 못한다고 생각할 때 특히 위축되는 양상을 보인다. 암묵적인 기대에 대한 컨설턴트의 비의도적 침범이 컨설테이션에 부정적인 영향을 미치지 않는다는 사실을 확실히 하기 위해(Tysinger, Tysinger, & Diamanduros, 2009), 컨설턴트는 의뢰인에게 이전의 다른 컨설턴트들과의 작업 경험, 즉 의뢰인에게 컨설테이션 경험이 있는지, 있다면 목표를 달성하기 위해 어떤 작업을 진행했는지에 대해 질문할 것이다.

역할 관계의 구조화는 컨설테이션에서 이루어진 의사소통 및 수집된 자료에 대한 비밀보장 등과 같은 윤리적 문제에 대한 논의를 포함하고 있다. 의뢰인은 컨설테이션 서비스 요청이 자신의 약점을 인정하는 것과 같다는 생각, 컨설턴트에게 발설한 자신의 정보가 조직의 관리자에게 전달될 것 같은 생각에 우려를 나타낼 수 있다. 컨설테이션 과정에서 다루어진 내용에 대한 비밀이 보장된다는 확신은 성공적인 컨설테이션을 결정짓는 정보 및 의견의 자유로운 교환에 매우 중요한 부분을 차지하고 있다. 따라서 조사, 관찰 및 다른 평가 전략들을 통해 수집된 자료의 비밀보장에 대한 합의가 반드시 이루어져야 한다.

:: **내부 컨설턴트**(internal consultants) 컨설턴트와 의뢰인 관계 형성의 초기 단계에서 내부 컨설턴트는 한 가지 고민에 직면하게 된다. 내부 컨설턴트가 조직 구성원 개인과 관계를 형성해 나가는 과정은 그 이전부터 상호작용을 해 왔다는 점에서 볼 때 외부 컨설턴트가 조직의 구성원들에게 수용되는 비공식적 과정에 비해 수월할 수 있다. 그러나 조직 내에서 다른 복지 서비스 전문가들과 구별된 컨설테이션 전문가로서의 역할을 명확히 하기 위한 진입 단계에서의 노력에도 의뢰인은 컨설테이션의 본질에 대해 이해하지 못할 수 있다. 내부 컨설턴트는 의뢰인과의 친분을 이유로 앞서 기술한 비밀보장의 한계에 대한 논의 및 역할 구조화 과정을 생략해서는 안 된다.

다음의 인용문은 두 명의 컨설턴트가 컨설테이션에 대한 의뢰인의 기대를 명료화함으로써 역할 구조화를 실행해 나가는 과정을 그리고 있다. 첫 번째 인용문은 심리학자와 방문 간호사 사이에 이루어진 컨설테이션 회기의 일부로, 이는 외부 컨설턴트에 의한 역할 구조화의 사례를 보여 준다. 두 번째 인용문은 학교상담자와 초등학교 교사 사이에 이루어진 컨설테이션 회기의 일부로, 이 사례에서 컨설턴트는 의뢰인의 조직 내부 인사이며, 의뢰인이 컨설턴트를 알고 있기는 하지만 학교 내에서 컨설턴트의 역할은 학생들에게 상담서비스를 제공하는 데 한정되어 있다. 두 가지 인용문 모두 의뢰인이 그의 문제를 간략하게 설명한 후에 이루어진 컨설테이션의 초기 장면이라 할 수 있다. 특히 컨설테이션의 어떠한 측면들에서 비밀보장이 이루어져야 하는가에 대한 컨설턴트의 명료화 작업을 잘 나타내고 있는 두 번째 사례에 주목하라.

인용 1 | 외부 컨설턴트

컨설턴트: 당신의 말이 맞습니다. 당신의 서비스를 이용하는 사람들은 매우 많이 변했는데, 정작 직원들은 과거와 동일한 접근 방법을 사용하고 있는 것처럼 보입니다. 라틴계 내담자들에 대한 기관의 대응 방식에 대한 면밀한 검토가 이루어져야 할 때인 것 같습니다.

의뢰인: 우리는 내담자 조력에 대한 안내 지침의 필요성을 절감하고 있습니다. 선생님이 제시하시는 방안들을 이행하는 데 있어 제가 책임자로서의 역할을 맡게 되어 기쁩니다.

컨설턴트: 당신을 위해 마법같은 방안들을 제시하면 좋겠지만, 그보다는 우리가 함께 계획을 세우는 것이 중요할 것 같습니다. 당신과 직원들에게 변화의 의지가 있는 한, 변화는 지속적으로 일어날 수 있다고 생각합니다. 저도 라틴계 의뢰인들과 함께 작업을 했던 경험이 있습니다. 하지만 제 경험은 도시가 배경인 반면, 현재 의뢰하신 이 상황은 시골이 배경이라는 점에서 차이가 있습니다. 언어 장벽과 같은 몇몇 문제들도 이와 같은 차원에서 고려할 수 있을 겁니다. 하지만 이러한 문제들과는 또 다른 성격의 문제들이 내재해 있을 수 있습니다. 그러한 부분은 여러분이 저에게 말씀을 해 주셔야 합니다.

의뢰인: 선생님 말씀이 맞아요. 사실 저는 우리가 처한 일련의 복잡한 상황에 대해 선생님이 간단한 답을 제시하는 데 그치지 않을까 내심 걱정하고 있었거든요.

컨설턴트: 저는 당신에게 도움이 될 수 있는 저의 생각과 방법들을 대략적으로 설명해 드릴 수는 있어요. 하지만 저는 직원들의 이야기를 직접 들어 보고 싶습니다. 이는 당신이 운영하는 센터의 예산 범위 내에서 실행 가능한 전략을 찾아내기 위함입니다. 만일 직원들의 기술 향상, 두 가지 언어를 사용할 수 있는 치료 전문가의 고용 등과 같은 영역에 대해 예산 집행이 가능하다면, 지역사회의 전문 통역사를 채용하거나 전략들을 조합하는 등의 방법을 고려해 볼

수 있을 겁니다.

인용 2

의뢰인: 네, 이건 Bobby와 저의 문제예요. 그 아이는 다른 아이들이 읽기 활동에서 자기보다 얼마나 앞서 가고 있는지 확인한 후, 좌절에 빠져요. 그 아이는 학급의 광대와도 같아요. 다른 아이들의 반응을 얻어 내기 위해서라면 아마 뭐든 할 거예요.

컨설턴트: 선생님은 학급 내에서 학생들의 학업에 관해 철저하게 관리하고 계시지만, Bobby로 인해 어떻게 할 수 없는 곤란한 상황에 처하신 것 같네요.

의뢰인: 다른 아이들은 Bobby를 피해요. 물론 이러한 아이들의 반응을 보고 Bobby는 다른 아이들의 관심을 얻기 위해 더 바보 같은 행동을 하지요.

컨설턴트: 저는 우리가 Bobby로 하여금 학급 친구들의 관심을 얻기 위한, 보다 긍정적인 방법들을 학습할 수 있도록 도울 수 있을 거라 생각합니다. 이러한 작업을 함께해 보시는 건 어떨까요?

의뢰인: 좋습니다.

컨설턴트: 저는 2~3회기, 한 회기당 20분 정도가 어떨까 생각하고 있어요. 이 시간을 통해 우리는 Bobby를 도울 수 있는 전략들을 고안해 내고자 함께 노력하게 될 거예요.

의뢰인: 좋습니다. 다만 제 시간을 너무 많이 빼앗지 않는다면 말이죠.

컨설턴트: 당신에게 도움이 될 만한 방법들을 우리가 함께 고안해 내는 것은 매우 중요한 일입니다. 이는 제가 선생님에게 공동 작업을 제안한 이유이기도 합니다. 저는 선생님의 학급 운영 방법에 대해 자세하게 알지 못하는 반면, 선생님은 선생님의 학급 운영에 있어 단연 전문가이기 때문에 계획을 수립하는 데 요구되는 시간을 투자하셔야 하며, 제안된 계획이 선생님의 학급 운영에 얼마나 부합하는지에 대해 판단하는 작업 또한 하셔야 합니다.

의뢰인: 계획을 수립하는 데 얼마나 많은 시간이 소요되는지 알려 주셨으면 해요.

컨설턴트: 글쎄요, 저도 선생님께 알려 드리고 싶습니다만, 실효성이 없는 아이디어를 개발할 가능성도 배제할 수 없어서 말이죠.

의뢰인: 가끔 저는 제 도움을 필요로 하는 25명의 아이들이 있다는 사실을 망각하곤 해요.

컨설턴트: 저는 선생님이 선생님 학급의 아이들에게 진심으로 헌신하고 있다는 사실을 알고 있습니다. 우리가 공동 작업을 하는 방법에 대한 논의로 돌아가서 생각해 볼 때, 선생님이 지금 하신 말씀은 실효성 있는 계획을 세워 보고 싶다는 의미로 들리는데요? 2~3회기 동안 브레인스토밍 방식을 활용하여 아이디어를 내 봅시다.

의뢰인: 네, 만일 선생님이 3번의 작업으로 마무리할 수 있다고 하신다면, 저는 선생님과 함께 계획을 세울 수 있습니다.

컨설턴트: 가능할 것 같습니다. 저는 이러한 회기 작업을 통해 구체적인 개입 계획들이 수립되었으면 합니다. 이 중에는 선생님이 이러한 개입 계획들을 교실에서 이행하는 데 있어 제가 도움을 드릴 수 있는 부분도 있을 거라 생각합니다. 예컨대, 만일 선생님이 Bobby나 그 아이의 부모님에게 개입 계획을 설명할 시간이 필요하다면 제가 선생님 대신 학급의 임장 지도를 할 수도 있겠지요.

의뢰인: 고맙습니다. 기억하도록 하겠습니다.

컨설턴트: 공동 작업에 대해 마지막으로 기억하셔야 할 사항이 있습니다. 저는 우리의 공동 작업이 비밀이라는 사실을 명시하지 않고 진행할 생각입니다. 모든 작업이 비밀이라는 전제를 붙이지 않고 작업을 진행할 때, 제가 교실에서 관찰을 하거나 선생님들이 계획을 실행하는 데 도움을 드리는 부분에서 선생님들이 편안하게 느끼시는 것 같았거든요.

의뢰인: 아, 저에 대해서는 걱정하지 않으셔도 됩니다. 물론 저도 다른 사람들이 저희 반에 대해 무슨 말을 할지 걱정하면서 몇 년의 시간을 보낸 적이 있긴 하지만요.

컨설턴트: 선생님이나 Bobby의 부모님은 특수 교육 대상자를 선별하기 위한 평가에 혹시 Bobby를 의뢰할 생각이 있습니까? 제가 이런 질문을 드리는 것은 그 과정이 구체적인 교실 개입 방안 방식 및 그 효과에 대한 공식적인 문서를 요구하기 때문입니다. 만약 이러한 가능성이 있다면 우리는 학교 기반 문제해결 팀과 공유해야 하는 작업 과정에 대해 보다 공식적인 기록 관리 체계를 마련해야 할 것입니다. 만일 우리가 이를 이행하지 않은 상태에서 선생님이 나중에 Bobby를 일정한 평가 대상으로 의뢰하게 된다면, 학교는 선생님들과 하는 모든 작업에 대해 어떤 전략을 시도하고, 이를 얼마나 자주 이행했으며, 그 효과는 어땠는지 등의 내용을 담고 있는 공식적 문서 제출이나 관리를 끊임없이 요구하게 될 것이다.

∷ **초기 관계 형성에 도움이 되는 컨설턴트의 대인관계 기술들**(consultant interpersonal skills supporting the initiation of a relationship)　　앞서 확인한 바와 같이, 인용문에 등장하는 컨설턴트는 그들의 생각과 느낌을 언어로 표현하여 의뢰인과 상호작용하는 방식을 통해 다양한 문제를 해결하고자 한다. 그들은 의뢰인들에게 편안한 분위기를 제공함은 물론, 의뢰인의 말을 경청하고 이를 반영해 줌으로써 의뢰인으로 하여금 컨설턴트가 자신의 말을 '잘 들어주고' 있다는 느낌을 가질 수 있도록 해 주어야 한다. 그들은 컨설테이션과 컨설턴트, 의뢰인의 역할에 대한 정보를 제공하는가 하면, 각자의 역할에 대한 합의 사항을 마련하기도 한

다. 컨설턴트의 대인관계 기술들은 컨설테이션의 모든 단계에서 중요한 부분으로 작용하기는 하지만(Horton & Brown, 1990; Maitland, Fine, & Tracy, 1985; Schowengerdt, Fine & Poggio, 1976) 컨설테이션의 초기 단계에서 특히 그러하다. 컨설테이션 초기, 컨설턴트는 의뢰인들이 문제 상황을 탐색하고, 지속적으로 컨설테이션에 참여하고자 할 수 있도록 독려하는 방식으로 반응하는 데 목표를 두어야 한다. 대부분의 사례에서 컨설턴트는 언어적 · 비언어적기술, 컨설테이션에 대한 기본적인 정보의 공유, 상황에 대한 의뢰인의 충분한 설명이 이루어지기 전까지 모든 판단과 잠정적 해결책 제시의 보류를 통해 이러한 목표를 성취할 수 있다. 컨설턴트는 의뢰인의 관점으로 상황을 이해하고 있음을 입증하기 위해 의뢰인이 말한내용에 대한 재진술 및 요약 기법을 활용할 수 있어야 한다.

학생 학습활동 6-2

다음 예문에서 의뢰인에 대한 두 컨설턴트의 반응을 보고, 컨설테이션 관계의 초기 단계에서 이루어지는 컨설턴트의 언어화 작업(verbalization)에 대해 생각해 보시오.

의뢰인: 이 직업은 너무 스트레스가 많아요. 저는 일곱 명의 직원을 관리하는 것이 이렇게 힘들 줄은 상상도 못 했어요. 모두가 다 나름의 문제들을 가지고 있어요. 제가 항상 모두를 만족시켜 줄 수 없다는 사실을 아무도 인식하지 못하는 것 같아요.

컨설턴트 1: 당신은 모든 사람을 행복하게 해 주어야 한다는 압박을 느끼고 있지만, 그러한 당신이 얼마나 힘든지에 대해서는 아무도 인식하지 못하는 것 같군요.

컨설턴트 2: 저는 10분 남짓한 시간 동안 당신과의 대화를 통해 당신이 적극적이지 못하고, 이로 인해 직원들이 당신을 존중하고 있지 않다는 사실을 알 수 있었습니다. 저는 우리가 앞으로 진행할 협력 작업의 목표 가운데 하나를 당신이 보다 적극적이 되도록 돕는 데 둘 생각입니다.

어떤 컨설턴트의 반응이 보다 효과적인가? 그 이유는?

아동에게 도움을 제공하기 위해 학교상담자를 찾은 의뢰인에 대한 두 컨설턴트의 반응을 비교해 보시오.

의뢰인: 나는 Madison이 정말 걱정돼요. 그 아이는 너무 잘 울어요. 저는 그 아이의 집에서 무슨 일이 일어나고 있는지 궁금합니다.

컨설턴트 1: 당신이 알고 있는 부분이 있다면 조금만 얘기해 주세요.

컨설턴트 2: 다음 직원회의는 몇 시인가요?

어떤 컨설턴트의 반응이 보다 효과적인가? 그 이유는?

사정

사정(assessment) 단계에서 이루어지는 주요한 활동은 의뢰인이 컨설테이션에 의뢰한 문제와 관련되어 있는 요인들에 대해 검토하는 것이다. 그러나 컨설턴트와 의뢰인 서로에 대한 평가 또한 사정 단계에서 이루어지는 작업의 하나로, 컨설테이션에서 중요하게 작용한다. 여기에서는 사정 단계에서 이루어지는 두 가지 평가 작업에 대해 논의하고자 한다.

컨설테이션 모델에 따라 의뢰인이 당면한 문제를 사정하는 방법은 각기 다른 양상을 보인다. 이러한 차이는 이 책의 서두에서 논의한 바와 같이 인간 행동의 원인과 변화에 대해 각 컨설테이션 모델의 근간을 이루는 철학적 전제에 기인한다고 할 수 있다. [그림 6-1]은 세 가지의 주요 평가 영역이라는 측면에서 인간행동의 잠재적 원인 또는 인간행동을 유지시키는 요인을 구분하였다. 여기에서 세 가지 주요 영역은 의뢰인 특성, 환경적 특성, 내담자 특성이다. 컨설테이션 모델은 변화 과정에서 중요하게 다루어지는 특정 영역은 물론, 각 영역 내에서 강조되는 특정 변인들에서 차이를 보인다. 예컨대, 조작적 학습이론(조작적 조건 형성 이론)에서 인간 행동은 주변 환경의 변화, 특히 행동에 의해 초래되는 결과의 측면에서 광범위하게 설명된다. Bergan(1977; Bergan & Kratochwill, 1990)과 같이 조작적 조건형성이론의 영향을 받아 발전한 컨설테이션 모델에서 이루어지는 작업은 환경의 어떠한 측면이 행동을 지속시키는가와 같이 의뢰인의 행동에 직접적으로 영향을 미치는 환경적 측면들에 대한 사

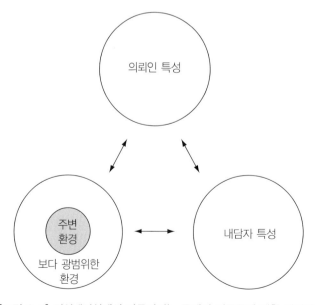

[그림 6-1] 컨설테이션에서 다루어지는 문제의 범주들에 대한 개념화

정과 개입에 초점을 맞추게 될 것이다. 한편, 의뢰인의 태도, 감정, 기술을 문제해결의 가장 중요한 요인으로 인식하는 Caplan 컨설테이션 모델에서는 의뢰인의 태도, 감정, 기술에 대한 평가에 초점을 맞출 것이다. 체계 또는 생태행동학적 이론을 추구하는 컨설턴트(Gutkin, 1993; Sheridan & Kratochwill, 2007)는 주변 환경과 그러한 환경이 보다 광범위한 환경에서 발생하는 사건에 의해 어떻게 영향을 받을 것인가에 집중할 것이다.

사정의 중심을 이루는 영역 내 구성 요소들은 컨설테이션에서의 주요 검토 사항을 제시한다. 사정 단계에서 어떤 요소를 검토해야 하는가에 대한 선택은 차후에 이루어지는 문제해결 단계에 매우 큰 영향을 미치게 된다. 사정 단계에서 다루어지지 않는 변인들은 대부분 문제 정의와 해결방안 개발에 있어서도 고려되지 않을 가능성이 크다. 문제가 내담자에게 있다는 전제하에 컨설턴트와 의뢰인이 해결 방안을 고안해 낸다면, 의뢰인의 역할 수행 또는 문제에 영향을 미치는 환경적 측면들은 다루어지지 못할 것이며, 결과적으로 문제해결은 어려워진다. 경우에 따라서는 컨설턴트와 의뢰인이 문제해결에 있어 중요하게 작용하는 체계 수준 요인을 간과할 수도 있다. 아동들의 사회적 기술 향상을 위한 교육 과정 개발을 위하여 도움을 구하는 아동 정신과 시설 담당 교사들과 작업을 시작하게 된 한 컨설턴트의 사례를 살펴보자. 학급 아동들은 해당 병동에서 근무하는 정신과 간호사의 보살핌 아래 많은 시간을 보내기 때문에 컨설턴트와 의뢰인은 교실에서 배우는 사회적 기술이 병동에서 강화된다는 사실을 확인하기 위해 간호사에게 도움을 요청하고자 계획할 것이다. 그러나 프로그램을 개발하는 과정에서 컨설턴트는 행동주의적 접근법을 사용한 교사와 정신분석학적 사고체계를 갖고 있는 간호사 사이의 이념적 차이를 고려하는 데 실패했다는 사실을 깨닫게 되었다. 프로그램을 실행해 보기는 하였으나 결국 간호사들의 지원을 얻는 데 실패하는 것은 물론, 아이들은 프로그램을 통해 그 어떤 효과도 보지 못하였다. 또 다른 컨설턴트는 행동 장애 학생들을 일반 학급에 통합시키기 위해 지역교육청 차원의 조력을 시도하였으나 실패하였다. 왜냐하면 그녀는 지역교육청에 속한 모든 교사를 대상으로 관찰 체계가 실행되어야 한다는 점을 간과했을 뿐 아니라, 이를 토대로 한 성과급 지급 정책 수립 시 장애 학생들에 대한 수용을 망설이는 교사들을 고려하지 않았기 때문이다.

미국 내에서 문화적 다양성에 대한 관심이 높아짐에 따라 사정 단계에서는 문제에 내재해 있는 문화적 요소를 중요하게 고려하게 되었고, 이러한 경향을 반영하여 문제해결 방안 마련 과정에서도 문화적 다양성은 반드시 다루어야 하는 요소로 자리 잡게 되었다. Quinn과 Jacob(1999)은 전통적인 평가 방법을 보완하기 위해서는 내담자가 처한 문제 상황에 영향을 미치는 문화적 차이에 대한 검토 및 탐구 과정이 필요하다고 제안하였다. 그들은 학교 현장에서 발생하는 학생들의 문제를 이해하는 데 핵심적인 질문의 예를 제시하였다. 그들의 질문 목록들은 확대되어 왔으며, 컨설테이션 장면에서 보다 일반적으로 활용할 수 있는 형태로 각색되어 왔다.

- 문제 상황에 영향을 미칠 수 있는 의뢰인 조직의 문화적 전제들은 무엇인가?
- 힘의 불균형은 문제 상황에 어떠한 영향을 미치는가?
- 의뢰인의 어려움을 개념화하는 데 고려해야 할 사회적 이슈가 존재하는가?
- 문제 상황에 영향을 미치는 의뢰인의 문화를 어떻게 해석해야 하는가?
- 언어 장벽은 내담자가 경험하는 어려움에 영향을 미치는가?
- 의사소통 과정에서 발생하는 갈등은 문제 상황에 어떠한 영향을 미치는가?
- 의뢰인과 내담자 간 가치관의 차이는 문제 상황에 어떠한 영향을 미치는가?
- 이민 등 내담자에게 일어난 변화가 문제에 미치는 영향은 어느 정도인가?
- 내담자의 문화적 기준에서 볼 때, 정상적이라 여겨지는 문제 행위는 어느 수준인가?
- 문제를 다루는 데 사용할 수 있는 문화적 강점에는 무엇이 있는가?

  [이러한 질문들 가운데 몇몇은 Diller(1999), Li와 Vazquez-Nuttall(2009), Pinderhughes(1989)의 제안에 기초하고 있다]

학생 학습활동 6-3

컨설테이션 장면에서 당신이 만날 수 있는 문제 상황을 파트너와 함께 설정해 보시오. 이 가운데 한 명이 컨설턴트가 되어 의뢰인에게 문제 상황의 다양한 측면에 대해 물어보는 역할 놀이를 5분간 진행하고 이를 녹음한 후 그 내용을 들어 보시오. 문제 사정 과정에서 당신은 어떤 영역을 다루었는가? 사정 과정에서 당신이 간과한 영역 및 요인들은 무엇인가? 현재 당면한 문제와 유사한 문제 상황에 대해 다른 사람들과 논의해 보고, 유사한 상황을 사정할 때 의뢰인에게 어떠한 정보를 요청하였는지 질의해 보시오.

광범위한 요소들이 문제 상황에 영향을 미칠 수 있기 때문에 컨설턴트와 의뢰인은 정확하게 문제를 지적하고 해결책을 고안하는 데 중요하게 작용하는 모든 요인을 폭넓게 고려하여 사정 작업을 시작해야 한다. 무엇이 문제에 영향을 미칠지에 대한 컨설턴트와 의뢰인의 편견에 기초하여 사정 영역을 사전에 결정짓거나 잠정적으로 중요하다고 판단되는 변수들을 설정하는 것은 적절한 문제해결의 가능성을 감소시킬 수 있다. 상담 장면과 마찬가지로 (Ivey et al., 2010), 컨설테이션을 통해 성취 가능한 목표 가운데 하나는 의뢰인으로 하여금 컨설턴트 없이 가능한 한 보다 복잡한 방식으로 문제를 보도록 도와주는 것이라 할 수 있다

(Caplan & Caplan, 1993; Sandoval, 1996, 2004). 〈표 6-1〉은 사정의 세 가지 영역에서 고려해
야 하는 요인의 예를 제시하고 있다.

‖ 표 6-1 ‖ 문제 사정의 세 가지 영역에서 다루어야 하는 내용에 대한 예시

내담자의 특성들

• 내담자의 어떤 행동이 우려됩니까?
• 내담자의 인지 수준은 문제에 어떠한 영향을 미치고 있습니까?
• 내담자가 아동인 경우, 고려되어야 하는 발달적인 문제가 있습니까?
• 내담자는 의뢰인을 어떻게 인식하고 있습니까?
• 내담자의 어려움을 규명해 나가는 데 있어 고려해야 하는 문화적 요인들은 무엇입니까?

의뢰인의 특성들

• 지식, 기술, 객관성 또는 자신감 부족 가운데 어떠한 요인으로 인한 문제입니까?
• 문제를 바라보는 의뢰인의 시각은 어떻습니까?
• 자신과 내담자에 대한 의뢰인의 기대사항은 무엇입니까?
• 의뢰인은 어떠한 개입 방안 기술들을 제안했습니까?
• 의뢰인이 수용할 수 있는 치료 방법에는 무엇이 있습니까?

환경적인 특성들: 주변 환경

• 내담자의 행동을 강화시키거나 유지시키는 환경적 측면들은 무엇입니까?
• 문제해결에 활용할 수 있는 유용한 자원에는 무엇이 있습니까?
• 주변 환경 가운데 고려해야 하는 제한점은 무엇입니까?

환경적인 특성들: 보다 확대된 환경

• 문제에 영향을 미치는 환경의 구조적 측면들이 있습니까?
• 내담자 행동에 영향을 미치는 주변환경 외에 또 다른 환경적 요인들이 있습니까?
• 내담자 혹은 의뢰인이 속한 조직의 규범 및 기대사항과 일치하는 변화가 제시되었습니까?
• 제시된 변화 및 변화를 위한 전략들은 내담자와 의뢰인이 문화적으로 적응 가능한 것들입니까?

　컨설턴트와 의뢰인은 문제 상황과 관련된 요인들을 사정하는 한편, 또 다른 형태의 사정,
즉 컨설턴트와 의뢰인이 서로에 대해 보다 깊이 알아 나가는 사정 작업 또한 함께 진행해 나
간다. 의뢰인이 컨설테이션을 요청한 문제에 대해 설명할 때, 컨설턴트는 컨설테이션 과정
에 영향을 미칠 수 있는 의뢰인의 다양한 측면에 대해 평가한다. '의뢰인은 아동의 잘못된 행
동을 부모의 통제력 부족 또는 학급 관리 능력 부족의 결과로 지각하는가?' '직원들의 사기
진작을 위해 도움을 요청하는 기관 관리자는 직원들의 비효과적 직무 수행 문제의 원인을
그 자신이 실시한 과잉통제 때문이라고 인식하고 있는가?' '의뢰인이 설명하는 이전의 개입
방법들이 지나치게 단조로웠던 것은 아닌가?' '이전의 개입방법들은 의뢰인에게 높은 기술
수준을 요구했는가?' '의뢰인-내담자 혹은 컨설턴트-의뢰인의 관계에 영향을 미치는 문화

적 차이가 존재하는가?' 각각의 사례에서 컨설턴트의 사정 작업은 의뢰인과의 상호작용에 변화를 일으킬 수도 있다. 때로 문제를 지각하는 데 있어 컨설턴트와 의뢰인이 차이를 보인다면, 그들은 문제를 정의하고 내담자를 사정하는 데 보다 많은 시간을 할애해야 할 것이다. 경험 수준이 낮은 의뢰인과 작업을 하는 컨설턴트의 경우, 개입 계획을 제시할 때 보다 많은 사례를 활용하여 자세하게 설명해야 할 것이며, 실행 기간 동안 의뢰인에게 보다 많은 지지를 제공해야 할 것이다. 문화적 차이가 컨설테이션에서 이루어지는 의사소통 방식에 영향을 미칠 것이라는 사실에 대해 의구심을 갖고 있는 컨설턴트는 그의 질문 방식, 관계를 구축하는 데 할애하는 시간, 의뢰인에게 보다 적합한 비언어적 행동 등에 조금씩 변화를 더해 가며 작업을 진행해 나갈 것이다(2장, 7장 참조).

한편, 의뢰인은 컨설턴트의 스타일, 컨설턴트가 문제해결에 도움이 될 가능성, 컨설턴트가 원하는 것 등에 기초하여 컨설턴트를 평가하고 그에 대한 판단을 내리게 된다. 이러한 판단들은 컨설테이션 과정과 결과에 영향을 미칠 수 있다. Tombari와 Bergan(1978)은 "컨설테이션의 의학적 혹은 행동학적 모델과 그 맥을 같이하는 컨설턴트의 질문은 의뢰인으로 하여금 그 자신의 관점을 반영하여 문제를 정의할 수 있도록 해 줄 뿐 아니라, 문제해결에 있어 그러한 질문들이 얼마나 효과적인가에 대해 의뢰인 스스로 가늠해 볼 수 있도록 해 준다."라고 하였다. 예컨대, 내담자의 행동에 초점을 둔 컨설턴트의 질문을 비롯하여 내담자의 행동과 관련하여 의뢰인이 취하는 조치는 내담자의 행동에 초점을 맞추어 문제 정의가 이루어지게 하고, 의뢰인으로 하여금 문제를 보다 해결 가능한 것으로 바라볼 수 있도록 해 준다.

특히 컨설턴트가 의뢰인과 다른 문화적 배경을 지니고 있는 경우, 의뢰인은 컨설턴트의 문화적 민감성, 문화적 차이에 따른 컨설턴트와 의뢰인 역할에 대한 탐색 의지, 문제 상황에서 나타나는 민족 또는 인종 차별적 행위 등을 기초로 컨설턴트를 평가할 것이다. Gibbs (1980)와 Duncan(1995)은 아프리카계 미국인 의뢰인들은 문화적 소수 집단에 속하는 의뢰인 및 내담자와 작업하는 능력 면에서 유럽계 미국인 컨설턴트를 평가하였고, 이러한 평가 요소들은 컨설테이션을 지속시켜 나갈 것인지 또는 종료할 것인지를 결정하도록 하는 기초 자료로 사용되었다는 사례를 제시하였다.

이 주제에 대한 담론 연구에서, Rogers(1998)는 컨설턴트의 역량과 다문화적 민감성을 지각하는 데 있어 컨설턴트의 민족성과 언어 행동이 갖는 영향력에 대해 조사하였다. 예비 교사들은 컨설턴트의 민족성, 의뢰인의 민족성, 컨설턴트의 언어 행동을 달리 적용한 모의 컨설테이션 회기 비디오를 시청하였다. 한 컨설턴트는 인종차별주의에 대한 우려를 표하는 의뢰인에 대해 후속조치를 취했다. 한편, 또 다른 컨설턴트는 의뢰인에 대해 공감적으로 반응하기는 하였으나, 인종차별주의를 우려하는 의뢰인에 대해 후속조치를 취하지 않았을 뿐 아니라 의뢰인의 우려에 대해 알고자 하지도 않았다. 아프리카계 미국인이나 유럽계 미국인 등 그 인종이나 민족에 상관없이 모든 평가자는 민족적 차이에 민감한 컨설턴트가 인종차별에 대해 우려하는 의뢰인에게 반응하지 않는 컨설턴트보다 유능하고 다문화적 민감성을 지닌 존재라 평가하였다.

다음의 인용문은 문화적 우려에 적합한 공감적 반응과 그렇지 않은 반응과의 차이를 보여주고 있다.

> 의뢰인: 저는 가끔 아프리카계 미국인 소년들에게 자극제를 과잉 처방하는 것은 아닌가 염려가 되어 이를 감독에게 얘기했지만, 그녀는 내가 한 얘기를 무시해 버려요.
> 문화에 둔감한 컨설턴트의 반응: 중요한 문제를 제기했음에도 관리자로부터 '들어 주는' 느낌을 받지 못하시는군요.
> 문화적으로 민감한 컨설턴트의 반응: 당신은 아프리카계 미국인 내담자의 욕구와 관련하여 관리자의 관심이 부족하다거나 무감각하다고 느끼시는군요. … (중략) … 아마도 학교나 기관은 현재 아프리카계 미국 아동들의 욕구를 충족시키고 있는지 스스로 점검하려 하기보다는 문제를 아동에게 있는 것으로 보려 하는 것 같습니다.

문제 정의와 목표 설정

제시된 문제와 관련된 변인들에 대한 검토 작업이 진행됨에 따라 문제에 대한 개념화는 보다 복잡한 양상을 띠게 된다. 컨설테이션을 주제로 한 각종 연구와 이론들은 이 단계를 컨설테이션에서 매우 중요한 부분으로 언급하고 있다. Bergan과 Tombari(1976)는 행동주의 컨설테이션 결과에 대한 최고의 예측 지표는 내담자가 원하는 행동과 실제 행동 사이에 발생하는 불일치를 문제로 규정하는 것이라고 하였다. 경험 수준이 낮은 컨설턴트와 노련한 컨설턴트가 갖는 차이에 대해 밝힌 연구에서는 그들이 문제를 명료화하고 정의하는 데 할애하는 시간의 양에서 차이를 보이고 있다는 결과를 제시하였다(Benn, Jones, & Rosenfield, 2008; Curtis & Watson, 1980; Pryzwansky & Vatz, 1988). 노련하지 못한 컨설턴트는 정의가 이루어지지 않은 문제에 대처하기 위한 전략 개발에 성급하게 집중하는 경향이 있다.

문제 정의가 충분히 이루어지지 못한 경우, 컨설턴트와 의뢰인은 엉뚱한 문제를 해결하기 위해 그 시간과 노력을 쏟아 붓는 상황이 발생할 수 있다. 이는 다음의 두 사례에서 확인할 수 있다. 성인 지적 장애인들을 위한 보호 작업장 교사를 돕기 위해 한 컨설턴트가 의뢰되었다. 내담자들 가운데 한 명은 최근 들어 계속해서 청량음료를 찾곤 하였다. 컨설턴트와 의뢰인은 내담자가 음료를 요구하는 빈도를 감소시키기 위해 내담자가 욕구를 참는 희생에 대해 보상하고, 이에 대해 반응하는 계획안을 개발하였다. 나중에서야 컨설턴트와 의뢰인은 최근 내담자가 갈증이라는 부작용을 동반한 약물을 처방받았다는 사실을 알게 되었고, 내담자에 대한 처방이 변화되자 음료에 대한 내담자의 요구도 급감하게 되었다. 또 다른 컨설테이션 사례에서 한 컨설턴트는 법정 약물 검사 정책의 이행을 통해 모든 직원의 결근을 줄이고, 생산성을 향상시킬 수 있도록 조직을 지원하게 되었다. 이 프로그램을 통해 몇몇 직원이 약물을 남용하고 있다는 사실을 확인하기는 하였으나, 잦은 결근의 감소와 생산성 향상에 있어 의도했던 효과는 거두지 못하였다. 이에 대해 다른 컨설턴트는 권위적인 운영 방식, 지루하고 반복적인 직무로 인한 직원들의 사기 저하로 문제를 재개념화하였고, 이를 토대로 조직은 직원들이 그들의 업무를 보다 잘 관리할 수 있도록 설계된 양질의 집단 프로그램 및 그 외 다른 프로그램 개발에 착수할 수 있었다. 결국 직원들의 결근은 감소되었으며 생산성은 현저하게 증가되는 결과가 나타나게 되었다.

컨설턴트는 어떻게 이와 같은 실수를 피할 수 있을까? 이는 문제를 해결하는 과정에서 가장 규명해 내기 어려운 부분이라 할 수 있을 것이다. 성공적인 문제 정의를 위한 핵심 요소 가운데 하나는 얼마나 많은 요인이 문제에 연관되어 있는지를 사정하는 작업에 컨설턴트와 의뢰인이 충분한 시간을 투자하는 것이다. Rosenfield의 교육적 컨설테이션(2008)에서 설명하고 있는 바와 같이 사정 전략들에는 반복적인 정보의 수집, 컨설턴트의 직접적인 관찰 등이 포함된다. Monsen과 Frederickson(2002)이 제안한 두 번째 요인은 "이해하기 쉬운 추론(accessible reasoning)"(Robinson & Halliday, 1988)을 활용하는 것으로, 이는 의뢰인으로 하여금 그가 공유하고 있는 정보들이 문제의 원인을 규명하는 데 필요한 가설에 어떻게 통합되고, 또 실행 계획과 어떻게 조화를 이룰 수 있는지에 대해 명료화할 수 있도록 해 준다. 추론을 이해하기 쉽게 설정함으로써 의뢰인은 컨설턴트가 범할 수 있는 오판들을 바로잡고 부가적인 정보들을 제공할 수 있는 기회를 갖게 되며, 결과적으로 컨설턴트와 의뢰인은 문제에 대하여 높은 수준의 안목을 발달시켜 나갈 수 있게 된다.

문제 및 문제해결이라는 목표를 명료화하고, 이를 구체적으로 진술하는 것은 문제 정의 단계에서 이루어지는 작업의 완성이라 할 수 있다. 이러한 진술은 다음과 같은 측면에서 성공적인 문제해결을 촉진할 수 있다. ① 진술은 모든 관련자로 하여금 무엇이 문제라고 인식하고 있으며, 어떠한 목표를 위해 일하고 있는지에 대해 명백하게 이해할 수 있도록 해 준다. ② 진술이 지닌 특수성은 평가 전략의 개발을 촉진하는 측정 기술들을 제시한다. ③ 분명한 목표 진술은 변화에 대한 의뢰인의 기대가 현실적이라는 사실을 컨설턴트가 확인할 수 있도록 해 준다. 문제를 정의하는 두 개의 표본 진술문은 문제를 해결하기 위한 개입의 초점을 명시하고, 개입의 구체적 목표를 제공한다. 이 두 가지 모두 컨설턴트가 개발할 수 있는 문제 진술문으로서, 이는 컨설턴트, 의뢰인, 다른 조직 구성원들이 문제를 해결하기 위한 계획에 합의했다는 사실을 확인하는 데 사용된다. 첫 번째 사례는 자원봉사자들이 높은 이직률을 보이는 원인에 대해 밝히고, 이직률을 감소시키기 위한 프로그램 개발 참여를 요청받은 컨설턴트의 상황이다. 두 번째 사례에서 컨설턴트는 보다 효과적인 재학 중 정학 프로그램 개발을 의뢰받았다. 그러나 몇몇 관리자 및 교사들과의 회의 이후, 컨설턴트와 의뢰인들은 재학 중 정학 프로그램을 실행하고자 할 때, 학생의 높은 위탁률로 발생하는 수업 결손 및 정상적인 학급 운영의 어려움 때문에 문제를 재정의하였다.

문제 1   보호 작업장에서 일하는 자원봉사자의 60%가 이직함으로써 성인 지적 장애인들에 대한 서비스는 지장을 받고 있다. 이직의 이유는 다음과 같다.

① 성인 지적 장애인의 행동, 버릇, 문제에 대하여 사전지식이 없는 자원봉사자의 채용
② 전문직 직원과 자원봉사자들 간의 미흡한 의사소통
③ 자원봉사자에 대한 지지 네트워크의 결여 및 긍정적인 피드백과 인식을 제공하기 위한 체계적 프로그램의 부재

개입 방안들은 자원봉사자의 이직률을 경감시키는 데 초점을 둘 것이다.

목표
① 자원봉사자들이 성인 지적 장애인의 기능을 보다 잘 이해할 수 있도록 오리엔테이션 과정을 조정할 것
② 자원봉사자와 직원들을 대상으로 의사소통 기술 발달 프로그램을 개발하고 실행할 것
③ 지역사회, 기업, 서비스 기관에 점심 식사 제공, 명패, 자격증 제작 등에 필요한 자금 원조를 요청함으로써 자원봉사자로서 공식적인 승인 절차를 밟는 데 필요한 예

산을 확보할 것

문제 2 교사들에 의한 학생 위탁은 다음과 같은 이유로 재학 중 정학 프로그램에 과부하를 초래하였다.

① 학교에 의해 주어지는 공동체의 문화적 가치를 학생 개인에게 적합한 문화적 가치로 변화시키는 작업의 필요성에 대한 교직원들의 이해 부족
② 학생들에게 보다 효과적인 학급 운영 전략 개발의 필요성

개입 방안들은 재학 중 정학 프로그램으로의 위탁률을 낮추는 데 초점을 둘 것이다.

목표

① 교사들은 외부 전문 강사, 워크숍, 관련 주제를 다루고 있는 영화 등 종합적인 프로그램 등을 통해 그 자신이 담당하고 있는 학급 학생의 가치관에 대해 이해하게 될 것이다.
② 교사들은 개별화 수업, 학업중단을 감소시키기 위한 학습 활동의 관리, 경험적 원리에 기초한 학급 운영 프로그램 등에 체계적으로 참여하게 될 것이다.

:: **문제 정의를 용이하게 하는 컨설턴트의 대인관계 기술 및 목표 설정**(consultant interpersonal skills facilitating problem indentification and goal setting) 컨설테이션이 성공적으로 이루어지기 위해서는 문제 상황의 중요한 요소들을 포함하여 문제를 정의해야 할 뿐 아니라 의뢰인에게 그 자신의 역할을 정확하게 명시해 주어야 한다. 예컨대, 의뢰인이 글을 읽지 못하는 아동의 문제로 어려움을 경험하고 있음에도 컨설턴트가 이를 저학년 아동에게 나타나는 일반적인 문제로 인식함으로써 의뢰인에게 문제해결을 위한 그 어떠한 역할도 요구하지 않는다면, 의뢰인은 아무 조치도 취하지 않을 것이다. 문제를 해결하는 데 있어 스스로에게 역할을 부여하는 의뢰인은 보다 수월하고 효과적으로 컨설턴트와 관계를 형성해 나갈 수 있다. 그러나 사실 이와 관련된 내용들은 지금까지 컨설테이션 연구에서 광범위하게 다루어지지 않았다. 다만 선행연구들은 컨설턴트가 의뢰인으로 하여금 특정 용어를 사용하여 문제를 정의하도록 돕고, 의뢰인이 통제할 수 있는 사건이나 행동(예: 내담자의 행동과 환경적 변인들이 문제에 영향을 미치는 경우)에 초점을 두어야 한다고 제안하였다. 그리고 이러한 방식으로

작업을 진행해 나가는 컨설턴트야말로 의뢰인이 문제해결을 위한 행동을 하도록 준비시키는 데 성공적일 수 있다고 주장하였다(Bergan, Byrnes, & Kratochwill, 1979; Bergan & Tombari, 1976; Tombari & Bergan, 1978).

다양한 상담 관련 문헌 분석을 통해 Carkhuff(1983)와 Ivey 등(2010)은 행동을 촉진하는 문제의 정의는 의뢰인의 지속적인 참여를 위한 경청과 집중 및 요약, 해석, 지지적인 직면 기술의 활용을 통해 가능하다고 주장하였다. 직면은 의뢰인이 말로 표현한 것과 그의 행동 간, 선천적 성향과 인지 내용 간, 컨설턴트와 의뢰인의 경험 간 불일치를 지적할 때 사용된다. 대부분의 경우 직접적 직면은 잠정적·간접적 직면에 비해 덜 바람직한 방법으로 평가된다. 다음의 두 진술은 직접적 직면과 잠정적 직면을 비교한 것이다.

> 직접적: 당신은 저에게 당신이 Jamaal과 좋은 관계를 맺고 있다고 말씀해 주셨습니다만 당신과 대화하며 제가 관찰한 바로는 그를 칭찬하거나 그의 성과를 인정하는 데 당신이 머뭇거리는 것 같았습니다.
>
> 간접적: 애정이라는 감정 이외에 Jamaal의 반항적 태도로 인해 화가 나거나 좌절했던 사건이 있었는지 궁금합니다.

직면은 이 방법을 사용했을 때, 의뢰인이 문제 상황을 보다 잘 이해할 수 있다고 판단될 때에만 사용되어야 한다. 지지적이고 간접적인 직면의 경우, 그 자체로는 성공적인 문제 정의를 이끌어 낼 수 없지만 의뢰인으로 하여금 문제 상황에서 그 자신의 역할을 찾아 수행할 수 있도록 돕는다.

요약은 의뢰인이 행동을 취하도록 할 때 특히 유용하다. 요약된 진술은 지금까지 상담 장면에서 이루어진 대화의 함축적 의미를 표현할 수 있고, 흩어진 내용들을 결합시키며, 주제를 다시금 확인할 수 있도록 해 준다. 문제가 제대로 정의되었는지에 대한 확인 작업에 요약 기법을 결합하여 활용할 경우, 컨설턴트는 의뢰인으로 하여금 문제에 대하여 보다 객관적이고 초점화된 관점을 가질 수 있도록 돕고, 그들의 어떠한 행동이 문제 상황을 다루는 데 있어 도움이 될 수 있는지에 대해 판단할 수 있도록 조력할 수 있다. 다음은 요약 진술문의 예이다.

> "당신은 Alicia의 정서적 안정과 그녀에 대한 가정 내 지원 수준에 대해 우려하고 있으며, 이러한 어려움은 그녀의 학교생활에 영향을 미치고 있다고 말했습니다. 현재 당신에게 가장

큰 걱정은 학급 내에서 그 아이가 과제를 완성하는 속도입니다. 당신은 모든 형태의 처벌 또는 부정적 결과들이 그 아이를 고통스럽게 만들 것이며, 더 많은 문제를 유발할 것이라 생각하고 있습니다. 반면에 지지적이고 긍정적인 개입 방안들은 Alicia에게 효과가 있을 것이라 생각하는군요. 맞습니까?"

이 진술은 의뢰인에게 컨설턴트가 제시한 요약 내용에 대해 판단할 수 있도록 해 주며, 문제를 해결하는 데 필요한 의뢰인의 역할을 시사해 준다.

전략 선택

문제 정의 및 목표 설정의 다음 단계는 목표를 달성하기 위한 방법을 선택하는 것이다. 컨설테이션 모델이 사정의 영역에 따라 달라지는 것과 같이 전략 유형에 따라 활용되는 모델 또한 달라진다. 단, 합리적인 전략 선택에 대한 보편적이고 일반적인 논의는 가능할 것이다.

체계이론의 주요한 전제 가운데 하나는 등결과성(Katz & Kahn, 1978)으로, 이는 동일한 목표를 이루는 데 있어 하나의 체계 내에 다양한 방법이 존재함을 의미한다. 따라서 컨설턴트는 의뢰인과 함께 여러 가지 전략을 탐색해야 하며, 의뢰인으로 하여금 이 가운데 적절한 전략을 선택할 수 있도록 조력해야 한다. 대안 개발 및 가장 효과적인 전략을 선택하는 의뢰인의 능력 향상은 의뢰인이 자신의 역할을 수행하는 데 적응적인 기능을 발휘할 수 있도록 해 주며, 이는 컨설테이션이 갖는 예방적 특성에서 매우 중요한 측면이라 할 수 있다. 컨설테이션이 갖는 예방적 특성에서 중요하게 다루어야 할 또 다른 측면은 의뢰인으로 하여금 지금까지 활용해 보지 않은 체계 내 자원들을 확인하고 이용하도록 돕는 것이다(Riley-Tillman & Chafouleas, 2003).

전략 선택을 위한 세 가지 주요 구성 요인에는 ① 전략의 효과성을 지지해 주는 근거, ② 전략 또는 치료의 완전성이 유지될 가능성, ③ 의뢰인이 전략을 수용할 가능성 등이 있다. 전략의 효과성을 지지해 주는 선험적 근거는 언제나 중요하게 다루어져 왔다. 최근 합리적으로 설계된 연구(Hoagwood & Johnson, 2003)를 통하여 입증된 교육적 · 심리적 치료의 폭넓은 활용 및 이를 촉진하기 위한 움직임이 컨설턴트에게 중요한 관심사가 되고 있다. 몇몇 사례에서 국가 및 지역 차원의 정책 개발은 개입 방안이 효과적이라는 사실을 뒷받침해 주는 과학적인 근거들의 존재 여부에 따라 그 실효성 수준이 결정되고 있다(예: 2004년에 제정된 「장애인교육법」, 2001년에 제정된 「아동낙오방지법」). 따라서 컨설턴트는 의뢰인에게 이와 같은 시대적 요구들을 반영하여 그 역할을 수행해야 한다는 사실을 알려 주어야 한다. 대부분의 컨설턴트는 의뢰인이 개입 방안의 근거에 대해 알고 싶어 한다는 사실을 인식하고 있을 것이다. 학교에 근무하는 컨설턴트에게는 'What Works Clearinghouse'(http://ies.ed.gov/ncee/wwc/) 및 'Inervention Central'(http:/www.inter-ventioncentral.org)을 비롯하여 실증적 근거가 존재하는 개입 방안에 대해 제시해 주는 수많은 자원이 있다.

　전략 또는 치료의 완전성은 그 효과성 여부와 상관없이 개입 방안이 얼마나 적응적이고 변화 가능성이 있는가에 따라 나타나는 차이의 정도를 의미한다. 컨설턴트가 의뢰인의 이해 및 기술 수준을 고려하는 것은 물론, 의뢰인이 처한 환경에서 특정한 개입 전략을 보다 손쉽게 이행할 수 있도록 대안을 채택하는 것 또한 중요하다고 할 수 있다. 몇몇 개입 방안들은 그것이 의뢰인의 기술 수준에 맞지 않고, 치료가 더 이상 효과적이지 않은 환경인 경우에 의뢰인이 이를 실행하기에 적절한 방식으로 변화되는 경우가 많다(Fuchs, Fuchs, Bahr, Fernstrom, & Stecker, 1990). 예컨대, 생산성의 향상을 월급 인상으로 보상해 주는 성과급 프로그램은 성과급 지급에 높은 수준의 예산 집행이 가능한 회사에서는 효과적일 수 있으나 성과급에 책정할 수 있는 예산의 규모가 작아 성과급 프로그램의 시행이 아무 의미를 갖지 못하는 회사에서는 비효과적일 것이다. 또한 행동 수정에 대해 훈련을 받지 않았거나 이러한 교수법을 활용한 경험이 없는 담임교사는 바람직한 행동이 나타나는 경우에 한하여 특별한 보상을 제공함으로써 일어나는 강화의 의미를 이해하지 못하기 때문에 행동 치료 기법을 효과적으로 사용하지 못할 수 있다. 다음 장에서 전략 또는 치료의 완전성 촉진 및 유지 방법에 대해 논하겠지만, 특정한 전략이 효과적으로 실행될 가능성은 의뢰인의 상황에 내재되어 있는 한계의 영향을 받게 된다.

　몇몇 연구자들은 특별한 개입 방안의 수용 가능성은 실제적인 치료의 이행 여부에 중요한 영향을 미치게 되며(Kazdin, 1984; Reimers, Wacker, & Koeppl, 1987; Witt & Elliott, 1985), 따라서 이는 전략 선택 과정에서 반드시 고려되어야 한다고 주장하였다. 다양한 치료 방법에 대한 수용 가능성에 있어 개인의 판단에 영향을 미치는 요인들에 대한 탐색 연구가 대규모로 이루어졌다. Elliott(1988)은 이러한 요인들을 컨설턴트·의뢰인·치료 방법·내담자 변인의 네 가지 범주로 구분하였다. 치료의 완전성에 영향을 미치는 컨설턴트 변인에는 컨설턴트가 개입 방안에 대해 설명하는 방식, 치료 근거, 컨설턴트의 대인관계 방식 등이 포함된다. 예컨대, Witt, Moe, Gutkin과 Andrew(1984)는 개입 방안을 표현하는 데 있어 인간적 또는 행동적 용어보다는 실용적 용어를 사용할 때 교사들이 개입 방안의 가치를 보다 높이 평가한다는 사실을 발견하게 되었다(예: 학생에 대한 일시적인 활동 중단 처벌을 아무것도 하지 않는 시간이라는 설명으로 규정하는 것보다는 아동의 발달을 위한 중요한 개입방법 또는 부적절한 행동을 감소시키기 위한 처벌로 표현하는 것을 선호함). 또 다른 연구자들은 의뢰된 문제를 해결하는 과정에서 컨설턴트는 그 개입방법을 각 의뢰인의 관점과 일치시키기 위해 의뢰인 개인에게 맞는 근거를 만들어 내고 있으며, 이는 치료법에 대한 의뢰인의 수용 가능성을 향상시킨다는 사실을 발견하게 되었다(Conoley, Conoley, Ivey, & Scheel, 1991). 최근 Tysinger 등(2009)은 컨설테이션 회기가 녹화된 비디오를 시청한 교사들의 경우, 개입 방안 선택 시 컨설턴트의 지시적인 태도(비지시적 태도와 대조적인 개념)에 보다 수용적인 태도를 보인다는 사실을 발견하였다. 지시적인 컨설턴트는 교사들로 하여금 보다 적극적으로 컨설테이션에 참여하고 당면한 문제와 관련된 모든 우려들을 공유된 의사 결정을 통해 해결해 나가고자 노력할 수 있도록 격려하였다.

치료의 수용가능성을 판단하는 데 있어 영향을 미치는 의뢰인 변인들은 다년간에 걸친 의뢰인의 경험, 행동 기법에 대한 지식, 직업에서 느끼는 자기효능감 등을 포함한다(DeForest & Hughes, 1992; Hughes, Barker, Kemenoff, & Hart, 1993). 문화적 가치 또한 개입의 수용가능성에 대한 의뢰인의 지각에 영향을 미칠 것이다. 예컨대, 협력을 경쟁보다 높은 가치로 평가하는 의뢰인은 보상 또는 질책을 목적으로 특정 개인을 지목하는 방식의 개입을 거부하는 반면, 집단을 대상으로 한 개입은 자연스럽게 받아들일 것이다. 치료의 수용가능성에 영향을 미치는 내담자 변인들에는 내담자의 문제가 '행동화로 인한 문제인가?' '철수행동으로 인한 문제인가?' 등 문제 유형 및 문제의 심각성 등이 포함된다.

수용가능성에 대한 판단과 관련되어 있는 치료적 변인들은 소요 시간, 치료 유형, 연구 문헌들에서 보고된 효과성을 포함하고 있다(Elliott, 1988; Witt, Elliott, & Martens, 1984). 이 가운데 소요 시간과 치료 유형은 가장 강력한 영향력을 미치고 있다. 학교 기반 개입에 대한 일반교육 및 특수교육 담당 교사들의 인식을 살펴보기 위하여 대규모 연구(Martens, Peterson, Witt, & Cirone, 1986)를 실시한 결과, 교사들은, 첫째, 효과적이고 쉬운 개입, 둘째, 자주 사용되는 개입을 치료의 가장 중요한 두 가지 범주로 인식하고 있었다. 여기에는 학생들이 적절한 행동을 할 수 있도록 행동의 방향을 수정해 주는 것(학생에게 제자리로 돌아가 수업에 참여하라고 말하기), 물질적인 보상의 활용(행동적인 계약) 등이 해당된다.

지금까지 치료의 수용가능성에 대한 의뢰인의 판단에 영향을 미칠 수 있는 변인들에 대해 논의하였다. 그러나 컨설턴트는 어떠한 개입이 특정 의뢰인에게 수용 가능한가에 대해 결정하고자 할 때, 이러한 연구 결과에만 의존해서는 안 된다. Elliott(1988)과 Rosenfield

(1987)는 특정 개입에 대한 의뢰인의 반응에는 상당한 개인적 가변성이 존재한다고 주장하였다. 컨설턴트는 문제의 원인과 행동의 변화 추이를 바라보는 의뢰인의 신념에 민감해져야 하며, 치료 근거가 이러한 신념들과 잘 부합될 수 있도록 노력해야 한다(Conoley et al., 1991). 또한 전략 선택의 초기 단계에서는 성공적인 개입방식 및 이를 이행할 의향이 있는지에 대하여 의뢰인들과 충분한 논의가 이루어져야 한다. 컨설턴트와 의뢰인이 특정 전략에 대해 구체적으로 논의하는 과정에서, 컨설턴트는 의뢰인에게 현재 언급되고 있는 개입 방안들에 대해 의뢰인이 느끼는 편안함의 수준은 어떠한지에 대해 구체적으로 물어보아야 한다. 컨설턴트가 치료의 수용가능성에 대해 의뢰인과 논의하는 방식에 대한 몇몇 예시가 다음 대화에 제시되어 있다.

> **인용 1**
>
> 컨설턴트: 우리는 Sally가 과제 외의 행동에 쏟는 시간을 감소시키는 데, 특히 선생님이 과제를 부여했을 때 그 아이가 자기 자리에 앉아 과제를 하도록 돕는 데, 컨설테이션 작업의 초점이 맞추어져야 한다는 점에 동의했습니다.
>
> 의뢰인: 네, 그 아이는 일단 과제를 시작하면 괜찮은데, 시작하는 게 어려워요. Sally는 자리에 앉아 과제를 시작하고 10분이 지나도록 종이에 이름만 적어 놓을 때가 있어요.
>
> 컨설턴트: 그렇군요. 수학 시간에 그 아이를 관찰하면서 저도 봤어요. 우리가 Sally로 하여금 과제를 시작하도록 하는 전략에 대하여 논의하기 전에, 저는 우리가 결정한 개입 내용들에 대해 선생님이 편안하게 느끼고 있는지 알고 싶어요. 제가 1년 동안 선생님들과 작업을 진행하면서 배운 점 가운데 하나는 저와 선생님이 논의한 전략들이 선생님의 스타일이나 학급 운영 방식에 맞지 않으면 그 전략은 절대 실행될 수 없다는 겁니다. 그래서 부탁드리고 싶은 것은 우리의 아이디어가 비현실적인 것은 아닌지, 또는 선생님의 학급에 어울리지 않는 것은 아닌지에 대해 꼭 말씀해 주셨으면 합니다.
>
> 의뢰인: 저에게 가장 중요한 문제는 사실 시간이에요. 제가 독서 집단과 함께 활동하는 동안 다른 아이들은 자리에 앉아 자습을 해요. 이런 상황에서 제가 몇 분마다 Sally의 상황을 확인하는 건 불가능하죠. 그렇게 되면 저는 독서 집단과의 활동을 제대로 하지 못할 테니까요.
>
> 컨설턴트: 그렇군요. 수업 시간 중 Sally 개인에게 선생님의 시간을 너무 많이 빼앗기지 않아야 한다는 점을 가장 중요하게 고려하여 실행 계획을 마련해야 할 것 같습니다.

인용 2

컨설턴트: 현재 은행이 안고 있는 가장 큰 골칫거리가 금전 출납계 창구 직원들의 이직이라는 사실에 대해 우리는 같은 의견을 보이고 있습니다. 새로 채용되는 직원에게 투입되는 훈련비용은 많은 예산을 요구하기 때문에 적은 비용으로 금전 출납계 창구 직원들의 이직을 감소시키는 것은 이에 소요되는 예산을 절약할 수 있도록 해 줄 겁니다. 또한 고객들이 은행 창구에서 친근한 얼굴을 볼 수 있게 되면 은행 홍보 차원에서도 매우 효과적일 거예요. 무엇보다 경험이 많은 금전 출납계 직원들은 실수를 범할 확률이 낮을 것이고, 이는 당신이 돈을 모을 수 있는 또 다른 요인으로 작용하는 것이지요.

의뢰인: 잘 요약하여 말씀해 주셨습니다. 금전 출납계 창구 직원들은 은행에서 가장 높은 이직률을 보이고 있습니다.

컨설턴트: 좋습니다. 저는 우리가 문제에 대한 합의를 이루어 냈다는 사실에 기분이 좋군요. 이제부터 문제를 어떻게 해결해 나가야 할까요? 다른 은행들은 연공가봉(역자 주: 여러 해 동안 근무한 공로에 대하여 본봉 외에 더 주는 봉급), 융통성 있는 시간 운영, 직무에 대한 의사결정 과정에의 참여, 팀워크 강화를 위한 각종 행사의 개최 등 수많은 아이디어를 시도해 왔습니다. 하지만 저는 당신에게 어떠한 전략이 수용가능하고, 무엇이 당신의 자원과 운영 철학에 부합하는지 알아야 합니다. 과거에 당신이 이 문제를 해결하기 위해 시도했던 노력이 있다면 조금만 말씀해 주시겠습니까?

의뢰인: 우리는 고객들이 우수한 금전 출납계 창구 직원을 추천하는 행사를 추진한 적이 있습니다. 우리는 이 행사를 "이달의 금전 출납계 창구 직원"이라고 이름 붙였습니다. 나는 이 프로그램을 좋아하지 않았습니다. 오직 한 명의 직원만이 성취감을 맛볼 수 있다는 점에서 호감을 느끼지 못했기 때문이죠. 훌륭하게 업무를 수행하고 있는 모든 직원을 인정해 줄 수 없었으니까요.

컨설턴트: 좋습니다. 당신이 지금 저에게 해 준 이야기를 통해 저는 문제해결의 몇 가지 아이디어를 얻었습니다. 당신은 단 한 사람의 직원이 인정을 받거나 보상을 받는 프로그램을 원치 않고 있습니다. 그런데 당신은 직원에 대한 보상 프로그램을 시행하는 데에 편안함을 느끼기는 하십니까?

의뢰인: 네, 하지만 우리는 이러한 보상 프로그램을 위한 예산이 책정되어 있지 않을뿐더러 지나치게 단순화된 문제해결 방법을 통해 우리가 원하는 결과를 얻을 수 있을지에 대해서도 확신이 서지 않습니다.

컨설턴트: 하나의 측면이 아닌 다양한 측면을 고려한 프로그램이 당신에게 적합할 것 같습니다. 예를 들어, 금전 출납계 창구 직원들로 하여금 그들의 업무가 은행 내에서 반드시 필요하다는 사실을 느낄 수 있도록 할 수도 있고, 성과급 프로그램에 대해 인식할 수 있도록 할 수도 있습니다. 하지만 당신은 이러한 작업을 실시할 만한 재정적 여유가 없습니다. 그렇다면 직원들에게 점심시간이나 휴식 시간을 연장해 주는 것은 어떻습니까?

의뢰인: 괜찮은 생각이군요. 휴식 시간을 더 제공하는 것만으로도 보다 즐겁게 일할 수 있도록 해 줄 수 있을 것 같습니다. 우리 은행 휴게실은 암울하거든요.

∷ **전략 선택을 위한 몇 가지 실용적 지침**(some practical guidelines guidelines for strategy selection) 컨설테이션을 통해 이루어지는 개입 방안의 선택 및 실행에 대해 Zins와 Erchul(2002)이 제안한 지침을 소개하면서 이 장을 마무리하고자 한다. 학교 기반 컨설턴트를 위한 기본적인 지침들이 마련되어 있기는 하지만, 여기에서 제시하는 일반적 지침들은 보다 다양한 환경에서 유용하게 활용할 수 있다.

① 행동 억압 혹은 감소 기술과 같은 최후의 수단을 사용하기 전에 긍정적인 개입 접근법을 실행할 것
② 가능한 한 덜 복잡하고 방해요인이 적은 개입 방안을 선택할 것. 새로운 기술에 대한 학습보다는 기존 방법에 대한 수정 작업이 일반적으로 의뢰인들에게 보다 수월하게 수용됨
③ 의뢰인이 반드시 새로운 기술을 배워야 하는 경우, 새로운 기술에 대한 학습 방법은 현재 의뢰인이 속한 조직 구조와 의뢰인의 일상생활에 부합될 수 있도록 고안할 것
④ 최소한의 시간을 요하는 개입 방안들을 촉진할 것. 개입방안은 의뢰인의 생활에 방해요인으로 작용해서는 안 되며, 의뢰인들이 효과적으로 인식할 수 있어야 함
⑤ 장기적인 전략으로서, 의뢰인이 현존하는 자원에 접근하거나 혹은 그 자신이 속한 조직 내에서 새로운 자원을 개발할 수 있도록 조력할 것
⑥ 가능한 한 조직의 가장 높은 차원에서 변화를 촉진하기 위한 노력에 개입의 초점을 맞출 것

이행

여러 가지 면에서 계획 이행 단계는 컨설테이션에 있어 가장 실제적인 과정이라 할 수 있다. 컨설테이션의 다른 단계들은 대부분 컨설턴트와 의뢰인의 관계에만 초점이 맞추어져 있는 반면, 이행 단계는 복잡한 환경에서 이루어지는 행동 계획의 수립과 관련되어 있다. 전략 선택과 계획이 아무리 철저하게 이루어졌다 하더라도 이를 이행하는 과정에서 예상하지 못한 상황이 발생하게 될 경우 적응 및 조정 작업은 불가피하다. 예컨대, 한 컨설턴트는 학급에 적용할 토큰경제 기법을 개발하고자 하는 교사와 함께 몇 주간에 걸쳐 이에 대한 작업을 진행하였다. 함께 개발한 전략을 이행하던 어느 날, 교사가 컨설턴트에게 연락을 해 왔고, 몹시 화가 나 있었다. 조그마한 플라스틱 칩을 토큰으로 활용하였는데, 학급의 한 학생이 지금까지 몰래 다른 학생들의 토큰을 조금씩 빼돌려 왔다는 것이다. 이에 컨설턴트와 의뢰인은 학생들에게 토큰이 생길 때마다 명렬표에 체크하는 방식으로 그 진행 방법을 변경하였고, 이후 토큰경제 기법은 순조롭게 진행될 수 있었다. 또 다른 사례를 살펴보자. 지역 정신건강센터에서 소규모의 수도원으로 파견된 컨설턴트가 비차등적 관리 방침에 대한 계획을 수립했다 하더라도 주교가 이에 대해 반대한다면 컨설턴트는 그 계획안을 수정해야 한다. 의뢰인들은 계획을 이행하는 과정에서 예상하지 못한 문제가 발생할 수도 있고, 이러한 문제들은 이상한 성격을 띨 수도 혹은 실패의 신호가 될 수도 있다는 사실을 인식하고 있어야 한다. 컨설턴트는 의뢰인이 문제해결을 위한 이행에 돌입할 수 있도록 도와야 하며, 이때 의뢰인에게 지지와 격려를 아끼지 말아야 한다(Zins & Erchul, 2002). 이와 같은 컨설턴트의 지지가 동반되지 않은 상황에서 문제가 발생하거나 의문이 제기되었을 경우, 의뢰인은 계획의 이행 작업을 중도에 포기할 수도 있기 때문이다.

컨설테이션을 통해 도출된 계획에 대한 의뢰인의 이행 수준을 고찰한 연구는 내담자에게 치료의 효과가 그대로 적용되고 있는가의 문제는 컨설턴트가 직면한 가장 중요한 쟁점 가운데 하나라고 지적하였다(Noell, 2008). 예컨대, Wickstrom 등(1998)은 한 초등학교 학급에서 문제행동을 감소시키기 위해 개발된 행동주의 개입 기법을 이행하는 의뢰인을 관찰하였다. 아동이 문제행동을 보이는 경우, 교사는 이행 계획 가운데 가장 설득력 있는 방법을 아동에게 적용하였으나, 실제로는 계획에서 언급하고 있는 내용의 4%만을 이행하고 있는 것으로 나타났다. 또한 Noell 등(Noell, Duhon, Gatti, & Connell, 2002; Noell, Witt, Gilbertson, Ranier, & Freeland, 1997)은 의뢰인에 대한 컨설턴트의 훈련이 이루어진 경우, 컨설테이션을 통해 수립된 계획들에 대한 의뢰인의 이행 수준이 높아지기는 하지만, 의뢰인이 독립적으로 개입 방안을 이행하고자 할 때에는 그 수준이 유지되지 못한다는 사실을 발견하였다.

개입의 완전성을 유지하면서 의뢰인으로 하여금 개입 전략을 올바르게 실행하도록 하고, 내담자의 요구를 다루는 데 있어 개입 전략들을 응용할 수 있도록 돕는 것은 과거 수년간에 걸쳐 활발하게 연구되고 논의되어 온 주제라 할 수 있다. 수많은 전략은 컨설테이션을 통해 개발된 계획에 대하여 의뢰인이 보이는 이행 수준 및 질의 향상을 도모하고 있다. 이 가운데 에는 ① 개입 방안 이행 전의 훈련을 통해 의뢰인으로 하여금 개입 방안의 모든 구성요소를 이해할 수 있도록 할 것(Sterling-Turner, Watson, & Moore, 2002), ② 의뢰인이 개입 방안을 성 공적으로 수행할 수 있도록 개입 방안 수행 시 활용 가능한 대본을 의뢰인과 함께 작성할 것 (Allen & Blackston, 2003; Ehrhardt, Barnett, Lentz, Stollar, & Reifin, 1996), ③ 의뢰인에 대한 컨 설턴트의 직접적 관찰(Jones, Wickstrom, & Friman, 1997), ④ 치료 구성 요소들의 이행에 관 한 의뢰인 자신의 일일 자가 점검(Sanetti, Chafouleas, Christ, & Gritter, 2009)과 같은 내용들이 포함되어 있다.

최근 Noell 등(2005)은 행동적·학업적 컨설테이션에 있어 치료의 완전성을 향상시키기 위한 세 가지 전략의 영향력에 대해 검토하였다. 서로 대비되는 세 가지 전략에는 컨설턴트 의 후속 회의, 컨설턴트의 후속 회의 및 개입 방안 이행의 중요성에 대한 컨설턴트의 강조, 개입 방안과 학생들에 대한 의뢰인의 이행 결과를 일(day) 단위로 작성한 그래프를 토대로 피드백을 제공하는 후속 회의 등이 해당된다. 컨설테이션을 통해 개발된 계획의 이행은 개 입이 실행되는 과정에서 생산된 영속적 산출물의 수집을 통해 관찰된다(예: 일일 기록 카드 복사하기). Noell과 그 동료들은 의뢰인의 수행에 대한 피드백을 제공하는 과정이 다른 어떤 과정보다도 치료의 완전성을 향상시킨다는 사실을 발견하였다. 피드백을 제공하는 과정에 서 컨설턴트는 의뢰인과의 간략한 회의를 통해 의뢰인의 이행 결과를 담은 그래프를 의뢰인 본인에게 전달하기도 하고, 의뢰인이 개입 방안을 이행하지 못한 경우에는 의뢰인과 문제 해결 방안을 함께 모색하기도 한다. 이러한 방식에 따를 때, 의뢰인은 그 자신의 이행에 대 한 컨설턴트의 평가가 거슬리거나 과도한 통제로 느껴지지 않았다는 점을 들어 컨설턴트를 긍정적으로 평가하였다.

Noell과 그 동료들의 연구에서는 치료가 갖는 완전성에 접근하고자 이루어지는 일 단위 의 관찰이 교사들에게 수용가능하다고 보았다. 한편, Easton과 Erchul(2009)이 최근 교사들 을 대상으로 교사의 치료 방안 이행 수준을 평가하는 데 있어 수용 가능한 절차에 대해 조사 한 결과, 교사들은 자기보고 및 영구적인 산출물을 통한 측정에 대해서는 수용 가능한 절차 로 응답한 반면, 관찰에 대해서는 중립적인 입장을 취하였다. 그들은 주(week) 단위의 평가는 수용 가능한 수준으로 평가하였으나 일(day) 단위의 평가는 수용할 수 없다고 응답하였다. 컨설테이션에서 전략의 실행과 그 완전성에 대해 논의하고 있는 문헌들은 의뢰인이 컨설테이션을 통해 수립된 계획을 이행할 때 컨설턴트는 이를 지지할 수 있는 방법에 대해 깊이 고민해야 한다는 사실을 명시하였다. 어떻게 이를 실현할 수 있는가는 매우 복잡한 문제다. Easton과 Erchul(2009)의 연구에서 알 수 있는 바와 같이, 의뢰인들은 이행을 위한 컨설턴트의 조력 작업에 대해 부정적인 시각을 가지고 있었다. 반면, Noell 등의 연구(2005)에서는 치료나 전략의 완전성에 대한 정보 수집의 경우, 상황과 환경에 따라 일 단위로도 가능하다고 명시하였다. 개입 방안의 완전성을 측정하기 위한 관찰의 수용가능성은 관찰에 대한 교사의 이해 정도 및 의사 결정에의 참여도에 따라 달라질 수 있다. 이 주제는 전략 선택을 촉진하는 컨설턴트의 대인관계 기술, 전략 이행 및 평가에 대한 논의가 이루어지는 다음 절에서 다시 한 번 다루고자 한다.

평가

컨설테이션의 모든 절차가 자기교정적(self-correcting) 성격을 띠기 위해서는 원하는 결과에 실제적인 결과가 얼마나 부합하는지를 나타낼 수 있는 지표가 필요하다. 계획 이행 및 목표 달성을 둘러싼 피드백의 메커니즘을 사회과학에서는 보통 평가라 일컫고 있으며, 이는 크게 형성평가와 총괄평가의 두 가지로 구분되는데, 두 가지 평가 유형 모두 컨설테이션에서 중요하게 다루어지고 있다. 이 가운데 형성평가는 계획이 이행되는 과정 가운데 이루어지는 반면, 총괄평가는 컨설테이션이 종료된 이후에 이루어진다.

형성평가는 총괄평가에 비해 정규 평가로서의 성격이 비교적 강하게 드러나지 않는다. 형성평가의 결과는 계획이 얼마나 잘 진행되는지, 계획을 실행해 나가는 데 있어 조정이 필요한지의 여부를 판단하기 위한 정보를 제공해 준다. 즉, 형성평가의 결과는 컨설테이션의 초기 단계로 돌아갈 것인가를 결정하는 하나의 이정표가 될 수 있다. 컨설턴트와 의뢰인은 그들이 개발한 계획이 제대로 실행되고 있는지 판단해야 하며, 만약 제대로 실행되고 있지 않다면 전략 선택 단계로 돌아가야 하는 것은 아닌지에 대해 결정해야 하는 상황에 직면할 수도 있다. 또 다른 경우, 의뢰인은 문제해결에 대한 내담자의 동기 부족을 문제로 인식했던 애초의 개념화가 잘못되었으며, 내담자에게는 계획을 이행하는 데 필요한 기술 부족이 문제였다는 사실을 깨닫게 될 수 있다. 이러한 경우 컨설턴트와 의뢰인은 문제 정의 단계로 되돌아갈 것이다. 컨설테이션에서 합의를 통해 도출된 전략을 의뢰인이 얼마나 이행했는지에 대한 정보의 수집 및 그 전략이 제대로 진행되고 있는지에 대한 자료는 이행 기간 중 계획을 수정하는 작업에 있어 핵심적인 요소가 될 수 있다. 예컨대, Rosenfield(2008)의 교육적 컨설테이션에서는 수업 개선이 아동 혹은 아동 집단이 경험하고 있는 학업적 어려움들을 다루고 있는지를 평가하기 위해 학생들의 진전 상황을 관찰한 자료를 수집하였다.

총괄평가는 일반적으로 정규 평가로서의 성격이 강하다고 할 수 있다. 총괄평가의 목적이 올바른 피드백 제공에 있기는 하지만 컨설테이션의 전반적인 효과성과 관련하여 그 목적이 언급되는 경우도 있다. 총괄평가에서 중요한 것은 누가 피드백을 원하는가의 문제라 할 수 있다. 컨설턴트를 고용한 의뢰인 및 조직은 컨설턴트가 일반적으로 제공하는 정보와는 다른 정보들을 원할 것이다. 즉, 의뢰인들은 개인적 차원 및 조직 전체 차원에 미친 컨설테이션의 효과성, 비용 효익, 의뢰인과 내담자의 만족도 등에 관심을 가지고 있을 것이다. 컨설턴트 또한 컨설테이션의 이러한 측면들에 관심을 가지고 있다. 그러나 그들은 의뢰인의 문제 자체가 아닌 컨설테이션의 과정 또는 그러한 측면들을 이해하는 데 도움이 되는 피드백에 대해서도 관심을 갖고 있다. 예컨대, 의뢰인에게 컨설테이션에 대한 이해를 돕는 데 있어 또는 특정한 의뢰인과 함께 작업하는 데 있어 효과적으로 신뢰 관계를 수립했던 컨설턴트는 어떠했는지 생각해 보면 알 수 있을 것이다.

Gallessich(1982)가 언급한 바와 같이, 대부분의 조직은 비용 및 그 외의 다른 어려움으로 인해 컨설테이션의 개입 방안들에 대한 평가를 거부할 수도 있다. 그러나 컨설테이션 초기 단계에서 수립한 평가계획이 제대로 이행되었는지, 컨설턴트와 의뢰인 공통의 관심주제에 대한 논의가 충분히 이루어졌는지, 애초에 계획했던 컨설테이션의 목표는 달성했는지를 평가함으로써 컨설턴트와 의뢰인은 그 자신들에게 가치 있는 정보를 획득할 수 있다. 컨설테이션 평가의 구체적인 전략들은 11장에서 보다 자세하게 논의할 것이다.

∷ **전략 선택과 실행 및 평가를 촉진하는 컨설턴트의 대인관계 기술**(consultant interpersonal skills faciliating strategy selection, implementation, and evaluation)　　지금까지 근거 기반 접근에 대한 요구, 컨설테이션 과정에서 도출된 계획이 제대로 이행될지에 대한 우려, 경우에 따라 다양한 이해 관계자가 참여하는 대규모 사업으로의 변화가 이루어지기도 하는 컨설테이션과 협력의 다층 예방 모델 등 오늘날 컨설테이션의 동향에 대해 살펴보았다. 컨설테이션의 역사를 다루면서 Caplan(1970)은 컨설테이션을 자발적이고 비위계적인 과정으로 보았으며, 의뢰인은 컨설테이션 과정에서 제공되는 모든 조언에 대해 이를 수용 또는 거부할 자유가 있다고 주장한 점을 강조하였다. 이와 같은 모델들은 컨설턴트가 근거 기반 전략을 선택하

고, 의뢰인 전략들을 잘 이행하도록 독려하는 과정에서 지시적이고 처방적인 태도를 취할 지의 여부를 판단하는 데 영향을 미칠 수 있다.

그러나 수많은 연구자는 근거 기반 전략의 채택 및 전략의 통합이 동반자 체제(partnership framework)에서 최선의 접근법이라 주장해 왔다(Kelleher, Riley-Tillman, & Power, 2008; Nastasi et al., 2000; Power et al., 2005; Riley-Tillman, Chafouleas, Eckert, & Kelleher, 2005). 이 모델은 문제해결을 위한 작업의 모든 단계에 컨설턴트와 의뢰인 모두가 적극적으로 참여함으로써 이루어지는 컨설테이션 모델과 가장 잘 부합되는 성격을 띠고 있다. 예컨대, 컨설테이션에 파트너십 모델을 적용할 경우, 컨설턴트는 컨설테이션의 초기 단계에서 의뢰인에게 근거 기반 접근 및 치료의 완전성이 갖는 의미에 대해 소개할 것이다. 이에 대해 의뢰인은 근거 기반 접근이 자신의 상황과 가장 잘 부합되는지를 최종적으로 결정할 수 있다. 물론 컨설테이션을 통해 도출된 계획에 대한 의뢰인의 이행 여부 및 그 수준에 초점을 두기는 하지만 컨설턴트와 의뢰인은 개입 방안의 비본질적인 요소들로부터 본질적인 요소들을 가려내고, 본질적 요소들을 통합시키기 위하여 다양한 방법을 탐색해야 한다. 문화적 맥락에 맞는 개입 방안이 이행될 수 있도록 하는 데는 특별한 주의가 요구된다. 형성평가 결과를 토대로 개입 방안을 수정하는 과정에서 컨설턴트는 단순히 합의된 개입 방안에 대한 의뢰인의 이행 여부보다는 이행의 완성도에 초점을 맞추는 것이 효과적이다.

종결

종결은 컨설테이션의 종식을 의미한다. 종결은 컨설테이션을 촉발한 문제가 해결되었다고 판단한 의뢰인과 컨설턴트의 합의하에 이루어지는 것이 일반적이지만, 보다 조기에 컨설테이션을 종결할 수도 있다. 조기에 컨설테이션을 종결하는 두 가지 주요한 이유를 다룬 문헌에서 Caplan(1970)은 문제의 심각성 혹은 신속한 이행의 필요성으로 인하여 보다 직접적인 개입 전략을 요하는 사례에 대하여 논의하였다. 예컨대, 자살 위협을 일삼는 내담자의 경우, 상담서비스보다는 컨설턴트의 직접적인 개입이 필요할 것이다. Gallessich(1982)는 컨설테이션을 통한 진전이 없을 때 발생할 수 있는 조기 종결의 가능성에 대해 논의하였다. 그녀가 주장한 바와 같이, 경우에 따라 종결은 컨설턴트와 의뢰인이 그들의 가치와 전문적인 목표들을 정의할 수 있는 자극제로 활용되기도 한다.

앞에서 논의한 바와 같이 종결은 컨설테이션의 초기 단계에서부터 고려되어야 한다. Gallessich(1982) 및 Dougherty 등(1996)은 컨설턴트가 종결 과정에서 경험할 수 있는 어려움들을 예방할 수 있는 지침들을 제공하였다. 우선, 컨설턴트는 그들의 책무를 서서히 의뢰인에게 넘겨줄 수 있다. 이러한 책무의 전환은 컨설턴트의 퇴장을 상징한다고 할 수 있으며, 이는 컨설턴트와의 이별이라는 갑작스러운 변화가 의뢰인에게 미칠 수 있는 부정적 영향을 방지할 수 있도록 해 준다. 둘째, 컨설턴트는 의뢰인과 맞게 될 이별에 대해 개방적으로 논의하고, 의뢰인의 성공을 인정해 주며, 의뢰인 스스로 이러한 상태를 유지해 나갈 수 있도록 격려해 주어야 한다. 셋째, 컨설턴트가 시험 삼아 의뢰인에 대한 개입을 최소화한 기간(disengagement period)은 의뢰인으로 하여금 문제가 해결되었는지, 컨설턴트의 개입 없이 스스로 변화를 창출해 낼 수 있는지에 대해 살펴볼 수 있는 기회를 제공한다. 마지막으로, 지금까지 진행해 온 컨설테이션 작업에 대한 요약, 컨설테이션 과정 및 컨설턴트에 대한 의뢰인의 평가표 작성, 사례 재검토와 같은 절차를 밟는 것은 컨설테이션이 곧 종결될 것이라는 사실을 의뢰인에게 상기시키는 데 효과적인 방법이다.

요약

몇몇 저자들은 컨설테이션을 특정한 단계로 구성된 활동으로 묘사하곤 한다. 컨설테이션에 대한 정의가 그 절차의 개수 또는 순서에 따라 달라질 수는 있으나, 그들은 한결같이 컨설테이션을 문제해결의 틀 안에서 개념화하고 있다. 컨설테이션 절차 및 그 안에서 이루어지는 활동에 근거하여 공통적으로 도출된 내용은 ① 조직으로의 진입, ② 컨설테이션 관계의 시작, ③ 사정, ④ 문제 정의, ⑤ 전략 선택, ⑥ 전략 이행, ⑦ 평가, ⑧ 종결과 같다. 컨설턴트의 대인관계 기술은 모든 단계에 걸쳐 컨설테이션을 촉진하는 데 촉매제로 작용할 수 있다. 먼저, 기술을 익히고, 이를 컨설테이션 장면에 적용할 수 있다. 역할 재구성은 의뢰인과의 긍정적인 작업 관계를 형성하는 데 활용되는데, 이는 컨설턴트가 의뢰인이 우려하는 바에 대해 '들어 주는' 것을 의미하며, 비밀보장의 한계 등 컨설테이션의 주요 측면들에 대한 정보를 공유하는 것이라 할 수 있다. 또한 컨설턴트는 의뢰인으로 하여금 문제를 개인의 문제로 국한시키도록 돕고, 변화를 위한 전략을 제시하기 위해 요약과 지지적 직면을 사용한다. 마지막으로 컨설턴트는 의뢰인이 컨설테이션에서 합의된 전략을 이행할 수 있도록 지지해 주어야 한다. 파트너십 모델은 컨설턴트와 의뢰인이 자유롭게 논의하고, 치료 또는 전략의 완전성을 유지해 나가는 방법에 대한 계획을 수립하는 상황에 적합하다고 할 수 있다.

실무자를 위한 조언

1. 경험이 풍부한 컨설턴트들에게 계약서, 개입 방안 계획, 평가자료와 같은 정보들을 당신과 공유할 것을 요청하라. 당신 혼자 새로운 자료를 개발하는 것보다는 기존의 자료들을 당신의 상황에 적용하는 데 적합한 형태로 수정하여 활용하는 것이 보다 효과적일 것이다.

2. 당신이 신규 컨설턴트이거나 컨설테이션 경험이 전무하다면, 문제해결 컨설테이션을 주제로 Fuch(Fuchs et al., 1989)가 수행한 연구 결과에 기초하여 발전해 온 치료 매뉴얼의 활용을 권한다. 이는 당신이 개입 방안들을 계획하는 데 있어 그 효과성을 향상시켜 줄 것이다.

3. 의뢰인에게 이전 컨설테이션에서 무엇을 시도했는지에 대해 반드시 물어보라. 이미 시도했던 개입 방안을 제안하는 것은 때로 의뢰인에게 좌절을 안겨 줄 수 있다.

4. 대부분의 컨설턴트는 현재 의뢰인이 직면한 문제를 다루기 위해 필요한 몇몇 근거 기반 전략 관련 자료들을 응용하여 활용하고 있다. 개입 전략의 효과성을 지지해 주는 참고문헌은 물론, 의뢰인으로 하여금 특정 개입 방안을 그들의 환경에서 실행하는 방법에 대해 보다 잘 이해할 수 있도록 도울 수 있는 개입방법 및 자료들을 함께 수집하는 방안에 대해 고려해 보라.

확인 문제

1. 왜 컨설턴트와 의뢰인은 문제해결의 이전 단계로 돌아가는가?

2. 계약 체결이란 무엇인가? 이는 컨설테이션에서 왜 중요한가?

3. 컨설턴트가 제공하는 직접적인 서비스는 어떻게 조직으로의 진입을 촉진할 수 있는가?

4. 기관장 및 직원들이 컨설테이션을 보다 잘 이해할 수 있도록 하고자 할 때, 내부 컨설턴트가 봉착하는 특별한 어려움에는 무엇이 있는가?

5. 사정의 세 가지 주요 영역은 무엇인가? 컨설테이션에 의뢰될 만한 사례에 대하여 생각해 보고, 문제해결 및 해결 방안 개발과 관련하여 사정의 각 영역에 포함되는 요인을 항목화하시오.

6. 형성평가와 총괄평가를 비교하시오.

7. 목표를 성취하는 데 필요한 하위목표 및 단계들을 구체화하여 컨설턴트로서 당신이 다룰 수 있는 문제에 대한 행동 계획을 작성해 보시오.

참고문헌

Allen, S. J., & Blackston, A. R. (2003). Training preservice teachers in collaborative problem solving: An investigation of the impact on teacher and student behavior change in real-world settings. *School Psychology Quarterly, 18*, 22-51.

Benn, A. E., Jones, G. W., & Rosenfield, S. (2008). Analysis of instructional consultants' questions and alternatives to questions during the problem identification interview. *Journal of Educational and Psychological Consultation, 18*, 54-80.

Bergan, J. R. (1977). *Behavioral consultation.* Columbus, OH: Charles E. Merrill.

Bergan, J. R., Byrnes, I. M., & Kratochwill, T. R. (1979). Effects of behavioral and medical models of consultation on teacher expectancies and instruction of a hypothetical child. *Journal of School Psychology, 17*, 307-316.

Bergan, J. R., & Kratochwill, T. R. (1990). *Behavioral consultation and therapy.* New York: Plenum.

Bergan, J. R., & Tombari, M. L. (1976). Consultant skill and efficiency and the implementation and outcomes of consultation. *Journal of School Psychology, 14*, 3-13.

Bernstein, J. (2004). Evidence-based medicine [Electronic version]. *Journal of the American Medical Association, 276*, 637-639.

Botvin, G. J. (2004). Advancing prevention science and practice: Challenges, critical issues, and future directions. *Prevention Science, 5*, 69-72.

Caplan, G. (1970). *The theory and practice of mental health consultation.* New York: Basic Books.

Caplan, G., & Caplan, R. B. (1993). *Mental health consultation and collaboration.* San Francisco: Jossey-Bass.

Carkhuff, R. R. (1983). *The art of helping* (5th ed.). Amherst, MA: Human Resource Development Press.

Chambless, D. L., & Ollendick, T. H. (2001). Empirically supported psychological interventions: Controversies and evidence. *Annual Review of Psychology, 52*, 685-716.

Conoley, C. W., Conoley, J. C., Ivey, D. C., & Scheel, M. J. (1991). Enhancing consultation by matching the consultee's perspective. *Journal of Counseling and Development, 69*, 546-549.

Curtis, M. J., & Watson, K. L. (1980). Changes in consultee problem clarification skills following consultation. *Journal of School Psychology, 18*, 210-221.

DeForest, P. A., & Hughes, J. N. (1992). Effects of teacher involvement and teacher self-efficacy on ratings of consultant effectiveness and intervention acceptability. *Journal of Educational and Psychological Consultation, 3*, 301-316.

Diller, J. V. (1999). *Cultural diversity: A primer for the human services*. Belmont, CA: Wadsworth.

Dougherty, A. M., Tack, F. E., Fullam, C. D., & Hammer, L. M. (1996). Disengagment: A neglected aspect of the consultation process. *Journal of Education and Psychological Consultation, 7*, 259–274.

Duncan, C. F. (1995). Cross-cultural school consultation. In C. Lee (Ed.), *Counseling for diversity* (pp. 129–139). Boston: Allyn & Bacon.

Durlak, J. A., & DuPre, E. P. (2008). Implementation matters: A review of research on the influence of implementation on program outcomes and the factors affecting implementation. *American Journal of Community Psychology, 41*, 327–350.

Easton, J. E., & Erchul, W. P. (2009). *Teacher acceptability of treatment plan implementation monitoring and feedback methods*. Manuscript submitted for publication.

Ehrhardt, K. E., Barnett, D. W., Lentz, F. E., Stollar, S. A., & Reifin, L. H. (1996). Innovative methodology in ecological consultation: Use of scripts to promote treatment acceptability and integrity. *School Psychology Quarterly, 11*, 149–168.

Elliott, S. N. (1988). Acceptability of behavioral treatments: Review of variables that influence treatment selection. *Professional Psychology: Research and Practice, 19*, 68–80.

Erchul, W. P., Hughes, J. N., Meyers, J., Hickman, J. A., & Braden, J. P. (1992). Dyadic agreement concerning the consultation process and its relationship to outcome. *Journal of Educational and Psychological Consultation, 3*, 119–132.

Erchul, W. P., & Martens, B. (2010). *School consultation: Conceptual and empirical bases of practice* (3rd ed.). New York: Springer.

Erchul, W. P., & Schulte, A. C. (2009). Behavioral consultation. In A. Akin-Little, S. G. Little, M. A. Bray, & T. J. Kehle (Eds.), *Behavioral interventions in schools: Evidence-based positive strategies* (pp. 13–25). Washington, DC: American Psychological Association.

Fixsen, D. L., Naoom, S. F., Blase, K. A., Friedman, R. M., & Wallace, F. (2005). *Implementation matters: A synthesis of the literature*. Tampa, FL: University of South Florida, Louis de la Parte Florida Mental Health Institute, The National Implementation Research Network.

Fuchs, D., Fuchs, L. S., Bahr, M. W., Fernstrom, P., & Stecker, P. M. (1990). Prereferral intervention: A prescriptive approach. *Exceptional Children, 56*, 493–513.

Fuchs, D., Fuchs, L. S., Reeder, P., Gilman, S., Fernstrom, P., Bahr, M., et al. (1989). *Mainstream assistance teams: A handbook on prereferral intervention*. Nashville, TN: Peabody College of Vanderbilt University.

Gallessich, J. (1982). *The profession and practice of consultation*. San Francisco: Jossey-Bass.

Gibbs, J. T. (1980). The interpersonal orientation in mental health consultation: Toward a model of ethnic variations in consultation. *The Journal of Community Psychology, 8*, 303–308.

Graham, D. S. (1998). Consultant effectiveness and treatment acceptability: An examination of consultee requests and consultant responses. *School Psychology Quarterly, 13,* 155-168.

Gutkin, T. B. (1993). Moving from behavioral to ecobehavioral consultation: What's in a name? *Journal of Educational and Psychological Consultation, 4,* 95-99.

Hoagwood, K., & Johnson, J. (2003). School psychology: A public health framework I. From evidence-based practices to evidence-based policies. *Journal of School Psychology, 41,* 3-21.

Horton, E., & Brown, D. (1990). The importance of interpersonal skills in consultee-centered consultation: A review. *Journal of Counseling and Development, 68,* 423-426.

Hughes, J. N., Barker, D., Kemenoff, S., & Hart, M. (1993). Problem ownership, causal attributions, and self-efficacy as predictions of teachers' referral decisions. *Journal of Educational and Psychological Consultation, 4,* 369-384.

Hughes, J. N., Loyd, L., & Buss, M. (2008). Empirical and theoretical support for an updated model of mental health consultation for schools. In W. P. Erchul & S. Sheridan (Eds.), *Handbook of research in school consultation: Empirical foundations for the field* (pp. 343-360). New York: Taylor & Francis.

Individuals with Disabilities Education Improvement Act, H.R. 1350, 108th Congress (2004).

Ivey, A. E., Ivey, M. B., & Zalaquett, C. P. (2010). *Intentional interviewing and counseling: Facilitating client development in a multicultural society* (7th ed.). Belmont, CA: Brooks/ Cole.

Jones, K. M., Wickstrom, K. F., & Friman, P. C. (1997). The effects of observational feedback on treatment integrity in school-based consultation. *School Psychology Quarterly, 12,* 316-326.

Katz, D., & Kahn, R. L. (1978). *The social psychology of organizations.* New York: John Wiley & Sons.

Kazdin, A. E. (1984). *Behavior modification in applied settings* (3rd ed.). Homewood, IL: Dorsey.

Kelleher, C., Riley-Tillman, T. C., & Power, T. J. (2008). An initial comparison of collaborative and expert-driven consultation on treatment integrity. *Journal of Educational and Psychological Consultation, 18,* 294-324.

Li, C., & Vazquez-Nuttall, (2009). School consultants as agents of social justice for multicultural children and families, *Journal of Educational and Psychological Consultation, 19,* 26-44.

Maitland, R. E., Fine, M. J., & Tracy, D. B. (1985). The effects of an interpersonally based problem-solving process on consultation outcomes. *Journal of School Psychology, 23,* 337-345.

Martens, B. K., & DiGennaro, F. D. (2008). Behavioral consultation. In W. P. Erchul & S. Sheridan (Eds.), *Handbook of research in school consultation: Empirical foundations for the field* (pp. 147-170). New York: Taylor & Francis.

Martens, B. K., Peterson, R. L., Witt, J. C., & Cirone, S. (1986). Teacher perceptions of school-based interventions. *Exceptional Children, 53*, 213-223.

Monsen, J. J., & Frederickson, N. (2002). Consultant problem understanding as a function of training in interviewing to promote accessible reasoning. *Jounral of School Psychology, 40*, 197-212.

Nastasi, B. K., Varjas, K., Schensul, S. L., Silva, K. T., Schensul, J. J., & Ratanayake, P. (2000). The participatory intervention model: A framework for conceptualizing and promoting intervention acceptability. *School Psychology Quarterly, 15*, 207-232.

No Child Left Behind Act of 2001, Pub. L. No. 107-110, 115 Stat 1425 (2002).

Noell, G. H. (2008). Research examining the relationships among consultation process, treatment integrity, and outcomes. In W. P. Erchul & S. M. Sheridan (Eds.), *Handbook of research in consultation: Empirical foundations for the field* (pp. 323-341). New York: Taylor & Francis.

Noell, G. H., Duhon, G. J., Gatti, S. L., & Connell, J. E. (2002). Consultation, follow-up, and implementation of behavior management interventions in general education. *School Psychology Review, 31*, 217-234.

Noell, G. H., Witt, J. C., Gilbertson, D. N., Ranier, D. D., & Freeland, J. T. (1997). Increasing teacher intervention implementation in general education settings through consultation and performance feedback. *School Psychology Quarterly, 12*, 77-88.

Noell, G. H., Witt, J. C., Slider, N. J., Connell, J. E., Gatti, S. L., Williams, K. L., et al. (2005). Treatment implementation following behavioral consultation in schools: A comparison of three follow-up strategies. *School Psychology Review, 34*, 87-106.

O'Donnell, C. L. (2008). Defining, conceptualizing, and measuring fidelity of implementation and its relationship to outcomes in K-12 curriculum intervention research. *Review of Educational Research, 78*, 33-84.

Parsons, R. D., & Meyers, J. (1984). *Developing consultation skills.* San Francisco: Jossey-Bass.

Pinderhughes, E. (1989). *Understanding race, ethnicity, and power: The key to efficacy in clinical practice.* New York: Free Press.

Pipes, R. B. (1981). Consulting in organizations: The entry problem. In J. C. Conoley (Ed.), *Consultation in schools* (pp. 11-33). New York: Academic Press.

Power, T. J., Blom-Hoffman, J., Clarke, A. T., Riley-Tillman, T. C., Kelleher, C., & Manz, P. H. (2005). Reconceptualizing intervention integrity: A partnership-based framework for linking research with practice. *Psychology in the Schools, 42*, 495-507.

Pryzwansky, W. B., & Vatz, B. C. (1988). *School psychologists' solutions to a consultation problem: Do experts agree?* Paper presented at annual convention of the National Association of School Psychologists, Boston, MA.

Quinn, M. T., & Jacob, E. (1999). Adding culture to the tools of school psychologists. *NASP*

Communique, 28(1), 34, 38–39.

Reimers, T. M., Wacker, D. P., & Koeppl, G. (1987). Acceptability of behavioral treatments: A review of the literature. *School Psychology Review, 16,* 212–227.

Riley-Tillman, T. C., & Chafouleas, S. M. (2003). Using interventions that exist in the natural environment to increase treatment integrity and social influence in consultation. *Journal of Educational and Psychological Consultation, 14,* 139–156.

Riley-Tillman, T. C., Chafouleas, S. M., Eckert, T. L., & Kelleher, C. (2005). Bridging the gap between research and practice: A framework for building research agendas in school psychology. *Psychology in the Schools, 42,* 459–473.

Robinson, V. M. J., & Halliday, J. (1988). Relationship of counsellor reasoning and data collection to problem analysis quality. *British Journal of Guidance and Counselling, 16,* 50–62.

Rogers, M. R. (1998). The influence of race and consultant verbal behavior on perceptions of consultant competence and multicultural sensitivity. *School Psychology Quarterly, 13,* 265–280.

Rosenfield, S. A. (1987). *Instructional consultation.* Hillsdale, NJ: Erlbaum.

Rosenfield, S. (2008). Best practices in instructional consultation. In A. Thomas & J. Grimes (Eds.), *Best practices in school psychology, V* (pp. 1645–1660). Bethesda, MD: National Association of School Psychologists.

Sandoval, J. (1996). Constructivism, consultee-centered consultation, and conceptual change. *Journal of Educational and Psychological Consultation, 7,* 89–98.

Sandoval, J. (2004). Constructivism, consultee-centered consultation, and conceptual change. In N. M. Lambert, I. Hylander, & J. H. Sandoval (Eds.), *Consultee-centered consultation: Improving the quality of professional services in schools and community organizations* (pp. 37–44). Mahwah, NJ: Erlbaum.

Sanetti, L. M. H., Chafouleas, S. M., Christ, T. J., & Gritter, K. L. (2009). Extending the use of direct behavior rating beyond student assessment: Applications to treatment integrity assessment within a multi-tiered model of school-based intervention delivery. *Assessment for Effective Intervention, 34,* 251–258.

Scholten, P. T. (1990). What does it mean to consult? In E. Cole & J. A. Siegel (Eds.), *Effective consultation in school psychology* (pp. 33–52). Toronto: Hagrefe & Huber.

Schowengerdt, R. V., Fine, M. J., & Poggio, J. P. (1976). An examination of some bases of teacher satisfaction with school psychological services. *Psychology in the Schools, 13,* 269–275.

Sheridan, S. M., & Kratochwill, T. R. (2007). *Conjoint behavioral consultation: Promoting family-school connections and interventions.* New York: Springer.

Sterling-Turner, H. E., Watson, T. S., & Moore, J. W. (2002). The effects of direct training and treatment integrity on treatment outcomes in school consultation. *School Psychology Quarterly, 17,* 47–77.

Task Force on Evidence-Based Interventions in School Psychology. (2008). Retrieved June 12, 2009, from http://www.indiana.edu/~ebi/

Tombari, M. L., & Bergan, J. R. (1978). Consultant cues and teacher verbalizations, judgments, and expectancies concerning children's adjustment problems. *Journal of School Psychology, 16*, 212-219.

Tysinger, P. D., Tysinger, J. A., & Diamanduros, T. (2009). Teacher expectations on the directiveness continuum of consultation. *Psychology in the Schools, 46*, 319-332.

U.S. Department of Education. (2008). *What Works Clearinghouse: Procedures and standards handbook* (Version 2.0). Washington, DC: Author. Retrieved December 15, 2009 from http://ies.ed.gov/ncee/wwc/help/idocviewer/Doc.aspx?docId=19&tocId=1

Wickstrom, K. F., Jones, K. M., LaFleur, L. H., & Witt, J. C. (1998). An analysis of treatment integrity in school-based behavioral consultation. *School Psychology Quarterly, 13*, 141-154.

Wilkinson, L. A. (2006). Monitoring treatment integrity: An alternative to the "consult and hope" strategy in school-based behavioural consultation. *School Psychology International, 27*, 426-438.

Witt, J. C., & Elliott, S. N. (1985). Acceptability of classroom management strategies. In T. R. Kratochwill (Ed.), *Advances in school psychology* (pp. 251-288). Hillsdale, NJ: Erlbaum.

Witt, J. C., Elliott, S. N., & Martens, B. K. (1984). Acceptability of behavioral interventions used in classrooms: The influence of amount of teacher time, severity of behavior problem, and type of intervention. *Behavioral Disorders, 9*, 95-104.

Witt, J. C., Moe, G., Gutkin, T. B., & Andrews, L. (1984). The effect of saying the same thing in different ways: The problem of language and jargon in school-based consultation. *Journal of School Psychology, 22*, 361-367.

Zins, J. E., & Erchul, W. P. (2002). Best practices in school consultation. In A. Thomas & J. Grimes (Eds.), *Best practices in school psychology, IV* (pp. 625-643). Bethesda, MD: National Association of School Psychologists.

학생 학습활동 해답

학생 학습활동 6-1
정답은 없다. 이 활동은 당신의 진입 기술을 발달시키는 데 그 의미가 있다.

학생 학습활동 6-2
물론 두 사례에서 한 명의 컨설턴트가 보인 반응은 다른 반응에 비해 효과적인 것이 사실이다. 여기서 눈여겨 살펴보아야 할 점은, 효과적이라 판단한 컨설턴트의 반응에서 어떤 점이, 그리고 왜 도움이 되었는가 하는 것이다. 두 사례에서 컨설턴트 1은 의뢰인과의 관계를 수립하기 위한 기술들을 사용하고 있으며, 의뢰인의 관점과 상황을 온전히 이해하기 위한 소통을 시도하고 있다. 문제해결을 위한 논의가 시작되기 전에 컨설테이션에서 이루어져야 하는 중요한 과업에는 두 가지가 있다. 첫 번째 사례에서 컨설턴트 1은 의뢰인의 관점을 이해하고 있다는 것을 보여 주기 위해 공감적인 반응을 사용하고 있다. 컨설턴트 2는 의뢰인과의 관계 수립 혹은 그가 문제를 완전히 이해하고 있다는 근거의 제공 없이 문제해결을 위한 단계로 이동하였다. 두 번째 사례에서 컨설턴트 1은 문제 상황에 대한 의뢰인의 관점을 보다 정교화할 수 있도록 돕기 위해 조력자로서의 역할을 최소화하고 있다. 한편, 컨설턴트 2는 의뢰인이 컨설턴트에게 의뢰한 문제 자체에 대해서도 주의를 기울이지 않고 있다.

학생 학습활동 6-3
정답은 없다. 이 활동은 당신이 지니고 있는 편견과 그것들이 당신의 질문 기법에 어떻게 영향을 미치고 있는지 검토할 수 있도록 돕는 데 그 의의가 있다.

컨설턴트 및 협업자가 갖추어야 할 기술과 특성

목표 | 이 장의 주요 목표는 컨설턴트 및 협력자가 갖추어야 할 기술, 특히 다문화 역량을 갖춘 컨설턴트 및 협력자의 기술이 무엇인지에 대하여 탐색하는 것이다. 또한 효과적인 컨설턴트 및 협력자의 특성이 무엇인지에 대해 논의할 것이다.

개요 | 1. 컨설턴트와 협력자가 갖추고 있어야 할 기술과 특성에 대하여 논의하되 문화적 역량에 초점을 두고자 한다.
2. 컨설턴트의 개인적 특성에 대하여 제시하고자 한다.
3. 컨설턴트 및 협력자가 갖추어야 할 기술과 특성을 주제로 한 후속연구에 대하여 제언하고자 한다.

효과적인 컨설턴트가 갖추어야 할 기술이 무엇인지에 관한 논의는 수많은 연구자에 의해 광범위하게 다루어져 왔다(예: Brown, 1993; Idol & West, 1987; Kratochwill, VanSomeren, & Sheridan, 1990). 반면, 효과적인 협력자의 개인적 특성에 대한 논의는 상대적으로 주목받아 오지 못한 것이 사실이다. 상담자 또는 치료 전문가의 성격 특성 및 개인 속성을 주제로 한 연구가 수천 편에 달하는 데 비해(Herman, 1993), 컨설턴트의 특성 및 개인 속성에 대한 연구는 소수에 불과하다는 사실은 꽤 흥미롭다(Horton & Brown, 1990). Erchul 및 다른 연구자들(Erchul, 1987, 1992; Erchul & Chewning, 1990; Witt, Erchul, McKee, Pardue, & Wickstrom, 1991; Witt, Erchul, Pardue, McKee, & Fitzmaurice, 1988)이 컨설테이션에서 관계가 갖는 중요한 측면들을 경험적으로 다루었음에도 컨설턴트의 개인 특성에 대한 관심의 부족은 Bergan (1977)과 같은 행동주의 컨설턴트들이 컨설테이션의 효과적 진행에 필요한 관계 및 개인 특성의 중요성을 간과했기 때문이라 할 수 있을 것이다. 최근 Grissom, Erchul과 Sheriddan (2003)은 연합적(교사, 학부모, 컨설턴트)으로 이루어지는 행동주의 컨설테이션에서의 상관변인을 탐색하였다. 이 연구는 여러 가지 면에서 흥미롭다. 다만 이에 대한 논의는 10장에서 다룰 내용과 더 깊이 관련되어 있는 것으로 보이는바, 10장에서 검토하고자 한다.

최근 Erchul과 Schulte(2009)가 관계 문제를 다루지 않은 채 행동주의 컨설테이션의 입지에 관하여 논의했다는 사실은 흥미롭다. 아마도 이들은 Kelleher, Riley-Tillman과 Power (2008)의 연구로 더욱 가속화되고 있는 행동주의 컨설테이션 관련 논란들을 피하고자 했던 것으로 보인다. 그들은 일곱 명의 아프리카계 미국인 여교사에게 전문적 상담 모델과 비위계적 협력 상담 모델을 적용하여 각각의 모델에서 선별된 개입 방안들이 얼마나 정확히 수행되었는지를 나타내는 처치의 완전성 수준에 대하여 평가하도록 하였고, 그 결과를 검토하였다. 전문가 처치 모델에서 대부분의 교사(tutor)는 컨설턴트와 문제 자체에 대해 논의하였으며 이후 읽기를 활용한 개입 방안에 대하여 학습하였다. 또한 그들은 교육적 모델의 기법을 단계적으로 제공하는 일련의 강의를 수강하였다. 파트너십 또는 협력 모델은 문제 정의, 근거 기반 개입에 대한 검토, 의뢰인의 목표 선택, 개입에 활용된 자료의 타당성 및 개입에 대한 수용가능성을 판단하기 위한 교사와 컨설턴트 간 논의 등 각 단계에 대한 의뢰인의 참여와 관련되어 있다. 이 연구의 결론은 파트너 기반 컨설테이션에 대한 실무자의 참여가 개입 전략의 이행에 있어 보다 높은 수준의 완전성을 이끌어 낸다는 것이었다. 연구자들은 컨설턴트가 의뢰인의 현실을 감안하여 근거 기반 개입방법을 활용할 때, 컨설턴트의 성공가능성은 높아진다고 결론지었다.

성공적인 협력자의 개인 특성에 관한 논의는 여러 문헌을 통해 발견할 수 있다(예: Roysicar, Arrendondo, Fuertes, Ponterotto, & Toporek, 2003; Rubin, 2002). 그러나 효과적인 협력자가 갖추어야 하는 특성이나 기술 그 어느 것도 경험적으로 연구된 바 없다. 한편, 학교심리학, 학교 상담, 학교사회복지 학위 취득에 필요한 예비 과정을 성공적으로 수료한 전문가들은 학교에서의 상담 또는 협력 작업 수행에 있어 일정한 자격이 갖추어져야 한다는 데 목소리를 같이하고 있다. 예컨대, 학교 상담 및 교육 관련 프로그램 인준 위원회(Council for the Accreditation of Counseling and Related Educational Programs: CACREP, 2009)의 승인 지침은 협력과 상담에 다각적으로 접근한 일곱 가지 진술을 제시하고 있다. 다음은 학교 장면에서 이루어지는 협력 및 상담 작업과 가장 밀접하게 관련되어 있는 네 개의 항목으로, CACREP 기준 가운데 지식에 관한 것이며, 섹션 M에서 발췌한 것이다.

① 학생의 학업, 진로 그리고 개인적·사회적 발달을 증진시키기 위해 교직원, 부모 그리고 지역사회 인사로 구성된 효과적인 작업 팀 구축 방법에 대하여 안다.
② 학교 현장에서 이루어지는 컨설테이션의 과정, 모델 그리고 체계이론에 대하여 이해한다.
③ 부모, 보호자, 가족 그리고 지역사회에 권한을 부여함으로써 그들로 하여금 아동을 위한 작업에 적극적으로 참여하도록 하는 전략과 방법에 대해 안다.
④ 위기/재난 대비 및 대응을 위한 학교와 지역사회 협력 모델에 대하여 안다.

또한 CACREP(2009)에서는 학교상담자 수련생들이 상담 및 협력적 역할에 대한 지식을 실행하는 데 필요한 기술과 역량을 개발해야 한다는 사실을 명시하고 있다.
미국학교심리학자협회(NASP, 2000)는 학교심리학 훈련 프로그램 인증 기준을 수립하고 있으며, 이 기준의 섹션 II. 2. 2는 다음과 같이 진술하고 있다.

컨설테이션과 협력 학교심리학자는 행동주의·정신건강·협력적 컨설테이션 및 그 외 다른 컨설테이션 모델과 그 방법에 관한 지식은 물론, 특정 상황에서 이러한 컨설테이션 모델의 적용에 대한 지식을 가지고 있다. 학교심리학자는 컨설테이션을 계획하고 의사결정을 하는 과정에서 개인, 집단 그리고 시스템 차원의 타인들과 효과적으로 협력한다.

컨설턴트와 협력자에게 문화적 역량이 중요하다는 사실은 이 책에서 강조해 왔으며, 이에 대한 논의는 이 책의 후반부에서도 지속적으로 이루어질 것이다. 다문화상담 및 개발협회(Arrendondo et al., 1996; Sue et al., 1998) 그리고 미국심리학회(American Psychological Association: APA, 2006)와 같은 전문가 조직은 문화적 역량의 중요성을 명시하는 성명서를 발표함으로써 컨설턴트와 협력자의 문화적 역량을 중요시하는 이 책 저자들의 관점과 동일한 입장을 취하고 있다. 다양한 시각에서 규정되어 온 역량들은 인증 기준에 통합되어 언급되었으나, 여기서는 문화적 역량이 강조되고 있는 만큼 이를 중심으로 논의한 후 문화적 역량 외에 컨설턴트와 협력자에게 요구되는 다른 특성과 기술에 대한 논의를 이어 가고자 한다.

문화적 역량을 갖춘 컨설턴트와 협업자

문화적 역량 갖추기

문화적 역량이란 무엇인가? 문화적 역량을 갖춘 개인은 다문화적 컨설테이션 및 협력에 효과적으로 기능할 수 있는 지식, 태도, 행동을 갖추고 있다(Cross, Bazron, Dennis, & Isaacs, 1989). 문화적 역량을 갖춘 조직은 스스로 서비스 질의 향상을 실현하기 위하여 문화에 대한 지식을 태도, 정책, 실천으로 탈바꿈해 나가고 있다. King, Sims와 Osher(1998)는 문화적 역량을 갖추는 과정은 발달적이며, 문화적 파괴의 단계에서 문화적 다양성과 노련성에 가치를 두는 단계로의 이동이 이루어진다고 주장하였다. 여기서 문화적 파괴란 지배적인 문화에 속한 개인 및 집단이 강압적인 방법으로 타 문화를 말살하고자 하는 현상을 의미한다.

몇몇 개인 및 집단(예: Martines, 2008; Sue & Sue, 2007)은 개인이 문화적 역량을 갖출 수 있는 방법 및 그 과정을 단계별로 나타낸 모델을 개발하기도 하였다. Holcomb-McCoy(2001)는 이러한 단계들을 ① 자신의 문화와 세계관 및 이와 관련된 문화적 환경에 대한 인식 발달시키기, ② 타인의 문화와 세계관에 대한 지식 개발하기, ③ 문화적 지식을 기술과 성공적 실천으로 전환하는 데 필요한 기술 개발하기의 단계로 요약하였다.

Arredondo 등(1996), Helms(1990, 1992)는 보다 구체화된 모델을 개발하였다. 〈표 7-1〉에서 보는 바와 같이 모델에 따라 문화적 역량을 갖추기 마지막 과정에 차이가 존재한다. Arredondo와 그 동료들은 문화적 역량을 갖춘 개인은 시스템 수준의 개입방안 설계를 비롯하여 문화적으로 적합하게 작업을 수행할 수 있다고 믿는다. Helms는 문화적 역량 개발은 각 인종의 정체성에 대한 개인의 인식을 자체적으로 발달시켜 나가는 과정으로 이루어져야 한다고 주장하였다. 각 인종의 정체성에 대한 가치가 정립되어 있는 전문가는 그 자신의 인종에 대해 긍정적인 시각을 갖고 있음은 물론, 비슷한 인종 또는 다른 인종 집단의 특성에 대한 정보를 자신의 신념 체제에 통합할 수 있고, 인종차별주의에서 벗어나 컨설턴트로서 본연의 역할에 온전히 전념할 수 있게 된다. 백인 컨설턴트가 스스로 인종 정체성에 대한 의식을 개발해 나간다는 것은 미국 문화 내 자민족 중심주의, 미국 사회에서 백인이라는 사실만으로 누리는 특혜, 그 결과 타민족이 겪는 억압 및 부당함에 대해 인식하게 되었다는 것을 의미한다.

‖ 표 7-1 ‖ 문화적 역량을 갖추어 나가기 위한 단계(Arredondo 등이 제시한 단계 vs Helms가 제시한 단계

Arredondo 등	Helms
자신의 문화적 배경이 심리적 과정과 편견에 어떠한 영향을 미치고 있는지 말해 보라.	접촉: 모든 사람은 평등하게 대우받아야 한다. 인종과 민족에 의하여 어떠한 차별도 받아서는 안 된다.
자신이 지니고 있는 문화적 역량의 한계를 확인하라.	분열: 문화적 차이에 대한 인식이 필요하다. 이러한 차이는 가난과 같은 심리적·맥락적 변인에 귀인한다.
자신의 의사소통 방식을 탐색하고, 그것이 다른 문화적 배경을 지닌 사람의 의사소통 방식과 어떻게 상충하는지에 대하여 이해하라.	재통합: 차이에 대한 인식. 문화적 차이를 열등함으로 간주한다.
인종 및 문화가 가치, 발달, 포부, 동기, 의사결정 방식 그리고 가족 기능에 어떠한 영향을 미치는지에 대하여 설명하라.	유사-독립성: 문화적 차이를 보이는 경우, 지배 문화의 가치에 따르는 것이 일반적이기는 하나, 소수 민족 집단의 문화적 배경을 존중하고 진정성 있게 돕고자 해야 한다.
집단 간 접근과 집단 내 접근의 차이를 이해하라.	몰입/출현: 타 문화에 대해 보다 깊이 있게 학습하고 지식과 기술을 향상시킬 수 있는 활동에 참여하기를 원한다.
가난, 이민정책, 인종차별주의 그리고 권력 격차와 같은 사회·정치적 힘이 인종 및 민족 집단의 관점 및 기능에 어떻게 영향을 미치는지에 대해 설명하라.	자율성: 문화 차이를 가치 있게 여기며, 문화적 차이를 반영한 전략을 적절하고 일관성 있게 활용할 수 있다. 부당한 상황이 발생했을 경우, 이에 대해 합리적으로 판단하고 바로잡고자 노력한다.
문화적 역량을 갖춘 전문가와의 컨설테이션 과정에 참여해 보고, 문화적 차이를 반영한 개입 방안을 설계해 보라.	–
문화적 민감성을 증진시키고, 인종 차별적 사회제도를 배격하며, 소수 인종 및 민족들에게 권리를 부여해 주는 정책 수준의 개입 방안을 설계해 보라.	–

King 등(1998)은 조직이 문화적 역량을 갖출 수 있도록 조직 컨설턴트가 시스템 차원의 개입을 설계하는 데 활용 가능한 절차에 대해 제시하였다. 이러한 절차는 조직이 조직 내 존재하는 다양성의 가치에 대해 인식할 때 시작되고, 조직 구성원들이 조직의 문화적 민감성에 대해 평가하는 한편, 습득한 문화적 지식을 제도화하고, 조직 내에서 발생하는 문화적 상호작용의 역동을 자각하여 문화적으로 적절한 정책과 실천을 개발함으로써 계속된다.

Holcomb-McCoy와 Myers(1999)는 문화적 역량을 갖춘 개인에게 나타나는 특성들을 『Multicultural Counseling Competence and Training Survey』에서 포괄적으로 제시하였는데, 여기에는 Arrendondo 등(1996)이 개인의 문화적 역량 향상을 위해 개발한 기술 50가지가 수록되어 있다. 지면 관계상 문화적 역량을 갖춘 개인에게 나타나는 특성들을 모두 제시할 수는 없으나, 문화적 역량을 갖춘 컨설턴트와 협력자에게 있어 중요한 기술에 대해 요약하면 다음과 같다. ① 그들은 자신의 문화가 사고에 영향을 주는 방식 및 이와 같은 현상이 다문화적 조력 상황을 어떻게 방해하는지에 대하여 논의할 수 있다. ② 그들은 자신의 고정관념을 확인하고, 이것이 다문화적 컨설테이션에 참여하는 자신의 능력을 어떻게 저해하는지에 대하여 논의할 수 있다. ③ 그들은 다른 문화적 배경을 지닌 사람을 수용하기 위해 언어적 · 비언어적으로 소통할 수 있으며, 의뢰인이 수용할 수 있는 방식으로 의사소통할 수 있다. ④ 그들은 다양한 컨설테이션 모델에 기저하고 있는 가치관이 개입 방안 설계를 비롯한 다문화적 컨설테이션 과정을 어떻게 저해할 수 있는지에 대해 규명할 수 있다.

다문화적 컨설테이션 방식 개발하기

다문화적 역량을 갖춘 컨설턴트가 되고자 하는 전문가는 그 과정의 복잡성에 대해 보다 깊이 있게 고려해야 할 것이다. 컨설턴트와 의뢰인 간에 일어나는 다문화적 상호작용은 대부분 복잡한 형태를 띠고 있으며, 특히 다문화적 컨설테이션과 협력에는 잠재적인 문제들이 상당 부분 내재되어 있다. 언어적 · 비언어적 의사소통, 컨설테이션 모델, 컨설테이션 관계에서의 위계성, 개입 방식에 나타나는 특성은 모두 현재 의뢰인이 가지고 있는 문화적 신념의 영향을 받는다. 이질적인 문화적 배경을 지니고 있는 내담자를 돕는 데 있어 어려운 문제 가운데 하나는 컨설턴트와 협력자가 자신과 다른 인종 또는 민족 출신의 의뢰인이 지배문화의 세계관을 얼마나 받아들이고 있는지에 대해 고려해야 한다는 것이다. 컨설턴트 자신의 문화적 자주성에 대한 판단, 다양한 문화 집단에 대한 지식, 자신이 보유하고 있는 다문화적 컨설테이션 기술 등은 컨설테이션 과정에 들어가기 전에 어느 정도 확보할 수 있을 것이다. 그러나 다문화적 역량을 갖춘 컨설턴트는 의뢰인의 문화적 가치와 세계관에 대하여 임상적 판단을 해야 하며, 판단의 결과에 기초하여 '상황에 따라' 과정 변인들을 변경해야 하는 문제에 직면하게 된다.

컨설턴트가 스스로의 가치관에 대해 인식하고 있어야 한다는 사실은 이미 강조되어 왔으며(예: Caplan, 1970; Conoley & Conoley, 1991; Doughtery, 2008), 이는 다문화적 컨설테이션에서 보다 중요하게 다루어진다. 가치관은 컨설턴트가 지니고 있는 세계관의 핵심을 형성하고 있으며(Carter, 1991; Richardson & Molinaro, 1996), 이는 다른 사람과의 관계, 시간, 자연, 사회 제도에 대하여 개인이 지각하는 방식으로 정의된다(Ivey, D'Andrea, Ivey, & Simek-Morgan, 2002). 전형적인 유럽중심적 가치관을 지니고 있는 동시에 다른 문화적 가치관을 지닌 민족과의 차이를 인식하지 못하는 컨설턴트는 자신도 의식하지 못하는 사이에 자신의 가치를 의뢰인에게 강요함으로써 결과적으로 의뢰인이 컨설테이션 과정에서 멀어지게 한다. 또한 Carter(1991)는 그의 연구에서 동일한 문화적 배경을 지닌 의뢰인의 가치 구조가 컨설턴트 자신의 가치 구조와 동일할 것이라는 가정 또한 잘못된 것이라고 주장하였다. 그는 하나의 문화적 집단 내에 존재하는 가변성(variability)이 문화 집단 간 존재하는 가변성만큼이나 크다는 사실을 발견하였다. 따라서 다문화적 컨설턴트는 의뢰인이 거부감을 가지지 않고 컨설테이션 과정에 참여할 수 있도록 컨설테이션의 과정을 구조화해야 하며, 다음과 같은 질문을 준비해야 한다.

- 위계 결정하기: 저는 사람들이 제 이름을 부르는 것이 편합니다만, 사람에 따라 보다 공식적인 접근을 선호하기도 합니다. 당신은 어떠세요?
- 누가 참여해야 하는지에 대해 결정하기: 문제의 특성상 우리 외에 어떤 사람들이 컨설테이션 과정에 참여해야 한다고 생각합니까?
- 접근 방법 결정하기: 어떤 사람들은 자신의 감정에 대해 언급하는 것을 불편해합니다. 우리는 행동에 대해서만 얘기할 수도 있습니다. 당신은 어떻게 하는 것이 좋겠어요?
- 참여하지 않을 권리 인정해 주기: 우리의 논의가 불편하게 느껴진다면 언제든 질문에 답하고 싶지 않다고 말씀해 주세요.

문화적 역량 외에 컨설턴트와 협업자가 갖추어야 할 특성과 기술

이 장에서는 문화적 역량을 갖추기 위해 필요한 기술 및 태도를 강조해 왔다. 지금부터는 컨설턴트의 일반적 특성을 필두로 하여 효과적인 컨설턴트가 되는 데 필요한 기술 및 특성들에 대하여 논의하고자 한다. 공교롭게도 이 논의의 대부분은 경험적 검증을 거친 것이라기보다는 추측에 토대를 두고 있다. 그러나 경우에 따라서는 이러한 추측을 지지하는 연구가 존재하기도 한다.

컨설테이션과 협력은 문제해결 과정이기 때문에(예: Caplan, 1970; Kurpius & Fuqua, 1993), 컨설턴트와 협력자는 문제해결자가 되어야 한다(Henning-Stout, 1993). Salmon과 Lehrer(1989)는 서로 다른 두 컨설턴트의 문제해결 행동을 관찰하는 모의연구를 실시하였고, 연구 결과 그들은 문제해결에 대한 컨설턴트의 해석은 내담자(학생)에 대한 의뢰인(교사)의 신념, 내담자(학생)에 대한 의뢰인(교사)의 관여 수준, 내담자(학생)에 대한 컨설턴트 자신의 신념에 의해 영향을 받는 것으로 나타났다. 예상한 바와 같이, 컨설턴트의 배경과 경험 또한 컨설테이션의 문제해결 과정 및 방식에 중요하게 작용하고 있었다.

사실 컨설테이션 맥락에서 효과적인 문제해결자의 특성에 관해서는 거의 알려진 바가 없다. Varney(1985)는 컨설턴트가 높은 수준의 도덕적 추론 능력을 갖추어야 한다고 주장하였다. 그는 또한 Hunsaker(1985)와 함께 컨설턴트가 문제를 여러 관점에서 분석할 수 있어야 한다는 주장도 펼친 바 있다. Bushe와 Gibbs(1990)는 컨설턴트의 이러한 자질을 '전략적 융통성'이라 명명하고, 강력한 자아개념과 더불어 컨설테이션의 성공에 필수적이라 주장하였다.

Bushe와 Gibbs(1990)는 효과적인 컨설턴트의 특성에 관한 자신들의 추론을 한 단계 더 진척시키고자 하였다. 그들은 컨설테이션의 성공을 예견할 수 있는 모델의 개발을 시도하였는데, 이 모델에서 컨설테이션의 성공 여부는 트레이너와 동료의 평가에 의해 결정되었다. 그들은 Myers-Briggs Type Indicator(MBTI)로 측정한 직관과 자아 발달 수준(Loevinger, 1976)이 사실상 컨설테이션의 성공 여부를 예언해 주며, 특히 자아 발달 수준이 보다 높은 수준의 예언력을 가지고 있다는 사실을 발견하게 되었다. 이 연구 결과는 컨설턴트가 갖추어야 하는 특성에 관한 그 자신들의 가설뿐만 아니라 다른 연구자들이 제안한 가설 또한 지지하는 자료로 활용되었다. 자아 발달 수준이 높은 경우, 자기 인식·스스로 설정한 기준에

도달하고자 하는 의지 · 도덕적 추론 수준 · 애매함을 수용하는 능력 · 컨설테이션 상황에서 발생하는 역설을 수용하는 능력이 증진된다는 것이다. 내부 조직개발(Organizational Development: OD) 컨설테이션에 대한 연구에서 Bushe와 Gibbs(1989)는 컨설턴트는 Loevinger(1976)가 양심적 단계(conscientious stage)라고 명명한 단계에 도달했을 때에만 OD 철학에 일치하는 컨설테이션 방식을 도입한다는 사실을 발견하였다(5장 참조). 또한 Hamilton(1988)은 MBTI에서 측정된 직관 능력이 트레이너가 평정한 역량과 관련되어 있음을 발견하였다. 그러나 Hamilton은 자아 발달 수준에 대해서는 연구를 수행하지 않았다.

컨설턴트가 반드시 갖추어야 하는 특성 가운데 하나는 작업 동맹 수립 능력이라 할 수 있다. 작업 동맹 수립을 위해서는 기술을 적절히 구사해야 하는데, 이러한 기술 가운데 일부에 대해서는 6장에서 제시한 바 있으며, 다음 절에서 다시 간략히 언급하고자 한다. 효과적인 작업관계를 형성할 수 있는 컨설턴트는 대부분 공감, 진실성, 긍정적 존중(Horton & Brown, 1990; Kurpius & Rozecki, 1993)과 같은 핵심적 특성을 지니고 있는 것으로 나타났다. 공감은 객관성을 유지하면서 동시에 타인의 내적 참조 틀을 지각할 수 있는 능력이다. 긍정적 존중은 타인이 자신과 상반되는 모습을 보이는 경우에도 소중한 존재로 인정해 주는 것이다. 진실성은 스스로를 이해하고, 정직하게 그리고 자발적으로 타인과 자유롭게 상호작용할 수 있는 능력이다.

앞서 언급한 공감, 진실성, 긍정적 존중과 같은 특성들은 효과적인 치료 동맹을 주제로 다룬 문헌에 제시된 내용이다. 그러나 작업 동맹을 형성하는 데 필요한 이러한 특성들은 컨설테이션 관계의 복합성을 충분히 포괄하는 데는 역부족일 것이다. 여기에 대인관계에서 발생할 수 있는 위험을 기꺼이 감수하고자 하는 내적 특성이 추가되어야 할 것이다. 컨설턴트는 때로 컨설테이션 관계를 주도하고, 의뢰인이 새로운 기술을 습득하는 데 도움을 줄 수 있는 모델로서의 역할을 수행해야 하며, 전문 지식에 기초한 의견과 조언을 제공해 줄 수 있어야 한다. 이 모든 역할은 위험 감수 행동과 관련되어 있다. Maher(1993)는 조직 컨설턴트의 특성을 논의할 때, 위험 감수와 관련된 자질을 가리켜 '기업가 정신(entrepreneurship)'이라 명명하였다. Maher는 기업가 정신을 "전문가로서 주어진 새로운 기회를 인지하고, 기회를 추구하는 과정에서 발생할 수 있는 위험을 관리하며, 부가가치 서비스를 추구함으로써 마침내 가치를 창조해 내는 능력"(p. 319)이라 정의하였다. Maher가 제시한 기업가적 수준은 아니라 할지라도 인적 서비스를 제공하는 컨설턴트가 위험을 감수해야 한다는 점에서는 대부분의 전문가가 그 뜻을 함께하고 있다.

또한 Maher(1993)는 효과적인 컨설턴트가 갖추어야 할 특성들을 추가적으로 규명하였다.

이러한 특성들은 비록 앞서 언급한 특성들만큼 자주 논의되지는 않지만 그럼에도 불구하고 대부분의 사람이 받아들이고 있는 특성이라 할 수 있다. Maher는 효과적으로 컨설테이션을 진행해 나가는 컨설턴트들은 헌신, 단호함과 끈기, 성취하고자 하는 욕구, 자신이 제공한 서비스에 관한 피드백을 통해 자신의 효과성을 끊임없이 향상시키고자 하는 욕구를 지니고 있다고 주장하였다. 또한 Maher는 효과적인 컨설턴트는 위험을 감수하고자 할 뿐 아니라 적극적으로 위험을 추구한다고 주장하였는데, 이러한 견해는 컨설턴트를 기업가와 동일시하는 시각과 일치한다. 아마도 이러한 모든 특성은 '성공에 대한 동기화'로 보다 간략히 명명할 수 있을 것이다. 높은 수준의 동기화가 없다면 컨설테이션 과정에서 언제든지 발생할 수 있는 실패로 쉽게 낙담할 수 있기 때문이다.

학생 학습활동 7-1

당신은 훌륭한 컨설턴트가 될 수 있겠는가? 다음 척도를 이용하여 컨설턴트로서 당신의 특성을 평가해 보시오.

1 = 나와 다르다
2 = 나와 비슷하다
3 = 나와 매우 비슷하다

A. 자신감. 위험을 무릅쓰는 사람 　　　　　　　　　　　　_____
B. 공감적. 다른 사람의 관점으로 볼 수 있다. 　　　　　_____
C. 진실성. 본연의 자기 모습에 대하여 두려워하지 않는다. 　_____
D. 나와 다른 가치를 가지고 있는 사람들도 존중한다. 　　_____
E. 훌륭한 모델. 다른 사람의 학습을 위해 자신을 기꺼이 활용한다. 　_____
F. 높은 동기. 의뢰인과 내담자를 돕기를 원한다. 　　　　_____
G. 성취자. 나는 해낼 수 있어. 　　　　　　　　　　　_____

문제해결자로서의 컨설턴트와 협력자: 일반적인 고려사항

컨설턴트와 협력자는 문제의 발견자이자 해결책 발견의 촉진자라 할 수 있다. 단서와 정보를 추적하는 동시에 직감을 개발하기 위하여 아이디어를 수집한다는 유사성에 기인하여 몇몇 저자는 컨설턴트의 역할을 탐정의 역할에 비유하였다(Kolb, 1983; Sandoval, Lambert, & Davis, 1977). 실제로 다양한 분야에서 전문가들은 초보자와 다른 방식으로 문제 상황을 분석하고 대처해 나간다는 근거들이 존재한다. 문제해결을 주제로 한 연구는 주로 물리학, 기하학, 예술, 사회과학 영역에서 수행되어 왔다. 문제해결 방식이 명확하고 문제해결이 전문가들 간 상호 동의하에 이루어지는 물리학과 달리 사회과학은 보다 복잡한 양상을 띠고 있기 때문에, 이후의 논의는 사회과학 영역에서 수행된 연구에 초점을 두고자 한다.

Voss, Tyler와 Yengo(1983)는 사회과학 문제(예: 러시아의 농업 문제를 가정함)를 해결하기 위해 전략을 활용하는 데 있어 해당 분야의 전문가(러시아 문제 전문가인 대학 교수)와 초보자(러시아의 대내 정책에 관한 과목을 수강 중인 학부생) 간의 차이를 비교하는 연구를 수행하였다. 사회과학의 다양한 영역에서 전문가와 초보자 간 문제해결 방법이 유사성을 갖는다면, 문제해결을 위한 컨설테이션 과정에 대하여 이해하는 데 중요한 단초를 제공하리라는 것이 이들의 생각이었다. 연구 결과, 전문가는 문제 표상에 비교적 많은 시간을 할애하는 것으로 나타났다. 즉, 전문가는 문제와 목표에 있어 '주어진 조건'을 고려하는 데 많은 시간을 보낸 것이다. 문제해결을 저해하는 상황적 제약과 과거 해결 시도에 대한 지식 또한 문제의 성격을 이해하는 데 도움이 되는 것으로 나타났다.

반면, 초보자는 문제 표상에 거의 시간을 할애하지 않았다. 사실 표상 작업은 문제를 야기하는 원인들을 파악하기 위한 전략에 포함되어 있다. 초보자가 탐색한 문제의 원인은 매우 구체적이었고, 탐색된 원인과 관련지어 해결책을 제안하였다. 초보자는 제안된 해결책이 지향하는 바, 또는 그 해결책이 지니고 있는 제약 사항에 대한 고려 없이 해결책에 대한 논의를 시작하였다. 요컨대, 초보자는 문제해결에 필요한 일련의 구체적 원인 탐색에 국한하여 문제를 표상하였다. 흥미롭게도 다른 학문 분야의 전문가들로 하여금 자신의 문제해결 접근법으로 이 문제를 분석해 보도록 했을 때, 이들의 문제해결 접근법은 초보자의 그것과 크게 다르지 않은 것으로 나타났다.

전문가는 주어진 문제에 대하여 하나 또는 그 이상의 해결방법을 제안하였고, 제안된 해결방법들은 대부분 추상적인 성격을 띠고 있었다. 문제해결을 위한 대부분의 활동은 제안된 해결 방안들의 타당성 검증 및 검토로 이루어진다. 문제해결에서 논거의 개발은 '① 해결방법의 타당성을 획득함으로써 해당 문제를 해결할 수 있다는 것을 보여 주기 위해, ② 제안된 해결 방법으로 인해 발생할 수 있는 또 다른 문제들을 고려하고, 이에 대한 해결방안을 검토하기 위해, ③ 문제 표상이라는 점에서 제안된 해결 방법을 평가하기 위해, ④ 제안된 해결 방안을 정교화하기 위해, ⑤ 보다 많은 해결책을 제안하는 데 도움이 되는 새로운 정보의 획득 가능성을 향상시키기 위해' 이루어진다고 할 수 있다. 반면, 초보자는 논거를 개발하기 위한 활동은 거의 하지 않는 것으로 나타났다.

인지심리학 분야의 연구 결과를 컨설테이션 과정에 적용한 연구는 소수에 불과하다. 실제로 컨설테이션 회기를 녹음한 자료를 청취한 후에 나타난 학교심리 전공 대학원생과 실무자의 think-aloud 반응법(역자 주: 생각을 하면서 그 생각을 입 밖에 내어 말하도록 하는 반응법)을 비교한 탐색 연구는 앞서 기술한 초보자-전문가 간 차이를 분석한 연구와 유사한 결과를 나타내고 있었다(Pryzwansky & Vatz, 1988). 궁극적으로 문제 표상의 세 단계 수준이 뚜렷하게 나타났는데, 가장 높은 수준은 추상적이었으며, 이론적 정보에 기초한 문제 정의 및 해결을 특징으로 하고 있었다. 가장 낮은 수준과는 달리 이 집단은 의뢰인이 문제를 정의하기 위해 사용하는 전제와 증거를 비판적으로 검토한다. 가장 낮은 수준의 집단이 문제 및 아동에 대하여 제한적인 관점을 갖는 것과 달리 가장 높은 수준의 집단에 속한 이들은 문제 및 아동에 대하여 보다 거시적인 관점을 취하고 있었다. 중요한 사실 가운데 하나는, 높은 수준의 집단에 속한 연구참여자들이 '정향기제(orientating mechanism)'를 활용한다는 것이다. 정향기제는 컨설테이션 과정에 대한 메타 진술(metastatement)로 정의할 수 있다. 정향기제의 예는 컨설턴트가 스스로에 대해, 자신에게 부여된 역할에 대해 그리고 의뢰인의 기대에 대해 의문을 제기하는 것 등이다. 연구 과정에서 컨설테이션 활동 경력과 컨설테이션 관련 과목 이수 여부를 크게 고려하지 않았음에도 이 연구에서 32명의 연구대상자 가운데 일곱 명이 높은 수준에 해당되었으며, 이 가운데 여섯 명은 실무자 집단인 것으로 나타났다.

이 연구에 대하여 이루어진 두 편의 후속 연구(Vatz & Pryzwansky, 1987; Pryzwansky & Vatz, 1988)는 동일한 연구자에 의해 진행되었으며, 앞서 실시한 연구와 마찬가지로 학교심리 분야의 컨설테이션 전문가(실무자와 수련생)를 대상으로 이루어졌다. 세 수준의 문제 표상이 나타났으며 이 가운데 가장 높은 수준에서 보이는 특징은 이전 연구 결과와 유사하였지만, 이전 연구에서는 높은 수준의 집단에 주로 실무자들이 포함되었던 것과 달리 후속 연구에서는 높은 수준의 집단에 주로 수련생들이 포함되어 있는 것으로 나타났다. 문제 탐색 수준은 컨설턴트로서의 경력이나 컨설테이션 관련 과목 이수 여부와는 관련이 없었다. 또한 가장 높은 수준의 집단이 제안한 개입방법의 90%는 회기 내에 초점이 맞추어진 반면, 가장 낮은 수준의 집단이 제안한 개입방법의 69%는 컨설테이션 회기에서 이루어진 활동 자체가 아닌 수업 중 토론, 학생 면접, 부모 컨설테이션 등 주로 회기 외적 활동에 집중되어 있었다. 흥미롭게도 이 모든 연구에서, 서로 다른 수준의 집단에 의해 제안된 개입 전략 및 범주의 개수는 크게 다르지 않았다. 다만 가장 낮은 수준의 집단이 이전 연구에 비해 약 두 배가량의 전략을 제안하였는데, 아마도 이들은 문제 규명보다는 문제해결을 위해 무엇을 해야 하는지에 대해 보다 높은 관심을 가졌던 것으로 보인다. 더욱 놀라운 점은 17명의 전문가 가운데 다섯 명은 제한적인 정향기제만을 활용하는 등 문제 표상 수준이 가장 낮은 수준의 집단과 유사하다는 것이었다. 또한 초보 상담자(상담전공 대학원생)의 문제해결 접근에 대해 연구한 논문에서, 초보자들은 제시된 문제에 자신들의 문제해결 접근 방식 적용이 적절한가에 대한 판단 없이 모든 문제에 자신의 문제해결 접근을 일괄적으로 적용하는 것으로 나타났다(Pryzwansky & Schulte, 1989). 또한 이들은 내담자 문제가 명확하게 규명되지 않았음에도 내담자에 대한 개입 작업에 돌입하는 경향이 있었고, 문제의 속성이 달라져도 이들의 문제해결 방식은 큰 변화를 보이지 않는 것으로 나타났다.

컨설테이션에서 이러한 연구 결과가 함의하는 바는 무엇인가? 이는 문제해결을 위한 컨설턴트와 의뢰인의 활동, 즉 문제에 대한 인식 방법, 문제해결을 위한 방안 모색이 종결되기 전에 반드시 고려해야 하는 사항에 대한 인식 등에서 큰 차이를 보일 수 있음을 시사한다. 곧, 컨설턴트(전문가)는 문제 정의에 보다 많은 시간을 할애하고 관념적인 소재에 집중하는 반면, 의뢰인은 전문가와의 역할 차이를 의식하고, 문제에 대한 인식 및 해결 방안 모색을 위한 고려사항 등과 같은 질문 앞에 당황하거나 주저할 수 있음을 의미한다. 이와 같은 관점에서 볼 때, 컨설테이션을 동등한 두 사람 간의 협력적 노력으로만 이해하는 것은 그릇된 시각일 수 있으며, 컨설턴트와 의뢰인 관계에 대한 견해 차이로 인해 컨설테이션이 실패할 가능성은 얼마든지 존재한다. 컨설턴트는 각각의 문제해결 방식이 갖는 차이에 민감해야 할 뿐 아니라 문제해결 초기 단계에서 의뢰인의 기능을 증진시키기 위한 기법 활용에 대해서도 반드시 고려해야 한다.

컨설턴트와 의뢰인은 다음 사항에 합의해야 한다.

① 문제해결 전략을 검토 또는 개선하기 위해 컨설턴트와 의뢰인은 현 상황을 함께 탐색해야 한다.
② 컨설턴트는 의뢰인이 제공하는 정보의 질을 평가해야 한다.
③ 컨설턴트는 의뢰인이 컨설턴트에 대해 갖고 있는 기대를 고려해야 한다.
④ 컨설턴트와 의뢰인은 체계적·협력적 방식으로 자료를 수집해야 한다.
⑤ 문제의 촉발 과정 분석하기(문제에 영향을 미치는 변인들, 규정된 문제, 제 변인과 문제의 발생은 논리적으로 관련되어 있는가?)
⑥ 하나 또는 그 이상의 대립 가설 설정하기
⑦ 문제해결에 영향을 미치는 제약 조건에 대해 고려하기

의뢰인에게 초점을 두고 문제해결중심 접근법을 활용하는 컨설턴트의 경우, 문제 발견이

나 문제 진단에 깊이 관여하지 않는다는 사실은 선행 연구들에서 어렵지 않게 찾아볼 수 있다. 단, 문제 발견이나 진단에 깊이 관여하지 않는다고 해서 해결중심 의뢰인 초점 접근법이 적용되는 문제가 결코 가볍다는 것은 아니다. 이와 관련된 내용을 보다 자세히 알고 싶다면, 4장으로 돌아가 해결중심 의뢰인 초점 컨설테이션과 협력의 전제에 대해 찾아보기 바란다.

의사결정 시 고려해야 할 문화적 쟁점과 체계들

Davis와 Sandoval(1991)은 의뢰인의 문제에 대해 보다 깊이 있게 고려할 수 있도록 체계적 관점에 기반한 하나의 틀을 제시하였다. 컨설턴트는 이러한 틀에 따라 다양한 개입 방안을 고려해 볼 수 있는데, 컨설턴트가 고안해 낸 개입 방안들은 체계 및 그 하위 체계에 영향을 미치게 된다. 성공가능성이 가장 높은 개입방법을 우선순위로 하여 컨설테이션 계획을 수립하게 된다. Davis와 Sandoval은 가족, 학교, 컨설턴트 그리고 다른 하위체계는 물론, 두 개의 하위 체계가 결합된 형태에 대해서도 고려하였다. 이와 같이 다양한 문제, 다양한 개입 방안에 대해 고려하는 것은 어떤 하나의 개입이 성공을 거두지 못한 경우에도 문제해결 과정이 지속되도록 돕는다. 상호작용적인 다양한 체계적 관점에서 문제를 정의하는 등의 유연성 발휘는 컨설턴트로 하여금 다양한 개입 방안을 활용할 수 있도록 해 준다. 이들은 구체적 개입 자체보다는 컨설테이션을 통해 도출된 개입 계획이 결과로 실현되는 과정에 주목한다. 그러나 대부분의 경우와 마찬가지로 이들이 제시한 문제해결 과정의 첫 번째 단계 또한 문제를 정의하는 것이다.

일단 문제가 규명되고 나면 문제해결을 위한 일련의 개입방법을 고려하게 되고, 이 가운데 하나를 채택하게 된다. 개입의 성공 수준에 대한 평가는 '옳은' 개입방법이 사용되었는지 그리고 문제의 특성을 내포하고 있는 초기 가설이 수정되어야 할 필요가 있는지에 대한 판단을 통해 이루어질 수 있다. 이러한 작업들은 일반적으로 문제해결 과정에서 이루어져야 하는 의사결정의 분명한 방향을 제시해 준다. Eley와 Lyman(1987)은 신규 교사들이 문제를 정의하고, 선호하는 해결 방안을 선택할 수 있도록 가르치는 데 활용 가능한 문제해결 사고 과정에 대하여 기술하였다. 문제를 정의하고 해결 방안을 선택하는 모든 단계에서 활용되는 '사고연결(think link)' 또는 '지도(map)' 전략은 교사들이 직면하는 어려움 극복에 관한 사고를 강화하기 위한 하나의 방법으로 강조되었다. 다양한 원인과 결과가 지도상에 표시되는데, 이 가운데 다수가 체계(system)에 그 기반을 두고 있다. 이 과정은 문제에 대하여 갖게 된 분명한 시각 또는 문제의 재진술이라는 결과의 도출로 이어져야 하며, 선호하는 해결 방안을 선택할 때까지 제안된 모든 해결책의 장점과 단점들은 표로 작성된다.

1장에서 지적한 바와 같이, 문화적 가치 또한 문제해결과 의사 결정에 영향을 주는 변인이라 할 수 있다. 유럽계 미국 문화에서 의사결정은 개인적인 문제이다. 즉, 개인은 독립적으로 의사결정을 하며, 이 과정에서 때로는 다른 사람의 의견을 무시하기도 한다. 이러한 문화에 적응하지 못한 아시아계 미국인과 미국 인디언은 보통 가족 또는 집단의 의견에 따르고, 의사결정 과정에서도 가족과 집단의 생각을 1순위에 둔다(Brown & Crace, 1996). 그뿐만 아니라 문화적응이 이루어지지 않은 아시아계 미국인은 의사결정 과정에서 컨설턴트의 의견에 따르는 경우가 많은데, 이는 그들이 전문가와의 관계를 수평적 관계가 아닌 수직적 관계로 보기 때문이다. 결과적으로 의뢰인은 컨설턴트가 해결책을 제시해 주리라 기대하게 되고, 결국 협력적 접근은 불가능해진다. 여기서 가장 중요한 점은, 의사결정 과정에 영향을 줄 수 있는 의뢰인의 문화적 가치에 대해 컨설턴트가 충분히 알고 있어야 한다는 것이다.

'민족 적합성(ethnic validity)'이란 문제해결 과정에서 문화적 차이를 고려할 수 있는 여지를 제공한 표현이라 할 수 있는데, 이는 Barnett 등(1995)이 내담자의 호소문제와 그 문제를 해결하기 위해 선택된 접근이 내담자의 문화 가치와 신념에 부합하는 정도를 나타내기 위해 정의한 개념이라 할 수 있다. 민족 적합성이라는 개념 정립을 위해 그들은 ① 컨설테이션 맥락 내에서 문제를 해결하고자 하는 노력, ② 의뢰인의 개입방법 수용 가능성, ③ 팀 전략의 활용과 같은 핵심 요소들을 제시하였다. 의뢰인의 민족적 특성에 맞는 컨설테이션에 접근하기 위해 컨설턴트는 컨설테이션의 목표와 컨설테이션을 통해 기대되는 결과뿐 아니라 컨설테이션의 문화적 맥락에 대해 고려한 총체적 접근법을 취해야 한다. 컨설테이션에서 민족 적합성은 컨설턴트가 의뢰인의 문화적 가치를 이해하고 수용하며, 이러한 지식과 이해를 문제해결 접근의 토대로 삼아야 한다는 것을 의미한다. Barnett 등(1995)은 의뢰인의 민족 특성을 반영한 컨설테이션을 위해 컨설턴트는 항상 의뢰인을 지지할 준비가 되어 있어야 한다고 주장하였다. 민족 적합성의 두 번째 측면으로, 컨설테이션을 통해 도출된 접근 방법의 수용가능성은 '개입방안의 적절성, 공정성, 합리성, 보편성 및 개입방안이 미칠 영향'에 대한 의뢰인의 관점을 의미한다(p. 221).

Barnett과 그 동료들의 관점에서 팀 작업은 협력자가 의사결정 과정에 적극적으로 참여하는 한편, 언어 문제와 같이 문제해결 과정에서 발생할 수 있는 문화적 장벽을 고려하는 '상호작용적이고 협력적인 문제해결'(p. 222) 과정과 밀접하게 관련되어 있다고 할 수 있다. 이는 본질적으로 이 책에서 채택하고 있는 협력의 정의와 동일하다.

관계 형성 전/진입 전 및 진입 단계

Kurpius(1993)를 비롯한 여러 조직 컨설턴트는 대부분의 조직 컨설턴트가 학교나 기업체 외부에서 고용되는 경우가 많다는 점에 착안하여 진입 전 단계의 중요성에 대해 강조하였고, 이들을 외부 컨설턴트라 지칭하였다. Kurpius와 그 동료들은 진입 전 단계에서 컨설턴트에게 필요한 두 가지 필수 역량에 대해 강조하였다. 첫째, 컨설턴트 자신의 기술이 조직의 문제해결을 촉진하는 과업을 감당할 수 있는가에 대하여 판단하는 능력을 지니고 있어야 한다. 둘째, 조직의 문제해결에 필요한 기술을 갖추었다는 전제하에 컨설턴트에게는 잠재적 의뢰인과 소통할 수 있는 능력이 필요하다. 내부 컨설턴트의 경우, 이들은 이미 조직에 소속되어 있기 때문에 컨설테이션 전 단계라는 표현 자체에 어폐가 있을 수 있으나, 이들 또한 외부 컨설턴트와 동일한 기술을 갖추어야 한다는 것은 자명한 사실이다. 자신 및 자신의 컨설테이션 기술에 대한 충분한 이해는 효과적이고 윤리적인 컨설테이션을 위해 필수불가결한 요소이기 때문이다. 컨설테이션 기술의 특성에 대해 의사소통할 수 있는 능력 또한 필수적이라 할 수 있다. 컨설테이션을 통해 얻을 수 있는 혜택에 대한 이해가 선행되지 않은 상태에서는 잠재적 의뢰인의 컨설테이션 서비스 이용이 이루어지지 않을 것이기 때문이다. 외부 컨설턴트는 이와 같은 기술을 마케팅이라 지칭한다. 내부 컨설턴트는 그들의 서비스를 상품화할 필요가 없기 때문에 외부 컨설턴트만큼 마케팅 기술을 필요로 하지 않는다. 요컨대, 조직 진입 전/의뢰인과의 관계 형성 전/컨설테이션 과정에 돌입하기 전 단계에서 요구되는 필수적인 기술은 다음과 같다.

① 자신의 강점과 약점을 분석할 수 있는 능력
② 효과적인 컨설테이션 운영에 필요한 기술을 규정하고, 이러한 기술이 의뢰인들에게 어떠한 도움이 될 것인지에 대해 평가하는 능력
③ 마케팅 기술, 즉 컨설테이션을 통해 무엇인가 얻을 수 있다는 사실을 다른 사람에게 설득하는 능력

진입은 컨설턴트와 의뢰인이 앞으로의 작업에 관한 협의를 시작하는 컨설테이션 관계의 한 지점을 말한다. 이를 계약 단계라고 하는데, 계약은 복잡한 법적 문서를 통해 이루어질 수도 있고, 문제해결을 위한 공동 작업에 대해 비공식적 동의의 형태를 띨 수도 있다. 컨설턴트는 계약 체결과 관련하여 기초적인 법적 지식에 대해 이해하고 있어야 함은 물론, 그 계

약이 실제 컨설테이션 장면에서 유효하다는 사실을 검증하기 위해 변호사의 도움을 받아야 한다(Remley, 1993). 만약 그 계약이 비공식적인 것이라면 컨설턴트는 의뢰인에게 컨설테이션의 속성에 대해 설명하고, 이 과정에서 각자 수행해야 하는 역할에 대해 규정하며, 컨설테이션 과정과 역할에 있어 서로의 관점에 대한 합의에 도달할 수 있어야 한다.

다시 한번 강조하건대, 컨설턴트에게는 다음과 같은 기술이 필요하다.

- 외부 컨설턴트에게는 공식적인 계약 체결을 위한 협상 기술이 필요하고, 내부 컨설턴트에게는 비공식적인 컨설테이션 계약 체결에 필요한 기술 개발이 요구된다.

대인관계 기술

의뢰인은 원만한 대인관계 형성에 필요한 기술(그리고 특성)을 지니고 있는 컨설턴트에게 보다 높은 수준의 호감을 느낀다는 사실이 많은 연구에서 반복적으로 발견되고 있다(Hansen & Himes, 1977; Maitland, Fine, & Tracy, 1985; Weissenberg, Fine, & Poggio, 1982). Paskewicz와 Clark(1984)는 컨설테이션 관계의 또 다른 차원, 즉 언어의 구조적 오류에 주목하였다. 그들은 컨설테이션 과정에서 구체적인 단어보다 추상적인 단어의 사용빈도가 높을 경우, '아동의 행동'이 아닌 '아동 자체'가 컨설테이션의 주제가 된다고 보았다. 또한 아동이 취해야 하는 행위를 나타내는 단어가 빈번하게 언급될 경우, 컨설테이션의 효과가 낮아진다는 사실을 발견하였다. 한편, Hansen와 Himes(1977)는 관계의 비언어적 차원에 주목하여 연구를 수행하였고, 그 결과 교사들은 주의 집중하기(예: 시선 맞추기)와 최소화된 비언어적 주의 분산 행위를 효과적인 컨설테이션 관계 형성 행동이라고 생각한다는 사실을 발견하였다.

컨설턴트에게 필요한 언어적 기술을 둘러싸고 논란이 되고 있는 영역 가운데 하나는 상담 중 이루어지는 대화에 대한 통제에 관한 것이다. 효과적인 컨설테이션을 위해 컨설턴트가 컨설테이션의 대화 통제 기술을 갖추어야 한다는 주장을 처음으로 펼친 이는 Bergan (1977)이었다. 3장에서 컨설턴트에게 필요한 일련의 기술 목록을 제시한 바 있는데, 이는 컨설테이션과 관련하여 Bergan이 수행한 정교화 작업의 최종 산물이라 할 수 있다. Bergan과 Tombari(1976)의 초기 연구를 비롯하여 Erchul(1987) 및 Erchul과 Chewning(1990)이 수행한 연구들은 이러한 Bergan의 주장을 지지하고 있다. 그러나 Henning-Stout(1993)는 "의뢰인은 무엇인가를 하도록 시키는 지시조의 표현에 저항한다는 사실을 지지하는 증거가 충분히 존재한다."라고 보고한 바 있다(p. 18). 이와 같이 연구자들의 엇갈린 주장은 컨설턴트에게 조직적이고 협력적인 관계를 형성하기 위한 기술이 필요한지, 아니면 컨설테이션 관계를 지배하는 데 요구되는 반응을 능숙하게 이끌어 내는 기술이 필요한지에 대한 판단과 결부되어 있다. 컨설턴트가 의뢰인으로부터 문제 정의와 목표 설정을 도출하는 데 필요한 반응을 이끌어 낼 수 있어야 한다는 주장에 대한 이견은 없을 것이다. 그러나 Erchul과 Chewning (1990) 그리고 Witt(1990)와 같은 몇몇 연구자의 주장을 제외하면, 컨설턴트에게는 지배적인 관계가 아니라 동등한 관계 형성을 위한 기술이 필요하다는 데 그 뜻을 같이하고 있다(Henning-Stout, 1993).

　여기에서 한 가지 주의해야 할 점은, 앞서 언급한 연구들이 유럽 중심적 모델을 기초로 수행된 것이며, 따라서 연구 결과가 다른 문화권에 동일하게 적용되지 않을 수 있다는 사실이다. 예컨대, 유럽계 미국인들이 편안하게 느끼는 시선 맞추기의 수준이 아프리카계 미국인에게는 불편하게 느껴질 수 있고, 아시아인들의 경우 미소를 나약함의 또 다른 표현으로 생각할 수도 있다. 또한 유럽계 미국인에게는 책상을 중심으로 마주 앉은 두 사람의 거리(약 1m)가 편안하게 느껴지지만, 보다 가까운 거리에서 상호작용하는 라틴계 미국인은 이러한 거리를 무관심의 표현으로 생각할 수 있다. 좀 더 가까이 다가오고자 하는 라틴계 의뢰인에 대해 비라틴계 컨설턴트가 뒤로 물러서는 자세를 취할 때, 의뢰인은 컨설턴트가 자신에 대해 무관심하다고 느낄 수 있다(Sue & Sue, 2007). 비언어적 행동에 관한 규범이 문화마다 다르듯이, 언어적 의사소통의 측면 또한 문화마다 차이를 보인다. 아시아계 미국인, 미국 인디언 그리고 남미계 미국인과 같이 자기통제에 중요한 가치를 부여하는 문화권에서는 자신의 생각과 감정을 다른 사람과 함께 나누는 데 있어 어려움을 느낄 수 있으며, 비교적 간접적인 접근 방식을 선호할 수 있다(Sue & Sue, 2007). 문화적으로 민감하지 못한 컨설턴트는 이러한 현상을 저항으로 생각할 수 있지만, 인내와 이해심을 가지고 기다리면 의뢰인은 기꺼이 자신을 개방할 것이다. 경우에 따라 아시아계 미국인 또는 미국 인디언 의뢰인 중에는 다른 민족 의뢰인들과 같은 방식으로 감정을 드러내지 않을 수 있는데, 이때 컨설턴트는 자신에게 의뢰인의 감정을 다룰 수 있는 능력이 없다고 귀인하지 말아야 한다.

　이러한 자료로부터 얻을 수 있는 결론은 무엇인가? 대부분의 컨설턴트는 기본적으로 인간관계를 형성하는 데 있어 그 자신에게 적극적 경청 기술이 필요하다는 사실에 동의할 것이다(Horton & Brown, 1990; Idol & West, 1987; Parsons & Meyers, 1984; Randolph, 1985). 이러한 기본 기술에는 주의 집중하기(적절한 시선 유지하기 및 다른 비언어적 행동)를 비롯하여 의뢰인이 말하는 내용과 기분에 대한 반영 기법으로 알려진 기술들을 활용함으로써 컨설턴트가 의뢰인의 언어적이고 정서적 메시지를 잘 듣고 있다는 것을 전달하는 방법 등이 있다. 개방형 질문(저에게 내담자에 대해 말해 줄 수 있나요?)과 폐쇄형 질문(학생은 몇 등 정도 하나요?)을 활용하여 정보를 도출해 내는 것 또한 중요한 의사소통 기술이라 할 수 있다. 또 다른 경청 기술에는 질문과 요약을 통해 의뢰인의 이야기가 담고 있는 언어적 · 정서적 내용을 명료화하기 등이 있다. 의뢰인의 이야기에서 드러나는 불일치를 완곡하게 지적하는 부드러운 직면 기술의 활용 능력 또한 관계 형성을 위해 컨설턴트에게 필요한 기술 가운데 하나이다 (Kurpius & Rozecki, 1993). 다음은 이러한 기법의 몇 가지 예이다.

> **명료화 요약:** 교사는 학생에 대하여 양가적인 감정을 가지고 있다.
> "Tommy가 선생님 학급의 학생이라는 사실이 기쁠 때도 있지만, 때로는 선생님이 표현하신 대로 '목을 비틀어 버리고 싶을 만큼' 선생님을 정말 화나게 하기도 하는군요."

> **완곡한 직면:** 엄마는 학생의 성적 부진을 교사 탓으로 돌리고 싶어 한다.
> "당신은 Tommy의 낮은 수학 성적에 대한 책임을 선생님에게 전가하고 있군요. 그리고 이러한 신념을 내세워 Tommy의 수학 성적을 향상시키기 위해 가정에서 감당해야 할 노력들을 회피하고 싶어 하시네요."

베테랑 컨설턴트들은 컨설턴트가 의뢰인과 심리치료적인 논의에 빠지는 것을 피해야 한다고 주장한다. 이를 위해 컨설턴트는 '지지적인 재초점화(supportive refocus)'라 불리는 전략에 숙달되어야 한다(Randolph, 1985). 이 기법은 의뢰인이 무심코 자기 자신의 문제에 대한 이야기로 빠져들 때, 컨설테이션 작업의 초점을 내담자에게로 되돌리기 위해 사용된다.

그러나 기본적인 주의 집중 기술은 의뢰인의 문화 정체성에 따라 일정 부분 변화되어야 할 것이다. 앞서 주지한 바와 같이 신체 동작(시선 맞추기와 같은 신체적 움직임), 공간이 갖는 의미(소통하는 개인들 사이의 거리), 의사소통 방식 등에는 문화적 차이가 존재하기 때문이다. 문화 적응이 이루어지지 않은 내담자와 효과적인 컨설테이션 관계를 수립하는 능력은 이러한 문화적 차이에 대한 컨설턴트의 지식수준과 깊이 연관되어 있다고 할 수 있다. 문화 적응이 충분히 이루어진 의뢰인과 작업할 때, 특히 아시아계 미국인 의뢰인에 대해서는 관계의 효과성을 최대화하기 위해 직면과 같은 기법을 사용하지 않는 것이 좋을 수 있다. 유럽계 미국인들에 대한 컨설테이션에서 감정 반영이 일반적으로 활용되는 기법이라고 한다면, 미국 인디언이나 아시아계 미국인들과 작업할 때는 내용 반영이 보다 효과적인 기법으로 활용될 수 있다. 또한 의뢰인의 의사소통 기술이 미흡할 경우, 적극적 경청과 같은 간접적 접근보다는 직접적 접근이 보다 효과적일 수 있다. 특히 북미 원주민과의 작업 시, 적극적 경청 기법은 보다 간접적으로 다루어져야 한다. 물론 이러한 예외가 있다고 해서 의뢰인에 대한 적극적 경청 접근의 효과성을 부인하는 것은 아니다. 다만 효과적인 컨설테이션을 위해 컨설턴트는 그 자신의 의사소통 방식을 내담자가 선호하는 문화적 가치 신념에 맞출 수 있어야 한다.

요컨대 컨설턴트는 다음과 같은 기술을 필요로 한다.

① 적극적 경청 기술은 물론, 의뢰인의 문화 적응 수준 및 인종적/민족적 배경에 따라 적극적 경청 기술을 변용할 수 있는 능력
② 저항과 문화적으로 적절한 행동의 차이를 식별할 수 있는 기술: 저항이 나타날 때 그것이 문화적 배경, 심리적 또는 맥락적 변인에 어느 정도 귀인하는지를 판단하는 기술
③ 문화적 배경이 언제 힘의 불균형으로 작용하는지를 식별하는 기술, 문화적 차이가 힘의 불균형으로 작용하는 상황을 개선해 나갈 수 있는 능력
④ 컨설테이션 작업의 초점을 내담자 중심으로 유지할 수 있는 기술

문제 규정과 목표 설정

지금까지 수행된 연구들에 따르면, 컨설턴트의 언어적 기술(verbal skill)이 문제를 규정하는 데 도움이 되지 않거나(Bergan & Tombari, 1975), 컨설턴트가 의뢰인으로 하여금 신속하게 문제를 규정할 수 있도록 도움을 주지 못하는 경우 컨설테이션은 실패할 확률이 높아진다(Bergan & Tombari, 1976). 앞서 언급한 바와 같이 Bergan(1977), Bergan과 Kratochwill (1990)은 컨설턴트가 기술을 충분히 익히고 능숙하게 구사한다는 전제하에, 행동적 관점에서 문제 정의를 용의하게 해 주는 일련의 기술들을 제시하였다.

Idol과 West(1987), Parsons와 Meyers(1984) 그리고 그 외에 많은 연구자는 컨설턴트는 의뢰인의 문제를 사정할 뿐 아니라 의뢰인으로 하여금 내담자의 문제를 규정할 수 있도록 돕는 다양한 사정 기술을 갖추어야 한다고 제안하였다. 조직 컨설턴트에게는 문화에 대한 조직 구성원들의 비적응적 측면에서 관리 방식의 문제에 이르기까지 광범위한 문제들을 진단할 수 있는 기술이 반드시 필요하다. 학교 현장에서 일하는 전문가들은 교수 및 학급 관리에서 나타나는 결함에 대해 사정할 수 있어야 한다. 학부모를 대상으로 상담을 진행하는 컨설턴트는 부모가 자녀의 심리적 · 교육적 발달을 촉진하고 있는지 아니면 저해하고 있는지를 판단할 수 있어야 한다. 조직적 · 교육적 · 자녀 양육 문제를 평가하는 데는 많은 방법이

있으며, 이 책에서도 이에 대한 논의가 이루어진 바 있다.

의뢰인과 내담자의 문제가 일단 규명되고 나면 컨설턴트는 의뢰인과 함께 문제의 소재(locus)에 대해 고려해야 한다(Kurpius, Fuqua, & Rozecki, 1993). 학교에서 근무하는 컨설턴트는 다양한 교사를 만나게 되는데, 이 중에는 학생들을 각 역할과 자리에 '고정된' 형태로 배치하고, 학생들이 이러한 학급 환경에 적응하기를 원하는 교사들도 있다. 이러한 경우, 학생과 교사의 문화적 배경이 다르면 큰 갈등이 초래될 가능성이 있다. 연구 결과에 따르면 서로 다른 민족 집단 출신의 학생들은 학습 방법 및 교실에서의 상호작용 방식에서 각기 다른 모습을 나타낸다. 예컨대, 멕시코계 미국인 아동과 북미 인디언 학생들은 학습 활동에서 협력적 접근(경쟁적 접근과 상충되는 개념)을 선호하는 것으로 나타났다(Grigg & Dunn, 1989).

교사들은 공격성이 부족한 아동의 성향을 무관심 혹은 능력의 부족으로 잘못 해석할 수 있다. Dunn, Gemake, Jalali와 Zenhausern(1990)이 멕시코계 미국인, 아프리카계 미국인, 중국계 미국인, 그리스계 미국인 아동을 대상으로 그들의 학습 방식에 대해 조사한 결과, 구조화에 대한 선호, 학습 자료가 제시되는 방식, 혼자 공부하는 것 또는 집단으로 공부하는 것에 대한 선호, 심지어는 선호하는 교실의 적정 온도 등에서 많은 차이가 존재함을 발견하였다. 학생들이 선호하는 방식에 교수법을 맞추고자 노력하지 않는 교사는 학생이 경험하는 학습문제의 원인이 학생에게 있다고 결론짓기 쉽다. 이와 유사한 문제는 직원의 기호에 관리 방식을 맞추지 못하는 조직에서도 발생할 수 있다. 관리자는 조직 내 문제가 자신의 관리 방식 때문에 발생했음에도 불구하고 직원들을 탓하기 쉽다. 이러한 상황이 발생했을 때, 의뢰인의 생각이 잘못되었다는 사실을 지적하는 것은 컨설턴트의 책임이라 할 수 있다.

Kurpius 등(1993)은 McClelland(1989)의 이론을 토대로 개입이 성공을 거두지 못하는 이유에 대해 분석하였고, 그 일차적인 이유가 바로 문제에 대한 적절한 진단이 선행되지 못했기 때문이라는 사실을 발견하게 되었다. 컨설테이션에서 문제를 적절하게 진단하고, 일련의 행동 계획을 수립하는 데 필요한 기술은 다음과 같다.

① 개인/조직 행동에 대한 이론을 이해하고, 개념화한 문제에서 도출된 정보를 문제해결에 활용할 수 있는 능력
② 문제해결에 적합한 정보를 수집하기 위해 면접과 질문지 등 다양한 정보수집 전략을 활용할 수 있는 능력
③ 의뢰인과 협력자가 이해할 수 있는 방식으로 문제의 특성에 대해 의사소통할 수 있는 능력

④ 문제에 대한 책임 의식을 개발할 수 있는 능력
⑤ 성취 가능한 목표를 설정할 수 있는 능력

개입방법 선택과 이행

Kurpius 등(1993)은 개입방법의 선택이 컨설테이션의 성패에 영향을 미치는 일련의 이유에 대하여 제시하였다. 앞서 강조했던 바와 같이, 컨설테이션은 문제해결 과정이다. 이 과정의 핵심은 의뢰인이 받아들일 수 있는 방식으로, 특히 내담자 중심 컨설테이션인 경우, 내담자에게 바람직한 영향을 줄 수 있는 방식으로 현재 문제가 되고 있는 상황들을 변화시키는 것이다. 때로 컨설턴트는 개입방법을 결정하여 이를 의뢰인에게 설명하고 가르치는 역할을 수행하기도 한다(Zins, 1993). 이러한 과정은 컨설턴트가 의뢰인의 책무 및 책무에 작용하는 체계적인 힘에 대해 잘 알고 있다는 것을 전제로 한다. 다양한 컨설턴트가 사용하는 몇몇 개입방법은 이 책의 서두에 제시하였으므로 여기서는 반복하여 언급하지 않고자 한다.

대부분의 컨설턴트는 자신이 추구하는 이론적 지향점과 부합하는 개입방법을 선호한다. 즉, 행동주의 컨설턴트는 행동계약과 비용-반응 개입방법을 활용할 것이고, 인지·행동주의 모델을 따르는 컨설턴트는 행동 및 인지적 변화를 돕는 개입방법과 함께 모델링 전략을 활용할 것이다. 하나의 이론적 틀에만 머무는 것은 여러 가지 면에서 문제가 될 수 있다(Brown, 1985; Carlson & Tombari, 1996). 특히 그 틀이 의뢰인의 내적 틀과 양립할 수 없거나 다문화적 이슈들을 적절히 고려하지 않은 경우 그러하다. 그렇다면 개입방법의 선택 과정에 필요한 핵심 기술에는 어떤 것들이 있는가? 다음은 그 일부를 제시한 것이다.

① 어떤 유형의 개입방법이 의뢰인에게 가장 높은 수용 가능성을 보일 것인지에 대하여 판단하기 위해 의뢰인의 가치관과 세계관을 평가할 수 있는 능력
② 컨설턴트가 접할 가능성이 높은 문제와 관련하여 다양한 개입방법에 대한 이행 지식을 습득할 수 있는 능력
③ 의뢰인 또는 내담자의 문제에 관한 개입방법의 특성에 대해 소통할 수 있는 능력, 필요에 따라 그 개입방법을 의뢰인에게 가르칠 수 있는 능력
④ 의뢰인과 협력하여 개입방법의 효과성을 검토하고, 필요에 따라 재설계할 수 있는 능력

평가와 종결

평가가 종결로 연결되지 않을 수도 있는데, 특히 개입방법이 효과적이지 않다는 자료가 존재하는 경우에 그러하다. 만약 컨설테이션이 도움이 됐다는 평가가 이루어지지 않는다면, 개입방법의 재설계(앞에서 제시한 기법 가운데 하나)는 불가피할 것이다. 그러나 평가가 긍정적이라면 종결 단계로 넘어가야 한다.

종결은 성공적인 결과가 아닐 때에 일어나는 경우도 종종 발생한다. 만약 컨설턴트와 의뢰인이 추구하는 목표 또는 목표 달성을 위한 전략에 합의하지 못할 경우, 이러한 견해 차이가 끝내 좁혀지지 않는다면 컨설테이션은 종결되어야 한다. 또한 전문가 컨설테이션에서 의뢰인이 컨설테이션 과정에 참여하지 않거나 컨설턴트가 의뢰인의 저항문제를 해결하지 못한다면 컨설테이션은 종결될 수밖에 없다.

이 단계에서 필요한 기술은 다음과 같다.

① 설정된 목표가 개입을 통해 달성된 정도를 평가하는 능력
② 관찰을 통해 확인 가능한 성과를 설명하는 데 필요한 의사소통 기술
③ 컨설테이션이 진행될 수 없는 상황에 이르지 않도록 이에 필요한 예방적 요인들을 규정하는 능력
④ 결과가 성공적일 때, 즉 목표가 달성되었을 때 컨설테이션 과정을 종결하는 기술

후속 연구

Henning-Stout(1993)는 컨설테이션에 대한 경험적 연구를 개관하면서 컨설테이션에 관한 개인의 지식 수준에는 차이가 있음을 지적하였다. 그러나 흥미롭게도 그녀는 효과적인 컨설턴트의 특성에 관하여 알려진 바가 거의 없다는 사실에 대해서는 언급하지 않았다. 앞서 논의한 바와 같이, 효과적인 치료자의 특성에 대해 조명한 수백 편의 연구들이 존재하기는 하지만 효과적인 컨설턴트의 특성에 관한 연구는 거의 전무하다 해도 과언이 아니다. 이러한 현상은 컨설테이션에 대한 연구가 행동주의 컨설턴트에 의해 수행되었기 때문이라 할 수 있는데, 행동주의 컨설턴트는 컨설턴트가 사용하는 기술에 집중하는 한편, 이 기술을 사용하는 사람의 특성에 대해서는 다소 간과하는 경향을 보인다. 컨설턴트의 특성에 대해 간

과하는 불찰은 컨설턴트를 평가하는 데 있어 따뜻함과 공감과 같은 특징들이 의뢰인들에게 중요한 요인으로 작용한다는 컨설테이션 문헌 연구와 큰 차이를 보이고 있다(Horton & Brown, 1990).

컨설턴트의 기술은 컨설턴트가 지니고 있는 특성에 비해 보다 광범위하게 연구되어 오긴 했지만, 이 연구들은 대부분 행동주의적 관점을 지닌 연구자들에 의해 수행되어 온 것이 사실이다. 이러한 연구들 가운데 일부(Erchul, 1987; Erchul & Chewning, 1990)는 컨설테이션 관계가 동등해야 하는지, 컨설턴트가 지배적인 위치에 서야 하는지에 대한 논쟁을 불러일으켰다. 컨설턴트가 의뢰인과 평등한 관계에 있는지, 위계적 관계에 있는지에 따라 컨설턴트는 전혀 다른 기술을 필요로 하게 된다. 이 논쟁에서 대립되는 양측 입장에 대하여 지지하는 논거들을 모두 제시한 Henning-Stout(1993)의 연구가 이루어지기는 했지만, 앞으로 보다 많은 연구가 이루어져야 할 것이다. 이러한 연구들은 컨설테이션의 목표에 초점을 두어야 한다. 여기서 컨설테이션의 목표란 의뢰인으로 하여금 새로운 관점과 기술 역량을 갖추도록 함으로써 현재의 정신건강 및 교육적 문제들을 줄이거나 제거하고, 보다 심각한 문제의 발생을 예방하는 것이라 할 수 있다.

또한 컨설테이션의 각 과정에서 요구되는 컨설턴트의 기술에 대한 연구도 활발하게 이루어져야 할 것이다. Henning-Stout와 Conoley(1987)는 상담과 컨설테이션이 그 절차상 서로 다르다는 사실을 발견하였다. 그러나 대부분 단기 과정으로 이루어지는 컨설테이션 관계를 효과적으로 수립할 수 있는 방법, 의뢰인의 가치관과 기술(skill)을 사정하는 방법, 저항과 같은 문제를 다루는 방법에 대한 의문은 여전히 미해결된 채로 남아 있다.

연구자들은 다문화 컨설테이션 분야에 관심을 가지고, 이에 대해 논의하기 시작하였다. 이러한 움직임은 상담 관련 문헌(예: Ponterotto & Casas, 1991)에서 논의된 바를 컨설테이션에 일반화하려는 노력으로서, 다문화 컨설테이션에서 이루어지는 상호작용에 많은 문제가 내포되어 있음을 시사하는 대목이기도 하다. 그러나 그 문제가 항상 존재하는 것인지, 그리고 이러한 문제의 특성이 무엇인지에 대해서는 아직 본격적인 논의가 진행되고 있지 못한 상황이다. 아마도 더 중요한 과제는 문제를 다루는 데 필요한 기술을 개발하고, 그 효과를 입증해 나가는 작업일 것이다.

학생 학습활동 7-2	

다음 척도를 이용하여 당신의 컨설테이션 기술 수준을 평가해 보시오.

1 = 기술 부족
2 = 어느 정도 기술을 갖추었으나 좀 더 노력해야 함
3 = 능숙함(충분한 역량을 갖추고 있음)

1 2 3	1. 나의 강점과 약점을 분석할 수 있다.
1 2 3	2. 컨설턴트로서 내가 유능한 영역을 알고 있다.
1 2 3	3. 나의 컨설테이션 기술은 상품 가치가 있다.
1 2 3	4. 컨설테이션의 성공 여부를 예측할 수 있다.
1 2 3	5. 비공식적인 컨설테이션 계약을 수립할 수 있다.
1 2 3	6. 쉽게 이해할 수 있는 용어로 컨설테이션 과정을 설명할 수 있다.
1 2 3	7. 의뢰인이 하는 말의 내용뿐 아니라 정서적 의미 또한 듣고 이해할 수 있다.
1 2 3	8. 다른 문화권 출신의 의뢰인에게 민감하게 반응할 수 있다.
1 2 3	9. 개방질문과 같은 다양한 기법을 활용하여 의뢰인이 전달하고자 하는 말의 의미를 명료화할 수 있다.
1 2 3	10. 의뢰인과의 갈등이 초래되는 원인에 대해 규명하고, 컨설테이션 관계가 악화되기 전에 이를 해결할 수 있다.
1 2 3	11. 교육적·심리적 관심사를 비롯하여 인간 행동에 대한 충분한 지식을 가지고 문제를 개념화할 수 있으며, 그것을 이해하기 쉬운 용어로 의뢰인에게 전달할 수 있다.
1 2 3	12. 조직 기능에 관한 충분한 지식을 가지고 문제를 개념화할 수 있으며, 그것을 이해하기 쉬운 용어로 의뢰인에게 전달할 수 있다.
1 2 3	13. 가족 문제를 개념화할 수 있으며, 그것을 이해하기 쉬운 용어로 의뢰인에게 전달할 수 있다.
1 2 3	14. 개인, 조직 또는 가족 문제해결에 적합한 자료를 산출하기 위해 진상 조사 면접(fact-finding interview)을 수행할 수 있다.
1 2 3	15. 일단 문제가 규정되고 나면 의뢰인으로 하여금 그 문제에 대하여 책임의식을 갖도록 조력할 수 있다.
1 2 3	16. 성취 가능한 목표들을 설정하고, 이에 대한 우선순위를 결정할 수 있도록 의뢰인을 조력할 수 있다.
1 2 3	17. 내담자에 대한 초점을 유지하기 위해 지지적인 재초점화를 활용할 수 있으며, 치료적 접근을 피할 수 있다.
1 2 3	18. 개입방법을 선택하기 전에 의뢰인의 가치관을 평가할 수 있다.
1 2 3	19. 적어도 두 개 이상의 이론적 관점에 토대를 두고 개입방법을 설계할 수 있으며, 이해하기 쉬운 용어로 이를 의뢰인에게 전달할 수 있다.
1 2 3	20. 개입의 효과성을 판단하기 위한 모니터링 시스템을 구축할 수 있다.

1 2 3	21. 개입의 효과성을 확립하기 위한 평가시스템을 구축할 수 있다.
1 2 3	22. 저항이 컨설테이션 과정을 저해하는지에 대하여 판단할 수 있고, 저항을 극복할 수 있으며, 저항이 긍정적으로 기능할 수 있도록 이를 승화시킬 수 있다.
1 2 3	23. 컨설테이션의 성과에 대해 소통할 수 있으며, 성공 또는 실패의 이유에 대해 설명할 수 있다.
1 2 3	24. 컨설테이션을 성공적으로 종결할 수 있다.
1 2 3	25. 앞의 모든 사항에 대해 문화적 민감성을 발휘할 수 있다.

요약

이 장에서는 협력자와 컨설턴트의 기술 및 특성들이 주로 언급되었다. 그러나 '효과적으로 컨설테이션을 운영하는 컨설턴트의 특성은 무엇인가? 그리고 '컨설턴트가 효과적으로 작업을 수행하는 데 필요한 기본 기술에는 무엇이 있는가?'라는 질문에 만족스러운 답을 제시하지 못한 점에 대해서는 부인할 수 없다. 그럼에도 효과적으로 기능하는 컨설턴트가 되는 데 필요한 훈련 지침을 제공해 주는 정보의 획득은 큰 성과라 할 수 있다. 개입방안의 채택 및 훈련 과정이 보다 효과적인 모습을 갖출 수 있도록 현존하는 지식 체계를 확장해 나가는 것이야말로 컨설테이션 연구자들의 몫이라 할 수 있을 것이다.

실무자를 위한 조언

1. 학생 학습활동 7–2를 완성하고, 컨설테이션 기술 습득에 있어 당신에게 부족한 부분을 극복하기 위한 계획을 세워 보라.
2. 하루 동안 컨설턴트를 따라다니며 그들이 수행하는 컨설테이션 활동 중 효과적 또는 비효과적이라 생각되는 활동은 무엇이었으며, 그렇게 생각한 이유와 그러한 활동의 특성은 무엇인지 확인하라. 개선이 필요한 부분이 있다면 무엇인가? 컨설턴트의 개인적 약점 가운데 개선이 필요한 부분이 있는가?
3. 몇몇 컨설턴트를 대상으로 인터뷰를 실시하고, 그들이 성공적인 컨설테이션을 위해 필요하다고 믿는 특성과 기술을 추출해 보라.

확인 문제

1. 성공적인 컨설테이션에 필연적으로 나타나는 특성 다섯 가지를 열거해 보시오. 이 가운데 경험적으로 가장 널리 입증된 특성은 무엇인가?

2. 지금까지 알려진 바를 토대로, 컨설테이션 관계 수립의 각 단계에서 필요한 주요 기술들을 열거해 보시오.

3. 컨설턴트의 기술 및 특성과 관련하여 필요한 연구 분야를 정해 보시오. 이 가운데 가장 중요한 분야는 무엇이라고 생각하는가? 당신의 생각을 뒷받침할 수 있는 근거들을 제시해 보시오.

4. 컨설테이션 관계에 대한 컨설턴트의 통제 및 관리에 대하여 찬반 토론을 진행해 보시오. 컨설턴트가 컨설테이션 과정을 통제하고자 할 때, 가장 유용하게 적용할 수 있는 기술은 무엇인가?

5. 컨설턴트가 의뢰인과 평등한 컨설테이션 관계를 맺고자 할 때, 활용 가능한 주요 기술에는 무엇이 있는가?

참고문헌

American Psychological Association (APA). (2002). *Ethical principles of psychologists and code of conduct.* Washington, DC: American Psychological Association.

American Psychological Association (APA). (2006). *Multicultural guidelines.* Available at http://www.apa.org/pi/multiculturaliguidelines.pdf

Arrendondo, P., Toporek, R., Brown, S. P., Jones, J., Locke, D. C., Sanchez, J., et al. (1996). Operationalization of multicultural counseling competencies. *Journal of Multicultural Counseling and Development, 24,* 42-78.

Barnett, D. W., Collins, R., Cora, C., Curtiz, M. J., Kristal, Z., Glaser, A., et al. (1995). Ethnic validity of school psychology: Concepts and practices associated with cross-cultural competencies. *Journal of School Psychology, 33,* 219-234.

Bergan, J. R. (1977). *Behavioral consultation.* Columbus, OH: Charles E. Merrill.

Bergan, J. R., & Kratochwill, T. R. (1990). *Behavioral consultation and therapy.* New York: Plenum.

Bergan, J. R., & Tombari, M. L. (1975). The analysis of verbal interaction occurring during consultation. *Journal of School Psychology, 13,* 209-226.

Bergan, J. R., & Tombari, M. L. (1976). Consultant skill and efficiency and the implementation of outcomes in consultation. *Journal of School Psychology, 13,* 3-14.

Brown, D. (1985). The preservice training and supervision of consultants. *The Counseling Psychologist, 13,* 410-425.

Brown, D. (1993). Training consultants: A call for action. *Journal of Counseling and Development, 72*, 139–143.

Brown, D., & Crace, R. K. (1996). *Professional manual for the Life Values Inventory.* Chapel Hill, NC: Life Values Press.

Bushe, G. R., & Gibbs, B. W. (1989). *Ego development, role enactment, and corporate behavior: A field study.* Paper present at the annual meeting of the Academy of Management, Washington, DC.

Bushe, G. R., & Gibbs, B. W. (1990). Predicting organizational development consulting competence from Meyers–Briggs Type Indicator and stage of ego development. *Journal of Applied Behavior Science, 26*, 337–357.

CACREP. (2009). *Council for the Accreditation of Counseling and Related Educational Programs 2009 Accreditation Standards.* http://www.cacrep.org/2009standards.html. Accessed October 19, 2009.

Caplan, G. (1970). *The theory and practice of mental health consultation.* New York: Academic Press.

Carlson, C. I., & Tombari, M. L. (1996). Multilevel school consultation training: A preliminary analysis. *Professional School Psychology, 1*, 89–104.

Carter, R. T. (1991). Cultural values: A review of the empirical literature and implications for counseling. *Journal of Counseling and Development, 70*, 164–173.

Conoley, C. W., & Conoley, J. C. (1991). *School consultation: A guide to practice and training* (2nd ed.). New York: Macmillan.

Cross, T., Bazron, R., Dennis, K., & Isaacs, M. (1989). *Toward a culturally competent system of care* (Vol. 1). Washington, DC: Georgetown University Child Development Center, CASSP Technical Assistance Center.

Davis, J. M., & Sandoval, J. (1991). A pragmatic framework for systems–oriented consultation. *Journal of Educational and Psychological Consultation, 2*(3), 201–216.

Doughtery, A. M. (2008). *Consultation: Practice and perspectives* (5th ed.). Pacific Grove, CA: Brooks/Cole.

Dunn, R., Gemake, J., Jalali, L., & Zenhausern, R. (1990). Cross–cultural differences in learning styles of elementary–age students from four ethnic backgrounds. *Journal of Multicultural Counseling and Development, 18*, 68–91.

Eley, G., & Lyman, F. (1987). Problem solving and action research for beginning teachers. *Maryland Association of Teacher Education Journal, 3*, 16–19.

Erchul, W. P. (1987). A relational communications analysis of control in school consultation. *Professional School Psychology, 2*, 113–124.

Erchul, W. P. (1992). On dominance, cooperation, teamwork, and collaboration in school–based consultation. *Journal of Educational and Psychological Consultation, 3*, 363–366.

Erchul, W. P., & Chewning, T. G. (1990). Behavioral consultation from a request-centered relational communication perspective. *School Psychology Quarterly, 5*, 1-20.

Erchul, W. P., & Schulte, A. (2009). Behavioral consultation. In A. Akin-Little, S. G. Little, M. A. Bray, & T. J. Kehle (Eds.), *Behavioral interventions in schools: Evidence-based positive strategies* (pp. 13-25).

Grigg, S. A., & Dunn, R. (1989). The learning styles of multicultural groups and counseling implications. *Journal of Multicultural Counseling and Development, 17*, 146-155.

Grissom, P. E., Erchul, W. P., & Sheridan, S. M. (2003). Relationships among relational communication processes and perceptions of outcomes in conjoint behavioral consultation. *Journal of Educational and Psychological Consultation, 14*, 157-180.

Hamilton, E. (1988). The facilitation of organizational change: An empirical study of the factors predicting agents' effectiveness. *Journal of Applied Behavioral Science, 24*, 37-59.

Hansen, J., & Himes, B. (1977). Critical incidents in consultation. *Elementary School Guidance and Counseling, 22*, 191-295.

Helms, J. (1990). *Black and white racial identity: Theory, research and practice.* New York: Greenwood.

Helms, J. (1992). *A race is a nice thing to have.* Topeka, KS: Content Communications.

Henning-Stout, M. (1993). Theoretical and empirical bases of consultation. In J. E. Zins, T. R. Kratochwill, & S. W. Witt (Eds.), *Handbook of consultation services for children* (pp. 15-45). San Francisco: Jossey-Bass.

Henning-Stout, M., & Conoley, J. C. (1987). Consultation and counseling as procedurally divergent: Analysis of verbal behavior. *Professional Psychology: Research and Practice, 18*, 124-127.

Herman, K. C. (1993). Reassessing predictors of therapist competence. *Journal of Counseling and Development, 72*, 29-32.

Holcomb-McCoy, C. C. (2001). Exploring the self-perceived multicultural counseling competence of elementary school counselors. *Professional School Counseling, 4*, 195-201.

Holcomb-McCoy, C. C., & Myers, J. E. (1999). Multicultural competence and counselor training: A national survey. *Journal of Counseling and Development, 77*, 291-302.

Horton, G. E., & Brown, D. (1990). The importance of interpersonal skills in consultee-centered consultation. *Journal of Counseling and Development, 68*, 423-426.

Hunsaker, P. L. (1985). Strategies for organizational change: Role of the inside change agent. In D. D. Warrick (Ed.), *Contemporary organizational development* (pp. 123-137). Glenview, IL: Scott, Foresman.

Idol, L., & West, J. F. (1987). Consultation in special education: Training and practice (Part II). *Journal of Special Education, 20*, 474-497.

Ivey, A., D'Andrea, M., Ivey, M. B., & Simek-Morgan, L. (2002). *Counseling and psychotherapy*

(5th ed.). Boston: Allyn and Bacon.

Kelleher, C., Riley-Tillman, T. C., & Power, T. J. (2008). An initial comparison of collaborative and expert-driven consultation on treatment integrity. *Journal of Educational and Psychological Consultation, 18*, 294-324.

King, M. A., Sims, A., & Osher, D. (1998). How is cultural competence integrated into education? [On-line.] Available at: http://cecp.air.org/cultural/Q_integrated.htm. Accessed December 10, 2009.

Kolb, D. A. (1983). Problem solving management: Learning from experience. In S. Srvasta (Ed.), *The executive mind* (pp. 109-143). San Francisco: Jossey-Bass.

Kratochwill, T. R., & VanSomeren, K. R., & Sheridan, S. M. (1990). Training behavioral consultants: A competency-based model to teach interview skills. *Professional Psychology: Research and Practice, 4*, 41-58.

Kurpius, D. J., & Fuqua, D. R. (1993). Fundamental issues in defining consultation. *Journal of Counseling and Development, 71*, 607-618.

Kurpius, D. J., Fuqua, D. R., & Rozecki, T. (1993). The consulting process: A multidimensional approach. *Journal of Counseling and Development, 71*, 601-606.

Kurpius, D. J., & Rozecki, T. G. (1993). Strategies for improving interpersonal communication. In J. E. Zins, T. R. Kratochwill, & S. N. Witt (Eds.), *Handbook of consultation services for children* (pp. 137-158). San Francisco: Jossey-Bass.

Loevinger, L. (1976). *Ego development*. San Francisco: Jossey-Bass.

Maher, C. A. (1993). Providing consultation services in business settings. In J. E. Zins, T. R. Kratochwill, & S. N. Witt (Eds.), *Handbook of consultation services for children* (pp. 317-328). San Francisco: Jossey-Bass.

Maitland, R. E., Fine, M. J., & Tracey, D. B. (1985). The effects of interpersonally based problem solving process of consultation outcomes. *Journal of School Psychology, 23*, 337-345.

Martines, D. L. (2008). *Multicultural school psychology competencies*. Boston: Allyn & Bacon.

McClelland, D. C. (1989). How do self-attributed and implicit motives differ? *Psychological Review, 96*, 201-210.

NASP. (2000). *Standards for training and field placement programs in school psychology*. http://www.nasponline.org/standards/FinalStandards.pdf. Accessed October 19, 2009.

Parsons, R. D., & Meyers, J. (1984). *Developing consultation skills*. San Francisco: Jossey-Bass.

Paskewicz, C. W., & Clark, J. M. (1984). *When behavioral consultation fails*. Paper presented at the annual convention of the National Association of School Psychology, Philadelphia.

Ponterotto, J. G., & Casas, J. M. (1991). *Handbook of racial/ethnic minority counseling research*. Springfield, IL: Charles C. Thomas.

Pryzwansky, W. B., & Schulte, A. (1989). *Novices' responses to two types of problems and consultation approaches*. Paper presented at annual meeting of the American

Psychological Association.

Pryzwansky, W. B., & Vatz, B. C. (1988). *School psychologists' solutions to a consultation problem: Do experts agree?* Paper presented at the annual consultation of the National Association of School Psychologists, Boston, MA.

Randolph, D. L. (1985). *Microconsulting: Basic psychological consultation skills for helping professionals.* Johnson City, TN: Institute of Social Sciences and Art.

Remley, T. P., Jr. (1993). Consultation contracts. *Journal of Counseling and Development, 72,* 157–159.

Richardson, T. Q., & Molinaro, K. L. (1996). White counselor self-awareness: A prerequisite for developing multicultural competence. *Journal of Counseling and Development, 74,* 238–242.

Roysicar, G., Arrendondo, P., Fuertes, J. N., Ponterotto, J. G., & Toporek, R. L. (2003). *Multicultural counseling competencies.* Alexandria, VA: Association for Cultural Counseling and Development.

Rubin, H. (2002). *Collaborative leadership: Developing effective partnerships in communities and schools.* Thousand Oaks, CA: Corwin.

Salmon, D., & Lehrer, R. (1989). School consultant's implicit theories of action. *Professional School Psychology, 4*(3), 173–187.

Sandoval, J., Lambert, N. M., & Davis, J. M. (1977). Consultation from the consultee's perspective. *Journal of School Psychology, 15,* 334–342.

Sue, D. W., Cutter, R. T., Casas, M. T., Fouad, N. A., Ivey, A., Jensen, M., et al. (1998). *Multicultural counseling competencies: Individual and organizational development.* Newbury Park, CA: Sage.

Sue, D. W., & Sue, D. (2007). *Counseling the culturally different* (5th ed.). New York: John Wiley & Sons.

Varney, G. H. (1985). OD professionals: The route to becoming a professional. In D. D. Warrick (Ed.), *Contemporary organizational development* (pp. 49–56). Glenview, IL: Scott, Foresman.

Vatz, B. C., & Pryzwansky, W. B. (1987). *The problem solving style of expert consultants in school psychology.* Paper presented at the annual convention of the National Association of School Psychologists, Boston, MA.

Voss, J. F., Tyler, U., & Yengo, L. A. (1983). Individual differences in solving of social science problems. In D. F. Dillon & R. R. Snack (Eds.), *Individuals differences in cognition* (Vol. I, pp. 205–223). New York: Academic Press.

Weissenberg, J., Fine, M., & Poggio, J. (1982). Factors influencing the outcomes of consultation. *Journal of School Psychology, 20,* 367–370.

Witt, J. C., Erchul, W. P., McKee, W. T., Pardue, M. M., & Wickstrom, K. F. (1991).

Conversational control in school-based consultation: The relationship between consultant and consultee topic determination and consultation outcome. *Journal of Educational and Psychological Consultation, 2,* 101-116.

Witt, J. C., Erchul, W. P., Pardue, M. M., Mckee, W. T., & Fitzmaurice, J. (1988). Quantification of interpretational interactions in school-based consultation: A molecular analysis. Paper presented at the meeting of the American Psychological Association, Atlanta.

Witt, S. N. (1990). Collaboration in school-based consultations: Myth in need of data. *Journal of Educational and Psychological Consultation, 1,* 367-370.

Zins, J. E. (1993). Enhancing consultee problem-solving skills in consultative interactions. *Journal of Counseling and Development, 72,* 185-190.

학생 학습활동 해답

학생 학습활동 7-1
정답이 없다. 당신의 특성에 대한 스스로의 평가가 이루어져야 한다.

학생 학습활동 7-2
정답이 없다. 이 척도는 당신에게 스스로의 상담 기술을 평가할 수 있는 기회를 제공한다.

의뢰인 변인

목표 | 이 장의 목표는 컨설테이션의 과정과 결과에 영향을 미치는 잠재적 요인의 하나인 의뢰인의 관점과 특성을 제시하는 것이다.

개요 | 1. 선행 연구 결과들을 토대로 컨설테이션에 대한 의뢰인의 기대와 선호에 대해 제시한다.
2. 경험, 성격, 문제해결 양식, 인종 배경, 정서와 같은 의뢰인의 특성이 컨설테이션에 미치는 영향에 대해 검토한다.
3. 컨설테이션 및 사전교육 프로그램 과정에서 의뢰인이 그 역할을 수행하기 위해 필요한 준비 작업에 대해 논의한다.

컨설테이션 과정 및 결과에 영향을 주는 변인으로서의 의뢰인에 대하여 그 관심의 부족을 인식하기 시작한 것은 1970년대 중반부터이다(Bardon, 1977; Mannino & Shore, 1975). Piersel(1985)은 한 개관 연구에서 비록 의뢰인에 대한 연구가 폭넓게 이루어지고 있는 것은 아니지만, 의뢰인이 컨설테이션에 미치는 영향력에 대한 인식에 있어 다소의 진전이 이루어지고 있음을 시사하였다. 그러나 여전히 1978년 이후 10년간 출판된 87편의 박사학위 논문 가운데 약 10%만이 의뢰인 변인을 다룬 것으로 나타났고(Duncan & Pryzwansky, 1988), 현재에도 이 주제를 다룬 학술지 게재 논문의 수는 제자리 수준에 머물러 있는 것이 사실이다. 대신 문화적 배경을 주제로 한 연구가 활발하게 이루어지고 있다.

이 장의 주요 목표는 의뢰인의 특성이 컨설테이션 과정에 중요한 영향을 미친다는 사실에 대한 인식의 발달을 촉구하는 것이다. 구체적으로 컨설턴트-의뢰인 상호작용에 영향을 미치는 의뢰인의 특성에 대해 논의하고자 한다. 특히 최근 컨설테이션 관계에 영향을 미치는 것으로 추정되는 문화적 차이와 그것이 문제해결 과정에 야기할 수 있는 문제에 대해 집중적으로 다룰 것이다. 의뢰인이 컨설테이션을 효과적으로 활용하고, 궁극적으로 성공적인 결과를 이루어 낼 수 있도록 하기 위한 의뢰인 교육의 가능성에 대해 탐색할 것이며, 여기에 사용되는 교육 접근 방법 또한 제시할 것이다.

우선 의뢰인이 컨설테이션 서비스를 고려하면서 갖게 되는 의뢰인 기대에 대한 논의부터 전개해 나갈 것이다. 나중에 자세히 언급하겠지만 컨설테이션에 대한 의뢰인의 기대는 컨설테이션 과정에서 일어나기를 바라는 과정으로서의 의뢰인 선호와는 차이를 갖는다. 의뢰인의 '기대(expectations)'와 '선호(preference)'라는 주제는 과거 몇 년간 컨설테이션 분야에서 이루어진 연구들이 강조하고 있는 바를 나타내고 있으며, 단편적인 관점이기는 하나 이러한 연구들은 컨설테이션 과정에서 '고객'을 우선시하는 입장을 취하고 있는 것으로 나타났다.

의뢰인의 기대와 선호

의뢰인이 컨설테이션 과정에서 일어나기를 바라는 바와 실제 컨설테이션에서 일어날 것이라 예상하는 바를 구분하는 작업은 중요하다. 상담에서 이러한 작업이 이루어지는 이유는 내담자가 갖는 선호와 기대에 대한 구분이 내담자의 역할 수행에서 차이를 보일 수 있기 때문이다. 기대는 예측되는 상황에 대한 의뢰인의 생각을 일컫는다. 이러한 기대에는 컨설턴트의 역할, 컨설테이션의 모든 과정에서 컨설턴트의 참여 정도, 컨설턴트가 보여 주어야 한다고 생각하는 정형화된 행동 패턴, 컨설테이션 그 자체의 특성, 이와 같은 전문적 접촉을 통해 얻을 수 있는 성공 가능성 등이 포함된다. 한편, 선호는 의뢰인이 경험하게 될 것이라 믿는 것이라기보다는 경험하고 싶은 것을 나타낸다. 의뢰인의 기대, 선호, 실제적인 컨설테이션 상황과의 관계가 경험적으로 입증된 것은 아니지만, 이들이 서로 조화를 이룰 때 보다 원활한 컨설테이션이 이루어질 수 있으리라는 가설은 일면 타당하다고 할 수 있다. 이 정도는 아니더라도 최소한 의뢰인의 기대와 선호를 '설정'하는 것이 컨설테이션 과정에 영향을 미칠 것이라는 예상은 누구나 할 수 있을 것이다. 따라서 의뢰인의 선호와 기대에 대한 컨설턴트의 의식적인 인식은 컨설테이션에서 다루게 될 의뢰인의 문제에 관한 정보만큼이나 중요하다.

기대

다소 오래전 연구이기는 하나, 도발적 연구 하나를 소개하고자 한다. 두 명의 컨설턴트와 40명의 의뢰인을 대상으로 한 컨설테이션 프로젝트의 추수 평가에서 Macarov (1968)는 의뢰인들이 그 경험을 '컨설테이션'이라고 표현하는 것에 의문을 제기하거나 심지어는 거부하기도 했다고 보고하였다. 오히려 의뢰인들은 그 경험을 정보 공유라는 비공식적 경험으로 기술했다. 상당한 정도로, 의뢰인들은 컨설턴트들을 정보 제공자로서 인식하는 경향이 강했다. Macarov는 '컨설테이션'이라는 용어가 도움을 필요로 했고, 필요로 하는 도움이 주어진다는 점을 의미하기 때문에 컨설테이션에 대한 의뢰인의 개념화가 부정적으로 인식될 수 있었을 것이라 추측하였다. 의뢰인들은 도움을 요청하고 도움을 받는 것 혹은 자신이 도움을 필요로 한다는 사실을 인정하는 것이 다소 불편할 수 있다. 이 주제에 대해서는 13장 '컨설테이션과 협업에서의 쟁점'에서 보다 자세히 다루고자 한다. 이 장에서는 '컨설테이션'이라는 용어에 대한 의뢰인의 반응을 탐색하는 데 의미를 두고자 한다. Macarov가 수행한 연구의 결과는 컨설테이션 서비스의 제공 방식뿐 아니라 그 의도(컨설테이션이 의뢰인에게 도움이 되는가?)에 대해서도 다시금 고려해 보아야 함을 시사한다.

또 다른 연구에서는 서비스에 대한 기대와 실제 컨설턴트가 제공하거나 추천한 서비스 사이에 존재하는 상당한 불일치를 발견하였다(Noy, DeNour, & Moses, 1966). 전문적 지식의 배경에 공통점이 있다 할지라도 일반 의사와 정신과 배경의 컨설턴트는 그들의 독특한 의사-환자 관계의 복잡성에 따라 그 관계의 양상이 달라지는 것으로 나타났다. 때로 정신과적 문제를 다루는 전문가들은 개인적 동기로만 본다면 환자를 돕고 치료하는 의사와 비슷하다. 한편, Noy와 동료들에 따르면 정신과 의사들은 환자 및 질병에 대한 자신만의 관점을 가지고 있으며, 다른 전문가와 배타적인 입장을 취하는 경향이 강하다고 주장하였다. 즉, 정신과 의사들은 진단과 처치에 있어 일반 의사들에 비해 정서적 요인을 보다 강조하는 것으로 나타났다. 이와 같은 관계는 일반 교사와 특수교육 교사가 함께 작업을 하거나 이들 교사가 학교상담자 또는 학교심리학자와 상호작용하는 교육 분야에서 유사한 형태로 나타날 수 있다. 이 책의 저자 가운데 한 명은 컨설테이션 관계에서 의뢰인의 기대와 그 영향력에 대하여 매년 연구를 진행하고 있다. 예컨대, 학교상담 프로그램에 참여한 학생과 학교심리 프로그램에 참여한 학생들을 대상으로 한 컨설테이션 입문 수업에서 정신건강 컨설테이션을 주제로 한 영화를 보여 주었다. 영화를 보고 난 후, 학생들은 "그(컨설턴트)는 의뢰인에게 무엇을 하라고 어떠한 이야기도 하지 않았다."라고 하면서 컨설턴트가 지시적이지도 않고 두 집단의 학생들은 직접적 서비스를 강조하는 훈련과정의 첫해에 있었기 때문에 컨설테이션에서 컨설턴트의 역할에 대한 명확한 기대를 가지고 있다.

또 다른 연구에서 컨설테이션에 대한 교사의 기대는 직무 경험과 학교에서의 직위와 같은 다양한 요소의 영향을 받는다고 밝힌 바 있다. 예컨대, Gilmore와 Chandy(1973)는 연 4회 이상 학교심리학자와 접촉을 하는 교사들의 경우, 학교심리학자를 단순히 심리검사 실시자가 아닌 컨설턴트로 인식할 확률이 다른 교사들에 비해 높다는 사실을 발견하게 되었다. 이보다 경험이 적은 교사들(학교심리학자와 연 4회 미만의 접촉을 하는 교사)은 학교심리학자에게 전통적인 평가의 역할을 기대하는 경향이 큰 반면, 심리학자들과 교장(학교 관리자)은 학교심리학자의 역할을 컨설턴트로 인식하는 경향이 다른 교사들에 비해 큰 것으로 나타났다. 이 연구에서 발견할 수 있는 또 다른 사실은, 교사들이 컨설테이션은 흔치 않은 사례에 대해서만 제공되는 서비스라는 생각을 갖고 있다는 것이다. 즉, 교사는 문제가 심각한 경우에만 심리학자들이 관여해야 한다는 견해를 보이고 있었다. 만약 이러한 준거에 따른다면, 내담자에 대한 즉각적이고 직접적인 의뢰인의 개입이 컨설테이션 과정에서 반드시 이루어져야 할 것이다. 또한 컨설테이션에서 서비스 전달이라는 예방적 접근의 장점은 사라질 것이다.

Schulte와 Osborne(2003)은 협업에 대한 다양한 정의를 검토하는 과정에서 협업에 대해 서로 다른 관점으로 훈련을 받은 전문가들이 '컨설테이션의 목표와 과정에 대한 상이한 기대'(p. 132)를 가지고 컨설테이션 관계를 형성해 나가는 것에 대해 우려를 표하였다. 그들은 전문가들이 수련을 받는 과정에서 학습한 하나의 개념 또는 모델만을 고집함으로써, 컨설턴트와 의뢰인의 역할과 책임에 대한 서로의 기대가 상충될 수 있음은 물론, 이로 인해 발생하는 오해와 분노가 잠재적인 결과로 나타날 수 있다고 보았다.

선호

컨설테이션 서비스에 대한 선호도를 지지하는 자료는 매우 제한적으로 존재하며, 이 또한 학교 현장이라는 범위로 한정되어 있다. 이 주제에 대한 초기 연구에서 Gutkin(1980), Roberts(1970), Waters(1973)는 학교심리학자들은 교사들이 (학교심리학자) 자신을 심리측정 서비스 제공자가 아닌 컨설턴트로 인식하길 원한다는 사실을 발견하였다. 어떤 의미에서 이는 앞서 컨설테이션에 대한 교사들의 기대에 대하여 논의한 바와 상충되는 측면이 있다. Alderman과 Gimpel(1996)은 교사들의 경우 컨설테이션을 그다지 훌륭한 서비스로 평가하지 않는다고 보고하였다.

일반적으로 어느 하나를 선택한다는 측면에서 선호라는 용어의 의미를 볼 때, 선택의 판단기준이 되는 경험을 수반한다는 사실을 쉽게 알 수 있다. 컨설테이션에 대한 아무런 경험이 없는 의뢰인에게 컨설테이션 서비스에 대한 선호를 밝히도록 요구하는 것은 불합리하기 때문이다. 이와 같은 딜레마는 Waters(1973)와 Gutkin(1980)의 연구결과를 더욱 흥미롭게 만들어 준다. Waters의 연구에서 심리서비스를 담당하는 부서가 심리측정 모델에서 컨설턴트 모델로 전환을 하고 6개월 후에 자료를 수집하였다. 이러한 연구결과가 호손 효과(즉, 변화를 위한 시도가 이루어지는 초기 단계에서는 변화에 대한 열의가 존재한다)로 설명될 수는 있지만, 이 실험에서 교사들은 이미 최소한 하나 이상의 다른 서비스 모델을 경험한 상태이기 때문에 그들을 평가하는 데 있어서 비교대상이 있었다. Gutkin의 연구(1980)에서, 14주에 걸쳐 12명의 학생 컨설턴트들로 하여금 활동하도록 한 후 이에 대하여 교사들을 대상으로 설문 조사를 실시하였는데, 교사들 가운데 69%가 전통적인 심리평가자로서의 학교심리학자의 역할보다는 컨설테이션 서비스가 보다 효과적이라 인식하는 것으로 나타났다. 이 연구에도 교사의 평정에 영향을 미쳤을 것이라 예측되는 요소들이 존재한다. 예컨대, 긍정적인 평가를 한다면 다소간 도움이 되었던 대학의 이러한 서비스가 계속될 수도 있다고 느꼈다면, 교사들은 학생들에게 지지적인 피드백을 제공하고자 하는 유혹을 받았을 수 있다.

한편, 전문가는 의뢰인이 원하는 작업 방식, 다시 말해 컨설테이션 모델 또는 접근에 대한 선호에 대해 보다 많은 지식을 갖고 있다. 이러한 정보는 대부분 의뢰인에게 둘 또는 그 이상의 컨설테이션 모델 가운데 하나를 선택하도록 요청함으로써 이루어지는 연구를 통해 얻을 수 있다.

예컨대, 교사들은 컨설턴트와의 협업적 문제해결 관계를 선호한다는 연구 결과가 있다. 협업적 컨설테이션과 전통적 또는 전문가 중심의 컨설테이션을 비교한 Coleman(1976), Wenger(1979)의 연구에서 한 명을 제외한 모든 교사가 협업적 컨설테이션 모델을 선호하는 것으로 나타났다. 컨설테이션의 네 가지 모델(협업적, 행동적, 전문가 중심적, 정신건강) 및 각 컨설테이션 모델에서 주어지는 컨설턴트와 의뢰인의 책임감에 대해 설명한 후 교사를 비롯한 교직원들로 하여금 선호하는 모델에 대한 우선순위를 정하도록 하자 협업적 모델에 대한 선호가 가장 높은 것으로 나타났다(Babcock & Pryzwansky, 1983; White & Pryzwansky, 1982). Weiler(1984)는 학부모들의 경우, 지역사회나 학교 등 컨설테이션 서비스 제공 기관과 상관없이 다른 세 모델에 비해 협업적 접근을 선호한다고 보고하였다. 의뢰인들의 적극적인 참여가 반드시 수반되어야 하는 협업적 컨설테이션의 특징이 연구대상자들의 선택에 영향을 미친 것으로 보인다. 실제로 Gutkin(1983)은 연구를 통해 교사들은 학생 문제 개선 프로그램 개발에 그 자신의 참여가 매우 중요하게 작용한다고 믿고 있음을 발견하였다. Schulte, Osborne과 Kauffman(1993)은 특수교육 교사로부터 컨설테이션을 받는 기간 동안 형성된 일반 교사들의 선호에 대해 조사하였다. 이 연구에서는 컨설테이션 서비스만 받는지, 아동에 대한 직접 교수법에 대한 안내 서비스를 함께 받는지와 관계없이 일반 교사들은 협업적 모델을 유독 선호하는 것으로 나타났다. 연구자들은 교사들이 협력적 모델을 선호하게 된 결정적 핵심 요인으로 교사들이 컨설테이션에 투입해야 하는 시간(teacher-time)을 꼽았다. 한편, 교사들을 대상으로 '특수교육에서 교사 컨설턴트 서비스(consultant teacher service in special education)'의 실태에 관해 조사한 연구 결과를 토대로 Gold와 Hollander(1992)는 컨설턴트라는 용어보다 협업교사(collaborating teacher)라는 용어의 사용이 적절하다고 제안하였다. 그들은 이러한 용어가 일반 교사들로부터 반감을 덜 살 수 있을 뿐 아니라 컨설테이션에서 특수교사와 일반교사의 관계를 보다 정확히 나타낸다고 주장하였다.

교사들은 대체로 행동적 또는 지시적 컨설턴트보다 비지시적 컨설턴트를 선호한다는 근거가 존재하기는 하지만(Miller, 1974), 이러한 연구 결과를 교사들이 선호하는 컨설턴트 유형으로 일반화하는 데는 무리가 있다. 예컨대, 모의 컨설테이션 장면을 촬영한 비디오테이프를 활용한 연구에서, 교사들은 여섯 개의 효과성 영역 가운데 세 개의 영역에서 행동주의 컨설테이션이 보다 효과적이라고 평정하였다. 그러나 연구 참여자들이 이 접근법을 선호하는 근거에 대해서는 구체적으로 보고된 바가 없다(Medway & Forman, 1980). Slesser, Fine과 Tracy(1990)는 Medway와 Forman이 수행한 연구의 모방연구를 실시하였고, 그 결과 행동주의 컨설테이션이 정신건강 컨설테이션에 비해 높은 성과 점수가 나타나기는 하였으나 정신건강 컨설테이션과 행동주의 컨설테이션은 동일한 수준으로 '촉진적'이라 평가되었다. 또한 Clark(1979)는 행동수정 훈련 프로그램에 참여한 교사들을 대상으로 실시한 연구에서, 교사들은 개입 방안을 도출해 내는 컨설턴트와 교사가 무엇을 해야 하는지 구체적으로 안내하는 컨설턴트를 구분하지 못한다는 사실을 발견하였다. 반면, Gutkin(1980)은 자신의 연구에 참여한 교사 가운데 96%가 어려움을 겪고 있는 학생들을 위한 문제개선 방안 개발에 관여하는 것은 '상당히' 또는 '매우' 중요하다고 반응하였다는 연구 결과를 보고하였다.

마지막으로, Mischley(1973)는 교사들로 하여금 Caplan의 의뢰인 중심 컨설테이션(정신건강)과 내담자 중심 컨설테이션(의학적/전문가 중심) 가운데 어느 쪽을 선호하는지에 대하여 응답하도록 한 결과, 각 모델에 대한 교사들의 선호에 큰 차이가 없는 것으로 나타났다. 또한 각 컨설테이션 접근법을 집단형과 개인형으로 나누어 제시한 경우에 대해서도 네 가지 형태에 대한 선호도 수준은 거의 비슷하게 나타났다. Mischley는 그의 연구에서 의뢰인의 선호에 있어 중요하게 고려해야 할 사항에 대하여 언급한 바 있다. 컨설턴트는 의뢰인의 선호를 고려해야 함은 물론, 최소한 컨설테이션 서비스를 받고 있는 의뢰인의 상황을 인식하는 데에도 주의를 기울여야 한다고 주장하였다.

앞서 제시한 연구 결과의 타당성을 뒷받침하는 데 있어 몇 가지 추가적 사항에 대하여 언급하고자 한다. 지금까지 소개된 대부분의 연구에서 알 수 있는 바와 같이, 의뢰인의 선택에는 그 어떤 조건도 부여하지 않는다. 즉, 의뢰인 자신이 이상적으로 경험하고 싶은 것이 무엇인지 혹은 자신이 희망하는 최선이 무엇인지를 규명해 보도록 요구하지 않는다는 것이다. 요컨대, 컨설테이션 관계에 영향을 미치는 의뢰인의 선택은 이상을 추구하는가 혹은 현실적으로 고려하는가에 대한 개인의 선택에 달려 있다는 것이다. 둘째, 개인의 선호는 인지적 행위를 반영한다. 의뢰인이 특정 컨설테이션 접근을 일단 한번 경험하고 나면, 컨설턴트가 해당 의뢰인의 선호를 예측하는 것은 보다 어려워진다. 컨설테이션이 종료된 후 이루어지는 교사들의 성찰에 관하여 연구를 실시한 Athanasiou, Geil, Hazel과 Copeland(2002)는 매우 흥미로운 결과를 보고하였다. 학교심리학자가 교사로 하여금 컨설테이션에 대한 교사 자신의 우려를 표현하고, 이와 관련된 문제를 해결하기 위한 가설을 세우는 데 필요한 시간을 확보하도록 한 조치에 대하여 교사들은 이를 매우 높게 평가하였다. 또한 학교심리학자의 지지는 교사로 하여금 다시 한 번 컨설테이션을 받을 것인가를 결정하는 데 많은 영향을 미치는 것으로 나타났다. Crothers, Hughes와 Morine(2008)은 가설을 구축하는 데 사용한 시간과 학교심리학자에 대한 교사의 긍정적 인식 수준이 비례한다고 주장한 Gonzalez,

Nelson, Gutkin과 Shwery(2004)의 연구결과에 기초하여 학교심리학자에게는 시간을 유용하게 활용하는 능력 또한 중요하다고 결론 내렸다. 셋째, 교사들이 조직 내에서 갖는 역할에 대한 제약은 그들이 원하는 활동의 범위를 스스로 한정하는 데 중요한 영향력으로 작용한다. 예컨대, Sarason(1971)은 교수자로서의 역할로 교사의 역할을 한정한 학교의 융통성 부족에 대해 지적하며 교사의 역할 확대가 필요하다고 주장하였다. 교사의 역할을 교수자로 제한하고 있는 학교 조직에서는 구조적으로 컨설턴트와의 작업에 많은 어려움이 따른다. 교사가 가르치는 역할로서만 작용해야 한다고 생각하는 학교 조직은 전문적 상호작용을 지지해주는 행정적 지침이 없기 때문에 수업과 관련 없는 컨설턴트의 개입 방안을 교사가 이행할 수 없고, 협업과 같은 특정 컨설테이션 관계 형성을 위해 필요한 시간을 확보하지 못할 수도 있다. 현재와 같이 교수 관련 역할에 할애하는 시간을 증대시키는 데에 중점을 두는 한, 교수 이외의 활동을 수행하는 데 많은 제약이 따르는 것은 자명한 사실이다.

앞서 언급한 바와 같이 컨설테이션 관계에서 의뢰인의 선호와 기대는 혼재변수(confounding variables)가 될 수 있다. 진정한 협업 관계에서는 컨설턴트와 의뢰인이 서로의 선호와 기대를 결정하는 과정에 함께 참여하지만, 대부분의 경우 컨설테이션 과정에 대한 책임은 컨설턴트에게 부과하는 경향이 있다. Guva(2004)는 컨설테이션의 첫 회기에서 컨설턴트에 대한 의뢰인의 기대에 주의를 기울이는 면접 전략을 활용함으로써, 컨설턴트와 의뢰인이 원활한 협업 관계를 형성하도록 하였다. 이러한 과업을 달성하기 위한 일련의 기법들은 〈표 8-1〉에 제시되어 있다.

컨설턴트는 경력, 성별, 나이 등 의뢰인의 또 다른 측면들에 대해서도 고려해야 한다. 인

‖ **표 8-1** ‖ **의뢰인의 선호와 기대를 이해하기 위한 컨설테이션 기법들**

컨설테이션 기법	의뢰인에게 주는 메시지
의뢰인의 기대와 선호를 함께 공유함으로써 컨설테이션에서 나타날 수 있는 의뢰인의 행동에 대해 예측한다.	"지금까지 컨설테이션에 대한 저의 생각을 함께 나누어 봤는데요, 이제 당신의 생각을 말씀해 주시겠어요?"
"컨설턴트에게 기대하는 것이 무엇입니까?"와 같이 직접적으로 질문하거나 질문지를 활용한다(11장 참조).	"컨설테이션 과정에서 제가 감당할 역할에 대해 말씀 드렸는데, 어떻게 생각하세요?"
의뢰인의 오해로 인해 실패한 컨설테이션 사례에 대한 이야기를 들려준다.	"우리가 합의하는 게 중요해요."
"우리 각자의 역할이 무엇인지에 대해 알고 이에 대해 합의할까요?"와 같은 비공식적 계약을 체결한다.	"컨설테이션 작업의 성공을 위해서는 우리가 모든 과정에 전념하는 것이 중요합니다."

종 배경 또한 반드시 고려해야 하는 요인 가운데 하나라고 할 수 있다. 의뢰인의 성격 및 컨설턴트의 특성에 대한 의뢰인의 반응 또한 컨설테이션 참여 수준을 비롯하여 컨설테이션 관계에 중요한 영향을 미친다. 의뢰인의 성격 변인에 대한 잠정적인 연구결과 또한 주목할 만하다. Mischley(1973)는 의뢰인의 성격 특성과 성격 특성에 따라 선호하는 컨설테이션 모델 간의 상관관계에 대하여 보고하였다. 이 보고에 따르면 보통 권위주의적 특성을 지닌 의뢰인은 내담자 중심 모델을 선호하는 반면, 비교적 내성적인 의뢰인은 의뢰인 중심 모델을 선호한다는 것이다. 의뢰인의 문제해결 능력 및 의뢰인의 정서 상태가 컨설테이션의 성과에 미치는 영향은 간과되어서는 안 되는 또 다른 특성들이라 할 수 있다. 다음 절에서는 이러한 특성들에 대해 이루어진 선행연구에 대하여 살펴보고, 이러한 요소들을 컨설테이션에 효과적으로 반영하는 방안에 대해 논의하고자 한다.

학생 학습활동 8-1

① 각 개인에게 유용한 서비스 및 ② 간접 컨설테이션 서비스에서 선호와 기대가 갖는 차이에 대해 설명할 수 있는 의뢰인의 비율이 과연 얼마나 될 것이라 생각하는지 학생들에게 질문하라.

만약 의뢰인의 선호와 기대가 일치하지 않는다면, 이는 컨설턴트와 의뢰인의 초기 접촉에 어떠한 영향을 미치게 될까?

컨설테이션 계획을 마련할 때 선호와 기대의 '불일치'를 직접적으로 다룰지, 아니면 이러한 불일치로 인해 의뢰인이 경험하게 될 어려움에 대해 다룰지에 대하여 결정하라. 개입 전략을 결정하는 데 있어 고려해야 할 윤리적 문제가 있는가?

 ## 컨설테이션 과정에 영향을 미치는 의뢰인 특성

경험

컨설테이션 과정에 영향을 미치는 의뢰인의 특성 가운데 전문가로서의 경험은 상당한 주목을 받아 오기는 했으나, 이는 교사가 의뢰인일 때로 한정되며 이러한 연구들은 경우에 따라 모순적인 성격을 띠기도 한다. 초기 연구에서는 주로 젊은 교사들이 컨설테이션 서비스 혜택을 누리는 연구 참여자들이었다(Iscoe, Pierce-Jones, Friedman, & McGehearty, 1967). 이들은 지지와 확신이 필요한 사회초년생들로, 컨설테이션 작업의 결과를 예측하는 데 다른 경험들이 방해요인으로 작용하지 않는다는 점에서 가장 이상적인 대상이라고 할 수 있다. 그러나 Baker(1965), Gilmore와 Chandy(1973)는 경력과 컨설테이션 서비스의 활용 수준 사이에 존재하는 긍정적인 상관을 발견하였다. 이 연구는 교사의 경험 요인을 배제하였는데, 컨설테이션 연구에서 변인들을 분리하는 것은 주제에 대한 깊이 있는 탐색에 지장을 초래할 뿐 아니라 단편적인 지식·정보만을 제공한다는 한계를 가질 수밖에 없다. 예컨대, 현재 근무하고 있는 학교에서의 교직 경력을 포함하여 교사로서의 전반적인 경험이 고려되는 다변인 연구에 대해 생각해 보자. 이 연구에서는 교직 경력이 높으면 높을수록 컨설테이션 활용 가능성이 높다는 사실을 발견하였다. 다만 단순히 교직 경력만을 고려했을 경우, 정반대의 결과가 나타날 가능성도 있다(Gutkin & Bossard, 1984). 또한 컨설테이션을 의뢰한 교사의 경험 수준(Koopman, 2007)보다는 교사의 문제해결 역량 수준(Stenger et al., 1992)이 컨설테이션 활용 수준에 보다 많은 영향을 미치는 것으로 나타났다. 이러한 연구는 단편적인 정보를 토대로 의뢰인을 평가하고자 할 때 컨설턴트가 얼마나 많은 주의를 기울여야 하는지를 시사하고 있다.

컨설테이션 경험을 교육적이고 미래에 보다 나은 문제해결로 이끌 수 있는 자원이라고 할 때, 교직 경력이 높은 교사는 경력이 낮은 교사에 비해 정신건강 컨설테이션과 행동주의 컨설테이션 회기 과정이 담긴 테이프 내용에 보다 높은 평점을 부여할 것이다(Slesser et al., 1990). 또한 교직 경력이 높은 교사들은 경력이 낮은 교사들에 비해 정신건강 컨설테이션에 보다 높은 만족도를 나타냈다. 반면, 학급에서 발생한 문제를 기술한 12개 사례에 대한 연구에서는 교직 경력이 높은 교사들이 경력이 낮은 교사들에 비해 컨설테이션을 보다 많이 의뢰한 것으로 나타났다. 그러나 전체 교사 가운데 89%에 해당하는 교사들은 자신이 재직 중인 학교에서 최소한 1년에 한 번은 컨설테이션 서비스를 이용하는 것으로 나타났다(Hughes, Barker, Kemenoff, & Hart, 1993).

컨설턴트 유형에 대한 인식

의뢰인이 컨설턴트와 동등한 위치에서 컨설테이션 과정에 참여하고자 하는지에 대한 정보를 제외하면, 컨설턴트 유형에 대한 의뢰인의 인식을 다룬 연구는 사실 미비한 상태이다. 조력이라는 개념은 도움을 받는 사람에게는 부정적 의미로 다가올 수 있을 것이다. 예컨대, 팀 구축, 멘토링 관계, 컨설테이션 등에 대해 긍정적인 인식을 갖고 있는 학교 조직에서조차 문제를 해결하기 위해 '도움을 받는다'는 개념은 교사와 학교 행정가에게 압력으로 작용할 수 있다는 관점이 지배적이라 할 수 있다. 이러한 현상에 대하여 탐색한 한 연구는 지역사회 자원봉사 기관에 근무하는 의뢰인들의 경우, '도움(help)'이 경험을 공유한다거나 비공식적 정보의 교환이라는 형태를 취할 때에는 이를 수용할 수 있다는 반응을 보였다고 보고하였다 (Macarov, 1968). 이러한 결과는 컨설테이션의 비공식적 측면이 컨설테이션을 가치 있는 경험으로 수용할 수 있도록 해 주는 요소로 작용할 수 있음을 시사한다. 반면, 지역사회 자원봉사 기관에 근무하는 의뢰인들은 '컨설테이션'이라는 용어와 그 개념에 대해 거부 반응을 보였는데, 도움을 요청하고 도움을 받았다는 것을 인정하는 것이 용이하다는 점에서 조언보다는 정보 공유를 뚜렷하게 선호했다.

보다 이론적인 차원에서 보면 문제와 그 해결에 책임이 존재한다고 생각하는 의뢰인의 사고방식은 대처/조력 방안 개발 유형과 관련되어 있을 수 있다(Brickman et al., 1982). Brickman과 그 동료들은 "① 도덕적-사람들은 문제와 해결에 대해 책임을 져야 한다. ② 보상적-사람들은 문제에 대해서는 책임이 없지만 해결에 대해서는 책임이 있다. ③ 의학적-사람들은 문제 또는 해결에 대해 책임이 없다. ④ 계몽적-사람들은 해결에 대해서는 책임이 없지만 문제에 대해서는 책임이 있다"와 같은 대처/조력 방안의 네 가지 모델을 설정하였다. 네 가지 모델이 취하는 각각의 입장은 문제해결 상황에 대한 의뢰인의 예측에 영향을 미친다. 컨설턴트는 의뢰인에 대한 정보를 얻고 이를 컨설테이션에 반영해야 한다는 측면에서 의뢰인의 목소리에 귀 기울여야 한다. 또한 컨설턴트는 자신이 제공할 서비스를 의뢰인에게 어떻게 설명할지 그리고 오리엔테이션에 대해 의뢰인이 어떠한 생각을 갖고 있는지에 대해 파악하기 위해 노력해야 한다.

인종 배경

컨설테이션 과정에 가장 중요한 영향을 미칠 수 있는 의뢰인 변인이 바로 사회·문화적 배경이다. 이 요인은 컨설테이션 및 그 과정에서 형성되는 관계의 질은 물론, 컨설테이션 자체가 갖는 가치에도 영향을 미칠 수 있다. 문화적 배경의 차이가 갖는 영향력은 상담관계(Sue & Sue, 1977), 조직 개발(Pinto, 1981), 학교 활동(예: Brady & Schneider, 1973; Bronkowski, 1968), 컨설테이션 활동(예: Morrison, 1970), 치료자-환자 관계(예: Sager, Brayboy, & Waxenberg, 1972) 등의 다양한 영역에서 탐색되어 왔다.

의사소통 장벽, 서비스 수혜자에게서 나타나는 부정적 자기귀인과 감정, 관계에서 우선시하는 것들의 차이, 변화와 가치관에 대하여 표면적으로 드러나는 주제와 암묵적 주제 간 상호작용이 갖는 강력한 효과 등과 관련된 이슈들이 기존의 문헌들에서 주목을 받아 왔다. 그러나 컨설턴트-의뢰인 관계 및 컨설테이션에서 접촉의 효능감을 촉진하는 데 도움이 되는 체계적 방식으로 이와 관련된 연구를 수행한 경우는 드물다. 대부분의 경우, 컨설턴트는 의뢰인과의 작업에서 문화적 차이가 갖는 영향력을 이해하는 데 있어 본인의 민감성에 의존해 온 것이 사실이다. 또한 여기에는 컨설턴트 개인의 컨설테이션 이론 정립에 영향을 미치는 훈련 및 경험, 가치관, 내담자/체계의 가치에 대한 인식(Pinto, 1981) 또한 중요하게 작용한다.

Gibbs(1980)는 정신건강 컨설테이션에서 대인관계 측면을 강조하고 인종 문제를 직접적으로 다룬 하나의 이론적 모델을 제시하였다. 이를 위해 그는 다음과 같은 세 가지 명제를 수립하였다. "① 컨설턴트/의뢰인 관계 형성의 초기 단계에는 인종(예: 흑인-백인) 간 차이가 존재한다. ② 이러한 차이는 대인관계 능력(interpersonal competence)-도구적 능력(instrumental competence) 차원에서 드러난다. ③ 이러한 차이는 컨설테이션 과정의 실행과 그 성과에 중요한 의미를 갖는다."(p. 195). 그는 역사적·사회학적 관점을 취하면서 동시에 자료에 근거한 문헌 개관을 통하여 컨설테이션 진입 과정에서 나타나는 의뢰인의 행동 단계 및 컨설턴트와 흑인 의뢰인 간의 관계의 주제에 대해 설명하였다. 일반화된 이론은 아니지만 훈련과 실천 과정에서 고려해 볼 가치가 있는 Gibbs의 모델은 흑인 의뢰인이 컨설테이션의 '대인관계 능력'(내용보다는 과정 측면)에 초점을 두는 반면, 백인은 '도구적 능력'(목표/과제와 관련된 측면)에 집중하는 경향이 있다는 전제에 기반하고 있다. 대인관계 능력은 "긍정적 태도 및 바람직한 행동에 대한 깨달음을 통해 타인으로부터 호의적인 반응을 획득하는 개인의 능력 지표"로 정의된다(p. 199). 반면, 도구적 능력은 "목표 또는 과제 성취에 대한 개인의 효과성 정도를 나타내는 지표"로 정의할 수 있다(p. 199).

Gibbs는 컨설테이션 진입 국면에서 이루어지는 컨설턴트와 의뢰인 간의 예측 가능한 상호작용을 평가(appraisal), 조사(investigation), 개입(involvement), 전념(commitment), 참여(engagement)의 다섯 단계로 제시하였는데, 당연히 이 순서는 컨설턴트와 의뢰인 간 인종적·사회적 계급의 유사성의 정도에 따라 수정될 것이다.

평가 단계에서 흑인 의뢰인은 컨설턴트의 개인적 진정성을 평가하는 것으로 보이며, 결과적으로 쌀쌀하고 조용히 있게 된다. 그 컨설턴트의 진정성이 평가된다. 한편, 백인 의뢰인은 전반적인 컨설테이션 작업 및 컨설턴트의 전문적 기술을 평가하는 것으로 판단된다. 두 번째, 조사 단계에서 흑인 의뢰인의 관심은 컨설턴트에 대한 평가에서 컨설턴트의 사생활, 배경, 견해, 가치관 등에 대해 질문으로 전환을 한다. 컨설턴트가 유사한 배경을 지닌 의뢰인 및 다른 배경을 지닌 의뢰인과 어떻게 관계를 형성하는지에 대한 탐색이 이 단계에서 이루어진다. 한편, 백인 의뢰인은 "컨설턴트의 개인 생활이 아닌 컨설턴트의 전문적인 업무의 구체적인 사항들에 대해 질문할 것이다"(p. 199).

세 번째, 개입 단계는 개인적인 정보와 개인적 선호에 대해 함께 이야기 나누고, 같이 점심식사를 하거나 차를 마시는 등 사회적 상호작용과 유사한 과정들을 통해 보다 개인적인 관계를 수립하고자 하는 흑인 의뢰인의 시도로 특징지어진다. 이 단계에서 흑인 의뢰인은 다른 문화적 배경을 지닌 의뢰인에 대한 컨설턴트의 동일시 정도를 판단하게 된다. 흑인 의뢰인이 컨설턴트의 전문성을 인정했을 때, 컨설턴트가 그에 상응하는 반응을 보여야 한다는 Gibbs의 주장은 매우 흥미롭다. 그러나 컨설테이션을 주제로 다룬 많은 문헌에서는 몇몇 예외적인 상황을 제외하고 그러한 개입을 반대하는 입장을 취하고 있다(Altrocchi, 1972). 한편, 이 단계에서 백인 의뢰인은 공식적인 전문가 수준에서 컨설테이션 관계를 유지한다.

네 번째, 전념 단계에서 충성심과 개인적 관심 측면에서 봤을 때, 흑인 의뢰인은 컨설턴트에 대한 개인적인 차원에서 벗어나 컨설테이션 프로그램 자체에 대한 관심으로 전환이 이루어지며, 컨설테이션을 통해 달성해야 할 과업에 관심을 갖기 시작한다. 이 단계에서 백인 의뢰인은 목표 성취를 위해 노력할 것이다(p. 200). 마지막 단계에서는 흑인 및 백인 의뢰인 모두 컨설테이션 과정 참여에 집중하게 된다. "흑인 의뢰인에게 몰입이란 컨설턴트의 대인관계 능력에 대한 평가 결과에 달려 있으며, "백인 내담자에게 몰입이란 이전의 단계들을 통해 드러난 컨설턴트의 도구적 능력에 대한 판단의 결과이다"(p. 200).

Gibbs는 이러한 단계들은 백인 및 흑인 컨설턴트 모두에게 존재한다고 보고하였다. 그리고 그는 컨설테이션에서 대인관계 지향성이라는 개념이 흑인들과 유사한 사회적 경험을 공유한 다른 소수 인종 집단에도 일반화될 수 있을 것이라는 가설을 설정하였다. 그러나 두 가지 지향성, 즉 대인관계적 지향성 및 도구적 지향성은 모든 사람에게 적용되며, 인종에 상관없이 의뢰인의 가치 체계를 반영하는 것으로 보는 관점이 보다 신중할 것이다. Gibbs의 개념화에 토대가 되었던 사례에서 볼 수 있는 바와 같이, 그러한 관계 욕구는 의뢰인이 내담자 또는 프로젝트(예: 장애아를 위한 학교, 범죄가 빈번한 지역에 대한 범죄예방 사업, 여성학대 치유센터)에 대한 높은 수준의 보호 의지를 가지고 있는 체계에 외부 컨설턴트로서 진입하게 될 때 촉발될 수 있다.

이러한 명백한 조건들로 컨설턴트 유형에 대한 세심한 검토를 하는 것 외에도, 개인의 성격요인들은 컨설테이션 또는 변화 경험에 수반되는 대인관계적 유능성-도구적 능력 차원의 연속선상에서 다양한 정도로 반응할 수 있다. Gibbs의 가설에서 설정한 우선순위는 그 표현이 명확하지 않아 컨설턴트에게 분명하게 드러나지 않을 수도 있으며, 그 결과 진입 단계 중에 대인관계와 관련된 문제가 드러나 의도하지 않은 종결이 일어날 수 있다. 예컨대, 백인 학생 컨설턴트와 백인 의뢰인이 공동으로 컨설테이션 선호 척도를 완성하는 작업에 참여한 사례가 있었다. 이때 컨설턴트는 개입 전략에 관한 아이디어를 논의하면서 의뢰인과 함께 공동으로 작업하고 있는 척도에 대한 논의를 했다. 개입 계획을 수립하기 위해 그들이 만났을 때, 그들은 자신들의 공통된 작업 경험을 공유하기 시작하였다. 그런데 논의가 시작되자 의뢰인이 갑작스럽게 울음을 터뜨렸고, 그리고 나서야 의뢰인이 컨설테이션을 요청한 본래의 이유가 드러나게 되었다. 또 다른 사례에서 한 백인 컨설턴트는 컨설테이션이 1년이 지난 후 같은 지역에 거주하는 한 흑인 의뢰인으로부터, "당신은 내가 처음으로 신뢰하게 된 백인입니다."라고 하였다. 이러한 표현 이후에, 양적·내용적 측면에서 정보의 흐름에 완전한 변화가 일어나게 되었다. 그 결과 컨설턴트와 의뢰인은 보다 협업적인 문제해결 과정에 참여할 수 있게 되었다.

Gibbs의 아이디어를 토대로 이루어진 후속 연구에서는 약 10년 경력이 있는 124명의 흑인 여성 초등학교 교사들에게 한 비디오 테이프에서 관찰되는 흑인과 백인에 대한 선호도와, 누가 컨설테이션 효과성이 높은지를 물어보았다. 그 결과(Duncan & Pryzwansky, 1993), 교사들은 도구적 성향을 지닌 컨설턴트를 선호하였으나 자신과 같은 인종인가 또는 다른 인종인가에 따른 선호도에서 유의한 차이는 발견되지 않았다. 이 연구 결과에서 주목할 점은 이 연구에 참여한 교사들은 교사로서의 경험 수준뿐 아니라 인종 정체성 발달 수준도 높았다는 점이다. 이는 교사들이 그들 자신의 인종 정체성에 대해 편안함을 느낀다는 점을 시사한다. 앞으로 이러한 상호작용 패턴에 대해 보다 많은 연구가 이루어져야 할 것이다.

Meyers(2002)는 컨설턴트가 다양한 문화적 배경, 인생 경험, 전문적 훈련을 거친 다양한 배경의 성인 의뢰인들의 인식론적 가정이 컨설턴트에게 익숙하지 않을 수 있기 때문에 이들과 협업하기 위한 첫 번째 학습 단계로 Collins가 저술한 『흑인 여성주의 인식론(Black Feminist Epistemology)』을 활용하도록 제안하였다. Ingraham(2000)은 다문화적 학교 기반 컨설테이션에 대한 연구가 미비한 것은 사실이지만, 몇몇 질적 연구가 『School Psychology Review』의 특별호에 게재되었다는 사실에 주목하였다(Ingraham & Meyers, 2000).

Soo-Hoo(1998)는 다문화적 맥락에서 컨설턴트가 의뢰인과 보다 효과적으로 작업할 수 있도록 준거 틀(frame of reference)과 재구조화(reframing) 기법을 제안하였다. 그녀는 컨설턴트가 '의뢰인의 세상으로 들어가' 그 세상을 의뢰인의 시각으로 바라보아야 하며, 그 시각에 영향을 미치는 요소들을 전체적으로 조망할 수 있어야 한다고 주장하였다. 또한 컨설턴트는 의뢰인이 일련의 요소들에 대해 이해하고, 이에 기초하여 이전과는 다른 시각을 발달시켜 나갈 수 있도록, 즉 재구조화할 수 있도록 조력해야 한다고 주장하였다. 문제 상황에 새로운 의미를 부여하는 것은 문제를 보다 효과적으로 해결하는 데 도움이 될 수 있다. 그러나 이러한 인식의 변화는 의뢰인의 문화적 · 사회정치적 맥락이 갖는 핵심 요소들과 상충되지 않는 방식으로 이루어져야 한다.

Stuart(2004)는 다문화적 능력(multicultural competence)을 "다양한 문화적 배경을 지닌 내담자의 관점 및 독특성에 대하여 이해하고, 이러한 내담자들과 건설적인 관계를 형성해 나가는 능력"으로 정의하였다(p. 6). 그는 특정 집단에 속한 구성원으로서의 개인과 개별적 존재로서의 개인 간에 명확한 경계가 존재해야 한다고 주장하였다. 다문화적 능력 접근은 내담자에 대한 고정관념을 줄이는 데 효과적이며, 내담자를 보다 잘 이해하는 데 중요한 요인으로 작용하는 문화적 정체성을 중요하게 다룬다. Stuart는 선행 연구 결과를 토대로 컨설테이션의 실제에서 컨설턴트의 문화적 유능성을 증진시키는 데 효과적인 12가지 기술에 대해 규정하였다. ① 각 개인의 문화적 관점을 탐색하기 위한 기술을 개발하라. ② 스스로의 세계관에 대해 설명하고 그 본질과 타당성에 대해 평가해 봄으로써 자신이 갖고 있는 편견을 인지하고 통제하라. ③ 문화적 차이를 지나치게 강조하지 않되, 그에 대한 민감성을 개발하라. ④ 이론과 문화를 구분하라. ⑤ 복합적인 문화적 범주를 개발하라. ⑥ 연구 결과를 심리 서비스 분야에 적용하기 전에, 컨설테이션의 문화적 측면을 이해하는 데 필요한 자료를 수집하기 위해 사용된 방법을 비판적으로 평가해 보라. ⑦ 컨설테이션 과정에서 언급된 문화 관련 주제에 대하여 개인의 수용 여부를 판단할 수 있는 방법을 개발하라. ⑧ 각 내담자의 인종 정체성이 갖는 특징에 대해 깊이 있게 이해할 수 있는 방법을 개발하라. ⑨ 모든 심리검사는 내담자 특성에 맞추어 실시하라. ⑩ 모든 사정 자료를 맥락화하라. ⑪ 치료자, 중재방안, 목표, 개입 방안을 선택할 때 내담자의 인종적 특성과 세계관을 고려하라. ⑫ 내담자의 신념을 존중하라. 다만 필요한 경우 이를 변화시킬 수 있도록 노력하라(p. 6).

컨설턴트에 대한 의뢰인의 인식

'연령이 낮은' 컨설턴트의 경우, '사회복지사로 일한 지 얼마나 되었나요?' '학생들을 가르쳐 본 경험이 있으신가요?'라고 질문하거나 보다 직접적으로 나이나 결혼 여부를 물어봄으로써 컨설턴트의 유능성을 검증해 보고자 하는 의뢰인을 만난 경험이 있을 것이다. 컨설테이션 진입 단계에서 이러한 변인들이 중요한지는, 이후의 단계에서도 마찬가지이고, 그다지 명확하지 않다. 컨설턴트의 연령, 성별, 인종, 적극성, 성격 등은 컨설테이션 과정에 대한 의뢰인의 인식, 활동의 성공을 위한 의뢰인의 전념 정도와 성공에 대한 예후에 영향을 미칠 수 있는 컨설턴트 특성들이다. 그러나 이러한 특성들 간의 관련성에 대해서는 거의 알려진 바가 없는데, 이는 컨설턴트들이 이러한 요인들 간의 관계를 중요하게 지각하지 않거나 간과하기 때문이라 할 수 있다. Gutkin(1983)은 그의 연구에서 컨설턴트의 의사소통 및 내용에 대한 의뢰인의 인식은 컨설테이션 성과에 대한 의뢰인의 인식과 일관되게 관련되어 있다고 보고하였다. 여기서 성과란 컨설테이션 결과 도출된 프로그램 또는 아이디어의 유용성을 말한다. 또한 컨설턴트의 흥미나 열정에 대한 의뢰인의 평가는 컨설테이션 성과와 관련하여 중요한 영향을 미치는 것으로 나타났다. 또한 컨설턴트가 개입 방안을 설명하는 방식은 의뢰인이 해당 개입 방안을 수용할지를 결정하는 데 핵심적인 요인으로 작용한다. 예컨대, 실용적인 설명 방식은 인본주의적 또는 행동적 방식보다 수용가능성이 높은 것으로 나타났다(Witt, Moe, Gutkin, & Andrew, 1984).

의뢰인이 컨설턴트의 배경과 교육 수준에 관하여 질문을 할 경우, 컨설턴트는 의뢰인이 그러한 질문을 하는 이유에 대해 탐색한다. 단, 직접적이고 사실적으로 이 내용을 다루되 직면적이지 않은 방식을 활용하여 의뢰인의 의중을 파악하도록 한다. 일단 의뢰인이 자신의 생각을 표현하게 되고 직면하게 되면 컨설테이션은 진행될 수 있다. 또한 피드백을 요청하고 개입을 확인하는 지표를 확인함으로써, 컨설턴트는 이 영역에서 적절한 판단을 내리는 데 도움을 받을 수 있다.

문제해결자 · 문제발견자로서의 의뢰인

컨설테이션이 의뢰인의 적극적 참여가 요구되는 문제해결 활동이라는 관점에서 정의됨에 따라 이러한 기능을 수행할 때 의뢰인에게 필요한 기술에 초점을 둔 논의가 요구되기 시작하였다.

컨설턴트와 의뢰인의 문제해결 접근에 대해 관찰하고 그 결과를 기록한 문헌들은 문제해결 과정의 첫 단계인 문제 확인의 중요성을 강조하고 있다. Bergan과 Tombari(1976)는 문제 확인 단계를 거쳐 문제를 해결해 나갈 때 문제가 해결될 확률이 높다는 사실을 발견하였다. 이들의 연구가 행동주의적 개입 계획을 활용하였다는 점을 감안할 때, 문제해결에서 문제 정의가 가장 우선시되는 것은 논리적으로 당연한 일이다. 컨설테이션 분야의 다른 저자들 또한 컨설테이션에서 문제정의 과정의 중요성을 강조하고 있지만, 이 장에서는 단순히 문제를 구성하고 있는 요소에 대한 정의를 넘어서, 보다 생산적인 문제해결을 가능하게 하는 방식으로 문제를 개념화하기 위한 시도가 이루어지고 있다는 점에 주목해야 한다. "본질적인 문제를 파악하기 위해 딜레마 또는 갈등 상황의 표면 아래를 탐색하라. 그리고 나서 그 문제에 대해 조치를 취하라."(McPherson, Crowson, & Pitner, 1986, p. 271)라는 표현에 따르면 컨설턴트는 문제의 발견자라고도 할 수 있다. Pryzwansky와 Vatz(1989)는 초보자의 문제해결 능력을 전문가의 그것과 비교하여 문제 발견 과정에서 나타나는 역동에 대해 제시하였다. 초보 컨설턴트는 이 단계가 완료되었다고 느끼거나 의뢰인이 미처 문제를 발견하지 못하여 컨설테이션을 요청하지 않았다고 느끼면서 컨설테이션 관계에 돌입할 수 있기 때문에 컨설턴트가 문제를 확인하는 접근 방식은 의뢰인과의 잠재적 갈등을 야기할 수도 있다. 다시 한 번 언급하건대, 지금까지 의뢰인의 역할에 대해서는 고려해 오지 않았고 이 의문에 대해서는 현재도 간과하고 있는 것이 사실이다. 그러나 앞서 언급한 Stenger 등(1992)의 연구와 같이 높은 수준의 문제해결 기술을 지니고 있는 교사가 컨설테이션을 찾을 가능성이 높다. 물론 의뢰인이 컨설테이션을 요청한 이면의 동기를 찾기 위한 문제 확인 활동은 의뢰인의 저항을 불러일으킬 수 있으며, 의뢰인이 관리자 위치에 있을 경우 이러한 잠재적 갈등은 보다 증폭될 수 있다. 전문가들 가운데 많은 수가 자신을 신속한 문제해결자로 바라보지만, 대부분의 경우 문제는 명확하게 정의되지 않는다. 때로 '조직 차원의 혼란'을 예방하기 위한 빠른 해결 방안 마련이 우선순위가 되기도 한다(McPherson et al., 1986, p. 272). 문제를 확인하는 데 할애하는 시간은 낭비로 여겨진다.

문제 확인을 위한 몇 가지 팁이 다음에 열거되어 있다. 다음의 내용에 대해서는 컨설턴트와 의뢰인 양자 간의 동의가 반드시 이루어져야 한다.

① 검토 또는 개선 과제로서 그 상황을 파악한다.
② 컨설턴트는 의뢰인이 제공하는 정보의 질을 평가해야 한다.
③ 컨설턴트는 의뢰인이 컨설턴트에 대해 가지고 있는 기대에 대해 고려해야 한다.
④ 컨설턴트와 의뢰인은 체계적인 방식으로 협업하여 자료를 수집해야 한다.
⑤ 문제에 대한 과정 분석을 수행한다(문제에 영향을 미치는 변인들, 확인된 문제, 문제와 상황이 논리적으로 관련되어 있는가?).
⑥ 하나 또는 그 이상의 가설을 설정한다.
⑦ 문제해결에 영향을 미치는 제약 사항을 고려한다.

성격

컨설테이션 과정에 영향을 미치는 요인의 하나로, 의뢰인의 정서적 측면에 대해 고려해 보고자 하는 시도가 있어 왔다. 대학 내의 어떤 학과가 한 개인에게 파워를 행사하는 문제에 대한 연구(Mann, 1972)를 모델로 하여, Hirschman(1974)은 조직체 내에서 개인이 그 자신의 권한을 지각하고 있는 수준과 정신건강 컨설테이션 이용 의사 간 관계를 조사하였다. 그는 한 정신건강센터의 자원봉사자들로 하여금 내담자를 만난 후 컨설턴트와의 컨설테이션을 통해 내담자와 관련된 사항에 대해 논의하는 시간을 갖도록 하였다. 자원봉사자들은 해당 기관에서 그들이 제공하는 서비스의 중요성, 다른 자원봉사자들에 대한 그들 자신의 영향력, 일반적인 컨설테이션의 중요성, 컨설테이션을 통해 제공되는 조력 수준에 대해 평가하였다. 컨설턴트는 자원봉사자의 첫 조력 경험과 그들이 컨설테이션을 요청하기까지 소요된 시간의 경과를 기록한 결과, 컨설턴트와의 첫 접촉까지 가장 오랜 시간이 걸린 자원봉사자가 자신의 중요성과 영향력에 대해 가장 높은 자기지각을 갖고 있는 것으로 나타났으며, 이는 Mann의 연구 결과와 일치하였다. 이를 뒷받침해 주는 간접적인 근거로, 조직체 내에서 제한된 경험과 기술을 가진 개인이 정신건강 컨설테이션 서비스를 이용할 가능성이 가장 높다는 보고를 들 수 있다(Iscoe et al., 1967).

교사가 학생에게 직접 컨설테이션 서비스를 제공할지 아니면 다른 전문가에게 의뢰할지에 대한 판단은 학생이 보이는 문제에 대해 교사 자신이 얼마나 통제력을 가지고 있는지에 대한 지각에 달려 있다. 예컨대, 내담자를 돕는 방법 또는 내담자가 호소하는 어려움이 무엇인지에 대한 지식이 없다면 아마도 그 문제를 다룰 수 있는 다른 누군가를 찾을 것이다. 반면, 내담자의 문제 상황을 다룰 수 있다는 확신이 크면 클수록 자신의 효과성을 증진시킬 수 있는 새로운 아이디어나 전략을 찾게 될 것이며, 이러한 경우 내담자를 인계받아 작업해 줄 수 있는 누군가를 찾을 필요성을 느끼지 않을 것이다. Gutkin과 Ajchenbaum(1984)은 학생의 다양한 문제를 해결하는 데 있어 자신이 갖는 통제 수준에 대한 인식이 교사들의 컨설테이션 활용 수준 및 방법과 밀접하게 연관되어 있다는 연구 결과를 보고하였다.

Mischley(1973)는 의뢰인의 성격 특성과 선호하는 컨설테이션 모델 간의 관계에 대하여 보고하였다. 일반적으로 권위주의적 성향을 지닌 의뢰인은 내담자 중심 모델을 선호하는 한편, 내성적인 의뢰인은 의뢰인 중심 모델을 선호하는 것으로 나타났다. 이와 관련된 연구에서, 매우 독단적인 성향을 지닌 피험자(교사)는 정신건강 컨설턴트에 비해 행동주의 컨설턴트가 '촉진적'이라고 평가하였으며, 그들은 독단적이지 않은 피험자보다 정신건강 컨설턴트가 촉진적이지 않다고 평가하였다(Slesser et al., 1990).

의뢰인의 통제 소재(locus of control)가 컨설턴트에 대한 선호에는 아무런 영향을 미치지 않는다는 사실 또한 흥미롭다. 모든 의뢰인은 통제 소재와 상관없이 협업적 접근을 선호한다는 보고가 있다(Pryzwansky & White, 1983). 반면, 단순히 개인의 일반화된 통제 기대(control expectancies)를 고려하거나, 또는 특정 사례에서 그러한 기대에 대한 유능감의 영향만을 고려하는 것은 너무 제한적일 수 있다. 그러나 컨설테이션 방법과 컨설테이션 소재(locus of consultation) 및 통제 소재 간의 일관된 상호작용 패턴이 다른 연구에서는 보고되었다(Slesser et al., 1990). 교사들에게 정신건강 컨설테이션 비디오를 시청하도록 한 뒤, 컨설턴트에 대한 만족도와 미래에 유사한 문제가 발생했을 경우 이를 효과적으로 다루는 데 미치는 영향력에 대해 물었을 때, 외적 통제 소재를 가지고 있는 교사들은 내적 통제 소재를 가지고 있는 교사들에 비해 정신건강 컨설테이션 모델을 활용한 컨설턴트를 높이 평가하였다. 한편, 행동주의 컨설테이션에서는 통제 소재에 따른 차이가 발견되지 않았다. 또 다른 모의 연구에서 자기효능감이 높은 교사들은 자기효능감이 낮은 교사에 비해 컨설턴트의 효과성과 개입의 질을 보다 높이 평가하는 것으로 나타났다(DeForest & Hughes, 1992). 또한 학급에서 발생하는 문제를 제시한 뒤, 교사들에게 문제 학생에 대해 직접 상담을 진행할 것인지 아니면 다른 전문가에게 학생을 의뢰할지를 결정하도록 했을 때, 교사의 자기효능감, 통제에 대한 지각, 개인의 고유한 성격은 교사의 판단을 예언하지 못하였다(Hughes et al., 1993).

조직 내에서 의뢰인의 역할이 갖는 통제 수준 관련 요인들 또한 중요하다고 할 수 있다. 예컨대, 제한적이고, 무력하며 외로운 교사의 역할(Lortie, 1975; Sarason, 1971)에 대해 논의한 문헌이 있다. 그러나 해당 직업에서 수행해야 하는 역할과 성격 유형이 조화를 이룰 때, 당사자가 그 직업을 선택할 가능성이 높아진다는 주장 또한 존재한다. Friedman(1977)은 교사의 통제 소재 점수와 문제해결을 위한 컨설테이션 인터뷰에 대한 교사의 반응을 활용하여 컨설테이션에서의 통제 소재 유형(locus of control consultation styles)이라 불리는 질적으로 다른 교사의 컨설테이션 행동 패턴을 네 개의 모델로 제시하였다. 이 네 가지 유형은 교사의 컨설테이션 행동을 반영하여 붙여진 이름과 함께 〈표 8-2〉에 제시되어 있다. 이 표에서 명백하게 드러나는 바와 같이 교사의 통제 소재는 일반적인 자아개념뿐 아니라 자신의 전문적 역할에 대한 관점을 통해 형성되는데, 이는 네 개의 서로 다른 의뢰인 유형으로 나타나게 된다. Friedman은 자신이 수행한 컨설테이션 면접을 통해 컨설테이션 행동 내용 및 각 의뢰인 유형의 효과가 컨설테이션 관계를 발달시키는 데 촉진적으로 작용하는지 혹은 방해 요인으로 작용하는지를 구체화하였다.

∥ 표 8-2 ∥   일반화된 통제 기대와 상황적 통제 기대에 기초한 컨설테이션 유형

전문적 권한에 대한 기대	일반화된 통제 소재에 대한 신념	
	내적	외적
역할 권한 있음	문제해결자(problem solver)	노력자(striver)
역할 권한 없음	통제자(controller)	반응자(reactor)

출처: Friedman (1977), p. 117.

Friedman이 제시한 교사 컨설테이션 행동 패턴의 관점에서 내적 컨설테이션 유형은 통제자와 문제해결자로 명명되고, 외적 컨설테이션 유형은 노력자 그리고 반응자로 명명된다. 각 유형의 컨설테이션이 지향하는 바는 컨설테이션을 요청하게 된 이유에서 명백히 드러나며, 컨설테이션 과정에 미치는 영향 또한 매우 다르다고 할 수 있다. 예컨대, 통제자는 문제에 대한 전문가로서의 책임감을 내려놓는 데에 관심이 있으며, 이때 컨설턴트가 그들의 생각을 지지하기만 하면 이들과의 작업은 매우 수월하게 진행된다. 노력자는 위협받고 있는 전문적 자기존중감을 강화하고, 다른 사람에 대한 전문적 책임을 감당하는 과정에서 느끼는 양가적 정서 갈등의 불편함을 해소하기 위해 컨설테이션을 요청한다(Friedman, 1977). 한편, 문제해결자와 반응자는 자신의 개인적·전문적 통제에 대해 일치된 견해를 가지고 있다. 문제해결자로서 의뢰인은 그 자신의 전문적 유능성을 보완해 줄 수 있는 자원으로서 컨설턴트를 인식한다. 그들은 컨설테이션에 협력적이다. 또한 컨설턴트의 조언이 자신에게 이롭고 효율적으로 작용한다고 믿는다. 이러한 의뢰인의 생각은 컨설테이션 관계를 유지시키는 원동력이라 할 수 있다. 컨설테이션 자체에 높은 관심을 갖고 있는 반응자로서의 의뢰인은 교장이나 학부모와 같은 외부의 압력에 반응하고 따르는 경향이 있다. 이들은 일면 가장 순종적인 의뢰인 유형이라고 할 수 있지만, 협업이 자신이 할 수 있는 가장 적극적인 참여라는 관점을 갖고 있다는 점에서 문제해결 과정에 있어 진전을 기대하기는 어렵다고 할 수 있다. 따라서 이들 의뢰인과의 면접 과정은 비효과적이며, 컨설테이션 과정의 대부분은 컨설턴트의 주도하에 이루어진다.

Friedman이 제시한 틀은 비록 이론적이기는 하지만, 그는 서로 다른 전문적 욕구, 현상학적 관점, 의뢰인의 역동에 맞추어 컨설테이션이 개별화되어야 한다고 주장한다. 컨설턴트-의뢰인 간의 상호작용에 대한 정확한 예견이 효과적인 컨설테이션을 촉진하는 데 도움이 될 수 있기 때문이다.

컨설턴트는 의뢰인이 갖는 성격의 차이를 고려하여 그들을 서로 다른 방식으로 대해야

한다는 사실을 분명하게 인지해야 한다. 특히 문제를 다루는 그들 자신의 성향이 직무에서의 그들의 역할과 혼재되는 방식을 고려할 필요가 있다. 이와 관련된 내용에 관심 있는 독자들은 Friedman의 체계 틀이 제시되어 있는 11장을 참고하라.

정서: 의뢰인의 정서 상태

Caplan과 Caplan(1993)은 의뢰인 중심 컨설테이션의 성과를 판단하는 데 있어 결정적인 요인으로 고려했지만 종종 간과되고 있는 부분이 바로 의뢰인의 정서에 관한 내용이다. 예컨대, 위기 상황에 놓인 개인은 컨설테이션을 통해 도움을 받고자 한다. 실제 자발적으로 컨설테이션을 찾는 의뢰인은 도움의 필요성에 대한 간절함으로 인해 컨설테이션을 통해 도출된 아이디어를 보다 잘 이행할 것이다. 따라서 컨설턴트는 심리치료자와 마찬가지로 내담자와의 작업에 대한 의뢰인의 불안을 감소시킴으로써 내담자에 대한 의뢰인의 작업이 진전되지 않는 상황이 재발하지 않도록 해 주어야 한다.

위기 상황이 발생했다고 해서 항상 컨설테이션이 이루어지는 것은 아니다. 또한 다른 대안들(예: '아동을 다른 학급으로 보내는 것' 또는 '학기가 곧 끝날 것을 예상하고 참는 것')이 컨설테이션 과정에 미치는 영향에 대해서는 아직 경험적으로 검증된 바가 없다. 그러나 의뢰인의 문제접근 강도가 컨설테이션에 대한 심리적 몰입 수준에 영향을 미친다는 사실은 분명하다.

개인의 정서 상태는 사회적 상호작용과 의사결정이라는 관점에서 연구되어 왔다. 실제로 긍정적인 정서는 다른 사람에게 유익을 끼치며(Berkowitz, 1972), 의사결정 전략에도 영향을 미친다(Isen, Means, Patrick, & Nowicki, 1982). 이러한 연구 발견들이 문제해결 관련 연구에 미치는 영향은 그다지 잘 알려져 있지 않지만, 컨설테이션 경험 중에 고려되어야 한다는 잠정적인 결론을 내리고 있다. 긍정적 정서 상태에 있는 사람들은 일반적으로 타인을 돕고자 하는 경향이 강하며 그러한 정서 상태를 유지해 나간다. 만약 미래에 예측된 어떠한 행동이 그 자신에게 부정적인 정서를 유발할 가능성이 있다면, 이들의 협조 의지는 반감될 것이다. 이들은 복잡한 과제에 직면했을 때에 보다 낙관적일 수 있지만, 한편으로는 보수적이 되어 위험감수 행동을 하지 않고자 할 것이다. 역설적으로 이들은 직관에 기초한 가설을 설정하고 이를 실제 사례에 적용함으로써 신속하고 효율적으로 작업을 진행한다. 그러나 이러한 반응이 때로는 편향적이고, 불완전하며, 부정확한 해결책을 이끌어 내기도 한다. 만약 자기교정(self-correcting)적인 피드백이 과제 자체에 내재해 있다면, 그들은 이 정보에 매우 관심을 보이며 효율적인 문제해결자로 기능할 것이다. 그 자신의 역할에 대해 긍정적으로 생각하는 의뢰인은 눈앞에 직면한 문제에 집중하고, 이 문제를 해결하는 데 전념할 것이다.

대부분의 컨설테이션 연구에서 알 수 있는 바와 같이, 컨설턴트의 행동을 가이드해 줄 수 있는 두 변인 간의 단순한 관계는 거의 존재하지 않는다. 문제해결 상황에서 의뢰인의 정서 상태도 예외는 아니다. 과제의 특성과 중요성은 의뢰인의 접근 방식에 중요한 영향을 미칠 것이다. 그뿐만 아니라, 해당 과제에 대해 의뢰인이 받는 피드백 및 서로 다른 전략을 요구하는 이전의 상황들하에서 경험했던 정서 경험도 의뢰인의 접근 방식에 영향을 미칠 것이다. 따라서 의뢰인의 긍정적 정서는 상황에 따라 수행을 촉진할 수도, 방해할 수도 있다.

의뢰인의 정서 상태와 관련하여 마지막으로 살펴볼 점은 상이한 정서 상태가 미치는 영향이다. Isen과 동료들(1982)은 정서가(valence: 긍정적 혹은 부정적)는 고려해야 할 네 개 차원 중 하나에 불과함을 지적하였다. 정서의 질(quality)도 행동에 매우 다른 영향을 미칠 수 있다. 즉, 의뢰인이 내담자를 상대하는 데 있어 불안을 느끼는지, 내담자 혹은 내담자의 삶에서 중요한 타인에 대해 분노를 느끼는지는 중요한 역할을 할 수 있다. 이와 마찬가지로 정서의 강도(intensity) 및 각성(arousal) 수준이 행동에 영향을 미칠 수 있다. Isen과 동료들이 수행한 연구에서 밝혀진 바와 같이, 낮은 수준의 매일의 감정 상태는 의사결정을 방해하고 영향을 주는 것으로 나타났으며, 상대적으로 강렬한 정서 상태는 이와 다른 영향을 미치는 것으로 나타났다. 마지막으로, 의뢰인이 경험하는 각성의 정도, 즉 자극적(stimulating)인지 아니면 억압하는지(depressing)도 의뢰인의 인지 상태에 중요한 영향을 미칠 수 있다.

요컨대, 의뢰인의 정서를 비롯한 다른 특성들은 컨설테이션 과정과 성과에 영향을 미치는 잠재적 요인으로, 간과될 수 없는 부분이다. 문제 상황의 맥락과 다른 특성과의 상호작용 또한 중요하다. 컨설테이션 접근 방법 및 구체적 개입방법 계획 시, 컨설턴트는 의뢰인의 특성과 그 잠재적 영향력에 대해 주목하고, 정신건강의 점검을 할 필요가 있음을 제안한다. 예컨대, 컨설테이션 개입방법이 갖는 특별한 특성은 해당 방안을 의뢰인이 수용 또는 거부하는 데 영향을 미칠 수 있다. 이 장의 내용들을 검토해 보면 다양한 개입 계획에 대하여 의뢰인마다 다른 반응을 보일 것이라 충분히 예상할 수 있을 것이다(Witt, Martens, & Elliott, 1984).

🔦 의뢰인 교육

컨설테이션 서비스를 주제로 한 사전 훈련에 대한 연구는 거의 주목받지 못하고 있다. 그러나 만약 어떤 조직체가 직원들에게 컨설테이션 서비스를 통해 긍정적인 영향을 미치고자 한다면 컨설테이션 서비스의 효과적인 활용 방법이 고려되어야 한다. 예컨대, 교사가 상담자, 직업치료사를 비롯하여 특수교육 교사, 사회복지사, 언어치료사, 학교심리학자가 제공하는 다양한 서비스를 학생들에게 효과적으로 전달하기 위해서는 학교지원 서비스를 수행하는 전문가들의 역할과 능력에 대한 구체적 정보를 가지고 있어야 한다. 의뢰인의 서비스 이용 극대화를 위한 전략에 따라 의뢰인이 자원을 이용할 수 있는 방법이 무엇인지에 대한 정보를 제공하는 것 또한 매우 중요하다. 의뢰인은 언제 컨설테이션을 요청해야 하는지, 문제해결을 촉진하기 위해 어떠한 방법으로 문제를 제시해야 하는지, 컨설턴트로부터 기대할 수 있는 것이 무엇인지, 그 자신의 작업 방식을 컨설턴트로 하여금 어떻게 인식하도록 할 것인지 알아야 한다. Kelly(2004)는 컨설테이션 과정을 촉진하기 위해 교사들이 잠재적 컨설턴트와 함께 사전 훈련을 받아야 한다고 주장하면서도 학제 간 프로그램의 운영이 매우 복잡하고 많은 비용을 요하는 사실을 인정하였다.

대부분의 경우 직접적인 서비스 제공자들은 요청을 받거나 의뢰된 컨설테이션 작업을 진행하기 전에 자신이 가진 문제해결 기술 레퍼토리를 모두 소진할 것이라 예상하곤 한다. 그러나 이러한 생각은 심리적으로 의뢰인을 무능력한 지위로 격하시키는 결과를 야기하며, 그러한 '약함'이 검토되고 검증되는 상황이 초래됨으로써 의뢰인으로 하여금 컨설테이션 의뢰를 망설이게 하는 요인으로 작용하게 된다. 의뢰인이 의미 있는 방식으로 문제를 다루어야 한다는 것은 당연한 사실이다. 다만 이때 의뢰인이 문제해결에 적극적으로 참여해야 한다는 사실을 컨설턴트가 조기에 알려 주면 컨설테이션은 보다 높은 수준의 성과를 달성하게 될 것이며, 컨설테이션을 통해 의뢰인은 내·외적 성장을 경험하게 될 것이다. 조직이 컨설테이션 서비스에 쏟는 자원의 수준은 물론, 컨설턴트가 조직의 내부인인지, 외부인인지는 컨설턴트의 조직 진입 시 중요하게 고려되어야 하는 부분이다. 여기서 말하고자 하는 핵심은, 컨설테이션을 주제로 하여 의뢰인을 대상으로 실시하는 오리엔테이션은 의뢰인 훈련 및 컨설테이션 과정에의 참여 수준에 중요한 영향을 미칠 수 있다는 것이다.

의뢰인은 자료준비 방법 및 문제 구조화 방법에 대해 훈련을 받아야 한다. 예컨대, 구체적인 사례를 활용하여 문제에 대해 설명하는 것은 전문 용어를 사용함으로써 발생하는 의사소통의 문제를 줄여 줄 뿐 아니라 시도된 개입의 성공 또는 실패의 이유를 검토할 수 있는 기회를 제공해 준다. 문제해결에 대한 직감 또는 추측뿐 아니라 그것이 적절하게 작용하는지에 관계없이 문제에 대해 관찰한 모든 바를 컨설턴트와 공유하고자 하는 의뢰인의 노력은 컨설테이션 과정에서 가치 있는 것으로 나타났다. 이와 마찬가지로 공식적이든 비공식적이든 내담자의 문제해결에서 의뢰인이 가지고 있는 모든 자료는 컨설테이션에 반영되어야 한다.

컨설턴트의 배경에 대한 사전지식 또한 의뢰인이 컨설테이션 과정을 이해하는 데 중요하게 작용한다. 컨설턴트의 가치관(예: 문제 발견이 문제해결만큼이나 중요하다)은 의뢰인이 컨설테이션 과정 자체를 보다 잘 이해할 수 있도록 해 준다. 또한 컨설턴트가 컨설테이션 과정에서 문제정의 단계를 강조하고 체제지향적 접근을 활용한다는 사실에 대한 사전지식은 의뢰인이 컨설테이션 서비스를 이해하고 컨설테이션을 통해 도출된 개입 방안을 수용하는 데 도움을 준다.

의뢰인은 또한 의뢰인이 기대하거나 컨설턴트에게 요청할 수 있는 다양한 컨설테이션 모델들을 구분할 수 있도록 훈련받아야 한다. 일반적으로 적정 수준에서 이루어지는 협상이 컨설테이션의 가장 현실적인 양상이기는 하나, 의뢰인들은 최소한 서비스의 범위가 명백하게 진술될 필요성에 대해 인식해야 한다. 의뢰인이 지역 정신건강 센터의 심리학자로부터 받는 컨설테이션에 대해 비판적 견해를 갖는 것은 흔히 일어나는 일이다. 이러한 비판(예: "학교가 어떻게 돌아가는지 이 심리학자는 잘 몰라.")은 충분히 있을 수 있으나, 실제로 의뢰인이 갖는 불만의 근본적인 원인을 반영하고 있는 것은 아니다. 관찰 결과, 해당 컨설턴트는 의뢰인의 의견에 대해 묻는 등 많은 질문을 했지만 문제를 인식하는 단계에 머무르는 것으로 나타났다. 한편, 의뢰인은 자신이 무엇을 해야 할지에 대해 말해 줄 수 있는 전문가를 기대하고 있었으며, 적어도 '적극적인' 변화 요인으로서 컨설턴트의 역할을 원한다는 사실이 드러났다. 의뢰인에 따라서는 합리적 판단을 통해 보다 전문적인 접근 방법을 선택했다 하더라도, 절충되어야 하는 부분이 무엇인지에 대해 알아야 하는 경우도 있다.

의뢰인(그리고 컨설턴트)은 다른 간접적인 서비스 접근의 특징에 대해서도 알아야 한다. 예컨대, Knotek과 Sandoval(2003)은 의뢰인 중심 컨설테이션과 행동주의 컨설테이션을 비교하였는데, 이들이 규정한 두 접근법 간의 기본적인 차이는 보편화된 상식으로 통용되고 있으며, 이와 관련된 지식은 앞에서 제시한 비판 가능성을 감소시키는 데 도움을 주고 있다. 의뢰인에게 두 접근의 차이를 구별할 수 있는 권한과 정보를 주었을 때, 컨설테이션에 대한 평가는 불분명한 준거에 기반한 비판을 낳기보다는 선택과 그에 따른 결과를 수용할 가능성을 높여 주었기 때문이다.

몇몇 컨설테이션/협업 모델의 목표는 의뢰인이 새롭게 이해한 내용과 기술을 구체적으로 검토하기보다는 이를 다른 내담자에게 일반화하는 것이라고 할 수 있다. 컨설턴트가 이와 같이 복잡한 목표를 얼마나 계획적이고 명백하게 컨설테이션 과정의 한 부분으로 녹여 내야 하는가에 대해 명확한 기준이 존재하는 것은 아니다. Tillman과 Eckert(2001) 또한 연구를 통해 행동개입 기술의 일반화는 프로그램화하기 어렵다는 사실을 발견하였다. 그들은 교사

변인과 환경적 고려사항에 대한 추가적인 분석의 필요성을 주장하였다.

공동작업이 필요한 전문가들에 대한 훈련이 원활하게 이루어질 수 있는 시기는 훈련에 대한 사전 교육 단계라고 할 수 있다. 이러한 원리를 반영하여 학교를 기반으로 다학문적 팀 개발을 촉진하기 위한 다양한 예비교육 모델이 제시되고 있으며(Buktenica, 1970), 이와 유사한 모델이 컨설테이션 훈련 프로그램에서도 마련될 것으로 보인다. 실제로 전문가, 관리자, 직원들이 함께 참여하는 협업적 노력이 이루어질 때, 프로그램의 성공 가능성은 매우 높아진다. 이러한 교육은 개인의 전문성을 향상시키기 위한 교육목표 달성을 촉진할 수 있다는 점에서 과정지향적이며 교훈적이라 할 수 있다.

의뢰인 훈련의 목표는 다음과 같다. ① 의뢰인은 컨설테이션을 과정으로 이해해야 한다. ② 의뢰인은 언제 컨설테이션이 시작되어야 하고, 컨설테이션 요청의 시기가 그 과정과 성과에 어떠한 영향을 미칠 수 있는지에 대해 알아야 한다. ③ 의뢰인은 그 자신에게 다른 서비스보다 컨설테이션 서비스 이용이 효과적인 이유에 대해 정확하게 알고, 적절한 방법을 선택할 수 있어야 한다.

컨설테이션 목표로서의 교육

의뢰인에게 컨설테이션 예비교육은 매우 드문 경험이다. 컨설턴트는 의뢰인을 대상으로 한 예비교육을 문제해결 과정에서 교육적 기능의 일부로 통합할지, 이러한 요구를 다루기 위해 별도의 계획을 수립해야 할지에 대해 결정해야 한다. 만약 모든 컨설테이션이 기술 개발뿐 아니라 의뢰인의 선호와 기대를 고려해야 한다면 컨설테이션 모델에 대한 선호 및 그 목표를 측정하는 척도가 컨설테이션의 첫 회기 전에 의뢰인에게 주어져야 할 것이다(11장 참조). 이러한 척도는 의뢰인에게 컨설테이션 평가에 중요하게 작용하는 변수들에 대해 민감하게 반응하도록 함으로써 컨설테이션 모델에 대한 선호 및 목표와 관련된 질문들에 대한 논의가 자연스럽게 이루어질 수 있게 해 준다. 그뿐만 아니라 의뢰인과 컨설턴트 간 계약을 성사시키는 데 도움을 줄 수 있다. 컨설테이션을 주제로 한 연수수준의 교육을 받은 의뢰인의 요구를 반영하여 컨설테이션 서비스에 필요한 제반 사항을 결정하는 것은 합리적이지 못할 수도 있으나, 때로 이러한 견해가 정당화될 수도 있다. 그러나 만약 컨설턴트가 컨설테이션 과정에서 교육자로서의 역할을 수행한다면 위계적 관계가 성립되고, 이는 의뢰인의 의견이 충분히 반영된 협업적 컨설테이션 모델과 상충된다. 하물며 컨설테이션을 강의식으로 시작하게 되면 주어진 과제가 부적절하다고 판단한 의뢰인의 저항에 부딪히게 되고, 이로 인해 컨설테이션의 모든 과정에서 의뢰인의 수동적인 역할 수행이 강화될 것이다.

Zins(1993)는 컨설테이션 관련 기술에 대한 직접적인 훈련방법을 개관한 연구들이 상당 수준 존재한다는 사실을 밝힌 바 있다. 이러한 연구들이 시사하는 훈련의 목표 가운데 하나 는 컨설테이션 기술훈련과 관련되어 있는 원리에 대한 지식, 문제해결 기술을 향상시키기 위한 모델링 절차의 효과성, 의사소통 기술의 향상, 부모-교사 면담 기술의 향상을 통해 행 동주의 컨설테이션을 촉진하는 것이라고 할 수 있다. 선행연구 검토 결과를 토대로 Zins는 컨설테이션 상호작용의 효과를 증진시키고, 이를 통해 컨설테이션 성과를 향상시키기 위해 의뢰인을 대상으로 직접적인 기술훈련을 실시해야 한다고 제안하였다. 그는 훈련의 효과로 컨설턴트와 의뢰인의 기대 간에 일치가 증진될 것이라 예측하였다. 비록 Zins의 논의는 특 정 컨설테이션 모델에 한정되어 있지만 컨설테이션 모델에 관계없이 의뢰인이 활용할 수 있 는 일반적인 기술 또한 제시하였다.

컨설테이션 과정에 교육적 기능을 포함시키고자 하는 컨설턴트는 계속해서 교육에 관한 질문을 받게 될 것이다. 내부 컨설턴트는 컨설테이션의 모든 사례에 대해 의뢰인 발달을 촉 진하는 특정 기술 및 국면을 강조할 수 있다. 내부 컨설턴트는 미래의 다른 컨설테이션 요청 시에도 조직 내 또 다른 의뢰인에 대해 특정 기술 또는 특정 컨설테이션 단계를 강조하는 방 안 적용의 검증 기회를 가질 수 있을 것이다. 즉, 내부 컨설턴트는 의뢰인의 욕구와 문제 상 황에 맞는 적절한 컨설테이션 접근 선택이 용이하다는 것이다. 외부 컨설턴트에게는 의뢰 인에게 제공되는 모델링 또는 목표에 대한 명확한 강조가 선택 가능한 전략으로 추천될 수 있다.

전문가로서의 역량 개발을 위한 훈련

의뢰인에 대한 훈련은 해당 분야의 전문적 역량 개발 또는 집단 컨설테이션의 일환으로 실시된다. 집단 컨설테이션을 경험하기 이전에 훈련 효과에 대한 교육이 이루어진다면 의 뢰인의 학습 동기는 한층 높아질 것이다. 만약 의뢰인이 컨설턴트와 함께 공동 컨설턴트 또 는 동료 컨설턴트로서 컨설테이션 작업을 진행하는 경우, 그들은 보다 적극적으로 컨설테 이션에 참여하게 될 것이다. 그러나 단기적 요구를 충족시키기 위한 전문적 역량 개발 활동 으로써의 의뢰인 훈련은 경험이 부족한 의뢰인을 대상으로 실시하는 경우를 제외하고는 그 가치를 찾기 어렵다.

학교 심리 프로그램 및 교사 양성 프로그램 담당 교수진들은 신규 교사들을 위한 집단 컨설테이션을 실시하였다(Babinski and Rogers, 1998). 이 훈련에서는 '교사로서의 자아'를 강조하였으며, 컨설테이션을 통해 문제해결 및 의미 있는 전문적 대화를 강화하고자 하였다.

Lambert, Sandoval과 Yandell(1975)은 학교기반 정신건강 컨설테이션 훈련의 첫 단계를 '의뢰인이 되는 방법 배우기'로 지칭하였다. 이들이 수립한 전제는 의뢰인을 대면하는 과정에서 이루어지는 다양한 종류의 학습에 대해 컨설턴트가 인식하고 있어야 한다는 것이다. 의뢰인이 사용 가능한 인적 자원, 즉 직면한 문제의 형태를 둘러싼 개인적 접촉, 특정한 인적 자원에 의해 제공되는 정보 그리고 컨설테이션 요청의 결과로 발생할 수 있는 추수 책임에 대해 알고 있다면 컨설턴트는 의뢰인에게 보다 나은 서비스를 제공할 수 있다. 의뢰인을 대상으로 실시되는 훈련에서는 컨설테이션에 대하여 의뢰인이 이해하고 있어야 하는 범주가 제시되며, 이는 의뢰인 훈련을 위한 하나의 지침으로 활용될 수 있다(Sandoval, Lambert, & Davis, 1977). 이 범주에는 ① 컨설테이션이 다른 전문적 접촉과 어떠한 차이를 갖는지에 대하여 알기, ② 컨설턴트가 이해하고 반응할 수 있도록 정보 제공하기, ③ 컨설턴트에 대하여 학습하기, ④ 컨설테이션을 통해 어떠한 도움을 기대할 수 있으며, 컨설테이션 경험을 어떻게 활용할 것인지에 대하여 학습하기, ⑤ 의뢰인의 직무 기능 수행에 영향을 미치는 컨설턴트의 접근 방법에 민감해지기 등이 포함된다.

의뢰인이 '계약'에 대하여 이해하는 것은 컨설테이션에서 어떠한 이야기를 하고, 또 무엇을 할 수 있는가에 있어 그 한계를 인지하는 것과 같다고 할 수 있다. Sandoval 등(1977)이 지적한 바와 같이, 훈련에 따른 컨설턴트의 역할(예: 정신건강 전문가)과 컨설턴트 본연의 역할을 구분하는 것은 매우 중요하다. 개인적 문제를 비롯하여 동료 전문가들과의 관계가 어느 정도까지 논의될 수 있으며 혹은 논의되어야만 하는지 또한 이 과정에서 탐색 가능하다.

컨설테이션 과정에서 설정한 가설과 관련된 주요 정보를 컨설턴트에게 제시하는 기술을 개발하는 것은 의뢰인에게 매우 중요하다. 문제 발견을 위한 탐색 단계에 함께 참여하고 협력하는 것은 컨설턴트와 의뢰인 모두에게 가치 있는 일이지만, 의뢰인의 경우 위험을 감수해야 할 수도 있다는 사실을 수용해야 한다. 또한 문제에 따라 객관적인 자료에 기초한 개입이 이루어질 수도 있지만, 기껏해야 가설을 세우는 수준에서 문제를 개념화하는 데 그칠 수도 있음을 알아야 한다.

훈련을 구성하는 나머지 요소들은 컨설턴트의 역할 및 전문가로서의 배경에 대한 이해와 관련된 내용이다. 계약과 관련된 이슈 가운데 하나는 비밀보장에 관한 것으로, 반드시 탐색되어야 하는 부분이라 할 수 있다. 의뢰인은 현실적인 기대를 가지고 있어야 하며, 컨설턴트의 강점을 극대화하기 위한 방법에 대해 학습해야 한다. 의뢰인은 문제가 위기 수준에 놓이기 전에 이루어지는 컨설테이션이 효과적이라는 사실을 기억해야 한다. 컨설테이션을 통해 의뢰인의 유능성을 증진시키고자 한다면 컨설턴트는 이상에서 제시한 일련의 내용들을 의뢰인이 접할 수 있는 기회 확보를 위해 노력해야 한다.

학생 학습활동 8-2

신규 교사를 대상으로 '전문 분야에 종사하는 동료와 함께 학생 중심 컨설테이션 100% 활용하기'라는 주제의 연수 프로그램을 1시간 분량으로 개발하라. 컨설테이션은 복도에서의 만남을 비롯하여 30분가량의 짧은 비공식적 만남으로 규정한다.

 ## 의뢰인 훈련에 관한 몇 가지 견해

의뢰인 교육에 관하여 살펴본 이 장에서 저자들은 의뢰인이 컨설테이션/협업 서비스에 대해 이해하고, 의뢰인으로서 필요한 기술을 습득하도록 조력하는 목표를 강조하였다. 다음 장에서는 '동료 간 협업(peer collaboration)'이라는 보다 비공식적인 조력 모델 내에서 의뢰인 역할과 컨설턴트 역할을 주제로 한 의뢰인 교육에 대하여 논하고자 한다. 이 모델 내에서 역할이란, 문제해결자(의뢰인)와 문제해결 촉진자(컨설턴트)를 지칭하는 것이다. 이때 컨설턴트는 의뢰인이 문제해결 방안을 탐색하는 데 있어 브레인스토밍 접근을 사용하도록 돕되, 문제해결자(의뢰인)가 문제에 대한 책임을 갖도록 설계된 구조화된 방법을 활용한다. 전문가로 하여금 의뢰인이 되도록 훈련하는 것과 동료와 효과적으로 협업하는 것 간의 차이는 미묘하고 때로는 작업의 성격이 중첩되어 보일 수 있으나, 여기에는 분명한 차이가 존재한다는 사실을 독자들은 인식해야 한다. 즉, 제3의 의뢰인 훈련 유형이 있는데, 이는 내용 또는 기술(skill) 중심의 의뢰인 훈련이라 할 수 있다. 이 훈련에서 컨설턴트는 의뢰인에게 다음 회기를 위해 자료를 읽어 오거나 컨설턴트가 제시한 개입 계획에 따라 자료수집을 해 오도록 할 수 있다. 컨설테이션 맥락에서 이러한 과정들이 이루어질 때, 컨설턴트는 교육자가 되는 부담을 감수할 수밖에 없다. 이로 인해 의뢰인에 대한 컨설턴트의 역할이 변화될 수 있으며, 결국 컨설테이션 과정에 혼란이 야기될 수 있다. 이와 같이 컨설턴트의 교육적인 '역할로의 변화'는 의뢰인 훈련이라는 명분하에 언급되었던 컨설턴트-의뢰인 관계의 혼란과 동일한 위험에 직면하게 된다. 더구나 의뢰인이 읽어야 할 자료를 읽지 않거나 잘못 해석하거나 혹은 컨설턴트가 제시한 방법에 대해 비판적인 입장을 취함으로써 발생하는 문제는 분명히 관계의 역동을 변화시킬 수 있다. 여기서 교육자가 갖는 의미는 전문성과 평가 능력을 함축하고 있다. 요컨대, 현재 제공되는 서비스에서 무엇이 이루어지고 있는지에 대한 컨설턴트의 이해와 평가는 '훈련'과 교육 과정에서 그 적절성이 검토되어야 한다.

요약

이 장에서는 독자들로 하여금 컨설테이션 연구에서 간과되거나 강조하여 다루어지지 않는 측면, 즉 의뢰인 변인에 대하여 인지하도록 하는 시도가 이루어졌다. 서비스 모델로서 컨설테이션이 진정한 효과를 갖기 위해서는 의뢰인의 인지·정서적 특성뿐만 아니라 그 역할을 수행해 낼 수 있도록 이루어지는 훈련의 참여를 통해 의뢰인이 컨설테이션 회기에 미치는 영향력에 대해 고려해야 한다. 의뢰인의 참여 수준이 컨설테이션의 성공 여부를 결정한다는 견해가 일반적이기는 하나, 보다 적극적이고 능동적인 의뢰인의 참여를 요하는 컨설테이션 모델에서 이러한 전제는 더욱 중요하게 작용한다. 의뢰인에 대한 훈련은 거의 이루어지지 않고 있으며, 컨설테이션 모델 선택 시 그들의 기대와 선호 그리고 특성에 대해 간과해 왔다는 사실은 컨설테이션 관련 문헌에서도 명백하게 드러난다. 의뢰인에 대한 관심은 대개 저항과 관련된 문제에 국한되어 있으며, 따라서 의뢰인에 대한 논의는 원인보다는 해결을 중심으로 이루어지고 있다. Caplan은 이와 같은 일반적 견해와 다른 견해를 갖고 있는 인물 가운데 한 사람으로서, 그는 컨설테이션 전략의 유형을 의뢰인 문제 유형에 맞추어 제시하였다. 요컨대, 이 장에서 검토한 문헌들은 컨설테이션을 계획할 때 의뢰인을 의도적으로 고려하지 않을 경우 효과적인 컨설테이션 과정에 대한 이해의 범위가 좁아질 수밖에 없는 위험에 직면하게 될 것이라 경고하고 있다.

이 장에서 의뢰인은 하나의 변인으로 다루어지고 있지만 실제로 의뢰인은 다양한 관점에서 검토될 수 있다. 사실 의뢰인이 갖는 다양한 측면(변인) 간의 상호작용은 연구에서든, 실제에서든 컨설테이션이 성공적이기 위해 반드시 고려되어야 한다. 물론 어느 한 가지 특성에 집중하는 것은 그 나름의 분명한 판단 기준을 제시할 수 있지만, 나이, 성격, 문제해결 능력 등과 같은 요소들이 어떻게 결합되어 영향력을 발휘하는가에 대한 지속적인 탐구는 보다 효과적으로 의뢰인을 이해하는 데 있어 매우 중요하다고 할 수 있다. 마지막으로, 의뢰인은 컨설턴트, 내담자, 컨설테이션 장면 모두를 포괄하는 전체 컨설테이션 과정 내에서 하나의 변인으로 다루어져야 한다.

마지막으로 의뢰인이 컨설테이션에 미치는 영향에 관하여 논의한 문헌들에 대해 언급하고자 한다. 의뢰인 변인에 대한 연구는 컨설테이션의 실제적인 목적을 달성하는 데 매우 중요한 주제임에도 걸음마 단계에 있으며, 따라서 데이터에 기반한 정형화된 가설이 성립되어 있지 못한 것이 현실이다. 더구나 대부분의 컨설테이션 연구가 그렇듯이 연구대상으로 참여하는 컨설턴트는 훈련 중에 있거나 컨설테이션 경험이 거의 없는 반면, 의뢰인 연구 참여자는 자신의 영역에서 전문가로서의 경험을 가지고 있으며, 의뢰인과 관련된 대부분의 연구가 학교 장면에서 이루어지고 있다. 요컨대, 의뢰인에 대한 연구 결과를 구체적 상황으로 일반화하고자 할 때에는 이러한 특성을 염두에 두어야 할 것이다.

실무자를 위한 조언

1. 컨설테이션 예비 단계에서 의뢰인이 자신의 역할과 컨설테이션 과정(예: 요구되는 시간)에 대해 어떠한 생각을 갖고 있는지에 대해 파악하라. 당신의 기대와 의뢰인의 기대가 최대한 동일한 성격을 갖도록 조치를 취하라.
2. 의뢰인이 선호하는 컨설테이션 모델이 무엇인지 파악하고, 가능하면 그들이 선호하는 모델로 작업하라. 그렇게 할 수 없다면 당신이 사용하는 컨설테이션 모델이 효과적임을 설득하라.
3. 민족, 인종, 사회·경제적 차이로 인해 발생하는 생각의 차이에 민감해져라. 의뢰인의 선호를 수용할 수 있도록 당신의 스타일을 변화시키라.
4. 의뢰인이 컨설테이션에 적용하고자 하는 기술에 대해 판단하라. 이는 컨설테이션의 원활한 진행에 방해 요인으로 작용할 수도 있으므로 직무연수, 직접적인 훈련에 대한 관찰 등 간접적인 훈련 경험을 제공함으로써 다소 부족한 부분을 보완해 나가도록 한다. 컨설테이션이 이루어지는 과정에서 일정 수준의 훈련은 불가피하다.

확인 문제

1. 의뢰인이 자신에 대해 피력하고자 할 때 선호하는 컨설테이션 유형은 무엇인가? 이러한 정보를 염두에 두고, 컨설테이션 유형을 채택할 때 고려해야 하는 유의점을 제시하시오.
2. 초기 상호작용 유형을 결정하는 데 있어 의뢰인의 나이를 거론하는 초보 컨설턴트에게 당신은 어떠한 조언을 하겠는가?
3. 의뢰인과 컨설턴트의 문제해결 유형에 있어 가장 큰 차이점 가운데 하나는 무엇이라고 생각하는가?
4. 컨설테이션 성과에 영향을 미칠 수 있는 의뢰인의 성격 특성에 대해 설명하시오.
5. 의뢰인으로서의 역할을 증진시킴으로써 컨설테이션의 긍정적 결과에 영향을 미치고자 할 때 중요하게 요구되는 의뢰인 개인의 기술을 나열하시오.
6. 컨설턴트가 의뢰인을 컨설테이션 작업의 중요한 요인으로 인식하는 것이 왜 중요한가?

참고문헌

Alderman, G. L., & Gimpel, G. A. (1996). The interaction between type of behavior and type of consultant: Teachers' preference for professional assistance. *Journal of Educational and Psychological Consultation, 7*, 305-313.

Altrocchi, J. (1972). Mental health consultation. In S. E. Golann & C. Elsdorfer (Eds.), *Handbook of community psychology* (pp. 477-508). New York: Appleton-Century-Crofts.

Athanasiou, M. S., Geil, M., Hazel, C. E., & Copeland, E. P. (2002). A look inside school-based consultation: A qualitative study of the beliefs and practices of school psychologists and teachers. *School Psychology Quarterly, 17*, 258-298.

Babcock, N., & Pryzwansky, W. B. (1983). Models of consultation: Preferences of educational professionals at five stages of service. *Journal of School Psychology, 21*(4), 359-366.

Babinski, L. M., & Rogesr, D. L. (1998). Supporting new teachers through consultee-centered group consultation. *Journal of Educational and Psychological Consultation, 9*(4), 285-308.

Baker, H. L. (1965). Psychological services: From the school staff's point of view. *Journal of School Psychology, 3*, 36-42.

Bardon, J. I. (1977). *The consultee in consultation: Preparation and training.* Paper presented at the American Psychological Association Convention, San Francisco, CA.

Bergan, J. R., & Tombari, M. L. (1976). Consultant skill and efficiency and the implementation and outcomes of consultation. *Journal of School Psychology, 14*, 3-14.

Berkowitz, L. (1972). Social norms, feelings, and other factors affecting helping and altruism. In L. Berkowitz (Ed.), *Advances in experimental social psychology* (Vol. 6). New York: Academic Press.

Brady, M., & Schneider, O. (1973). The psychiatrist as classroom teacher: School consultation in the inner city. *Hospital and Community Psychiatry, 24*, 248-251.

Brickman, P., Rabinowitz, V. C., Karuza, J., Coates, D., Cohn, E., & Kidder, L. (1982). Models of helping and coping. *American Psychologist, 37*(4), 368-384.

Bronkowski, R. (1968). Mental health consultation and operation Head Start. *American Psychologist, 23*, 769-772.

Buktenica, N. A. (1970). A multidisciplinary training team in the public schools. *Journal of Psychology, 8*, 220-225.

Caplan, G., & Caplan, R. B. (1993). *Mental health consultation and collaboration.* San Francisco, CA: Jossey-Bass.

Clark, R. D. (1979). School consultants give teachers what they want? A straight answer? In *Proceedings of the eleventh annual convention, National Association of School Psychologists* (Vol. 3).

Coleman, S. (1976). *Developing collaborative-process consultation: Teacher and participant-observer perceptions and outcome.* Paper presented at the American Psychological Association Convention, Washington, DC.

Crothers, L. M., Hughes, T. L., & Morine, K. A. (2008). *Theory and cases in school-based consultation.* New York: Routledge.

DeForest, P. A., & Hughes, J. N. (1992). Effect of teacher involvement and teacher self efficacy on ratings of consultant effectiveness and intervention acceptability. *Journal of Educational and Psychological Consultation, 3,* 301–316.

Duncan, C., & Pryzwansky, W. B. (1988). Consultation research: Trends in doctoral dissertations, 1978–1985. *Journal of School Psychology, 26,* 107–119.

Duncan, C., & Pryzwansky, W. B. (1993). Effects of race, racial identity development and orientation style on perceived consultant effectiveness. *Journal of Multicultural Counseling and Development, 21,* 88–96.

Friedman, L. P. (1977). Locus of control consultation styles: A theoretical model for increasing teacher–centered consultation effectiveness (Doctoral dissertation, University of Pennsylvania, 1976). *Dissertation Abstracts International, 37,* 2074A.

Gibbs, J. T. (1980). The interpersonal orientation in mental health consultation: Toward a model of ethnic variations in consultation. *Journal of Community Psychology, 8,* 195–207.

Gilmore, G., & Chandy, J. (1973). Teachers' perception of school psychological services. *Journal of School Psychology, 11*(2), 139–147.

Gold, R. F., & Hollander, S. K. (1992). The status of consultant teacher services in special education on Long Island, New York: 1989–1990. *Journal of Educational and Psychological Consultation, 3,* 25–30.

Gonzalez, J. E., Nelson, J. R., Gutkin, T. B., & Shwery, C. S. (2004). Teacher resistance to school-based consultation with school psychologist. A survey of teacher perceptions. *Journal of Emotional and Behavioral Disorders, 12,* 30–37.

Gutkin, T. B. (1980). Teacher perceptions of consultation services provided by school psychologists. *Professional Psychology, 11,* 637–642.

Gutkin, T. B. (1983). *Variables affecting the outcomes of consultation as perceived by consultees.* Paper presented at the American Psychological Association Convention, Anaheim, CA.

Gutkin, T. B., & Ajchenbaum, M. (1984). Teachers' perception of control and preferences for consultation services. *Professional Psychology: Research and Practice, 15*(4), 565–570.

Gutkin, T. B., & Bossard, M. D. (1984). Impact of consultant, consultee, and organizational variables in teachers attitudes toward consultation services. *Journal of School Psychology, 22*(3), 251–258.

Guva, G. (2004). Meeting a teacher who asks for help, but not for consultation. In N. M. Lambert, I. Hylander, & J. H. Sandoval (Eds.), *Consultee–Centered Consultation* (pp. 257–264). Mahwah, NJ: Lawrence Erlbaum Assoc.

Hirschman, R. (1974). Utilization of mental health consultation and self–perceptions of intraorganizational importance and influence. *Journal of Consulting and Clinical Psychology, 42*(6), 916.

Hughes, J. N., Barker, D., Kemenoff, S., & Hart, M. (1993). Problem ownership, causal attributions, and self efficacy as predictors of teachers' referral decisions. *Journal of Educational and Psychological Consultation, 4,* 369–384.

Ingraham, C. L. (2000). Consultation through a multicultural lens: Multicultural and cross-cultural consultation in schools. *School Psychology Review, 29*, 320–343.

Ingraham, C. L., & Meyers, J. (2000). Multicultural and cross-cultural consultation in school consultation [Special Issue]. *School Psychology Review, 29.*

Iscoe, I., Pierce-Jones, J., Friedman, S. T., & McGehearty, L. (1967). Some strategies in mental health consultation: A brief description of a project and some preliminary results. In E. L. Cowen, E. A. Gardner, & M. Zax (Eds.), *Emergent approaches to mental health problems* (pp. 307–330). New York: Appleton-Century-Crofts.

Isen, A. M., Means, B., Patrick, R., & Nowicki, G. (1982). Some factors influencing decision-making strategy and risk-taking. In M. S. Clark & S. T. Fiske (Eds.), *Affect and cognition* (pp. 243–261). Hillsdale, NJ: Erlbaum.

Kelley, M. F. (2004). Reconciling the philosophy and promise of itinerant consultation with the realities of practice. *Journal of Educational and Psychological Consultation, 15*, 183–190.

Knotek, S. E., & Sandoval, J. (2003). Current research in consultee-centered consultation. *Journal of Educational and Psychological Consultation, 14*(3/4), 243–250.

Koopman, D. K. (2007). Secondary-level teachers' perceptions of the utilization of school psychological services. *Dissertation Abstracts International: Section A: Humanities and Social Sciences. 67* (8-A), 2881 (UMI No. AA13232334).

Lambert, N. M., Sandoval, J. H., & Yandell, G. W. (1975). Preparation of school psychologists for school-based consultation: A training activity and a service to community schools. *Journal of School Psychology, 13*, 68–75.

Lortie, D. C. (1975). *School teacher.* Chicago: University of Chicago Press.

Macarov, D. (1968). *A study of the consultation process.* New York: State Committees and Association.

Mann, P. A. (1972). Accessibility and organizational power in the entry phase of mental health consultation. *Journal of Consulting and Clinical Psychology, 38*, 215–218.

Mannino, F. U., & Shore, M. F. (1975). The effects of consultation. *American Journal of Community Psychology, 3*(1), 1–21.

McPherson, R. B., Crowson, R. L., & Pitner, N. J. (1986). *Managing uncertainty: Administrative theory and practice in education.* Columbus, OH: Charles E. Merrill.

Medway, F. J., & Forman, S. G. (1980). Psychologists' and teachers' reactions to mental health and behavioral school consultation. *Journal of School Psychology, 18*, 338–348.

Meyers, A. B. (2002). Developing nonthreatening expertise: Thoughts on consultation training from the perspective of a new faculty member. *Journal of Educational and Psychological Consultation, 13*(1/2), 55–67.

Miller, J. N. (1974). Consumer response to theoretical role models in school psychology. *Journal* of *School Psychology, 12*, 310-317.

Mischley, M. (1973). Teacher preference for consultation methods and its relation to selected background personality and organization variables (Doctoral dissertation, University of Texas at Austin, 1973). *Dissertation Abstracts International, 34*, 2312B.

Morrison, A. (1970). Consultation and group process with indigenous neighborhood workers. *Community Mental Health Journal, 6*, 3-12.

Noy, P., DeNour, A., & Moses, R. (1966). Discrepancies between expectations and service in psychiatric consultation. *Archives in General Psychology, 14*, 651-657.

Piersel, W. C. (1985). Behavioral consultation: An approach to problem solving in educational settings. In J. R. Bergan (Ed.), *School psychology in contemporary society* (pp. 252-280). Columbus, OH: Charles E. Merrill.

Pinto, R. F. (1981). Consultant orientations and client system perception: Styles of cross-cultural consultation. In R. Lippitt & G. Lippitt (Eds.), *Systems thinking: A resource for organization, diagnosis and intervention* (Chapter IV, pp. 57-74). Washington, DC: International Consultants Foundations.

Pryzwansky, W. B., & Vatz, B. C. (1989). *School psychologists' solutions to a consultation problem: Do experts agree?* Paper presented at the National Association of School Psychologists Convention, Chicago, IL.

Pryzwansky, W. B., & White, G. (1983). The influence of consultee characteristics on preferences for consultation approaches. *Professional Psychology: Research and Practice, 14*, 457-461.

Roberts, R. (1970). Perceptions of actual and desired role functions of school psychologists by psychologists and teachers. *Psychology in the Schools, 7*, 1-25.

Sager, C., Brayboy, T., & Waxenberg, B. (1972). Black patient? white therapist. *American Journal of Orthopsychiatry, 42*, 415-423.

Sandoval, J., Lambert, N. M., & Davis, J. M. (1977). Consultation from the consultee's perspective. *Journal of School Psychology, 15*(4), 334-342.

Sarason, S. B. (1971). *The culture of the school and the problem of change.* Boston: Allyn & Bacon.

Schulte, A. C., & Osborne, S. S. (2003). When assumptive worlds collide: A review of definitions of collaboration in consultation. *Journal of Educational and Psychological Consultation, 14*(2), 109-138.

Schulte, A. C., Osborne, S. S., & Kauffman, J. M. (1993). Teacher responses to types of consultative special education services. *Journal of Educational and Psychological Consultation, 4*, 1-27.

Slesser, R. A., Fine, M. J., & Tracy, D. B. (1990). Teacher reactions to two approaches to school-based psychological consultation. *Journal of Educational and Psychological*

Consultation, 1, 243–258.

Soo-Hoo, T. (1998). Applying frame of reference and reframing techniques to improve school consultation in multicultural setting. *Journal of Educational and Psychological Consultation, 9*(4), 325–345.

Stenger, M. K., Tollefson, N., & Fine, M. J. (1992). Variables that distinguish elementary teachers who participate in school-based consultation from those who do not. *School Psychology Quarterly, 7,* 271–284.

Stuart, R. B. (2004). Twelve practical suggestions for achieving multicultural competence. *Professional Psychology: Research and Practice, 35*(1), 3–9.

Sue, D., & Sue, E. (1977). Barriers to effective crosscultural counseling. *Journal of Counseling Psychology, 24,* 420–429.

Tillman, C. R. T., & Eckert, T. L. (2001). Generalization programming and school-based consultation: An examination of consultees' generalization of consultation-related skills. *Journal of Educational and Psychological Consultation, 12*(3), 217–241.

Waters, L. (1973). School psychologists as perceived by school personnel: Support for a consultant model. *Journal of School Psychology, 11*(1), 40–45.

Weiler, M. B. (1984). *The influence of contact and setting on the ratings of parents for models of consultation.* Unpublished master's thesis, North Carolina State University, Raleigh, NC.

Wenger, R. (1979). School consultation process: Analysis, application and evaluation of a process variable? consultation. *Psychology in the Schools, 16*(1), 127–131.

White, G. W., & Pryzwansky, W. B. (1982). Consultation outcome as a result of in-service resource teacher training. *Psychology in the Schools, 19,* 495–502.

Witt, J. C., Martens, J., & Elliott, S. N. (1984). Factors affecting teachers' judgments of the acceptability of behavioral intervention: Time involvement, behavior problem severity, and type of intervention. *Behavior Therapy, 15,* 203–206.

Witt, J. C., Moe, G., Gutkin, T. B., & Andrews, L. (1984). The effect of saying the same thing in different ways: The problem of language and jargon in school-based consultation. *Journal of School Psychology, 22*(4), 361–367.

Zins, J. E. (1993). Enhancing consultee problem-solving skills in consultative interactions. *Journal of Counseling and Development, 72,* 185–190.

교사 컨설테이션-교사 협업

목표 │ 학교 장면에서 교사가 갖는 독특한 속성과 그것이 간접 서비스 형성에 미치는 영향에 대하여 논의하고자 한다.

개요 │ 1. 훈련과 학교 현장이라는 관점에서 교사의 역할 기대에 대해 검토하되, 특히 서비스 이용에 영향을 미치는 요인들을 중심으로 살펴보고자 한다.
2. 교사와 함께하는 컨설테이션 및 협력 접근법의 사례들을 검토하고자 한다.
3. 15분 컨설테이션 및 집단 컨설테이션을 사례로 들어, 교사들이 처한 상황적 요구 및 역할에 적합한 두 가지 개인 컨설테이션 모델을 제시하고자 한다.

이 장은 크게 두 가지 요소로 나누어 살펴볼 수 있다. 교사들에게는 직업적 맥락상 그들에게 필요한 훈련 및 독특한 속성이 존재한다는 점을 고려할 때, 교사집단은 다른 집단과는 구분되는 의뢰인 집단이라 할 수 있다. 학교는 아동들을 돕기 위한 조직으로, 교사는 아동들과의 상호작용을 통해 긍정적 영향을 미칠 수 있는 전문가이다. 따라서 개별 컨설턴트-의뢰인 관계에 영향을 미치는 변인인 교사의 직무 환경은 물론이고 성격을 제외한 교사의 관점과 역할에 대해 고려하는 것은 매우 중요하다. 교사 의뢰인에게 적용할 수 있는 개입 프로그램에는 두 가지가 있다. 그 하나는 3장에서 다룬 연합 행동주의 컨설테이션(Conjoint Behavioral Consultation: CBC)으로, 설득력 있는 이론적 고찰을 통해 행동주의 컨설테이션 및 협력에 대하여 제시한 바 있다. 또 다른 하나의 프로그램은 교수 컨설테이션(Instructional Consultation: IC)으로, 이 프로그램에서는 교사와 수업이 프로그램의 중심을 이룬다. 요컨대 이 장에서는 IC와 더불어 다양한 교사 컨설테이션 모델을 제시하고자 한다. 그러나 독자는 이 장의 주된 목표가 교사의 역할 및 직무 장면의 독특성에 대한 탐색적 조망이라는 사실을 잊지 말아야 할 것이다.

컨설테이션-협업이라는 용어

지난 10여 년간 협력/협업이라는 개념은 교육학 관련 문헌에서 매우 중요하게 다루어져 왔으며, 이러한 추세에 따라 학교 사회에서도 매우 일반적인 용어로 자리 잡게 되었다. 이러한 현상은 정신건강 전문 학술지, 나아가 일반 대중 사이에서도 어렵지 않게 확인할 수 있다.

상담 현장에서 활동하고 있는 대부분의 전문가는 '컨설턴트'라는 타이틀을 원하며, 이 때 전문가로서의 컨설턴트는 '협력'적인 컨설테이션 관계 형성을 추구하기도 한다. 앞서 주지한 바와 같이 컨설턴트가 된다는 것은 명예로운 일이며, 이 과정에서 이루어지는 협력은 컨설턴트가 긍정적이고, 지지적이며, 비위계적 방식으로 다른 전문가와의 작업을 진행한다는 점에서 전문가가 가지고 있는 개인적 특성으로 이해할 수 있다. 컨설테이션과 협력이 갖는 의미의 차이를 고려할 때, **협력적 컨설테이션**이라는 '모델'의 등장 그리고 '협력자'로서의 컨설턴트라는 용어의 사용은 모순적으로 보일 수 있으나 이 두 용어(협력적 컨설테이션, 협력자로서의 컨설턴트)는 컨설테이션과 협력이라는 두 가지 접근의 특성 모두를 적절하게 표현하고 있다.

  분명 정확한 용어의 사용은 중요하다. 재치와 민감성을 요하는 대인관계 상황에서 자신의 전문적 역할에 대해 설명하는 방법은 이후의 관계 발달에 영향을 미칠 것이다. 예컨대, 당신이 앞으로 하게 될 작업을 컨설테이션이 아닌 문제해결에 초점을 둔 접근으로 설명한다면, 의뢰인은 스스로 자신이 '부족'하다고 느끼거나 '도움을 받아야 하는 존재'로 인식하지 않을 것이며, 자신의 전문성에 대해 부정하는 등의 문제 발생 가능성을 완화시킬 수 있을 것이다. 이와 유사한 맥락에서 볼 때 궁극적으로 개입 방안을 이행하는 것은 의뢰인이기 때문에 컨설턴트라는 타이틀은 의뢰인에게 아무런 도움도 제공하지 못하는 존재로 전락할 수 있다. 컨설테이션과 협력이라는 용어는 일상생활에서도 흔하게 사용된다('대중적' 또는 '일상적' 의미). 최근 한 일요 신문에서 어떤 TV 스타는 자신이 어떤 넥타이를 매야 할지에 대해 아내가 '컨설테이션'해 주었다고 언급하는가 하면, 미국 정부의 한 관리는 "동맹국들과 함께 컨설테이션을 실시하였다."라고 보고한 바 있다. 이러한 일련의 상황들은 컨설테이션과 협력이라는 용어의 사용이 일반화되는 계기가 되기도 했지만, 한편 각 용어의 정의를 모호하게 하기도 하였다. 그러나 이와 같은 언어적 발달에 있어 부정적인 측면은 반드시 수반될 수밖에 없으므로 실제 장면 및 연구에서 보다 신중하게 다루어야 한다.

  전문적 맥락에서 컨설테이션과 협력이라는 용어가 특수한 의미를 지니고 있다는 사실은 강조되어야 한다. 이러한 용어들로 대표되는 조력 모델은 이 모델을 통해 사람들이 어떻게 변화되는지 그리고 조력 전문가들이 어떠한 방식으로 작업하는지에 대해 서로 다른 가정을 반영하고 있다. 만약 어떤 일의 효과성을 평가하고자 한다면, 담당자는 그 일이 무엇인지에 대해 설명할 수 있어야 한다. 그렇지 않으면 컨설테이션 과정 내에서 이루어진 행위, 문제의 특성, 의뢰인의 성격 또는 다른 요소들이 컨설테이션에서 관찰된 성공 수준에 영향을 미친 요인이었는지에 대한 판단이 불가능할 것이다. 이와 같은 치밀함의 필요성은 연구자들 사이에서 비교적 잘 수용되고 있으나, 연구자들조차 그 주제가 컨설테이션일 경우에는 그 용어들이 실제로 무엇을 뜻하는지에 대해 주의를 기울이지 않는 것이 현실이다. 따라서 컨설테이션을 주제로 한 문헌을 읽는 독자들은 여기에 사용된 용어에 대해 자신만의 의미를 투사할 수밖에 없다. 이러한 상황에서는 연구결과를 실제에 적용하는 것은 물론이고 지속적인 연구 또한 어려워지게 된다. 실제 장면에서 의뢰인과의 체계적인 상호작용이 이루어진다 하더라도 앞에서 언급한 부분에 대해 세심한 주의를 기울이지 못하게 되면 컨설테이션은 혼란을 피할 수 없게 된다.

  따라서 컨설테이션과 협력이라는 용어는 일상적인 의미가 아니라 전문적인 정의를 염두에 두고 사용되어야 한다. 컨설테이션과 협력은 각각의 목표, 컨설턴트가 시도하는 변화에 대한 가정, 컨설턴트와 의뢰인의 역할에 있어 차이를 갖는다.

이 장에서는 교사 지지에 대한 문헌을 검토할 것이다. 교사 협력을 독립된 주제로 다루는 절에서는 컨설테이션과 협력 간의 차이뿐 아니라 이 접근에 대하여 다루고 있는 문헌들을 살펴볼 것이다. 간접 서비스라는 용어는 의뢰인이 참여한다는 점에서 협력적 접근은 물론, 다른 컨설테이션 모델을 지칭하는 데에도 사용될 수 있다. 컨설턴트와 전문적 자원이라는 용어는 서비스가 직접적인가 또는 간접적인가에 상관없이 언제든 교체하여 사용 가능하다. 또한 어떤 연구에 대해 설명할 경우에는 해당 연구에서 저자가 사용한 용어를 인용하고자 한다.

컨설테이션과 협력

컨설테이션은 물론, 협력 또한 어떤 측면에서는 간접 서비스로 범주화할 수 있는 개입이라 할 수 있다. 간단히 말해, 전문가(A)가 내담자에게 직접적으로 서비스를 제공하는 것이 아니라 다른 전문가(B, 의뢰인)가 내담자와 작업하는 것을 조력하고자 하는 목적하에 전문가(A)가 전문가(B, 의뢰인)에게 제공하는 서비스라 할 수 있다. 따라서 전문가(B, 의뢰인)는 전문가(A)의 '내담자'가 되는 것이다. 다음은 이와 관련된 예이다. 의사 B는 해당 영역의 전문가인 의사 A에게 자신의 내담자 차트를 검토해 보고, 어떤 치료를 하는 것이 좋을지에 관하여 자신에게 컨설테이션해 줄 것을 요청하였다. 또 다른 예를 살펴보자. 총으로 자살을 시도한 아버지로 인해 총과 죽음에 대하여 강박관념을 가지고 있는 아동의 문제를 돕기 위해 담임교사는 학교상담자와 학교심리학자에게 도움을 구한다. Gutkin과 Conoley(1990)는 간접 서비스 모델을 활용하기로 한 결정 그 자체가 의뢰인을 자신의 내담자로 생각하는 컨설턴트의 인식을 반영한 결과라 주장하였다. 따라서 교사를 대상으로 컨설테이션 작업을 진행해야 하는 학교 내 전문가들에게 성인들과의 효과적인 작업 능력은 다른 무엇보다 중요하다고 할 수 있다. Gutkin과 Conoley(1990)는 학교체제 내 내담자들(학생)이 컨설테이션을 통해 긍정적인 영향을 받도록 하기 위해서는 전문가가 성인들을 이해하고 긍정적인 영향을 미칠 수 있어야 한다고 주장하였다. 요컨대, 이러한 입장은 의뢰인 중심 컨설테이션 모델과 가장 잘 부합된다고 볼 수 있을 것이다. 한편, Caplan(1970)이 그의 저서에서 주지한 바와 같이 의뢰인은 정보, 기술, 자신감, 객관성과 관련된 관점에서 평가된다.

지금까지의 내용을 통해 독자들이 이해한 바와 같이, 간접 서비스는 '의뢰인과 함께 작업한다'는 개념에 갇혀 컨설테이션을 실행하는 데 있어 엄격한 제한을 받아서는 안 된다. 그 이유는 다음과 같다. 첫째, 컨설테이션은 간접 서비스와 동의어가 아니며, 따라서 컨설턴트는 직접 서비스(예: 전문가 컨설테이션)의 형태로도 컨설테이션 서비스를 제공할 수 있다. 둘째, 컨설턴트는 의뢰인 및 그들의 내담자와 직접적인 작업을 진행할 수 있다. 여기서 중요한 점은 독자들이 '간접 서비스'를 이해할 때 앞서 제시한 내용을 컨설테이션과 동일한 개념으로 받아들이지 말아야 한다는 것이다. 컨설턴트는 의뢰인 및 내담자 모두와 작업할 수도 있고, 혼합된 접근 방식을 사용할 수도 있기 때문이다.

컨설턴트가 조직체 내부의 사람이라면 해당 조직의 모든 직원은 잠정적 의뢰인으로서 내담자에 대해 책임을 져야 한다는 주장이 가능할 것이다. 내담자에 대한 1차적 책임은 특정 직원이 지게 되지만, 해당 내담자에 대해 알고 있는 조직 내의 다른 사람들에게도 일정 부분 책임이 있기 때문이다. 이러한 점을 염두에 둔다면, 내부 컨설턴트는 간접 서비스를 제공하는 역할로 명확하게 규정하는 것이 가장 타당하고 합리적일 것이다.

반면, 협력적 접근은 두 전문가가 컨설테이션 과정에 '능동적'으로 참여해야 하며, 컨설테이션에 참여한 두 사람 모두 내담자에 대한 개입에 책임을 져야 한다는 입장이다. 그들은 컨설테이션 작업을 개선하거나 다음 단계 계획 시, 경우에 따라 개입방법을 수정하기 위해 목표에 대한 진전 정도를 평가해야 한다. 그러나 순수한 의미에서 내부 컨설턴트와의 협력은 전문가 A(컨설턴트)가 검사나 면접을 통해 내담자와 상담을 진행하고, 사정하며, 강화 계획을 수립하고, 의사소통 패턴을 형성해 나가는 방법에 대한 모델링 등과 같이 직접적인 서비스를 제공하는 방식을 취하고 있다. 이와 같은 점에서 볼 때 내부 전문가 A는 보다 포괄적인 차원에서 내담자에게 접근하고 컨설테이션 과정에 전념해야 한다. 각 모델의 개입 양상은 의뢰인의 내담자가 컨설테이션에 참여하는 수준, 컨설턴트(내담자 또는 의뢰인, 내담자와 의뢰인 모두)의 목표에 따라 매우 다양하게 나타날 수 있으며, 이러한 관점에서 컨설턴트는 자신의 역할을 명확하게 인식하고 있어야 한다.

교사 내담자/협력자

교사는 컨설테이션 및 협력과 같은 간접 서비스의 잠재적 수혜자로 가장 많이 거론되는 집단이라 할 수 있다. 사실 교사 컨설테이션이라는 용어는 단순히 의뢰인에 대한 전문가로서의 정체성을 규정하는 용어가 아니라 컨설테이션에서 독특한 또 하나의 모델로 개념화가 이루어질 만큼 교육 관련 문헌에서 인기를 얻고 있다.

교사 집단에 이와 같은 수준의 이목이 집중되는 이유에 대해서는 '영향력(impact)'이라는 관점에서 이해하는 것이 가장 정확할 것이다. 교사는 재직기간 동안 많은 학생을 만날 뿐 아니라 매년 많은 학생을 보살펴주는 존재로, 컨설테이션을 통해 배운 내용을 미래의 학생들에게 일반화함으로써 미칠 잠재적 영향력이 매우 크다고 할 수 있다. 실제로 학교 행정가에게 교사 컨설테이션의 필요성을 납득시킬 수 있는 가장 타당한 근거 가운데 하나는 컨설테이션이 교사와 학생 모두에게 장기적 혜택을 가져다줄 수 있다는 것이다. 학교 내에서 교사가 활용할 수 있는 전문가 자원은 언제나 제한적이므로, 교사의 자립적 역량을 증진시키는 모든 요인은 그 자체로 중요한 가치를 갖는다.

교사를 대상으로 한 간접 서비스가 깊이 있게 논의되어야 하는 이유로 다음의 세 가지를 들 수 있다. 첫째, 교사가 되기 위한 준비 과정은 대개 초보 상담자로서 필요한 최소한의 능력에 초점을 두고 있다. 즉, 교사가 갖추어야 할 자격에 대한 개선의 목소리가 높아진 최근까지도 교사는 학사 학위를 받는 순간부터 영원히 지속되는 자격을 유지할 수 있다. 정식으로 그 자격을 부여받기 전에 수습 기간이 존재하기는 하지만 이 기간 동안 구조화된 훈련은 물론, 구체적인 수업 기술의 향상을 위한 슈퍼비전도 거의 이루어지지 않는 것이 현실이다. 수석 교사 자격을 취득하기 위한 기준을 제외하면, 일정 수준의 능력을 갖춘 교사로 인정받기 위한 공식적 자격 검증 체계는 거의 전무하다고 해도 과언이 아니다. 교사의 역할이 갖는 복합적 특성을 일정 부분 인정하기는 하지만, 자격 갱신을 위해 요구되는 단편적인 과정을 제외하면 교사 개인의 전문적 성장과 발달 여부는 결국 경험을 통해 결정된다고 할 수 있다. 이러한 상황을 변화시키고자 국가 교사 자격 관리위원회는 그들이 갖고 있는 잠재력을 발현하고자 힘쓰고 있으며, 그러한 노력의 일환으로 전문적 컨설테이션 접근의 활용을 모색하고 있다. 전문가와의 컨설테이션은 점진적으로 발전해 나가는 전문직 종사자로서의 정체성을 지닌 실무자 집단에게 가치 있는 자원이 될 것이다. 오늘날의 학교 체계에서 다양한 집단의 학생들을 관리해야 하는 교사의 과업은 전문적이고 지속적인 지원과 관리체계를 요한다.

둘째, 학생의 문제에 교사가 관련되지 않았다 할지라도 교사는 학생이 당면한 문제를 해결하기 위한 활동에 기꺼이 참여하고자 한다(Pohlman, Huffman, Dodds, & Pryzwansky, 1998). 교사부터 학생의 문제해결 과정에 책임감을 느끼고, 기꺼이 도움이 되는 방법에 대해 강구한다. 그러므로 학교 내에서 학생을 고려할 수 있는 자원은 학생이 경험하고 있는 어려움과 관련된 분야의 전문가에 국한되지 않으며 교사 또한 이 과정에 동참할 수 있다.

셋째, 교사로 하여금 가르치는 일에만 집중할 수 있도록 지원하는 데 있어(Lortie, 1975; Sarason, 1996) 간접 서비스의 제공은 매우 중요한 요소라 할 수 있다. 또한 비록 제한적이기는 하지만 교사들은 전문가와의 상호작용을 통해 문제해결 방안을 강구하기 위한 브레인스토밍을 활용하여 의견을 교환할 수 있다.

이와 같은 세 가지 이유를 고려할 때, 교사에게 컨설테이션 서비스를 제공해야 한다는 주장은 설득력을 갖는다. 그러나 교사 컨설테이션과 관련된 자료가 거의 존재하지 않을뿐더러 이 책의 저자들 또한 교사 컨설테이션을 충분히 접하지 못했기 때문에 앞서 제시한 세 가지 이유를 교사 컨설테이션이 이루어져야 하는 근거로 일반화하기에는 무리가 있다. 다양한 서비스 활동에서 학교심리학자가 활용하는 시간 분배 방법은 거의 30년 동안 변화가 없는 것으로 나타났다(Fagan, 2002). 다시 말해, 그들은 여전히 사정(assessment) 활동을 가장 강조하고 있었는데, 이러한 서비스 제공 방식이 효과적인가에 대한 판단 여부에 관계 없이 교사들은 컨설테이션 상황에서 제공되는 이와 같은 서비스 모델을 거부하지 않는 것으로 나타났다(Garden, 1989). Koopman(2007)은 중등교사들의 경우 컨설턴트보다는 동료 교사 혹은 선배 교사에게 도움을 구하는 경향이 강하다고 보고하였는데, 이는 그들에게 학교가 지원할 수 있는 자원에 대한 정보가 없기 때문인 것으로 드러났다. 또한 특수교육 교사와 달리 일반 교사들은 학교심리학자에 비해 학교상담자가 제공하는 서비스를 보다 친숙하게 인식하는 경향이 있는 것으로 나타났다.

그러나 교사 컨설테이션을 옹호하는 주장이 직접 서비스를 제공하는 학교의 내부 전문가(예: 상담자, 학교심리학자, 특수교사)들로부터 비롯된 만큼, 이들은 직접 서비스에 소요되는 시간의 양을 재할당해야 한다는 점에 대해 학교 행정가들을 납득시켜야 한다.

담당하는 사례의 분량이 프로그램 운영을 위한 예산과 직결될 때(예: 특수 학급 운영을 위해 요구되는 평가 자격 결정) 또는 간접 서비스의 가치가 표면적으로 드러나지 않을 때 학교 행정가들은 이에 대한 지원을 망설일 수 있다.

전문가 또는 기술자로서의 교사

일찍부터 가르치는 일은 전문직으로 진화해 가는 과정 가운데 있다는 인식이 있어 왔다. 최근 많은 주 의회가 그들 주에 속한 학교의 교육 편제를 구조화하는 과정에서 교사에 대해 계획되고 순차적인 교육과정을 따라야 하는 기술자로 한정하고자 하는 움직임이 있었다. 이는 교사들에게 학교 교육과 관련된 의사결정에 대한 참여 권한을 부여하지 않겠다는 의지의 표현으로, 이와 같은 경우 '피고용인'들에게 지원 가능하고, 그들이 활용할 수 있는 인적 자원은 매우 제한적이라 할 수 있다. 그러나 학교에서 교사의 역할이 아동 개개인의 학습 경험 및 그들 각각의 조건을 최적화하기 위해 다양한 교육 과정을 채택할 수 있는 전문가로 개념화된다면, 이들에게는 지금까지와 다른 지지 체제가 요구될 것이다. 예컨대, TV 방송 진행자를 해당 프로그램 내에서 '탤런트'로 생각한다면 프로듀서에서 카메라맨에 이르기까지의 모든 자원은 '탤런트'가 훌륭한 프로그램을 만드는 데 성공할 수 있도록 조직되고 제공되어야 한다. 이와 마찬가지로 교사가 학교 교육과정에서 '탤런트'와 같은 핵심적 역할로 개념화된다면, 학교 내에서 지원 가능한 모든 자원(컨설턴트 포함)은 교사에게 기꺼이 제공되어야 하며, 이러한 지원을 촉진하기 위한 조직 구조가 확립되어야 한다. 우리 사회에 존재하는 다른 서비스 영역과 달리 학교체제는 성인들이 학생 개인 및 집단을 대상으로 운영하는 프로그램에 대해 함께 논의하는 등의 서비스 전략을 수용하는 방식으로 조직화되어 오지 않았다. 하루 일과 내에서 교사와 전문가 간 만남의 시간을 확보하는 데 많은 어려움이 따르는 것은 물론이고, 때로는 방과 후에도 다른 업무를 처리해야 하는 경우가 있다. 교사들에게는 하루 종일 자신의 수업 및 학급 관리에 전념해야 한다는 생각이 지배적이다. 교사에 의한 수업 결손은 이후 보강 계획을 가지고 있다 하더라도 좀처럼 용인되지 않는 것이 현실이다. 학업 성취를 위한 시간의 투입을 학교 교육의 효과성으로 강조하는 한, 수업시간을 줄이는 모든 행위는 학교체제 내에서 회의적으로 받아들여질 것이다. 따라서 교사가 자신의 가능성을 실현하기 위하여 간접 서비스를 활용하고자 할 때, 가장 큰 걸림돌은 그들에게 주어진 시간적 제약이라 할 수 있을 것이다.

(장미는 장미이듯) 의뢰인이 전문가로서의 정체성을 갖고 있는가와 상관없이 컨설테이션은 컨설테이션이다. 그러나 앞서 살펴본 바와 같이 각 전문가 집단과 이들의 작업 환경이 갖는 강점 및 한계는 반드시 고려되어야 하는 부분이다. 이 장에서는 교사의 전문성이 갖는 독특한 요인들을 중심으로 논의하되, 학교 내 전문 인력의 존재 또한 염두에 두어야 할 것이다. 논의 과정에서 필요에 따라 교사와의 컨설테이션 경험을 통해 생성된 정보(예: 의뢰인의 인종 배경이 컨설테이션 과정에 미친 영향에 관한 Gibbs의 연구, 8장 참조)가 언급될 수 있는데, 내용의 중복을 피하기 위해 이 장에서 자세한 설명은 하지 않을 것이다. '의뢰인'에 대한 대부분의 연구가 교사를 그 대상으로 하고 있기 때문에, 이 장의 내용을 보다 깊게 이해하길 원한다면 8장의 내용을 참조하기 바란다.

학생 학습활동 9-1

국가자격위원회(National Board Certification)의 자격 검증 제도는 교사가 전문가로서의 위상을 확립해 나가는 데 있어 중요한 하나의 과정으로 작용함으로써 교사들이 유용하게 활용할 수 있게 되었다. 위원회로부터 자격을 부여받은 교사(Board Certified Teacher: BCT)와 그 검증 과정에 관해 이야기를 나누어 보라. 특정 인사를 컨설턴트로 파견하는 것과 그들을 직접 서비스 제공의 모델로 활용하는 것에 대해 해당 교사는 어떠한 생각을 갖고 있는가? 해당 교사의 반응과 교장(관리자)의 반응을 비교해 보라.

간접 서비스를 제한하는 문제들

이 절에서는 교사 컨설테이션 또는 협력을 제한하는 장벽들에 무엇이 있는지에 대해 검토할 것이다. 공교롭게도 여기에 제시된 한계들은 컨설턴트나 교사가 쉽게 극복할 수 있는 문제가 아니다. 어떤 컨설턴트는 교사가 처한 현실적인 상황을 이해하려 하기보다는 그러한 제약으로 힘겨워하는 교사의 반응을 저항으로 해석하기도 한다. 교사를 대상으로 하는 컨설테이션 또한 다른 의뢰인과 작업할 때 따르는 원칙이 그대로 적용되어야 한다는 점에서 어떠한 예외도 인정되지 않는다. 교사 의뢰인을 대상으로 컨설테이션을 진행하는 컨설턴트는 교사에게 요구되는 역할 및 작업 환경에 대해 인식해야 할 뿐 아니라, 개입 방안 계획 시 교사와 관련된 정보를 계획적으로 통합할 수 있어야 한다. 이와 같은 노력이 결여될 경우, 보다 정확히 표현하자면 교사 의뢰인에 대한 정보를 최소화하여 반영하는 경우, 교사를 대상으로 한 컨설테이션 모델이 학교에 도입되는 시기는 지체될 수 있으며, 외부 컨설턴트의 진입이 이루어질 경우 상황은 더욱 악화될 수 있다. 앞에서 언급한 한계들은 공립학교에서 교사를 대상으로 한 컨설테이션 접근을 채택할 때 특히 두드러지게 부각될 수 있다(Pryzwansky, 1974). 여기서는 특정 상황에 대한 교사의 역할을 탐색함으로써 교사 역할 및 모델 선택을 위한 관점을 형성하는데 도움이 되는 내용들을 소개하고자 한다.

훈련 방향

교사의 전문성 증진에 대하여 논의한 많은 문헌이 존재함에도 여전히 예비교사 교육의 많은 부분은 독립적인 의사결정자를 양성한다는 관점보다는 기술자 양성에 초점이 맞추어져 있다. 대부분 예비교사 훈련은 방법 중심적이며, 각 주(states)가 채택하고 있는 교육과정 지침이 강조되고 있다. 예비 교사의 역할을 개념화하는 데 가장 중요한 것은 역할 내 존재하는 실용적 기능이라 할 수 있으며, 이를 위해 교실에서 필요로 하는 모든 요구 사항에 직접적으로 적용 가능한 기술훈련이 가장 우선시되고 있다. 다시 말해, 이미 결정된 교육과정에 따라 제작된 기존 자료를 학생들에게 전달하는 교사로서의 역할이 매우 강조되고 있는 것이다. 독자에 따라서는 혹 이런 식의 기술이 너무 극단적이라거나 가혹하다고 느낄 수도 있으나 실제로 교사들에게는 수업과 관련된 사항에 대해 독립적으로 의사를 결정할 수 있는 권한 부여가 실현되지 않고 있으며, 이러한 내용은 예비교사 훈련 프로그램에서도 다루어지지 않고 있다. 이는 경험과 추후 이루어지는 훈련 등을 통해 점진적으로 개발해 나갈 수도 있으나, 컨설테이션 '프로그램'은 교사 자신도 인식하지 못하는 사이에 교사 역할에 대한 지각을 강화시키는 데 효과적인 방법이라 할 수 있다.

두 번째로 고려해야 할 요인은 교사를 대상으로 실시하는 오리엔테이션과 컨설턴트를 대상으로 실시하는 오리엔테이션이 서로 일치하지 않음으로써 발생할 수 있는 문제이다. 교사는 처방적인 방식으로 문제를 해결하도록 훈련받았기 때문에 컨설턴트로부터 문제해결을 위한 직접적인 제안을 기대할 수 있다. 더구나 컨설턴트가 교사로 하여금 다른 방식으로 기능하기를 기대하는 경우 그리고 컨설턴트의 기대가 교사 자신의 능력 범위를 벗어난 것이거나 교사에게 부여된 책임이라는 관점에서 컨설턴트가 제안한 방식이 실현 가능하지 않을 경우, 교사들은 컨설턴트의 견해가 불합리하다고 인식할 수 있다.

또한 교사를 기술자로 인식함으로써 이루어지는 오리엔테이션은 학교 내 특정 인적 자원(예: 특수 교사, 상담자, 학교심리학자)이 직접적인 서비스보다는 간접 서비스를 옹호하는 이유에 대해 설명해 주고 있다. 교사의 경우 전문가가 제공하는 조력 방법에 대해 대체로 수용적이었는데, 그들은 문제행동을 보이는 학생에 대해 전문가가 직접 개입하는 형태의 서비스 모델을 보다 선호하는 경향이 있었다. 교사들의 이러한 선호 경향은 학생에게 보다 전문적인 조력이 필요하다는 판단을 반영한 결과이기도 하다. 컨설턴트와 교사의 상호작용에서의 위계적 모델은 교사를 학생들에 대한 일차적 교수자로 보는 견해와 일치한다. 즉, 이와 같은 조직적 관점하에서 학습 능력이 부족한 학생은 소규모 학급 또는 개별 수업과 같은 대안적인 교수 환경에서 전문가에 의한 교육을 받게 된다.

컨설턴트가 제시한 개입 방안에 대한 교사의 수용도에 영향을 미치는 또 하나의 중요한 요인은 교사가 수업 시간에 활용할 수 있는 교육 관련 전문지식 및 학교 서비스에 대한 진정한 이해의 부재이다. 표준화된 지원 서비스 활용 지침은 아직 마련되지 않았으며, 교사를 대상으로 서비스의 활용 방법에 대한 교육이 이루어진 바도 없다. 교사를 대상으로 한 컨설테이션 서비스가 활성화되기 위해서는 이와 같은 환경이 변화되어야 할 뿐 아니라 사용 가능한 서비스를 최대한 활용하기 위한 방법에 대한 준비가 이루어져야 할 것이다(8장에서 의뢰인 훈련에 관하여 기술한 부분 참조). 컨설테이션 및 협력을 위한 교사 대상 훈련은 교사로 하여금 자신의 요구 표현의 기회를 보다 폭넓게 부여한다는 점에서 서비스의 고객이라 할 수 있는 교사의 유능감 향상에 효과적으로 작용할 것이다. 여기서 한 가지 중요하게 짚고 넘어가야 할 부분은 교육적 리더십 훈련 프로그램에 사용되는 교재에는 일반 학교와 달리 특수목적 학교에 어떠한 전문가들이 배치되었는가에 대한 안내는 물론, 이들에 대한 구체적인 설명조차 제시되어 있지 않다는 점이다.

시간

이 장의 서두에서 주지한 바와 같이, 학교 일과 중 교사와 컨설턴트의 접촉이 이루어지는 시간은 교사 및 학생지원 서비스 프로그램에 영향을 미치는 주요 변인이라 할 수 있다. 수많은 컨설테이션 연구자는 컨설턴트와 의뢰인이 함께하는 시간을 컨설테이션 초기 단계에서의 작업 및 질에 영향을 미치는 주요 요인 가운데 하나로 꼽고 있다(Gutkin & Curtis, 1982; Idol & West, 1987; Johnson, Pugach, & Hammitte, 1988). 교사 한 명당 20명 또는 그 이상의 학생들을 할당하여 지속적으로 교사와 학생 간 접촉을 요구하는 조직은 이러한 관계 형성을 반대하는 의견에 부딪혀 조직 구성원들과의 불협화음을 경험하게 될 것이다. 교사와 학생들 간의 관계 형성은 충분한 '준비 기간'을 요하며, 이 시간은 관계 형성 작업을 중요시 여기는 조직과 교사들에 의해 결국 수업 시간만큼이나 신성불가침한 시간으로 자리 잡게 된다. 이러한 시나리오하에서는 일과 시작 전 또는 방과 후 시간이 회의 시간으로 전락해 버리고, 교사에게 그 시간은 짧지만 빼앗긴 시간으로 인식되어 버린다. 이와 같은 이유로 컨설테이션을 필요로 하고 또한 중요시하는 교사들은 서비스를 제공받기 어려운 이와 같은 조직 구조에 좌절하게 될 것이다. 컨설테이션과 상치되는 우선순위와 지향점을 지닌 교사들 또한 이러한 체제에 좌절할 수 있다. 컨설테이션에 투입하는 시간을 주제로 교육적 컨설턴트가 작성한 보고서에는 실제로 이러한 시간적 한계에 대한 많은 내용이 언급되고 있다. Idol-Maestas와 Ritter(1985)는 컨설테이션 작업 과정에서 교사가 투입한 시간은 전체 시간의 약 5%에 그쳤다고 보고하였는데, 이러한 결과는 학교심리학자의 역할이 갖는 특징에 대해 다룬 연구 결과와 유사하다(Gutkin & Curtis, 1982).

컨설턴트가 이러한 학교체제의 특징을 인지하고, 그것이 컨설테이션에 미치는 영향을 현실적으로 다루는 것은 매우 중요하다. 예컨대, 컨설턴트는 '50분'이라는 규격화된 시간을 포기하고, '15분간의 컨설테이션'을 채택하여 적용할 수 있을 것이다(다음 절을 참고하라). 또한 초보 컨설턴트는 때로 이러한 접근을 공식화하여 교사에게(그리고 스스로에게) 보다 잦은 만남을 제안하는 방식으로 그 접촉을 구조화하기도 한다. 예컨대, 한 아동에 대하여 교사가 갖는 의문을 주제로 함께 논의하자는 제안은 교사에게 거의 망설임 없이 수용된다. 그러나 '컨설테이션을 위한' 만남은 보다 특별하고 전문적인 접촉이라는 의미를 갖게 되며, 결과적으로 교사는 그러한 활동을 위한 시간을 꺼리게 된다.

전화를 이용한 컨설테이션, 전자메일이나 팩스를 이용한 서신과 같이 보조 장비를 활용한 접촉은 하나의 잠재적 전략이 될 수 있다. 이러한 전략은 '단시간 내에 이루어지는 컨설테이션(quickie)' 또는 '15분 컨설테이션(15-minute consultation)'과 결합될 때, 짧은 시간을 이용한 방법이 아니면 놓칠 수도 있는 후속조치 및 연속성을 제공할 수 있다. 이와 같이 축약된 컨설테이션은 특정 영역 내 문제에 초점을 두어야 하며, 초점화된 컨설테이션은 실제로 학급을 관찰함으로써 부족한 정보들을 적절하게 보완해 나갈 수 있다. Quade(1985)는 일반 학급 교사들로 하여금 학습장애 아동 전문교사와의 컨설테이션을 하루 일정 가운데 하나의 단위로 설정하도록 조치한 후 연구를 수행하였고, 그 결과 이러한 방법이 컨설테이션 서비스 활용의 확대를 촉진한다는 사실을 발견하게 되었다. 이러한 아이디어를 반영하여 몇몇 지역교육청에서는 컨설턴트가 일과 시작 전과 방과 후에 '상담시간'을 공지하는 방안을 마련하기도 하였다. 시간적 제약으로 발생하는 문제들을 해결하기 위한 추가적인 전략들이 여러 문헌에 제시되어 있다(Idol, 1988; West & Idol, 1990). Whitaker(1992)는 컨설테이션 시간을 확보하기 위한 네 가지 전략을 제시하였다. 첫째, 행정적 지원이다. 매일 또는 주별로 이루어지는 협력 작업을 실시하는 데 학교 관리자들이 얼마나 많은 시간을 용인해 줄 것인가에 대한 탐색이 필요하다. 또한 컨설테이션 집단 또는 동료 중재 학습 집단에 대하여 학교 행정가들이 갖는 관심에 관해 탐색하는 것은 물론, 지원 서비스를 최대한 활용하는 데 필요한 기술을 익히기 위한 시간을 요청하는 것도 도움이 될 것이다. 두 번째 전략은 기존에 계획된 시간을 효과적으로 활용하는 것이다. 세 번째 전략은 컨설테이션 위원회 구성이다. 컨설테이션 위원회 구성의 목적은 명시되어 있는 사업을 실시하고, 조직 차원에서 이루어지는 컨설테이션 프로그램을 지원하기 위한 계획 마련과 더불어 그 효과성을 보여 주기 위함이다. 마지막으로, 컨설턴트는 메모 또는 진척 상황 보고를 위한 표준화된 양식 개발 및 전자메일 발신과 같은 전략과 관련하여 실행 가능한 의사소통망을 보유할 필요가 있다. 계획적인 전화 접촉은 또 다른 전략으로서의 예가 될 수 있다.

행정적 지원

일과 시간 내에 이루어지는 모임은 그 형태를 불문하고 허용할 수 없다는 교육감의 발언은 교사들이 아동에 대한 직접적 서비스를 제공하기 위해 고용된 사람들이라는 통상적인 생각과 맞닿아 있다. 이와 같은 '지침'은 해당 교육감이 불시에 학교를 방문할 수 있다는 가능성을 열어 두고, 강제적으로 시행되어 왔다. 이에 따라 교사와 컨설턴트 간의 접촉 시간은 학교 내에서 비싼 대가를 치르게 되었으며, (학부모 면담, 교직원 회의, 자율학습 감독을 포함하여) 누군가가 학교 일과 이후에 교사에게 시간을 요구하는 데는 많은 무리가 따르게 되었다. 일반적으로 학교 행정가들은 컨설테이션 모델을 잘 받아들이는데, 특히 해당 모델의 목표가 컨설테이션에서 논의되고 있는 문제에 대한 교사의 처리 능력 향상에 있는 경우에 보다 긍정적인 반응을 보이는 경향이 있다. 다른 어떤 모델보다도 컨설테이션 서비스 모델을 활용할 때 보다 많은 학생에게 긍정적인 영향을 미칠 수 있다는 사실 또한 매력적이다.

그러나 교사의 자율성, 컨설테이션 서비스에 대한 행정가의 명백한 또는 암묵적 태도는 컨설턴트에 대한 교사 반응에 유의한 영향을 미치는 요인으로 나타났다. 통제적이고 위협적인 교장의 관리하에 있는 교사들은 컨설테이션을 긍정적으로 바라볼 가능성은 물론, 그 서비스를 활용할 가능성도 매우 낮게 나타났다(Bossard & Gutkin, 1983; Gutkin & Bossard, 1984). 또한 교사가 컨설테이션을 통해 도출된 개입 방안을 수용하는 정도는 행정적 지원에 대한 교사의 지각 수준과 관련되어 있다는 연구 결과가 보고되기도 하였다(Broughton & Hester, 1993). 이와 같은 연구 결과들은 개입 방안을 마련하는 과정에서 컨설테이션이 얼마나 안정적으로 진행될 수 있는가에 대한 교사의 우려에 대해 컨설턴트가 반드시 고려해야 함을 시사하고 있다.

행정가들은 흔히 교사가 컨설테이션에 할애해야 하는 시간, 컨설턴트가 제공하는 직접 서비스의 효과 그리고 책무성을 문제 삼곤 한다. 먼저, 교사가 컨설테이션에 할애해야 하는 시간, 컨설턴트가 제공하는 직접 서비스의 효과에 대해 살펴보자. 시간적 제약과 학교 조직 내 문제해결을 위한 서비스 설계에 교사와 행정가가 함께 참여하는 것은 컨설테이션 작업의 초기에 이루어져야 할 지원의 실현 가능성을 높여 준다. 프로그램에 모든 참여자의 견해를 반영하는 작업이 필요하기는 하나, 교사 컨설테이션 시행 원년에 한해서만큼은 학교 행정가가 고문 역할을 맡는 것이 컨설턴트의 성공적인 서비스 개발에 긍정적 영향을 미칠 수 있다. 서비스의 효과성 및 교사들의 컨설테이션 수용도에 대한 행정적 우려를 완화하기 위해 평가 계획을 수립하는 것은 하나의 방법이라 할 수 있다. Zins(1981)는 객관적 자료에 근거한 평가 방법을 활용하여 학교 컨설테이션 서비스를 주당 1시간씩 제공되는 서비스에서 가장 우선시되는 프로그램으로 격상시킬 수 있었다. 교사 컨설테이션이 실시된 첫해에 학교 심리학자에게 주어진 컨설테이션 시간은 매우 제한되어 있었지만, 그해 말에 컨설테이션 평가에 대한 보고에서 컨설테이션은 효과가 있는 프로그램으로 인정받았기 때문이다. 이 평가는 컨설테이션 서비스의 속성에 대한 질문지를 양적으로 분석한 자료(예: 컨설테이션 접촉의 횟수 및 빈도)와 질적으로 분석한 자료(예: 컨설턴트와 작업함으로써 얻은 유익, 컨설턴트를 통해 경험한 효과) 모두를 포함하고 있다.

지위

13장에서는 컨설턴트에게 조력을 요청하는 데 따르는 어려움에 대해 논의할 것이다. 교사가 학급 아동들에 대해 '전문적인' 책임을 지고 있는 학교체계에서 학생들이 해야 할 일을 교사가 모두 알고 있어야 한다는 잘못된 기대가 발생할 수 있으며, 조력을 필요로 하는 교사에 대해서는 그 능력에 대하여 부정적으로 인식하는 경향이 있다. Stenger, Tollefson과 Fine(1992)은 학교심리학자에게 컨설테이션을 요청하는 교사와 그렇지 않은 교사를 구분 짓는 다양한 변인에 대해 탐색하였다. 첫째, 학교라는 같은 공간 안에 학교심리학자가 함께하고 있다는 사실 자체가 중요한 요소로 작용하고 있었다. 또한 교사들이 컨설테이션을 요청할 때까지 기다리기보다는 학교심리학자와 같은 전문가들이 컨설테이션을 통해 도움을 주고자 교사에게 적극적으로 다가가 제안할 때, 교사들의 서비스 활용 가능성이 보다 높아지는 것으로 나타났다. 흥미롭게도 이 연구에서는 단 30%의 교사들만이 컨설테이션 제안을 받은 바 있다고 보고하였다. 이는 컨설테이션 관계가 자발적이어야 한다는 점을 끊임없이 강조하고 있는 컨설테이션 관련 문헌의 목소리와 상통하는 결과라 할 수 있을 것이다. 다른 연구 결과를 통해 알 수 있는 바와 같이 스스로를 훌륭한 문제해결자라 인식하는 교사의 경우 컨설테이션 서비스를 활용할 가능성이 비교적 높은 것으로 나타났다. 또 다른 연구에서는 높은 자기효능감을 가진 교사, 즉 아동의 문제를 해결하는 데 스스로의 능력을 높이 평가하는 교사일수록 해당 문제를 해결하는 데 필요한 컨설턴트의 도움에 대해서도 높이 평가하는 것으로 나타났다. 그러나 교사들의 이러한 성향이 실제 컨설테이션 활용 수준 또는 컨설테이션 성과에 대한 평가와는 크게 관련이 없는 것으로 나타났다(Hughes, Grossman, & Barker, 1990). Stenger 등(1992)은 교사가 문제해결에 대한 훈련을 받았는지의 여부 그리고 학교심리학자가 그 훈련을 교사 대상의 일반적인 교육과는 다른 성격으로 보는가의 여부에 따라 교사 컨설테이션을 진행하는 학교심리학자의 태도가 달라질 수 있다고 보고하였다.

앞서 주지한 바와 같이 교사가 자발적으로 컨설테이션을 요청하는 것은 컨설테이션 서비스 제공에 중요한 요인으로 여겨진다. Harris와 Cancelli(1991)는 컨설테이션의 각 단계 및 컨설테이션 모델에 따라 달리 나타날 수 있는 교사 의뢰인의 자발성 수준을 하나의 연속체로 개념화하였다. Harris와 Cancelli(1991)는 컨설테이션에 대한 교사 의뢰인의 자발성을 동기화시키기 위해 컨설턴트는 의뢰인의 욕구에 집중함으로써 교사가 컨설테이션 과정에 적극적으로 참여하도록 격려해야 한다(조언은 피할 것)고 주장하였다. 또한 교사로 하여금 컨설테이션의 강점과 약점에 대해 평가하도록 하고, 개입 방안 이행에 대해 교사 스스로 책임감을 느끼도록 해야 한다고 제안하였다.

컨설테이션이라는 용어는 상식적인 선에서 의뢰인 또는 내담자가 무엇을 할지에 대해 안내해 주는 전문가의 조언을 의미한다고 할 수 있다. 이 책의 저자 가운데 한 명이 컨설테이션이라는 용어가 지닌 힘에 대하여 새로운 사실을 발견했고, 이를 토대로 학교 현장에서 교사를 대상으로 이루어지는 컨설테이션에 대한 논의가 이루어지게 되었다. 그는 교사 연수가 과거에는 '컨설테이션'이라는 명칭으로 불리었으나, 현재는 '협력적 문제해결'이라 지칭되고 있으며, 이는 교사의 연수 참여율을 높이는 데 기여했을 뿐 아니라 연수 내용에 대한 교사의 수용도 또한 향상시켰다고 설명하였다. 같은 조직에 속한 동료 전문가와 위계적 관계를 형성하는 것은 교사들에게 저항을 불러일으킬 수 있으며, 그들과의 접촉을 주저하게 할 수도 있다(Johnson et al., 1988). 그러나 컨설테이션이 학교 내에서 중요한 위치를 점함으로써 학교의 요청에 의해 외부 컨설턴트가 파견되어 오는 큰 규모의 학교 체계 또는 소수의 전문가들로 구성된 작은 규모의 학교 체계에서는 교사들의 이러한 망설임과 저항이 비교적 크게 작용하지 않을 수 있다. 그럼에도 교사들과 정기적으로 접촉해야 하는 내부 컨설턴트는 의뢰인이 간접 서비스에 대해 어떻게 인식하고 있으며, 나아가 이러한 서비스가 효과적으로 운영되고 있다고 생각하는지에 대해 각별한 주의를 기울여야 한다. 앞서 언급한 바와 같이 의뢰인이 협력적 접근을 선호한다는 것은 전문가로서 컨설턴트와 동등한 위치에 있어야 한다는 교사들의 생각을 반영한다고 볼 수 있다. 역설적이게도 교사는 협력자에게 자신과 다른 영역에서의 전문성을 기대하고, 협력자가 지니고 있는 전문적 지식이 자신의 문제해결에 적용되기를 원한다.

지금까지 일반교사를 대상으로 한 컨설테이션 접근에 대해 살펴보았다. 이 책에서 제시한 모든 컨설테이션 모델은 교사를 대상으로 한 컨설테이션에 효과적으로 사용될 수 있다. 그러나 '교사 컨설테이션'을 컨설테이션 모델의 하나로 인정할 수 있는지에 대해서는 여전히 논쟁 중에 있다. 한편, 학교심리학자에 의해 이루어지는 교사 컨설테이션을 주제로 다루고 있는 대부분의 문헌은 교직원을 표적 의뢰인 집단으로 설정하고 있다. 그러나 교사 컨설테이션 또는 교사 협력 그리고 여기서 파생된 용어들이 광범위하게 사용됨에 따라 이러한 용어들이 갖는 기본적 특징에 대한 설명이 간략하게나마 제시되어야 할 것으로 생각된다. 지금부터 언급되는 전문 용어들은 특수교육 영역에 그 뿌리를 두고 있으며, 특수교육 영역의 컨설테이션은 특수교육 교사, 컨설턴트, 일반 학급 교사들 간의 전문적 작업 촉진에 그 목적을 두고 있다.

교사 컨설테이션 모델

학급 내에서 수업과 관련된 문제를 경험하고 있는 동료 교사를 **조력**하는 데 있어 교사 전문가를 중심으로 한 교육적 접근을 활용하는 아이디어는 기존부터 활용되어 왔으며, 사실 이러한 접근법은 **장학**과 유사한 성격을 띠고 있다. 그러나 Blessing(1968)이 지적한 바와 같이 교사를 대상으로 한 훈련과 이에 필요한 전문 지식이 진화를 거듭하면서 조력의 종류 또한 변화하고 있다. 즉, 교사의 성장을 촉진하고, 교사로 하여금 의미 있는 변화를 함양해 나갈 수 있도록 돕는 역동적이고 민주적인 장학사(supervisor) 배출이 요구되는 것이다. Blessing과 그 동료들은 특수교육 교사들의 새로운 역할과 기능을 명시하기 위해 **재원 개발 컨설턴트**(resource consultant)라는 용어를 채택하였다. 그들은 재원 개발 컨설턴트가 특수교육 교사뿐 아니라 일반학급 교사, 행정가 그리고 다른 학교의 전문가와 함께 협력적으로 작업을 진행해 나갈 수 있을 것이라 보았다. 예컨대, 1970년대 초까지 이러한 컨설테이션 경향은 특수교육 교사들이 장애 학생에게 서비스를 제공하는 데 사용할 수 있는 하나의 전략에 머물렀으나 점차 일반학급 교사와의 작업으로 확대되었으며, 이러한 변화는 1980년대 중반을 기점으로 활발하게 이루어지기 시작하였다.

1972년, McKenzie는 **버몬트주 상담 교사 모델**(Vermont Consulting Teacher Model)이라 불리는 교사 컨설테이션 모델에 대하여 소개하였는데, 그는 이 모델을 "교사 컨설턴트는 일반학급 교사가 아동을 진단하고 아동의 교육적 발달을 촉진하기 위한 개입 방안을 개발하도록 돕는 접근"(p. 103)이라 설명하였다. McKenzie는 다음의 두 가지 사건을 이 모델의 개발 이유로 제시하였다. ① 지역 내 학교들이 특수교육 대상 학생들을 위해 버스 운송 서비스를 계획하였으나, 너무 높은 비용이 책정되어 결국 계획이 중단되었던 사건, ② 일반 학생과 특수 학생을 분리함으로써 일반 학급에 제공되는 서비스와 달리 특수 학급에 대한 특별 서비스 의존도가 높아질 수밖에 없는 공교로운 상황의 발생이 그것이다. 일반 학급에 제공하는 서비스의 일부를 특수 학생을 배려한 서비스의 형태로 제공하여 장애를 가진 아동에 대한 낙인을 제거함으로써 장애 학생에 대한 서비스가 제대로 이루어졌는지에 대한 평가의 필요성이 감소되었다. 교사 컨설턴트가 제공할 것이라 예상할 수 있는 조력의 형태는 "행동주의 교육 모델의 원리와 이러한 원리의 적용에 관한 설명"(McKenzie, 1972, p. 109)으로, 이 모델에서 교사 컨설턴트는 응용행동분석 전문가로서의 역할을 수행하게 되고, 교사 컨설턴트가 제공하는 서비스는 행동주의적 성격을 띠게 된다. 이러한 컨설테이션 서비스의 단계들은 이론적 관점과 관련된 패러다임 및 그 우선순위를 반영한 것으로(3장 참조), 컨설턴트는 교사를 훈련하는 전문가로 기능하게 된다.

1982년 Heron과 Harris는 교육적 컨설턴트를 위한 상호 문제해결 과정을 제안하였다. 이 과정에서 컨설턴트와 의뢰인은 개입 결과에 대한 책임을 공유하게 된다. 그들은 장애 학생을 위한 교육이 최대한 제약을 받지 않는 환경에서 이루어져야 한다고 주장하였다. 비록 이러한 목적을 달성하기 위한 전략이 절충적이기는 하지만 여전히 행동주의 이론에 의존하고 있는 것이 사실이다. 이들은 컨설테이션 과정 자체보다는 그 시기에 유행하는 새로운 개념과 아이디어가 반영된 컨설테이션 내용을 강조하였다. 다만 예외가 있다면 행동관리 전략과 학급 내에서 발생할 수 있는 우발적인 사고에 대처하는 방법에 대하여 구체적으로 다루기 위해 행동주의 접근 과정에 관하여 논의하였다는 점이다.

다른 컨설테이션 모델을 이용할 수 있음에도 특수교육 모델들이 문제해결 패러다임 내에서 행동주의 접근을 적용해 온 것은 행동주의 접근을 통한 프로그램 안내가 용이하고, 프로그램 성과에 대한 자료를 활용할 수 있기 때문이다(Cantrell & Cantrell, 1976; Knight, Meyers, Paolucci-Whitcomb, Hasazi, & Nevin, 1981; Nelson & Stevens, 1981[3장 참조]). 이 주제를 다룬 연구에서는 일반 교사가 아동 개인 또는 아동 집단의 문제를 해결하기 위해 특수교육 교사에게 도움을 요청하는 문제해결 전략이 사용되었다. 이 때 특수교육 교사는 측정 가능한 용어로 문제를 정의하고, 관련 자료를 수집하며, 개입 방안을 개발하고 실행하는 한편, 그 효과를 평가하는 작업에 동참하였다. 이와 관련하여 가장 정교하게 개발된 접근법으로는 의심의 여지없이 Rosenfield와 그 동료들의 교수 컨설테이션이 꼽히고 있다. 교수 컨설테이션에 관해서는 다음 절에서 상세하게 제시할 것이다. 독자들은 반드시 원저자의 문헌을 검토해 보기 바란다. 연합 행동주의 컨설테이션 또한 교사들에게 초점을 둔 컨설테이션 접근으로, 이와 관련된 내용은 이 책의 3장에서 제시한 바 있다. Buysse와 Wesley(2005)는 순회 유아교사를 대상으로 그들이 수행하는 작업에 관심을 기울였다.

🔦 교수 컨설테이션

이 접근은 교사를 의뢰인으로 상정한다. Bergan과 Schnaps(1983)는 "학급 내 모든 학생의 학습 능력을 증진시키기 위한 교사 행동 수정"을 목표로 설정하고, 행동주의 컨설테이션의 특성을 교수 컨설테이션에 반영하여 설명한 바 있다. 또한 Rosenfield(1987)는 학급 관리와 수업 실제에 관한 기본 지식을 통합하고, 의뢰인으로 하여금 문제에 대하여 잘못 이해하고 있는 부분에 대한 생각의 변화를 촉진하기 위해 의뢰인 중심 컨설테이션 접근을 접목한 컨설테이션 기법이라는 측면에서 교수 컨설테이션을 정의하였다. Rosenfield는 이 접근의 내용과 과정에 대한 설명을 광범위하게 제시하였는데, 이는 학교심리학자 및 교육 전문가가 교사와 작업을 진행하는 과정에서 직업의 효과를 향상시키는 데에 궁극적인 목적이 있다고 할 수 있다. 다음은 이 모델에 대한 간략한 설명이다. 학급 담임 교사를 의뢰인으로 설정하여 이루어지는 특수교육 컨설테이션의 실제는 다음 절에서 다루고자 한다.

교수 컨설테이션을 담당하는 컨설턴트(instruction consultant; 이하 교수 컨설턴트)의 역할은 "학업문제를 가진 아동을 지원하기 위한 간접 서비스 접근일 뿐 아니라 잠재적으로 강력한 현직 훈련 과정……"(p. 7)으로 개념화된다. Rosenfield는 교수 컨설턴트의 역할을 규정하는 과정에서 학업문제를 지닌 아동에 관한 정의적 가정에 관해서도 제시하였는데, 그 가정 가운데 하나는 아동이 경험하는 학업적 어려움의 이면에는 교수 방법이 아동에게 맞지 않을 가능성도 있다는 것이다. 그는 교수 컨설테이션에서 취약한 학습자, 부적절한 수업 방식 그리고 '조잡한 과제'의 상호작용에 대해 다루어야 한다고 주장하였다. 최근 간접 서비스에서는 '결함이 있는 학습자'에 대한 교사의 태도를 강조하고 있지만, Rosenfield는 그 자체보다는 앞서 제시한 세 가지 요인(취약한 학습자, 부적절한 수업 방식 그리고 '조잡한 과제')의 상호작용에 초점을 두었다. Rosenfield는 교사를 통해 의뢰된 아동에 대한 간접 서비스에 초점을 두고 컨설테이션의 일반적인 단계 및 협력적(행동적) 컨설테이션을 수행하는 데 요구되는 몇 가지 기본 기술에 대해 제시하였다. 오늘날 학교에서 이루어지는 의뢰 전 개입은 증거 기반 개입 및 개입 과정에 대한 반응이라는 개념으로 진화되었는데, 이는 교수 컨설테이션 접근에 의해 촉진된 것이라 볼 수 있을 것이다(Knotek, 2005). 후자(증거 기반 개입 및 개입 과정에 대한 반응)는 교사의 기술 습득과 개입 방안의 실행을 지원하기 위해 설계되었다.

Rosenfield의 저서(1987)가 발간된 이래로 이 모델은 내용(평가, 학업 및 행동에 대한 증거 기반 개입)과 과정(자료수집을 포함한 형식적이고 구조화된 문제해결 전략, 학급 담임 교사와의 협력적 작업 관계)을 포괄하는 '이중'초점 의뢰인 중심 컨설테이션의 '형태'로 진화되어 왔다(Rosenfield, Silva, & Gravois, 2008, p. 203). 원래 교수 컨설테이션(IC)은 행동/문제해결 컨설테이션에 뿌리를 두고 개별 컨설턴트가 제공하는 접근법으로 인식되어 왔으나, 현재는 'IC 팀'이라는 맥락 내에서 실행되고 있으며(Rosenfield & Gravois, 1996; Roenfield, 2008), IC 팀의 개별 구성원들은 조력을 요청하는 교사와 작업하는 데 투입되고 있다. 개인 컨설턴트와 팀 구성원은 모두 팀 접근 방법이 시행된 이래로 수많은 발달 단계를 거쳐 현 수준의 훈련을 받게 되었으며, 그 결과 현재 200개 이상의 학교들이 IC 팀 제도를 도입하고 있는 것으로 보고되었다.

학생의 학습 문제 및 학생의 눈높이에 맞춘 수업 수준을 판단하기 위하여 이루어지는 평가 과정에는 교수평가(Instructional Assessment: IA) 절차가 활용된다. 이러한 IA 방법에서는 개별 컨설턴트와 팀 구성원의 전문성이 그 핵심을 이룬다. 교수평가는 개개의 아동이 직면한 수업 상의 어려움을 구체적으로 탐색하고, 학생들이 학업적 성취를 이루어 내는 지점에 수업의 수준을 맞출 수 있도록 의뢰인, 즉 교사를 훈련시키는 방식으로 이루어진다. 이러한 면에서 이 책의 저자들은 독자들이 학급 내에서 이루어지는 학습/교수 과정에 대하여 고민해 보고, 이에 적합한 개입 방안의 채택 방법을 이해하기 위해 IA(Rosenfield, 2008)를 보다 깊게 학습해 보기를 권한다. IC 팀이 추구하는 목표 가운데 하나는 교사가 아동을 특수교육 영역으로 의뢰하기보다는 일반 교육 영역에서 아동의 문제를 해결하도록 돕는 것이다.

교사와 컨설턴트의 관계는 교육과 관련된 전문가들의 실무 능력을 개선하기 위해 요구되는 변화에 있어 매우 중요하게 고려되는 부분이다. 언어 체계 접근(language systems approach)은 컨설테이션의 모든 과정에 걸쳐 요구되는 가설 설정에서 새로운 개념화를 함께 구안해야 하는 컨설턴트와 교사의 관계 형성에 매우 중요하게 작용한다(Rosenfield, 2004). 사회 구성주의 관점은 IC 관계를 증진시키는 데 매우 유용한 것으로 알려져 있다(Knotek, Rosenfield, Gravois, & Babinski, 2003).

교육은 학습자에 대한 개념화를 비롯하여 다양한 교수 이론과 방법론으로 특징지어지며, 이러한 이론들은 해당 이론을 뒷받침하는 전제를 토대로 하고 있다. 컨설턴트는 교사가 컨설테이션 참여를 통해 교수 이론과 방법론을 현명하게 선택할 수 있도록 돕는 방안을 개발해야 한다. 그렇다면 교사가 적절한 접근을 채택하지 못하는 것은 무엇을 의미하는가? Rosenfield는 컨설턴트가 교사로 하여금 협력적 접근을 지향할 수 있도록 도울 수는 있으나, 그 안에서 일어나는 교사의 변화를 다루는 방법을 찾는 것은 이 접근을 활용하는 컨설턴트에게 또 하나의 도전이 될 수 있다고 주장하였다. 이 두 가지 질문에 대한 논의는 13장 '컨설테이션과 협력에서의 쟁점'에서 다룰 것이다.

개입에 대한 반응

개입에 대한 반응(RTI) 운동은 특수교육에서 위탁 전 개입과 관련된 서비스 제공에 관한 접근을 수립하는 데 아이디어를 제공하였다. RTI에 대한 관심은 「장애인교육개선법 (Individual with Disabilities Education Improvement Act: IDEIA)」(미 교육부) 제정 및 법 집행을 위한 규칙 개정 논의의 원동력으로 작용하였다. Knotek(2004)은 RTI 모델을 변형한 다양한 접근이 평가 및 개입 계획에서 나타나는 이중 불일치(Dual-Discrepancy: DD) 결정 패러다임 과 같은 개념적 사고 틀을 지니고 있음에 주목하였다. 이 모델에서는 명확한 문제해결 과정 이 활용되는데, 이러한 문제해결 과정은 컨설턴트에게 특정 기술을 요구하게 된다. 그리고 이때 가장 많이 활용되는 접근이 바로 증거 기반 개입이라 할 수 있다.

Knotek(2005)은 의뢰인 중심 컨설테이션(Consultee Centered Consultation: CCC)을 학교에 서 RTI를 실행하기 위한 하나의 접근 방법으로 제시하되, RTI 개념과 관련된 지식과 기술을 완전히 습득하기 위한 교사의 전문성 개발에 대해서도 언급하였다. 의뢰인에게 초점을 두 고 있다는 점을 감안할 때, CCC가 IC 모델과 통합되는 경우 RTI의 잠재성을 실현할 수 있는 하나의 접근법으로 대표성을 갖게 된다. IC는 자료에 기반하며, 다양한 자료와 정보를 근거 로 학생의 학업 성취 수준과 그 학생에게 제공되고 있는 현재의 교수/교육과정 간의 불일치 성을 규명해 내고자 한다. 교육과정 기반 교수(CBA)에서의 오류 분석은 주로 증거 기반 개 입과 같은 원리로 이루어진다. IC 팀은 의뢰인의 기술을 개발시킴으로써 그 과정을 촉진할 수 있다. 이를 위해 팀 내 구성원(사례 관리 컨설턴트)이 특정 교사와 컨설테이션을 실시할 수 도 있고, 또 다른 팀 구성원이 독립된 교수 컨설턴트로서 교사로 하여금 기술을 개발해 나갈 수 있도록 돕는 지지 체계로 기능할 수도 있다(Crothers, Hughes, & Morine, 2008).

교사와의 협력

협력 모델은 컨설테이션 서비스가 제공되는 조직체 내 의뢰인의 요구, 조건, 기대를 충족 시키기 위해 컨설테이션의 여러 측면을 수정한 접근 방법이다. 그러나 이는 엄연히 컨설테 이션과 구별되는 하나의 간접 서비스 접근이라 할 수 있다. 학교에 근무하는 전문가들이 학 생들에게 직접적인 지원 서비스를 제공하는 경우에도 협력은 간접 서비스로 인식되는 것이 일반적이다. 지원 서비스 전문가가 교사와 협력 작업을 실시할 때, 그들은 학생(그리고 부모, 가족 등)에 대하여 어떠한 개입 방안을 투입해야 할지에 대해 교사와 대등한 관계에서 '공동으로' 의사결정을 내리게 된다. 전문가와 교사는 학생들이 교사 또는 전문가와 대부분의 시간을 보내는 곳이 바로 학급이며, 따라서 학생에 대한 개입 방안 개발에 있어 일차적으로 학급에 초점을 두어야 한다는 점에 합의해야 한다. 전문가들은 일정한 범위 내에서 학생에게 직접 서비스를 제공한다(예: 문제 사정하기, 단기 상담). 학생에 대한 전문가들의 관여 정도와 상관없이 교사는 그의 동료(즉, 전문적 자원)와 함께 설정한 가설을 학생에게 투입하고, 전문가에게 자신이 생각하는 적절한 행동 방향에 대해 이야기하거나 최소한 그 자신의 의견에 대해 개진할 기회를 가져야 한다. 그렇지 않으면 일방적인 의사소통이 되거나 일방적 관점이 형성되어 협력 모델의 중요한 정의적 특성에 위배되는 결과가 초래된다.

Pryzwansky(1977)가 지적한 바와 같이 컨설테이션 모델과 컨설테이션 서비스 전문가가 직면하는 현실 간에는 때로 컨설테이션에 대한 개념적 차이가 발생하기도 한다. 예컨대, 정신건강 컨설테이션 모델에서는 문제를 해결하는 데 의뢰인이 고려하는 대안의 범위를 확장시키기 위한 서비스로서 컨설테이션을 설명한다. 이 모델에서 컨설턴트는 컨설테이션이 이루어지는 조직체 외부의 인사여야 하며, 의뢰인은 그 자신의 작업에 효과적으로 기능하기 위해 필요한 기술을 가지고 있어야 한다. 그러나 이러한 가정이 모든 컨설테이션에 적용되는 것은 아니다. 학교 기반 컨설테이션에서 컨설턴트는 학교심리학자 또는 학교상담자와 같이 내부 인사인 경우가 흔하다. 교사는 아동의 문제를 다루는 데 필요한 지식이나 기술이 부족하기 때문에 전문가에게 컨설테이션을 요청할 수 있으며(Gutkin, 1981), 이때 전문가와 문제해결을 위한 대안에 대하여 논의하기보다는 전문가의 구체적 해결 방안 제시를 원할 수 있다(Pryzwansky, 1974). 컨설턴트와 학교 간의 지속적인 접촉 또한 컨설턴트의 개입 방안 이행 및 추수 활동에 영향을 미칠 것이라 예상할 수 있다(Pryzwansky, 1974).

Pryzwansky(1974, 1977)는 협력이라는 대안적인 간접 서비스 모델을 제안하였다. 그는 협력 모델 내에서 컨설턴트와 의뢰인은 컨설테이션 과정의 모든 측면에 대한 책임을 공유해야 한다고 가정하였다. 컨설턴트와 의뢰인은 컨설테이션 목표에 대해 합의하고, 문제를 함께 정의하며, 개입 방안을 함께 개발하고, 그 계획의 실행과 성과 평가에 대한 책임을 공유한다.

Caplan의 의뢰인 중심 접근에서 의뢰인은 컨설테이션에 대해 전적으로 책임감을 느끼는 한편, 개입 방안 이행에 대한 통제권을 갖는다. Caplan과 Caplan(1993)은 의뢰인이 자신의 전문적 영역에 대한 침범에 저항할 수 있다는 점을 들어 컨설테이션에 대한 책임감과 개입 방안 이행에 대한 통제권을 의뢰인 중심 컨설테이션의 중요한 측면 가운데 하나로 보았다.

그러나 여러 연구에서 잠재적 의뢰인들은 컨설테이션의 모든 과정에 대하여 컨설턴트와 의뢰인이 그 책임을 공유하는 데 보다 긍정적 반응을 보이는 것으로 나타났다. Pryzwansky와 White(1983)는 교사들을 대상으로 실시한 설문조사에서 교사들은 교직 경력이나 통제 소재와 상관없이 정신건강 컨설테이션 모델보다 협력 모델을 선호한다는 사실을 발견하게 되었다. Babcock과 Pryzwansky(1983) 또한 연구를 통해 일반 교사들은 협력 모델을 선호하며, 이는 교장과 특수교육 교사들도 마찬가지라는 사실을 발견하였다. Wenger(1979)는 교사들이 내담자 중심 컨설테이션에 비해 협력적 컨설테이션에 보다 높은 만족도를 보인다는 연구 결과를 발표하였다. Weller(1984)는 부모가 자녀에 관한 교육심리적 컨설테이션을 요청할 때 협력을 선호한다는 사실을 발견하였다. West(1985) 그리고 Schulte, Osborne과 Kauffman (1993)도 학교 장면에서 컨설테이션보다는 협력을 더 선호한다는 사실을 발견하였다. 사실 이러한 연구 결과들을 학교가 아닌 다른 컨설테이션 장면에 대하여 적용하는 데에는 무리가 따른다. 그러나 적어도 학교 장면에서 컨설턴트가 컨설테이션 모델을 선택할 때 직접 서비스에 대한 내담자의 기대 및 선호를 고려해야 한다는 점을 시사하며, 컨설턴트가 조직 내부 인사일 경우 더욱 그러하다.

내담자 평가 및 개입 활동에 대한 전문가의 참여 수준이라는 측면에서, 협력이 전통적 컨설테이션 모델과 확연히 다르다는 점을 인식하는 것은 매우 중요하다. 내담자에게 직접적인 서비스를 제공하는 것은 협력의 필수적인 요건이지만(Pryzwansky, 1974, 1977; West, 1985), 컨설테이션에서 직접 서비스의 제공은 컨설턴트가 반드시 수행해야 할 역할이라고 할 수 없다.

컨설테이션과 협력을 엄격히 구분하는 입장이 존재하기도 하지만, 협력적 컨설테이션 모델에 대한 논의 또한 꾸준히 이루어져 온 것이 사실이다(예: Graden, 1989; Idol, Paolucci-Whitcomb, & Nevin, 1986; Parsons & Meyer, 1984; Rosenfield, 1987). 협력적 관계를 표방하는 모든 컨설테이션 모델은 협력적 문제해결 및 컨설턴트와 의뢰인 사이에 형성된 동료 관계의 중요성을 강조한다. 그러나 이 모델은 내담자에게 제공되는 직접 서비스에 대하여 전문가가 부여하는 가치의 무게가 비교적 가볍다는 점에서 협력과는 다르다. 컨설테이션 관련 문헌에서 '협력'과 '협력적'이라는 용어의 의미가 큰 차이를 갖는 것과 마찬가지로(Schulte & Osborne, 1993), 내담자에 대하여 직접 서비스가 제공되는지의 여부와 같은 서비스 모델들 간 존재하는 중요한 차이에 주의를 기울여야 한다. 컨설테이션 과정 또는 모델 간의 차이에 대해 서로 다른 저자가 동일한 용어를 사용하여 논의할 때 특히 유의해야 한다.

최근 협력이 많은 주목을 받고 있는데, 그중에서도 '협력'이 실제적인 서비스의 형태로 표현되어 광범위하게 활용되고 있는 분야가 바로 특수교육 분야이다. 앞서 언급한 바와 같이 어떤 하나의 개념에 대한 대중의 높은 관심이 전문적 의미를 희석시킬 수는 있으나, 이러한 상황이 발생할 것인지 그리고 그 결과 나타나는 이점이 그러한 변화를 용인할 만한 가치가 있는지를 결정하는 것은 또 다른 과제로 남아 있다. Fishbaugh(1997)는 교육 전문 서적에 협력의 정의에 대한 합의가 부재하는 현실에 주목하였다. 이에 그녀는 협력을 "공통된 목표를 위해 함께 작업함"(p. 4)이라 정의하고, 세 가지 협력 모델을 제안하였다. 첫 번째 모델은 대등하지 않은 관계 내에서 전문가가 조언을 제공해 주는 것으로 정의되는 협력적 컨설테이션 모델이다. '컨설테이션 형태를 띤 협력으로서의 멘토링 개념'이 그 한 예라 할 수 있다(p. 65). 두 번째 모델은 동등한 관계로 정의되는 코칭 모델로, 이는 일반적으로 임상 슈퍼비전으로 설명되기도 한다. 세 번째 모델은 집단의 문제와 그 해결에 책임이 있는 전문가들 간 상호작용으로 정의되는 일명 협력적 팀 구축 모델이다. 이상에서 살펴본 각각의 모델은 '① 기술적 조력, ② 동료 지원, ③ 문제해결'이라는 세 가지 목표 가운데 하나를 겨냥하고 있다.

반면, Dettmer, Dyck과 Thurston(1999)은 협력적 학교 컨설턴트라는 개념을 모순적(oxymoron; p. 7)으로 보지 않았다. 오히려 그들은 시너지(부분적으로는 설명되지 않는 전체로서의 행동)를 나타내는 명칭이라 주장하였다. 전문적 서비스를 표현하는 수많은 용어의 정의에 대해 알고 있다면 협력적 학교 컨설턴트를 "학습 및 행동에 있어 학생의 특별한 요구를 반영하기 위한 하나의 팀으로서, 학교의 인적 자원 및 가족들과 의견을 교환하고 상담하며 협력하는 과정에서 효과적인 의사소통, 협력 그리고 중재를 촉진하는 사람"으로 규정한 그들의 정의에 대해 이해할 수 있을 것이다(p. 6). 팀을 이루어 함께 가르치는 작업은 이들이 매우 가치 있게 생각하는 접근법으로, 장애 학생을 조력하기 위한 컨설테이션 및 협력 과정에서 팀 작업의 활용을 매우 긍정적으로 생각한다. Cramer(1998)는 일반학급 교사와 특수교육 교사의 협력 증진에 관한 자신의 저서에서, 앞으로 특수교육 교사의 역할이 보다 확대될 것이라 전망하였다. Cramer는 학교 내 전문가들 간 접촉이 증가하는 추세에 영향을 미친 법적·사회적·정치적 인사들이 많다는 점에 착안하여 전문가의 개인 내적·대인관계적 특성 및 협력의 핵심 요소인 맥락의 중요성에 대해 강조하였다. 특수교육 교사 수련생들을 대상으로 집필한 저서에서 Cramer는 전문적 상호작용 영역에서 교사의 발달에 영향을 미칠 수 있는 프로젝트의 개요를 제시하였다. Cramer는 교사가 학교의 다른 사람들과 함께 협력적인 역할을 수행하고자 할 때, 호기심 많고 스스로 동기화할 수 있는 학습자가 되어야 한다고 강조하였다.

Mostert(1998)는 협력적 실천의 상호작용적 속성에 대해 강조하면서 컨설테이션의 모든 과정에서 협력과 상호 합의가 이루어져야 한다고 주장하였다. 그는 부모, 다른 가족 구성원,

학생 등 비전문인과 함께하는 협력에 대해 설명하였으며, 이 개념을 실제에 적용하는 데 협력을 주제로 한 교사 연수의 실시가 갖는 중요성에 대해 강조하였다. 그는 집단과 팀 내에서 나타나는 협력의 특성을 증진시키고자 하였다. Mostert는 협력적 맥락을 구축하는 데 있어 협력 과정에 참여하는 사람들이 지지하는 사항들을 충족시키고자 하였으며(Dettmar et al., 1999; Fishbaugh, 1997; Goldstein, 1998; Nevin, Thousand, & Villa, 1993), 이러한 그의 작업이 겨냥하는 목표의 요지는 협력에 대한 정의적 요소들을 아우르는 환경 조성 및 과제 해결이라고 할 수 있다. 예컨대, Fishbaugh(1997)는 협력적 학교(collaborative school)에 대하여 설명하였는데, 그에 따르면 협력적 학교란 '구성원들 간 평등한 동료 관계를 맺고 가르치는 일에 대한 전문성을 함양하며 다양한 교육 서비스를 제공하는 한편, 교육의 개선이라는 궁극적 목표하에 모든 교직원들이 의사결정에 참여하는 조직체'라 할 수 있다(p. 8). Dettmar 등(1999)은 협력적인 작업 분위기를 형성하는 데 개인 간 차이의 활용이 갖는 중요성에 대해 강조하였다. Nevin 등(1993)은 협력적 작업뿐 아니라 협력적 윤리 확립을 통해 조직의 문화를 변화시키고자 하는 학교의 노력에 대해 기술한 바 있다. 이러한 변화를 위해 교직원들은 "전통적인 역할을 잠시 포기하고, 질적으로 우수한 교육 경험을 창조해 내고자 각 개인이 갖고 있는 기술과 역할을 상호교환할 수 있어야 한다."라고 주장하였다. 협력이라는 개념(Babcock & Pryzwansky, 1983 참조)은 조직이 달성해야 하는 임무를 규정해 주는 일련의 가치와 절차 간 상호작용에 대한 전문적인 간접 서비스 접근은 물론, 그러한 맥락 내에 있는 사람들 간의 상호작용 및 목표달성을 위해 함께 작업해야 하는 다른 조직 내 부서 또는 개인들과의 관계로부터 발달해 왔다. 또 다른 조력 전략과 작업 방식(예: 팀)을 흡수하고 협력이라는 개념을 광범위하게 정의하는 과정에서 협력 그 자체의 독특성을 정의하는 본질적 전제가 약화되거나 간과될 수 있고, 퇴색되어 버릴 수도 있으며, 결과적으로 다른 접근들과 구별되어 '협력'만이 갖는 독특성이 최소화되어 버릴 수 있다. 바로 이러한 부분들이 특정 서비스 접근을 활용하고자 하는 모든 사람에게 나타나는 어려움이라 할 수 있으며, 해당 접근이 갖는 본질을 넘어서서 활용하고자 할 때는 보다 큰 난관에 봉착할 수 있다.

컨설테이션의 내용을 강조하는 특수교육 컨설테이션의 흐름과는 반대로 Idol과 West(1987; Idol, 1989)는 컨설테이션의 새로운 역할에 대하여 색다른 개념을 제시하였다. 그들은 컨설테이션을 '기교적 과학(artful science)'이라 개념화하였다. '기교적(artful)'이라는 말은 정보와 문제해결 능력을 공유함으로써 효과적으로 문제를 발견할 뿐만 아니라 해결 전략에 대한 계획 및 평가를 산출할 수 있는 소통적·상호작용적 기술을 지칭한다. 과학이라는 말은 특히 이론과 연구에 기반한 정보가 필요할 때, 이에 필요한 작업을 수행하는 데 요구되는 평가 능력을 향상시키고, 문제해결에 긍정적 영향을 미치는 기술 및 지식을 습득하는 것이다. Idol과 West는 예술적 측면과 과학적 측면 중 어느 한 측면만을 강조하는 경우, 전문가들 간에 공유하고 있는 문제해결 방식의 적절성을 판단하는 데 있어 그 기준이 미흡할 수 있다고 주장하였다. 사실 교수(instructional)/교사 컨설테이션 관련 문헌들은 기술적 측면만을 강조하고 있으며, 컨설테이션 그 자체에 대해서는 거의 주의를 기울이지 않고 있는 것이 사실이다. Idol과 West는 이전의 한 연구에서 언급한 협력적 문제해결 모델에 대하여 제안하였다(Idol et al., 1986). Idol 등(1986)은 협력적 컨설테이션을 "다양한 전문성을 지닌 사람들의 합의하에 정의된 문제에 대하여 창의적 해결책을 도출해 내는 상호 합의"(p. 1)로 정의하였다. 이는 특수교육–일반교육 모델에서 간접 서비스를 제공하는 방법에 대해 다루고 있는 유일한 접근이라 할 수 있다. 다른 접근들도 그 접근만의 특별한 이론적·방법론적 입장을 표방하고는 있으나, 기본적으로 Idol 등(1986)과 같은 입장을 옹호하고 있다.

　Given-Ogle, Christ과 Idol(1991)은 학교의 전문가들이 학급 담임교사와 행정가들에게 협력적 컨설테이션을 제공하는 작업 외에 자신들 스스로 협력적 작업 집단을 형성하여 수행한 프로젝트에 대해 설명하였다. 예비 평가자료를 통해 살펴본 결과, 이 프로젝트는 표집된 학생들의 읽기 기술을 해당 학년 수준으로 끌어올리는가 하면 해당 학생의 행동을 사회적으로 용인되는 수준까지 향상시키는 데 효과적인 것으로 나타났다.

　앞서 언급한 바와 같이 Pryzwansky(1993) 및 Caplan과 Caplan(1993)은 동일한 교육 지원청 내 소속 학교에 근무하고 있는 전문가들 사이에는 협력이 컨설테이션보다 유익한 서비스라는 인식이 널리 퍼져 있음을 제시하였다. 보조 교사(역자 주: resource teacher–정상학급에서의 학습에 어려움을 겪고 있는 아동의 학습을 도와주는 전문가), 생활지도 상담자, 학교심리학자와 같은 '내부인사(insiders)'는 협력을 통해 문제에 대하여 보다 효과적인 결과를 경험할 수 있을 것이다. 해당 연구자들이 지적한 바와 같이 관계 형성은 당연한 과정으로 생각하여 대수롭지 않게 취급해서는 안 되는 매우 중요한 과정이다. 하지만 컨설턴트가 조직 내부 인사라면 이들이 의뢰인과 관계를 맺는 데 소요되는 시간은 비교적 단축될 수 있을 것이다(예측 가능한 상수와도 같다). 물론, 경우에 따라 협력 프로그램을 진행하고 있는 상황에서도 학생들에게 직접 서비스를 제공해야 한다고 생각하거나 실제로 직접 서비스를 제공하는 교사가 존재한다. 그러나 내부 컨설턴트가 간접 서비스를 제공하고자 할 때에도 지역사회 및 맥락을 탐색하거나 협력 프로그램에 돌입하는 데 그렇게 많은 시간이 걸리지 않기 때문에 이러한 교사의 욕구를 충족시켜 줄 수 있다. 한편, Caplan과 Caplan(1993)은 컨설턴트가 두 가지 장애물을 극복해야 한다고 지적하였다(pp. 339-340). 첫째, 컨설턴트가 말하는 바에 대해 수용하거나 거부하는 데 부담을 느끼지 않는 관계를 실현하기 위해서는 '조직적이고, 비위계적인 컨설테이션 관계'가 수립되어야 한다. 둘째, 비밀보장의 원칙이 엄격히 지켜져야 한다. 학생에 대한 지원 서비스를 담당하는 전문가의 적극적 개입이 요구되지 않거나 행정가가 이러한 동료 조력 모델을 지원하는 상황에서는 이러한 원칙 준수가 가능해진다.

협력은 지원 서비스를 담당하는 전문가가 모든 과정에서 적극적인 역할을 수행해야 하는 '파트너십'으로 볼 수 있다. 교내 인적 자원과 교사는 그 자신의 역할과 다른 영역에 종사하는 전문가들의 역할을 존중하고, 조화롭게 조율해 나갈 수 있어야 한다. 또한 그들이 수행하는 작업은 컨설턴트의 작업에 비해 교장이나 팀과 같은 상위의 권위자들에 의해 수정될 가능성이 높다는 사실을 기억해야 한다(Caplan & Caplan, 1993).

학생 학습활동 9-2

교수 컨설테이션과 연합 행동주의 컨설테이션 프로그램에 사용되는 '계약' 절차를 비교·대조해 보시오. 각각의 프로그램에서 객관성이 결여되어 있다고 판단되는 의뢰인에 대하여 적용할 수 있는 의뢰인 중심 컨설테이션의 세부 사항에는 무엇이 있는가?

 ## 집단 컨설테이션

앞서 논의한 바와 같이 시간적 제약이라는 교사의 어려움을 감안할 때, 집단으로 컨설테이션을 제공하는 방안은 설득력을 가질 수 있다. 3주에 한 번 또는 4주에 한 번 교사들은 학년 협의회 또는 교과 협의회의 형태로 정기적인 모임을 갖는 경우가 있는데, 이 시간 가운데 일부를 컨설테이션에 할애할 수 있을 것이다. 이러한 서비스 전략의 이점은 그 시간을 해당 문제의 해결 과정에 대해 관찰하는 포럼이 되도록 함으로써, 이에 활용된 기술을 효과적으로 모델링할 수 있다는 것이다. 예컨대, 학부 학생들에게 구체적인 인지 모델링 훈련을 제공한 한 연구에서, 학생들의 인지 모델링 훈련 과정을 관찰한 연구 참여자의 문제해결 행동에 긍정적 변화가 나타났다(Cleven & Gutkin, 1988). 또한 Curtis와 Watson(1980)은 교사들이 협력에 관한 기술 증진 훈련 연수를 수료한 동료와 작업할 때, 보다 사실적으로 문제를 해결한다고 보고하였다. 집단 컨설테이션 회기를 특징짓는 합의적 논의는 문제를 탐색하는 데 방해 요소로 작용하는 학생들의 불안이나 자기책망 태도를 감소시키는 데 기여할 수 있을 것이다. 또한 동료의 전략을 경청함으로써 '아이디어를 얻고' 그 아이디어를 유사한 상황에 일반화함으로써 유익한 결과를 얻을 수 있다. Dinkmeyer와 Carlson(1973)은 다른 사람이 어떻게 문제를 해결했는지에 대해 경청함으로써 자신에 대한 이해가 촉진된다는 점에서 이와 같은 수동적 형태의 참여를 관중 치료(spectator therapy)라고 지칭하였다.

집단 컨설테이션에 대한 수요는 날로 증가하고 있고, 교육 현장에서는 이러한 현상이 더욱 가속화 될 전망이지만, 사례 발굴은 물론이고 경험적 연구도 정체되어 있어 향후 이 영역에 대한 연구가 더 필요하다.

다음 절에서는 다양한 형태의 집단 컨설테이션 접근법에 대해 간략히 소개하고자 한다. 여기에는 사례 중심 집단, 주제 중심 집단, 과제 집단(task group) 등이 포함된다. 특히 'C' 집단 모델(C group's model)에 대하여 구체적으로 기술하고, 이어 가장 유망한 접근법으로 지목되고 있는 동료 컨설테이션 접근법을 제시할 것이다.

사례 중심 집단

학교 교직원 집단을 대상으로 실시한 정신건강 컨설테이션 연구에서 Cohen과 Osterweil (1986)은 정신건강 컨설테이션을 통해 직접 서비스 의뢰가 감소되고, 아동 발달에 관한 지식이 증대되었으며, 동료 간 의사소통이 개선되는 등 실질적인 효과가 나타났다고 보고하였다. Cohen과 Osterweil은 사례 중심 집단을 대상으로 한 컨설테이션 접근은 심리치료적 목표를 지닌 만남으로 발전할 가능성이 있으므로, 컨설턴트는 이를 방지하기 위해 각별한 주의가 필요하다고 지적하였다. 많은 저자는 이러한 상황이 발생하지 않도록 의뢰인과의 논의를 작업 관련 문제로 제한하고, 사적인 문제에 대해서는 비공식적 방식(예: 보편적 현상)으로 다루어야 한다고 지적한다. 많은 강점이 존재함에도 Cohen과 Osterweil은 사례 중심으로 이루어지는 집단 컨설테이션 연구에 대한 검토를 통해 그 안에 많은 약점이 존재한다는 사실을 발견하게 되었다. 이 집단은 어떤 의뢰인에게는 불안을 불러일으킬 수 있고, 의뢰인의 약점에 논의의 초점을 맞춤으로써 전문가로서의 컨설턴트 역할이 강화되는 결과가 초래될 수 있으며, 이와 같은 경험이 어떤 의뢰인에게는 컨설테이션 참여에 대한 방어와 망설임의 원인이 될 수 있다.

Babinski와 Rogers(1998)는 최근 그들이 실시한 사례 중심 집단 컨설테이션에 대해 보고하였다. 이들은 신규 교사에게 의뢰인 중심 집단 컨설테이션을 제공하였다. 이 컨설테이션에서 교사들은 그들의 이슈와 관심사를 공유하였고, 이후 문제해결 과정이 진행되었다. 두 명의 컨설턴트(학교심리학 프로그램 전공 교수와 초등교육 프로그램 전공 교수)가 이끈 이 집단의 주제는 '교사로서의 자기'로, 이들은 사회적 · 정서적 지원을 제공하기 위한 집단을 형성하였다. 이러한 유형의 집단은 신규 교사의 전문적 발달을 증진시키기 위한 접근 가운데 하나라 할 수 있다. 보다 심도 있는 논의를 원한다면 동료 컨설테이션에 대하여 다룬 절을 참고하라.

과제 집단

과제 집단은 교사를 대상으로 한 집단 컨설테이션의 한 유형으로, 이 집단의 목표는 학생들의 문제를 효과적으로 다루는 방법에 대해 배우는 것이다(Brown, Wyne, Blackburn, & Powell, 1979). 이러한 집단은 다른 집단과 동일한 과정을 거쳐 발달해 나가기 때문에 집단 작업이 성공적이기 위해서는 컨설턴트가 이에 필요한 리더십 역량을 지니고 있어야 한다. 즉, 컨설턴트는 집단 역동에 대한 지식을 가지고 집단 발달을 촉진할 수 있어야 한다. 따라서 컨설턴트는 집단 구성원들이 집단의 목표와 작업 절차를 명료화하도록 조력할 수 있어야 하며, 이와 더불어 집단 참여자인 동시에 민감하고 건설적인 언어적 · 비언어적 의사소통 및 문제해결을 증진시키는 집단 촉진자로서의 역할을 수행할 수 있어야 한다.

'C' 집단

Dinkmeyer와 Carlson(1973)은 자신들이 'C' 집단이라고 지칭한 교사 대상 교수-경험적 집단(didactic-experiential group)의 활용에 대하여 제안하였다. 그들은 "개인의 적극적인 참여를 통해 아이디어를 검증하고, 이러한 아이디어를 자신의 삶에 적용시킴으로써 새로운 개념을 내재화하며, 그 결과를 다른 전문가들과 교환할 수 있는 기회를 갖지 못한다면 변화는 일어나기 어려울 것"(p. 223)이라고 생각하였다. 수많은 요인으로 개인을 대상으로 한 컨설테이션이 어려움에 봉착할 수 있다는 점을 감안한다면 인간 행동을 주제로 한 학교 기반 컨설테이션이 효과를 거두기 위해서는 일반적인 교육 경험과는 다른 형태로 구조화된 교사 집단 작업이 필요하다는 사실을 알 수 있을 것이다. 이러한 측면에서 'C' 집단이라는 개념은 이전과는 다른 관계를 수립하기 위한 전략을 개발한다는 목표하에 교사들로 하여금 학생들과의 상호작용을 검토해 볼 수 있도록 조력하기 위해 개발되었다. 'C' 집단의 구체적인 구성요소에는 협력하기, 상담하기, 명료화하기, 의사소통하기, 화합하기, 직면하기, 관심 보이기, 보살펴 주기, 비밀을 지켜 주기, 전념하기, 기꺼이 변화하기 등이 있다.

Dinkmeyer와 Carlson은 상호 조력 상황에서 공통의 관심사에 대한 공동 작업으로 협력하기를 설명하였다. 따라서 교사 집단 내에서는 구성원으로서의 교사 컨설턴트와 교사 의뢰인 간의 컨설테이션이 이루어지게 된다. 이 집단은 각 교사구성원들로 하여금 그 자신의 내면에 존재하는 불일치를 해결하기 위해 신념 체계와 감정을 명료화하도록 돕는다. 직면하기는 자신의 심리 상태를 검토하거나, 집단의 다른 구성원에게 현실적이고 진정성 있는 피드백을 제공하는 데 사용할 수 있는 기법이다. 직면 기법을 사용하는 목적은 집단이 집단 구성원 개인의 문제에 관심을 가지고, 이를 해결하기 위해 함께 노력하고자 한다는 것을 보여 주기 위함이다. 의사소통하기는 교사 상호 간 서로의 문제에 관여하는 수준까지 강화되며, 집단 응집성은 집단 작업이 효과적으로 실현될 수 있도록 해 준다. 또한 개방적이고 솔직한 논의가 이루어질 수 있도록 집단 내 모든 발언에 대한 비밀은 보장된다. 'C' 집단의 모든 구성원은 변화를 위한 노력에 전념하되, 특히 문제에 대한 그 자신의 접근 방법을 변화시켜야 한다는 생각을 갖도록 서로를 돕는다. 이러한 변화는 신념과 태도의 변화를 포함하며, 집단은 구성원 각자가 전문적 · 개인적으로 성장할 수 있도록 돕는다.

Dinkmeyer와 Carlson은 동일한 배경을 가지고 있는 아동들을 대상으로 작업을 실시하는가 하면, 유사한 관심사를 가지고 있는 교사들과 함께 'C' 집단을 형성하였다. 단, 교사들과 집단을 형성할 때는 나이, 경험, 이론적 · 교육적 접근 등에서 서로 다른 조건을 지닌 참여자들을 표집하는 것이 중요하다고 주장하였다. 집단 참여는 자발적으로 이루어져야 하며, 집단 참여에 앞서 각 개인의 집단 참여 목적을 구체화하고 명료화하기 위하여 컨설턴트와의 개별 면접이 실시되어야 한다. Dinkmeyer와 Carlson은 'C' 집단을 운영하는 리더의 경우, 집단 작업에 일반적으로 적용되는 기법을 활용할 수 있다고 보고하였다. 집단의 첫 회기가 이루어지기 전에 리더는 구성원들에게 'C' 집단의 목표, 필요성, 운영 방식, 집단 작업을 통해 얻을 수 있는 혜택 등에 대한 안내 자료를 제공할 수 있다. 또한 Dinkmeyer와 Carlson은 구성원들이 호소하는 대부분의 문제가 '대인관계적 · 사회적' 속성을 지니고 있으므로, Adler식 접근 또는 사회 목적론적 접근에 대한 사전 설명이 효과적이라고 주장하였다. 이러한 접근법은 ① 인간은 기본적으로 사회적 존재이다. ② 인간은 자기 결정적 존재이다. ③ 인간의 행동은 목적적이다. ④ 인간은 주관적 관점으로 이해되어야 한다. ⑤ 인간은 총체적 존재이다 등 Alfred Adler의 성격발달 이론에서 표방하는 기본 전제를 따르고 있다. 또한 '아동의 잘못된 행동에 대한 가설 세우기'를 위한 차트가 참여자들에게 제공되며, 이어 집단은 한 아동의 사례를 정하여 다음의 네 가지 질문에 대해 생각해 보도록 함으로써 첫 회기를 시작하게 된다.

① 아동은 무엇을 하였는가?

② 아동의 행동에 대해 교사가 어떻게 반응하였는가?

③ 아동의 잘못된 행동에 대해 반응하는 과정에서 교사는 무엇을 느꼈는가?

④ 아동은 잘못된 행동을 바로잡고자 하는 교사의 노력에 어떻게 반응하였는가?

이러한 예비 작업과 더불어 컨설턴트는 집단의 목적과 초점을 명료화하고, 회기에서 표현되는 감정에 민감해지도록 집단을 구조화한다. 컨설턴트는 집단 구성원들의 아이디어를 주제에 맞추어 연결 짓는 한편, 말을 잘 하지 않는 구성원으로 하여금 관중이 아닌 참여자가 되도록 조치를 취하고, 집단이 목표에 집중하도록 함으로써 집단 작업에 대한 구성원들의 만족감을 증진시켜야 한다. 또한 구성원들로 하여금 문제에 대하여 대안적인 해결방법을 고려하도록 하고, 교사가 학생과 상호작용하는 행동 패턴을 변화시키도록 격려해야 한다.

주제 집단

Cohen과 Osterweil(1986)은 '사례 세미나' 보다는 '주제 중심 접근' 방법이 교사 집단에 존재하는 전문가로서의 욕구를 충족시켜 줄 수 있을 것이라고 주장하였다. 이러한 교사 컨설테이션 집단은 '안전한' 문제해결 환경을 제공한다. Cohen과 Osterweil(1986)은 집단 구성원들은 정신건강 집단 컨설테이션 모델에서와 마찬가지로, 사례를 제시하는 집단 구성원으로서의 컨설턴트보다는 "자신의 전문 분야와 관련하여 교사들이 직면하는 다양한 문제를 시의 적절하게 선택하고, 문제를 해결해 나가는 책임자"(p. 248)로서의 컨설턴트를 옹호한다고 주장하였다. 집단 내에서 다루어지는 주제에는 '유치원에서의 사회적 관계' '학급 규칙과 일상' 등이 있다. Cohen과 Osterweil(1986)은 회기 시작을 위한 준비의 중요성을 강조하였는데, 여기서 말하는 준비에는 교사와의 개인적 만남, 특정 목표를 달성하기 위한 핵심 질문의 채택 및 평가 등이 포함된다.

사례 중심 또는 주제 중심 접근과 같은 방법상의 차이와 상관없이, 집단 컨설테이션은 학교기반 접근으로 주목할 만한 접근 방법이라고 할 수 있다. 개인 컨설테이션 접근에 대한 하나의 대안으로 개발된 이 접근은 개인 컨설테이션과 동일한 이점을 가지고 학교 환경에 적용될 수 있다. 집단 컨설테이션의 목표는 명확히 진술되어야 하고, 방과 후 또는 회의 시간의 일부를 통해 비교적 스트레스가 적은 수준에서 자발적인 참여가 이루어져야 하며, 그 기간 또한 단기적(2~4회)이어야 한다는 사실을 반드시 염두에 두어야 한다. 사실 학교에서의 집단 컨설테이션 접근은 직접 서비스 접근으로부터의 전환을 이끄는 단초로 기능할 수 있다.

 동료 컨설테이션

　동료-매개 지원 체계(peer-mediated support system)는 전문가들 간 협력적 문제해결을 증진하도록 구조화될 수 있다(Zins, 1996). 간략히 얘기하자면, 동료-매개 집단은 주어진 과제에 대한 상호 조력을 목적으로 모인 동일 직종 집단이라 할 수 있다. 일반적으로 그들은 동일 체계 내에서 같은 지위(예: 학급 담임, 학교상담자)에 있다. 이 집단은 공식적 또는 비공식적으로 조직될 수 있으며, 특정한 목표를 가지고 있다. 공식적인 문서화 절차를 거치는 것은 아니지만, 집단 내 구성원 모두가 효과적이고 만족스럽게 기능하기 위한 합의 과정을 갖는다. 이 집단의 목표는 학생의 학습 방식 습득과 같이 특정 주제에 대한 학습, 특정 학생을 가르치는 과정에서 경험하는 어려움을 해결하기 위한 개입 방안 설계에서의 협력, 내부 컨설턴트 스스로 각자의 컨설테이션에 대한 슈퍼비전 실시 등 매우 다양하다. 이러한 형태의 집단은 교사들로 하여금 고립감을 줄여 주고, 학급에서 어려움이 발생했을 경우 다른 동료 교사를 찾는 등 교사들 간 상호 조력 가능성을 높여 준다. 컨설턴트는 교사들로 하여금 동료 컨설테이션 집단(두 명의 교사가 짝을 이룸)을 형성하고 문제에 대한 작업 계획을 수립하는 데 집단의 효과성을 증진하도록 도울 수 있다. 이 과정에서 협력의 유용성을 발견하는 것은 집단을 유지하는 강력한 원동력이 될 수 있다.

　Pugach와 Johnson(1988)은 동료 협력에 관한 연구에서 일련의 메타인지 전략에 기초하여 형성된 동료-안내 대화(peer-guided dialogue) 네 단계를 제시하였다. 첫 번째 단계에서 짝을 이룬 두 명의 교사는 각자의 문제에 대하여 제시된 자기질문을 통하여 문제를 명료화하는데, 이는 문제를 다른 시각으로 바라볼 수 있도록 해 준다. 두 번째 단계에서는 문제를 새로운 관점에서 이해할 수 있도록 요약이 이루어지고, 세 번째 단계에서는 실행 국면에서 드러날 수 있는 문제를 규명함과 동시에 '실용적' 계획을 수립하며, 이 계획의 잠재적 이점에 대한 확인 또한 이루어지게 된다. 마지막으로, 교사들은 개입의 효과성을 판단할 수 있는 방법 및 시간 계획을 비롯하여 계획된 개입 방안에 대한 구체적 이행 방안을 도출해 낼 수 있어야 한다. Pugach와 Johnson은 교사 상호 간의 생각을 공유하는 동료와의 공적 대화는 학생으로 하여금 메타인지 전략을 내재화하도록 돕고, 교사에게는 규명된 문제에 대한 개입과 문제의 개선을 위한 작업에 전념할 수 있도록 돕는다는 사실을 추론해 내었다. 이들의 연구는 동료 교사 간 협력을 제시하는 방법에 대하여 좋은 예가 될 뿐 아니라 또 다른 측면에서도 중요하다. Johnson과 Pugach(1996)는 의미 있는 결과를 보고하였는데(정의된 문제를 처리하는 데 48명의 교사 중 86%가 만족을 표함), 문제해결을 위한 개입방법의 속성에 대하여 이들이 제시한 연구 결과는 개입방법이 컨설테이션 실제에 미치는 영향에 대해서도 시사하는 측면이 있다. 이들이 개발한 개입방법은 비교적 단순하였으며, 교사 행동에 있어 많은 변화를 요구하지도 않았다. Johnson과 Pugach는 전문가(동료 컨설테이션 장면에서는 교사)에게 변화는 크게 필요하지 않으며, 다만 현재 그들에게 요구되는 기술 수준에 근접하고자 하는 시도만으로도 충분하다고 하였는데, 이는 Vygotsky의 근접 발달 영역의 개념을 설명적 가설로 활용한 것이라 할 수 있다. 이러한 방식으로 실시되는 동료 컨설테이션에서 교사는 불안을 느끼지 않는 수준에서 수행할 수 있는 변화를 시도해 보도록 서로를 안내해 주는 역할을 담당하게 된다. 동료 컨설턴트는 문제에 대한 관점이 변화되도록 서로를 이끌어 줄 뿐 아니라, 적극적으로 개입 방안을 시도해 볼 수 있도록 해 준다. 따라서 컨설턴트는 짝을 이룬 두 명의 교사 간 이루어지는 동료 컨설테이션과 마찬가지로 한 명의 교사와 동료로서 짝을 이루고, 문제를 작은 단계로 나누어 접근하는 방식으로 컨설테이션을 진행할 수 있다. 이에 대해서는 7장에서 제시한 문제해결 관련 내용을 참고하기 바란다.

동료 협력에 관한 Johnson과 Pugach(1996)의 보고는 몇몇 측면에서 흥미로운 결과를 시사하고 있다. 첫째, 컨설턴트/협력자는 연구 결과에서 알 수 있는 바와 같이 동료를 안내하는 사람으로 기능할 수 있다. 이러한 접근은 분명 컨설테이션 시간이 제한되어 있다는 점, 문제가 비교적 단순하다는 점 그리고 동료 협력에 참여하는 교사는 타인과 작업하는 데 적합한 성격 특성을 지니고 있어야 한다는 점 등 그 적용을 가능하게 하는 일정한 조건을 요구한다. 둘째, 이 훈련 모델은 예비 교사 훈련 과정 및 교사 훈련 프로그램에 적용할 수 있다. Johnson과 Pugach(1996)는 경험이 많은 교사들을 연구 참여자로 활용하였지만, 초보 교사들에 대한 적용도 큰 문제가 없을 것으로 보인다. 셋째, 교사들은 일반적으로 학급에서 당면하는 어려움에 대해 조언해 줄 수 있는 다른 교사를 찾는 경향이 있는 것으로 나타났다. 동료 협력을 통해 훈련된 능력은 비공식적이고 전문적인 접촉의 성과를 향상시킬 수 있다. 실제로 이 모델은 동료 간 조언 제공 수준의 유대를 강화하고, 교육 분야에서 자칫 결여될 수 있는 팀 개념을 확립할 수 있도록 할 것이다. 넷째, 컨설테이션 연구자와 실무자는 변화를 필요로 하는 대상을 규명한다는 측면에서, 학생을 이해하는 교사의 수준이 가장 중요하다고 제안한 Vygotsky의 학습 원리에 민감해질 필요가 있다. 이는 장기적인 관점에서 컨설턴트와 의뢰인의 관계를 지속시켜 나갈 수 있도록 해 줄 뿐 아니라 초기 작업의 성공 여부에 영향을 미칠 수 있다. 마지막으로, 이 연구가 진행되었던 제반 조건에 대해 알아야 한다. Johnson과 Pugach의 연구에 참여했던 교사들은 자발적으로 참여를 결정하고 파트너를 선택하였으며, 대부분 교직 경력이 높은 교사였다(평균 15.15년). 무엇보다 이 연구에서 교사훈련은 그 접근 방법에 대하여 설명하는 두 시간 분량의 비디오테이프를 최소 2회에 걸쳐 시청하고, 한 사례의 문제해결에 대략 45분에서 1시간 정도가 걸린다고 볼 때, 총 3~4시간 정도가 소요되었다고 볼 수 있다.

Babinski와 Rodgers(1998)는 집단 동료 컨설테이션을 신임 교사에게 도입하는 혁신적 접근에 대해 설명하였다. 그들은 전문적 대화와 문제해결 능력을 증진시키기 위한 목적하에 집단을 설계하였으며, 신규 교사들이 교직에 입문하여 경험하는 전문가로서의 어려움 그리고 학급에서 당면하는 이슈 및 어려움에 대한 논의 진행에 집단 촉진자(학교심리 및 교사양성 전문가 프로그램에 참여한 대학원생들)를 투입하였다. 촉진자들은 초임 교사로서의 역할을 개발해 나가는 데 필요한 지침을 안내하기 위해 Caplan의 컨설테이션 모델을 활용하였다. 그들은 문제해결 과정을 교사들에게 명확히 설명하는 한편, 교사들이 그 자신의 이슈를 다루는지, 동료가 제시한 이슈를 다루는지에 상관없이 집단에서 논의한 내용을 촉진자가 제시한 문제해결 방식으로 사고해 보도록 하였다. 지지적인 활동에 개방적이고 적극적으로 참여하고자 할 때, 전문성이 한 단계 한 단계 성장해 나갈 수 있다는 점은 이 집단이 갖는 강점이라 할 수 있다. 또한 이러한 접근은 서로에 대한 깊은 이해를 통해 집단 구성원 서로의 감정에 대한 지지를 증진시키는 한편, 현재 당면한 문제를 다루는 데 활용된 기술과 방안들이 미래의 문제 상황에서도 일반화될 수 있도록 문제해결에 튼튼한 발판과 도구를 제공하도록 설계되었다. 이 집단은 개인 컨설테이션/협력을 제공해 줄 조직 내 인적 자원으로서의 전문가들은 물론, 새로운 외부 전문가의 투입도 가능하다. 일반적으로 교육 관련 기관들은 이러한 조력 관계를 일상의 교수 실무로 격상시키지도, 강화하지도 않으며, 다만 이 접근이 추구하는 목표를 달성할 수 있는 하나의 방법으로서 그 의미를 부여한다.

🔍 계약 서비스

그 비용이 소액이라 할지라도 서비스 이용 비용을 지불하도록 하는 것이 내담자로 하여금 상담 및 심리치료 과정에 전념할 수 있도록 하는 데 효과적이라는 사실은 공공 치료 기관들이 갖고 있는 오랜 신념이다. 정해진 기간과 회기 내에서 '컨설턴트'와의 만남을 위해 의뢰인이 이행해야 하는 의무는 바로 이와 같은 입장에서 고려되어야 하며, 컨설테이션 과정에서 의뢰인은 그 의무를 이행할 수 있어야 한다. 연구 프로젝트는 물론, 외부에서 제공되는 컨설테이션 서비스 프로젝트에서도 의뢰인의 의무 이행을 요구하는 것이 일반적이며, 이는 컨설테이션의 성공과 밀접하게 관련되어 있다고 할 수 있다. 그러나 컨설테이션 문헌들에서는 의뢰인의 의무 이행과 컨설테이션 성공 간의 관련 가능성에 대해서는 다루지 않고 있는데, 이는 아마도 수많은 선행 연구가 믿어 의심치 않던 '자발성(voluntarism)'이라는 개념을 의식한 탓일 것이다(13장 참조). 학교 체계에서 교사에게 양해를 얻은 시간 내에서 최소한의 조력만을 제공하는 학교 기반 전문가들은 그 이상의 조력이 투입되어야 하는 경우, 교사의 자발성이 수반되어야 함을 가정하고 있다고 볼 수 있다. 또한 개인 컨설턴트의 경우 조직 컨설테이션에 비해 융통성은 있지만 여전히 컨설테이션에 대하여 구속력을 갖는 의뢰인의 책임과 의무를 요구할 필요가 있다. 예컨대, 컨설턴트는 2~3회기 동안 구조화된 일련의 활동을 의뢰인에게 제안할 수 있는데(첫 회기에서 문제 정의 및 초기 개입, 2회기에서 분석과 수정, 3회기에서 이전 회기 활동에 대한 분석 및 수정), 이때 시간이 제한되어 있다는 점에 대해서는 두 전문가 모두 이해하고 있는 바이다. 학교 기반 전문가 팀의 활동으로부터 파생된 양자(dyadic) 컨설테이션은 단일 학교의 교사진 또는 학교체제가 승인하고 계획한 '계약 기대(contractual expectation)'라는 맥락 안에서 제공될 수 있을 것이다.

이러한 계약의 초기 개념은 컨설테이션과 협력 과정에서 형성되는 관계에 내재한 수많은 가정과 상이한 상의하달식의 권위적 모델로 인식되었다. 그러나 계약에 대해 '이해했다'는 것은 두 전문가 사이의 의사소통을 통해 협의된 내용의 결과라 할 수 있으며, 그 합의 내용은 언제든 수정되고 재협상될 수 있다는 조건을 갖는다. 요컨대, 이러한 접근은 관계 내에서 경험할 수 있는 좌절감과 실망감을 완화시킬 수 있으며, 컨설테이션에 대한 기대와 선호를 명확히 하는 데 도움을 줄 수 있다.

단기 컨설테이션/협업

앞서 언급한 바와 같이 학교 조직 및 교사의 역할이 지니고 있는 한계는 간접 서비스를 제공하는 데 있어 극복하기 어려운 장애가 되어 왔다. 따라서 지금부터는 특정 상황에서 유용하게 활용할 수 있는 간접 서비스의 수정된 형태에 대해 제시하고자 한다. 제한된 시간 내에서 구조화된 컨설테이션을 운영하고자 할 때 활용할 수 있는 방법인 전화를 이용한 컨설테이선에 대해 탐색하되, 그 전에 협력 및 컨설테이션에 있어 '계약 서비스'라는 개념에 대해 살펴보고자 한다. 여기서 계약 서비스는 일정한 시간적 간격을 두고 이루어지는 컨설테이션(예: 3주 동안 일주일에 한 번씩 총 세 번의 만남)에 필요한 수많은 자원을 전문가들이 활용하도록 하는 문화의 정착을 의미하며, 여기서 각 회기는 미리 정해진 시간 내에서 이루어진다고 할 수 있다. 이와 같은 방식으로 전문성의 활용을 구조화하는 것은 의뢰인의 보다 적극적인 몰입과 참여를 이끌어 낼 수 있다는 비공식적 근거로 작용한다. 외부 컨설턴트가 참여하는 컨설테이션의 초기 단계에서 업무 관련 문제나 어려움으로 인한 스트레스를 가진 의뢰인이 자발적으로 컨설턴트의 도움을 요청할 것이라 예상된다. 따라서 외부 컨설턴트와 만나는 시간에 제한을 두었고(예: 일주일에 하루), 모든 의뢰인의 일정은 이러한 만남이 우선시되도록 재조직되었다. 그러나 이러한 서비스 모델을 내부 전문가가 활용하는 방법들로 이행(migration)해 나가는 과정에서, 컨설테이션의 성공적인 결과에 중요한 요인으로 여겨졌던 의뢰인의 주도성[13장의 '의뢰인 자발성(volunteerism)'을 보라]은 그 자리를 잃게 되었다. 내부 컨설턴트는 의뢰인들에게 보다 쉽게 접근할 수 있었으나, 의뢰인들은 자발적이고 주도적으로 컨설테이션 작업에 참여하려고도, 훈련을 받으려고도 하지 않았다. 이는 아마도 서비스에 대한 의뢰인의 기대가 명확하지 않기 때문이었을 것이다. 이러한 상황에서 '계약'의 활용은 실제로 간접 서비스 과정을 촉진할 수 있다. 분명 모든 '계약'에서는 융통성에 대한 이해가 선행되어야 하지만, 의뢰인이 컨설테이션 경험에 투입하는 시간을 최대화하기 위해서는 작업에의 전념이라는 개념이 확립되어야 한다. 필요한 사항에 대해 협의하고 이를 명확히 하는 컨설테이션 초기 관계에서의 계약은 컨설테이션에 대한 진지한 접근을 위해 필요하다고 할 수 있다.

'계약'이라는 선택의 가능성을 염두에 두고, 지금부터는 컨설턴트가 일방적으로 선택한 시간제한이라는 틀 내에서 의도적으로 이루어지는 컨설테이션 접근들에 대하여 검토하고자 한다.

15분 컨설테이션

모든 교사는 하루 종일 '빼곡하게 찬' 일정 속에서 생활하고 있다. 교사에게 부과되는 기대와 요구는 과중해서 방과 후 만남의 시간을 가질 기회조차도 매우 제한적이다. 이러한 상황을 감안할 때, 교사들이 '급하게 뛰어' 학교의 전문적인 인적 자원에게 조력을 요청하러 가는 것은 수업과 수업 사이의 '쉬는 시간' 또는 점심시간에 불과하다는 사실이 그리 놀랄 만한 일은 아니다. 교사가 어떠한 문제를 해결하기 위해 다른 전문가와 만나고자 할 때 그 만남의 시간은 일반적으로 1시간이 아니라 30분 정도인 경우가 대부분이며, 설상가상으로 갑작스럽게 컨설테이션이 중단되는 경우도 흔하게 발생한다. 문제상황이 진행됨에 따라 추후 다시 만나는 데도 많은 어려움이 따르게 되는데, 이러한 현상은 교사가 학급 내에서 한 아동에게 할애할 수 있는 시간이 제한되어 있다는 사실과도 상통한다. 또한 컨설테이션을 통해 문제가 되고 있는 아동에 대하여 어느 정도의 개입 방안이 마련되었다 하더라도 교사의 제한된 시간을 재분배하는 작업은 교사의 관심을 요하는 학급 내 다른 문제 또한 고려해야 한다는 점에서 완전한 문제해결을 기대하기 어렵다. 경우에 따라 컨설턴트와 의뢰인은 복잡한 문제를 해결하기 위해 문제를 이해하고 이에 대한 해결 방안을 계획하는 데 충분한 시간을 가져야 한다는 사실을 인정해야 할 것이다. 학교 기반 교사 컨설테이션의 경우, 특히 내부 컨설턴트에게는 문제해결의 대안 또는 수정된 컨설테이션에 대한 고려가 요구된다. 이 절에서는 그러한 대안 가운데 하나로 15분 컨설테이션에 대하여 논의하고자 한다.

이 책에서 다루고 있는 서비스 접근에 대한 어느 정도의 응용은 어쩔 수 없는 일일 것이다. 오늘날 우리가 살아가고 있는 이 사회는 반성지향적이라기보다는 속도와 능률을 강조하는 반응지향적 분위기로 변해 가고 있다. 어떤 점에서 문제해결은 이러한 사회적 추세에 적합하지 않은 활동 가운데 하나라고도 볼 수 있을 것이다. 그러나 교사 컨설테이션을 논의하는 데 있어 시간은 주요한 하나의 요소로, 시간이라는 요소가 자주 언급되는 것은 그만큼 교사 컨설테이션에서 시간이 얼마나 중요한가를 반증하는 지표가 된다. 교사가 분주한 상황 가운데 있거나 식당 또는 교과 교실과 같은 시간 제한적인 맥락 가운데 있을 때, 외부 컨설턴트보다는 내부 컨설턴트에게 접근하는 것이 보다 용이하다는 사실을 고려하여, 이와 같은 환경에 적합한 상호작용을 체계적으로 다루는 방안이 마련되어야 할 것이다. 이러한 요구는 계속해서 증가할 것이며, 학교에서 흔히 발견되는 일상 가운데 하나로 자리 잡게 될 것이다. 또한 이와 같은 시간 제한적 접촉은 보다 고전적 컨설테이션의 형태로 발전해 나갈 가능성이 높다.

컨설턴트가 자신의 역할을 극대화하고자 할 때 고려해야 하는 일차적 질문은 의뢰인이 요청하는 조력의 유형 및 컨설턴트와 의뢰인 간의 상호작용을 촉진하는 요인과 관련된 것이다. 의뢰인이 요청하는 조력의 유형과 관련하여 그 질문에 대한 답을 얻는 데 Caplan의 문제 유형론은 쉽게 활용 가능한 체계적 틀이 될 것이다. 의뢰인이 경험하는 어려움은 지식, 기술, 자신감 또는 목표의 결핍이 그 원인일 수 있다는 2장의 논의를 기억할 것이다. 그러나 컨설턴트는 의뢰인의 문제와 상관없이 제언이라는 형태로 결정적 행동을 취할 수 있을 것이다. 다만 제언의 목표는 경우에 따라 매우 다를 수 있다. Friedman(1976)이 제시한 의뢰인 인터뷰 범주는 의뢰인 유형을 평가하고 의뢰인의 관심사를 판단하는 데 매우 유용하다(11장 참조).

Gibbs(1980; 8장 참조)는 의뢰인이 컨설턴트의 상호작용 스타일에 대한 대인관계적/도구적(과제지향적) 선호를 드러낸다는 점에 주목하였다. 나아가 Gibbs는 컨설테이션의 초기 국면(15분 컨설테이션에서 볼 수 있는 바와 같이)에서 컨설턴트가 의뢰인이 선호하는 방식으로 기능하는 데 실패하면 컨설테이션의 성과에 부정적 영향을 미치게 될 것이라고 추론하였다.

15분간의 만남에서 컨설턴트가 추구하는 일차적 목표는 의뢰인으로 하여금 의뢰인이 관심을 갖고 있는 문제들의 우선순위를 정하도록 돕는 것이다. 문제가 제시되고 우선순위가 정해지면 그 가운데 특정 문제 하나를 선택하게 되는데, 이때 중요하면서도 제한된 회기 시간 내에 해결할 수 있는 문제를 선택하는 것은 컨설테이션의 성공 여부를 결정짓는 데 중요하게 작용한다. 문제를 선택할 때, 교사에게 직접 선택하도록 하는 것은 보다 현명한 방법일 수 있는데, 다만 선택의 질이 현격하게 떨어지는 경우 그와 관련된 문제는 이후 만남에서 다루어져야 한다. 이러한 전략은 향후 의뢰인의 컨설테이션 참여 가능성을 보다 증가시켜 줄 수 있다.

흥미롭게도 Salmon과 Lehrer(1989)는 문제에 대한 컨설턴트의 해석은 "아동의 행동에 대한 교사의 지각, 해당 아동에 대한 교사의 관여 그리고 아동의 행동을 유발하는 원인에 대한 교사의 신념"(p. 173)에 의해 영향을 받는다고 보고하였다. 다양한 문제 시나리오에 대한 학교심리학자 2인의 반응 분석에서, 한 컨설턴트가 컨설테이션의 기법적 측면을 강조한 반면, 또 다른 컨설턴트는 대인관계에 더 많은 주의를 기울였다. 따라서 컨설테이션에 대한 의뢰인의 접근 방법과 스타일에 대한 신속한 분석이 이루어져야 할 때, 컨설턴트는 특정 행위에 대해 자신이 추구하는 암묵적 이론 효과에 민감해야 하는데, 이는 컨설턴트의 성향이 문제에 대한 해석에 영향을 미치기 때문이다. 여기서는 15분 컨설테이션을 둘러싸고 전문가지향 모델을 비롯한 그 외 다른 모델들이 갖는 장점과 단점에 대해 논의하고자 한다.

문제를 발견하고 규명하는 과정에서 의뢰인이 문제에 대한 가설을 가지고 있는지를 판단하는 것은 매우 중요하다. 또한 의뢰인에게 시도된 바 있는 개입들을 전체적으로 검토해 보는 것은 비효과적인 접근 방법을 또다시 제시하는 실수를 예방할 수 있도록 해 주는 한편, 의뢰인의 문제해결 태도와 능력에 대해 판단할 수 있도록 해 주고, 문제에 대해 보다 높은 수준의 통찰을 획득하는 데 도움이 된다는 점에서 의미 있는 활동이라고 할 수 있다.

컨설턴트의 제언은 이러한 만남이 갖는 한계에 대하여 간략히 설명하는 맥락에서 이루어져야 한다. 문제에 대하여 잠정적 가설만이 설정될 수 있다는 사실은 컨설턴트와 의뢰인이 구체적인 하나의 문제에 주의를 집중해야 한다는 점을 더욱 강하게 시사한다. 바로 이러한 이유로 컨설턴트는 그 가설이 의뢰인의 가설과 상충된다 하더라도 이에 대해 의뢰인과 공유하는 것이 바람직하며, 그들이 서로 다른 개입 방안을 마련할 가능성이 있다는 사실을 강조해야 한다.

마지막으로, 다음 만남 일정 및 컨설턴트와 의뢰인의 후속 책무에 대한 합의가 이루어져야 한다. 컨설턴트와 의뢰인의 추수 상담과 관련된 선택사항(예: 짧은 만남을 한 번 더 갖는 것 또는 전화 통화)은 상호 동의된 안건의 형태를 띠어야 하며, 가까운 미래에 실현되어야 한다.

다음은 지금까지 논의한 내용을 나타낸 6회기의 단기 컨설테이션 사례이다. 이 사례는 일련의 짧은 만남을 통해 어떻게 컨설테이션을 형성해 나가는지 보여 주고 있다.

15분 컨설테이션 사례

:: 1회기   교사가 학교심리학자의 사무실에 찾아 와서 "내가 John에게 뭔가를 하긴 했는데, 그게 잘한 건지 잘 모르겠네요."라고 말하였다. 그러고는 학교에 대한 John의 태도에 문제가 있다고 판단되어 학교의 정학 프로그램에 참여하도록 하였다고 털어놓았다. 학교심리학자가 좀 더 구체적으로 이야기해 달라고 요구하자 교사는 '몇 주' 동안 John이 숙제를 해 오지 않았지만, 매우 영특하여 그 상황을 요리조리 잘도 빠져나갔다고 하였다. 추가적인 정보가 없는 경우, 교사의 행동이 현명한 것이었는지에 대한 판단이 불가능하기 때문에 학교심리학자는 그 문제에 대해 좀 더 논의할 용의가 있는지 교사에게 물었고, 교사는 그렇게 하겠다고 대답하였다. 소요시간: 5~7분

:: 2회기-1회기와 같은 날   해당 교사는 학부모와의 면담 일정이 잡혀 약 15분 정도의 시간밖에 낼 수 없다고 하면서 회기를 시작하였다. 학교심리학자는 주어진 시간을 John의 문제행동을 탐색하는 데 사용하자고 제안하였다. 교사는 교무 수첩에 적힌 자신의 기록을 참조하면서 컨설테이션에 임하였고, John이 개학 후 4주 만에 처음으로 숙제를 제출하였지만 반밖에 해 오지 않았다고 하였다. 또한 John은 수업에 집중하지 않고, 때로는 눈을 감고 책상에 엎드려 있다고도 하였다. 그러나 John은 모든 퀴즈와 정규 고사를 무난하게 통과하였으며, 수업 출석률 또한 좋았다. 이러한 John의 태도를 못마땅하게 여긴 교사는 수업 시

간에 좋았다는 이유로 John을 교내 정학 프로그램에 들어가도록 한 것이다. 학교심리학자와 교사는 사흘 뒤 다음 회기를 갖기로 하였다. 그 기간 동안 학교심리학자는 교사로 하여금 John에게 그의 목표가 무엇인지 확인하도록 하였고, 나아가 이를 교사 자신의 목표와 비교해 보도록 하였다. 소요시간: 15~17분

:: **3회기**   교사는 John이 그의 잠재력 모두를 보여 주길 원하지만 John은 단지 시험에 통과하는 데 만족하는 것 같다고 하였다. 학교심리학자와 교사는 John의 포부 및 수행 능력을 증진시킬 만한 요인에 논의를 집중하였다. 교사는 자신이 가진 능력 이하의 성적을 보이는 학생들에 대하여 격한 좌절감을 표현하였다. 회기가 끝날 무렵 컨설턴트와 교사는 교사가 승인할 수 있는 범위 내에서 컨설턴트가 잠재적 개입 방안을 설계해주는 데 합의하였다. 소요시간: 20분

:: **4회기**   학교심리학자가 다음과 같은 개입 방안을 제시함으로써 회기가 시작되었다.

① 교사는 단지 시험을 통과하는 수준에 그치지 않고 평균 수준의 학업 성취 수준으로 끌어올리겠다는 학생의 목표에 맞추어 학생에 대한 자신의 단기 목표를 재조정해야 하며, 학생에 대한 교사 자신의 기대와 평가 수준을 낮추어야 한다.
② 학생은 학업 성적에 대한 태도를 합리적으로 발달시켜 나가야 한다. 학급 전체적으로 '나의 학업적 성공에 대한 평가'라는 주제의 과제를 부과한다.
③ 교사는 학생의 성적 향상과 관련된 목표 설정에 관여한다.
④ 교사는 미미하게 향상된 성적에 대해서도 강화를 제공하고, 수행 기준을 변화시키기 위해 부모에게도 같은 반응을 보일 수 있도록 요청한다.

교사는 이 계획이 이행할 만한 내용이라는 데 동의하였다. 소요시간: 20분

:: **5, 6회기**   이 회기는 진척 상황을 점검하는 데 목적을 두고 짧게 진행되었다(5~10분). 교사는 자신의 기분이 한결 나아졌으며, John이 아직 학급의 평균 성적에 미치지는 못하였지만, 미약하나마 확인 가능한 정도의 학업적 진척을 보였다고 보고하였다.

전화 및 전자메일 접촉

아마도 추수 상담을 실시하는 데 가장 활용도가 높은 방법 가운데 하나가 바로 전화일 것이다. 약속 날짜와 시간을 컨설턴트와 얼마든지 함께 정할 수 있다는 사실을 의뢰인이 알고 있다면 전화 컨설테이션은 그 어떤 방법보다 큰 잠재력을 가질 수 있다. 예컨대, 전화 컨설테이션이 면대면 접근을 통한 상호작용의 보조 수단으로 활용된다면, 만족스러운 서비스 이용자와 좌절한 전문가 사이의 차이를 설명하고 검토하는 데 매우 유용할 수 있다. 특히 합의된 안건이 통화 이전에 이미 결정되어 있는 경우, 이는 체제 내부의 순회 컨설턴트가 신속하고 능률적으로 의사소통할 수 있는 토대가 된다. 컨설테이션 초기에 문제를 정의하는 과정에서 형성된 가설에 대해 보다 심도 있게 평가하고 싶을 때 그리고 면대면 컨설테이션 일정의 필요성에 대한 논의와 결정이 필요할 때에도 전화를 활용할 수 있다.

전화 컨설테이션 활용의 효과를 극대화하기 위해 컨설턴트는 하루 중 통화가 가능한 시간을 일정하게 정해 놓아야 한다. 전화 컨설테이션에서 '상대방의 부재로 연락을 할 수 없는 상황'에 놓이는 것만큼 실망스러운 일도 없을 것이다. 일반적으로 컨설턴트가 의뢰인에게 전화를 하는 것이 바람직한데, 교사들에게 자유로운 시간이 저녁 시간인 만큼 그 시간에 전화를 하는 것이 적절할 것이다. 의뢰인에게 먼저, 전화 접촉을 하는 컨설턴트의 책무는 컨설테이션에 대하여 의뢰인이 갖는 기대치 수준을 향상시키는 경향이 있는 것으로 나타났다. 또한 전화하는 시점 및 통화 과정에서 드러나는 의뢰인의 특성은 컨설턴트로 하여금 이전 접촉의 효과에 대해 파악할 수 있는 자료로서의 가치를 갖는다. 또한 전화통화의 이점을 최대화하기 위해 컨설턴트는 이전 접촉에 관하여 이야기할 수 있도록 상담 내용을 기록해 둘 수 있어야 한다. 이러한 기록은 컨설턴트가 향후 이루어질 접촉의 질을 향상시키는 데 매우 유용하게 작용할 수 있다.

그러나 컨설테이션에 대한 예비적 논의가 아닌 컨설테이션의 첫 회기를 위한 접촉의 목적 또는 짧은 첫 컨설테이션 이후 처음으로 취하는 접촉 수단으로 전화 컨설테이션을 활용하는 것은 바람직하지 않다. 전화 컨설테이션은 그 접근 방법이 갖는 명백한 단점들에 대한 컨설턴트의 고려가 선행되어야 하기 때문에 신중하게 이루어져야 한다. 전화 컨설테이션은 사람들의 관심에서 간과되어 왔지만, 교사 컨설테이션을 실시하는 데는 매우 효과적인 방법이라 할 수 있다. 학교는 전화 컨설테이션을 보다 쉽고 편하게 활용할 수 있도록 해 주는 학교 내 전문가, 상담자, 교사 개인, 가족 문제를 다루는 학교 내 조정자와 같이 의뢰인의 욕구 또는 내담자의 특성에 부합되는 학교체제 내 자원을 규명해 낼 수 있어야 할 것이다. 또한 단기 컨설테이션 서비스에 보조적으로 활용할 수 있는 방법에는 관찰이 있다.

전자메일이 일반적인 의사소통 방법으로 자리 잡으면서 컨설테이션 과정에도 전자메일을 활용하고자 하는 시도들이 이루어지고 있다. 훈련 프로그램이나 학교 체계가 전자메일 활용에 대한 지침을 가지고 있다고 하더라도 상식이 우선시되어야 한다는 것은 자명한 사실이다. 따라서 의견, 추측, 소문은 물론이거니와 어떠한 개인 정보도 전자메일에서 언급되어서는 안 된다. 비밀유지라는 측면에서 전자메일은 일정을 잡거나, 상담 절차 또는 이에 필요한 자원과 같은 문제를 다루는 수준에 국한시켜 활용되어야 한다.

관찰

집단을 대상으로 15분 컨설테이션에 대한 계획이 논의될 때, 보다 일반적인 추수 활동으로 제안된 방법이 바로 학급 관찰이다. 특히 의뢰인이 내담자의 행동에 대하여 혼란스러워하거나 내담자의 행동적 · 인지적 패턴을 진술하는 데 있어 어려움을 호소하는 경우, 컨설턴트가 직접 학생을 관찰하는 방법은 매우 효과적이라 할 수 있다. 때로 관찰은 표면적으로 드러나지 않는 다른 이유들로 인해 이루어지기도 하는데, 교사가 학생에게 불리한 '사례'로 왜곡하고자 할 때 컨설턴트가 객관적으로 타당한 자료를 제공하고자 하는 경우 또는 '상황의 심각성'을 확인한 후 그러한 상황 하에서 교사가 취한 방법을 검토하고 공감함으로써 의뢰인을 지지해 주고자 하는 경우가 바로 그러한 예에 해당한다. 관찰은 추수 만남을 위한 보조 수단으로 활용될 수 있으므로 교사가 다음 회기에 참여하기 어려울 때에도 학생에 대해 지속적인 논의를 해 나가는 데 있어 중요한 정보를 획득하는 방법이 될 수 있다. 다만 컨설턴트는 신중하게 관찰을 제안해야 하는데, 이러한 메시지가 의뢰인에게 부정적으로 받아들여짐으로써 방어적 태도를 초래할 수도 있기 때문이다.

때로 전문가가 확신을 갖지 못하고 압도된 듯한 느낌을 갖게 될 때, 관찰은 시간을 유보할 수 있도록 해 준다는 점에서 일종의 도피처가 된다. 관찰은 명확한 목적하에 이루어져야 한다. 관찰은 자칫 의뢰인에 대한 신뢰 부족이라는 의미로 전달될 수 있기 때문이다. 다시 말해, 의뢰인의 판단이 정확하다고 생각하지 않는 컨설턴트의 메시지가 전달될 수 있다는 것이다. 관찰은 전문가 모델의 활용을 시사하는데, 이러한 현상은 현재 논의되고 있는 15분 컨설테이션 시나리오에서도 발견할 수 있다. 그러나 컨설턴트가 문제에 대한 통찰을 제공하지 못함은 물론, 개입 방안 또한 제시하지 못할 때 또는 다른 컨설테이션 모델로 변경해 버릴 때 교사들은 혼란에 빠지게 된다. 더구나 교사가 컨설테이션을 요청한 이유를 컨설턴트가 잘못 파악하는 경우, 결국 문제해결은 실패로 돌아갈 수 있다. 관찰을 통해 문제의 초점이 내담자 또는 문제와 관련된 전후 맥락으로 옮겨 갈 수 있으므로 컨설턴트가 관찰을 제안하고자 할 때는 관찰이 갖는 특징들을 염두에 두고 그에 합당한 근거를 댈 수 있어야 한다.

문제해결을 위한 회기마다 "우리가 아직 논의하지 않았지만 상황을 이해하는 데 도움이 되는 중요한 정보나 다른 사항이 있습니까?"와 같은 질문을 회기 마지막에 반드시 다루어야 하며, 컨설테이션을 응용하는 경우에는 특히 그러하다. 이러한 질문은 '기억의 저장고를 파헤치는 데' 매우 큰 도움이 된다. 의뢰인들이 의도적으로 문제에 초점을 두고 다른 사람에게 문제를 설명할 때, 그들은 문제의 두드러진 특징을 간과하곤 하는데, 이는 그러한 특징들이 의뢰인에게는 당연시되어 명백한 언급의 필요성을 인식하지 못하기 때문일 수 있다. 3학년 남학생의 문제로 컨설테이션을 요청한 교사는 컨설턴트와의 면담에서 집중력과 주의력이 부족한 학생의 문제를 명백히 입증해 주는 행동항목들을 제시하였다. 비록 중요한 정보가 다소 누락되어 보이기는 했으나, 산만하고 생각을 조직화하여 글을 쓰지 못하는 학생의 행동특성에 대한 교사의 진술은 컨설턴트에게 학교에서 흔히 다루어지는 특정 장애를 짐작하는 데 많은 도움을 주었다. 면담이 마무리되어갈 무렵 "우리가 아직 논의하지 않았지만 상황을 이해하는 데 도움이 되는 중요한 정보나 알아두어야 할 다른 사항이 있습니까?"라는 질문에 "글쎄요, 부모는 자녀가 그 자신이 입양되었다는 사실을 알아챌까봐 두려워하기 때문에 이 문제가 누군가에게 알려지는 것을 원치 않아요!"라는 교사의 반응에서 컨설턴트는 문제해결의 단서를 제공하는 한 가지 가설을 발견할 수 있었다.

단기접근의 한계와 강점

단기 컨설테이션 시행 시, 고려해야 하는 유의점은 다음과 같다. 첫째, 교사는 문제를 왜곡하거나 잘못 제시할 수 있다. 예컨대, 고등학교에서 학생이 수업 중에 던지는 어려운 질문 때문에 교사가 불안을 느끼는 문제에 대해 교사는 학생의 협동심이 부족하다고 보고할 수 있다. 제약된 시간의 한계 때문에 컨설턴트는 더 긴 회기에서라면 드러났을 모순점을 분별해 내는 데 어려움을 경험할 수 있다. 둘째, 시간적 제약으로 인한 '성급한' 진단이 부정확한 것으로 드러나는 경우, 이는 교사로 하여금 컨설테이션에 더 이상 참여하고 싶지 않도록 할 수 있고, 해당 컨설턴트에 대한 다른 교사들의 신뢰에 부정적 영향을 미칠 수 있다. 셋째, 시간적 한계로 인해 개입의 복잡성이 제한되기도 한다. 여기서 파생되는 문제 가운데 하나는 특정 개입방법의 이유에 대해 충분히 설명할 시간조차 부족하다는 것이다. 넷째, 단기 접근은 문제해결에 필요한 기간에 대한 고려 없이 전문가 모델이 곧 컨설턴트의 작업방식이라는 관념을 의뢰인에게 강화시킬 수 있다.

반면, 단기접근의 이점은 그 잠재성과 적절한 활용에 대하여 지속적인 탐색을 통해 발현될 수 있다. 앞서 주지한 바와 같이, 15분 컨설테이션은 교사가 지닌 시간적 한계를 타개할 수 있는 방법으로 적합하고, 따라서 컨설테이션 과정에서 발생할 수 있는 저항의 한 요인을 제거할 수 있다. 다시 말해, 행정가와 학교운영위원회의 우려, 즉 교사가 학생들을 지도하는 시간이 줄어들 것이며, 한 학생을 위해 다수 학생의 이익이 희생될 수 있다는 우려를 경감시킬 수 있다. 물론 이러한 접근은 그 활용에 많은 제한점을 지니고 있지만, 컨설턴트로 하여금 보다 많은 교사에게 서비스를 제공할 수 있도록 해 주며, 특히 개인 컨설테이션 모델을 선택할 수 있는 환경에서는 보다 효율적으로 운영될 수 있다. 또한 단기접근을 학생들에게 적용하는 데 있어 집약적이고 강도 높은 조력 기간을 설정하기보다는 일련의 짧고 목표가 분명한 문제해결 경험을 지속적이고 꾸준하게 전개해 나가는 것이 보다 생산적이고 능률적인 전략이 될 것이다. 이러한 전략은 교사와 학생의 요구에 부합되고 조력 요청 및 제공이라는 발달적 지향성을 강화하는 한편, 제시된 문제에 대한 맥락을 제공하는 데 유용한 장기적 관점을 컨설턴트에게 제공해 준다. 요컨대, 단기 컨설테이션을 활용한 전문적 접촉이 이루어질 때에는 단기 컨설테이션 접근이 갖는 강점과 한계점을 반드시 염두에 두어야 한다.

교사 컨설테이션/협업에 관한 몇 가지 생각

흔히 교사 컨설테이션은 학생의 학습 및 행동 욕구를 다루는 데 있어 교사가 직면하는 문제와 관련되어 있으며, 이때 의뢰인의 욕구는 간과되는 것이 보통이다. 그러나 학급에 대한 통제력 상실과 같은 문제는 그 과정에 사력을 다해 자신의 역할을 수행해 낸 교사의 노력이 있었는지 또는 교사의 주요 업무를 효과적으로 처리하는 데 방해가 되는 개인적 문제들이 존재하는지에 대한 판단의 여지를 허용하지 않는다. 한 중학교 여교사는 남학생들이 자신에게 글로 장난을 치고 있으며, 이에 대해 우쭐함을 느끼고 있다는 사실에 근거하여 해당 학생들의 행동에 대하여 자신이 어떻게 대처해야 하는가에 대하여 우려를 표하였다. 학생들의 양가적인 감정을 다루는 동시에 그 상황을 타개할 수 있는 적절한 전략을 찾는 데 혼란을 느낀 교사는 자신에 대한 정보를 전혀 갖고 있지 않은 학교 기반 전문가를 찾아가 도움을 구하였다. 바로 여기에서 교사 컨설테이션이라는 용어가 지니고 있는 문제를 발견할 수 있다.

컨설테이션을 제공하는 학교 기반 전문가는 교사가 지닌 능력의 한계를 고려하여 교사의 요구에 가장 부합하는 조력 방법을 규명하는 데 능통해야 한다. 이는 내부 전문가가 아닌 다른 외부 전문가에게 조력을 의뢰하는 것이 보다 적절할 수도 있음을 시사한다. 앞서 주지한 바와 같이 컨설턴트의 관점은 문제 정의에 영향을 미칠 수 있다. 따라서 여교사가 호소하고 있는 문제의 원인을 특수교육 교사는 교사의 수업방법과 학습자의 학습양식 사이의 부조화로, 학교상담자는 학급관리 문제로, 학교심리학자는 주제 혼선의 문제로 볼 수 있을 것이다. 문제를 더욱 복잡하게 하는 것은 경우에 따라 하나의 문제를 둘러싼 모든 입장이 일면 옳을 수 있다는 사실이다. 모든 가능성에 대한 고려 없이 컨설테이션을 너무 서둘러서 시작하는 경우, 컨설테이션을 진행하는 과정 가운데서 좌절을 경험할 수 있음은 물론, 시간과 정력의 낭비를 초래할 수 있다는 사실을 인식하는 것은 매우 중요하다.

대부분의 경우 교사가 요구하는 것은 학생의 학습 또는 행동 문제해결이라 할 수 있으며, 이러한 요구는 교사의 정보 또는 기술의 부족으로 비교적 '간단하게' 설명된다. 문제해결과 관련하여 교사들은 컨설턴트가 해답을 제시하지 않은 채 브레인스토밍(협력)을 통해 조력 방안에 대하여 함께 탐색하기보다는 비교적 손쉬운 조력 방안을 직접 제시해 주기를 바라는 경우가 일반적이라고 할 수 있다. 행동 계획을 개발하는 데 참여한 사람이 그러한 방안들을 보다 적극적으로 이행해 나간다는 것은 거의 예외 없는 사실이다. 그러나 이러한 적극적인 이행 노력은 컨설턴트가 개입 방안을 추천한 근거에 대한 논의를 통해 그 실천의 필요성을 절감함으로써 이루어질 수도 있고, 초기 계획이 실패했을 경우 실행 가능한 개입 방안을 찾아야 하는 컨설턴트의 책무성에 대한 교사의 반응으로 나타날 수도 있다.

교사 개인이 가지고 있는 가치관, 태도, 학생의 학습 방법 및 좋은 가르침이란 어떤 것인가에 대하여 교사가 추구하는 가설과 이론 등은 비교적 복잡하지 않은 상황에서도 작용할 수 있다. 교사는 학급의 다른 학생들 또한 생각해야 하기 때문에 한 명의 학생에게 너무 많은 시간을 할애하는 데 주저할 수밖에 없는 반면, 학교 기반 전문가는 개별화된 교수법을 가지고 해당 학생의 문제에 최선을 다해 전념할 수 있다. 학생에게 뭔가 긍정적인 일을 할 수 있도록 허용하는 것은 학생에게 '굴복'하는 것으로 비춰질 수 있다. 또한 문제 학생의 특성에 맞게 변형된 과제를 부여하는 것은 학급 내 다른 학생들과의 형평성 문제를 비롯하여 일정한 기준으로 평가를 하는 데 있어 문제를 야기할 수 있다. 컨설턴트는 이와 같은 문제에 민감해야 하며, 이를 직접적으로 처리할 수 있어야 한다. 컨설턴트 자신의 관점으로 교사를 변화시키고자 하기보다는 교사의 사고체계(합리적이라는 전제하에) 내에서 학생의 요구를 충족시킬 수 있는 방법이 고려되어야 한다. 이러한 방식은 상황에 대한 다양한 해석과 전략이 공존하는 교육 현장에서 가장 도전적인 과제임에 틀림없다.

Frankie의 사례: 교사 컨설테이션의 예

Frankie는 잡담을 비롯하여 다른 아이들이 앉으려 할 때 갑자기 의자 빼기, 교사가 뒤로 돌아설 때 교사 흉내 내기, 웃기는 표정 짓기와 같은 별난 행동 때문에 의뢰되었다. 잘못된 행동에 대하여 야단을 치면 일시적으로 그만두기는 하지만 교사의 주의가 다른 곳으로 옮겨지면 다시 같은 행동을 반복하기 일쑤였다.

Frankie는 10세 소년으로, 학습장애는 없다. 지능검사 결과 그의 지적 능력은 중상 범위(high average range)에 있었고, 성적은 B에서 C 정도를 받고 있었다. 과제나 숙제를 완성하기는 하나, 수업 시간에 과제를 부여할 경우 그는 자신의 잠재적 수행 능력 이하의 수준을 나타냈다.

의미 없는 언행, 교사 및 급우들에 대한 농담들로 3회기의 상담을 마친 후, Frankie는 진심으로 그 자신의 행동 변화를 원한다고 시인하였다. 여기서 Frankie와의 상담은 종결되었고, 상담자는 담임교사를 만나 컨설테이션에 참여할 용의가 있는지 의사를 물어보았다. 담임교사는 주저하였지만 Frankie의 행동에 대해 더 이상 좌절하고 싶지 않아 상담자의 제안에 마지못해 동의하였다.

첫 컨설테이션 회기에서 상담자와 교사는 Frankie의 문제를 사정하고, 컨설테이션을 통해 도출한 개입 방안에 대해 양측 모두가 적절하다는 판단이 서는 경우 양측 모두가 실행할 수 있는 개입 방안을 설계함으로써 함께 해결해 나가고자 합의하였다. 더불어 상담자가 부모를 컨설테이션 과정에 참여시킬 수 있다는 점에 대해서도 합의하였다. 컨설턴트는 교사에게 Frankie에 대해 어떻게 생각하고 있는지에 대하여 표현해 줄 것을 요청하였고, 이에 교사는 Frankie가 급우들의 사회적 인정을 필요로 한다고 설명하였다. 교사는 Frankie가 급우들 사이에서 어느 정도 인기를 얻고 있지만, 이를 유지하기 위해 농담이나 재담을 일삼는가 하면, 건물과 운동장 사이에 있는 난간 위를 걷는 등 때로는 신체적 위험조차 무릅쓰는 것 같다고 보고하였다. 또한 Frankie는 고도로 발달된 심리 운동 기술을 가지고 있지 못하여 집단 활동에 기여할 수는 없으나 특유의 재치로 집단 활동에 참여한다고 보고하였다. Frankie에 대한 교사의 지각은 상담자가 카페테리아와 운동장에서 Frankie를 관찰한 바와 일치하였다. Frankie는 필사적으로 급우들의 인정을 받고 싶어 하는 것 같았다. 특히, Frankie는 친구들과 함께 게임을 하다가도 갑자기 "꺼져 버려."라며 몇몇 친구를 놀리곤 하였으며, 교사가 언급한 바와 같이 학교 건물과 운동장 사이의 다리 위 좁은 난간을 걷는 모습이 눈에 띄었다.

Frankie의 안전을 걱정한 컨설턴트와 교사는 그가 다시 한 번 난간 위를 걷는다면 운동장에 나가지 못하게 하고, 다른 친구들이 운동장에서 활동하는 시간 동안 다른 일을 하도록 하자는 개입방법에 합의를 하였으며, 이에 교사는 Frankie에게 이러한 사항에 대해 주의를 주고 경고를 하였다. 컨설테이션의 초점은 Frankie가 운동장이나 교실에서 관찰된 것과 같은 행위를 하지 않고도 사회적으로 인정받을 수 있도록 돕는 방안을 개발하는 것이었다. 반응 대가 체계(역자 주-response cost system: 바람직하지 못한 행동을 하였을 때 그 행동에 대한 대가로서 이미 주어진 정적 강화를 상실하게 하는 것)가 교사의 언어적 칭찬과 같은 보조 프로그램과 함께 실시되었다. 이러한 반응 대가 체계는 만약 ① 그가 누군가를 때릴 때, ② 농담 및 조롱과 같이 과제와 관련 없는 말을 할 때, ③ 다른 학생의 표정이나 몸짓을 따라하며 놀릴 때 교사가 Frankie의 책상에 있는 다섯 개의 칩 가운데 하나를 회수하도록 설정되었다. 만약 Frankie가 하교 시간까지 칩을 하나라도 가지고 있으면 학급의 청소시간에 그에게 분담된 역할 하나를 면제받을 수 있게 하였다.

Frankie는 이와 같은 방식으로 운영되는 반응 대가 체계에 동의하였지만, 결국 실패하고 말았다. 이는 아마도 그가 급우들로부터 인정을 받지 못한다고 생각했기 때문일 것이다. 개입을 시작한 지 4일 후 마지막 남은 토큰 하나를 잃고는 이전의 모습으로 되돌아온 순간, 그는 "마지막 하나마저 사라져 버렸어."라는 말을 무심코 내뱉었다.

상담자와 교사는 브레인스토밍 이후 반응 대가 체계와 관련된 보상을 변경하기로 결정하였다. 교사, Frankie 그리고 상담자는 '매일 소리 내어 읽기 활동'을 '탤런트 쇼'로 대체하는 데 합의하였는데, 여기서 탤런트 쇼는 Frankie가 상담자와 함께 조직하고, Frankie 자신이 진행자로 활약하는 프로그램으로 고안되었다. 기회로 주어진 특권을 획득하기 위해 Frankie는 4일 중 3일 동안 세 개의 칩 가운데 최소한 한 개의 칩을 가지고 있어야 한다는 데 동의하였다. 만약 탤런트 쇼를 할 기회를 갖지 못할 경우 진행자 역할은 다른 학생으로 교체될 수 있으며, 정확한 시간을 제시할 수는 없지만 언젠가는 또 다른 친구와 함께 탤런트 쇼에 대한 책임을 공유해야 한다는 점을 Frankie에게 알려 주었다.

교사와 보조 교사가 해야 하는 일은 사회적 강화를 제공하는 것이었다. 상담자가 해야 하는 일은 탤런트 쇼를 홍보하고, Frankie를 만나 쇼 운영에 필요한 기술을 개발하도록 돕는 한편, Frankie를 보조해 줄 수 있는 인력을 훈련하는 것이었다. 탤런트 쇼를 시작하고 처음 6주 가운데 5주 동안 Frankie가 진행을 맡게 되었고, 바로 그때 4일 동안 매일 최소한 칩 한 개를 가지고 있는 것으로 그 기준이 상향 조정되었다. 8주 차에는 다른 아동이 진행자 역할을 하게 되었다. Frankie는 쇼를 기획하는 팀에 남아 진행자 훈련을 도왔다.

요약

교사 컨설테이션과 교사 협력은 여러 문헌에서 광범위하게 논의되어 왔다. 교사 컨설테이션 과정 또한 폭넓게 연구되어 왔다. 이러한 논의와 연구에서는 교사의 컨설테이션 참여가 1차적으로는 학생에게 긍정적인 영향을 미칠 수 있고, 2차적으로는 교사들이 미래에 이와 유사한 문제를 보다 잘 다룰 수 있게 해 준다는 결론을 내리고 있다. 그러나 그 과정에 문제가 없는 것은 아니다. 성공적인 컨설턴트는 교사의 배경뿐 아니라 학교 환경으로 인해 발생하는 컨설테이션의 한계에 대해 알아야 하며, 그러한 한계를 극복하기 위해 노력해야 한다.

실무자를 위한 조언

1. 교사 컨설테이션의 성공 가능성은 시간, 행정적 지원, 교사의 훈련 배경 등과 같은 요소들의 영향을 받는다. 교사와 컨설테이션을 시작하기 전에 각각의 변인들에 대해 고려해 보고, 다음 질문들에 대답해 보라.
   a. 이 교사는 컨설테이션을 활용할 의지가 있는가?
   b. 이 교사를 위해 얼마나 많은 시간을 할애할 것인가?
   c. 이 교사는 컨설테이션을 활용하는 것에 교장이 얼마나 지지적이라고 믿고 있는가?
2. 집단 컨설테이션에는 많은 장점이 있지만 단점 또한 존재한다. 집단 컨설테이션을 시작하기 전에 집단을 촉진할 수 있는 자신의 능력을 평가해 보라.
3. 15분 내에 가능한 한 많은 질문을 하고, 그 내용을 녹음기에 담아 보라. 이때 가상의 의뢰인이 각 질문에 대답하는 데 2분가량 걸린다는 전제하에 그 시간까지를 포함시켜야 한다. 아마도 질문의 개수는(약 일곱 개 정도) 제한적일 것이다. 이는 회기를 시작하기 전에 관찰을 통해 가능한 한 많은 정보를 수집하고 이를 검토하여 회기를 준비해야 하며, 내담자에게 초점을 맞춘 질의가 이루어져야 함을 시사한다.

확인 문제

1. 교사 컨설테이션 서비스에 영향을 미치는 교사의 역할 및 조직 내 요인들을 정의하고 설명하시오.
2. 이 장에서 검토한 교사 컨설테이션 접근을 이 책의 서두에 소개한 컨설테이션 모델들과 비교하시오.
3. 비교적 시간 제한이 없는 개인 컨설테이션을 실제로 이행하기 어려운 경우에 활용할 수 있는 대안적인 컨설테이션 방법들에 대해 간략히 설명하시오.

4. 서로 다른 초점을 지닌 두 가지 교사 집단 컨설테이션 서비스를 비교·대조하시오.

5. 학급 관찰은 교사 컨설테이션 서비스와 어떠한 방식으로 결합하여 활용해야 하는가?

참고문헌

Babcock, N. L., & Pryzwansky, W. B. (1983). Models of consultation: Preferences of educational professionals at five stages of service. *Journal of School Psychology, 21*, 359–366.

Babinski, L. M., & Rogers, D. L. (1998). Supporting new teachers through consultee–centered group consultation. *Journal of Educational and Psychological Consultation, 9*(4), 285–308.

Bergan, J. R., & Schnaps, A. (1983). A model for instructional consultation. In J. Alpert & J. Meyers (Eds.), *Training in consultation* (pp. 104–119). Springfield, IL: Charles C. Thomas.

Blessing, K. (Ed.). (1968). *The role of the resource consultant in special education.* Washington, DC: The Council for Exceptional Children.

Bossard, M. D., & Gutkin, T. B. (1983). The relationship of consultant skill and school organizational characteristics with teacher use of school–based consultation services. *School Psychology Review, 12*, 50–56.

Broughton, S. F., & Hester, J. R. (1993). Effects of administrative and community support on teacher acceptance of classroom interventions. *Journal of Educational and Psychological Consultation, 4*, 169–177.

Brown, D., Wyne, M. D., Blackburn, J. E., & Powell, W. C. (1979). *Consultation.* Boston: Allyn & Bacon.

Buysse, V., & Wesley, P. W. (2005). *Consultation in early childhood settings.* Baltimore, MD: Paul H. Brookes Publishing.

Cantrell, R. P., & Cantrell, M. L. (1976). Preventive mainstreaming: Impact of a supportive services program on pupils. *Exceptional Children, 42*, 381–386.

Caplan, G. (1970). *The theory and practice of mental health consultation.* New York: Basic Books.

Caplan, G., & Caplan, R. B. (1993). *Mental health consultation and collaboration.* San Francisco: Jossey–Bass.

Cleven, C. A., & Gutkin, T. B. (1988). Cognitive modeling of consultation processes: A means of improving consultees' problem identification skills. *Journal of School Psychology, 26*, 397–389.

Cohen, E., & Osterweil, Z. (1986). An "issue–focused" model for mental health consultation with groups of teachers. *Journal of School Psychology, 24*, 243–256.

Cramer, S. F. (1998). *Collaboration: A successful strategy for special educators.* Boston: Allyn & Bacon.

Crothers, L. M., Hughes, T. H., & Morine, K. A. (2008). *Theory and cases in school-based consultation.* New York: Routledge.

Curtis, M. J., & Watson, K. L. (1980). Changes in consultee problem clarification skills following consultation. *Journal of School Psychology, 18,* 210-211.

Dettmer, P., Dyck, N., & Thurston, L. P. (1999). *Consultation, collaboration and team work for students with special needs.* Boston: Allyn & Bacon.

Dinkmeyer, D., & Carlson, J. (1973). *Consulting.* Columbus, OH: Charles E. Merrill.

Fagan, T. K. (2002). School psychology: Recent descriptions, continued expansion, and an ongoing paradox. *School Psychology Review, 31,* 5-10.

Fishbaugh, M. S. (1997). *Models of collaboration.* Boston: Allyn & Bacon.

Friedman, L. P. (1976). *Teacher consultation styles.* Unpublished doctoral dissertation, University of Pennsylvania.

Gibbs, J. T. (1980). The interpersonal orientation in mental health consultation: Toward a model of ethnic variations in consultation. *Journal of Community Psychology, 8,* 195-207.

Given-Ogle, L., Christ, B. A., & Idol, L. (1991). Collaborative consultation: The San Juan Unified School District Project. *Journal of Educational and Psychological Consultation, 2,* 267-284.

Goldstein, B. S. C. (1998). Creating a context for collaborative consultation: Working across bicultural communities. *Journal of Educational and Psychological Consultation, 9*(4), 367-374.

Graden, J. L. (1989). Reactions to school consultation: some considerations from a problem-solving perspective. *Professional School Psychology, 4,* 29-35.

Gutkin, T. B. (1981). Relative frequency of consultee lack of knowledge, skills, confidence, and objectivity in school settings. *Journal of School Psychology, 19,* 57-61.

Gutkin, T. B., & Bossard, M. D. (1984). The impact of consultant, consultee, and organizational/variables on teacher attitudes toward consultation services. *Journal of School Psychology, 22,* 251-258.

Gutkin, T. B., & Conoley, J. C. (1990). Reconceptualizing school psychology from a service delivery perspective: Implications of practice, training, and research. *Journal of School Psychology, 28,* 202-223.

Gutkin, T. B., & Curtis, M. J. (1982). School-based consultation. In C. R. Reynolds & T. B. Gutkin (Eds.), *The handbook of school psychology* (pp. 796-826). New York: John Wiley & Sons.

Harris, A. M., & Cancelli, A. A. (1991). Teachers as volunteer consultees: Enthusiastic, willing or resistant participants? *Journal of Educational and Psychological Consultation, 2,* 217-238.

Heron, T. E., & Harris, K. C. (1982). *The educational consultant*. Boston: Allyn & Bacon.

Hughes, J. N., Grossman, P., & Barker, D. (1990). Teachers' expectancies participation in consultation, and perceptions of consultant helpfulness. *School Psychology Quarterly, 5*, 167-179.

Idol, L. (1988). A rationale and guidelines for establishing special education consultation programs. *Remedial and Special Education, 9*(6), 48-58.

Idol, L. (1989). Reaction to Walter Pryzwansky's presidential address to the American Psychological Association on school consultation. *Professional School Psychology, 4*, 15-19.

Idol, L., Paolucci-Whitcomb, P., & Nevin, A. (1986). *Collaborative consultation*. Rockville, MD: Aspen Systems.

Idol, L., & West, J. F. (1987). Consultation in special education (Part II): Training and practice. *Journal of Learning Disabilities, 20*, 474-494.

Idol-Maestas, L., & Ritter, S. (1985). A follow-up study of resource/consulting teachers: Factors that facilitate and inhibit teacher consultation. *Teacher Education and Special Education, 8*, 121-131.

Johnson, L. J., & Pugach, M. C. (1996). Role of collaborative dialogue in teachers' conceptions of appropriate practice for students at risk. *Journal of Educational and Psychological Consultation, 7*(1), 9-24.

Johnson, L. J., Pugach, M. C., & Hammitte, D. J. (1988). Barriers to effective special education consultation. *Remedial and Special Education, 9*, 41-47.

Knight, M. F., Meyers, H. W., Paolucci-Whitcomb, P., Hasazi, S. E., & Nevin, A. (1981). A four-year evaluation of consulting teachers service. *Behavioral Disorders, 6*, 92-100.

Knotek, S. E. (2005). Sustaining REI through consultee-centered consultation. *The California School Psychologist, 10*, 93-104.

Knotek, S. E., Rosenfield, S. A., Gravois, T. A., & Babinski, L. M. (2003). The process of fostering consultee development during instructional consultation. *Journal of Educational and Psychological Consultation, 14*(3&4), 303-328.

Koopman, D. K. (2007). Secondary-level teachers' perceptions of the utilization of school psychological services. *Dissertation Abstracts International: Section A: Humanities and Social Sciences, 67*(8-A), 2881 (UMI No. AA13232334).

Lortie, D. C. (1975). *School teacher*. Chicago: University of Chicago Press.

McKenzie, H. S. (1972). Special education and consulting teachers. In F. Clark, D. Evans, & L. Hammerlynk (Eds.), *Implementing behavioral programs for schools and clinics* (pp. 103-124). Champaign, IL: Research Press.

Mostert, M. P. (1998). *Interprofessional collaboration in schools*. Boston: Allyn & Bacon.

Nelson, C. M., & Stevens, K. B. (1981). An accountable consultation model of mainstreaming behaviorally disorder children. *Behavior Disorders, 6*, 82-91.

Nevin, A., Thousand, J. S., & Villa, R. A. (1993). Establishing collaborative ethics and practices. *Journal of Educational and Psychological Consultation, 4*(4), 293-304.

Parsons, R. D., & Meyers, J. (1984). *Developing consultation skills: A guide to training, development, and assessment for human services professionals.* San Francisco: Jossey-Bass.

Pohlman, C., Hoffman, L. B., Dodds, A. H., & Pryzwansky, W. B. (1998). Utilization of school-based professional services: An exploratory analysis of perceptions of mentor teacher and student teachers. *Journal of Educational and Psychological Consultation, 9*(4), 347-365.

Pryzwansky, W. B. (1974). A reconsideration of the consultation model for delivery of school-based psychological services. *American Journal of Orthopsychiatry, 44*, 579-583.

Pryzwansky, W. B. (1977). Collaboration or consultation: Is there a difference? *Journal of Special Education, 11*, 179-182.

Pryzwansky, W. B., & White, G. W. (1983). The influence of consultee characteristics on preferences for consultation approaches. *Professional Psychology, 14*, 457-461.

Pugach, M., & Johnson, L. J. (1988). Peer collaboration. *Teaching Exceptional Children, 20*(3), 75-77.

Quade, B. S. (1985). *The effects of consultation time scheduling by elementary LD resource teachers on regular teachers' attitude and use of model.* Unpublished doctoral dissertation, Southern Illinois University, Edwardsville.

Rosenfield, S. A. (1987). *Instructional consultation.* Hillsdale, NJ: Lawrence Erlbaum Associates.

Rosenfield, S. (2004). Consultation as dialogue: The right words at the right time. In N. M. Lambert, I. Hylander, & J. H. Sandoval. (Eds.), *Consultee-centered consultation* (pp. 339-347). Mahwah, NJ: Lawrence Erlbaum Assoc.

Rosenfield, S. (2008). Best practices in instructional consultation and instructional consultation teams. In A. Thomas & J. Grines (Eds.), *Best practices in school psychology, V* (pp. 1645-1660). Washington, D.C.: National Association of School Psychologsits.

Rosenfield, S., & Gravois, T. A. (1996). *Instructional consultation teams: Collaborating for change.* New York: Guilford Press.

Rosenfield, S. A., Silva, A., & Gravois, T. A. (2008). Brining instructional consultation to scale. In W. P. Erchul & S. M. Sheridan (Eds.), *Handbook of research in school consultation: Empirical foundation for the field* (pp. 203-223): New York: Tylor & Francis.

Salmon, D., & Lehrer, R. (1989). School consultants' implicit theories of action. *Professional School Psychology, 4*, 173-187.

Sarason, S. B. (1996). *Revisiting the culture of the school and the problem of change.* New York: Teacher's College Press.

Schulte, A. C., & Osborne, S. S. (1993). What is collaborative consultation? The eye of the beholder. In D. Fuchs (Chair), *Questioning popular beliefs about collaborative consultation.* Symposium presented at the annual meeting of the Council for Exceptional Children, San Antonio, TX.

Schulte, A. C., Osborne, S. S., & Kauffman, J. M. (1993). Teacher responses to types of consultative special education services. *Journal of Educational and Psychological Consultation, 4*, 1-27.

Stenger, M. K., Tollefson, N., & Fine, M. J. (1992). Variables that distinguish elementary teachers who participate in school-based consultation from those who do not. *School Psychology Quarterly, 7*, 271-284.

U.S. Department of Education (2004). *Individuals with Disabilities Education Improvement Act of 2004, Pub. L. 108-466.* Federal Register, vol. 70, no.? 118, pp. 35802-35803.

Wenger, R. D. (1979). Teacher response to collaborative consultation. *Psychology in the Schools, 16*, 127-131.

Weller, M. B. (1984). *The influence of contact and setting on the ratings of parents for models of consultation.* Unpublished master's thesis, North Carolina State University, Raleigh, NC.

West, J. F. (1985). *Regular and special educators' preferences for school-based consultation models: A statewide study* (Technical Report No. 101). Austin, TX: Research and Training Institute on School Consultation, The University of Texas at Austin.

West, J. F., & Idol, L. (1990). Collaborative consultation in the education of mildly handicapped and at-risk students. *Remedial and Special Education, 11*(1), 22-31.

Whitaker, C. R. (1992). Traditional consultation strategies: Finding the time to collaborate. *Journal of Educational and Psychological Consultation, 3*, 85-88.

Zins, J. R. (1981). Using data-based evaluation in developing school consultation services. In M. J. Curtis & J. R. Zins (Eds.), *The theory and practice of school consultation* (pp. 261-268). Springfield, IL: Charles C. Thomas.

Zins, J. E. (1996). Introduction to developing peer mediated support systems for helping professionals: Are we ready to practice what we preach? *Journal of Educational and Psychological Consultation, 7*(1), 5-7.

부모 컨설테이션

목표 | 이 장의 목표는 경험적인 사례를 중심으로 부모 컨설테이션을 개관하고, 부모 컨설테이션 수행 모형을 제시하는 것이다.

개요 | 1. 부모 컨설테이션의 역사를 간략히 제시하고자 한다.
2. 부모 컨설테이션의 절충 모형을 연합 행동주의 컨설테이션(CBC)과 비교하여 논의하고자 한다.
3. 부모 및 집단 컨설테이션에 대하여 논의할 것이다.
4. 부모 컨설테이션을 수행하는 과정에서 발생하는 문제 및 그 해결 방안에 대하여 제시하고자 한다.
5. 다문화적 맥락에서 이루어지는 부모 컨설테이션에 대하여 탐색하고자 한다.

부모 컨설테이션의 중요성에 대해서는 일찍이 여러 저서(Brown & Brown, 1975; Brown, Wyne, Blackburn, & Powell, 1979; Dinkmeyer & Carlson, 1973)에서 언급되어 왔다. 그러나 역사적으로 부모를 대상으로 한 컨설테이션은 전문가를 대상으로 한 컨설테이션에 비해 주목을 받지 못했는데, 이는 아마도 컨설테이션을 전문가들 사이에서 일어나는 과정으로 정의한 Gerald Caplan(1970)의 영향 때문일 것이다. 행동주의 심리학자들이 오랜 기간 부모들과 작업을 해 온 반면, John Bergan과 같은 학교심리학자들은 교사 컨설테이션에 많은 관심을 가져왔으며, 학교 심리학 문헌에서는 교사 컨설테이션 과정에 대한 연구와 논의들이 주를 이루어 왔다. 그러나 Sheridan(1993)은 최근 학교 현장에서도 부모 컨설테이션에 대한 관심이 높아지고 있음을 확인한 바 있으며, 이러한 경향은 오늘날까지 이어져 오고 있다. Sheridan, Kratochwill과 Bergan(1996)은 Bergan(1977)의 행동주의 컨설테이션 모델에 가족을 포함시켜 연합 행동주의 컨설테이션이라는 이름으로 명명하였다. 이에 대해서는 이 장의 후반부에서 보다 자세히 설명할 것이다.

절충 모형

이 장의 주요 목표는 부모 컨설테이션의 절충 모형을 제시하는 것이다. 이 모형에 세대를 넘나드는 다양한 가족 구성원을 포함시키는 것은 가족이 단순히 구성원 개개인의 모임이 아닌 역동적인 체계라는 신념에 근거하고 있다. 이 책의 서두에서 제시한 컨설테이션의 다양한 관점은 부모 컨설테이션에 적용할 수 있으며, 이 장에서는 컨설테이션 이론들을 반영한 부모 컨설테이션 모형에 대하여 논의할 것이다. 단, 가족 컨설테이션에 대한 논의에 앞서 가족 협력에 대해서는 논의하지 않는다는 사실을 밝혀 두고자 한다. 가족 협력은 주로 유아교육 실무자들이 수행하는 작업으로서 이 책의 주요 독자, 즉 학교와 사회단체에서 일하고 있는 사회복지 컨설턴트들과는 크게 관련성이 없는 독특한 과정이기 때문이다.

부모 컨설테이션 및 다른 형태의 부모 개입

이 책 전체에 걸쳐 컨설테이션에 대한 정의를 제시해 왔으나, 여기서는 가족치료 및 부모

교육과 같은 부모 중심 접근과 부모 컨설테이션의 경계에 대한 명확한 설명을 중요하게 다루고자 한다. 가족치료는 가족 내 존재하는 문제를 해결하기 위해 부모와 자녀가 전문적인 치료에 함께 참여하는 직접 서비스이다(Goldenberg & Goldenberg, 2000). 한편, 부모교육은 부모에게 구체적인 양육 기술을 가르치는 간접적 접근 방식이라고 할 수 있다. 이러한 부모 중심 접근은 집단을 대상으로 하여 강사가 수립한 교육 과정에 따라 구체적인 일정하에 진행되는 것이 일반적이다(Brown et al., 1979). 부모 컨설테이션은 부모교육과 마찬가지로 부모를 위한 간접적인 개입방법으로, 컨설턴트와 만나는 대상은 부모이기 때문에 자녀에게는 간접적인 접근 방식이라고 할 수 있으며, 부모교육 과정에 자녀가 참여할 수 있는 여지는 전혀 존재하지 않는다.

부모 컨설테이션의 목표 중 하나는 의뢰인의 자녀 양육 기술을 향상시키는 것으로, 이때 다루는 주제는 미리 설정하지 않는 것이 보통이다. 또한 컨설턴트와 의뢰인(부모)은 협력을 통해 컨설테이션의 과정을 결정하는데, 우선 이들은 가족 내 존재하는 문제가 자녀의 부적응적인 기능과 관련되어 있는지를 판단하게 된다. 이후 컨설턴트는 부모로 하여금 자녀와 경험하고 있는 문제들에 대해 이해하도록 함으로써, 그러한 문제들에 대한 해결책을 마련하여 이를 실행하도록 돕는다. 가족치료와 마찬가지로 부모 컨설테이션 역시 성공적인 결과를 얻는 데 컨설턴트와 의뢰인의 원만한 관계 형성이 필수적이라고 할 수 있다. 부모교육은 특정 개인의 상황과 상관없이 이루어지는 과정이라는 점에서 부모 컨설테이션과 구별된다. 또한 부모 컨설테이션은 가족치료에 비해 그 개입 기간이 짧다는 점도 반드시 기억해야 한다.

가족 컨설테이션은 양육 원칙에 대한 기본적인 지식이 부족하거나 문제해결 방안에 대한 이행 기술이 부족한 부모, 또는 편견이나 고정관념으로 자녀에 대하여 비현실적이고 역기능적인 기대를 지니고 있는 부모들에게 적합한 개입방법이라고 할 수 있다. 한편, 부모의 병리적인 행동으로 발생하는 문제를 경험하고 있는 가족은 물론, 부부의 불화가 양육과정에 영향을 미치는 가족에게도 부모 컨설테이션은 적절하지 않다.

모든 형태의 컨설테이션과 마찬가지로 부모 컨설테이션의 주요 목표 역시 의뢰인이 내담자(자녀)의 문제해결을 조력할 수 있도록 지원하는 것이다. 부모 컨설테이션을 통해 내담자인 자녀는 교육적·심리적 기능이 향상될 수 있고, 컨설테이션에 참여하는 부모는 자녀들의 발달을 촉진하는 방법 및 기술에 대한 지식과 능력을 증진시킬 수 있다. 가족 전체적으로도 가족 내 의사소통과 문제해결 능력이 향상되어 이전보다 건강해지고, 가족 구성원들의 삶이 서로 뒤얽혀 가족 구성원 개인의 자율성이 침해받지 않는 범위 내에서 가족 내 응집력 또한 향상될 수 있다(Horne, 2000; Mullis & Edwards, 2001; Olson, Sprenkle, & Russell, 1979).

가족 컨설테이션 모형

절충 모형: 일반적인 고려사항

부모 컨설테이션 모형의 토대가 되는 이론에는 인본주의, 행동주의, 아들러 학파 등 세 가지가 있다. 그러나 대부분의 가족 컨설턴트는 절충적인 입장을 취하고 있으며, 그들 자신의 접근 방법에 체계이론의 원리들을 수용하고자 노력해 왔다(예: Bergan & Duley, 1981; Sheridan & Kratochwill, 1992). 한편, 체계이론과 양립할 수 없는 이론적 접근들도 존재하는데, 인간 행동에 대한 전통적인 행동주의적 입장(고전적·조작적 조건화)이 특히 그러하다. 행동주의자들은 기본적으로 원인과 결과에 있어 과학적 원리를 따르는 반면, 체계이론을 추구하는 사람들은 이러한 입장을 거부한다. 행동주의자들은 모든 행동적·환경적 변인들을 수량화할 수 있다는 환원주의적 사고를 추구하는 반면, 체계이론을 지지하는 사람들은 현상을 분석하고 수량화하고자 하면 결국 탐색하고자 하는 대상의 본질이 파괴된다고 믿는다. 또한 행동주의자들은 객관적인 현실을 믿지만, 체계이론적 접근을 취하는 사람들은 현상학적 세계관을 추구한다고 할 수 있다. 요컨대 행동주의적 접근과 체계이론적 접근은 상충적인 관계에 놓여 있기 때문에 어떤 측면에서 보더라도 통합적으로 접근하는 데는 어려움이 따른다.

행동주의/체계 모형: 연합 행동주의 컨설테이션

1981년, Bergan과 Duley는 가족을 하나의 체계로 간주함으로써 Bergan의 초기 작업을 확대하고자 하였다. 최근 Sheridan과 Kratochwill(1992)은 **연합 행동주의 컨설테이션**(Conjoint Behavioral Consultation: CBC)이라 불리는 컨설테이션 접근을 보다 정교화하고자 했는데, 여기에서 말하는 연합 행동주의 컨설테이션은 자녀의 욕구를 충족시키기 위해 부모 및 교사가 컨설턴트와 함께 작업하는 간접적 형태의 컨설테이션이라고 정의할 수 있다(Sheridan, 1993). 이 모형의 특징은 교사와 부모의 협력을 강조한다는 점이며, 이러한 특징을 제외하면 연합 행동주의 컨설테이션 모형은 Bergan(1977; Bergan & Duley, 1981)의 초기 주장을 충실히 따르고 있다고 볼 수 있다.

연합(conjoint)이라는 말은 결합을 의미하는데, 가족치료에서는 가족 구성원이 한자리에 모이도록 하는 과정을 일컫는 말로 사용되어 왔다. 또한 Sheridan과 Kratochwill(2008)은 학생의 문제를 해결하고 발달을 촉진하기 위해 학교의 전문가들이 가족 구성원들과 함께하는 작업이라는 뜻으로 연합이라는 용어를 사용하였다. 이 용어는 여러 가지 측면에서 Bergan 이 1977년에 제시한 행동주의 모형과 유사하며, 그 연장선상에서 이해할 수 있다(Bergan & Kratochwill, 1990). 우선 연합 행동주의 컨설테이션의 과정은 '문제 규명을 위한 연합 면접, 문제 분석을 위한 연합 면접, 연합적 체제에 따른 개입 실행 단계, 개입 평가를 위한 연합 면접' 등으로 구성되는데, 연합이라는 용어가 덧붙여졌다는 사실을 제외하면 Bergan의 모형에 익숙한 독자들은 이와 같은 단계들이 친숙하게 느껴질 것이다. 다만, 처음 Bergan이 제시한 모형과 다른 점이 있다면, CBC에서는 컨설테이션 참여자들 간에 긍정적 관계가 형성되어야 하고, 긴밀한 협력을 기반으로 권리와 책임이 공유되어야 한다는 것이다. 또한 Sheridan과 Kratochwill은 CBC 컨설턴트들이 문화적인 역량을 키우는 데 주력해야 하고, 의뢰인과의 관점 차이를 오히려 강점으로 받아들여야 한다고 주장했다. 그러나 문화적 역량을 향상시키기 위한 지침들은 매우 부족한 상황이다.

CBC 이론가들은 최근에 생물생태학적 체계이론으로 재명명된 Bronfenbrenner의 생태학적 체계이론을 수용하였다. 이 책에서는 체계이론의 기본적인 관점을 전적으로 옹호하지 않는다. 다만 컨설턴트는 인과 관계에 대한 가설의 수립을 삼가고, 상황적 특수성을 나타내는 증거들에 입각하여 개입해야 하며, 학교와 가정이 협력적인 관계를 맺을 수 있어야 한다는 측면에서 CBC가 표방하고 있는 체계이론의 원리들에 대해서는 동일한 입장을 취하고 있다. CBC 연구 초기, Sheridan 등(1996)은 아동의 행동이 그가 속한 다양한 체계 내 타인들에게 영향을 미치는 것은 물론, 영향을 받는다는 사실을 컨설턴트가 반드시 인식해야 한다고 주장하였다.

미시체계(microsystems)는 정서적·생물학적·인지적으로 발달 중에 있는 개인을 은유적으로 표현하는 용어이다(Bronfenbrenner, 1977). 발달 과정 중에 있는 아동은 중간 체계(mesosystems)와 상호작용을 하게 되는데, 여기서 중간 체계는 가정, 학교 및 아동이 속한 환경의 종교적인 측면 등을 포함한다. CBC에서는 가정과 학교가 주된 관심사이며, 아동의 발달은 가정과 학교 간 이루어지는 상호작용의 성과에 따라 향상될 수도, 지체될 수도 있다고 본다. 발달 중에 있는 개인은 궁극적으로 보다 확장된 외부 체계(exosystem)와 상호작용을 하게 되는데, 지역 공동체를 비롯하여 사회 및 문화 등을 포함하는 외부 체계는 개인의 발달 과정에서 중요한 요인으로 기능한다.

컨설테이션에서 추구하는 주요 목표 및 일련의 컨설테이션 과정에서 달성해야 할 목표에 따라 컨설턴트가 해야 하는 작업이 결정된다. 예컨대, 문제 규명을 위해 실시하는 면접에서 달성해야 할 목표 중 하나는, '가정과 학교에서 갖게 된 고민이나 욕구를 행동 용어로 정의 하는 것'이라고 할 수 있다(Sheridan & Kratochwill, 2008). 이 과정에서는 전통적인 행동 전략 들을 강조하기 때문에 행동주의 컨설테이션 기법을 습득한 컨설턴트라면 이 접근을 쉽게 이 해할 수 있을 것이다.

CBC의 영향을 받아 수행된 몇몇 연구에 대해 검토해 보고자 한다(Grissom, Erchul, & Sheridan, 2003; Sheridan, Meegan, & Eagle, 2002; Sheridan, Eagle, Cowan, & Mickelson, 2001). 4년에 걸쳐 CBC의 효과에 대하여 연구한 Sheridan 등(2001)은 83%의 컨설턴트가 당초 설정 했던 목표를 달성했을 뿐 아니라 CBC에 대한 부모와 교사들의 만족도가 매우 높았다는 결 과를 보고하였다. Sheridan(1997)은 행동주의 컨설테이션에 참여한 의뢰인 진술과의 비교를 통해 CBC 과정 변수에 대한 연구를 수행하였고, 그 결과는 유용하고 흥미로웠다. Grissom 등(2003)은 CBC 과정에 영향을 미치는 요인에 대한 대규모 연구를 수행하였고, 연구에서 ① '컨설턴트가 컨설테이션 과정에 영향을 미치고자 하는 시도와 이러한 시도의 성공적인 수행은 컨설테이션의 성과와 정적인 상관관계'를 갖고 ② '교사가 컨설테이션 과정에 영향 을 미치고자 하는 시도와 이러한 시도의 성공적인 수행은 컨설테이션의 성과와 부적 상관관 계에 있다'는 가설을 수립하였으나, 연구 결과 이 가설은 지지되지 않았다. 또한 ③ '부모가 컨설테이션 과정에 영향을 미치고자 하는 시도와 이러한 시도의 성공적인 수행은 교사가 지 각한 성과와 부적 상관관계에 있다'는 세 번째 가설은 사실로 확인되었다. 한 가지 이상한 점은, 부모-컨설턴트 관계 혹은 교사-부모 관계에서 컨설테이션 과정을 지배하고자 하는 경향이 강한 부모일수록 내담자인 자녀에 대한 목표 달성이 미흡하다고 인식한다는 것이다.

이 연구의 한계에 대해 살펴보면, 첫째, Grissom과 그 동료들이 발견한 사실이 비록 흥미 롭고 추후 연구의 단서를 제공하고 있기는 하지만, 연구에서 양자 관계를 설정한 것은 부적 절한 판단이었으며, 추후 연구에서는 삼자 간 상호작용에서 나타나는 특성들을 검토하는 것이 바람직할 것이다. 둘째, 연구 참여자들을 대상으로 질문지를 활용한 조사를 실시하고 이를 토대로 입수한 정보를 반영했다면, 연구자들은 실험을 통해 수집한 자료에 비해 보다 통찰력 있는 논의를 개진할 수 있었을 것이다. 셋째, 생태학적 체계이론을 행동주의 모형에 반영한 것은 철학적으로 매우 부적절한 형태의 결합이라 할 수 있는데, 이는 잘 다듬어진 포 스트모더니즘 이론에 전통적인 모형(모더니즘 이론에 기초한 모형)을 접붙인 것과 같다고 할 수 있다. 따라서 연구와 실제 모두에 재개념화가 필요하다. 인지적이고 문화적인 요인들이 실천 모형에 통합되고, 질적인 연구 설계를 통해 모형의 효과 평가가 이루어져야 한다.

💡 절충적 접근

이 장의 서두에서 언급한 바와 같이, 10장의 주요 목표는 부모 컨설테이션의 절충 모형을 제시하는 것이다. 사회인지학습이론(Bandura, 1977, 1978, 1986), 정신건강 컨설테이션(Caplan, 1970), 체계이론(Bateson, 1972; Capra, 1982)만큼은 아니지만 부모 컨설테이션 절충 모형 또한 아들러 이론(Albert, 1996)의 영향을 받아 형성되었다고 볼 수 있다. 또한 이 모형은 다문화 관련 연구를 토대로 개발되었는데, 다문화는 가족 컨설턴트로 하여금 문화적으로 섬세하고 신중한 컨설테이션을 수행할 수 있도록 활발한 연구가 이루어지고 있는 영역이라 할 수 있다.

이 장의 또 다른 목표는 가족 컨설테이션 회기 진행 방법에 대해 구체적인 제언을 제공하는 것으로, 이와 관련된 내용은 이 책의 저자들과 저자들이 담당했던 학생들의 경험을 중심으로 기술하고자 한다. 따라서 컨설턴트가 되기 위해 수련을 받고 있는 이들은 이 책에서 제시하는 제언을 하나의 잠재적 지침으로 참고하고, 실제로 부모 컨설테이션을 수행해 나가는 과정에서 이러한 지침들을 취사선택하면 된다.

💡 절충적 접근의 전제

사회학습이론으로부터(Bandura, 1977, 1978, 1986)

① 아동의 행동은 선망의 대상이 되는 모델을 모방한 결과로 습득된다. 대부분의 경우, 가족 내에서 부모는 존경의 대상이기 때문에 자녀가 아동기에 보이는 행동의 근원은 부모 또는 손위 형제자매의 행동을 모방한 결과라고 할 수 있다. 부모가 없거나 부모가 모델로서 존경받을 만한 행동을 보이지 못하는 경우, 자녀들은 부모가 아닌 타인의 행동을 모방하게 된다.
② 인지는 행동 습득 과정에 영향을 미친다. 과제를 수행해 낼 수 있다는 자신감(자기효능

감), 그 과제에 부여한 중요도(평가), 과제 수행과 관련된 성과(기대) 그리고 과제 수행을 둘러싼 개인의 기준은 매우 중요하다. 자녀에 대하여 효과적으로 그 역할을 수행해 내는 부모는 일반적으로 자신감이 있고 자녀 양육을 중요하게 여기며, 그 자신이 자녀의 성장에 영향을 미친다는 신념을 갖고 있을 뿐 아니라 자녀를 훌륭하게 양육하고 싶어 하는 것으로 나타났다.

③ 자기효능감은 성공적인 수행을 통해 향상된다. 간접 모방과 언어적 설득 또한 자기효능감을 향상시킬 수 있는 효과적인 방법이라고 할 수 있다. 만약 불안이 아동의 과제 수행을 방해한다면, 불안을 감소시킴으로써 자기효능감을 증진시킬 수 있는데, 이때 부모로 하여금 자녀의 불안을 경감시키기 위해 단기간에 달성할 수 있는 목표들을 설정하게 하거나, 중요하고(평가) 목표 성취에 도움이 된다고(기대) 판단되는 행동을 하게 함으로써 양육과 관련된 자기효능감을 향상시킬 수 있다.

④ 아동은 자신의 부모 또는 타인을 직접 관찰함으로써 부모로서의 기능 수행과 관련된 기준을 습득한다. 컨설테이션에서는 부모의 기준을 변화시키기 위해 간접적인 모델링, 언어적 설득, 부모로서의 기능 수행에 대한 부모 그 자신의 기준(예: 얼마나 좋은 부모가 되기를 원하는가) 등의 방법을 사용할 수 있다.

정신건강 컨설테이션으로부터(Caplan, 1970)

① 의뢰인의 문제는 지식의 부족, 기술의 부족, 자신감의 부족, 객관성의 부족으로 분류할 수 있다. 이때 객관성 부족은 아동이 출생하기 이전에 부모에게 형성된 편견(예: 정신 지체아들은 피해야 한다) 또는 아동이 출생한 이후에 경험한 불안을 통해 갖게 된 편견(예: 심각한 질병으로 아이가 죽을 뻔했던 경험)으로 야기될 수 있다.

② 지식의 부족, 기술의 부족, 낮은 자신감, 객관성의 문제는 서로 연관되어 있다.

체계이론으로부터(Bateson, 1972; Capra, 1982)

① 핵가족은 보다 넓은 상위 체계인 대가족의 한 부분이다. 핵가족 내에서 추구하는 다양한 가치들은 상위 체계의 가치들을 기반으로 하고 있으며, 이러한 가치들은 긍정적이든 부정적이든 양육 과정에 영향을 미친다.

② 가족은 하나의 체계로서 상호작용한다. 건강한 가족은 상호 의존적인 동시에 구성원

각자가 뚜렷한 정체감을 가질 수 있는 수준으로 분화되어 있다. 또한 하위 체계가 발달되어 있고(예: 부모와 자녀), 지지적이고 개방적인 의사소통 원리하에 구성원들의 행동을 통제하는 명확한 방안들을 발전시켜 나가며, 그들만의 가치와 목표를 지니고 있다.

③ 가족 내에서는 원인과 결과를 규명하는 것이 사실상 불가능하므로 가족 상호간의 비난은 피해야 한다.

④ 가족체계의 핵심은 의사소통에 있다. 부정적인 피드백은 가족항상성은 유지시켜 줄 수 있으나 가족의 성장을 방해하는 반면, 긍정적인 피드백은 가족의 성장과 발달을 촉진한다.

다문화 관련 문헌들로부터

① 가족 컨설테이션에서 유럽계 미국인 의뢰인에게 가족이란 주 양육자, 즉 어머니나 아버지 또는 두 사람 모두를 의미한다. 그러나 다른 문화권에서 가족의 개념은 다른 의미를 지니고 있다. 예컨대, 아시아계와 스페인계 미국인 의뢰인에게 가족의 개념은 조부모, 숙모와 삼촌 그리고 경우에 따라 대부모(역자 주: godparent-기독교에서 대자나 대녀가 될 아이의 세례식에 입회하여 종교적 가르침을 주기로 약속하는 사람)가 포함되기도 한다. 어떤 인디언 부족은 가족의 개념을 확대하여 사촌과 씨족까지 포함시키기도 하는데(Brown, 1997; McWhirter & Ryan, 1991; Sue & Sue, 2007), 이때 '가족'의 모든 구성원은 아동을 양육하는 역할을 맡게 된다. 따라서 다문화 컨설테이션을 수행하는 데 있어 첫 번째 단계는 의뢰인의 문화적 배경을 주의 깊게 살피는 것이라 할 수 있다.

② 의뢰인의 세계관에 부합되는 컨설테이션을 제공하는 것이 중요하다. 의뢰인의 문화적 배경과 역사를 이해하는 것은 그 사람의 세계관을 이해하는 데 도움이 된다(Brown, 1997; Koonce & Harper, 2005; Sue & Sue, 2007). 백인 컨설턴트는 미국 내 수많은 소수 민족의 역사 속에 백인에 의한 착취와 억압이 내재해 있음을 인식해야 한다. 따라서 문화적 유산과 인종의 차이는 컨설테이션 과정에서 극복해야 할 장애물이라 할 수 있다.

③ 다문화 컨설테이션이 성공적이기 위해서는 컨설테이션 과정에서 의뢰인에게 의미 있는 변화가 일어나야 한다.

🕯️ 절차

가족 컨설테이션은 앞에서 언급한 전제들을 기초로 진행되어야 한다. 그러나 가족 컨설테이션의 실제 과정은 다른 형태의 컨설테이션과 크게 다르지 않다. 앞서 언급한 바와 같이 컨설테이션은 구조화와 관계발전 또는 사정, 문제 정의, 목표설정, 개입, 평가 및 추수 상담의 단계를 거쳐 문제를 해결해 나가는 과정이다.

부모 컨설테이션에서는 이 다섯 단계에 심리적인 원리를 설명해 주는 단계가 추가적으로 진행된다. 이 단계가 추가된 이유는 부모들이 어떠한 개입을 해야 하며, 왜 그러한 개입이 이루어져야 하는지에 대한 이해가 필요하기 때문이다. 여기에 기술된 단계들이 순차적으로 진행되는 것처럼 비춰질 수 있으나, 그러한 경우는 거의 없다는 사실을 반드시 기억해야 한다. 다만 여기에서는 독자들의 이해를 돕기 위해 가족 컨설테이션 단계들을 순차적으로 기술하되, 이 과정에 내재해 있는 역동적인 특성들을 묘사하기 위해 모든 노력을 기울일 것이다.

접촉 착수하기

컨설테이션은 컨설턴트 또는 한 명 이상의 가족 구성원에 의해 시작된다. 컨설테이션 초기 단계에서 컨설테이션의 성패가 상호 노력에 달려 있음을 강조함으로써 협력적인 관계를 형성하는 것은 매우 중요하다. 다만 의뢰인의 문화적 배경에 따라 컨설테이션을 착수하는 방식에 중대한 차이가 있을 수 있음을 기억해야 한다. 예컨대, 아시아계 미국인들은 유럽계 미국인들에 비해 컨설턴트의 전문성에 보다 높은 수준의 존경심을 표할 수 있는데, 이러한 경우 컨설턴트가 관계 내에서 작용하는 힘의 균형을 맞추고자 하는 모든 노력이 실패할 확률이 높다. 또한 어떤 인디언계 의뢰인은 자신이 많은 이야기를 하기보다는 컨설턴트의 답변을 기대하기도 하고, 컨설턴트와 부족 치유자(healer) 간의 협력을 기대하기도 한다. Thomason(1995)은 경우에 따라 부족 치유자의 의견에 따라 판단해야 할 필요도 있다고 제안하였다. 처음 인디언계 의뢰인을 접할 경우, 컨설턴트는 부족원들이 존경하는 부족 치유자가 어떠한 역할과 기능을 담당하고 있는지를 파악해서 자신의 컨설테이션 방식을 조정할 수 있어야 한다.

가족 컨설테이션을 시작하기 위해서는 시간 약속을 해야 한다. 시간 개념이 정확한 컨설턴트의 경우, 시간개념과 관련하여 다른 세계관을 갖고 있는 의뢰인의 반응에 대처할 준비를 해야 한다. 일반적으로 인디언계 미국인들은 정해진 시간에 일을 하는 것보다는 그때가 언제이든 상관없이 그 일과 관련된 모든 사람이 모였을 때 시작해야 한다고 생각한다 (Thomason, 1995). 또한 스페인계 미국인 의뢰인은 현재 지향적 세계관 때문에 철저한 시간 약속을 다소 가볍게 여기는 경향이 있다.

문화적 배경과 상관없이 가족 컨설테이션을 시작하는 컨설턴트는 의뢰인에게 컨설테이션이 필요한 이유와 의뢰인에게 기대하는 역할에 대해 설명한 준비를 하는 등 컨설테이션에 필요한 단계를 밟아 나가야 한다. 이러한 노력들이 성공을 거두기 위해서는 아동을 조력하는 데 집중하고 문화적으로 섬세하게 접근하는 것이 중요하다. 다음과 같은 컨설턴트의 진술이 그 적절한 예이다.

> "XYZ를 돕기 위한 계획을 함께 세울 수 있었으면 좋겠어요. 그 아이는 착하고 모든 일에 최선을 다합니다. 저희(학교, 기관 등)가 가족과 함께 작업을 해 나간다면 아이를 보다 잘 도와줄 수 있을 거라 생각합니다."

일단 컨설테이션의 특성에 초점을 두고 이야기를 전개한 다음, 컨설테이션의 목적(예: 자녀의 문제를 보다 효과적으로 다룰 수 있도록 부모를 돕는 것)에 대해 설명하는 것이 중요하다. 이와 같이 구조화된 진술과 함께 다음과 같은 전략들을 활용한다면 컨설턴트와 의뢰인이 동등한 관계를 형성하고 유지해 나가는 데 도움이 될 것이다.

① 의뢰인에게 컨설턴트의 제안을 수용 또는 거부할 자유를 허용한다.
② 의뢰인이 적극적으로 제안을 하도록 독려한다.
③ 의뢰인이 컨설테이션에 전념할 것을 강조한다.
④ 의뢰인이 책임감을 가질 수 있도록 독려한다.
⑤ 의뢰인의 노력을 요구한다(Parsons & Meyers, 1984, pp. 38-39).

Parsons와 Meyers는 컨설턴트가 비권위적인 방식으로 행동해야 하고, 의뢰인은 단순히 컨설턴트에게 정보를 제공하는 것이 아니라 실제로 컨설테이션에 전념하고 있다는 느낌을 전달해야 하며, 컨설턴트가 의뢰인에게 제안을 할 때에는 잠정적으로 접근하는 것이 효과적이라고 주장하였다. 다음은 컨설턴트의 컨설테이션 회기 진행 방식을 보여 주는 예이다.

컨설턴트: 함께하게 되어 기쁩니다. 자녀의 공격적인 행동을 중단시키기 위해 지금까지 어떤 노력을 하셨고, 그러한 노력이 어떻게 작용했는지에 대해 말씀해 주시면 저에게 많은 도움이 될 것 같습니다.

의뢰인: (어머니가 의뢰인인 경우) 글쎄요. 저는 주로 벌을 줬어요. 매를 들었지만 그게 아이를 더 화나게 했던 것 같아요. 단단히 버릇을 고쳐 놓으려 했지만, 아이는 오히려 저를 무시했어요. 그나마 효과가 있었던 방법은 가끔 용돈을 안 주는 것이었는데, 저는 정말이지 그러고 싶지 않았어요.

컨설턴트: 네, 여러 가지 방법을 시도해 보셨군요. 용돈을 빼앗았을 때 어떤 일이 있었는지, 그리고 왜 그 방법을 좋아하지 않으셨는지 더 말씀해 주실 수 있으세요?

의뢰인: 용돈을 빼앗겠다고 겁을 주면 아이가 반응을 보였어요. 하지만 제가 13세일 때 돈이 전혀 없던 때가 있었는데, 그게 어떤 느낌인지 아직도 생생히 기억해요. 그래서 용돈을 빼앗는 방법은 썩 내키지 않아요. 아이에게 용돈을 빼앗겠다고 겁을 주기는 하지만 실제로 그렇게 한 적은 거의 없어요. 아이가 다른 사람들을 때릴 때에도 말이죠.

컨설턴트: 그러니까 어머니 말씀에 따르면 경우에 따라 용돈을 빼앗기도 하고 그렇게 하지 않기도 하신다는 거죠? 어머니의 어린 시절 기억이 개입된 것 같은데요?

의뢰인: 맞아요. 그런 것 같아요.

컨설턴트: 이 문제에 대해 어머니께서도 생각해 보셨군요. 그렇다면 문제해결을 위해 어머니 스스로에게 제안을 하신다면 어떤 말을 해 주고 싶으세요?

의뢰인: (웃으면서) 흔히 모든 사람이 "일관되게 행동하라."라고 말하죠. 하지만 그게 말처럼 쉽지가 않아요. 저는 제 아이에게 너무 심하게 하고 싶지 않아요. 아이를 많이 사랑하거든요.

컨설턴트: 어머니께서는 분명 아이를 깊이 배려하고 사랑하세요. 하지만 여기서 생기는 의문점은 어머니께서 지금처럼 행동하실 경우 원하는 결과를 얻을 수 있는가 하는 겁니다.

의뢰인: 아니요. 그럴 수 없을 거예요. 원하는 결과를 얻을 수 없다는 걸 알고 있어요.

컨설테이션을 시작하고 난 후 처음 몇 분간의 시간이 컨설테이션의 전체적인 분위기를 결정짓는 경우가 많다. 이때 컨설턴트가 해야 할 일은 컨설테이션의 전체 과정에서 컨설턴트와 의뢰인 두 사람의 관계가 동등하게 유지되도록 관계를 구조화하는 것이다.

관계의 발전

관계 구축과 관계 내 힘의 구조는 밀접하게 관련되어 있다. 6장에서 관계 발전을 위해 사용하는 기술에 대해 소개했던 내용들은 부모 컨설테이션에도 동일하게 적용된다. 그러나 이러한 과정은 매우 빠르게 진행되기 때문에 대부분의 경우 ① 컨설턴트가 힘의 관계를 구조화하고, ② 의뢰인과의 관계를 발전시켜 나가며, ③ 문제를 평가하는 과정들이 동시에 이루어진다. 부모를 만날 수 있는 시간은 충분치 않은 데 비해 의뢰인의 자녀가 지니고 있는 문제는 심각한 경우가 많기 때문에, 적절한 관계형성 기술을 활용하는 것은 부모 컨설테이션에서 필수적인 요소라고 할 수 있다. 컨설테이션에 관한 연구 결과들은 관계형성 기술을 사용하는 컨설턴트의 능력이 컨설턴트에 대한 의뢰인의 인식에 많은 영향을 미친다고 주장한다(Horton & Brown, 1990). 컨설테이션 관계가 견고하게 형성되지 않을 경우, 자녀의 문제를 규명하는 데 있어 부모는 컨설턴트에게 필요하지만 민감할 수 있는 정보들에 대해 언급하지 않을 수 있고, 컨설턴트를 충분히 신뢰하지 못함으로써 컨설턴트가 고안한 중재 방법들을 따르지 않을 수도 있다.

6장에서 언급한 관계형성 기술과 더불어 다음에 제시된 방법들은 부모와의 관계 형성에 유용하게 사용할 수 있다.

① 자녀의 문제로 학교를 방문하는 부모들은 상황 자체를 적대적으로 인식할 수 있으므로 컨설턴트는 모든 부모를 반갑게 맞이하도록 한다. 공교롭게도 대부분의 부모는 과거 자신의 학교생활에 대해 좋지 않은 기억을 가지고 있기 때문에, 컨설턴트는 부모가 경험했던 상황에 자녀가 노출되어 있지 않다는 사실을 명확하게 밝힘으로써 부모를 안심시켜야 한다.

② 부모의 학교 방문 목적이 자녀가 경험하고 있는 어려움을 해결하는 데 부모의 협력이 필요해서임을 설명함으로써 부모를 안심시킨다. 이때 컨설턴트는 부모의 문제를 다루고 있다는 인상을 주는 단서로 작용할 수 있는 모든 요인은 피하도록 하며, 논의의 초점을 자녀에게 맞추도록 한다.

③ 만일 다른 사람(예: 교사, 심리학자)이 참여해야 하는 상황이라면 부모가 심적으로 편안해진 이후에 제3자의 개입을 요청하도록 한다. 처음부터 너무 많은 사람이 컨설테이션에 참여할 경우, 부모는 이방인들로 인한 위협감을 느낄 수 있기 때문이다.

④ 가능한 한 빨리 비밀보장에 대해 언급하도록 한다. 부모는 자녀가 가족 내에서 발생한

일들을 가족 외의 다른 사람에게 이야기한 것에 대해 매우 방어적인 태도를 보일 수 있다.

⑤ 공식적인 분위기를 형성한다. 가능하다면 가벼운 차나 음료를 대접하고 편안한 의자를 권하도록 한다.

⑥ 만일 컨설테이션이 의뢰인의 집에서 진행될 경우, 의뢰인이 대접하는 다과에 가볍게 응대하고, 부모가 이야기하기 편한 곳에서 작업을 진행하겠다고 제안한다.

⑦ 컨설테이션의 진행 방식에 대해 결정할 때에는 항상 부모의 문화적 배경을 고려하도록 한다.

사정

문제를 사정할 때에는 다양한 종류의 정보를 수집해야 한다. 이 과정에서 중요한 것은 가족의 가치 구조를 파악하는 것으로, 가족 가치 구조에 대한 이해는 컨설테이션 과정을 구상하고 가족이 수용 가능한 개입을 계획하는 데 있어 필수적이다. 어떤 부모는 자녀에게 '자신의 권리를 주장하는 것은 곧 싸움을 의미한다'고 가르치고, 또 어떤 부모는 '성공에 이르는 과정에서 교육은 그다지 중요하지 않다'고 가르치기도 한다. McWhirter와 Ryan(1991)은 인디언계 미국인의 경우, 말로 자신의 의사를 표현하는 전통의 영향으로 읽는 것에 그렇게 큰 가치를 부여하지 않는다고 설명하였다. 또한 Sue와 Sue(2008)는 대부분의 스페인계·아시아계·인디언계 미국인들은 협력적인 관계를 강조하기 때문에 학습에 대한 경쟁적 접근들을 가치 있게 여기지 않는다는 연구 결과를 보고한 바 있다. 한편, 시간, 관계 그리고 활동에 대한 문화적 가치뿐 아니라 다른 가치들 또한 평가해야 하는데, 예를 들어 가족과 집단에 대한 충성심, 독립심, 성취, 겸손함(Brown, 1997; Brown & Crace, 1996) 등 생활 전반의 기능에 중요한 영향을 미치고 있는 가치들이 바로 그것이다. 문화에 따라, 겸손함을 중시하는 아동은 자기주장이 약하고 뒤떨어져 보일 수 있을 것이다. 또한 가족이나 집단에 대한 충성을 가치 있게 여기는 아동은 자신의 욕구보다는 가족과 집단의 전통이나 필요를 보다 중요하게 생각할 것이다. 상호위계가 뚜렷하고 지배적인 문화에서 '성취'는 독립심과 경쟁에 초점을 두지만, 다른 문화적 배경을 지닌 아동에게 이러한 접근은 큰 거부감으로 다가올 수 있는데, 이러한 시각 때문에 이 아동이 유럽계 미국인 아동에 비해 다소 능력이 떨어지는 것으로 비춰질 수도 있다(Griggs & Dunn, 1989). 만일 가족의 가치에 맞게 행동하는 것이 아동의 심리적 안녕에 심각한 위해를 끼치지 않는다면, 가족이 지향하는 가치에 따라 행동하는 아동을 적절하지 않거나 부족하다고 판단하는 것은 옳지 않다(Nikelly, 1992). 더욱이 부모와 협력해서 아동을 위한 지지적인 환경을 조성하는 것이 컨설턴트의 책임임을 고려한다면 가족의 가치 체계에 따라 행동하는 아동을 판단해서는 안 된다.

사정 작업은 회기가 시작됨과 동시에 이루어진다. 컨설턴트는 의뢰인이 자신을 부르는 호칭(예: ~씨, ~박사님)에 대해 인식해야 하는데, 이러한 호칭은 존경의 표현일 수 있기 때문이다. 또한 의뢰인이 한 명 이상일 경우 의뢰인 상호 간에 일어나는 상호작용을 파악하고, 불편한 감정의 또 다른 표현인 비언어적 행동을 알아차려야 한다. 한편, 다문화 컨설테이션의 경우, 주류 문화에 동화된 정도를 판단하는 것이 중요하다. 현재 의뢰인이 지향하는 가치는 주류 문화에 어느 정도 동화되었는지를 가늠할 수 있는 지표이므로, 가정에서 사용하는 언어, 가족이 살고 있는 지역의 특성, 옷차림 등 전통적인 관습을 얼마나 고수하고 있는지에 대해 파악할 수 있어야 한다.

한 명 이상의 가족 구성원이 컨설테이션에 참여한 경우, 컨설턴트는 가족 구성원 각자가 추구하는 가치관의 차이로 발생할 수 있는 갈등에 주목해야 한다. 이러한 갈등은 아동에게 혼란을 야기할 수 있는데, 이러한 경우에는 갈등 해결이 컨설테이션의 목표가 될 수 있다. 다음 사례의 진술에는 가치와 관련된 갈등이 내포되어 있다.

> 의뢰인: 저는 이렇게 생각해요. Betty는 항상 제 생각에 동의하지 않죠. 하지만……
>
> 의뢰인: 저는 가끔 단호하게 반대해야 할 때가 있어요.
>
> 의뢰인: 그러면 저는 그냥 Darrell에게 아빠가 집에 올 때까지 기다리라고 말해요.
>
> 의뢰인: 그런 게 아니에요. 당신이 집에 도착하기 전에 아이는 숙제를 끝낸다니까요.

한쪽 부모가 이야기할 때 다른 한쪽 부모는 어떻게 반응하는지를 파악하려면 비언어적 행동에 집중하는 것이 필요하다. 비언어적 행동은 자녀의 문제에 대해 부모가 같은 생각을 갖고 있는지의 여부를 판단할 수 있게 해 주고, 실제로 자녀의 문제에 대해 가정이 어떠한 노력을 기울이고 있는지에 대한 단서를 제공해 준다. 만일 자녀에 대한 부모의 견해가 서로 다르고 자녀의 문제를 다루는 방식에서도 차이가 존재한다면, 그 차이를 조정해 나가는 작업이 필요하다.

오늘날에는 한부모 가정이 많고 부모의 바쁜 스케줄 때문에 한쪽 부모와 컨설테이션을 해야 하는 경우가 대부분이다. 같은 집에 살고 있지 않은 다른 쪽 부모가 컨설테이션에 참여하지 않거나 부재중인 부모와 자녀의 문제에 대해 합의점에 이르지 못했다 할지라도 효과적으로 컨설테이션을 수행할 수 있는 방법은 있다. 이에 대해서는 이 장 후반부에서 보다 자세히 다루고자 한다.

경우에 따라 어떤 정보들은 의뢰인을 관찰함으로써 얻을 수 있다. 하지만 문제를 사정하는 데 활용되는 대부분의 자료는 의뢰인의 언어적 진술을 통해 습득할 수 있다. 아동이 경험하는 문제와 해당 문제에 영향을 미치는 요인들에 대해 의뢰인이 어떻게 인식하고 있는지를 정확하게 평가하기 위해 컨설턴트는 다음과 같은 질문을 해야 한다.

모델링의 영향(modeling influences)

① 가정에서 자녀가 모방하고 강화 받는 부모의 행동 가운데 자녀의 문제에 영향을 미치는 행동은 무엇인가?

② 조부모와 같이 자녀의 행동에 영향을 미치는 외부의 영향에는 어떠한 것들이 있으며, 이러한 영향의 특성 또는 본질은 무엇인가?

가족의 기능(family functioning)

① 자녀는 가정에서 의미 있는 일을 수행할 기회를 부여받고 있는가? 자녀가 성취한 일에 대해 긍정적인 피드백을 제공하고 있는가?

② 형제자매들과 동등하게 대우해 주고 있는가? 상대적으로 더 사랑받는 자녀가 있는가? 그렇다면 그 이유는 무엇인가? (객관적으로)

③ 가족 내 하위 체계는 잘 분화되어 있는가? 자녀가 부모의 역할을 수행하는가, 반대로 부모가 자녀의 역할을 수행하고 있는가?

④ 가족의 중요 사안에 대해 결정을 내리는 사람이 누구인가? 어머니인가, 아버지인가?

의사소통(communication)

① 부모는 자녀에게 어떠한 기대를 갖고 있는가? 이러한 기대가 명확하고 일관되게 전달되고 있는가?

② 일반적으로 가족 내의 의사소통은 명료하고 긍정적인가?

③ 자녀로 하여금 그들 자신의 개성을 표현할 기회를 제공하고 있는가? (부모가 집단주의적 가치관을 지니고 있는 경우에는 해당 사항 없음)

문화적 적응

컨설턴트는 다양한 정보 수집을 통해 해당 가정 또는 그 부모가 주류 문화에 얼마나 적응하고 있는지를 파악할 수 있다. 예컨대, 주류 문화에 대한 적응 수준이 상대적으로 낮은 경우에는 가정에서 모국어를 사용하고, 자신이 속한 민족의 전통을 고수하며, 음식 · 음악 · 여가활동 등에서 전통적인 관습을 따르고, 주로 같은 문화권의 사람들과 관계를 형성해 나간다(Brown, 1997). 자녀가 주류 문화에 적응하여 해당 문화의 관습과 가치를 비교적 편하게 수용한 반면, 부모는 여전히 그 자신의 전통을 고수할 경우, 이는 가정 내에서 부모와 자녀 간 갈등 요인으로 작용하게 된다.

문제의 중요성 평가

① 부모는 자녀의 문제를 진지하게 인식하고 있는가?

② 부모는 자녀의 문제를 그들 자신의 문제로 인정하는가, 아니면 그들이 통제할 수 없는 타인 또는 상황의 탓이라 생각하고 이를 비난하는가?

③ 자녀를 잘 양육하는 것이 부모에게 중요한 일이라 생각하는가, 아니면 부모로서의 역할 수행에 대해 낮은 기준을 가지고 있는가?

④ 부모가 자녀에게 영향을 미칠 수 있다고 믿는가?

앞서 언급한 바와 같이 사정은 컨설턴트가 부모를 만나는 시점부터 시작된다. 자녀의 문제와 관련된 요인들을 정확히 평가하기 위해 정보를 수집하는 작업은 전적으로 컨설턴트의 몫이다. Sonstegard(1964, pp. 74-75)는 다음과 같은 방식으로 부모와 면담할 것을 제안하였다.

I. 어떤 상황에서 자녀의 불만 또는 문제가 발생했는가?

  A. 몇 살 때?

  B. 얼마나 오래 지속되었는가?

II. 다른 형제들과의 관계는 어떠한가?

  A. 출생 순위

    1. 아들과 딸의 순위는 어떠한가?

    2. 형제자매는 어떤 면에서 차이를 보이는가?

3. 형제자매는 어떤 면에서 비슷한가?

B. (해당) 자녀는 누구와 비교되는가?

1. (해당) 자녀와 가장 닮은 형제는 누구인가?

2. (해당) 자녀와 가장 닮지 않은 형제는 누구인가?

C. 다음 사항들의 특징과 정도

1. 갈등

2. 라이벌 관계

3. 경쟁

4. 복종

5. 반항

a. 적극적인가?

b. 소극적인가?

III. 환경적 영향

A. 친척

1. 조부모

2. 조부모 외의 다른 친척

B. 집에 함께 거주하는 사람

C. 이웃

IV. (부모에게 질문) 자녀의 문제를 해결하기 위해 당신은 무엇을 하고 있는가?

A. 자녀와의 상호작용에 대해 자세히 설명해 달라고 요청한다.

B. 필요에 따라 "그게 무슨 의미입니까?"라고 질문한다.

V. 그 밖에 자녀에게 두드러지게 나타나는 특징은 무엇인가?

A. 어떤 조건에서 자녀가 적절하게 기능하는가?

B. 어떤 방식으로 행동했을 때, 자녀 스스로 잘했다고 인식하는가?

VI. 일상생활에서 보이는 특징은 무엇인가?

A. 자녀는 아침에 어떻게 일어나는가?

1. 누가 자녀를 깨우는가?

2. 한 번 이상 깨우는가?

3. 옷은 어떻게 입는가?

4. 아침 식사는 어떠한가?

　B. 점심, 저녁 등 식사 시간에 대해 설명한다.

　C. 자녀는 어떻게 잠자리에 드는가? 그 시간은 몇 시인가?

Ⅶ. 가족이 함께 외출할 때 무슨 일이 일어나는가?

　A. 외출을 위한 준비와 이때 특별히 기울이는 노력

　B. 밖에 나갔을 때 주로 어떠한 일이 일어나는가?

Ⅷ. 자녀의 대인 관계는 어떠한가?

　A. 친구를 사귀는 능력

　　1. 이웃 친구들

　　2. 성인

　　3. 학교 친구들

　B. 자녀에게 애완동물이 있는가? 자녀가 애완동물을 돌보는가?

　C. 학교에 대한 태도

　　1. 학업

　　2. 교사와의 관계

　　3. 권위자와의 관계는 어떠한가?

　D. 가족 상황에 대해 자녀는 어떤 느낌을 갖고 있는가?

　　1. 가족 내에 비극적인 일이 일어난 적이 있었는가?

　　2. 가족 분위기를 주도하는 사람은 누구인가?

　　3. 훈육 방법은 어떠한가?

　　4. 어떤 종류의 벌을 사용하였는가?

　　5. 어떤 종류의 통제가 이루어졌는가?

Ⅸ. 자녀는 자신의 미래에 대해 어떤 생각을 가지고 있는가?

　A. 미래에 어떠한 일을 하고 싶어 하는가?

　B. 다른 가족 구성원들은 어떠한 직업에 종사하는가?

Ⅹ. 자녀가 악몽을 꾸는가?

　앞에서 소개한 내용은 비교적 길고 상세한 면담 일정에 적합한 질문 목록으로서, Sonstegard(1964)는 융통성 없이 이러한 질문들의 활용을 전적으로 고집해서는 안 된다고 경고하였다. 특히 의뢰인이 아시아계, 인디언계 미국인처럼 자제력을 강조하는 문화권일 경우, 이러한 경고가 지닌 의미는 매우 크다고 할 수 있는데, 그들에게 면담은 반드시 '알아야 할 것'에 한정되어야 하고, 덜 지시적이어야 하기 때문이다. 따라서 면담은 유럽계, 아프리카계 미국인들에 비해 보다 신중하게 진행되어야 한다.

또한 컨설턴트는 자녀와 부모의 상호작용, 자녀와 친한 친구 및 성인과의 상호작용에 초점을 맞추어야 한다. Sonstegard가 제시한 면담 목록은 부모의 어떠한 행동이 자녀에게 강화 요인으로 작용하는지, 어떠한 방식으로 강화가 이루어지는지, 자녀가 모방하는 부모와 주요 인물들의 행동 특성은 무엇인지를 파악하는 데 매우 유용하게 사용될 수 있다.

예컨대, 자녀가 학교에서 자습을 잘하지 못하는 문제로 컨설테이션이 시작되었다고 하자. 면담 과정에서 의뢰인은 자녀가 가정에서 자신이 해야 할 일들을 마무리 짓는 데 서투르고, 숙제를 하는 데 많은 도움을 요청하는 등 전반적으로 자신이 스스로 해야 할 일들을 완벽하게 수행해 내지 못한다고 이야기하였다. 이 사례에서 자녀가 학교에서 경험하는 무기력함은 결국 가정에서 학습한 행동의 연장선일 가능성이 크다고 볼 수 있을 것이다.

사정이 이루어지는 동안 컨설턴트는 자녀의 기능에 영향을 미칠 수 있는 요인들에 대해 가설을 설정하였다. 다음의 사례를 살펴보자.

> J는 정서적으로 문제가 있는 4학년 학생으로, 정서장애를 지닌 학생들을 담당하고 있는 선생님을 연필로 찌르는 등 오랜 기간 난폭한 행동을 나타냈다. 아동의 부모는 수많은 가족 치료사에게 치료를 받아 왔으나 결국 아무런 효과도 보지 못했는데, 해당 컨설턴트는 아동의 어머니가 첫 컨설테이션 회기 중 언급한 두 가지 사항이 가족치료의 실패와 관련이 있는 것으로 판단하게 되었다. 아동의 어머니는 "그 치료사는 저희에게 문제가 있는 것처럼 대했어요."라고 말하는가 하면, 어떤 치료사는 J의 가족에게 특정 행동의 횟수를 세고 도표를 만들도록 지시했지만 그들은 그러한 과제들을 싫어했을 뿐 아니라 과제 자체를 잊어버리기도 했다고 하였다. 첫 면담에서 J의 부모는 다음과 같은 정보를 제공했다.
>
> ① J가 남동생을 공격하는 일이 잦아 절대 둘만 있게 하지 않는다.
> ② J에게 벌을 가하는 방식은 주로 엉덩이를 때리거나 소리를 지르는 것이다.
> ③ 아버지는 오후 3시부터 저녁 12시까지 일을 하기 때문에 가족과 함께 보내는 시간이 거의 없다. 그 결과 어머니가 주로 자녀들을 양육한다.
> ④ 부모 모두 J의 행동이 가져올 장·단기적인 결과에 대해 잘 알고 있기 때문에 자녀를 돕는 데 매우 헌신적이다.
> ⑤ 가정이 경제적으로 어렵기 때문에 부부의 맞벌이는 불가피하다.

⑥ 여행이나 게임 등 어머니와 자녀가 무엇인가를 함께 하지만 한 가족으로서의 상호작용은 거의 없는 편이다.

⑦ 부모는 J와의 상호작용이 100% 부정적이라고 생각한다.

⑧ J의 남동생은 J가 보이는 공격적인 행동을 보이지 않았고, 유쾌한 성격을 가지고 있다.

⑨ J는 공개적으로 남동생과 비교를 당하는 경우가 있는데, 이때 J는 부정적으로 평가된다.

⑩ 부모가 J에게 기대하는 것은 정상적으로 성장하여 직장을 얻고 행복하게 사는 것이다.

⑪ 부모는 자녀의 학교생활에 대해 그렇게 큰 의미를 부여하지 않는다.

⑫ 가족에게 미치는 외부 영향은 거의 없다.

J를 돕기 위해 무엇을 할 수 있는지 부모에게 물어보았을 때, 다음과 같은 생각들이 개진되었다.

① 아이를 때리지 않는다. 때리는 것은 전혀 도움이 되지 않는다("어떤 박사님이 그렇게 이야기 해 주셨어요.").

② 아이에게 보다 많은 관심을 기울인다. 아이를 너무 자주 보모에게 맡기지 않는다("아이와 많은 시간을 보내지 못해서 저희도 마음이 안 좋아요. 그런데 저희가 워낙 바빠서요.").

부모에게 직접 이야기하지는 않았지만, 컨설턴트의 분석 결과는 다음과 같다.

영향을 미친 요인

① 폭력(때리는 것)을 모방했다.

② 긍정적인 행동에 대한 기대를 직접적으로 전달하지 않았다.

③ 긍정적인 행동을 했을 때, 어떠한 피드백도 제공하지 않았다.

④ 형제와의 부정적인 비교가 적대감을 유발하는 요인으로 작용하고 있다.

⑤ 아동의 행동을 변화시키는 데 영향을 미칠 만큼 자녀와 충분한 시간을 함께 보내고 있지 않다.

⑥ 아동이 정서적으로 장애를 겪고 있는 아동들로 가득한 교실에서 생활하기 때문에 사람들 간의 긍정적인 상호작용을 관찰할 기회를 갖지 못한다.

⑦ 자녀의 문제에 대해 부모가 어떤 역할을 해야 하는지에 대해 둔감하다.

목표 설정

자녀가 경험하고 있는 문제에 영향을 미치는 가족 내 요인들에 대한 잠정적 가설은 궁극적으로 컨설테이션의 목표로 구체화되어야 한다. 다른 형태의 컨설테이션과 마찬가지로 가족 컨설테이션에서도 기본적으로 내담자의 목표와 의뢰인의 목표라는 일련의 두 가지 목표를 설정한다. 컨설테이션의 요청 동기로 작용한 문제행동과 상반된 행동을 하도록 한다는 점에서 내담자의 목표는 비교적 쉽게 설정할 수 있는데, 약물 멀리하기, 학교에서 말썽 덜 피우기, 법적 문제 덜 일으키기 등이 그 예이다. 자녀가 어떻게 행동하기를 바라는지에 대해 부모가 이야기했을 때, 컨설턴트는 반드시 "부모로서 어떻게 아이를 도울 수 있을까요?"와 같이 질문해야 한다. 어떤 부모들은 이 질문에 쉽게 답을 하지만, 또 어떤 부모들은 이 부분에 대하여 많은 생각을 해 보지 않았을 가능성이 있다. 컨설턴트는 비록 그것이 잠정적인 형태라 할지라도 부모로 하여금 목표를 설정하도록 제안할 수 있으며, 또한 그렇게 해야 한다. J의 사례로 다시 돌아가자. 컨설턴트는 "J를 위해 보다 긍정적인 가정 분위기를 만들어 보는 것에 대해서는 어떻게 생각하세요?"와 같이 질문한 뒤, J가 보이는 적대적인 행동의 일부는 긍정적인 피드백을 받지 못해 나타난 결과임을 설명해 주었다. 이와 같은 설명은 체벌 대신 다른 처벌 방법을 찾아야 하고, 자녀와 더 많은 시간을 보내야 한다는 부모의 생각을 토대로 하고 있다는 점에서 부모의 제안을 정당화한 것이라 할 수 있다.

이러한 과정을 통해 설정된 한두 개의 목표를 중심으로 컨설테이션이 진행된다.

심리적 원리 설명하기

일단 컨설턴트와 부모가 컨설테이션 목표를 합의하게 되면 개입 방안을 개발하는 데 적용할 심리적 원리들을 설명하는 작업이 필요하다. 심리적인 원인들을 설명함으로써 컨설턴트와 부모 간 효과적인 의사소통이 일어날 수 있다(Brown & Brown, 1975).

부모는 개입 과정에서 사용하는 기법의 기저에 깔려 있는 기본적인 가정을 이해해야 한다. 이론적 개념을 설명하는 이유는, 컨설턴트와 부모 간에 의사소통을 촉진하는 것 이외에도 자녀를 대하는 데 부모 자신이 지닌 문제의 본질을 이해하고 궁극적으로 컨설턴트 없이도 합리적으로 기능할 수 있도록 하기 위함이다.

개념은 그 본질을 훼손하지 않으면서도 이해하기 쉽게 설명해야 한다. Brown과 Brown (1975)은 미래에 어떤 행동이 일어날 확률을 증가시키는 개념으로 긍정적 강화를 정의했으나, 이와 같은 전문적인 정의보다는 일상적인 사례를 통해 보다 쉽게 설명할 수 있다고 지적하였다. 또한 의사소통은 발신자, 수신자, 의사소통 채널, 언어적·비언어적 의사소통 등은 물론, 말하고 배우며, 이해하는 방식 간의 관계를 예로 들어 설명할 수 있다. 한편, 양육 방식을 주제로 한 책을 주고 양육 원리에 관한 구체적 예를 살펴보도록 하는 것도 한 가지 방법이 될 수 있다.

심리적 원리에 대한 설명은 일방적으로 전달되어서는 안 된다. 부모는 자신이 이해한 내용을 바탕으로 설명된 원리들에 대해 질문할 수 있어야 하고, 그러한 원리들을 본인의 가족 상황에 어떠한 방식으로 적용할 수 있는가에 대한 논의를 해야 한다. 컨설테이션의 원활한 진행을 위해서는 심리적 원리에 대한 부모의 충분한 이해가 수반되어야 하며, 이후 컨설턴트와 부모는 가족 내 정형화된 패턴들을 검토해야 한다. 컨설턴트는 부모로 하여금 가족 내 특정 상황에서 어떤 일들이 발생하는지 분석하도록 요청해야 한다. 이 과정은 구체적인 예를 제시함으로써 촉진될 수 있는데, 컨설턴트는 다음과 같이 반응할 수 있다.

> "자녀들이 싸울 때 어떤 점이 힘든지, 그 상황에서 어떤 역할을 하시는지에 대해 말씀하셨는데요, 더 자세히 말씀해 주실 수 있으세요?"
>
> "자녀가 숙제를 마무리할 수 있도록 어떤 행동들을 강화하고 계신가요?"
>
> "청소년 자녀에게 가족의 경제적 상황을 이해시키는 데 많은 어려움이 있었다고 말씀하셨는데요, 그 과정에서 어떤 일이 발생하고 있는지 분석해 보시겠어요?"

어떤 의미에서 이 단계는 부모가 사용하고 있는 원리에 대해 부모 자신이 제대로 이해하고 있는지를 확인하는 단계라고 할 수 있다. 다만 이때 가족의 주요 관심사에 초점을 두어야 하고, 그런 의미에서 이 과정은 전략 선택의 전초전이라 할 수 있다.

개입 전략 선택하기

목표 설정 및 심리적 원리들에 대한 설명이 이루어지고 나면 목표 달성을 위한 전략을 수립해야 하는데, 준수해야 할 몇 가지 지침이 존재한다. 첫째, 개입방법은 최대한 단순해야 한다. 의뢰인이 한부모이든 아니든 그들에게는 자녀 양육 이외에도 해야 할 일이 많다는 점을 감안할 때, 자녀 문제를 해결하기 위해 부모가 감당해야 하는 역할을 최소화하는 전략을 개발해야 할 필요가 있다.

둘째, 부모가 개입 방안을 선택해야 한다. 보통 컨설턴트가 여러 대안을 제시하기는 하나, 부모가 그 자신의 경험 또는 다른 부모들의 경험을 바탕으로 스스로 개입 사항들을 개진하기 전까지 컨설턴트는 자신의 의견 제시를 유보해야 한다. 그러나 일단 부모가 문제해결 방법에 대한 의견을 제시하면 컨설턴트는 이에 대한 제언을 제공할 수 있다.

셋째, 부모는 개입 방안을 활용할 수 있도록 훈련받아야 한다. 이러한 훈련에는 행동시연, 읽기 과제 부여, 컨설턴트의 직접 시범 등이 포함된다. 다른 학부모들이 개입 과정에서 직면했던 문제와 그러한 문제를 어떻게 극복했는지 설명해 줌으로써 각각의 전략을 어떻게 활용할 수 있는지 안내해 줄 수가 있다.

넷째, 개입의 결과, 특히 부모와 내담자 이외의 형제자매들에게 나타날 수 있는 결과를 예측할 수 있어야 한다. 어떤 컨설턴트는 한 자녀가 나아지기 시작하면 다른 자녀들이 상대적으로 나빠질 수 있는 가능성을 열어 두라고 경고한다. 물론 이러한 상황이 늘 발생하는 것은 아니지만 개입의 결과로 가족 체계가 변화할 수 있으므로, 그로 인한 자녀들의 변화 가능성을 부모가 염두에 두는 것이 중요하다. 또한 개입 방안 이행 도중에라도 자녀들에게서 변화의 필요성이 관찰되었을 때에는 개입 전략을 변경할 준비가 되어 있어야 한다.

다섯째, 내담자인 자녀 외에 모든 자녀에 대한 컨설테이션 및 개입 참여 계획을 수립해야 한다. 비록 부모 컨설테이션 상황에서 내담자는 한 명의 자녀에 국한되는 경우가 대부분이지만, 모든 자녀들은 컨설테이션의 목적 및 가족 내에서 사용될 전략을 인지하고 있어야 한다. 또한 선택된 전략이 효과적인지에 대해 그들의 생각을 묻고, 목표 달성을 촉진할 수 있는 방법에 대한 의견을 자유롭게 말할 수 있게 해 주어야 한다.

여섯째, 개입 방안들은 문화적 요소에 민감해야 한다. 내담자가 시간관념에 철저하지 않은 문화권 사람이라면 조건부 계약과 같은 전략은 사용하지 않아도 될 것이다. 위계적 관계를 중시하는 아시아계 미국인을 대상으로 이루어지는 가족 컨설테이션에서 민주적인 가족회의 전략은 사용하지 않는 것이 좋다. 그러나 격려와 지지는 문화와 인종에 상관없이 누구에게나 효과적인 접근 방법이라고 할 수 있다. 공교롭게도 어떤 개입을 적용하는 것이 효과적인지에 대한 판단에 절대적인 기준이 존재하는 것은 아니다. 그러나 일반적으로 각각의 문화가 갖는 가치에 대해 인식하고, 내담자가 추구하는 문화적 가치에 대해 검토함으로써 컨설턴트 자신의 문화적 가치에 편중되어 개입하지 않도록 주의를 기울여야 한다. 이는 문화적으로 적절한 컨설테이션을 수행하기 위해 필요한 작업이라고 할 수 있다. 또한 컨설턴트는 현재 자녀에게 일어나고 있는 변화에 대해 자녀와 논의하는 과정에서 그러한 변화가 모든 자녀, 특히 내담자인 자녀에게 미칠 잠재적인 영향력에 대해 검토해야 한다.

부모와 컨설턴트의 기준에서 볼 때, 부모가 자녀의 문제를 다루기 위한 전략을 수행할 준비가 되었다고 판단되면 컨설턴트는 부모에게 개입의 착수에 대해 조언할 수 있다. 또한 개입 과정에서 문제가 발생했을 경우에는 컨설턴트에게 전화하거나 컨설턴트와 상의하기 전까지 그 개입을 중단하도록 부모에게 주의를 줄 수 있다.

추수 상담과 평가

지금까지 언급된 과정을 진행하기 위해서는 회기당 90분, 약 1~2회 정도의 상담이 이루어져야 한다. 관계를 발전시키고, 목표를 설정하며, 개입 방안을 설계하고, 자녀를 참여시키는 데 두 번의 회기가 필요하다고 할 때, 가능하면 이 두 회기는 시간적으로 가깝게 배치하는 것이 좋다. 그러나 일단 개입 방안을 선택한 이후에는, 부모가 선택된 전략을 전체적으로 실행해 볼 수 있도록 개입 방안이 선택된 시점을 기준으로 2주 후에 상담 시간을 잡는 것이 좋다. 또한 컨설턴트는 전략을 선택한 회기와 첫 번째 추수 회기 사이에 의뢰인과의 통화 등을 통해 지지를 표하고, 필요에 따라 기술적인 지원을 제공할 수 있어야 한다.

추수 컨설테이션 회기는 설정한 목표를 성취해 나가는 과정에서 어떠한 진전이 이루어졌는지를 검토하면서 시작되어야 한다. 당초 계획했던 목표가 달성되었다면 필요에 따라 새로운 목표를 세울 수 있는데, 이 경우 새로운 목표를 달성하기 위한 개입 방안을 설정하는 데 초점을 두어야 한다. 그러나 예상보다 진전이 더디거나 전혀 진전이 없는 경우 컨설턴트는 이러한 상황이 야기된 이유를 찾아야 한다.

이 과정에서 검토해야 할 첫 번째 영역은, 채택된 전략에 적용된 심리학적 원리에 대한 부모의 이해 수준이다. 이때 컨설턴트는 학부모로 하여금 개입 방안 실행 과정에서 단계적으로 수행했던 작업에 대해 이야기하도록 요청할 수 있다. 개입 방안을 이행하는 과정에서의 경험을 토대로 역할극을 하는 것은 때로 학부모가 겪었던 어려움을 파악하는 데 매우 유용하다. 이러한 과정에서 부모가 일관된 노력을 기울이지 않았다는 사실이 발견되기도 하고, 개입 과정에 내재해 있는 심리적 원리들을 충분히 이해하지 못한 문제가 드러나기도 한다. 만일 부모가 심리적 원리나 구체적인 기법들을 완벽하게 이해하지 못했다는 사실이 확인되면, 부모가 다른 형태의 조치를 취하기 전에 이러한 부분에 대한 검토와 조치가 이루어져야 한다.

반면, 어떠한 행동을 해야 하는지에 대해 부모가 충분히 이해했다면 컨설턴트는 가족 내 상황을 재검토해야 하는데, 이는 초기 면접에서 간과했을 가능성이 있는 주요 요인들을 다시급 짚어 보기 위해서이다. 예컨대, 친구, 친척, 형제들이 내담자에게 미치는 영향에 특히 주의를 기울여야 한다. 또한 사용하고자 하는 접근 방법에 대해 부모 간 의견이 불일치하거나 가족 구성원들의 일정상 어떠한 전략을 체계적으로 활용하기 어려운 부분들이 있는지 관심을 가지고 살펴야 한다. 개입 효과가 나타나지 않는 경우는 대부분 사용하고자 하는 접근에 대해 컨설턴트가 충분히 설명하지 않았거나 가족 내 존재하는 중요 요인들을 간과한 경우가 많다. 다만 이러한 상황에 영향을 미치는 요소 가운데 저항이 있는데, 반드시 고려해야 하는 주제라고 할 수 있다. 이에 대해서는 다음 장에서 보다 자세히 다루고자 한다.

과정상의 문제: 한쪽 부모와 작업하기

이혼으로 인한 한부모 가정인 경우, 다른 용무로 컨설테이션 회기에 참석하지 못한 경우, 한쪽 부모가 컨설테이션에 반대하는 경우, 한쪽 부모가 자녀에게 관심이 없어 컨설테이션에 참석하지 않은 경우에는 한쪽 부모와 작업을 해야 하는 상황이 발생하게 된다. 상황적 특성을 불문하고 컨설테이션을 받는 대상이 한쪽 부모라는 사실이 컨설테이션을 방해하는 요소로 작용해서는 안 된다.

이혼을 했음에도 다른 한쪽 부모가 자녀를 접견하고, 자녀 양육에 참여하고 있거나 또는 여전히 한 집에 같이 살고 있다면 지금까지 제시한 방식으로 자녀에게 초점을 맞추면서 컨설테이션을 진행해 나가야 한다. 다만 이 과정에서 부가적으로 필요한 작업은 컨설테이션을 의뢰한 부모 중 한 사람이 현재 진행되고 있는 개입 방안을 다른 부모에게 설명하도록 하는 것이다. 만약 다른 한쪽 부모에게 협력 가능성이 있다면 개입을 실행하는 과정에서 다른 한쪽 부모를 협력자로 참여시키는 기술을 개발해야 한다.

과정상의 문제: 치료적 접근 피하기

학부모들과 컨설테이션을 실시할 때, 종종 치료적 접근으로 빠져드는 경우가 있는데, 이는 부모들이 그들의 개인적인 문제를 드러내기 때문이다. 예컨대, 혼자 자녀를 키우는 부모가 "제 남편은 나빠요. 아이들 양육비를 차일피일 미루는 바람에 월세도 내지 못해 너무 우울해요."라고 말하며 눈물을 흘린다면 상담자나 심리치료사는 다음과 같이 반응할 것이다.

> 심리치료사: 남편이 아이들 양육비를 늦게 주는 일이 반복되어서 정말 화가 나겠어요. 하지만 남편에게 화가 나는 것만큼이나 당신 스스로 월세를 내지 못하는 상황 때문에 우울해 보이네요. 남편과 관련된 상황에 대해 좀 더 말씀해 주시겠어요?

반면, 컨설턴트는 컨설테이션의 초점을 아동에게 맞추어 반응해야 한다(Randolph, 1985).

> 컨설턴트: 당신이 얼마나 화가 나는지, 그리고 월세를 지불할 수 없는 상황으로 얼마나 불행하다 느끼는지 이해가 됩니다. 이러한 감정이 아이가 경험하고 있는 어려움에 영향을 미치고 있나요?

만일 부모가 자신의 문제와 감정의 노출에 집중할 경우 컨설테이션을 종료하는 것이 바람직하다.

과정상의 문제: 저항

7장에서 살펴본 바와 같이 저항은 모든 형태의 컨설테이션에서 발생한다. Sheridan (1993)이 제시한 것처럼 가족 컨설턴트는 컨설테이션에서 발생하는 저항을 설명할 때 주로 가족치료 문헌을 토대로 하는데, 이는 컨설테이션과 관련된 문헌에서는 저항과 관련된 설명이 부족하기 때문이다. 일반적으로 컨설턴트는 심리 내적 결함(정신건강 상의 문제), 가족 체계 변인, 결혼생활에서 발생하는 문제를 비롯하여 문화 규범과 같이 보다 광범위한 문제, 또는 과도한 역할 부담과 같은 일상적인 문제들로 가족 컨설테이션에서 저항이 발생하는 것으로 이해하면 될 것이다. 정신건강 전문가들이 주장하는 접근들은 가족 내 자녀의 역할 또는 자녀 양육과 관련된 문화적 가치에서 상충된 입장을 취할 수 있다. 예컨대, 자녀가 부모의 권위에 순종해야 한다는 생각은 미국 문화에 깊이 자리 잡고 있으며 사회구조적인 특성 상 이러한 신념들은 계속해서 강화되고 있다. 실제로 부모들이 자녀들과의 관계에서 어려움을 경험하고 있지만, 민주적인 가족구조와 개방적인 의사소통은 이러한 전통적인 신념들과 상반되기 때문에 부모들에 의해 무시되거나 왜곡되는 경향이 있다.

부부 간의 문제로 저항이 발생할 수도 있는데, 부부 간 문제로 자녀(내담자)가 피해를 입어야 하는 상황에서 특히 그러하다. 예컨대, 어떤 부모는 다른 한쪽 부모로부터 충족되어야 할 사랑의 부족분을 채우기 위해 선물 공세를 펼침으로써 자녀에게 호감을 사고자 할 수 있다. 한편, 부부가 서로에 대한 미움과 다툼에 혈안이 된 나머지, 자녀 양육은 부차적인 문제로 미루어 둠으로써 자녀가 방치되는 경우도 있다. 부부간의 문제로 컨설테이션 진행이 어려운 경우, 컨설테이션은 종결되어야 한다. 과로 또한 저항의 원인이 될 수 있다. 부모로서, 직업인으로서 자신의 역할에 지나치게 부담을 느끼는 부모는 분명 존재하기 마련이다. 컨설턴트는 자신도 의식하지 못하는 사이에 부모로 하여금 복잡한 개입 방안을 실행하도록 하고, 한꺼번에 지나치게 많은 목표를 설정함으로써 문제를 더 악화시킬 수도 있다. 따라서 전략을 선택하는 과정에서 피로감으로 인한 저항을 고려함으로써 이로 인한 문제를 피할 수 있어야 한다. 만일 과로가 컨설테이션의 저항 요인으로 작용한다는 것이 사실로 밝혀진다면, 컨설턴트는 의뢰인에게 요구되는 역할의 양을 줄임으로써 의뢰인을 컨설테이션 과정에 다시금 참여시킬 수 있다.

미지의 세계에 대한 두려움 또한 부모 컨설테이션에서 저항의 원인이 될 수 있다. 이러한 두려움은 "지금도 상황이 나쁜데 앞으로 더 악화될 수 있다."와 같은 표현에 잘 드러난다. 부모 컨설테이션에서 학부모들이 "이보다 상황이 더 나빠질 수는 없어."라고 말하는 상황은 사실 컨설테이션이 가장 잘 진행될 수 있는 환경이라고 할 수 있다. 상황이 더 나빠질 수 있다고 생각함으로써 갖게 되는 저항의 중심에는 위험 수용에 대한 두려움이 존재한다. 앞서 언급한 바와 같이 어떤 컨설턴트는 상황이 좋아지기 전에 오히려 더 악화될 수도 있다는 사실을 부모에게 미리 알리기도 한다. 이는 상황이 점점 악화되고 있다는 판단하에 자녀에 대한 개입을 중단하고자 하는 부모들의 저항을 피할 수 있다는 점에서 유용한 접근 방법이다. 그러나 경우에 따라서는 상황이 악화될 수도 있다는 경고가 오히려 더 큰 저항을 불러일으킬 수도 있다.

저항이 나타날 때 이를 해결하기 위한 두 가지 접근을 제안하고자 한다. 첫째, 자녀가 제대로 기능하지 못해서 컨설테이션을 요청했다는 사실을 부모에게 상기시켜 줘야 한다. 부모에게 '당신의 아이와 무엇을 이루어 내고 싶으세요?' '현재 무엇을 성취해 나가고 있나요?'와 같은 질문을 할 수 있다. 이 두 질문에 대한 답을 찾는 것만으로도 부모는 다시금 개입에 전념할 수 있게 된다. 그러나 이러한 접근 방식을 수용하지 못하는 경우, 자녀를 위해 수립한 목표와 이 목표를 달성하기 위해 현재 그들이 수행하고 있는 것 간의 차이가 무엇인지에 대해 직면할 수 있도록 해야 한다.

정신건강상의 문제로 발생하는 저항을 극복하기란 매우 어렵다. 부모의 저항은 양육 행동에 대한 부모 자신의 오해로 발생한다. 이 저항을 극복하는 데 유용한 기법 가운데 하나는 바로 자녀에 대한 양육 기법 적용의 결과로 자녀가 학습한 내용이 무엇인지에 대해 부모에게 질문하는 것이다. 이 기법의 첫 번째 단계는 자녀에게 어떠한 가치와 행동을 가르치고자 노력하고 있는지에 대해 묻는 것으로, 부모는 대부분 정직, 충성, 협력, 민주시민의식, 독립심 등이라고 대답한다. 뒤이어 현재 부모 자신의 양육 태도를 통해 자녀가 무엇을 배우고 있는지에 대해 묻는다. 이러한 질문들을 통해 자녀의 목소리에 귀를 기울이지 않던 아버지는 의사소통 없이는 협력을 가르칠 수 없음을 깨닫게 되었고, 자녀를 지나치게 과보호하여 자녀의 의견을 묵살한 채 자녀와 관련되어 있는 모든 문제에 대해 의사결정을 내리던 부모는 그러한 양육 태도가 결국은 독립심이 아닌 의존성을 부추긴다는 사실을 깨닫게 되었다. 자녀에게 어떠한 책임도 부여하지 않는 부모, 그리고 자녀의 잘못된 행동에 대해 끊임없이 해명하는 부모 밑에서 자란 자녀에게 책임감 있는 민주시민으로서의 성장은 기대하기 어렵다.

컨설테이션 과정에서 의뢰인의 문화적 가치를 고려하지 않았을 때에도 저항은 발생할 수 있다. 즉, 컨설턴트가 의뢰인과의 문화적 차이를 간과할 때, 의뢰인에게 저항이 발생할 수 있다. 역사적으로 미국에서 주류 문화와 소수 민족 문화는 불행한 관계의 연속이었다. 연구자이자 미아미 부족의 후손인 Teresa LaFromboise(1996)는 "역사적 배경으로 소수 민족이 백인에게 가질 수 있는 불신을 각오하고, 당신의 행위를 통해 컨설턴트로서 존경을 받으세요. 인디언들은 '백인들은 무엇 때문에 여기에 왔는가? 약탈을 위해 온 것인가? 이러한 상황이 얼마나 오래 지속될 것인가?'와 같은 사고방식을 가지고 있습니다.(p. 5)"라고 주장하였다. 어느 아프리카계 미국인이 백인 상담자를 칭찬하면서 지역 신문의 편집장에게 "저는 백인 상담자로부터 도움을 받게 될 거라고는 상상도 하지 못했습니다."라는 문구로 시작되는 편지를 썼다고 한다. 의뢰인이 컨설턴트에게 가질 수 있는 불신을 예상하고, 컨설턴트로서 자신의 가치를 입증하기 위해 한층 더 노력한다면 역사적 장벽은 극복될 수 있을 것이다.

종결

부모가 자신의 문제를 이해하고 이러한 통찰에 기반하여 행동할 수 있을 때 부모 컨설테이션 과정을 종료해야 한다. 만일 부모 중 한 명이라도 치료적 형태의 도움이 필요하고 이것이 컨설테이션 과정에 방해 요인으로 작용할 경우, 컨설테이션은 종결되어야 한다. 이러한 상황에서 컨설턴트는 컨설테이션 계약을 다시 체결함으로써 개인 상담에 초점을 맞추거나 타 기관에 의뢰할 수 있다.

종결 후 한 달 정도가 지난 시점에서 컨설턴트는 컨설테이션을 통한 개입 전략이 갖는 효과에 지속적인 진전이 이루어지고 있는지를 확인하기 위해 의뢰인에게 편지를 보낼 수 있다. 만일 진전 정도가 만족스럽지 않을 경우 편지를 통해 컨설테이션 재개와 관련된 논의가 이루어질 수도 있다. 이러한 방법은 컨설테이션 과정에 대해 평가할 수 있도록 해 주는 것은 물론, 컨설테이션을 종결한 학부모로 하여금 컨설테이션 서비스를 다시금 활용할 수 있는 기회를 제공해 준다.

 경험적 증거

부모 컨설테이션의 역사적 특징 때문에 이 분야와 관련된 연구들은 주로 Adler(Frazier & Mathes, 1975; Palmo & Kuzniar, 1971 참조) 또는 행동주의 접근들(Weathers & Liberman, 1975 또는 1978년도에 발표된 Cobb & Medway의 개관 연구 참조)에 초점이 맞추어져 왔으며, 그중에서도 행동주의적 접근들이 보다 활발하게 연구되었다. 지금까지 출판된 서적들은 일반적으로 부모 컨설테이션이 효과적이라는 입장을 취하고 있다(Cobb & Medway, 1978). 개인 상담 또는 집단 상담과 같이 보다 직접적인 개입과 부모 컨설테이션을 비교했을 때, 부모 컨설테이션은 그러한 개입만큼 효과적이거나(Perkins & Wicas, 1971) 그 이상의 효과를 나타내는 것으로 보고되었다(McGowan, 1969; Palmo & Kuzniar, 1971). 그러나 부모 컨설테이션과 관련된 초기 연구들에서는 대부분 이에 대한 정의가 명확하게 이루어지지 않았으며, 자녀에 대한 개입 또한 부모 컨설테이션보다는 부모교육의 형태에 더 가까웠다고 할 수 있다.

부모 컨설테이션의 효과에 대한 판단은 다소 조심스럽긴 하지만, 그럼에도 부모교육 관련 문헌들은 부모와의 공동 작업이 잠정적으로 효과적이라는 견해를 지지하고 있다(Dembo, Sweitzer, & Lauritzen, 1985; Dumas, 1989). 그러나 부모 컨설테이션의 과정 및 성과에 대한 구체적인 연구들이 이루어지기 전까지 부모 컨설테이션의 효과에 대한 일반화는 보류되어야 할 것이다.

 집단 부모 컨설테이션

Dinkmeyer(1973)는 'C' 집단의 개념을 제시한 바 있는데, 이와 같은 명칭은 그것이 협력(collaboration), 컨설테이션(consultation), 직면(confrontation)이라는 요소들을 포함하고 있을 뿐 아니라 신념 체계를 명료화(clarify)해 주기 때문이다. Dinkmeyer가 말하는 집단은 주제에 대한 집단원들의 관심 수준이 높고, 집단 활동에 전념하는 구성원들로 구성되어 있으며, 비밀이 보장되는 모임을 의미한다고 할 수 있다. 그는 수용, 피드백, 다른 사람들도 나와 비슷한 문제를 갖고 있다는 보편화, 이타주의, 타인을 도움으로써 얻는 뿌듯함, 타인을 관찰함으로써 도움을 수용하는 과정에 대한 학습으로서의 관객 요법 등을 'C' 집단에서 제공되는 요소들로 제시하였다.

부모 컨설테이션 집단은 부모교육 집단과 달리 미리 정해진 안건이 없다. 보통 이러한 집단은 컨설턴트가 부모들에게 편지를 보냄으로써 시작된다. Dinkmeyer(1973)는 고등학교 이하 연령대의 자녀를 둔 부모들에 한하여 컨설테이션 집단을 구성하되, 회기 당 약 90분씩, 6~8회기의 진행을 제안하였다.

컨설턴트가 부모에게 보내는 편지에는 집단이 본질적으로 자녀와 관련된 문제를 공유하고, 이러한 문제를 해결하기 위해 도움을 제공하는 공간이라는 내용이 담겨 있어야 한다. 또한 집단이 시작되는 시간과 장소, 날짜 등을 명시해야 하며, 이때 집단 구성원 선발 절차에 관한 정보도 반드시 포함되어야 하는데, 집단에서 수용할 수 있는 인원보다 많은 부모가 참여하고자 하는 상황이 발생할 수도 있기 때문이다. 따라서 학부모에게 원하는 날짜를 기재하도록 요청해야 한다.

컨설테이션 집단의 과정은 개인 컨설테이션의 그것과 매우 유사하다. 첫 회기에는 구성원들을 편안하게 해 주고, 관계를 수립하며, 구성원과 집단 리더의 역할을 확립하는 작업이 이루어진다. 이후에 진행되는 회기에서는 부모들이 자녀에 대해 갖고 있는 일반적인 문제에서 점차 구성원 개인의 특정 사례로 그 초점이 이동한다. 이미 종결 일시가 정해져 있기 때문에 언제 종결 작업을 실시할 것인지는 문제되지 않는다. 하지만 집단 작업이 계속되기를 바라는 집단 구성원이 다수인 경우, 컨설턴트는 구성원들로 하여금 독립적으로 집단 작업을 지속할 것을 권할 수 있으며, 상황에 따라 컨설턴트가 지속적으로 그들을 만날 수도 있다.

부모 집단 작업은 개입 작업에 비해 컨설턴트로 하여금 시간을 보다 효과적으로 활용할 수 있도록 해 준다. 또한 다른 부모들이 함께 참여하기 때문에 도움이 필요한 개인이 활용할 수 있는 자원 또한 풍부하다. 그러나 부모 컨설테이션 집단은 비밀보장에 있어 다소 취약한 편이다(Dinkmeyer, 1973). 비밀보장은 컨설테이션 집단에서 중요하게 다루어지는 측면이기 때문에 집단 내에서 비밀보장을 하나의 규칙으로 확립해야 한다. 다만 완전한 의미의 비밀보장 가능성은 희박하기 때문에 처음부터 이러한 한계를 인정하고 시작하는 것이 현명할 수 있다.

🔍 사례 연구

Jamie의 사례

Jamie는 5세 유치원생으로, 5~6분 정도의 격렬한 분노발작(바닥을 차거나 물건을 부수는 등) 증세를 보였다. Jamie의 부모님은 중산층이고 위로 8세 오빠가 있다. 학교는 '학교와 가족의 협력을 통해 Jamie가 학교에 잘 적응할 수 있는 방법'을 탐색하기 위해 부모의 내교를 요청하였다.

첫 회기에서 컨설턴트는 Jamie가 집에서 보이는 분노 발작이 매우 심각하다는 점, 가정에서 부모는 Jamie의 엉덩이를 때리는 훈육 방법을 사용한다는 점, 현재 부모는 Jamie의 분노 발작을 무시하고자 노력 중이라는 점, Jamie는 오빠의 행동을 따라하는 경향이 있다는 점, Jamie는 부모의 의지와 상관없이 출생하였으며 이로 인해 Jamie의 아버지는 처음부터 Jamie의 출생에 대해 분개해 있었다는 점 등 Jamie와 관련한 중요한 사실들을 발견할 수 있었다. Jamie의 아버지는 "나는 절대로 분노를 표현하지 않는다."라고 말했지만, 그는 자신의 성질이 고약하고, 자신 또한 어렸을 때 분노 발작을 보인 적이 있음을 인정했다.

Jamie의 분노 발작과 관련된 주요 사건들을 분석한 결과, 가정 내에서 아버지가 Jamie를 위협할 때마다 Jamie가 분노발작을 일으켰다는 사실을 알 수 있었으며, 이와 같은 이유로 컨설턴트는 Jamie의 아버지에게 자녀의 문제에서 한 발짝 물러나 있도록 하였다. 한편, 이러한 분노발작은 다른 상황에도 일반화되어 나타났는데, 어머니의 말에 따르면 Jamie는 최근 식품점에서 엄마가 아이의 행동을 바로잡아 주려 하자 바닥에 누워 발을 구르고 결국 진열장의 물건들을 쏟아지게 한 적이 있다는 것이었다(Jamie의 선생님과 추수 상담을 실시한 결과, 선생님으로부터 꾸중을 들으면 최악의 분노 발작을 일으킨다는 사실을 알 수 있었다).

우선 Jamie의 부모가 세운 목표는 '① 가정에서의 분노 발작 없애기, ② 아버지와 아이의 관계 재확립하기'이다. 목표 달성을 위해 채택된 전략에는 체벌 중단하기, Jamie가 분노발작을 보이는 공간을 떠남으로써 Jamie의 문제행동을 완전히 무시하기, 폭력적인 행동에 대한 모방 중단하기(Jamie의 아버지는 '욱하는 감정'을 자제하는 데 동의했다), Jamie에게 조건적 · 무조건적으로 긍정적인 피드백 제공하기 등이 있다.

아버지와 딸의 관계를 재정립하는 데 문제가 있는 것으로 나타났는데, 두 번째 회기에서 Jamie의 부모는 아버지가 Jamie와 일상적인 일을 함께하고자 할 때마다 Jamie가 분노발작을 일으킨다고 보고했다. 많은 논의 끝에 Jamie가 그네 타기를 좋아하고 가끔 엄마에게 그네를 태워 달라고 부탁한다는 사실을 알 수 있었다. 이러한 상황을 고려하여 컨설턴트와 Jamie의 부모는 Jamie가 그네를 탈 때마다 아버지가 같은 공간 안에서 Jamie에게 그네를 태워 주고, 일상적인 대화를 함으로써 아버지와 Jamie의 거리를 점차적으로 좁혀 가는 전략을 세웠다.

예상한 바와 같이, 개입 방안을 이행할 때마다 Jamie의 오빠가 몇몇 부정적인 행동을 드러내기 시작했다. 상황을 분석한 결과, 이는 부모가 Jamie에게 주의를 집중할 때 Jamie의 오빠가 다소 방치되는 상황이 발생했기 때문임을 알 수 있었다. Jamie의 부모는 상황을 개선한 후 Jamie의 문제행동이 눈에 띄게 줄었다고 보고했다. 한편, Jamie는 집과 학교에서 동시에 문제를 드러냈기 때문에, 교사와의 컨설테이션 또한 시작되었다.

두 달(5회기) 만에 Jamie의 분노발작은 거의 사라졌다. Jamie와 오빠, 부모가 마지막 컨설테이션 회기에 함께 참여하였다. 네 사람이 소파에 앉아 있었는데, Jamie는 아버지 옆에 앉아 있었다. 부모와 자녀 모두 가정 분위기가 매우 개선되었다는 것에 이견을 보이지 않았다. 그리고 한 달 후 전화 통화를 통해 Jamie가 간혹 발작을 일으키기는 하지만 그 지속 시간이 길지 않고 강도 또한 약해졌음을 확인할 수 있었다.

학생 학습활동 10-1

다음 질문들에 답하면서 Jamie의 사례를 분석하시오.

1. Jamie의 문제에 영향을 미친 양육 요인은 무엇인가?

	예	아니요
A. 부모의 자기효능감	_____	_____
B. 양육 기준	_____	_____
C. 부모의 상황 판단 능력	_____	_____
D. 양육 기술	_____	_____
E. 체계 변인들	_____	_____

2. 이 사례에 적용된 개입 방안 외에 제안할 수 있는 개입 방안에는 무엇이 있는가?
3. 사례에서 제시된 이유 외에 Jamie의 오빠가 잘못된 행동을 보인 것에 대해 어떻게 설명할 수 있는가?
4. Jamie의 사례에서 아동 학대의 가능성이 있다면 당신은 어떻게 하겠는가?

Gerrard의 사례

Gerrard는 정신과 외래치료에 반복적으로 실패한 후, 15세에 약물 남용 치료센터에 입원하게 되었다. Gerrard는 치료센터에 머무는 8주의 기간뿐 아니라 퇴원 이후에도 지속적으로 가족치료를 병행해야 했다. 그러나 Gerrard의 부모는 Gerrard가 보이고 있는 "문제의 원인이 자신들에게 있지 않다."라고 주장하며 가족치료를 거부하였다. 이때 치료센터에 근무하는 박사과정 인턴은 Gerrard의 부모에게 가족치료의 대안으로 가족 컨설테이션을 제안하고, 컨설테이션의 주요 초점은 Gerrard를 양육하는 부모의 능력을 향상시키는 데 있다고 안내하였다. 컨설테이션에 참여하고자 하는 부모의 의지는 다소 약했지만, 결국 그들은 컨설테이션에 참여하기로 결정하였다.

Gerrard의 아버지는 명문대학의 교수로 재직 중이었고, 어머니는 가정주부로 슬하에 세 명의 자녀를 두고 있었다. 그 가운데 Gerrard는 막내였다. 부모의 말에 따르면, 다른 자녀들은 '지극히 정상적'이어서 고등학교에서도 성적이 좋았고, 대학 진학 후에도 꾸준하게 우수한 성적을 거두는가 하면, 대학원에도 진학하였다고 한다. 반면, 바로 위 형제보다 5세 어린 Gerrard는 어렸을 때 자주 아팠고, 한번은 거의 죽을 뻔한 적도 있었다고 한다. 그러나 컨설테이션 실시 당시, Gerrard에게 심각한 건강상의 문제는 발견되지 않았다.

부모는 Gerrard를 대하는 데 다른 형제들과 차이가 있었다는 점을 인정했다. 학업 성취 면에서나 교외(out-of-school) 활동 그리고 가족 내 역할에 Gerrard에 대한 부모의 기대가 낮았던 것으로 나타났다. 부모는 부모에게 Gerrard에 대한 기대가 상대적으로 낮은 이유에 Gerrard의 건강문제가 일부 포함되어 있다는 것을 일정 부분 인정했지만, Gerrard의 아버지는 계속해서 Gerrard의 응석을 받아 주는 어머니의 양육태도를 Gerrard가 보이는 문제의 한 원인으로 지적하였다.

초등학교 고학년 진학을 앞두고 Gerrard의 건강이 완전하게 회복되었을 때, Gerrard의 아버지는 Gerrard에게 학교생활을 보다 내실 있게 하도록 압박을 가했고, 수행 기준을 높였다. Gerrard의 어머니는 남편의 방식에 전적으로 동의하지는 않았지만, Gerrard가 지금보다 성실하게 학교생활을 해야 한다는 생각에는 동의했다. Gerrard는 부모의 요구에 반항했지만 주로 수동적이고 소극적인 태도를 취하였다. Gerrard는 자신이 다른 형제들과 다르다고 주장하며, 자신의 용돈을 털어 알뜰시장에서 옷을 산 뒤 특이한 옷을 입기 시작했다. 부모는 Gerrard의 성적이 늘 C에서 D 수준에 머무르는 점, 심리검사에서는 지금보다 높은 역량을 발휘할 수 있다는 결과가 나왔지만 가끔 F를 받는 일도 있다는 점 등을 매우 심각하게 인식하고 있었다.

중학교 입학 후, Gerrard의 학업 성적은 계속해서 떨어졌다. 하지만 어떤 과목에서도 낙제 점수를 받은 적은 없었다. Gerrard는 불량한 친구들과 어울렸고, 마리화나를 소지하고 있다가 선생님에게 발각되기도 하였다. 행동은 점차 이상해져 갔고, 한번은 부모가 Gerrard를 데리러 Gerrard의 친구 집에 갔을 때 만취 상태인 적도 있었다. 중학교를 졸업할 즈음에는 Gerrard가 과도하게 술을 마신다는 사실이 확연하게 드러났고, 부모와의 관계, 특히 아버지와의 관계가 악화되어 피상적인 수준의 대화만이 오가는 상황에 이르게 되었다. 결국 중학교 2학년 때에는 두 과목에서 낙제를 받았고, 마리화나를 소지한 혐의로 경찰에 체포되는 일도 있었다.

Gerrard의 부모는 다음 사항에 동의했다.

① Gerrard의 문제를 해결하는 데 부모가 목표를 수립하기보다는 Gerrard가 스스로 목표를 설정하도록 돕는다.
② 부모의 기대보다는 관심과 사랑을 전함으로써 Gerrard와의 관계 회복을 위해 노력한다.
③ Gerrard의 생활양식(머리, 옷)을 인정한다.
④ Gerrard가 자신의 관심 분야(예: 음악)에 대해 자신감을 갖도록 돕기 위해 레슨을 받게 하거나 악기를 사 준다.
⑤ 책임감 있는 음주 태도를 보여 준다.

Gerrard는 부모의 계획, 즉 자신의 관심 분야에 대해 보다 지지적인 태도를 보여 주고, 옷이나 머리 스타일 등에 대해 비난하지 않겠다는 이야기를 들었을 때, 매우 회의적인 반응을 보였다. 이후 Gerrard와 함께 병원에 방문한 그의 아버지는 한쪽 귀에 귀걸이를 하고, 머리엔 무스를 바르고 있었다. 부모의 노력에 대해 여전히 회의적이긴 했으나 보수적인 아버지의 성향을 알고 있던 Gerrard는 아버지의 노력에 반응을 보이기 시작했고, 냉랭한 가족 분위기가 점차 완화되어 갔다.

남은 입원 기간 동안 Gerrard의 부모는 Gerrard가 스스로 목표를 설정하도록 도와주었고, 그러한 목표를 달성할 수 있도록 돕기 위한 계획을 마련했다. 부모는 Gerrard가 효과적으로 목표를 설정할 수 있도록 체계적인 강화 기법을 활용함은 물론, Gerrard 자신의 수행 기준을 향상시킬 수 있도록 언어적 지지를 아끼지 않았다. Gerrard가 입원한 병원을 방문하는 과정에서 Gerrard의 부모는 Gerrard가 자신의 삶을 통제할 수 있는 능력과 학교(이 부분에 대해서 더 많은 강조를 한 것은 아님)를 포함하여 다양한 삶의 현장에서 충분히 기능할 수 있는 능력이 있다는 사실에 대해 자신감을 가질 수 있도록 도왔다.

센터에서 퇴원한 후, Gerrard는 자신이 재학 중인 고등학교로 돌아갔고, 학업에 어려움이 있기는 했으나 모든 과목을 무사히 감당해 내었다.

Gerrard가 센터에 입원하기 전에 가족 내 존재했던 적대감은 알코올 중독 증세를 보이는 Gerrard의 친구들과 관련된 문제를 제외하면 많은 부분 사라졌다. Gerrard는 그가 알코올 중독 친구들과 어울리는 문제로 가족 내 긴장감이 감돌고, 이로 인해 부모와 갈등을 경험했던 것에 대해 이야기하였다. 추수 상담이 진행된 3개월 기간 동안 약 두 차례 원래 상태로 되돌아간 적이 있었으며, 이러한 상황에 대해 부모님은 매번 실망감을 표현하기는 했지만, 약물 복용을 끊고자 하는 Gerrard의 노력을 지속적으로 지지해 주었다고 하였다.

마지막 회기에 Gerrard의 부모는 Gerrard와의 관계가 상당히 호전되고, 학교 성적은 미미한 수준이나마 향상되었으며, "예전보다 옷을 괜찮게 입는다."라고 보고하였다. 이렇게 나아진 이유에 대해 부모는, 가끔 저녁식사 자리에 아버지가 귀걸이를 하거나 영국 헤비메탈 그룹의 티셔츠를 입고 왔기 때문이라 생각하고 있었다.

컨설턴트의 기록: 컨설턴트는 Gerrard의 아버지로 하여금 특이한 행동을 하도록 직접적으로 권하지는 않았으나, Gerrard와의 의사소통 문제를 해결하기 위한 방법을 모색하도록 제안함. 만일 아버지의 그러한 행동이 Gerrard에게 수치심을 주기 위한 행동으로 비춰졌다면, 이러한 접근은 오히려 상황을 악화시킬 수도 있음

학생 학습활동 10-2

다음 질문에 답하면서 Gerrard의 사례를 분석하시오.

1. Gerrard의 행동을 설명하는 데 가장 중요한 요인은 무엇인가?
2. 만일 Gerrard의 아버지가 머리에 무스를 바르고 귀걸이를 착용한다는 사실을 알았다면, 컨설턴트로서 당신은 그렇게 하라고 조언을 했겠는가?
3. Gerrard가 보이는 문제행동과 건강상의 문제는 어떤 관계가 있는가?
4. Gerrard의 사례에 활용된 개입 방안들 외에 어떤 대안들이 있는가?

Tron 부인의 사례

Tron 부인은 베트남인으로 막내 자녀인 Kahn에 대한 걱정으로 당신과 만나고자 약속을 했다. Kahn은 17세로, 부모와 함께 살고 있다. 그는 다른 주에서 당신이 재직 중인 학교로 전학을 왔는데, 학업적으로나 개인적으로 문제가 있어 보인다. 영어를 매우 어려워하였고, 수업 중에 자거나 수업도중에 뛰쳐나가기도 했으며, 때로는 등교조차 하지 않았다. 하지만 언어적·신체적으로 공격적 성향을 보이지는 않았으며, 교사들은 그를 '일단 마음을 잡으면 훌륭한 성과를 거둘 수 있는' 똑똑한 아이로 평가하였다. Walter와 함께 있는 Kahn의 모습을 자주 관찰할 수 있었는데, Walter는 졸업에 필요한 수업이 오전 중에 배치된 관계로 그 시간에만 학교에 있었다. Walter는 매일 고급 승용차를 타고 등교할 정도로 부유한 가정의 학생이었다. 교사들은 Kahn이 Walter와 함께하고자 수업 도중에 나간다고 의심하고 있다. 생활기록부에 Kahn의 아버지는 사망한 것으로 기록되어 있다.

Kahn의 어머니는 당신의 사무실에 들어서자마자 사과를 한다. 아마도 그녀는 그곳에 온 상황이 매우 당황스럽고 Kahn이 매우 걱정스러울 것이다. 그녀의 남편은 베트남 전쟁 중에 사망했으며, 남편의 사망 이후 어업으로 크게 성공한 친척들이 있는 미국으로 이민을 왔다. 그녀에 따르면, Kahn 이외의 다른 자녀들은 대학에 갔고, 다른 지역에서 좋은 직장에 다니고 있다. 지금 살고 있는 지역으로 이사를 온 이유는 해당 지역 소재 대학에 재학 중인 딸과 가깝게 지내고 싶었기 때문이다. 딸은 대학에 직장을 얻었고, Tron 부인은 Kahn의 문제를 제외하고는 대체로 자신의 새로운 생활에 만족하고 있었다.

Kahn이 보이는 문제행동이 새삼스러운 것은 아니다. 이전에 살던 지역에서는 마리화나를 소지한 혐의로 경찰에 체포되어 집행유예 선고를 받기도 하였다. 이때 판사는 가족이 이사를 가는 것이 Kahn에게 최선이라는 판단 하에 이사를 허용하였다. 더 이상 문제를 일으킬 경우 Kahn은 수감될 수 있는 상황이었기 때문이다. Tron 부인에 따르면 가족 가운데 경찰에 체포된 경험이 있는 사람은 Kahn이 처음이다. Kahn은 이전에 다니던 학교에서 영어 시험에서 낙제를 받았고, 학교 정책상 영어 과목을 재수강해야했기 때문에 제때 졸업이 어려운 상황이었다. Tron 부인은 Kahn에게 좋은 영향을 미칠 수 있는 누나와 가깝게 살면 Kahn의 행동이 달라질 것이라 믿었다. 또한 Tron 부인은 Kahn에게 그의 형과 누나가 이룬 성공에 대해 주지시킨다고 하였다.

Tron 부인은 Kahn이 말을 잘 듣지 않고, 가족을 망신시키며, 성공하지 못할까 봐 걱정하고 있다. Kahn은 수업이 끝난 이후에도 집에 오지 않는가 하면, 식사를 거르기도 하고, 어머니의 모든 제안 및 요구를 거부한다고 하였다. Kahn은 겉으로는 공손하게 표현하고 말했지만, 비언어적인 행동은 반항적이었다. Tron 부인은 과거 Kahn이 착한 아이였음을 강조하며, 가족 구성원들이 보다 가까워지기를 바란다고 하였다. 그녀는 Kahn의 친구들은 물론, 자녀에게 아무런 주의를 주지 않는 친구들의 부모를 비난했다.

학생 학습활동 10-3

다음 질문에 답하면서 Tron 부인의 사례를 분석하시오.

1. 사회적 관계에서 Tron 부인이 추구하는 가치는 무엇인가?
2. Kahn은 그의 어머니와 동일한 가치관을 공유하고 있는가?
3. 당신이라면 Tron 부인에게 Kahn이 보이는 문제는 매우 감당하기 어렵다는 사실을 어떤 식으로 전달하겠는가?
4. Kahn의 행동을 Tron 부인에게 어떻게 설명하겠는가?
5. 양육 행동으로 Tron 부인이 시도할 수 있는 유럽식 접근에는 어떤 것들이 있는가? 그러한 접근 방식에 대해 Tron 부인이 저항한다면, 그 이유는 무엇이라고 생각하는가?

요약

부모 컨설테이션은 이전의 다른 개념들에 비해 비교적 새로운 개념이다. 전문가들 간에 이루어지는 과정으로 컨설테이션을 규정한 Caplan(1970)의 견해를 감안할 때 특히 그렇다. 그러나 컨설턴트는 가족 체계 내에서 그들이 개입할 여지가 있다는 사실을 인식함으로써 점차 부모 컨설테이션을 하나의 접근 방법으로 받아들이고 있다.

이 장에서 개관한 부모 컨설테이션 접근은 사회학습이론, 체계이론, 그리고 Caplan의 이론에 그 뿌리를 두고 있다. 순수하게 하나의 이론을 고수하는 입장에서는 절충적 접근을 비난할 수도 있으나 현존하는 심리학적 이론 가운데 그 어느 것도 그 자체만으로는 가족 개입과 같은 복잡한 현상을 설명할 수 없으며, 그 개념적 틀을 제공할 만큼 포괄적이지 못하다. 이러한 경향은 앞으로 변화할 수도 있으나 현재로서는 가족에게 효과적인 컨설테이션을 제공하는 데 다양한 개념적·실제적 틀의 활용이 필요하다.

실무자를 위한 조언

1. 자녀의 발달 과정에서 나타나는 문제에 대해 우려하고 있는 부모들을 인터뷰하라. 부모들은 해당 문제를 복잡하게 생각하고 있는가, 단순하게 생각하고 있는가? 부모들은 문제의 원인을 그 자신에게 귀인하고 있는가, 다른 사람에게 귀인하고 있는가?

2. 당신의 가족 혹은 당신이 알고 있는 가족 내에서 한 아동의 긍정적인 변화가 다른 아동에게는 부정적인 변화를 야기할 수 있는지 확인해 보라.

3. 체계이론에 따르면, 한 체계 내에 존재하는 문제에는 잠재적으로 수많은 해결방안이 존재한다. 학습 관련 문제를 지니고 있는 학생을 찾아 그 문제를 해결할 수 있는 해결 방안을 가능한 한 많이 찾아보라. 자녀의 문제해결에 부모의 역할이 갖는 영향력의 수준은 어느 정도인가? 당신은 얼마나 많은 해결책을 찾아냈는가?

4. 가족치료 회기를 직접 관찰하거나 회기를 담은 영상 자료를 시청하라. 가족치료와 가족 컨설테이션 과정은 어떻게 다른가? 어떠한 면에서 유사한가? 이러한 활동들을 통해 가족 컨설턴트로서 무엇을 배우는가?

5. 가능하다면 가족 교육회기에 참여하라. 이 과정은 가족 컨설테이션과 어떠한 면에서 유사하며 또 어떠한 점에서 다른가? 컨설턴트로서 무엇을 배울 수 있는가?

6. 가족 컨설컨트로서 직접 이행 가능한 과정의 윤곽을 그려 보라.

확인 문제

1. 체계이론과 행동주의가 양립할 수 없는 이유는 무엇인가?
2. 부모 컨설테이션의 기본 가정은 무엇인가?
3. 자녀 양육에 대한 무관심이 양육과정에 어떠한 영향을 미치는지에 대해 생각해 보시오. 자녀에 대한 태도는 어떻게 변화될 수 있는가?
4. 컨설테이션 과정에 대한 평가 요소들에 대해 생각해 보시오. 당신은 얼마나 많은 요인을 기록할 수 있는가? 파악한 요인들을 통해 문제를 어떠한 방법으로 사정하고자 하는가?
5. 개입 방안 이행 근거에 대한 부모의 이해가 지니는 장단점에 대해 논의하시오. '부모는 개입의 이유보다는 개입방법을 이해하는 것이 보다 중요하다'는 입장에 대해 당신은 어떻게 생각하는가?
6. 컨설테이션에 저항하는 이유에는 무엇이 있는가? 저항을 극복하기 위해 활용할 수 있는 전략들에 대해 알고 있는가?

참고문헌

Albert, L. (1996). *Coping with kids* (2nd ed.). Circle Pines, MN: American Guidance.

Bandura, A. (1977). *Social learning theory.* Englewood Cliffs, NJ: Prentice Hall.

Bandura, A. (1978). The self system in reciprocal determinism. *American Psychologist, 33,* 344–358.

Bandura, A. (1986). *Social foundations of thought and action: A social cognitive theory.* Englewood Cliffs, NJ: Prentice Hall.

Bateson, G. (1972). *Steps to an ecology of mind.* New York: Ballantine.

Bergan, J. R. (1977). *Behavioral consultation.* Columbus, OH: Charles E. Merrill.

Bergan, J. R., & Duley, S. (1981). Behavioral consultation in families. In R. W. Henderson (Ed.), *Parent-child interactions: Theory, research and prospects* (pp. 265–291). New York: Plenum.

Bergan, J. R., & Kratochwill, T. R. (1990). *Behavioral consultation and therapy.* New York: Plenum.

Bronfenbrenner, U. (1977). Toward an experimental ecology of human development. *American Psychologist, 32,* 513–531.

Brown, D. (1997). Implications of cultural values for cross-cultural consultation with families. *Journal of Counseling and Development, 76,* 29–35.

Brown, D., & Brown, S. T. (1975). Parental consultation: A behavioral approach. *Elementary School Guidance and Counseling, 10,* 95–102.

Brown, D., & Crace, R. K. (1996). *Manual and user's guide for the Life Values Inventory.* Chapel Hill, NC: Life Values Resources.

Brown, D., Wyne, M. D, Blackburn, J. E., & Powell, W. C. (1979). *Consultation: Strategy for improving education.* Boston: Allyn & Bacon.

Caplan, G. (1970). *Mental health consultation.* New York: Basic Books.

Capra, F. (1982). *The turning point: Science, society, and the rising culture.* New York: Simon & Schuster.

Cobb, D. E., & Medway, F. J. (1978). Determinants of effectiveness of parental consultation. *Journal of Community Psychology, 6,* 229–240.

Dembo, M. H., Sweitzer, M., & Lauritzen, P. (1985). An evaluation of group parent education: Behavioral, PET, and Adlerian. *Review of Educational Research, 55,* 155–200.

Dinkmeyer, D. C. (1973). The parent "C" group. *Personnel and Guidance Journal, 52,* 252–256.

Dinkmeyer, D. C., & Carlson, J. (1973). *Consulting: Facilitating human potential and change processes.* Columbus, OH: Charles E. Merrill.

Dumas, J. E. (1989). Treating antisocial behavior in children: Child and family approaches.

Clinical Psychology Review, 9, 197–222.

Frazier, F., & Matthes, W. A. (1975). Parent education: A comparison of Adlerian and behavioral approaches. *Elementary School Guidance and Counseling, 19*, 31–38.

Goldenberg, I., & Goldenberg, H. (2000). *Family therapy: An overview* (5th ed.). Belmont, CA: Wadsworth.

Griggs, S. A., & Dunn, R. (1989). The learning styles of multicultural groups and counseling interventions. *Journal of Multicultural Counseling and Development, 17*, 146–155.

Grissom, P. F., Erchul, W. P., & Sheridan, S. M. (2003). Relationships among relational communications processes and perceptions of outcomes in conjoint behavioral consultation. *Journal of Educational and Psychological Consultation, 14*, 157–180.

Horne, A. M. (2000). *Family counseling and therapy* (3rd ed.). Itasca, IL: F. E. Peacock.

Horton, E., & Brown, D. (1990). The importance of interpersonal skills in consultee-centered consultation: A review. *Journal of Counseling and Development, 68*, 423–426.

Koonce, D. A., & Harper, W., Jr. (2005). Engaging African-American parents in schools: A community-based intervention model. *Journal of Educational and Psychological Consultation, 16*, 55–74.

LaFromboise, T. (1996). On multicultural issues. *Microtraining and Multicultural Development Newsletter*. North Amherst, MA: Microtraining and Multicultural Development.

McGowan, R. J. (1969). Group counseling with underachievers and their parents. *School Counselor, 16*, 30–35.

McWhirter, J. J., & Ryan, C. A. (1991). Counseling the Navajo. *Journal of Multicultural Counseling and Development, 19*, 74–82.

Mullis, F., & Edwards, D. (2001). Consulting with parents: Applying systems theory and techniques. *Professional School Counseling, 5*, 116–123.

Nikelly, A. G. (1992). Can DSM III-R be used in the diagnosis of non-Western patients? *International Journal of Mental Health, 21*, 3–22.

Olson, D. H., Sprenkle, D. H., & Russell, C. S. (1979). Circumplex model of marital and family systems: Cohesion and adaptability dimensions, family types, and clinical applications. *Family Process, 18*, 3–28.

Palmo, A. J., & Kuzniar, J. (1971). Modification of behavior through group counseling and consultation. *Elementary School Guidance and Counseling, 6*, 258–262.

Paquette, D., & Ryan, J. (n.d.). *Bronfenbrenner's ecological systems theory*. Found at http://pt3.nl.edu/paquetteryanwebquest.pdf. Accessed 10/30/2009.

Parsons, R. D., & Meyers, J. (1984). *Developing consultation skills*. San Francisco: Jossey-Bass.

Perkins, J. A., & Wicas, E. (1971). Group counseling with bright underachievers and their mothers. *Journal of Counseling Psychology, 18*, 273–279.

Randolph, D. L. (1985). *Microconsulting: Basic psychological consultation skills for helping professionals* Johnson City, TN: Institute of Social Services and Arts.

Sheridan, S. M. (1993). Models for working with parents. In J. E. Zins, T. R. Kratochwill, & S. N. Elliot (Eds.), *Handbook of consultation services for children* (pp. 110–133). San Francisco: Jossey–Bass.

Sheridan, S. M. (1997). Conceptual and empirical bases of conjoint behavioral consultation. *School Psychology Quarterly, 12*, 119–133.

Sheridan, S. M., Eagle, J., Cowan, R. J., & Mickelson, W. (2001). The effects of conjoint behavioral consultation: Results of a four–year investigation. *Journal of School Psychology, 39*, 361–385.

Sheridan, S. M., & Kratochwill, T. R. (1992). Behavioral parent–teacher consultation: A practical approach. *Journal of School Psychology, 30*, 117–139.

Sheridan, S. M., & Kratochwill, T. R. (2008). *Conjoint behavioral consultation* (2nd ed.). New York: Springer.

Sheridan, S. M., Kratochwill, T. R., & Bergan, J. R. (1996). *Conjoint behavioral consultation: A procedural manual.* New York: Plenum.

Sheridan, S. M., Meegan, S. P., & Eagle, J. W. (2002). Assessing the social context in initial conjoint behavioral consultation interviews: An exploratory analysis investigating processes and outcomes. *School Psychology Quarterly, 17*(3), 299–324. Also found at http://psycnet. apa.org/journals/spq/17/3/299/

Sonstegard, M. (1964). A rationale for interviewing parents. *School Counselor, 12*, 72–76.

Sue, D. W., & Sue, D. (2007). *Counseling the culturally different* (5th ed.). New York: John Wiley & Sons.

Thomason, T. C. (1995). *Introduction to counseling American Indians.* Flagstaff, AZ: Rehabilitation Research and Training Center.

Weathers, L. R., & Liberman, R. P. (1975). The contingency contracting exercise. *Journal of Behavior Therapy and Experimental Psychiatry, 6*, 208–214.

학생 학습활동 해답

학생 학습활동 10-1

1. A = 확실치 않음, B = 예(중복답 가능), C = 예(아마도), D = 예, E = 예
2. 차별적 강화, 단서 제공하기, 자기관리 훈련, 접촉하기
3. 모델링: (잘못된 행동 때문에) Jamie가 강화를 받고 있다.

   체계이론: Jamie가 변함에 따라 상대적으로 오빠의 행동이 부적응적으로 비춰질 수 있다.
4. 체벌 강도와 정서적 학대 수준에 대한 판단하에 행동한다.

학생 학습활동 10-2

1. 의사소통의 결핍, 부모와 의사소통을 하는 데에서 야기된 갈등, 일관성 없는 양육 태도

2. 비록 현재 나타나는 아버지의 행동이 과거 양육 과정에서 아버지가 범한 잘못에 대한 사과의 의미에 지나지 않는다 해도 Gerrard의 아버지로 하여금 머리에 무스를 바르고 귀걸이를 착용해 보도록 하는 방법은 효과적일 수 있다고 생각한다.

3. 자녀가 아플 때 부모가 강화한 잘못된 행동이 자녀가 회복되었을 때에 문제로 나타나는 현상은 이상한 일이 아니다.

4. 민주적인 가족회의를 통해 도출된 합리적이고 자연스러운 결과들을 가족 내 문제에 적용하는 방법이 있다.

학생 학습활동 10-3

1. 비본질적이고 부수적인 사항에 가치를 둠

2. 아니다. 그는 부분적으로나마 미국 문화에 적응한 상태이다.

3. 체면이 손상되는 것에 대해 Tron 부인이 매우 난처해 할 수 있으나 Kahn의 경우에는 미국적인 사고방식을 어느 정도 수용했기 때문에 Kahn 스스로 자신의 행동을 결정할 수 있도록 해 주어야 한다고 말해 줄 수 있다. 여기에는 Tron 부인이 시도해 볼 수 있는 두 가지 대안이 있는데, 그 하나는 보다 독립적이고 싶어 하는 Kahn의 욕구와 맞서 싸우는 것이며, 다른 하나는 Kahn과의 관계가 소원해질 것에 대한 위험을 감수하는 것이다.

4. Kahn이 추구하는 가치에 대해 설명하고, 그것이 어떻게 Tron 부인의 가치와 어떻게 충돌하는지에 대해 설명한다.

5. 가족 안에서 민주적인 의사결정을 시도할 수 있다. 즉, Kahn과 함께 목표를 설정하고 Kahn이 목표를 달성해 나갈 수 있도록 격려할 수 있다. 목표 달성을 위해 함께 노력하고, 갈등 상황에서 어머니를 배려하는 그의 태도를 강화시켜 줄 수 있다.

컨설테이션과 협업에서의 자료 기반 의사결정

chapter **11**

목표 | 이 장은 컨설테이션과 협력에 필수적인 요소라 할 수 있는 자료 기반 모니터링과 피드백, 평가계획 수립 시 고려해야 할 주요 사항들을 소개하는 데 그 목적이 있다.

개요 | 1. 컨설테이션의 과정과 성과를 객관적으로 사정하는 데 컨설턴트의 유능성 증진이 갖는 중요성에 대해 살펴보고자 한다.
2. 컨설테이션 연구에서 컨설턴트가 지녀야 할 책임감 및 평가 전략 수립 능력의 중요성에 대해 논의하고자 한다.
3. 평가의 목적을 제시하고, 평가 계획 및 평가 실행 단계에 대하여 검토하고자 한다.

이 책 전체를 통해 살펴본 바와 같이, 컨설테이션은 개인에 따라 그 의미하는 바가 매우 다양한 개입방법으로, 이는 추구하는 이론적 지향점과 기법, 표적 대상이 각기 다르기 때문이다. 컨설테이션을 이해하는 데 정해진 틀이 존재하지 않는 한편, 컨설테이션이라는 용어 사용의 용이성 때문에 그 사용 빈도가 점차 증가하고 있는 상황에서, 컨설테이션에 대한 관련 문헌들의 부정확한 의미 사용으로 그 혼란이 가중되고 있다. 이로 인해, 컨설테이션에 참여하는 사람들은 컨설테이션에 대해 잘못된 신념과 환상을 갖게 될 소지가 많다. 경우에 따라서는 컨설테이션 실무자가 개입 과정과 그 성과를 면밀히 관찰하는 데 활용하는 전략도 컨설테이션으로 볼 수 있다. 이러한 전략은 실무자의 작업 효과를 증진시켜 줄 뿐 아니라 실제 컨설테이션을 수행하는 데 요구되는 사고의 향상에도 기여하며, 나아가 이와 관련된 연구의 발전에 긍정적으로 작용한다. 그러나 여전히 대부분의 컨설턴트는 논리적 접근 또는 제한적 자료에 근거하여 컨설테이션을 수행하고 있기 때문에 실제적인 컨설테이션을 수행할 때에는 반드시 그 토대가 된 가설을 정당화해야 하고, 이에 대해 동료들과 합치된 의견을 공유해야 한다. 컨설테이션을 주제로 한 연구 수행이 결코 쉬운 일은 아니지만(13장 참조), 컨설턴트의 학문적 관심과 참여가 활발하게 이루어질 때 컨설테이션의 전문적 영역 구축은 현실화될 수 있다(Pryzwansky, 1985). 이러한 환경에서는 컨설테이션 및 협력 서비스를 제공하는 전문가들이 실무를 수행하는 과정에서 '과학자–실무자(scientist-practitioner)' 접근 방법을 고려해야 한다(Barlow, Hayes, & Nelson, 1984; Lambert, 1993).

자료에 근거한 개입은 전문적인 기능 수행에 매우 중요하다. 일반적으로 컨설테이션은 시간제한적이고 목표지향적이기 때문에, 컨설턴트는 책임감을 가지고 신중하게 자신의 역할을 수행해 내야 한다. 책무성(accountability)의 관점에서 볼 때, 컨설테이션 서비스가 갖는 특성과 그 범위를 문서화하는 것은 매우 중요하며 그 영향력 또한 크다. 전문가가 수행하는 작업에 대한 '정당화' 과정 없이 관리자의 컨설테이션 서비스 지원 및 그 활용의 확대 운영을 기대하기란 어려운 일이다. 사람들은 기존에 받아 왔던 전통적 서비스가 아닌 다른 형태의 서비스를 접하게 될 경우 이에 대해 의문을 제기할 수 있으므로, 컨설턴트는 이와 같은 상황에 대처할 수 있는 방안을 사전에 강구해야 한다. 즉, 컨설턴트는 컨설테이션을 수행하는 과정에서 평가(evaluation) 전략을 활용해야 하는데, 이는 내부 컨설턴트로서의 역할을 수행하는 경우에도 마찬가지이다. 수집된 자료는 컨설테이션에 적용된 모델을 평가하는 데 영향을 미칠 뿐 아니라 컨설테이션 및 협력을 지속적으로 발전시켜 나가는 데서도 매우 유용하다.

컨설테이션 및 협업 과정 모니터링하기

컨설테이션의 모든 단계에서 이루어지는 정보 수집은 여러 측면에서 컨설턴트에게 유용하다. 수집된 자료는 컨설턴트에게 내담자와의 상호작용 방법에 대한 지침을 제공해 주고, 내담자의 기대와 선호 및 컨설테이션을 통해 내담자에게 나타난 진전 상황 등을 파악할 수 있도록 해 준다. 또한 특정 컨설테이션 단계 또는 특정 유형의 의뢰인과 작업을 하는 과정에서만 습득 가능한 기술 또는 유능감을 향상시키고자 하는 컨설턴트에게 유용할 수 있다. 나아가 어떤 문제에 어떤 방식으로 접근할지, 또는 의뢰인에게 특징적으로 발견되는 태도와 가치를 어떻게 다룰 것인지에 관한 가설을 정당화하는 데 도움이 될 수 있다. 예컨대, "문제의 원인은 가정환경에 있습니다. 따라서 이곳 학교에서 해당 문제를 해결하기 위해 무엇을 할 수 있을지 의문입니다."라고 말할 수 있는 근거를 제공해 주는 것이다. 자료는 컨설턴트가 특정 사례에 대한 반추적 사고에 객관성을 부여할 수 있도록 해 주고, 슈퍼바이저에게는 완벽한 보고서를 제출할 수 있도록 해 주며, 동료 컨설테이션 집단(9장 참조)을 통해 얻을 수 있는 유익을 최대화하는 데에도 도움을 준다.

컨설턴트는 적어도 개별 의뢰인에 대한 사례 노트 또는 일지를 기록해야 한다. 이러한 활동을 통해 수집된 정보는 사례와 관련된 제반 변인들을 보다 잘 이해하고, 의뢰인(또는 컨설턴트)의 상호작용 패턴을 확인하며, 일정 기간 내부 컨설턴트가 참여해 온 컨설테이션의 형태와 기간을 문서화하는 데 도움을 준다. 모든 사례에 적용할 수 있는 일반적인 기록은 물론, 해당 사례에서 독특하게 발견된 측면들에 대한 기록이 함께 이루어진다면 그 자료의 가치는 훨씬 높아질 것이다. 이러한 작업을 컨설테이션의 모든 회기에서 수행하는 것이 어렵다면 적어도 컨설테이션의 첫 회기와 마지막 회기에서는 일반적인 정보 기록 및 컨설테이션 일지 작성이 이루어져야 할 것이다. 자신의 목적과 필요에 적합한 형태로 컨설테이션 일지 양식을 수정할 수는 있으나, 처음부터 여러 가지 양식을 사용하는 경우 기록들은 객관적이고 표준화된 정보 제공의 가치를 상실할 수 있으므로, 컨설턴트는 일정 기간 한 가지 형식을 고수하면서 그 양식과 내용을 조금씩 수정·보완해 나가는 것이 좋다.

현재 논의하고 있는 모니터링의 목적과 관련하여 이 장에서는 컨설테이션의 특정 단계에서 수집해야 하는 정보의 유형과 정보 수집 과정에서 적절하게 활용할 수 있는 다양한 방법을 소개할 것이다. 다시 한 번 말하자면, 이 장에서 컨설턴트 및 컨설테이션에 대한 설명은 협력이라는 개념에도 동일하게 적용될 것이다.

진입하기

진입 단계에서는 주로 의뢰인의 욕구가 무엇인지를 사정하는 작업이 이루어진다. 컨설테이션 작업에 대해 제재를 가하는 관리자와 대조적인 개념으로, 의뢰인을 컨설턴트와 함께 컨설테이션에 참여하는 개인으로 정의할 때, 이 단계에서 적절하게 활용할 수 있는 접근들이 있다. 예컨대, 컨설턴트는 컨설테이션 서비스에 대한 의뢰인의 기대와 선호를 고려하되, 이것은 컨설테이션의 논리적 진행에 방해를 끼치지 않는 범위 내에서 이루어져야 한다. 만일 의뢰인에 대한 정보 수집이 컨설테이션 첫 회기 이전에 이루어짐으로써 컨설턴트가 이에 대한 내용을 미리 파악할 수 있다면, 첫 면접은 적절한 접근 또는 모델 선택에 유용한 정보를 제공해 주는 출발점이 될 수 있다. 또한 이러한 전략은 의뢰인에게 사용 가능한 접근 방법의 범위에 대해 민감해지도록 할 수 있다. 의뢰인이 내담자에게 사용할 전략의 교육적 잠재성을 판단하기 위해, 컨설턴트는 채택된 접근 방법의 어떠한 요소들이 의뢰인에게 중요하게 작용했는지 확인해야 하며, 논의되고 있는 접근의 장점과 단점에 대해 의뢰인과 의견을 나누어야 한다.

Babcock과 Pryzwansky(1983)가 개발한 컨설테이션 선호 척도를 활용하여, 다섯 단계로 구분된 컨설테이션의 네 가지 모델에 대한 의뢰인의 선호도를 확인할 수 있다. 〈표 11-1〉은 네 가지 컨설테이션 모델의 문제해결 단계에서 컨설턴트와 의뢰인이 감당해야 할 책임이 무엇인지에 대하여 제시하고 있다(실제 척도는 각 문항의 코드와 함께 부록 A에 제시하였다). 이 척도는 컨설턴트가 추구하는 목적에 따라 기대척도로 사용하는 데에도 손색이 없다.

Babcock과 Pryzwansky의 척도는 다른 형태로 수정하여 활용할 수 있다. 예컨대, 약간의 편집 과정을 거치면 세분화되어 있는 모형의 각 단계가 해당 모형이 표방하는 하나의 이야기(narrative)로 통합될 수 있다. 의뢰인에게는 모델 전체의 내용을 포괄하는 네 개의 서로 다른 이야기로 제시할 수 있으며, 이 가운데 의뢰인은 자신이 선호하는 하나의 모델을 선택할 수 있다. 보다 응용된 형태로는 집단과 개인을 비교하는 방법이 있을 수 있다. 8장에서 지적한 바와 같이 Mischley(1973)는 의뢰인들이 네 가지 모델 중 어느 하나에 더 많이 편안해한다는 사실을 발견하였다.

Paul(1979)은 직접 서비스에 활용되는 접수 면접 양식을 컨설테이션 서비스에도 적용하여 사용할 것을 제안하였다. 이 양식에는 의뢰인의 소속 기관, 호소 문제, 의뢰인의 호소 문제에 적합한 컨설테이션 유형, 의뢰인의 성향 등을 기재한다. 또한 컨설턴트와 의뢰인의 특성, 면접 과정에서 의뢰인에 대한 '이상적인' 개입 방안으로 수립된 계획, 컨설테이션의 성공

확률에 대한 예후 등과 같은 정보 또한 기재 가능하다.

‖ 표 11-1 ‖ 네 가지 컨설테이션 모델의 다섯 단계에서 나타나는 컨설턴트의 역할과 목표의 차이

단계	협력	정신건강	임상	전문가
1. 컨설턴트의 목표	의뢰인과 함께 문제를 확인하며, 컨설턴트가 제안한 개입 방안을 계획하고 실행한다.	의뢰인이 미래에 비슷한 문제에 직면했을 때, 해당 문제를 해결할 수 있는 능력을 향상시킨다.	문제를 정의한 후, 의뢰인이 이행할 개입 방안을 개발한다.	의뢰인이 정의한 문제를 해결하기 위한 개입 방안을 계획하고 실행한다.
2. 문제 확인	의뢰인과 컨설턴트가 함께 문제를 확인한다.	컨설턴트는 의뢰인으로 하여금 문제를 명확하게 인식하도록 함으로써 문제를 확인할 수 있도록 돕는다.	컨설턴트가 문제를 확인한다.	의뢰인이 문제를 정의한다.
3. 제안된 개입 방안	의뢰인과 컨설턴트가 함께 개입 방안을 제시한다.	의뢰인은 컨설턴트가 촉진자로 기능한 개입 방안에 대한 실제적 실행 계획을 마련한다.	컨설턴트는 의뢰인이 실행할 개입 방안들을 제공한다.	컨설턴트 자신이 이행할 개입 방안을 계획한다.
4. 제안사항 이행	의뢰인과 컨설턴트 각자 컨설테이션을 통해 도출된 개입 방안들을 이행한다.	의뢰인은 스스로 개발한 개입 방안들을 이행한다.	의뢰인은 컨설턴트가 개발한 개입 방안을 이행한다.	컨설턴트는 자신이 계획한 개입 방안들을 이행한다.
5. 추수 개입의 특성 및 범위	필요에 따라 의뢰인과 컨설턴트는 개입 방안들을 수정해 나가면서 지속적으로 추수 상담을 실시한다.	의뢰인의 요청에 의해 추수 컨설테이션이 이루어질 수도 있다.	컨설턴트는 추수 회기를 통해 의뢰인에게 조언을 제공할 수 있다.	없음

학생 학습활동 11-1

1. 〈표 11-1〉을 활용하여 서비스에 대한 기대를 측정하기 위한 척도를 개발하시오.
2. 교사를 비롯하여 교장, 부모, 또래 친구 등 의뢰인을 선택하여 개발한 척도를 평정하도록 요청하시오.
3. 마지막으로 척도를 평정한 대상에게 그들이 생각하는 이상적인 서비스 체계에 대해 설명하도록 요청하시오.

:: **환경 변인**   여기에 구체적인 척도를 제시하지는 않았으나, 환경 변인은 반드시 사전에 고려되어야 하는 요소라고 할 수 있으며, 이와 관련된 정보는 문제를 진단하고 평가하는 데 매우 유용하게 활용된다. 그러나 환경 변인과 컨설테이션 목표 간의 직접적인 관련성을 찾기 어려운 경우, 표준화된 검사도구를 활용한 환경 변인 사정 작업은 까다로운 과정이 될 수 있다. 의뢰인의 행동이 직무 현장 분위기에 얼마나 많은 영향을 받는지를 파악하는 것은 컨설테이션 진행에 도움이 될 수 있지만, 관리자의 리더십 유형에 관한 질문은 오히려 컨설테이션 진행을 방해하는 요인으로 작용할 수 있다. 관리자가 보이는 '편집증'은 컨설테이션 진행에 복잡한 문제를 야기할 수 있는 수많은 문제 가운데 하나로, 컨설테이션 목표와 관리자의 편집증 수준이 직접적으로 관련되어 있는 경우를 제외하면 관리자에 대한 정보는 비공식적으로 수집하는 것이 좋다(구체적인 척도가 필요하다면 조직 개발과 관련된 문헌들을 찾아보는 것이 도움이 될 수 있다). Halpin과 Croft(1963)가 개발한 조직문화척도(organizational climate scale)는 개방적 체계와 폐쇄적 체계를 구별하기 위해 필요한 차원들을 확인하는 데 유용하다. 또한 행정가/관리자의 컨설테이션 관여 수준, 관리자 지지에 대한 의뢰인(조직 구성원)의 지각 수준을 확인하는 작업이 필요하다. Gallessich(1973)는 이와 관련하여 고려해야 할 사항들을 다양한 측면에서 개관한 바 있는데, 예를 들어, 컨설턴트는 조직에 가해지는 내·외적 압력, 조직의 역사 및 미래 방향과 같은 조직의 궤적, 그리고 컨설턴트의 역할과 컨설테이션 서비스에 대한 학교 관계자들의 인식 등 조직 내 현상과 관련된 정보들을 수집하는 것이 좋다. 다시 한 번 말하자면, 이러한 정보들은 비공식적이고 조심스럽게 접근하는 것이 좋다. 수집된 자료는 현재와 미래에 이루어질 컨설테이션 작업을 계획하는 데 유용하다.

과정

많은 연구자는 컨설테이션 종결 시 단편적인 한 번의 평가에 그치기보다는 컨설테이션이 진행되는 과정에서 지속적으로 평가가 이루어지는 것이 바람직하다고 주장한다. 이러한 평가 작업은 비공식적으로 이루어질 수도 있고, 중간 점검의 수단 또는 다음 단계의 작업 방향을 결정하기 위해 지금까지의 작업에 대한 재고 목적으로 활용되기도 한다. 과정 요약 양식에는 문제의 정의, 개입 과정에 대한 설명, 계약 이행의 정도를 나타내는 기록, 진척된 사항들이 미래에도 유지될 것인지에 대한 예후 등을 기록한다. 컨설턴트는 의뢰인에게 컨설테이션 과정을 평가하도록 요청할 수 있고(Paul, 1979), 컨설턴트와 의뢰인이 동일한 양식을 함께 작성할 수도 있으며, 같은 평가지를 각자 작성한 후 함께 의견을 나눌 수도 있다.

Friedman(1977)은 접수 면접에 활용할 수 있는 반구조화 면접척도를 개발하였다. 궁극적으로, 컨설테이션 접근법 채택에 영향을 미치는 의뢰인 유형 규정 수단으로서의 Friedman (1977) 척도 질문은 다양한 목적하에 컨설턴트가 손쉽게 변형하여 사용할 수가 있다. 다시 말해, 학생-교사 맥락을 기본적인 개념 틀로 설정하고는 있으나, 내담자-의뢰인으로 대체하여 활용 가능하다는 것이다. 학생(내담자)에 대하여 수집한 진단적 정보들은 '내담자는 누구인가?' '문제의 특성 및 그 심각성 수준은 어떠한가?' '이전에 수집한 정보 가운데 현재의 문제 상황을 이해하는 데 활용할 수 있는 정보가 있는가?' '내담자의 현재 수행능력은 어떠한가?' '내담자의 강점과 약점은 무엇인가?' '내담자의 변화된 행동을 유지시키는 사전 · 사후 요인들은 무엇인가?' '내담자의 사회적 행동을 설명할 수 있는 정보는 무엇인가?' '내담자의 정서적 기능은 어떠한가?' '강화요인으로 활용할 수 있는 환경 내 가용 자원에는 무엇이 있는가?'와 같은 질문에 대한 답을 제시할 수 있다.

교사(의뢰인)와 관련된 진단 정보에는 '문제 상황에 대해 교사는 어떻게 인식하고 있는가?' '문제 상황을 개선하기 위해 교사는 어떠한 노력들을 해 왔는가?' '이러한 노력이 어떠한 결과를 가져왔는가?' '교사는 문제 상황에 대해 어떠한 가설을 수립하였는가?' '교사는 문제 상황이 교사와 학생 모두의 책임일 수 있는지를 확인하기 위해 두 사람 간의 상호작용을 분석하였는가?' '전문가로서 교사의 강점과 약점은 무엇인가?' '학생에 대한 교사의 태도는 어떠한가?' '컨설테이션을 요청하는 교사의 동기 수준은 어떠한가?' '문제 상황을 개선하기 위한 해결책을 고안하는 데 교사는 얼마나 열의가 있는가?' '컨설턴트에 대한 교사의 태도는 어떠한가?' '컨설테이션 과정에 대한 교사의 태도는 어떠한가?' '학생에 대해 교사는 전문가로서 얼마나 책임을 지고자 하는가?' 등이 있다.

또 다른 형태의 면접 기법은 Vygotsky의 관점에서 문제를 탐색할 것을 강조한다(Partanen & Winstrom, 2004). 특히 Vygotsky가 제시한 개념인 근접발달영역은 학생의 학습 및 행동, 교실 환경에 대한 교사의 표현을 이해하는 데 유용하다. 이를 위해 교사는 컨설테이션 회기 중 그리고 회기와 회기 사이에 필요한 내용들을 기록할 필요가 있다. 한편, Guva(2004)는 '훈련 과정'을 촉진하기 위해 구체적인 면접 지침을 제시하였는데, 이는 선별된 질문들을 활용한 면접 전후 의뢰인의 태도 변화를 구체적으로 파악할 수 있게 해 주며, 처음 세 번의 회기는 다음과 같이 진행된다. 첫 회기는 내담자, 내담자의 문제, 의뢰인의 지각에 초점을 두고 컨설턴트에 대한 의뢰인의 기대를 탐색하는 작업이 이루어진다. 두 번째 회기에는 그 초점이 내담자–의뢰인 간 상호작용으로 이동되며, 세 번째 회기에는 문제가 해결되었는지, 내담자에게 변화가 일어났는지, 내담자의 상태가 더 악화되었는지, 의뢰인이 위기에 빠졌는지에 초점을 두고 작업이 진행된다.

:: **의뢰인 만족도**   일반적으로 의뢰인 만족도와 관련된 자료는 종결 단계에서 수집하지만 컨설테이션의 다른 단계에서도 수집 가능하다.

:: **컨설턴트 스타일**   경우에 따라 컨설턴트의 상호작용 스타일에 대한 피드백은 컨설턴트에게 도움이 될 수 있다. 매 회기 또는 선별된 회기가 종결된 이후 설문지를 제공하면 회기와 회기 사이에 의뢰인이 작성할 수 있다(부록 B 참조). 컨설턴트의 상호작용 스타일을 평가하기 위해 척도를 사용하게 되면 컨설테이션 진행 속도와 진척 사항에 영향을 미칠 뿐 아니라 보다 효과적인 상담을 위한 초석을 마련할 수 있다. 특히 의뢰인이 바쁘거나 체계적으로 컨설테이션 작업에 참여하지 않을 경우, 이러한 방식은 컨설테이션 과정에 유용하게 활용될 수 있다. 컨설턴트에게 피드백을 제공하는 전략은 컨설턴트와 의뢰인 당사자 간의 신뢰가 바탕이 되어야 하며, 두 참여자 모두에게 이로운 방법이라는 신념이 저변에 깔려 있어야 한다. 컨설턴트는 "어떻게 하면 이 서비스가 보다 효과적일 수 있는가?"라는 태도를 견지해야 하며, 피드백이 갖는 모든 영향력에 대해 인지하고 있어야 한다. 또한 컨설테이션 서비스의 결과가 어떠해야 하는지에 대한 컨설턴트와 의뢰인 간 합의에 따라 설문지는 얼마든지 변경 가능하다.

종결

컨설테이션의 경우 일반적으로 종결 단계에서 평가의 기능을 고려하게 되는데, 컨설테이션을 통해 일어난 변화를 확인하는 과정에서 컨설턴트는 딜레마에 빠지게 된다. 컨설테이션이 갖는 간접적인 성격 때문에 컨설턴트는 의뢰인에게 나타난 변화에 한해서만 책임이 있다고 주장할 수 있다. 사실 Caplan이 제시한 모형 및 이 모형에서 파생된 다양한 형태의 모형들은 의뢰인이 개입 계획을 마련하는 데 상당히 자유롭다는 점에서 컨설턴트에게 컨설테이션에 대한 책임을 묻지 않을 수 있다. 한편, 어떤 이들은 변화의 궁극적인 대상이 의뢰인의 내담자라는 점에서, 컨설테이션 성과 측정의 초점은 내담자에게 맞추어져야 한다고 주장한다. 컨설테이션 성과 및 효과 측정은 단순한 문제가 아니기 때문에, 컨설테이션에 사용된 모형 또는 문제의 특성과 관련지어 판단하는 것이 적절하다. Caplan(1970)은 '서로 맞물려 있는 요인들, 즉 컨설테이션을 통해 도출된 개입 방안, 의뢰인의 인식과 태도의 변화, 의뢰인-내담자 행동의 변화, 내담자의 행동과 수행 태도의 변화' 등을 평가하기 위해서는 복합적인 평가 체계가 필요함을 역설했다. 이러한 작업은 다수의 경험이 있는 연구팀에게도 쉽지 않은 과제이다. 그럼에도 컨설턴트는 이에 대한 평가 작업을 실시해야 하며, 의뢰인이 컨설테이션 서비스를 존중하고 지지하는 경우 특히 그러하다. 이러한 작업이 이루어지고 난 후에야 선택 가능한 대안들에 대한 논의가 이루어질 수 있다.

현재 의뢰된 문제와 유사한 상황을 미래에 직면했을 때 이를 효과적으로 다룰 수 있는 능력이 컨설테이션을 통해 향상되었는지는 컨설테이션의 종결 단계에서 평가하기가 어렵다. 물론 현재 의뢰한 문제와 비슷한 문제가 미래에도 발생할 것이라는 가능성을 열어 두는 것이 비합리적인 것은 아니지만, 회기가 거듭될수록 문제를 분석하고 해결하는 의뢰인의 능력이 눈에 띄게 향상될 것이라고 기대하는 것은 무리이다. 의뢰인의 미래 문제해결 능력이 향상되는지를 평가하는 작업은, 문제해결을 위해 비교적 장기적으로 컨설테이션을 진행하는 의뢰인에게 해당되는 일이다. 이와 같은 문제를 해결할 수 있는 대안 중 하나는, 문제의 요소들을 확인하고, 문제를 설명하기 위한 대안적인 가설들을 수립하며, 보다 적절한 개입 계획들을 마련하는 등 '문제해결 방법들을 찾아 나가는' 의뢰인의 기술이 미래에 어떻게 변화되어야 하는지를 의뢰인이 평가해 보도록 하는 것이다.

:: **내담자 변화**   수많은 연구자는 내담자에게 나타난 긍정적 변화를 측정하기 위한 방법으로 단일 대상 연구 설계 방법을 추천하였다(Brown, Wyne, Blackburn, & Powell, 1979; Meyers, Parsons, & Martin, 1979; Meade, Hamilton, & Yuen, 1982). 컨설테이션의 특성상 통제 집단 표집이 어려울 뿐 아니라 대부분 일대일로 진행되기 때문에, 컨설턴트는 단일 대상 연구 설계 방법의 활용에 대해 진지하게 고려해야 한다. 이러한 설계 방법에는 ABC설계를 비롯하여 반전설계, 중다기초선설계, 사례연구, 혼합설계 등이 있다.

ABC설계는 특정 개입(B)의 효과를 다른 개입(C)의 효과 및 기초선 자료(A)와 비교하는 연구 방법이다. 반전설계는 컨설테이션 과정이 행동의 변화를 이끌어 냈는지를 확인할 수 있는 연구 방법으로, A-B-A라는 글자의 배열로 짐작할 수 있듯이 이 설계는 통제되지 않은 기초선을 설정하고, 개입한 후 개입을 제거함으로써 원래의 기초선 수준으로 되돌아가는 양상을 관찰하는 형식으로 이루어진다. 중다기초선설계를 활용하면 개입 전략의 효과를 평가할 수 있는데, 이 과정은 ① 동일한 상황에서 동일 인물에 의한 두 가지 이상의 **행동**, ② 동일 상황에서 두 명 이상의 대상 또는 ③ 서로 다른 **상황**에서 동일 행동에 적용하는 개입을 포함한다. 혼합설계는 중다기초선설계와 반전설계를 결합한 것이며, 사례연구는 이 장의 후반부에서 보다 자세히 설명할 것이다.

시계열(time-series) 기법은 단일 대상 연구 설계에서 표방하는 중요한 특성을 지니고 있다(Barlow et al., 1984). 이 설계는 "안정적 추정치의 특성과 논리적인 자료를 비교함으로써 구조화"되는데(p. 180), 개입방법을 구체적으로 기술하고, 기초선을 기준으로 개입을 통해 일어난 변화를 일정 기간 반복적으로 측정하게 된다. Barlow 등(1984)은 효과를 반복하여 측정함으로써 개입으로 인한 결과에 대해 확신할 수 있으며, 이러한 접근 방법이 성공을 거두기 위해서는 실무자의 탐색적 태도가 중요하다고 역설하였다. "시계열 설계는 역동적이고 연구자와 연구대상자 간 상호 소통을 추구하는 연구방법으로, 잠정적으로 이루어져야 하며, 그 과정 안에서 의문이 제기될 경우 언제든지 변화될 수 있어야 한다"(p. 178).

Barlow 등(1984)은 ① 계열 내 요소(within-series elements), ② 계열 간 요소(between-series elements), ③ 계열 결합 요소(combined-series elements) 등 세 가지 단일 사례 실험 방법을 제시하였다. **계열 내 요소 설계**에서는 일련의 다른 시점에서 측정한 자료들 간에 나타난 변화를 고려해야 하는데, 이때 단일 시점에서의 결과 측정치 또는 일련의 결과 측정치가 활용되며, 전통적으로 사용해 온 AB 또는 ABA 설계가 그 예라고 할 수 있다. 이러한 설계는 A/B + C/A 또는 상호 설계의 형태로 변형되기도 하지만, 기본적인 원리는 동일하다. **계열 간 요소 설계**는 서로 다른 조건에서 시간의 변화에 따라 자료들을 조직하되, 이때 시간만 다루는 것은 아니라는 점을 기억해야 한다. 이 설계의 기초를 이루는 두 가지 연구 설계 방법으로는 교대처치설계(alternating-treatment design)와 동시처지설계(simultaneous-treatment design)가 있다. 교대처치설계는 두 가지 이상의 조건에 대해 무작위로 여러 처치를 교대로 실시하여 적용된 처치 간의 효과를 비교하는 단순연구설계라고 할 수 있다. 한편, 동시처치설계는 동일 사례에 대해 두 가지 이상의 개입을 동시에 적용하는 연구 설계이다. 마지막으로, **계열 결합 요소 설계**는 기본적으로 계열 내 요소와 계열 간 요소들이 논리적으로 분명하고 전체적으로 조화를 이루는 연구 방법으로, 이 연구 방법의 가장 일반적인 예가 바로 중다기초선설계(multiple baseline design)라고 할 수 있다. Barlow와 동료들(1984)은 중다기초선설계에 대하여 "중재 철회가 필요 없고, 매우 단순하며, 일단 체계적인 측정이 이루어지고 나면 적용할 수 있는 범위가 매우 넓다."(p. 263)라고 설명하며, 실무자들에게 최선의 설계라고 제안한 바 있다. 이와 같은 연구설계들의 장단점을 이해하고, 실제로 이를 심도 있게 다루기 위해서는 이 절에서 언급한 참고문헌들을 살펴보는 것이 좋다.

내담자에게 나타난 긍정적인 변화를 측정하는 것과 관련해서 지금까지 논의된 설계들은 주로 행동주의적인 입장을 견지하는 컨설턴트들이 옹호하는 방법이라는 사실에 주목해야 한다. 이러한 설계들은 행동주의 컨설테이션 접근에서 선호하는 이론적 모형에 부합된다. 그러나 다른 이론적 가치를 추구하는 컨설턴트와 의뢰인에게는 적절하지 않을 수 있다. 그들은 GAS(목표 달성 척도)나 자기보고식 설문지 등과 같은 내담자-결과 측정치들을 보다 선호할 수 있다. 예컨대, 의뢰인의 태도 변화와 자기개념에 대한 인식의 변화 등은 행동주의가 아닌 다른 컨설테이션 모델에서 중요시하는 영역이라 할 수 있다.

:: **의뢰인 만족도**　기존 문헌에서 가장 많은 주목을 받아 온 변인이 있다면 그것은 아마도 의뢰인 만족도일 것이다. 그러나 의뢰인 만족도는 그 중요성에 비해 책무성과 평가 영역에서 컨설턴트에게 과소평가되어 온 변인이라고 할 수 있다. 예컨대, 불안해하는 의뢰인을 진정시키거나 지지해 주는 것은 문제해결을 위한 긍정적인 환경 조성에 매우 큰 도움을 줄 수 있다. 또한 직무상의 어려움을 경험하고 있는 의뢰인이 자신감을 느끼고 권한을 위임받았다는 느낌을 갖게 되면 컨설테이션은 보다 효율적으로 이루어지게 된다. Conoley와 Coneley(1982)는 자기보고식 측정도구로 사용될 수도 있는 면접 과정에서 핵심적인 기능을 하는 개방형 평가척도를 제시하였다(부록 C 참조).

:: **의뢰인 개념화(consultee conceptualizations)**　의뢰인 중심적인 입장을 취하는 컨설턴트들은 대부분 의뢰인의 인지 변화에 관심을 기울이는데, 인지 변화는 컨설테이션의 효과를 결정짓는 '중요한' 기준이기 때문이다(Sandoval, 2004, p. 392). 인지 변화는 문제, 내담자 또는 의뢰인 자신에 대한 이해를 의미한다. Sandoval(2004)은 '인지도 작성(cognitive mapping)'이라는 방법을 활용할 것을 제안하였다. 인지도 작성은 확인된 문제에 대하여 의뢰인이 컨설테이션 전후의 변화 양상을 도표로 작성하는 것으로서, 이는 문제에 대한 의뢰인의 초기 인식과 컨설테이션 종결 시의 변화된 인식을 비교하되, 문제의 복잡성과 효용성 측면에서의 검토 자료로 활용할 수 있다. 인지도는 의뢰인이 문제를 이해하는 과정에서 범한 오해를 발견하는 데 사용된다는 점에서 컨설테이션 과정을 촉진할 수 있다. 이와 관련하여 Sandoval은 "인지도는 컨설테이션의 효과를 나타내는 구체적인 자료로 보존할 수 있다."고 주장하였다.

:: **컨설턴트 사정하기(consultant assessment)**　많은 척도가 컨설턴트의 자기성장을 위한

피드백을 제공해 주고, 경우에 따라서는 컨설턴트의 책무성을 측정하는 문항들을 포함하고 있다. 특히 Erchul(1984)는 컨설턴트를 평가하기 위해 체계적으로 척도를 개발하였는데, 수많은 연구에서 활용되고 있다(부록 D 참조).

:: **부차적 성과**　앞서 언급한 바와 같이, 몇몇 연구자는 내담자 집단과 의뢰인의 변화를 컨설테이션의 목표로 인식한다. 그러나 의뢰인의 긍정적 변화는 컨설테이션의 부차적인 결과로 간주될 수 있다. 의뢰인의 긍정적 변화에 대하여 다루고 있는 표본 문항들은 부록 E에 제시되어 있으며, 문항은 컨설턴트가 처한 상황에 따라 수정·보완할 수 있다. 물론 이러한 문항들이 의뢰인을 위해 고안되기는 하였으나 의뢰인과 컨설턴트가 동일한 설문지를 작성한 후 의뢰인이 지각하는 성과와 컨설턴트의 그것을 비교한다면, 의뢰인과 컨설턴트 모두에게 유용한 자료가 될 수 있다.

Zins(1981)는 또 다른 척도를 제시하였는데, 컨설테이션 상호작용을 통해 '문제 상황의 복잡성을 보다 심도 있고 폭넓게 이해하게 되었는가? 문제 상황을 명확하고 구체적으로 이해하게 되었는가? 이전에 미처 생각하지 못했던 대안들을 찾을 수 있게 되었는가? 스스로 찾아낸 문제해결 방안을 실행으로 옮기고 있는가? 문제를 관리할 때 스스로 의사 결정을 내릴 수 있게 되었는가?'와 같은 측면에서 긍정적인 변화가 일어났는지 의뢰인에게 질문을 던진다. 의뢰인이 컨설테이션을 요청한 근본적인 목적이 의뢰인(또는 관리자)이 인식한 내담자의 문제해결임에도 불구하고 의뢰인에게 초점을 맞춘 질문이 집중적으로 이루어지는 경우, 의뢰인은 방어적인 태도를 보일 수 있으며 조직 구성원들 사이에 컨설턴트가 문제의 본질을 제대로 파악하지 못한다는 목소리가 나올 수 있다. 후자의 경우, 컨설턴트에 대한 신뢰도가 손상됨으로써 향후 구성원들이 컨설테이션을 요청하는 데 부정적으로 작용할 수 있다.

일반적으로 기술적(descriptive) 사례 연구에서는 컨설테이션의 다양한 단계가 상세히 기술되어야 할 뿐 아니라 의뢰인과 내담자(그리고 체계)에 대해 수집된 자료들이 충분히 반영되어야 한다. 컨설테이션 초기에 활용하고자 하는 접근 방식에 대한 개념화가 이루어지고 나면 질적 분석을 수행할 수 있는 가능성이 높아진다. 그러나 여기에서 한 가지 고려해야 할 사항은 충분한 정보를 수집할 수 있는 시기에 대한 판단이다. 연구에 가능한 한 모든 자료가 포함되어야 한다는 전제는, 연구 종결 전까지는 수집된 자료들이 현재 수행하고 있는 연구와 어떻게 관련되어 있는지 알 수 없다는 것을 의미한다. 경우에 따라서는 연구를 수행하는 과정에서 사례연구 방법에 대해 가졌던 매력이 경감될 수도 있고, 평가도구로서의 신뢰를 잃어버리는 상황이 발생하기도 한다. 이 문제를 해결하는 데 가장 좋은 방법은, 컨설턴트가 사례 연구 방법을 적용해서 연구를 수행하고자 하는 경우 실제적으로 활용할 수 있는 수준의 자료를 수집함으로써 자료수집과 관련된 문제들을 불식시키는 것이다. 이러한 점에서 단일 사례 실험 설계와 기술적 사례 연구 간 절충안이 필요하다고 할 수 있다. 기술적 사례 연구를 수행하는 과정에서 직면할 수 있는 여러 가지 어려움에도 연구를 위해 상정된 가설들은 컨설턴트의 책무성과 관련된 자료를 제공하고, 추후 연구 수행에 기여한다는 점에서, 컨설턴트는 사례연구 방법을 간과해서는 안 된다.

컨설테이션을 주제로 한 사례연구들이 관련 문헌에 게재되기 시작하였다. Wilkinson (2005)은 단일사례연구를 통해 연합 행동주의 컨설테이션의 효과를 보고하였으며, 학교 현장에서 이루어지는 컨설테이션이 스페인계 미국인 청소년들에게 적용될 수 있는지를 조사한 탐색적 사례연구가 수행되기도 하였다(Ramirez & Smith, 2007).

사례연구

일반적으로 사례연구는 비실험연구로, 순수하게 일화를 기록하고 보고하는 형태로 이루어진다. 따라서 전통적인 연구방법을 추구하는 사람들은 사례연구를 실험연구와는 구분되는 별개의(그리고 수준이 낮은) 부류로 여겨 왔다(Barlow et al., 1984). 더욱이 사례연구는 어떠한 활동의 성과일 수 있는 사항들을 가설의 형태로 제시하기 때문에, 수행된 사례연구를 통해 컨설테이션 사례를 분석하고자 하는 실무자들에게 이와 같은 연구태도는 한계로 작용하였다. 이러한 이유로 평가 전략 수립 또는 컨설턴트의 지식기반 확장을 목적으로 한 사례연구의 활용은 최근 거의 주목받지 못하였다. 그러나 아이러니하게도 기존에 구축된 지식기반을 보다 폭넓게 확장하고, 보다 많은 사람이 활용하는 개입 서비스를 개발하기 위해서는 사례연구에서 표방하는 가설 생성 능력을 중요한 가치로 인식해야 한다(Pryzwansky & Noblit, 1990).

Barlow 등(1984)은 "사례 분석과 사례 연구에 대한 개방적 태도는 시계열 방법론의 효과적 응용을 위한 초석"이라고 주장하였다(p. 281). 시계열 방법은 일정 기간 동안 동일 인물에 대하여 일련의 측정치를 수집하는 접근 방법을 의미한다. 단일사례실험설계는 시계열 기법의 한 종류지만 컨설테이션 작업의 지속성이 수반되지 않는다는 점에서 차이가 있다. 단일사례실험설계를 통해 특정 컨설테이션 사례에 대한 개입 여부의 판단이 비교적 용이하게 이루어질 수 있고, 자기평가 또는 동료평가가 비교적 자유롭게 이루어질 수 있다. 또한 컨설턴트의 책무성을 고취시키는 목적으로도 활용될 수 있다. 따라서 단일사례연구는 연구가 지니는 유용성 이외에도 컨설턴트의 실무 능력 향상에 도움을 줄 수 있다는 측면에서 그 가치를 중요하게 고려해야 한다. 특히 질적사례연구는 '어떻게'와 '왜'라는 질문에 대한 답을 얻고자 하는 연구 문제에 적합한 연구방법으로, 이는 현상을 단순히 기술하는 것 이상의 목표를 추구하는 질적사례연구의 성격을 반영하고 있다 할 수 있다. Merriam(1988)은 사례연구와 같은 연구 패러다임은 해석적이고 평가적인 기능 또한 수행할 수 있다고 주장하였다.

참여자-관찰자로서의 컨설턴트는 회기노트, 회고록, 녹음자료 그리고 추수 면접을 활용하여 사례를 기록해 나갈 수 있다. 이러한 기록은 반복적인 탐독과 체계적인 코딩 작업을 통해 하나의 '텍스트'로 제작되고, 이를 기초로 주제와 관련된 사상과 잠정적 이론들을 정확하게 파악해 나갈 수 있게 된다. 이러한 과정을 통해 형성된 텍스트는 신뢰도와 타당도 확보를 위한 기초자료로 활용됨으로써 사례 분석을 수행하는 컨설턴트의 확신을 향상시킬 수 있다. 현재 가장 많이 활용되고 있는 컨설테이션 일지의 견본 양식(Pryzwansky, 1989)은 〈표 11-2〉에 제시되어 있다.

학생 학습활동 11-2

1. 컨설테이션 보고서 양식을 준비하시오.
2. 준비한 양식이 일주일에 5회 진행되는 컨설테이션 분량의 기록을 완수하기에 적절한지 판단하시오. 만약 그렇지 않다면 양식을 수정하시오.
3. 가상의 기관에 컨설테이션 보고서를 제출하기 위한 정책을 개발하고 제안하시오.
4. 보고서 양식은 ① 컨설턴트의 책무 완수를 목적으로 사용되는가, ② 연구를 위한 목적으로 사용되는가?
5. 보고서 양식을 의뢰인에게 소개하는 대략적인 절차를 제시하고, 보고서 작성 및 제출 계획을 세워 보시오.

‖ 표 11-2 ‖ 컨설테이션 일지

일지

초기 면접
1. 컨설턴트와 의뢰인이 생각하는 사례의 특성
2. 컨설턴트와 의뢰인이 생각하는 사례의 유형(예: 학업, 행동)
3. 컨설턴트 스타일에 대한 의뢰인의 기대(8장 참조)
4. 내담자를 둘러싼 요인들이 모두 동일하다고 가정했을 때(즉, 돈이나 지역사회에서 제공되는 자원의 가용성 등과 같은 요소와 상관없이), 의뢰인의 관점에서 내담자에게 가장 도움이 될 것 같은 조치는 무엇인가?
5. 컨설턴트와 의뢰인의 관점에서 볼 때, 컨설턴트가 현실적으로 도움을 줄 수 있는 가장 좋은 방법은 무엇인가?
6. 내담자 조력 방안에 대한 컨설턴트와 의뢰인의 예측
7. 해당 의뢰인과의 작업에서 경험할 것으로 예측되는 협력의 수준
8. 의뢰인 분석(예: 이 장에서 제시한 Friedman 척도 참조)

9. 컨설턴트가 활용하는 컨설테이션 모형

마지막 회기 면접
1. 컨설턴트와 의뢰인이 볼 때, 컨설턴트가 지니고 있는 최대 강점(예: 정보, 지지, 적극적 개입)은 무엇인가?
2. 컨설테이션의 모든 과정을 돌이켜 봤을 때, 의뢰된 사례가 컨설테이션 없이도 해결될 수 있었을지에 대한 컨설턴트와 의뢰인의 견해
3. 만일 컨설테이션을 처음부터 다시 진행할 수 있다면, 컨설턴트와 의뢰인의 입장에서 지금까지의 컨설테이션 과정과는 달리 변화를 주고 싶은 부분
4. 하나의 서비스로 제공된 컨설테이션에 대하여 의뢰인이 갖는 견해
5. 컨설테이션의 성공 수준에 대한 컨설턴트와 의뢰인의 평가
6. 학생의 문제가 실은 가족의 문제인 경우, 문제해결을 위해 제시한 전략들을 내담자가 이행할 시간이 없는 경우, 한 학생을 편애하는 경우 등과 같이 향후 이루어지는 컨설테이션에서 의뢰인이 해결해야 할 문제라고 언급된 주요 문제들
7. 컨설테이션 과정에서 나타난 의뢰인의 긍정적 진술(예: "저는 이 내담자가 좋아요." "부모님이 협조적이세요." "이러한 서비스를 제가 받을 수 있다니 정말 좋아요.")
8. 컨설턴트가 내담자에게 제공한 실제적 서비스

일반적인 정보
1. 의뢰인의 특성: 나이, 성별, 인종(교사일 경우 가르치는 학년과 교직 경력)
2. 내담자를 처음 의뢰인에게 위탁한 사람
3. 내담자의 문제를 돕기 위한 의뢰인의 노력과 그 결과
4. 컨설테이션 회기 수
5. 컨설턴트가 제안한 개입 방안과 실제로 이행된 사항들
6. 독립된 형태의 교육기관을 제외한 학교 내 학급과 조직의 유형
7. 조직 분위기

책무성: 컨설테이션 보고서

우리는 보고서 본연의 목적을 실현하고자 기록의 중요성을 강조하기 위해 컨설턴트의 책무성을 평가 영역에서 분리하였고, 자체 검토(self-review) 영역과 순수한 평가목표 영역을 구분하였다. 앞서 제시한 일지 작성 활동은 컨설턴트의 책무 완수라는 목적을 충족시키는 데 활용될 수 있다. 이와 관련하여 전문가(컨설턴트)는 다음의 두 가지 선택 사항을 고려해야 한다.

첫째, 컨설테이션 보고서를 정리하여 보관하는 방법이 있다. 컨설테이션 보고서에는 다른 많은 정보와 함께 개입-추수 상담 단계 및 매 회기에 설정한 가설들이 요약되어 있다. 일단 컨설테이션이 종료되고 나면 컨설테이션 보고서의 내용을 학교생활기록부에 기재할 수

있다. 이 보고서는 교육 문제 진단 전문가 또는 학교심리학자들이 작성하는 보고서와 유사한데, 컨설테이션의 진척 상황을 파악할 수 있게 해 줄 뿐 아니라 해가 바뀌어도 개입의 연속성을 유지시켜 나갈 수 있도록 이에 필요한 자료를 제공해 준다. 한편, 기관에 속한 전문가는 이러한 기록들을 해당 부서의 파일에 보관하는 것이 합리적이고 실용적이다. 컨설테이션이 이루어지는 상황이나 환경에 상관없이 의뢰인은 컨설테이션이 시작되는 시점부터 컨설테이션과 관련된 모든 기록이 보존된다는 사실을 인지하고 있어야 한다. 이러한 기록들을 함께 만들고 작성해 나가야 한다는 사실을 컨설턴트가 의뢰인에게 알릴 때에는 신중하게 접근해야 한다. Anserello와 Sweet(1990)는 모든 컨설테이션 사례에 대하여 회기가 종결된 이후에는 최종 컨설테이션 보고서를 작성하는 것이 좋다고 주장하였다. 이들이 말하는 사례 보고서는 컨설테이션에서 논의하고자 했던 문제에 대해 컨설턴트와 의뢰인이 함께 결정한 구체적 사항을 비롯하여 컨설턴트가 제공한 서비스의 상세 목록 그리고 이행된 개입방안에 관한 구체적인 정보를 담고 있어야 한다. Anserello와 Sweet에게 보고서는 감독과 평가의 목적을 충족시키기 위해 조직의 일정에 맞추어 이루어진 서비스 관련 자료를 제공하는 것은 물론, 컨설턴트의 책무성을 확보하기 위한 장치로 기능한다고 할 수 있다. Buysse와 Wesley(2005)는 보고서에 ① 컨설테이션 대상에게 명시한 컨설테이션 과정의 간략한 내력, ② 그 과정, ③ 컨설테이션 일시, ④ 학급 특성, ⑤ 목표, ⑥ 전략 변경 이력, ⑦ 성과 등을 기재해야 한다고 제안하였다.

둘째, 의학 분야에서 활용하는 일지(차트)와 유사한 양식을 제작하여 기록하고, 이 자료를 보관하는 방법이 있다. 진단 결과를 토대로 수립한 개입 방안에 초점을 맞추어, 회기가 종결될 때마다 새롭게 발견하게 된 사실이나 갱신된 정보들을 기입하게 된다. 이 방법은 전문가가 직면할 수 있는 시간상의 제약을 고려한 대안인 동시에 컨설테이션 과정에서 이루어지는 접촉 및 의사결정과 관련하여 중요한 자료를 제공해 주기도 한다. 어떤 컨설턴트는 퇴직자 면접에서 자신이 활용한 독창적인 요약기법에 대하여 보고하였는데, 그는 이러한 방법이 정신건강 컨설테이션, 의뢰인 중심 컨설테이션에서 표방하는 자발적이고 신뢰할 수 있는 비위계적 관계 형성 등의 특성과 일치한다는 사실을 깨닫게 되었다. 다시 한 번 강조하자면, 컨설턴트는 보고서에 이러한 작업을 수행하고 있다는 사실과 함께 컨설테이션의 목적, 접근성, 비밀보장, 보고서 활용에 수반되는 경고 사항을 명확하게 제시해야 한다.

🔍 평가

평가(evaluation)는 의뢰인과 내담자가 어떠한 진척 상황을 보이고 있는지, 개입은 전반적으로 성공적인지에 대해 컨설턴트와 의뢰인이 파악할 수 있도록 해 주는 자료수집 활동이라고 할 수 있다. 평가와 관련된 질문들은 주로 이 두 가지 사항에 대한 답을 얻기 위하여 이루어지며, 이러한 작업을 위해 자료를 수집할 때에는 체계적인 절차에 따라야 한다. 수집된 자료를 기초로 컨설테이션의 지속 여부 또는 상호작용 방식을 변화시켜야 하는지가 결정된다. 또한 이러한 자료들은 미래에 현재와 비슷한 의뢰인을 대하거나 문제를 처리하는 데 어떠한 컨설테이션 전략을 적용할지에 대하여 판단하는 데 영향을 미친다. 평가를 통해 컨설턴트는 자신이 사용한 접근의 유용성에 대한 정보를 얻을 수 있을 뿐 아니라 자신이 제공한 컨설테이션 서비스의 효과를 입증할 수 있다.

이 장에서 강조하고자 하는 것은 컨설턴트에게 프로그램 평가자 또는 연구자로서의 역할보다는 컨설테이션을 통해 개발된 개입 방안에 대해 평가할 책임이 무엇보다 중요하다는 사실이다. 보통 프로그램 평가자가 갖추어야 할 기술이나 전문성 수준은 컨설테이션을 수행하는 전문가의 그것과 차이가 있다고는 하나 대부분의 컨설턴트는 평가 경험이 있으며, 이에 익숙해져 있는 것이 사실이다. 언뜻 보면, 이 장에서 언급하는 내용들이 프로그램 평가 문헌의 내용과 유사하지만 여기서 주목하는 것은 개인 또는 집단 상황에서 컨설턴트가 평가에 대하여 갖는 책임이라고 할 수 있다.

한편, 평가와 연구는 그것이 지향하는 목적에 따라 구분된다(Meade et al., 1982). 평가가 효과적인 의사결정이라는 목적을 달성하기 위해 이루어지는 반면, 연구는 그 자체가 목적이 된다. 보통 해결해야 하는 문제의 성격에 따라 평가에 필요한 질문이 결정되기 때문에 경우에 따라 평가는 이론적 형태를 갖추지 못하고 단순한 기술로 전락해 버릴 수 있다. 이와 같은 면에서 연구는 평가와 상반된 성격을 지니고 있다. 컨설테이션 사례와 관련하여 평가와 연구 모두를 수행해야 하는 실무자의 책무성에 대해서는 13장에서 다루고자 한다.

컨설테이션에 대한 평가는 목적, 방법, 가용 자원 등에 따라 매우 다른 형태를 띨 수 있다. 앞으로 살펴보겠지만 평가가 이루어지는 데에는 다양한 목적이 존재하는데, 이러한 목적들은 상호 배타적이지 않다. Hylander(2004)는 ① 어떠한 변화를 탐색할 것인가, ② 어떻게 변화를 탐색할 것인가? ③ 컨설테이션을 평가(또는 연구)하고자 하는 이유는 무엇인가의 세 가지 질문에 대하여 고려할 것을 제안하였다. 각각의 평가 모형이 추구하는 목적이 다르다고 해도 컨설턴트는 다차원적인 모형을 채택하는 것이 바람직하다고 할 수 있는데, 이는 자원, 시간, 상황이 허용하는 한 가급적 많은 목적을 추구하는 것이 합리적인 컨설테이션 평가에 효과적이기 때문이다. 하지만 아무리 지지적인 환경이라고 해도 컨설테이션과 관련된 모든 활동에 관한 일상적인 자료들을 모으고 관리하는 일은 만만치 않은 작업이다.

평가 모형

이 절에서는 프로그램 평가 문헌에서 발췌한 평가 모형을 비롯하여 다양한 평가 모형을 제시하고자 한다. 평가 유형을 분류하는 다양한 방식에 대하여 간략하게 살펴봄으로써, 개개인에게 적합한 평가 모형의 우선순위를 결정할 수 있을 뿐 아니라 평가 작업을 체계적으로 개념화할 수 있게 된다. 우선 평가 유형에 관하여 논의한 후, 평가의 목적에 대해 살펴보고자 한다.

:: **형성평가와 총합평가** 　 형성평가와 총합평가에 대하여 Scriven(1967)이 제시한 모형은 컨설테이션 관련 문헌에서 자주 인용된다. 형성평가와 총합평가는 본질적으로 서로 다른 평가로 정의할 수 있다. 우선 형성평가(formative evaluation)는 컨설테이션의 계획 및 실행 과정과 관련되어 있는데, 구체적으로 컨설테이션 과정상의 단계들을 조사하고 점검하는 가운데 '어떻게'라는 문제를 처리하는 데 활용된다. 또한 형성평가는 개입 방안을 개발하거나 컨설테이션 과정의 미세한 부분들을 조정해 나가는 데에도 사용되며, 이를 통해 향후 개입 계획과 의사결정의 방향을 설정하게 된다. 경우에 따라 형성평가는 과정평가(process evaluation)로 언급되기도 하는데, 이는 컨설테이션의 모든 단계에서 컨설테이션의 기능 향상과 관련된 쟁점들을 처리하기 위해 컨설턴트와 의뢰인의 관계를 고려하는 작업 이상의 의미를 갖는 것으로 이해할 수 있다. 형성평가 시에는 '컨설테이션의 목표를 명확히 정의하였는가? 의뢰인은 문제 확인 작업에 참여하는 과정에서 무엇을 느꼈는가? 컨설턴트와의 관계 형성은 수월하게 이루어졌는가? 개입의 적절성과 성공 여부는 얼마나 효과적으로 검토되었는가? 만남은 정기적으로 이루어졌는가? 만남의 성격은 어떠했는가?'와 같은 질문들을 할 수 있다. 일반적으로 형성평가는 이전 회기에 대한 평가로 이루어진다고 볼 수 있다.

반면, 총합평가(summative evaluation)는 목표를 달성했는지에 대한 판단과 관련이 있다. 즉, 프로그램이 제대로 실행되었는지, 그 결과가 얼마나 성공적인지에 대한 질문을 상정하고, 평가 과정에서 컨설테이션이 미친 영향에 대하여 다룬다. 서비스 평가(product evaluation)는 이러한 접근법을 나타내는 데 사용되는 총합평가의 또 다른 용어로, 이는 개입이 갖는 성과에 그 초점을 두고 있다. 예컨대, '프로그램은 학생의 성취수준에 긍정적인 영향을 미쳤는가? 개별적인 상담 의뢰 건수가 감소하였는가? 조직 구성원 가운데 서비스를 요청하는 사람이 있는가? 컨설테이션은 높은 비용효율을 보이는가? 아웃리치 프로그램(역자주: 도움이 필요한 사람들에게 정부나 사회단체의 구조 활동을 연결해 주는 구제 봉사 활동)은 알코올중독의 발생률을 경감시켰는가? 컨설테이션 서비스를 제공받은 기관은 지역사회와 보다 원활하게 의사소통을 할 수 있게 되었는가? 재원 모금 활동은 증가했는가?'와 같은 질문들이 다루어질 수 있으며, 이러한 과정을 통해 수집된 자료들은 해당 서비스를 유지하거나 확장할지 아니면 다른 접근을 고려할지에 대한 답은 물론, 간접적인 서비스 모델의 효과와 관련된 질문에 대한 답을 제공해 줄 수 있다.

평가 기준

Suchman(1967)은 프로그램 평가와 관련하여 기존의 다른 프로그램 기준과는 다른 측면을 강조한다. 그가 제시한 평가 기준은 노력 · 성과 · 적절성 · 효율성 · 과정 등에 초점을 두고, 컨설테이션 서비스에 대한 연간 검토 사항뿐 아니라 개인 사례 검토 시 염두에 두어야 할 사항들을 포함하고 있다. 노력(effort)은 직원들이 쏟아붓는 노력의 내용과 양, 지출된 금액, 내담자의 수와 유형 등과 같은 프로그램의 양적 · 질적 투입물(inputs)이라고 할 수 있다. 수행(performance)은 노력의 결과, 즉 산출물(outputs)의 수치를 지칭한다. 실적에 대한 평가가 이루어지기 위해서는 의뢰인, 내담자, 그리고 프로그램이 추구하는 장 · 단기 목표들에 대한 구체적 진술이 선행되어야 한다. 적절성(adequacy)은 문제해결과 관련하여 의뢰인 및 내담자가 가지고 있는 욕구를 충족시키기 위한 노력과 성과의 관계를 의미한다. 효율성(efficiency)은 노력과 성과 간 비율(산출을 투입으로 나눈 값)을 돈 · 시간 · 투입된 인력 · 편의성 등을 기준으로 나타낸 것이다. 마지막으로, 과정(process) 기준은 노력이 성과로 전환되는 방식에 초점을 둔다. Suchman은 결과를 도출해 내기 위해 사용한 방법에 대한 연구들을 검토했는데, 구체적으로 과정을 측정하는 데 있어 '① 프로그램의 효과를 결정짓는 주요 요소들에 대한 확인, ② 다른 의뢰인 또는 내담자와 개입의 효과성 분석하기, ③ 원활한 개입의 기능과 관련된 조직 내 조건들을 구체화하기, ④ 이러한 결과가 갖는 영향력 및 개입에 의한 효과 범위 기술하기'와 같은 네 가지 영역을 고려해야 한다고 제안하였다.

평가의 목적

Perkins(1977)는 평가의 주요 목적을 전략 평가, 기준 준수, 설계 논리, 관리, 개입 효과, 프로그램 영향 등 여섯 가지로 제안했는데, 이는 평가 방법을 마련하는 데 체계적인 사고틀을 제공해 준다. 전략 평가(strategic evaluation)는 요구조사와 비슷한 개념으로, 대개 개입 이전에 이루어진다. 이러한 자료수집 활동의 목표 가운데 하나는 컨설테이션의 목적을 확인하는 것이다. 단, 컨설테이션 서비스를 시험 삼아 실시하거나 프로그램의 효과 검토를 위한 목적으로 컨설테이션을 수행하는 경우, 컨설테이션에 관한 요구조사 시 활용할 수 있는 포괄적인 틀이 없다는 점에 유의해야 한다(Schulberg & Jerrell, 1983). 기준 준수 평가(compliance evaluation)는 프로그램의 목적과 이러한 목적 달성에 중요한 역할을 수행하는 체계 간의 관련성 또는 부합도를 고려하여 이루어진다. 설계 논리 평가(design logic evaluation)는 개입을 위한 가용 자원과 성과와의 연관성을 나타내는 전제들이 명료한가에 대한 평가이다. 관리 평가(management evaluation)는 설정된 목적을 달성하는 데 적용 가능한 자원의 활용에 초점을 둔다. 개입 평가(intervention evaluation)는 일반적으로 개입활동과 성과 간 관계를 평가하거나 개입 과정 자체에 대해 평가한다. 프로그램 영향 평가(program impact evaluation)는 개입 프로그램이 그 목적을 달성한 정도에 대해 평가한다. 프로그램 영향 평가는 보통 총합평가로 지칭되고, 나머지 다섯 가지의 평가는 그 특성상 형성평가의 예로 간주된다.

컨설턴트는 적어도 그 자신의 시스템과 의뢰인의 시스템이라는 두 개의 독립적인 시스템에 대하여 책임이 있다는 사실을 기억해야 한다. 컨설턴트가 자신의 기술 및 서비스 향상에 관심을 갖고 있다면, 이러한 목적을 달성하는 데 있어 피드백은 가치 있는 자산으로 고려되어야 한다. 컨설턴트는 서비스를 정당화하거나 확대하기 위한 수단으로서 피드백 자료를 필요로 한다. 반면, 의뢰인은 '도움이 되었다'라는 실용적인 정보 이상의 자료를 필요로 하지 않을 수 있다. 의뢰인은 자신의 직무를 수행해야 하기 때문에 평가는 다른 중요한 업무들을 수행하는 데 방해 요인으로 작용하거나 과중한 일정에 부담을 가중시키는 작업으로 인식될 수 있다. 반면, 개입의 이점을 극찬하거나 모든 개입에 평가는 필수적 요소라는 견해를 피력할 수도 있다. 이와 같이 평가에 대한 생각이 매우 다양하게 존재하기 때문에, 평가를 시행하고자 할 때는 사전 동의 원칙에 입각한 협력적 접근이 가장 바람직하다고 할 수 있다. Gallessich(1982)가 지적한 바와 같이 컨설턴트가 연구 목적을 가지고 컨설테이션 서비스를 실시하거나 개입 방안을 수행할 때, 평가와 관련된 부분들은 협력적인 관점에서 검토되어야 한다.

평가 수행 시 사용하는 '비용-이익(cost-benefit)'이라는 용어와 '비용-효과(cost-effectiveness)'라는 용어는 그 활용에 구분이 필요하다. '비용–이익' 은 투입한 비용과 성과 측정치 간의 관계를 규명하는 것으로, 일반적으로 실제 투자한 액수에 대하여 창출한 수익의 비율을 계산하게 된다. '비용–효과'는 투입된 실제 액수 대비 프로그램의 성과를 나타낸다. 비용–효과는 기대하는 결과 획득을 위한 방법에 초점을 두는 반면, 비용–이익은 성과지향적이라 할 수 있다(Robinson, 1979).

평가와 관련하여 컨설턴트가 고려해야 하는 다양한 상황이 존재하는데, 상황을 불문하고 컨설턴트는 무엇보다 평가 목적을 명확히 규명해야 한다. 이러한 과정이 선행될 때, 비로소 목적과 부합하는 평가 모형을 선택할 수 있고, 개입의 우선순위를 보다 수월하게 설정할 수 있으며, 의뢰인 및 조직의 관리자와 자료를 공유하기 위한 근거를 마련할 수 있다. 조직 내에 존재하는 자원의 한계와 개인적인 한계 내에서 컨설턴트는 최대한 실제적으로 이행할 수 있는 포괄적인 평가계획을 수립해야 한다.

컨설테이션 평가 단계

컨설테이션 단계와 마찬가지로 컨설테이션 평가 단계 또한 임의적으로 그 경계가 구분된다. 여기서 사용되는 모형은 Paul(1979)의 모형을 기반으로 한다. Paul의 모형은 컨설테이션이 진행되는 과정에서 컨설턴트가 고려해야 할 사항들을 제공하고 있다. 평가의 단계는 평가 목표 설정하기, 측정, 자료수집 기법 결정하기, 자료수집, 자료배포 등으로 이루어져 있다. 계약을 체결하는 과정에서 평가가 언제 이루어지고 또한 누가 결과를 열람할 수 있는지에 관하여 안내하고, 평가에 대한 개념과 이유 등을 소개하는 것이 바람직하다. 또한 컨설턴트는 의뢰인과 함께 익명성과 비밀보장에 관한 사항들을 탐색해야 한다.

평가의 목표를 설정한다. 평가 목표 설정은 그 어느 단계보다 중요하게 논의되어야 한다. 이 단계는 주로 과정 및 성과 자료 산출과 관련이 있다. 앞서 살펴본 바와 같이, 평가의 목적은 다양한 방식으로 세분화할 수 있다. 평가의 목적을 결정하는 것은 이후의 평가 단계에 매우 큰 영향을 미친다. 이와 같은 맥락에서 의뢰인이나 관리자가 평가와 관련된 정보를 요구할 때, 컨설턴트는 평가의 목적 설정이 이후의 평가 과정에 미치는 영향을 고려해야 하는데, 이는 적절한 목적 설정이 의뢰인이나 관리자의 컨설테이션 참여 수준을 결정하는 데 중요한 요인으로 작용하기 때문이다.

평가의 목적을 설정할 때에는 평가와 관련된 실제적인 문제들을 다루어야 한다. 이 과정에서 의뢰인이 얼마나 많은 자료를 제공하는가, 또는 수집하는가에 따라 의뢰인의 참여 수준이 결정된다고 할 수 있다. 수집할 정보의 형태는 물론, 평가에 투입하는 시간에 대한 선택의 기회를 누가 갖느냐에 따라 평가의 주체가 결정된다. 또한 기관 내 다른 사람들이 자료를 활용하고 열람하는 문제는 컨설턴트뿐 아니라 의뢰인에게도 중요한 문제이다. 비밀보장과 관련된 문제는 직접적인 방식으로 처리해야 하는데, 컨설턴트는 의뢰인의 고용주에게도 의뢰인과 체결한 개인적·직업적 비밀보장의 약속을 최대한 지켜야 한다. 궁극적으로 평가의 모든 과정에서 이루어지는 협력은 이 단계에서의 경험이 그 토대를 이룬다고 할 수 있다.

컨설테이션의 효과 측정에 동의한다. 컨설테이션의 목표 및 목적 설정과 관련하여 컨설테이션 과정 및 성과의 측면들을 다루었는데, 이 두 가지 영역에 모두 적용할 수 있는 측정도구를 채택해야 한다. 과정 및 성과 측정은 컨설턴트에게 교육적인 목표를 수행할 수 있도록 해 준다. 측정 대상에 포함되어 있거나 측정에 필요한 정보는 의뢰인에게 문제와 관련하여 깊이 탐색해야 할 이슈나 관점들에 대해 민감성을 가질 수 있게 해 준다. 다만 측정도구 채택시 반드시 기억해야 할 점은, 측정도구가 개입의 목적을 비롯한 그 외 컨설테이션이 표방하는 다양한 목적을 반영하는 적절한 지표로 사용될 수 있는가이다.

자료수집에 활용할 기법을 결정한다. Paul은 이 단계에서 평가의 목적에 맞는 자료수집 기법을 선택해야 한다고 하며, "이 단계에서의 주된 목표는 측정치들을 해석 가능한 맥락 내에 두는 것이다."(Paul, 1979, p. 39)라고 설명하였다. 그는 평가의 목적, 기준을 평가의 방법적 도구들과 일치시킬 수 있도록 표의 형태로 제시하여 이들 간의 연관성을 시각적으로 검토할 수 있도록 하였다. Hylander(2004)는 연구의 패러다임에 대한 의문이 기법에 대해 갖는 의문에 선행되어야 한다고 주장하였다. 그녀는 가설 연역적·해석적·이론 생성적 연구 등의 세 가지 주요 연구 태도는 정보 산출에서 매우 큰 차이를 보인다는 사실을 지적하였다. 또한 다른 상황에서 다른 접근 방식을 활용하여 자료를 수집하는 방식은 컨설테이션 과정에 내재한 복잡성을 다루는 데 도움이 된다고 말하였다.

자료수집 일정을 계획한다. 이 단계에서는 자료수집 일정과 관련된 논의가 구체적으로 이루어지고, 모든 참여자가 이에 동의해야 한다. 즉, 컨설테이션 관련자들이 누구인지를 비롯하여 관련자들이 다른 사람들로부터 자료를 수집할 것인지, 그들 스스로 자료를 생성할 것인지 또는 다른 방식으로 자료수집에 참여할 것인지, 아니면 정보를 요약하고 점수를 매길 것인지에 대하여 결정해야 한다. 또한 추후에 다시 자료를 수집할 것인지에 대한 판단이 이루어져야 하며, 특히 장기적인 효과를 측정할 것인지에 대해서도 고려해야 한다.

자료배포 계획을 세운다. 이 단계에서는 수집된 자료를 어떻게 처리할 것인지에 대해 결정해야 한다. 자료의 배치 및 열람과 관련된 사안의 경우, 비밀보장이나 누가 자료를 보관할 것인지와 관련된 문제뿐 아니라 평가의 목적에 따라 그 판단이 달라질 수 있다. 의뢰인의 관리/감독자에게 제공될 자료는 의뢰인에 대하여 기존에 가지고 있던 부정적인 선입견을 강화시킬 수도 있고, 의뢰인의 장점을 부각시키는 요인으로 작용할 수도 있다. 만일 자료를 배포함으로써 의도하지 않은 결과가 나타나게 된다면, 이는 향후 컨설테이션 계약에 대한 의뢰인의 열의와 개방성은 물론, 조직 내에 존재하는 다른 잠재적 의뢰인들의 태도에도 영향을 미칠 수 있다. 한편, 컨설테이션 평가를 위하여 컨설턴트가 관련 자료를 컨설턴트의 슈퍼바이저에게 보낼 경우, 의뢰인의 익명성은 보장될 수 있으나 자료를 해석하는 데 있어 컨설턴트가 부가적인 정보를 제공할 수 있는 여지는 사라지게 된다.

자료의 배포를 통해 컨설테이션 과정 및 성과에 대한 정보를 제공할 수 있을 뿐 아니라 그 외의 다양한 목적을 달성할 수 있다. 예컨대, 컨설테이션 서비스를 지속적으로 제공하는 것이 필요하다는 것을 정당화하는 데 활용될 수 있다. 어떤 조직이나 의뢰인이 간접적인 서비스를 제공할 의향이 있다고 해도 수년간 다른 방식으로 문제를 다루어 온 사람들의 생각을 변화시키기 위해서는, 컨설테이션과 관련해서 얻은 개인적인 경험과 컨설테이션의 목표를 충족시키는 자료들을 통해 내담자에게 컨설테이션의 필요성을 납득시킬 수 있어야 한다. 또한 자료는 컨설테이션 홍보용으로도 활용할 수 있다. 예컨대, 학교 현장을 중심으로 활동하는 심리 컨설턴트는 컨설테이션이 지니고 있는 잠재적 이로움을 실제적으로 드러내기 위해 컨설테이션에서 얻은 성과를 활용할 수 있다.

💡 평가자료 활용

우리는 지금까지 컨설테이션 서비스의 질을 향상시키기 위한 방법으로 평가 틀(evaluation scheme)의 활용을 강조해 왔다. 평가 틀을 활용하게 되면 컨설턴트의 장점을 바로 확인할 수 있을 뿐 아니라 미래에 의뢰인이 컨설테이션을 활용하고자 할 때 서비스를 예측하는 데 필요한 자료를 제공해 준다는 점에서 의뢰인에게 중요한 의미를 갖는다고 할 수 있다. 컨설턴트가 자료의 활용 사례를 시각적이고 구체적으로 보여 주면 컨설테이션에 대한 의뢰인의 참여 의지는 높아지고, 컨설턴트의 역할 수행에 대하여 지지적인 시각을 갖게 된다. 컨설테이션을 시작하면서 피력한 합리적 논리들은 실제적인 증거 제시가 수반될 때 비로소 완성될 수 있다.

이와 같이 의뢰인의 욕구를 직접적으로 충족시키는 것을 넘어 컨설테이션 과정에 투입한 노력의 양과 질을 문서로 기록하는 것은 컨설턴트에게 현실적으로 매우 필요한 작업이다. 이 장에서 제시한 도구를 활용하여 도출된 자료들을 활용할 수 있을 뿐 아니라, 각 컨설테이션 사례에 대한 추후 개입 일정을 세울 수도 있다. 예컨대, 마지막 컨설테이션 접촉이 이루어진 후 4개월 간격으로 2회에 걸쳐 의뢰인에게 평가도구를 보낼 수 있고, 컨설테이션을 종결한 의뢰인은 물론, 컨설테이션 진행 과정 중에 있는 의뢰인에게 상반기와 하반기, 연 2회 평가도구를 보낼 수도 있다. 후자의 방법을 사용할 경우 의뢰인의 익명성을 보장하는 방식으로 피드백을 받을 수 있다. 컨설테이션 기법의 유용성을 입증하고 그러한 유용성이 점진적으로 확장된다는 사실을 지지하기 위해 자료를 활용한 예로 Zins(1981)의 연구를 들 수 있다. Zins는 컨설테이션 기법의 소요 시간, 활용도, 의뢰인에게 이로운 측면, 컨설테이션에 미치는 효과에 관한 정보를 3년 동안 수집했다. 컨설턴트가 체계적인 평가계획을 활용하지 않는다면 컨설테이션은 활용 가능한 서비스로 잔존하기 어려울 것이다.

사례연구 방법 또는 현장연구 등에서 컨설턴트는 컨설테이션 관련 지식 기반 형성에 중요한 영향을 미치는 위치에 있다. 연구 방법의 활용과 관련하여 실무자들이 중요한 역할을 수행한다는 것은 분명한 사실이다. 실무자들이 체계적인 방식으로 그 자신의 경험을 동료들과 공유할 때 비로소 컨설테이션 연구는 발전할 수 있을 것이다. 어떤 의미에서 평가 계획 활용의 필요성 자체(예: 의뢰인의 특성이 성과에 미치는 영향, 개입 전략들 간의 관련성)가 연구자들에게는 기본적인 연구 문제가 될 수 있다.

성과 평가를 위한 두 가지 방법

:: **목표달성척도**   목표달성척도(Goal Attainment Scaling: GAS)는 대부분 전통적인 목표 지향적 평가에 기초하여 개발되었다. 비록 GAS가 성과 척도로 활용되어 오긴 했으나, 점검을 위한 장치로 활용되기도 한다. GAS는 목표를 설정하고 프로그램을 실행한 후, 마지막으로 목적 달성에 관한 정보를 수집하는 과정으로 이루어진다. 이러한 정보는 미래에 이루어질 개입을 계획하는 데에도 사용될 수 있다. 그러한 정보는 개입 방안을 조직화하고 초점을 맞추는 데 유용하게 사용될 뿐 아니라 모든 관련자가 컨설테이션의 목적을 분명히 인식할 수 있도록 해 주며, 결과적으로 컨설테이션에 참여한 모든 사람으로 하여금 개입의 목표를 달성할 수 있도록 동기를 부여해 준다. 원래 GAS는 정신건강센터에서 개인 심리치료 프로그램의 과정을 평가하기 위해 개발되었으나(Kiresuk & Sherman, 1968), 학교에서의 상담

(Maher & Borbrack, 1984) 및 학생들을 대상으로 한 교육 프로그램에도 적용되어 왔으며, 일반적인 컨설테이션 상황에도 적용되고 있다(Grissom, Erchul, & Sheridan, 2003).

GAS는 목표가 달성되었는지를 이분법적으로 평가하는 것이 아니라 일련의 연속선상에서 목표 달성 수준을 평가한다는 점에서 그 특성을 찾을 수 있다. 따라서 평가자는 '전혀 달성되지 않았음'을 1점 '기대 이하의 성과를 거둠' 을 2점, '기대한 성과가 나타남'을 3점, '기대 이상의 성과가 나타남'을 4점, '최고 수준의 성과가 나타남'을 5점으로 두어 목적 달성 정도를 5점 척도 상에서 평가한다(Kiresuk & Lund, 1978). 또한 GAS는 각각의 목표에 대한 점수들의 가중 평균을 활용한다(보통 세 개에서 다섯 개의 목표가 채택됨). 목표는 그 중요도에 따라 1에서 99점의 가중치를 부여받게 된다(어떤 저자들은 1~5점의 가중치 활용을 제안함). 이때 목표는 성과를 나타내는 척도의 다섯 가지 수준 가운데 하나에 위치하며, −2에서 ＋2의 성과점수로 수량화된다. Kiresuk, Smith와 Cardillo(1994)는 최근 GAS를 손쉽게 활용하는 데 도움이 되는 매뉴얼 및 GAS 매뉴얼의 참고문헌들이 수록된 저서를 출판하였다.

:: 논리적 모델   Buysse와 Wesley(2005)는 일찍이 교육적 맥락과 상황에서 이루어지는 컨설테이션을 평가하기 위하여 논리적 모델을 제시한 바 있다. 이들은 이 모델이 컨설턴트의 실무 능력을 평가하기 위한 지침뿐 아니라 '컨설테이션 서비스와 과정 및 성과 간의 연관성을 고려하는 도구'로 활용될 수 있다고 주장하였다(p. 149). 평가를 계획하는 데에는 다양한 요소가 어떠한 과정을 거쳐 바람직한 성과로 나타나는지 내담자의 변화를 통해 설명할 수 있는 이론이 필요하다. 따라서 내담자(의뢰인)의 문제 또는 프로그램 운영을 주제로 한 컨설테이션을 진행하는 데 핵심적인 성과(예: 아동의 긍정적 변화)와 부차적 성과(예: 가족 행동의 개선)를 이끌어 낼 수 있는 '매개 목표(mediating goals)'가 설정되어야 한다. 이 접근에 대해 깊은 탐색을 원한다면 Unvau(2001), Gilliam과 Leiter(2003)의 연구를 참고하기 바란다.

도구화

Perloff와 Perloff(1977)는 『Professional Psychology』특별호에서 심리서비스 프로그램 평가에 대하여 소개하면서, 설문지와 측정도구들에 대한 분류체계와 이를 체계적으로 정리한 목록의 부재를 안타까워하였다. 그들은 그러한 분류체계가 존재하여 평가자들이 기존에 개발된 도구와 양식들을 활용할 수 있다면 시간과 돈을 절약할 수 있을 것이라고 주장하였다.

많은 컨설턴트가 평가에 동일한 형태의 도구를 활용했다면 보다 신뢰롭고 타당한 정보를 얻을 수 있었을 것이다. 설문지와 같은 표준화된 측정도구로 수집된 자료는 컨설턴트에게 각 항목에 대한 의뢰인의 일반적인 반응은 물론, 특정 의뢰인들이 보인 응답의 유형을 파악할 수 있도록 해 준다는 점에서 체계적으로 개발되어야 하며, 이러한 표준화 작업을 통해 자료 조사 결과를 일반화할 수 있게 된다. 더욱이 컨설테이션과 관련된 정보의 부족으로 평가의 어려움이 있는 상황에서 이러한 도구들이 매우 유용하다는 점을 고려할 때, 평가도구의 개발은 지속적으로 이루어져야 한다.

우리는 이 장의 서두에서 현존하는 척도들의 예를 확인한 바 있다(이 장의 후반부에 수록되어 있는 부록을 참조할 것). 이러한 척도 가운데 일부는 특정한 목적을 염두에 두고 개발된 것들이다. 그러나 약간의 수정을 가하거나 척도들 간 전체 또는 부분적 결합이 이루어지게 되면 이는 다른 목표를 염두에 둔 컨설턴트도 매우 유용하게 활용할 수 있는 형태로 변화될 수 있다. 기존의 척도를 토대로 다른 척도를 개발하기 위한 노력은 충분히 이루어져 왔다. 이 책을 읽는 독자들은 자신의 실무 현장 또는 자신이 속한 조직의 서비스에 적절하게 활용할 수 있는 도구들을 스스로 개발하기 바란다. 특히 이 척도들은 수련생이 컨설턴트로서 성장하고 있는 정도를 파악할 수 있는 체계적인 자기평가에 매우 유용하다. 또한 컨설턴트는 기존의 척도 및 이를 응용한 척도들을 자기평가와 동료 컨설테이션에서 부분적으로 활용할 수 있다.

일반적으로 설문지와 같은 지필식 작업을 선호하기는 하지만 관찰, 비디오 및 오디오 테이프를 통해 수집된 자료의 활용을 배제하는 것은 아니며, 오히려 이러한 자료의 활용을 권장하는 추세이다. 관찰이나 녹음 및 녹화자료를 통한 자료수집 방법은 주로 컨설테이션 연구에 활용되어 왔지만 훈련 목적으로도 매우 유용하게 활용될 수 있다. 그러나 최근 발표된 연구에서는 슈퍼비전을 위해 회기 내용을 녹음한 학교심리학 프로그램의 사례가 극소수에 불과한 것으로 나타났다(Anton-LaHart & Rosenfield, 2004). 반면, Cramer, Rosenfield, Mewborn, Anton과 Schulmeyer(2001)는 IC의 내용 및 과정 내에서 전문적으로 활용할 수 있는 기법을 개발하기 위해 초보 컨설턴트에게 처음으로 배정된 사례의 녹음 자료를 연구 자료로 활용하였다. 관찰은 전문적인 훈련을 받은 관찰자가 있어야 하는데, 이들에게 수당을 지급해야 하며, 정확한 관찰을 위해 일정한 인력이 투입되어야 한다는 점에서 비용적·시간적 손실 문제가 발생할 수 있다. 녹음 또는 녹화는 관찰자를 활용하는 방법만큼 또는 그 이상의 비용이 소요될 수 있는데, 컨설턴트가 스스로 장비를 구입해야 할 경우에 특히 그러하다. 이 두 가지 전략은 모두 의뢰인의 동의가 선행되어야 하는데, 이 두 가지 방법이 컨설턴트와 의뢰인의 의사소통을 저해함으로써 양방 간의 논쟁으로 불거질 수 있기 때문이다. 비록 관찰과 녹음(또는 녹화)이 모든 평가에 일반적으로 활용되지 않는다 해도 필요에 따라서는 그 사용을 진지하게 고려해 보아야 한다. 자기평가 또는 동료에 의한 검토의 목적을 충족시키는 데 이 두 가지 방법이 컨설턴트에게 갖는 가치는 헤아릴 수 없이 크다.

기존의 도구를 활용할 것인지, 연구를 통해 개발된 도구를 사용할 것인지의 문제를 떠나 컨설턴트는 평가 방법이 평가의 목적과 조화를 이룰 수 있는 방법을 모색해야 한다. 평가 목적에 부합하는 도구를 사용하는 것은 일면 간단해 보일 수도 있으나, 이러한 작업이 합리적으로 이루어지지 않았을 경우 컨설테이션 과정에 혼란을 야기할 수 있으며, 컨설테이션 자체를 방해하는 요인으로 작용할 가능성이 크다. 비교적 단순한 목적을 충족시키기 위해 정교하고 복잡한 방법을 적용하는 것은 크게 문제되지 않는다. 하지만 광범위하고 구체적인 목적을 달성하기 위해서는 일련의 체계적인 측정 전략들이 요구된다. 마지막으로 강조하고 싶은 것은, 컨설테이션 모형과 컨설턴트의 이론적 성향에 따라 평가방식은 얼마든지 달라질 수 있다는 것이다. Sheridan(2009)은 자신의 웹사이트에 연합 행동주의 컨설테이션 프로그램과 함께 사용되는 24개의 평가 양식을 탑재하였는데, 이는 Sheridan, Kratochwill과 Bergan(1996)과 함께 개발한 매뉴얼을 개정한 것이다. 또한 Buysse와 Wesley(2005)는 초기 아동기 전문 컨설턴트로 활동하는 전문가 및 순회교사들에게 여덟 단계의 컨설테이션 과정을 구체적으로 제시한 다양한 양식을 소개하였다.

부록에는 컨설테이션 단계에 따른 평가 척도의 견본이 제시되어 있다. 이 척도들은 과정 또는 성과의 측정치를 기준으로 분류할 수 있지만, 현재 진행 중인 컨설테이션이 표방하고 있는 평가 방법의 개념에 부합하는 척도를 활용하는 것이 보다 합리적이라고 할 수 있다. 양방향의 소통을 강조하는 컨설테이션에 보다 높은 가치를 부여하는 이 책에서는 이 관점에 부합하는 척도 사용에 초점을 두고 있다. 한편, Dettmar, Dyck과 Thurston(1999)은 컨설테이션 회기를 평가하는 데 활용할 수 있는 체크리스트와 함께, 협력적 컨설테이션이 제대로 수립되었는지를 평가하기 위한 의뢰인 평가척도 및 체크리스트를 교사 대상 컨설테이션에서 활용할 수 있는 척도로 제시하였다. 조직 컨설테이션에 활용할 수 있는 도구들에 관한 정보는 Cooper와 O'Connor(1993)의 논문을 참고하기 바란다.

요약

자신이 제공하는 컨설테이션 서비스의 효과 향상을 추구하는 컨설턴트라면 컨설테이션의 성과는 물론, 과정까지를 고려한 평가 방법을 지속적으로 개발해 나가고자 할 것이다. 컨설테이션의 성과를 확인하는 데에는 내담자와 의뢰인의 변화를 나타내는 지표부터 의뢰인의 만족도에 이르기까지 다양한 기준들이 활용될 수 있다. 형성평가는 개인 컨설테이션에서 컨설턴트–의뢰인 관계의 질, 컨설턴트의 전문성, 컨설턴트와 의뢰인의 기대 간 합치 수준 등과 같은 변인들에 초점을 두고 있다. 이 장에서 이루어진 논의의 핵심은, 평가에는 세심한 계획이 필요하고, 만일 그렇지 못할 경우 유용한 정보를 도출해 내지 못한다는 사실일 것이다. 이를 위해 컨설턴트는 우선 평가의 목표를 설정해야 하고, 설정한 목표 달성을 위한 일련의 전략들을 개발해야 한다.

실무자를 위한 조언

1. 이 장에서 제시한 다양한 접근과 도구에 익숙해져라. 그다음 컨설테이션의 과정 및 성과에 대한 평가 전략을 채택하라.
2. 컨설테이션의 특정 단계에서 활용하는 기술과 기능을 향상시키길 원한다면 해당 컨설테이션 회기의 내용을 녹음해서 반복해서 듣고 그 내용을 검토하라.
3. 동료들과 함께 녹음 내용을 들으며 동료 컨설테이션 작업을 진행하라.
4. 의뢰인에게 당신이 제공한 '컨설테이션' 서비스에 관한 피드백을 요청하고, 이를 통해 의뢰인이 선호하는 방식을 파악해 보라.

확인 문제

1. 컨설턴트가 답해야 할 질문의 유형들을 포함하여 포괄적인 평가모형에 대해 설명하시오.
2. 평가와 연구의 유사점과 차이점은 무엇인가?
3. 컨설테이션에 대한 평가를 계획할 때 컨설턴트가 고려해야 할 세 가지 지침은 무엇인가?
4. 컨설테이션의 성과를 측정하는 척도의 두 가지 유형에 대해 설명하시오.
5. 전통적인 사례연구 접근 방법을 시계열 방법과 비교하여 설명하시오.

참고문헌

Anserello, C., & Sweet, T. (1990). Integrating consultation into school psychological services. In E. Cole & J. A. Siegel (Eds.), *Effective consultation in school psychology* (pp. 173–199). Toronto: Hogrefe & Huber.

Anton-LaHart, J., & Rosenfield, S. (2004). A survey of preservice consultation training in school psychology training programs. *Journal of Educational and Psychological Consultation, 15*(1), 41–62.

Babcock, N. L., & Pryzwansky, W. B. (1983). Models of consultation: Preferences of educational professionals at five stages of service. *Journal of School Psychology, 21*, 359–366.

Barlow, D. H., Hayes, S. C., & Nelson, R. O. (1984). *The scientist practitioner.* New York: Pergamon Press.

Brown, D., Wyne, M. D., Blackburn, J. E., & Powell, W. C. (1979). *Consultation.* Boston: Allyn & Bacon.

Buysse, V., & Wesley, P. W. (2005). *Consultation in early childhood settings.* Baltimore, MD: Paul H. Brookes Publishing.

Caplan, G. (1970). *The theory and practice of mental health consultation.* New York: Basic Books.

Conoley, J. C., & Conoley, C. W. (1982). *School consultation.* New York: Pergamon Press.

Cooper, S. E., & O'Connor, R. M., Jr. (1993). Standards for organizational consultation assessment and evaluation instruments. *Journal of Counseling and Development, 71*, 651–660.

Cramer, K., Rosenfield, S., Mewborn, K., Anton, J., & Schulmeyer, C. (2001, April). *The process of supervision in consultation for everyone involved.* Mini-skills workshop presented at the National Association of School Psychologist, Washington, DC.

Dettmer, P., Dyck, N., & Thurston, L. P. (1999). *Consultation, collaboration and team work for students with special needs.* Boston: Allyn & Bacon.

Friedman, L. P. (1977). *Teacher consultation styles: A theoretical model for increasing consultation process effectiveness* (Doctoral dissertation, University of Pennsylvania, 1976). *Dissertation Abstracts International, 37*, 2074A.

Gallessich, J. (1973). Organizational factors influencing consultation. *Journal of School Psychology, 11*, 57–65.

Gallessich, J. (1982). *The profession and practice of consultation.* San Francisco: Jossey-Bass.

Gilliam, W. S., & Leiter, V. (2003). Evaluating early childhood programs: Improving quality and informing policy. *Zero to Three, 23*(6), 6–13.

Grissom, P. F., Erchul, W. P., & Sheridan, S. M. (2003). Relationships among relational communication processes and perceptions of outcomes in conjoint behavioral consultation.

Journal of Educational and Psychological Consultation, 14(2), 157–180.

Guva, G. (2004). How to respond to teachers who ask for help but not consultation. In N. H. Lambert, I. Hylander, & J. H. Sandoval (Eds.), *Consultee-centered consultation* (pp. 255–264). Mahwah, NJ: Erlbaum.

Halpin, A., & Croft, D. (1963). *The organizational climate of schools.* Chicago: Midwest Administration Center, University of Chicago.

Hylander, I. (2004). Identifying change in consultee-centered consultation. In N. M. Lambert, I. Hylander, & J. H. Sandoval (Eds.), *Consultee-centered consultation* (pp. 373–389). Mahwah, NJ: Erlbaum.

Kiresuk, T. J., & Lund, S. H. (1978). Goal attainment scaling. In C. C. Attkisson, W. A. Hargreaves, M. J. Horowitz, & J. E. Sorensen (Eds.), *Evaluation of human service programs* (pp. 341–370). New York: Academic Press.

Kiresuk, T. J., & Sherman, R. E. (1968). Goal attainment scaling: A general method for evaluating community mental health programs. *Community Mental Health Journal, 4,* 443–453.

Kiresuk, T. J., Smith, A., & Cardillo, J. E. (Eds.). (1994). *Goal attainment scaling: Applications, theory and measurement.* Hillsdale, NJ: L. Erlbaum Associates.

Lambert, N. M. (1993). Historical perspective on school psychology as a scientist–practitioner specialization in school psychology. *Journal of School Psychology, 31,* 163–193.

Maher, C. A., & Borbrack, C. R. (1984). Evaluating the individual counseling of conduct problem adolescents: The goal attainment scaling method. *Journal of School Psychology, 22,* 285–297.

Meade, C. J., Hamilton, M. K., & Yuen, R. K. W. (1982). Consultation research: The time has come, the walrus said. *The Counseling Psychologist, 10*(4), 39–51.

Merriam, S. B. (1988). *Case study research in education.* San Francisco: Jossey–Bass.

Meyers, J., Parsons, R. D., & Martin, R. (1979). *Mental health consultation in the schools.* San Francisco: Jossey–Bass.

Mischley, M. (1973). *Teacher preferences for consultation methods and its relationship to selected background, personality and organizational variables.* Unpublished doctoral dissertation, University of Texas at Austin.

Partanen, P., & Winstrom, C. (2004). Promoting student learning by consultee-centered consultation with a Vygotskian framework. In N. H. Lambert, I. Hylander, & J. H. Sandoval (Eds.), *Consultee-centered consultation* (pp. 313–389). Mahwah, NJ: Erlbaum.

Paul, S. C. (1979). Consultation evaluation: Turning a circus into a performance. In M. K. Hamilton & C. J. Meade (Eds.), *Consulting on campus: New directions for student services* (pp. 33–46). San Francisco: Jossey–Bass.

Perkins, N. T. (1977). Evaluating social interventions: A conceptual schema. *Evaluation Quarterly, 1,* 639–656.

Perloff, R., & Perloff, E. (1977). Evaluation of psychological service delivery programs: The state of the art. *Professional Psychology, 8*(4), 379-388.

Pryzwansky, W. B. (1985). Challenges in consultation training. *The Counseling Psychologist, 13*(3), 41-443.

Pryzwansky, W. B., & Noblit, G. W. (1990). Understanding and improving consultation practice: The qualitative case study. *Journal of Educational and Psychological Consultation, 1*(4), 293-307.

Ramirez, S. F., & Smith, K. A. (2007). Case vignettes of school psychologist's consultations involving Hispanic youth. *Journal of Educational and Psychological Consultation, 17*(1), 79-93.

Robinson, S. E. (1979). Evaluation research: An approach for researching applied programs. *Improving Human Performance Quarterly, 8*(4), 259-267.

Sandoval, J. H. (2004). Evaluating issues and strategies in consultee-centered consultation. In N. M. Lambert, I. Hylander, & J. H. Sandoval (Eds.), *Consultee-centered consultation* (pp. 391-400). Mahwah, NJ: Erlbaum.

Schulberg, H. C., & Jerrell, J. M. (1983). Consultation. In M. Herson, A. E. Kazdin, & A. S. Bellack (Eds.), *The clinical psychology handbook* (pp. 783-798). New York: Pergamon Press.

Scriven, M. (1967). The methodology of evaluation. In R. Tyler, R. Gagne, & M. Scriven (Eds.), *Perspectives of curriculum evaluation* (AERA Monograph Series on Curriculum Evaluation) (pp. 39-83). Chicago: Rand McNally.

Sheridan, S. M. (2009). Sheridan Website Forms. List of forms adapted from *Conjoint behaviors consultation: A procedural manual* (Sheridan, Kratochwill, & Bergan, 1996). Retrieved October, 2009 from http://www.cehs.unl.edu/edpsych/graduate/spCbeForms.shml

Sheridan, S. M., Kratochwill, T. R., & Bergan, J. R. (1996). *Conjoint behavioral consultation: A procedural manual.* New York: Plenum Press.

Suchman, E. A. (1967). *Evaluative research: Principles and practices in public service and social action programs.* New York: Russell Sage Foundation.

Unvau, Y. A. (2001). Using client exit interviews to illuminate outcomes in program logic models: A case example. *Evaluation and Program Planning, 24,* 353-361.

Wilkinson, L. A. (2005). Bridging the research-to-practice gap in school-based consultation: An example of case studies. *Journal of Educational and Psychological Consultation, 16*(3), 175-200.

Zins, J. E. (1981). Using data-based evaluation in developing school consultation services. In M. J. Curtis & J. E. Zins (Eds.), *The theory and practice of school consultation* (pp. 261-268). Springfield, IL: Charles C. Thomas.

부록 A. 컨설테이션 선호 척도

지시 사항: 당신은 ( )에 관하여 ( )와 함께 컨설테이션을 실시할 예정이다. 컨설테이션과 관련하여 다음에 제시된 20개의 척도질문을 읽고 당신에게 해당하는 항목을 선택하시오.

코드	문항
C1	1. 컨설턴트의 목표는 나와 함께 문제를 확인하고, 문제해결 방안들을 마련하며, 이를 이행하는 것이어야 한다. 　1　　　　　2　　　　　3　　　　　4　　　　　5 　전혀　　　동의하지　　중립　　　동의함　　　매우 동의하지 않음　않음　　　　　　　　　　　　동의함
C2	2. 컨설턴트와 나는 수집한 정보에 기초하여 함께 문제를 확인해야 한다. 　1　　　　　2　　　　　3　　　　　4　　　　　5 　전혀　　　동의하지　　중립　　　동의함　　　매우 동의하지 않음　않음　　　　　　　　　　　　동의함
MH3	3. 나는 컨설턴트의 제안을 반영하여 문제해결 방안을 마련해야 한다. 　1　　　　　2　　　　　3　　　　　4　　　　　5 　전혀　　　동의하지　　중립　　　동의함　　　매우 동의하지 않음　않음　　　　　　　　　　　　동의함
CL4	4. 나는 컨설턴트가 개발한 문제해결 방안을 이행해야 한다. 　1　　　　　2　　　　　3　　　　　4　　　　　5 　전혀　　　동의하지　　중립　　　동의함　　　매우 동의하지 않음　않음　　　　　　　　　　　　동의함
MH5	5. 정규 회기 이후의 컨설테이션은 내 요청에 의해서만 이루어져야 한다. 　1　　　　　2　　　　　3　　　　　4　　　　　5 　전혀　　　동의하지　　중립　　　동의함　　　매우 동의하지 않음　않음　　　　　　　　　　　　동의함
E1	6. 컨설턴트의 문제해결 방안 마련 및 이행은 내가 문제를 확인한 후에 이루어져야 한다. 　1　　　　　2　　　　　3　　　　　4　　　　　5 　전혀　　　동의하지　　중립　　　동의함　　　매우 동의하지 않음　않음　　　　　　　　　　　　동의함
CL2	7. 컨설턴트는 자신이 수집한 정보에 기초하여 문제를 확인해야 한다. 　1　　　　　2　　　　　3　　　　　4　　　　　5 　전혀　　　동의하지　　중립　　　동의함　　　매우 동의하지 않음　않음　　　　　　　　　　　　동의함
E3	8. 컨설턴트는 그 자신이 이행할 문제해결 방안을 마련해야 한다. 　1　　　　　2　　　　　3　　　　　4　　　　　5 　전혀　　　동의하지　　중립　　　동의함　　　매우 동의하지 않음　않음　　　　　　　　　　　　동의함

C4	9. 몇몇 문제해결 방안에 대해 컨설턴트와 나는 각자 실행에 옮길 수 있다.

1	2	3	4	5
전혀 동의하지 않음	동의하지 않음	중립	동의함	매우 동의함

CL5	10. 컨설턴트의 역할은 나에게 보다 많은 조언을 제공하는 것이다.

1	2	3	4	5
전혀 동의하지 않음	동의하지 않음	중립	동의함	매우 동의함

CL1	11. 문제를 확인하고 내가 실행에 옮길 문제해결 방안을 개발하는 것이 컨설턴트의 목표가 되어야 한다.

1	2	3	4	5
전혀 동의하지 않음	동의하지 않음	중립	동의함	매우 동의함

E2	12. 나는 스스로 수집한 정보에 기초하여 문제를 규명해야 한다.

1	2	3	4	5
전혀 동의하지 않음	동의하지 않음	중립	동의함	매우 동의함

C3	13. 컨설턴트와 나는 이행할 문제해결 방안을 함께 제시해야 한다.

1	2	3	4	5
전혀 동의하지 않음	동의하지 않음	중립	동의함	매우 동의함

MH4	14. 나는 스스로 개발한 문제해결 방안을 실행에 옮겨야 한다.

1	2	3	4	5
전혀 동의하지 않음	동의하지 않음	중립	동의함	매우 동의함

E5	15. 문제해결 방안이 이행되고 나면 추수 컨설테이션은 이루어지지 않아도 된다.

1	2	3	4	5
전혀 동의하지 않음	동의하지 않음	중립	동의함	매우 동의함

MH1	16. 컨설턴트는 미래에 이와 유사한 문제를 다루는 나의 능력 향상을 목표로 해야 한다.

1	2	3	4	5
전혀 동의하지 않음	동의하지 않음	중립	동의함	매우 동의함

MH2	17. 컨설턴트는 내가 문제에 대한 명확한 인식을 통해 문제를 정확하게 규명할 수 있도록 도와야 한다.

1	2	3	4	5
전혀 동의하지 않음	동의하지 않음	중립	동의함	매우 동의함

MH2	17. 컨설턴트는 나로 하여금 문제에 대한 명확한 인식을 통해 문제를 정확하게 규명할 수 있도록 도와야 한다.				
	1	2	3	4	5
	전혀 동의하지 않음	동의하지 않음	중립	동의함	매우 동의함

CL3	18. 컨설턴트는 내가 이행할 문제해결 방안을 제시해야 한다.				
	1	2	3	4	5
	전혀 동의하지 않음	동의하지 않음	중립	동의함	매우 동의함

E4	19. 컨설턴트는 자신이 개발한 문제해결 방안을 이행해야 한다.				
	1	2	3	4	5
	전혀 동의하지 않음	동의하지 않음	중립	동의함	매우 동의함

C5	20. 필요에 따라 컨설턴트와 나는 개입 방안들을 수정하기 위한 추수 컨설테이션에 지속적으로 참여해야 한다.				
	1	2	3	4	5
	전혀 동의하지 않음	동의하지 않음	중립	동의함	매우 동의함

참조: Babcook & Pryzwansky (1983).

부록 B 매 회기 직후 작성하는 설문지

1. 컨설턴트는 문제가 무엇인지 확인하는 데 도움을 주었다.
   전혀 동의하지 않음 ⟺ 동의하지 않음 ⟺ 잘 모르겠음 ⟺ 동의함 ⟺ 매우 동의함

2. 컨설턴트는 내가 문제들을 보다 잘 이해하는 데 도움을 주었다.
   전혀 동의하지 않음 ⟺ 동의하지 않음 ⟺ 잘 모르겠음 ⟺ 동의함 ⟺ 매우 동의함

3. 컨설턴트는 내가 말하는 내용의 의미를 이해하고 있는 것 같았다.
   전혀 동의하지 않음 ⟺ 동의하지 않음 ⟺ 잘 모르겠음 ⟺ 동의함 ⟺ 매우 동의함

4. 컨설턴트는 내 자신의 감정을 보다 잘 이해할 수 있도록 도와주었다.
   전혀 동의하지 않음 ⟺ 동의하지 않음 ⟺ 잘 모르겠음 ⟺ 동의함 ⟺ 매우 동의함

5. 당신이 문제를 이해하는 데 도움을 주기 위해 컨설턴트가 한 행동은? (해당하는 모든 사항에 체크하시오)
   ＿＿＿ 자신이 경험했던 비슷한 문제를 공유함
   ＿＿＿ 다른 교사들이 경험했던 문제에 대해 이야기해 줌
   ＿＿＿ 아동들이 경험한 문제에 대해 이야기해 줌

6. 컨설턴트는 내가 이해할 수 있는 용어로 문제를 다시 설명해 주었다.
   전혀 동의하지 않음 ⟺ 동의하지 않음 ⟺ 잘 모르겠음 ⟺ 동의함 ⟺ 매우 동의함

7. 상담이 이루어지는 동안 컨설턴트는 얼마나 자주 당신이 무엇을 원하는지에 대해 스스로 파악하도록 돕는다고 느꼈는가?
   없음　　　　　드묾　　　　　가끔　　　　　자주　　　　　항상

8. 당신은 당신이 경험하고 있는 문제에 대해 컨설턴트와 얼마나 자주 논의하였나?
   없음　　　　　드묾　　　　　가끔　　　　　자주　　　　　항상

9. 컨설턴트는 오늘 논의한 문제에 대해 섬세하고 민감하게 반응하였다.
   전혀 동의하지 않음 ⟺ 동의하지 않음 ⟺ 잘 모르겠음 ⟺ 동의함 ⟺ 매우 동의함

10. 나는 나를 대하는 컨설턴트의 스타일이 마음에 든다.
    전혀 동의하지 않음 ⟺ 동의하지 않음 ⟺ 잘 모르겠음 ⟺ 동의함 ⟺ 매우 동의함

11. 컨설턴트가 한 말이나 행동이 당신의 견해나 행동에 영향을 미쳤는가?
    전혀 아님　　　　거의 아님　　　　어느 정도　　　　많이　　매우 많이
    a. 만일 그렇다면 컨설턴트의 어떠한 말과 행동이 영향을 미쳤는가?
    b. 당신은 컨설턴트의 말이나 행동에 어떻게 반응하였나?

12. 나는 오늘 컨설턴트와의 상담에 전반적으로 만족하는 편이다.
    전혀 동의하지 않음 ⟺ 동의하지 않음 ⟺ 잘 모르겠음 ⟺ 동의함 ⟺ 매우 동의함

13. 다음 컨설테이션 회기에서 컨설턴트와 논의하고 싶은 주제가 있는가?
    예 ⟺ 아니요
    만일 논의하고 싶은 주제가 있다면 그 내용에 대해 보다 구체적으로 말씀해 주시기 바랍니다.

부록 C. 개방형 컨설테이션 평가 양식

1. 당신이 근무하고 있는 학교의 다른 교사들과 비교했을 때, 당신은 컨설턴트와 얼마나 자주 접촉했다고 생각하는가?

   상당히 적다
   적다
   평균적이다
   비교적 많다
   상당히 많다

2. 컨설테이션의 어떤 측면이 가장 만족스러웠는가? 가장 불만족스러웠던 측면은?

3. 이번 학기에 변화되기를 바랐던 점은?

4. 이번 학기에 컨설턴트가 당신에게 보다 많은 도움이 될 수 있는 방법이 있었다면?

5. 이번 학기에 이루어진 컨설턴트의 작업에 대하여 조언 또는 제안을 한다면?

6. 이번 학기 컨설턴트의 활동을 고려해 볼 때, 당신은 컨설턴트의 역할을 어떻게 규정할 수 있겠는가?

7. 올해 당신이 경험한 정신건강 컨설테이션을 기초로 생각할 때, 정신건강 컨설테이션은 당신에게 매우 도움이 된다. _____ 전혀 도움이 되지 않는다.

      7   6   5   4   3   2   1

출처: J. Conoley and C. Conoley, *School Consultation*. Copyright ⓒ 1982. All rights reserved. Reprinted by permission of Allyn & Bacon.

부록 D. 컨설턴트 평가 양식(CEF)

컨설턴트 성명: _____

다음에 제시한 척도를 활용하여 각 문항에서 컨설턴트에 대한 당신의 생각과 가장 가까운 번호에 체크하시오.

1	2	3	4	5	6	7
전혀 동의하지 않음			중립적			매우 동의함

문항 번호	문항	척도						
		1	2	3	4	5	6	7
1	컨설턴트는 대체로 도움이 되었다.							
2	컨설턴트는 유용한 정보를 제공하였다.							
3	학교의 주요 목표에 대한 컨설턴트와 나의 견해는 비슷했다.							
4	컨설턴트는 문제해결을 위한 대안을 찾는 데 도움을 주었다.							
5	컨설턴트는 나의 이야기를 경청해 주었다.							
6	컨설턴트는 유용한 자원을 발견하는 데 도움을 주었다.							
7	컨설턴트는 학교 환경과 부합하는 컨설테이션 접근을 활용하였다.							
8	컨설턴트는 문제를 다양한 관점에서 고려해 보도록 격려해 주었다.							
9	컨설턴트는 자신의 역할을 전문가가 아닌 협력자로 생각하였다.							
10	컨설턴트는 우리가 논의한 사항을 구체적인 학생 또는 학급 상황에 적용할 수 있도록 도와주었다.							
11	컨설턴트는 문제를 완전히 '장악하지' 않으면서 도움을 주었다.							
12	다른 컨설턴트와의 작업이 가능한 상황이라 하더라도 나는 이 컨설턴트에게 다시 도움을 청할 의향이 있다.							

부록 E. 의뢰인의 긍정적 변화

부차적 성과: 객관성

1. 학생들의 행동을 보다 잘 이해할 수 있게 되었다.

    예 _____   아니요 _____   잘 모르겠음 _____

2. 다양한 배경을 지닌 학생들에 대하여 이해의 폭이 넓어졌다.

    예 _____   아니요 _____   잘 모르겠음 _____

3. 수집된 학생 자료는 학생들을 대하는 방식에 있어 가장 중요한 판단 기준이다.

    예 _____   아니요 _____   잘 모르겠음 _____

부차적 성과: 문제해결

1. 다양한 문제를 경험하는 학생들을 조력하는 데 있어 그 우선순위를 설정할 수 있다.

    예 _____   아니요 _____   잘 모르겠음 _____

2. 보다 체계적인 문제해결 접근을 활용할 수 있다.

    예 _____   아니요 _____   잘 모르겠음 _____

3. 학생들의 문제를 보다 효과적으로 해결할 수 있다는 확신을 갖고 있다.

    예 _____   아니요 _____   잘 모르겠음 _____

부차적 성과: 역할 유능감

1. 나는 이전보다 더 좋은 교사(부모, 관리자 등)가 될 수 있는 기술과 지식을 획득하였다.

    예 _____   아니요 _____   잘 모르겠음 _____

2. 나는 교사(부모, 관리자 등)로서의 역할을 수행할 때 학생의 문제를 다루는 능력이 보다 향상되었음을 느낀다.

    예 _____   아니요 _____   잘 모르겠음 _____

3. (학생, 아동)과 작업하는 나를 관찰한 다른 사람들은 나의 작업 방식이 이전에 비해 효과적이라고 평가해 주었다.

    예 _____   아니요 _____   잘 모르겠음 _____

부차적 성과: 인간 행동에 관한 이해

1. 나는 인간 행동의 원리를 보다 잘 이해할 수 있게 되었다.

    예 _____   아니요 _____   잘 모르겠음 _____

2. 나는 컨설턴트 없이도 내가 알게 된 원리들을 수업(행정적인 일, 양육 등)에 적용할 수 있을 것 같다.

    예 _____   아니요 _____   잘 모르겠음 _____

부차적 성과: 인간 발달을 촉진하기 위해 개발된 전략들

1. 나는 이전보다 학습과 발달을 촉진하는 교수법(행정 기법, 양육법, 학급관리 기법: 의뢰인이 행정가 또는 부모인 경우)을 보다 잘 개발할 수 있다.

    예 _____   아니요 _____   잘 모르겠음 _____

2. 나는 학생들의 전반적인 발달을 촉진할 수 있는 새로운 접근법을 개발할 수 있다.

    예 _____   아니요 _____   잘 모르겠음 _____

3. 나는 미래에 학생들(학생 유형, 학년 등을 고려)을 위한 구체적 개입 방안을 마련할 수 있을 것이라고 확신한다.

    예 _____   아니요 _____   잘 모르겠음 _____

이 척도는 Brown, D., Wyne, M. D., Blackbrun, J. E., & Powell, W. C. 등이 개발한 척도를 상당 부분 개정한 것임. 원 척도는 Allyn & Bacon 출판사가 1979년에 출판한 *Consultation: Strategy for Improving Education*, pp. 295–296 에 제시되어 있음.

윤리적·법률적 고려사항

목표 | 이 장은 컨설테이션 진행 과정에서 발생할 수 있는 윤리적·법률적 문제들을 논의하는
데 그 목적이 있다.

개요 | 1. 윤리강령의 목적에 대하여 논의하고자 한다.
2. 컨설턴트의 역량, 내담자의 복지 보호, 비밀보장, 공개 보고서, 윤리적·도덕적 문제,
동료 컨설턴트와의 관계 등 컨설테이션 진행 과정에서 발생할 수 있는 여섯 가지 주
요 문제에 대한 윤리적 원칙을 제시하고 이에 대해 논의하고자 한다.
3. 컨설테이션에 윤리적 기준을 적용하는 데 따라야 할 과정을 제시하고자 한다.
4. 컨설테이션과 관련된 법적 문제들을 다루고자 한다.

심리학자를 비롯하여 상담사, 사회복지사와 같은 정신건강 전문가들은 그 직무의 특성상 윤리적이고 법률적인 지침을 준수해야 한다. 윤리강령은 정직, 정의, 무해 (nonmaleficence), 선행, 자율성, 성실이라는 도덕적 원리에 그 토대를 두고 있다. 일반적으로 전문가가 지켜야 할 첫 번째 의무사항은 무해, 즉 해를 끼치지 않는 것이다. 이는 컨설턴트로 하여금 자신의 훈련이나 경험 수준을 넘어서는 책임이나 역할을 수행하지 않도록 경고하는 이유이기도 하다. 선행 또는 다른 사람에게 도움을 주어야 한다는 원리는 타인을 돕는 직업에 종사하는 모든 사람을 위한 윤리강령의 초석이라고 할 수 있다. 정직(진실 말하기)과 성실(약속 지키기)은 컨설턴트 자신이 갖추고 있는 자격에 대해 의뢰인에게 정확히 말하고, 비밀을 유지하는 등 윤리강령의 토대가 되는 원리의 기저를 이루고 있다. 정의(또는 공정성)는 모든 사람을 평등하게 대하고, 사회적 상황에서 모든 사람이 사회 구성원 개인과 기관들에 의해 공정한 대우를 받아야 한다는 시각을 가질 수 있도록 조력해야 하는 컨설턴트의 책임감을 의미한다고 할 수 있다. 마지막으로, 자율성은 심리학자, 상담사가 상담 장면에서 만나는 사람들의 독립성을 존중하고 향상시켜야 하는 책임을 지칭한다(Glosoff & Pate, 2002). 이 장에서는 주로 두 가지 윤리강령, 즉 실무 수행을 위한 윤리강령 및 기준 (ACA, 2005) 그리고 심리학자가 준수해야 하는 윤리 원칙 및 행동강령(APA, 2002)을 기초로 논의할 것이다. 다만 학교상담사를 위한 윤리 기준(ASCA, 2004)과 전문적 수행 매뉴얼, 학교심리서비스 제공에 관한 전문가들의 윤리 및 기준 정립을 위한 원칙(NASP, 2000)과 같은 윤리강령들 또한 APA, ACA와 동일한 원칙에 기초하고 있으므로 컨설턴트의 실무 현장에 활용이 가능하다.

컨설턴트가 준수해야 할 법률적 지침들은 크게 두 가지 법령에 그 기원을 두고 있다. 이 가운데 하나는 1974년에 법안이 통과된 「가족교육권리와 사생활법(Family Educational Rights and Privacy Act: FERPA)」으로, 이는 학령기(만 18세) 자녀의 기록을 부모가 열람할 수 있는 권리에 대해 규정하고 있다. 「FERPA」에 따르면, 이러한 권리는 특수아 판별 검사와 개인별 교육 프로그램(Individualized Educational Programs: IEPs) 수립의 토대를 이루는 학생 학습 능력에 대한 검토 및 평가 결과 등 교육 기관에서 소장하고 있는 모든 기록에도 적용된다. 나아가 교육과 관련된 모든 기록에도 그 활용을 확장할 수 있다(Remley & Herlihy, 2001). 「FERPA」는 학생과 관련된 누군가가 기록 내용을 '알아야 하는' 경우를 제외하고는 학생의 기록 열람에 교사를 포함하여 부모 외에 다른 사람들의 접근을 제한하고 있다. 컨설턴트는 보통 이러한 기준에 근거하여 학생 기록을 열람할 수 있다. 2004년에 제정된 「장애인교육법

(IDEA)」, 2003년에 개정된 1973년 「재활법(Rehabilitation Act)」 504절과 508절, 「아동낙오방지법(NCLB)」(P.L. 107-110) 또한 특수 학급 교사 대상 컨설턴트에게 요구되는 지침과 행동요령을 제공한다. 예컨대, 특수 교사 및 특수 교육 관계자들은 장애 학생을 훈육하기 위한 적절한 접근방식을 결정하기 위해 행동기능분석(FBA; 3장 참조)을 실시해야 한다. 만일 학생에게 나타나는 부적절한 행동이 장애로 인한 현상인 경우에는 특성화교육프로그램(역자 주: IEP-장애아동의 강점과 약점을 고려하여 만든 개인 학습 계획)의 개정안이 적용되어야 한다. 하지만 학생의 문제행동이 장애와 관련되어 있지 않다면 교사와 그 외 교육 관계자들은 장애 학생을 다른 일반 학생들과 동일한 방식으로 훈육할 것이다. 행동기능분석은 장애아동 교육을 위한 계획을 수립하는 데 있어서도 유용한 평가도구로 활용될 수 있다.

컨설턴트를 위한 두 번째 법률적 지침은 중대 사안에 대한 법원의 명령, 즉 판례법에 그 기원을 두고 있다. 예컨대, 1999년 미국 연방대법원은 학교가 성적 학대로부터 학생들을 보호할 의무가 있다고 판결하였다(Davis v. Monroe Country Board of Education, 1999, p. 650). 이에 따라 심한 성적 학대로 학생이 교육을 거부하는 경우, 학교 관계자는 이에 합당한 조치를 취해야 한다. 이러한 판결이 이루어지기 전, 이와 관련된 법정 소송 사건(Nabonzy v. Podlesny, 1996)에서 연방법원은 학교는 개인의 성적 성향으로 인하여 받는 불이익으로부터 동성애자 학생들을 보호할 의무가 있다는 판결을 내린 바 있다. 이 소송은 지역교육청이 원고에게 90만 달러를 배상하는 것으로 해결되었다(McFarland & Dupius, 2001). 여성 또는 동성애자 학생들이 학대받고 있는 사실을 인지한 컨설턴트는 이러한 판례들과 법원의 판결 내용을 토대로 학대를 중단시키기 위해 적절한 조치를 취할 의무가 있다.

컨설턴트로서 적절하게 기능할 수 있도록 돕는 법률적 지침은 컨설턴트가 거주하고 있는 지역의 전문자격법으로, 전문자격법은 일반대중에게 제공되는 서비스와 관련된 법령이라고 할 수 있다. 전문자격법은 직함, 실무의 범위, 윤리적인 행동들에 대한 지침에 대해 규정하고 있다. 학교 장면에서 활동하는 컨설턴트들 또한 실무를 수행하는 데 있어 주(state) 교육위원회가 공표한 면허규정에 의해 제약을 받을 수 있다. 현재 미국의 모든 주에는 각 주마다 심리학자에게 적용되는 실무 자격법이 존재하고 있으며, 대다수의 주에 상담사와 사회복지사의 자격 규정과 관련하여 심리학자의 실무 자격법과 유사한 법령들이 제정되어 있다.

현존하는 수많은 면허법과 이러한 법령이 실무에 미치는 영향에 대해 규명하고 논하는 것은 이 장에서 다루고자 하는 주제의 범위를 넘어서는 일이다. 마찬가지로 컨설턴트에게 영향을 미칠 수 있는 관련 판례를 확인하는 것 또한 실무의 법률적 측면을 전체적으로 다루는 작업에서 이루어지는 것이 보다 적절할 것이다. 단, 컨설턴트들이 윤리적 · 법률적 지침들을 무시했을 때 발생할 수 있는 복잡한 법적 문제들에 대해서는 이 장의 후반부에서 간략히 다루고자 한다. 다른 전문가들과 마찬가지로 컨설턴트 역시 컨설턴트의 행위에 이의를 제기하고 소송을 거는 사람들로 인해 법률적으로 곤경에 처할 수 있다. 이 장에서는 컨설턴트가 처할 수 있는 위험 요소들에 대해 살펴보고, 이러한 위험에서 스스로를 방어하는 방법에 대해 논의하고자 한다.

 ## 윤리강령의 목적

앞서 주지한 바와 같이, 윤리강령은 주로 실무 수행을 위한 지침으로 개발되었다. 그러나 어떠한 윤리강령도 모든 상황에 적용할 수 있는 직접적인 행동 지침을 완벽하게 제공하지는 못하며, 컨설테이션 분야는 특히 그러하다. 예컨대, 미국심리학회가 제정한 '심리학자가 준수해야 하는 윤리원칙 및 행동강령'(APA, 2002)은 컨설턴트로서 활동하는 심리학자가 준수해야 할 지침은 제공하고 있지 않다. 한편, 미국상담협회(ACA, 2005)가 제정한 '실무 수행을 위한 윤리강령 및 기준'은 이러한 측면에서 조금 나은 편이다. 그렇다면 이는 심리학자와 상담사에게는 컨설테이션 영역에서 준수해야 할 지침이 없다는 것을 의미하는가? 전혀 그렇지 않다. 이는 심리학자와 상담사들의 경우, 윤리강령이 추구하는 일반적 원리 및 이러한 원리들의 토대가 되는 가치들에 대해 인식하고, 이를 컨설테이션 과정에 적용할 수 있어야 함을 의미한다.

또한 윤리강령은 전문가 집단이 최선을 다해 실무에 임하고 있다는 사실을 대중에게 확인시키는 수단으로 개발되었다. 예컨대, APA 윤리강령(2002)은 다음과 같은 성명을 포함하고 있다.

- 심리학자는 그들과 함께 작업에 임하는 사람들을 이롭게 하기 위해 노력한다.
- 심리학자는 정확성, 정직성, 진실성을 증진시키고자 노력한다.
- 심리학자는 그들이 수행하는 모든 과정, 절차, 서비스에 있어 모든 사람을 평등하고 공정하며 정의롭게 대해야 함을 인식한다.

ACA 강령(2005, p. 11), 'D.2절 a-d; 컨설테이션'에서는 상담사가 컨설턴트로 활동하는 데 요구되는 사항들을 다음과 같이 상술하고 있다.

- 합리적 절차를 통해 상담사가 컨설테이션 서비스를 제공하는 데 요구되는 필수 역량을 지니고 있는지를 확인해야 한다.
- 합리적 절차를 통해 의뢰인과 함께 컨설테이션에서 다룰 문제, 목표, 그 결과에 대해 이해할 수 있어야 한다.
- 지속적으로 의뢰인의 적응력, 성장 및 자기주도성을 격려해야 한다.
- 컨설테이션의 목적, 비용 및 잠재적인 위험과 이로움 등에 대해 완전히 공개한다.

　윤리강령은 내담자와 의뢰인을 보호할 뿐 아니라 강령을 공포한 전문가 집단에도 여러 측면에서 긍정적으로 작용한다. 모든 직업군은 전문가로서의 지위를 확보하고자 하는데, 이를 위해 필요한 한 가지 선행 조건은 정교하고 신중하게 제정되고 정비된 윤리강령을 마련하는 것이라고 할 수 있다. 일단 윤리강령의 지위가 확립되고 해당 직군 내에 존재하는 준법률적 조직(윤리적 문제를 다루는 전문가 집단)이 이러한 윤리강령을 집행하게 되면, 해당 직업 집단은 입법부에 공식적인 법적 승인을 받고자 청원할 수 있게 된다. 일반적으로 이러한 작업들은 의안 통과를 위한 청원 운동을 통해 이루어지는데, 이러한 활동이 성공할 경우 집단의 기능을 관장하는 규칙을 제정하는 데 필요한 권한이 부여되는 자격법과 자격 위원회를 구성할 수 있게 된다. 이러한 위원회가 채택하는 규정의 핵심은 면허를 취득한 전문가들이 윤리강령을 준수하도록 하는 것이다. 전문가로서의 면허가 발급된다는 것은 전문가가 윤리적으로 실무를 수행해야 함을 의미하며, 이러한 면에서 윤리강령의 기준은 법령과 매우 유사한 효력을 발휘한다고 할 수 있다.
　윤리 기준은 사회적으로 승인된 직종의 전문가로서 가져야 하는 책임감, 수용 가능한 행위 및 수용 불가능한 행위에 대해 명시하고 있으며, 특정 상황에 대한 구체적 행동 지침이 부재한 경우에도 전문가들의 수행 방향을 이끌어 줄 수 있는 가치를 제시해 준다. APA(2002)와 ACA(2005) 윤리강령은 특정 상황에서 어떠한 윤리적 조치를 밟아 나가야 하는가에 있어 다양한 특수성을 반영하는 실무 수행의 기준을 명시하고 있다. 또한 APA 윤리강령은 어떤 상황에서도 전문가들이 고수해 나가야 하는 가치에 대해 제시하고 있다. APA 윤리강령 서문에는 '윤리적 기준은 완전하지 않다'(p. 2)는 진술이 구체적으로 명시되어 있다. 따라서 앞서 언급한 바와 같이 전문가들은 윤리강령의 토대가 되는 가치뿐 아니라 그 원리에 대해 이해하고 이를 준수하는 것이 중요하다.

윤리강령은 컨설턴트가 심도 있게 연구해야 하는 복잡한 공적 기록이다. 지면 관계상 컨설턴트가 따라야 할 윤리강령을 상세히 검토할 수 없으므로, ACA(2005)와 APA(2002) 윤리강령의 토대가 되는 일반적 원칙에 대해 논의하고자 한다.

🔍 윤리 원칙

원칙 1: 역량

ACA와 APA 윤리강령에는 실무자가 해당 영역의 작업에 임하기 전에 그에 필요한 역량을 갖출 것과 지속적으로 자신의 기술을 향상시킴으로써 그러한 역량을 유지해 나가도록 권고하고 있다. APA 윤리강령 원칙 2, 201.a, '역량의 범위'에서는 다음과 같이 진술하고 있다.

> 심리학자는 교육, 훈련, 수련 · 감독 사사 경험, 컨설테이션, 연구 또는 전문적인 경험에 기반한 그들의 역량 범위 내에서만 대중에게 서비스를 제공하고, 대중을 가르치며, 연구를 수행해야 한다.

ACA(2005) 윤리강령에서도 전문가의 역량 문제를 다루고 있는데, 컨설테이션에서 요구되는 역량은 컨설턴트가 가장 중요하게 고려해야 할 사항이라고 명시하고 있다.

:: **문화적 역량**　　이 책에서 일관되게 강조하고 있는 주제 가운데 하나는 효과적인 컨설테이션을 수행하기 위해서는 문화적 역량(cultural competence)이 수반되어야 한다는 점이다. ACA(2005) 윤리강령 a.2.c는 '발달 및 문화적 역량'에 대한 내용을 다루고 있는데, 여기에서는 발달적 · 문화적으로 적절한 실무 수행이 이루어질 때 비로소 컨설테이션이 윤리적으로 수용될 수 있음을 명시하고 있다. APA(2002) 윤리강령은 ACA 윤리강령에 비해 덜 구체적이긴 하지만, 그 원칙(E항)에서 "심리학자는 연령, 성별, 성 정체성, 인종, 민족, 문화, 출신국가, 종교, 성적지향성, 신체장애, 언어, 사회적 · 경제적 지위에 따른 문화적 · 개인적 역할의 차이를 인식하고 존중하며, 자신과 다른 집단 구성원과 작업 시 이러한 요인들을 고려해야 한다."라고 권고하고 있다. 학교심리학자연합회(NASP, 2000) 또한 이와 유사한 조항을 제정하였으며, Newman(1993)은 "컨설턴트가 유능하게 실무를 수행하는 데 기본적으로

요구되는 것은 자신의 한계를 철저하게 인식하는 것이다."(p. 153)라고 언급한 바 있다.

컨설턴트가 자신의 개인적 역량을 평가할 때 적어도 세 가지 질문을 고려해 볼 필요가 있다. 컨설테이션 과정에서 성공적인 결과를 이끌어 내는 데 필요한 기술을 활용할 수 없다면 이는 내담자 또는 의뢰인에게 잠재적으로 해를 끼치는 것인가?(무해성), 최선을 다해 컨설테이션 작업에 임하였지만 실패했다면, 이는 전문직으로서의 이미지를 손상시킴으로써 결국 사회 구성원들을 조력하는 다른 전문가들의 능력에 대한 이미지 또한 훼손시켰다고 할 수 있는가?(전문가로서의 책임감), 적절한 기술 없이 컨설테이션에 임한다면 직무상 과실로 책임을 저야 하는가?(개인적인 법적 책임)

궁극적으로 자신의 역량 범위를 벗어난 영역에 대해 제공되는 컨설턴트의 서비스는 그 누구에게도 도움이 되지 않는다. 만일 컨설턴트가 특정 영역에 필요한 기능을 수행할 수 있는 자신의 역량에 대해 확신을 갖지 못한다면, 그 컨설턴트에게는 그러한 역량이 갖추어지지 않았을 가능성이 높다고 할 수 있다. 단, 컨설테이션을 진행하는 데 특정 기술이 필요한 경우, 해당 영역에 대한 자격을 갖추고 있는 전문가에게 컨설테이션을 요청하거나 슈퍼비전을 받는 것은, 역량을 확보하고 향상시키기 위한 윤리적 방법이라고 할 수 있다(ACA, 2005; APA, 2002).

분노, 인종차별주의, 윤리적 문제와 관련된 사례

2002년부터 『Journal of Educational and Psychological Consultation』에 "컨설테이션의 다양성"이라는 제목으로 기고한 칼럼에서 Salzman(2005)은 하와이(Hawaii)에 거주하는 소수 민족들은 그들이 경험한 문화적 탄압으로 그 분노가 극에 치달았다고 주장하였다. 그는 컨설테이션을 수행하는 과정에서 이러한 분노가 드러날 수 있음을 지적하면서 화를 표현하는 의뢰인을 돕는 데 있어 컨설턴트가 사용할 수 있는 방법을 제시하였다. 저자 역시 Salzman이 제시한 분노와 유사한 문제를 지닌 의뢰인과의 첫 컨설테이션을 생생하게 기억한다. 다만 저자의 의뢰인은 하와이 사람이 아니라 노스캐롤라이나주에 거주하는 흑인이었는데, 그녀는 자신의 자녀가 계속되는 인종 차별과 탄압의 희생자라고 굳게 믿고 있었다. 이 사례에서 전문가인 내가 감당해야 할 윤리적 책임은 무엇이었을까? ACA 윤리강령 D.2.a항은 경우에 따라 컨설턴트는 의뢰인을 다른 전문가에게 의뢰할 수 있어야 함을 명시하고 있다. 나는 의뢰인의 분노를 인지했고, 의뢰인의 그러한 감정들이 정당하다는 점을 확인시켜 주었다. 또한 의뢰인은 내가 아닌 흑인 컨설턴트와 상담을 진행할 수도 있고, 다른 흑인 컨설턴트와 공동으로 컨설테이션을 진행할 수도 있음을 설명하였다. 놀랍게도 의뢰인은 여러 가지 제안을 거절하였고, 나와 함께 컨설테이션을 진행해 나갔다.

학생 학습활동 12-1

1. 한 컨설턴트가 정서장애아동의 가족과 컨설테이션 작업을 진행하는 데 동의하였다.
  이 컨설테이션의 취지는 아동의 문제를 완화시키기 위해 부모로 하여금 행동관리시스템을 개발하도록
  돕는 것이었다. 한편, 교육 컨설테이션 훈련 경험이 전혀 없는 이 컨설턴트가 학부모들로부터 학업기술
  향상 프로그램 계획 수립에 대한 지원 요청을 받았다고 하자. 해당 컨설턴트는 행동관리 시스템에 적용
  되는 원리가 학업기술에도 일반화될 것이라는 가정하에 컨설테이션을 수행하였다. 이러한 컨설턴트의
  행위는 윤리적이라 할 수 있는가?
2. 한 컨설턴트가 직원과의 관계에 어려움을 겪고 있는 병원 조직과 컨설테이션 계약을 체결하였다. 과거
  이러한 문제를 다룬 경험은 물론, 훈련을 받은 적도 없는 컨설턴트는 컨설테이션이 4주 앞으로 다가온
  시점에서 이에 필요한 능력을 습득하기로 마음먹고, 그 일을 진행하기로 결정하였다. 이 사례에서 컨설
  턴트가 윤리적으로 기능할 수 있는 상황이나 조건이 갖추어져 있다고 할 수 있는가?

원칙 2: 내담자의 복지 보호하기-사정도구

내담자의 복지를 보호하는 것은 모든 윤리강령의 필수조건으로서, APA(2002)와 ACA (2005) 강령도 예외는 아니다. 이와 관련된 기록들은 컨설턴트가 해당 내담자뿐 아니라 컨설테이션 서비스에 의해 영향을 받을 수 있는 모든 사람을 염두에 두어야 한다는 점을 명시하고 있다. Robinson과 Gross(1985)는 '숨은 내담자'에게 미칠 컨설테이션의 영향을 예측하는 데에는 어려움이 따른다는 점을 지적하였다. 이 책 전체를 통해 강조하고 있는 바와 같이, 컨설턴트는 일반적으로 두 가지 형태의 컨설테이션을 수행하게 되는데, 그 하나는 의뢰인이 주된 초점이 되는 컨설테이션이라고 할 수 있고, 다른 하나는 한 명 또는 그 이상의 내담자에게 집중하는 컨설테이션이라고 할 수 있다. ACA 강령 D.2.b는 컨설테이션의 이러한 입장에 대해 "상담자는 문제의 정의, 변화의 목표 그리고 채택된 개입에 대한 예측 결과를 명확하게 이해해야 한다."라고 요약하고 있다. 지역공동체 기관, 가족, 기업, 학교 그리고 여타 다른 현장에서 일하고 있는 컨설턴트는 모두 의뢰인의 복지에 관심을 기울여야 한다. 또한 컨설턴트는 컨설테이션의 결과가 서비스의 수혜자가 될 수도, 희생자가 될 수도 있는 내담자 집단에 미칠 수 있는 영향에 대해서도 관심을 기울여야 한다.

이러한 지침들은 컨설턴트가 자신의 행동과 그러한 행동이 소비자의 복지에 미치는 영향뿐 아니라 자신을 고용하는 조직의 조치에 대해서도 각별한 주의를 기울이도록 명시하고 있다는 점에서 컨설턴트에게 상당한 부담으로 작용할 수 있다. 따라서 우열반 구분을 통한 차별 정책을 실시함으로써 「민권법(Civil Rights Act)」 'Title IX'를 위반하거나, 히스패닉 부모들을 프로그램 중심 컨설테이션에 참여시키지 않아 「아동낙오방지법(NCLB)」의 'Title IA'에 명

시된 조항을 위반한 학교상담자는 정책 및 법규 위반에 대한 의뢰인의 이의 신청을 염두에 두어야 하고, 이를 개선하기 위해 노력해야 한다.

ACA(2005)와 APA(2002) 윤리강령에서는 평가도구를 선택하는 과정에서 의뢰인과 내담 자의 복지를 보호해야 한다는 점을 명시하고 있다. APA 강령 원칙 9와 ACA 강령 E절에서는 평가도구의 오용 가능성에 대해 수많은 사례를 제시하면서 평가도구의 적절한 사용을 권고 하고 있다. 대부분의 컨설턴트는 작업 과정에서 다양한 평가도구를 사용하므로, 임상적인 상황에서와 마찬가지로 평가도구의 신뢰도와 타당도 그리고 규준(norm)의 적절성에 주의를 기울여야 한다. 경우에 따라 컨설턴트는 평가도구(예: FBA)를 개발해야 하는데, 이때 도구의 적절성은 매우 민감한 사안이라 할 수 있다. 일정에 쫓기는 컨설턴트의 경우, 이러한 평가도 구는 자신이 지니고 있는 역량의 한계를 넘어선 가변적 상황에 보다 유연하게 대처할 수 있 도록 해 준다. 또한 평가를 받는 사람들은 평가도구의 목적이 무엇이며, 평가자료가 어떻게 활용될 것인지에 대해 충분한 설명을 들을 권리가 있다.

APA(2002)와 ACA(2005) 윤리강령은 컨설턴트로 하여금 불법적인 행위를 피하고 내담자 의 복지를 최우선에 두도록 권하고 있다. 또한 기관 또는 정부의 규정이 그들의 윤리적 지침 에 반할 경우, 컨설턴트는 윤리 원칙을 따르고 상충하는 규정을 변화시키고자 노력해야 한 다고 명시하고 있다.

의뢰인의 복지를 보호하는 일은 컨설테이션 비용을 책정하는 문제와도 관련된다. 일반적 으로 윤리강령에서는 의뢰인에게 최선의 이익을 보장할 수 있는 수준에서 컨설테이션 비용 이 책정되어야 하며, 경우에 따라 어떤 서비스는 최소의 비용 또는 무료로 제공되어야 한다 고 권고한다(ACA, 2005; APA, 2002). 드문 경우이기는 하지만 컨설테이션 비용을 조정할 수 없을 경우, ACA(2005) 윤리강령에서는 상담자와 컨설턴트가 의뢰인의 요구 수준에 맞는 서 비스를 찾아야 할 책임이 있다고 명시하고 있다.

의뢰인의 복지를 보호하는 일은 일면 의존적인 관계를 피할 수 있는 한 방법이라고 할 수 있는데, 컨설테이션 관계가 더 이상 생산적이지 않을 경우 컨설턴트는 컨설테이션 관계를 종료해야 한다. 이와 같은 이유로 컨설테이션 종결 시, APA(2002)와 ACA(2005) 윤리강령에 서는 컨설턴트가 종결되는 서비스에 대하여 대체 가능한 서비스를 마련해 줄 의무가 있다고 제안하였다. 이러한 윤리 지침들은 컨설턴트가 컨설테이션의 진행 사항을 지속적으로 평가 해야 함은 물론, 컨설테이션이 비생산적일 가능성에 대해서도 경각심을 늦추지 말아야 한 다는 두 가지 사항을 시사하고 있다. 단일사례설계를 활용하는 행동주의 컨설턴트들은 컨 설테이션의 진척상황을 판단할 수 있는 정보를 얻을 수 있으며, 이를 통해 의뢰인을 다른 컨설턴트에게 의뢰하는 시기에 대한 결정 또한 합리적으로 내릴 수 있다. 한편, 다른 이론을 지향하는 컨설턴트들은 이러한 결정을 내리는 데 주관적 판단에 의존해야 한다. 예컨대, 컨설테이션이 생산적으로 진행되지 않아 다른 컨설턴트에게 의뢰가 필요하다는 판단이 이루어져야 할 때, 공교롭게도 질적 연구방법을 선호하는 컨설턴트에게는 경험을 통해 획득한 정보 이외에 다른 지침이 거의 존재하지 않는다.

경우에 따라서는 다른 컨설턴트에게 자신의 내담자를 의뢰하는 것이 보다 어려울 수 있다. 컨설턴트 훈련 분야의 선구자인 Judith Alpert는 두 학기 동안 진행되는 컨설테이션 실습에 대한 지침들을 마련하였는데(Alpert & Taufique, 2002), 공동으로 게재한 논문에서 그녀와 공동연구자들은 수련생의 역량을 평가하는 문제를 비롯하여 이 분야에서 여전히 해결되지 않은 문제가 많다는 점을 인정한 바 있다. 훈련 및 자격에 대한 기준이 마련되기 전까지는 의뢰인을 다른 컨설턴트에게 의뢰하는 데 신중한 결정을 내리고자 하는 컨설턴트의 경우, 다른 컨설턴트에게 해당 역량이 있는지를 판단할 수 있는 근거는 입에서 입으로 전해지는 정보에 국한될 수밖에 없다.

최근 이 책의 저자 가운데 한 명은 무분별한 의뢰가 초래할 수 있는 위험성에 대해 다시금 깊이 깨닫는 경험을 하게 되었다. 저자는 한 지역교육청의 교육프로그램을 활성화시키기 위해 18개월 동안 지속적으로 컨설테이션을 수행하였고, 그 결과 컨설턴트와 교육장의 친분관계가 컨설테이션의 효과를 훼손시킨다는 사실을 발견하게 되었다. 이러한 문제를 해결하기 위해 저자는 교육장이 갖고 있는 전문가로서의 평판뿐 아니라 그 사람을 지켜본 주변 사람들의 비공식적인 피드백을 바탕으로 가장 적합하다고 판단되는 컨설턴트에게 의뢰하였고, 컨설테이션 결과가 매우 효과적일 것이라고 예상하였다. 그러나 저자가 수집한 정보는 잘못된 것으로 드러났으며, 예측 또한 빗나간 것으로 나타났다. 이는 특수한 컨설테이션 상황에서 다른 컨설턴트에 대한 의뢰는 매우 신중하게 이루어져야 함을 보여 주는 좋은 사례라 할 수 있다.

또한 컨설테이션의 종결이 어떻게 이루어져야 하는지에 대해 명확한 지침이 존재하지 않는다고 해서 컨설턴트가 이행해야 할 책무가 없어지는 것은 아니다. 컨설테이션 종결에 대한 판단은 활용 가능한 모든 자료를 최대한 활용하여 의뢰인의 복지를 보호하는 차원에서 이루어져야 한다.

학생 학습활동 12-2

집단 괴롭힘은 여전히 많은 학교에서 문제가 되고 있다. 최근 새롭게 등장한 집단 괴롭힘은 사이버공간에서 괴롭힘의 대상이 되는 학생에게 글이나 그림을 전송하는 형태로 이루어지고 있다. 몇몇 교사는 일군의 학생들을 지도하는 데 따르는 어려움을 토로했는데, 가해 학생들이 여성스러운 한 남학생을 겨냥하여 혐오 메일과 포르노 사진을 보내곤 했다. 컨설턴트는 이 문제를 교장에게 제기하였으나, 교장은 방과 후 학교 밖에서 발생한 일들은 학교 영역을 벗어나는 것이기 때문에 관여하지 말아야 한다고 하였다. 컨설턴트는 이러한 교장의 입장을 동료 교사들에게 설명하였고, 교사들과 협력하여 수업 시간에 괴롭힘을 당하고 있는 피해 학생을 적극적으로 지원하는 데 뜻을 같이하였다. 이 경우 컨설턴트는 윤리적으로 행동한 것이라 할 수 있는가?

원칙 3: 비밀보장

APA(2002)와 ACA(2005) 윤리강령은 컨설테이션에서 이루어진 의사소통에 대한 비밀유지문제를 직접적으로 다루고 있다. 컨설턴트는 모든 의뢰인과 비밀보장의 한계에 대해 논의해야 하는데, 특별한 경우가 아니라면 이러한 논의는 컨설테이션 관계를 형성하기 시작하는 시점에서 이루어져야 한다. 컨설턴트는 그들이 전문가로서 몸담고 있는 지역의 법률이 비밀보장의 한계로 규정하고 있는 면책특권 관련 정보를 염두에 두고 컨설테이션에 임해야 한다.

APA와 ACA 윤리강령은 비밀보장과 관련된 컨설턴트의 책임에 대해 분명한 입장을 취하고 있다. 이 강령에 따르면 컨설턴트는 비밀보장의 한계를 설정해야 할 뿐 아니라 "심리서비스를 제공하는 과정에서 생성된 정보의 사용처와 관련된 논의를 반드시 해야 한다"(APA, 2002). 예컨대, 자녀 양육권 심리 공판에서 증인 출석 명령을 받은 컨설턴트는 부모로부터 수집한 자녀양육 관련 정보를 노출해야 하는 상황에 놓일 수 있다. 이러한 상황 발생 가능성이 매우 희박하긴 하지만 컨설턴트는 아동학대와 관련된 사안에 대해서는 모든 정보가 공개되는 것이 합법적이며, 이 외에도 정보를 공개할 수밖에 없는 상황이 발생할 수 있다는 점을 반드시 부모에게 공지해야 한다. 기관에서 실시하는 컨설테이션 과정에서 수집된 수많은 자료는 의사결정 과정에 활용된다. 설문지를 작성하고 면접에 응하는 사람들에게는 그들이 제공하는 정보가 어떻게 활용될 수 있는지에 대해 안내해 주어야 한다. APA와 ACA 윤리강령에는 기관 내담자들에게서 수집한 기밀 정보는 "과학적 또는 전문적인 목적을 달성하기 위해 문제와 명백한 관련성이 있는 사람들과 논의해야 한다."(APA, 2002)라고 명시되어 있다. 사실 기관 전문 컨설턴트들에게 이러한 진술은 내담자 복지 보호와 같은 다른 윤리원칙과 함께 고려되지 않을 경우 판도라의 상자를 여는 것과 같다. 일례로 고용주가 컨설턴트로 하여금 정보를 '제공한 사람'이 누구인지 밝힐 것을 요구할 수도 있는데, 이와 같은 고용주의 요구를 충족시키는 것은 바람직한 컨설테이션 행위라 할 수 없으며 윤리적인 행위와도 상충한다.

외부 컨설턴트가 수행해야 할 의무 가운데 하나는 컨설테이션을 수행하기 전 단계에서 컨설테이션 참여자들 간 잠재적으로 의견이 불일치할 수 있는 영역을 확인하는 것이다. 일단 비밀보장에 대한 합의가 이루어지고 나면, 컨설턴트는 의뢰인(관리자, 교장)으로 하여금 컨설테이션에 참여하게 될 다른 사람들(교사, 부하직원)이 한 이야기에 대해 반드시 비밀을 보장할 수 있도록 독려해야 한다(Robinson & Gross, 1985).

내부 컨설턴트와 외부 컨설턴트는 회기보고서를 작성해야 하는데, 현재의 윤리기준에 따르면 이러한 기록들은 기밀정보로 취급되어야 하며, 컨설턴트는 이러한 사실을 고용주에게 알려야 한다.

학생 학습활동 12-3

컨설턴트는 소규모의 한 초등학교 교장으로부터 교사들이 자신에 대해 어떻게 생각하는지 알려 달라고 요청받았다. 컨설턴트는 교장에게 그에 대한 교사들의 일반적인 인식을 알려 주었는데, 그중에는 부정적인 이야기도 많았다. 이 과정에서 컨설턴트는 교장에게 교사들의 이름을 알려 주지 않았는데, 컨설턴트의 이러한 행위는 윤리적인가?

원칙 4: 공식 진술문 작성에 대한 책임

ACA(2005)와 APA(2002) 윤리강령에서는 모든 공적 진술이 정확해야 한다는 점을 강조하고 있다. 공적 진술의 정확성을 중요한 가치로 내걸고 있는 윤리적 가치를 실현하기 위해서는 준수해야 할 지침이 필요하며, 그 내용은 다음과 같다. 첫째, 컨설테이션 서비스 이용에 대한 광고문은 컨설턴트의 최종 학위, 자격증, 활동하고 있는 전문가 단체, 제공하는 서비스 종류와 같은 정보들로 제한되어야 한다. 둘째, 전문가 단체에 회원으로 가입되어 있다는 사실을 드러내는 데 있어 컨설턴트는 해당 단체로부터 후원을 받고 있다거나 단체의 회원이라는 내용 명시를 통해 특정 기술이나 자격증 소지 사실을 암시하지 않도록 주의해야 한다. 셋째, 광고문에는 현재 내담자 또는 이전 내담자의 추천글을 실어서는 안 된다. 넷째, 컨설턴트는 직접적으로 호객 행위를 해서는 안 된다. 현재 광고에 활용할 수 있는 매체 유형에 대해 제한을 두고 있는 것은 아니지만, 잡지와 신문, 우편물 그리고 전화번호부 등을 활용하여 광고를 하는 것이 가장 일반적이다.

비록 컨설턴트가 광고 문안을 정확히 만들었다 하더라도 고용주가 컨설턴트의 자격을 잘 못 이해하는 경우는 적지 않다. 컨설턴트는 잘못된 공적 진술문을 바로잡기 위해 상당한 노력을 기울여야 하는데(ACA, 2005; APA, 2002), 이는 컨설테이션 내용 및 진행 과정을 협상할 때 고용주가 컨설턴트의 자격에 대해 오해가 있을 경우, 컨설턴트 스스로 이를 바로잡아야 한다.

내부 컨설턴트가 작성하는 공적 진술문은 외부 컨설턴트의 그것과 비교할 때 문제가 될 소지가 상대적으로 적다. 그럼에도 자신이 지닌 능력에 대해 정확히 기술하고, 컨설테이션의 목표, 기법, 예상되는 성과의 개요에 대해 정확하게 설명하며, 직무상의 윤리 원칙을 고수해 나갈 것에 대하여 의지를 표명하는 것은 내부 컨설턴트에게 여전히 중요한 작업이라 할 수 있다.

학생 학습활동 12-4

양질의 컨설테이션 교육을 받은 후, 학교를 기반으로 컨설테이션을 수행하게 된 한 컨설턴트는 자신이 추구하는 가치에 대해 설명하는 과정에서, 학생들이 학업에서 부딪히는 많은 문제가 자신과의 컨설테이션을 통해 해결될 수 있을 것이라고 설명하였다. 이러한 컨설턴트의 행위는 윤리적이라 할 수 있는가?

원칙 5: 사회적 · 도덕적 책임

모든 직업의 윤리강령에는 일반적인 도덕 기준뿐 아니라 해당 직업에서 추구하는 윤리적 기준이 명시되어 있다. 또한 스스로의 윤리적 행동 관리 및 타인의 윤리적 기준 위반 행위에 대해 어떻게 반응해야 하는지에 대한 지침들도 포함되어 있다. ACA(2005)와 APA(2002) 강령에서는 주로 컨설턴트가 자신의 기능을 방해하는 개인적인 욕구와 문제 인식의 중요성을 강조하고 있다. 컨설턴트가 지위 또는 존경에 대한 자신의 잘못된 욕구를 인식하고 있다면, 컨설테이션 과정에서 의뢰인이나 내담자를 희생시키면서까지 자신의 욕구를 충족시키지는 않을 것이다. 컨설테이션의 효과를 저해할 만큼 스스로 장애(예: 정신건강 문제)를 지니고 있다고 판단될 경우, 컨설턴트는 그러한 장애 요인을 제거하거나 상황을 피하기 위한 조치를 취해야 한다.

Becker와 Glaser(1979)는 컨설턴트가 빠질 수 있는 여러 윤리적 함정에 대해 규정한 바 있는데, Robinson과 Gross(1985)가 주장했던 것처럼 윤리적 함정의 대부분은 컨설턴트의 욕구와 의뢰인의 욕구 간의 잠재적 갈등과 관련되어 있다. 컨설턴트의 개인적 욕구에서 파생된 비윤리적 행동에는 ① 의뢰인의 의사결정 기술을 증진시키기보다는 본인이 의사결정자가 되고자 하는 것, ② 의뢰인에게 청탁하는 것, ③ 자신의 소득 수준을 유지하기 위한 수단으로 컨설테이션 기간을 연장하는 것, ④ 그 자신의 한계를 인식하지 못하는 것, ⑤ 의뢰인의 비윤리적 · 불법적 역할 수행에 대해 적절한 조치를 취하지 않는 것, ⑥ 컨설테이션 시작 전 의뢰인에게 컨설테이션을 위한 준비가 갖추어졌는지에 대한 검토를 이행하지 않는 것, ⑦ 객관성을 유지하지 못하여 컨설테이션이 진행되고 있는 환경의 정치적 상황에 휩쓸리는 것, ⑧ 의뢰인에게 자신의 가치관을 강요하는 것, ⑨ 컨설테이션의 결과를 정확하게 보고하지 않는 것, ⑩ 다른 분야의 컨설턴트를 존중하지 않는 것, ⑪ 평가를 거부하는 것 등이 있다.

ACA(2005)와 APA(2002) 윤리강령에서는 내담자와의 성관계 및 성희롱 문제에 대해 특별한 주의를 기울여 왔으며, 당연히 이러한 행위는 법으로 금지되어 있다. 의뢰인과 성관계를 맺거나 의뢰인에게 성희롱을 하는 행위, 또는 컨설테이션을 진행하는 과정에서 의뢰인과 내담자 간에 형성된 부적절한 관계를 발견했음에도 불구하고 이를 용인하는 것은 비윤리적이라고 할 수 있다. 또한 이해관계의 충돌을 야기할 수 있는 이중관계는 피해야 한다고 경고하고 있다. 예컨대, 가까운 친구, 친척, 사업 동업자 또는 관계의 특성상 컨설턴트의 객관성을 훼손할 가능성이 큰 사람들과 컨설테이션 관계를 맺는 것은 현명하지 못한 일이다.

윤리적이고 도덕적인 행동에 대한 일반적 기준은 개인에 따라 다르지만, 컨설턴트는 해당 직업 공동체가 표방하는 윤리적 · 도덕적 규범을 따르고, 그들의 작업 수행에 해가 되지 않는 방식으로 행동해야 한다(APA, 2002).

학생 학습활동 12-5

고등학교에서 상담 업무를 담당하고 있는 한 컨설턴트가 지역사회 청소년들과 효과적인 관계를 맺고자 하는 경찰서와 컨설테이션 작업을 실시하게 되었다. 컨설턴트는 경찰서와의 공동작업에 보람을 느끼며 2년 동안 작업을 지속해 나갔다. 그러나 프로젝트의 효과를 평가한 결과, 경찰과 청소년들의 관계가 향상되지 않은 것으로 나타났다. 이 컨설턴트는 윤리적으로 기능했다고 할 수 있는가?

원칙 6: 다른 컨설턴트와의 관계

이 장의 서두에서 주지한 바와 같이, 윤리강령은 집단 내 그리고 집단 간 관계를 위한 기준들을 상세하게 기술함으로써 직업군 내·직업군 간 조화를 도모한다. ACA와 APA 윤리강령의 몇몇 측면은 이와 관련된 문제를 다루고 있다. 일반적으로 컨설턴트는 다른 분야의 실무자들이 지닌 전문성에 익숙해지고, 이를 존중해야 한다. 또한 다른 전문가가 담당하고 있는 내담자 집단에 대해서도 존중하고, 자신의 고객을 대하듯 예의를 갖추어야 한다.

다른 컨설턴트에게 의뢰를 하는 컨설턴트는 의뢰에 대한 보상을 기대해서는 안 된다. 또한 자신을 고용하고 있는 기관과 다른 기관 간의 협정에 근거하여 서비스를 제공할 때에도, 개인적인 시간을 할애해야 하는 경우가 아니라면 보상을 받아서는 안 된다.

학생 학습활동 12-6

한 컨설턴트는 자신이 해당 조직 내에서 훈련을 가장 잘 받았으며, 따라서 효과적으로 컨설테이션을 수행할 수 있다는 말을 공개적으로 하곤 하였다. 그에 비해 다른 전문가들이 자신만큼 훈련을 잘 받지 못하여 효과적으로 컨설테이션을 수행할 수 없다고 주장하였다. 물론 해당 컨설턴트의 이력서만 살펴보았을 때에는 그가 훌륭한 훈련을 받았고, 매우 뛰어난 컨설턴트임을 알 수 있었다. 이 컨설턴트는 윤리적으로 행동하고 있는 것인가?

 윤리적 의사결정

윤리강령에 뚜렷한 지침이 없는 상황에 대해서도 컨설턴트가 윤리적인 결정을 내려야 한다는 것은 자명한 사실이다. Pryzwansky(1993)는 컨설턴트가 컨설테이션 관련 당사자들의 존엄과 자유의지 및 사회규범에 관심을 갖는 등 윤리적 원칙에 뿌리를 둔 의사결정 전략을 채택함으로써 자신의 윤리적 수행 능력을 향상시킬 수 있는 방안을 제안하였다. 나아가 그는 Haas와 Malouf(1989)가 개발한 윤리적 의사결정 모형을 소개하였다. 이들에 따르면, 전문가는 우선 당면한 상황을 다루기 위한 행동 방향에 대해 시사하는 윤리적 원칙의 존재 여부를 확인해야 하고, 이를 기점으로 윤리적 의사결정 과정에 착수해야 할 의무가 있다. 법령과 같은 원칙이 존재하고, 이를 어겨야 할 이유가 존재하지 않는다면 컨설턴트의 의사결정은 비교적 간단하다. 그러나 그 상황에서 의사결정을 관장하는 명백한 원칙이 존재하지 않는다면 컨설턴트는 내담자의 복지, 자신의 역량, 전문가로서의 의무, 의뢰인과 내담자의 존엄성 존중, 사회적 책임 등 의사결정에 영향을 미치는 기본적인 요인들을 살펴야 한다. 이와 같이 광범위한 원칙들을 활용하기 위해 컨설턴트는 행동 계획을 세워야 하고, 그러한 행동 계획이 새로운 윤리적 딜레마를 야기하는지에 대해 판단해야 하며, 명백한 윤리적 문제가 존재하지 않는다면 계획대로 진행해야 한다.

윤리적 의사결정 연습

다음과 같은 상황을 고려해 보자.

I. 교사 의뢰인의 심각한 정신건강 문제는 학생들을 효과적으로 다루는 데 방해 요인으로 작용한다.

  A. 뚜렷한 원칙이 존재하는가?

    1. 예 그리고 아니오. 현 상황에서 학생들은 '잠재적(hidden)' 내담자들로, 컨설턴트가 내담자의 복지에 관심을 가져야 한다는 점을 감안할 때, 해당 교사의 학생들은 위험에 처해 있다고 할 수 있다. 한편, 교사와의 컨설테이션 과정에서 나눈 대화 내용은 비밀이 보장되어야 하고, 교사의 문제를 학교 관리자에게 보고하는 것은 비밀보장의 원칙을 깨는 것이기 때문에 현재 이 상황은 매우 복잡하다고 할 수 있다.

  B. 실현 가능한 해결 방안이 있는가?

    1. 명백한 해결책은 없다. 그러나 컨설턴트는 의뢰인의 정신적인 문제와 이것이 학생들에게 미칠 수 있는 부정적 영향에 대해 지적하고, 다른 컨설턴트에게 의뢰함으로써 교사에게 도움을 제공할 수 있다. 또한 컨설턴트는 의뢰인이 학급을 보다 효과적으로 관리할 수 있도록 이와 관련하여 의뢰인과 함께 작업을 지속시켜 나갈 수 있다. 만일 의뢰인이 자신의 정신건강 문제를 인정하지 않는다면, 컨설턴트는 학생들의 안녕을 보호해야 하는 책임감을 가지고 교사의 문제를 문서로 기록하는 한편, 상부에 이를 보고해야 한다.

II. 당신은 지금까지 4학년 학생에게 상담서비스를 제공해 왔다. 이 과정에서 학생의 교육적 기능을 향상시키기 위해서는 학생의 부모와 컨설테이션 관계를 수립해야 한다는 사실이 명백하게 드러났다.

  A. 명백한 윤리적 원칙이 존재하는가?

      1. 예. 이중 관계를 지양하는 윤리강령에 해당된다.

   B. 이 원칙이 예외적으로 적용될 여지가 있는가?

      1. 예. 상담과 컨설테이션이 병행된다면 아동에게 보다 질 좋은 복지 서비스를 제공할 수 있을 것이다.

   C. 예상되는 잠재적 문제가 존재하는가?

      1. 예. 부모는 아동과의 상담에서 드러난 정보를 컨설턴트에게 요청할 가능성이 있다. 부모의 개입으로 내담자인 아동은 상황을 불편해할 수 있다.

   D. 어떻게 이 문제를 해결할 수 있는가?

      1. 부모와의 상담을 결정하게 된 이유를 내담자 아동에게 설명하고, 부모와 내담자 아동에게 비밀보장의 한계에 대해 안내한다. 필요한 경우, 정보 공개에 대해 내담자에게 양해를 구한다.

요컨대 컨설턴트는 윤리강령의 토대가 되는 가치와 일련의 원리에 대해 이해해야 하고, 이러한 가치와 원칙을 반영하는 의사결정 전략들을 채택해야 한다. 이러한 조치들에 대한 미흡한 처리는 비윤리적이라고 할 수 있다.

윤리적 기준 시행하기

모든 전문가 조직은 윤리와 관련된 신고 사례를 심의하는 명백한 지침을 가지고 있다(ACA, 2005; APA, 2002). 이 조직들은 전문가 개인의 도덕적 태도가 윤리적 행동을 유지하는 데 가장 기본적인 요소임을 강조한다. 성실, 선행, 진실성, 공정성, 의뢰인의 자율성 신장 등과 같은 기본 가치를 채택하고, 윤리강령을 학습한 컨설턴트라면 스스로 윤리강령을 준수하는 데 큰 문제가 없을 것이다. 반면, 자신의 욕구를 내담자의 욕구보다 우선시하는 컨설턴트는 스스로 윤리규정을 준수하는 데 많은 어려움을 경험할 것이다.

또한 컨설턴트는 자신이 속한 전문가 집단의 다른 컨설턴트가 한 행동에 대한 책임에 대해서도 수용할 수 있어야 한다. 비윤리적인 행동을 목격했을 때 위반사항이 실수나 서툰 판단으로 인한 것이라면, 해당 컨설턴트에게 염려되는 부분에 대해 이야기하고, 이에 대한 설명을 요청하는 한편, 당사자와 함께 적절한 행동을 탐색해야 한다. 만일 윤리적인 위반사항이 심각하거나 해당 컨설턴트가 비공식적 차원으로 문제를 해결하고자 하는 노력에 따르지 않는다면 윤리위원회에 사안을 보고해야 한다. 가능한 한 사안 보고는 비윤리적인 행동을 구체적으로 기술하여 문서화하고, 위반한 윤리강령의 기저를 이루는 원칙에 대해 규명해야 한다.

　　일단 신고 사항이 접수되면 윤리위원회는 이를 검토하는데, 검토 결과 제기된 위반 사항이 해당 컨설턴트에게 알리는 것이 적절하다고 판단되면 위원회는 이 사실을 본인에게 통보하고 그에 대한 답변을 요구한다. 이러한 요구에 불응한다면 그것은 그 자체로 비윤리적인 행위이며, 징계로 이어질 수 있다. 필요하다고 판단될 경우, 윤리위원회는 해당 사항과 관련된 자료수집에 착수할 수 있다. 모든 자료가 수집되면 윤리위원회는 위반 사례에 대한 판결을 내리게 된다. 윤리위원회에서 해당 컨설턴트가 비윤리적인 행동을 한 것으로 판결이 나면, 윤리위원회는 이에 상응하는 조치를 취하게 된다. 가장 경미한 조치는 위반 당사자를 견책하는 것이다. 이러한 견책 조치는 보통 교육적인 요소를 포함하는데, 윤리행동강령에 대한 교육이 그 한 예이다. 보다 엄한 조치에는 ① 해당 위반자에 대해 일정 기간 근신하도록 하는 것, ② 근신 기간에 감시를 받도록 하는 것, ③ 협회에서 제명시키는 것 등이 있다. 위원회는 이러한 조치를 지역의 면허위원회와 자격 관리 위원회에 통보하고, 관련 기관에서는 당사자의 면허를 박탈하거나 자격을 취소하는 등의 조치를 취하게 된다.

　　다른 컨설턴트의 위반 사항을 고소하는 데 지나친 관심을 보이는 컨설턴트는 한 가지 주의 사항을 반드시 기억해야 한다. 견책 조치를 당한 당사자는 자신을 제소한 사람과 그 정확한 내용에 대해 알 권리가 있다. 따라서 부정확한 제소는 자칫 명예훼손 소송으로 이어질 수 있고, 패소할 경우에는 많은 시간과 비용의 발생을 초래할 수 있다는 점에서 동료에 대한 제소를 고려할 때는 늘 주의를 기울여야 한다.

잠재적인 법률적 고충들

　　지금까지 대부분의 컨설턴트는 의뢰인이 제기하는 불만 때문에 초래되는 법적 조치들을 피해 왔다. 그러나 이러한 현상은 더 이상 지속되지 않을 것으로 보인다. 컨설턴트가 법률 소송에서 자신을 보호하는 데 소요되는 초기 비용은 매우 크다. 배상책임보험은 「아동낙오방지법」과 같은 제정법에 저촉되어 변호사와 그 관련자들로부터 철저한 조사를 받아야 하는 상황에서 반드시 필요하다. 이어지는 논의에서는 컨설턴트가 법률적으로 취약한 영역들에 대해 탐색하고자 한다.

컨설턴트에 대한 법적 조치들

과거에 상담사, 정신과의사, 사회복지사, 심리학자가 과오소송(malpractice suit)에 피소된 적이 있는데, 이러한 소송 가운데 몇몇은 컨설테이션 행위와 관련이 있다. 여기에는 서비스를 제공하는 과정에서 범한 직무상 과실, 사칭, 비방 및 명예훼손(중상), 성적 부정행위, 사생활 침해, 계약 위반 등이 포함되어 있다. 직무상 과실은 의뢰인에게 제공하기로 한 서비스를 제공하지 않았거나 전문가 집단의 기준에 못 미치는 수준으로 서비스를 제공하는 것이다. 가난하거나 이중 언어를 사용하는 부모를 컨설테이션에서 배제하는 것, 장애 학생에게 제한적인 환경의 제공을 최소화하지 못하는 것, 동성애 학생을 차별로부터 보호하지 못하는 것, 학생들을 폭력 및 성희롱으로부터 보호하지 못하는 것 등은 모두 직무상 과실에 해당한다. 또한 컨설턴트는 컨설테이션 과정에서 자살 징후를 보이거나 폭행을 저지를 가능성이 높은 학생들을 만나게 되는데, 잠재적인 폭력 또는 자해 가능성을 보고할 의무는 학교장면에서 활동하는 다른 전문가의 의무에 비해 결코 가볍지 않다.

의무불이행이라는 직무상 과실로 컨설턴트는 법률 소송에 피소될 수 있고, 이는 컨설턴트에게 막대한 손실 및 상해를 초래하게 되는데, 이러한 양상을 통해 직무상 과실과 손실 사이에 인과관계가 존재한다는 사실이 드러나게 되었다(Essex, 2006; Remley & Herlihy, 2001). 윤리강령에 의뢰인에 대한 컨설턴트의 구체적인 의무가 상세히 규정되어 있지 않기 때문에, 그 수준을 설정하고 위배 여부를 판단하기란 쉽지 않다. 하지만 문서화된 컨설테이션 계약서에는 컨설턴트와 의뢰인 각 당사자의 책임에 대하여 상세하게 기술되어 있다. 컨설테이션 이해 당사자의 책임을 분명히 명시했음에도 불구하고 컨설턴트가 자신의 의무를 충분히 이행하지 않아 손해를 끼쳤다면 과오 소송에서 매우 불리한 입장에 처하게 된다. 특정 프로그램이나 서비스를 개발하는 작업에 컨설턴트가 고용된 경우, 해당 프로그램이나 서비스가 어떤 방식으로든 의뢰인에게 피해를 주거나 의뢰인을 방치하는 사태가 발생하게 되면, 윤리위원회의 배심원들은 컨설테이션 과정에 대한 컨설턴트의 관여 정도에 따라 그 법적 책임 수준을 결정하게 된다(Essex, 2006). 컨설턴트의 전문성이 소진된 이후에도 컨설테이션을 종결하지 않는 경우, 의뢰인 또는 내담자의 문제를 잘못 진단한 경우, 비밀보장의 원칙을 위반한 경우 또한 직무상 과실에 해당한다.

명예훼손은 문서(비방) 또는 구두(중상)를 통해 이루어진다. 일반적으로 명예훼손은 한 사람에 대한 거짓된 진술로, 당사자의 지위나 명예를 폄하하는 행위라 할 수 있다. 비록 기록에 담긴 정보가 정확하다 할지라도 농담 또는 부적합한 방식으로 기밀 정보를 드러냄으로써 이를 잘못 해석할 수 있는 사람들의 손에 넘어가도록 허용하는 행위, 다른 사람들에게 잘못된 정보를 퍼뜨리는 행위 모두 명예훼손의 근거가 될 수 있다. 컨설턴트는 교사들에게서 많은 양의 관찰 정보를 수집하게 되는데, 특정 교사의 행동을 인종차별주의, 전문성이 결여된 비효과적 방식으로 그릇되게 특징짓는 등의 행위는 법적 분쟁을 일으킬 수 있다. 기록한 사실이 부정확하거나 자료가 잘못 해석된 기초 보고서 역시 명예훼손을 야기할 수 있다. 컨설테이션 과정에서 비밀보장이 파기됨으로써 의뢰인 또는 내담자에게 피해를 입혔다면, 이 역시 명예훼손의 잠재적 근거가 될 수 있다.

평가도구를 잘못 선택하고 해석한 경우에도 소송으로 이어질 수 있는데, 평가 결과를 부적절하게 보고하거나 이를 잘못 해석할 수 있는 사람들의 손에 결과가 넘어갈 경우 더욱 그러하다. 평가도구를 잘못 사용할 경우, 개인의 사생활을 부당하게 침해했다는 이유로 법적 소송이 발생할 수 있는데, 평가도구의 오용은 개인의 심리적 또는 사적인 영역을 의도적으로 침범하는 행위로 간주되기 때문이다.

컨설턴트는 계약 위반과 관련된 영역에 대해서도 주의해야 한다(Essex, 2006). 문서 또는 공식적인 계약서를 작성한 경우, 컨설턴트는 ① 계약서에 명시된 서비스를 제공하고, ② 서비스를 제공하는 과정에서 자신이 속한 전문가 집단의 실무 기준을 따르도록 되어 있다. 이를 준수하지 않을 경우 법적 소송으로 이어질 수 있다. 계약서를 신중하게 작성하는 것은 계약 문제와 관련된 법률적 분쟁을 피할 수 있는 가장 효과적인 방법이라고 할 수 있다. 특히 변호사로 하여금 계약서 초안을 작성하게 하는 것은 가장 분명한 해결책이다. 법률 문서 작성을 도와주는 온라인 웹사이트 또한 매우 유용하다. 단순한 법적 문서는 15달러를 지불하면 'U.S. Legal(http://www.uslegalforms.com/us/US-00465.htm)'에서 다운로드 받을 수 있다.

마지막으로 학생들과의 부적절한 성 행위, 이력서나 직업신청서에 거짓을 기재하는 행위는 모두 법적 소송을 초래할 수 있다.

:: **방어**   윤리강령에서 다양한 법적 문제를 직접적으로 다루는 것은 당연하다. 이 장의 도입부에서 주지한 바와 같이, 윤리강령은 전문가에게 행동 기준을 제공하고 이를 통해 고가의 법적 분쟁을 피할 수 있도록 도와주기 위해 선포되었기 때문이다. 그러므로 앞서 언급한 것처럼 윤리강령을 따르는 일은 법적 소송으로부터 컨설턴트 자신을 보호하는 첫 번째 방어(defenses)수단이 된다.

이에 못지않게 중요한 두 번째 방어수단은 전문가 집단이 수립한 실무 기준을 따르는 것으로, 이는 다양한 상황에서 용인되는 컨설턴트의 행동을 목록화한 것이라고 할 수 있다. 반복해서 언급하고 있는 바와 같이, 현재 컨설턴트들을 위한 실무기준은 그렇게 많지 않다. 유일하게 ACA(2005)에서 컨설턴트를 위한 실무기준을 마련하고자 했으나 그 내용이 충분하지 않은 것이 현실이다. 따라서 컨설턴트는 자신의 컨설테이션 행위가 현재 자신이 속한 집단에서 수용 가능한 것인지를 확인함으로써 만일의 사태에 대비해야 한다.

셋째, 컨설턴트는 자신이 몸담고 있는 직무를 관할하는 법률을 이해해야 한다. 법령을 무시하거나 간과하는 것은 어리석은 행위로, 법적 분쟁을 야기할 수 있다. 현재 법해설자, 심리학자, 상담사 그리고 학교에 몸담고 있는 다른 전문가들은 교육의 질을 향상시키고, 학생 및 학부모의 인권을 보호하기 위한 법률 준수 압력에 시달리고 있다. 미국 교육부는 특수교사와 학교심리학자들로 하여금 「장애인교육법」과 「아동낙오방지법」 등의 교육 관련 법령 지침들을 따르도록 하고 있다. 학교상담자와 학교사회복지사를 비롯한 모든 교육 관계자는 1990년에 제정된 「장애인차별금지법(ADA)」, 1973년에 제정된 「재활법」, 「교육기회균등법(Equal Education Opportunities Act)」, Title IX에 명시된 「성차별 금지법(Discrimination Based on Sex)」, 1964년에 제정된 「민권법(Civil Rights Act)」은 물론, 「장애인교육법」과 「아동낙오방지법」의 필요성에 대해서도 알고 있어야 한다.

기타 법적 고려사항

컨설턴트와 직접적으로 관련되는 법적 소송이 이 장의 주된 관심사이기는 하나 컨설턴트는 다른 형태의 소송에도 휘말릴 수 있음을 알아야 한다. 예컨대, 아동의 부모 또는 선생님과 컨설테이션 관계를 맺은 경우, 학교심리학자나 상담사, 사회복지사는 자녀 양육 소송과 관련하여 증인 신분으로 법원에 소환될 수 있다. 또한 기관에 소속된 컨설턴트는 경영진이 피소된 소송에서 「장애인차별금지법」 또는 「교육기회균등법」이 표방하는 규정에 따라 진술하도록 요청받을 수 있다. 증언을 위한 법정 소환이 이루어질 경우, 컨설턴트에게는 당연히 면책 특권이 주어지게 된다.

비밀보장은 조력관계 안에서 이루어진 대화 내용에 대하여 비밀을 유지해야 하는 컨설턴트의 의무사항을 다루는 윤리적 용어라고 할 수 있다. 면책 특권은 법률적 용어로서, 내담자 또는 의뢰인이 언급한 내용을 비밀에 부칠 수 있다는 사실이 법적으로 용인되는 것을 의미한다. 면허를 소지한 심리학자, 상담사, 사회복지사의 내담자들은 대부분 면책 특권을 부여받아 왔다. 예컨대, 노스캐롤라이나주 소재 학교에 재학 중인 아동에게 면책 특권이 부여된 사례가 있었으나 이것이 다른 지역에서도 동일하게 적용된다고는 할 수 없다. 그러나 판사가 정의 구현 차원에서 그것이 최선이라고 판단할 경우, 컨설턴트로 하여금 필요한 정보에 대해 밝히도록 강제 조치할 수 있다.

컨설턴트는 자신의 전문 영역과 관련이 있는 소송에서 전문가로서의 증언을 제공하도록 소환될 수 있다. 변호사는 피고 또는 원고를 변호하기 위해 전문가를 증인으로 활용하기도 하는데, 전문가는 보통 이에 대한 보상을 받게 된다. 이를 위해 우선 변호사는 '전문가'와 접촉을 해야 하고, 변호사는 판사에게 전문가가 해당 분야에서 전문성을 지니고 있음을 납득시켜야 한다. 의뢰된 전문가가 특정 사례에 대한 전문가로서 기능할 수 있는지에 대한 최종 결정은 공판 전, 판사에 의해 이루어진다.

요약

주요 윤리강령들은 컨설테이션 과정의 복잡한 측면들을 수용할 수 있을 만큼 충분한 개정 작업이 이루어지지 않았다. 그러나 공교롭게도 다양한 분야에서 활동하고 있는 컨설턴트들은 그들이 속한 전문가 집단의 윤리 기준을 준수하도록 되어 있다. 이 장에서는 APA와 ACA의 윤리강령에 초점을 두고 다양한 윤리적 원리를 제시하였는데, 이는 윤리적으로 컨설테이션을 수행할 수 있는 기준으로 활용될 수 있다. 이러한 윤리적 원리에는 컨설턴트의 역량, 의뢰인 또는 내담자의 복지, 비밀보장, 공적 진술문, 윤리적 · 도덕적 책임, 다른 컨설턴트와의 관계 등이 있다.

지금까지 컨설턴트는 과오 소송에 휘말리는 일이 거의 없었다고 해도 과언이 아니지만, 그럼에도 이 장에서는 직무상 과실, 명예훼손, 부적절한 성적(sexual) 행위, 허위 진술, 비밀보장, 사생활 침해, 계약 위반 등 컨설턴트가 곤란에 처할 수 있는 잠재적인 법적 함정들에 대하여 정의하고 논의하였으며, 법적 소송을 피하기 위한 지침 또한 제시하였다.

실무자를 위한 조언

1. 당신에게 해당하는 윤리강령을 주의 깊게 살펴보라. 당신이 수행하고 있는 컨설테이션 사례를 처리하거나 잠재적으로 관련성이 있는 부분에 특히 유의하라.
2. 당신의 직업과 관련되어 있는 「면허법」을 탐독함으로써, 당신의 직위에서 준수해야 하는 기본적인 비밀보장 관련 법률을 확인하라. 공립학교 또는 다른 기관에 몸담고 있다면, 당신과 함께 컨설테이션에 참여하는 의뢰인의 비밀보장과 관련하여 면책 특권을 규정하는 법이 존재하는지 확인하라.

3. 비밀보장을 규정하고 있는 관련 법령을 확인하라. 예컨대, 미국의 모든 주에서는 정신건강 전문가들에게 아동학대 사례를 발견할 경우, 이를 즉시 보고하도록 요구하고 있다. 어떤 주에서는 정신건강 전문가들에게 법원의 공판 전 심문과정에서 정보를 공개하도록 명령 조치를 취하기도 한다.

4. 비밀보장 및 그 한계에 대하여 의뢰인에게 안내하는 진술문을 작성해 보라.

5. 당신이 거주하고 있는 지역에 위법 행위로 피소된 이력이 있는 컨설턴트가 있는지 확인하라. 만일 있다면 그 혐의와 소송 결과, 판결의 근거를 확인하라.

확인 문제

1. 윤리강령의 목적을 네 가지 이상 기술하시오.
2. 유능한 컨설턴트인지의 판단과 관련된 문제에는 어떤 것들이 있는가?
3. 컨설테이션에서 '숨은 내담자(hidden client)'란 누구를 말하는가?
4. 컨설테이션에서 측정도구를 선택하는 것이 심리치료에서만큼 중요하게 다루어지는 이유를 설명하시오.
5. 컨설테이션 서비스의 유용성을 홍보하는 공적 진술문을 윤리적 기준에 맞게 작성하시오.
6. 의뢰인 조작은 컨설턴트에게 중요한 윤리적 문제이다. 이러한 문제는 어떻게 해결할 수 있는가?
7. 다른 컨설턴트와의 갈등을 피하기 위해 당신은 컨설턴트로서 어떻게 윤리적으로 행동할 것인가?
8. 컨설턴트에게 불리하게 작용할 수 있는 법적 조치들에 대해 확인하시오. 컨설턴트는 이러한 위협을 줄이기 위해 어떻게 행동해야 하는가?
9. 컨설테이션 계약서에 포함되어야 하는 요소들을 포괄적으로 기술하시오.
10. 비밀보장과 면책 특권이라는 용어를 구분하여 설명하시오.

참고문헌

ACA. (2005). *ACA code of ethics and standards of practice.* Alexandria, VA: Author.

Alpert, J. L., & Taufique, S. R. (2002). Consultation training: Twenty-six years and three questions. *Journal of Educational and Psychological Consultation, 13*(1), 13-33.

APA. (2002). *Ethical principles of psychologists and code of conduct.* Washington, DC: Author.

ASCA. (2004). *Ethical standards for school counselors.* Alexandria, VA: Author.

Becker, T. F., & Glaser, E. M. (1979). *Portraits of 17 out-standing organizational consultants.* Los Angeles, CA: Human Interaction Research Institute.

Davis v. Monroe County Board of Education, 526 U.S. 629 (1999).

Essex, N. L. (2006). *A teacher's pocket guide to school law*. Boston, MA: Pearson.

FERPA. (1974). Family Educational Rights and Privacy Act, Title 34, Part 99. http://www.ed.gov/policy/gen/reg/ferpa/index.html. Accessed September 8, 2009.

Glosoff, H. L., & Pate, R. H., Jr. (2002). Privacy and confidentiality in school counseling. *Professional School Counseling, 6,* 20–27.

Haas, L. J., & Malouf, J. L. (1989). *Keeping up good work: A practitioner's guide to mental health ethics.* Sarasota, FL: Professional Resource Exchange.

IDEA. (2004). Individuals with Disabilities Education Act. http://www.ed.gov/policy/speced/guid/idea/idea2004.html. Accessed October 5, 2009.

McFarland, W. P., & Dupius, M. (2001). The legal duty to protect gay and lesbian students from violence in school. *Professional School Counseling, 4,* 171–179.

Nabonzy v. Podlesny, 92 F.3d 446 (W. D. Wisc. 1996).

NASP. (2000). *Professional conduct manual, principles for professional ethics and standards for provision of school psychological services.* http://www.nasponline.org/standards/ProfessionalCond.pdf. Accessed September 7, 2009.

Newman, J. L. (1993). Ethical issues in consultation. *Journal of Counseling and Development, 72,* 148–156.

No Child Left Behind, P.L. 107–110. (2002). http://www.wrightslaw.com/nclb/law/nclb.107–110.pdf. Accessed September 6, 2009.

Parental Involvement, Title I A. (2004). Nonregulatory guidance. http://www.ed.gov/programs/titleiparta/parentinvguid.pdf. Accessed September 6, 2009.

Pryzwansky, W. B. (1993). Ethical consultation practice. In J. E. Zins, T. R. Kratochwill, & S. N. Elliot (Eds.), *Handbook of consultation services for children* (pp. 329–350). San Francisco: Jossey-Bass.

Remley, T. P., Jr., & Herlihy, B. (2001). *Ethical and legal issues in counseling.* Columbus, OH: Merrill/Prentice-Hall.

Robinson, S. E., & Gross, D. (1985). Ethics in consultation: The Canterville Ghost revisited. *The Counseling Psychologist, 13,* 444–465.

Salzman, M. B. (2005). Contextualizing the symptom in multicultural consultation: Anger in a cultural-historical context. *Journal of Educational and Psychological Consultation, 16,* 223–236.

U.S. Legal. (2009). U.S.Legal Forms.com. http://www.uslegalforms.com/us/US-00465.htm. Accessed September 7, 2009.

학생 학습활동 해답

학생 학습활동 12-1
1. 적응행동 향상과 관련된 몇몇 원칙들이 학습기술에도 적용되긴 하지만, 컨설턴트는 우선 이 분야에 대한 지식을 갖춘 전문가에게 슈퍼비전을 받아야 한다.
2. 아닌 것 같다. 주어진 시간에 비해 컨설턴트가 학습해야 할 내용이 많다.

학생 학습활동 12-2
그렇다. 하지만 윤리적인 측면보다 우선시되는 법적 판례들이 있는지 확인해 봐야 한다.

학생 학습활동 12-3
아니다. 교장이 내용의 출처를 알아낼 가능성이 높다.

학생 학습활동 12-4
아니다. 자신의 주장에 대한 경험적 증거가 확실하지 않다면, 컨설턴트는 부정확한 공적 진술을 삼가야 한다.

학생 학습활동 12-5
이 문제는 프로그램에 대한 청소년들의 피드백을 언제 받았는지, 그리고 피드백이 컨설테이션 과정을 향상시키는 데 활용되었는지에 따라 그 판단이 달라질 수 있다.

학생 학습활동 12-6
아니다. 이 컨설턴트는 불화를 일으킬 가능성이 매우 높다.

컨설테이션과 협업에서의 쟁점

목표 | 이 장에서는 컨설테이션의 이론적 · 실용적 측면과 관련하여 제기되는 쟁점에 대해 다루고자 한다.

개요 | 이 장에서는 복지 서비스 전문가가 컨설테이션을 활용하는 과정에서 부딪힐 수 있는 다양한 문제들을 제시하는 한편, 각 문제를 다룬 연구 문헌에 대해 논의하고자 한다.

지금까지 이 책 전체를 통해 복지 서비스 전문가들이 직면하는 다양한 어려움에 대해 살펴보았다. 컨설테이션 관계에서 나타나는 특성을 제외하면 컨설테이션에는 여전히 심도 있는 논의를 요하는 수많은 쟁점과 이견이 존재하며, 이러한 면에서 그 개념을 한마디로 결론짓는 데는 어려움이 있다. 이 책의 저자들은 컨설테이션과 관련된 다른 영역에 대해서도 활발한 논의가 이루어져야 한다는 점에 동의하고 있으며, 컨설테이션 과정에서 컨설턴트-내담자 간에 형성된 긴장감이 실제로는 보다 세련된 이론 개발과 연구를 가능하게 한다는 점에서 긍정적이라 믿고 있다. 그러나 컨설테이션을 통해 서비스 전문가가 내담자에게 적용하는 개입 방안은 논쟁의 여지가 없는 주제로 한정 짓는 경우가 많은데, 이는 매우 안타까운 일이다. 전문가들이 컨설테이션 작업에 대해 열정적이고 개방적이며 유연한 자세로 내담자에 대해 알고자 하는 태도를 견지한다면, 컨설테이션의 지속적인 진보를 기대할 수 있을 것이다.

독자는 이 장에서 크게 두 가지 주제에 대해 생각해 볼 수 있을 것이다. 첫째, 이 장에서는 다른 장에서 다루었던 주제가 언급되기도 하는데, 그러한 주제들에 대한 내용은 기존의 내용과 함께 제시하되 중복을 최소화하였다. 그러므로 독자는 이 책에서 제시한 컨설테이션의 다양한 주제가 시사하고 있는 바에 대하여 고려하기를 바란다. 이러한 주제들 중에는 특별하게 다루어야 하는 경우도 있는데, 이에 대한 설명과 안내 또한 이 장에서 제시하고 있다. 이 장을 읽는 독자들은 저자들이 본문의 위치나 제시 순서를 통해 주제의 우선순위를 나타내고자 하는 의도가 없음을 기억하기 바란다.

컨설테이션과 협력의 미래

앞으로 학교를 기반으로 활동하는 전문가들에게 있어 컨설테이션과 협력의 활용이 증가될 것이라는 사실은 의심의 여지가 없다. 교육과정 수립에 부모의 적극적인 참여를 독려하는 「아동낙오방지법(NCLB)」(2002)과 1997년에 재승인된 「장애인교육법(IDEA)」(2004)은 모두 컨설테이션과 협력 과정에서 부모의 역할을 강조한다. 특히 IDEA는 장애 학생을 둘러싼 문제를 판단하는 데 있어 다차원적·기능적 행동평가 방법에 대한 조항을 포함하고 있다(Lee & Jamison, 2003). 또한 협력을 통해 마련한 가치의 상호 승인, 긍정적 행동지지 프로그램과 같은 방안 개발(Simonsen & Sugai, 2009)은 학교 장면에 상담 및 협력과 관련된 전략의 활용을 증진시킬 것이다.

과거에 컨설테이션은 주로 학교를 기반으로 활동하는 컨설턴트가 활용하는 도구로 인식되었던 반면, 미래에는 컨설턴트와 의뢰인의 협력 작업에서 두드러지게 강조될 것으로 보인다. 특히 소수 민족 집단 및 장애아동의 가족들을 비롯하여 동성애자 및 양성애자 아동들을 일반학교에 합류시키고, 학교체제에 통합시키기 위해 상담자와 협력자들은 그들 자신과 아동 내담자들이 대규모 교육사업에 미칠 수 있는 영향력에 대해 인식해야 한다(Lott & Rogers, 2005). 다만 이러한 작업들은 기본적으로 협력적인 관계 내에서 이루어져야 한다. 또한 대부분의 전문가는 중산층의 백인 아동과 그 가족들에 대해서는 이해도가 높은 반면, 다른 계층의 사람들에 대해서는 그 이해 정도가 매우 낮은 경향이 있다. 따라서 전문가는 그들 자신과 다른 문화적 배경의 아동 및 그 가족들의 강점에 대해 알고자 하는 자세로, 이들과 상호작용하는 접근법을 지혜롭게 활용할 수 있어야 한다. 문화 및 인종에 대한 편협한 시각으로는 결코 이와 같은 목표를 성취할 수 없을 것이다.

🔍 다문화적 관점

1992년 Sue, Arrendondo와 McDavis는 상담자 및 다른 전문가들에게 모든 조력 관계에서 다문화와 관련된 주제들의 중요성을 검증하는 데 필요한 임무를 부여하였으며, 그 결과물은 다문화적 역량을 주제로 한 저서에 뒤이어 출판되었다(Arrendondo et al., 1996). 이 책의 5판에서는 상담에서 다문화적 역량이 갖는 중요성에 대해 소개한 바 있다(Brown, Pryzwansky, & Schulte, 2001). 2002년, Lewis and Clark College의 Mary M. Clare는『Journal of Educational and Psychological Consultation』이라는 학술지에 "상담의 다양성"을 주제로 한 칼럼의 연재를 시작하였다. 2005년(16권의 1장과 2장)에는 주로 다문화와 관련된 주제에 대해 다룬『Journal of Educational and Psychological Consultation』의 특별호(편집장, Margaret Rogers와 Bernice Lott)가 출간되었다. 같은 해 미국심리학회(APA, 2002)는 「다문화 교육, 심리학자를 위한 훈련, 연구, 실무 및 구조적 변화에 대한 지침(Guidelines on Multicultural Education, Training, Research, Practice, and organizational change for Psychologists)」(http://www.apa.org/pi/multiculturalguidelines.pdf)을 발표하였다.

컨설테이션의 이론・연구・실무에서 다문화와 관련된 주제가 강조되어 왔다는 사실을 감안할 때, 혹자는 다문화 컨설테이션에 대한 연구실적이 축적되고, 이를 주제로 한 저서의 출간 또한 활발하게 이루어졌을 것이라 예상할 수도 있지만 실은 그렇지 않다. 2개 국어를 구사하는 가정의 증가 등 미국인구의 통계적 변화를 반영하여 다문화 가정 학부모의 보다 적극적인 참여를 요구하는 「아동낙오방지법」과 같은 법령이 제정되었다는 사실을 고려한다면, 다문화 연구에 대한 학자들의 관심이 부족한 이유에 대해 의구심을 갖게 될 것이다. 다문화 컨설테이션에 대한 연구가 절실하게 요구되고 있지만 이에 대한 노력이 수반되지 않는 진퇴양난의 상황이 발생한 원인에 대해서는 두 가지 추측이 가능하다. 첫째, 대부분의 심리학자, 특히 학교심리학자는 개인 차이에 대한 고려 없이 경험적으로 입증된 행동의 법칙 및 규범을 일률적으로 적용하는 전통에 매여 있는데, 이는 특히 개인의 인종과 민족성을 고려해야 하는 상황에서 더 큰 문제가 될 수 있다. 둘째, Bergan과 같이 행동주의 컨설테이션 모델을 지지하는 연구자들이 컨설테이션 이론과 실무에서 주도권을 행사하고 있는 사실 또한 큰 영향을 미치고 있다. 행동주의는 다른 문화적 배경을 지닌 집단 간 차이의 원천인 인지, 가치관, 감정을 무시하는 반면, 관찰 가능한 행동에만 초점을 두기 때문이다.

문화를 포함하여 인간의 정신세계에 영향을 미치는 변인에 대해 탐구하는 Bronfenbrenner (1979)의 생태학적 체계이론을 비롯하여 Bergan이 최초로 제시한 모델(Bergan, 1977; Bergan & Kratochwill, 1990; Sheridan, Kratochwill, & Bergan, 1996)에 대한 재해석은 오늘날 행동주의 컨설턴트들이 컨설테이션 개념에 대하여 보다 확장된 시각을 가져야 함을 시사한다.

 직 · 간접 서비스

학교, 정신건강 시설, 대학 상담센터, 사회복지부와 같은 복지 서비스 기관에서는 상담, 치료, 평가, 교육 프로그램 등 다양한 접근을 활용하여 전문가와 내담자 간 직접적인 상호작용을 통해 서비스를 제공하는 것이 일반적인 관행이라고 할 수 있다. 한편, 이 책에서는 컨설테이션을 간접 서비스로 정의하였는데, 이는 컨설턴트가 내담자에게 직접 상담서비스를 제공하는 것이 아니라 서비스를 제공할 수 있는 다른 전문가에게 내담자에 대한 상담을 의뢰하는 형태를 띠기 때문이다. 2004년 Meyers, Meyers와 Grogg는 "모든 컨설테이션의 이론적 모델은 아동 중심, 의뢰인 중심(교사/학급 중심), 시스템 중심 컨설테이션을 포함한 간접 서비스 접근으로 개념화할 수 있다."라는 Meyers(1995)의 초창기 주장을 되풀이하였다(p. 262).

직접 서비스의 전통은 일련의 특별한 상황 속에서 가장 유용한 서비스 전략을 규명하는 방법과 함께 수년에 걸쳐 검토되고 논의되어 왔다(Gutkin & Curtis, 1999; Monroe, 1979; Reynolds, Gutkin, Elloitt, & Witt, 1984). Reynolds 등(1984)은 상황에 맞는 서비스를 선택하는 데 있어 효과성, 비용 효율성, 수용 가능성이라는 세 가지 기준을 제시하였다. 몇몇 초기 연구에서는 직접적인 개입의 한 형태인 상담을 컨설테이션과 비교하여 그 효과성에 대해 논의하고, 컨설테이션이 상담에 비해 효과적이라고 결론지었다(Alpert & Kranzler, 1970; Lauver, 1974; Palmo & Kuzniar, 1972; Randolph & Hardage, 1973). 그러나 이 연구들은 대부분 학교 장면에서 수행되었기 때문에 그 결과를 학교 장면 밖에서 일반화하는 데는 한계가 있다. 학교 밖의 다른 장면들에서 다양한 의뢰인을 대상으로 실시한 연구 보고서 검토 결과, 컨설테이션이 효과적이라는 사실이 드러나기는 했으나(Fullan, Miles, & Taylor, 1980; Mannino & Shore, 1975a; Medway, 1979), 검토에 활용된 연구들에서는 직접 서비스 접근과 컨설테이션의 비교 분석이 이루어지지 않았다는 한계가 존재한다. 서비스가 구체적인 문제 상황과 관련되어 이루어질 뿐 아니라, 1970년 이래 대부분의 연구가 해당 서비스 접근의 활용법보다는 접근법 그 자체에 집중하고 있는 추세에 따라 향후 이루어지는 연구에서는 직간접 서비스의 상대적인 효과성에 초점을 맞추어야 할 것이다.

컨설테이션의 수용 가능성은 현재까지 이렇다 할 결론에 도달하지 못한 채 학교심리학 영역에서 지속적으로 연구되고 있다(Reynolds et al., 1984). Witt, Elliot과 Martens(1985)는 교사들의 개입 방안 수용기준에 대해 연구하면서, 개입방법을 배우고 이행하는 데 요구되는 시간, 내담자가 입을 수 있는 잠재적 위험성, 다른 아동들에게 잠재적으로 미칠 부정적 영향 등이 그 개입 방안을 수용할 것인지 또는 거절할 것인지를 결정하는 데 주된 고려사항이라고 결론 내렸다. 또한 Kazdin(1980)은 어떠한 접근법의 수용 여부를 판단하는 종합적인 기준은 그 개입을 실행하는 데 기울인 노력만큼 기대했던 성과를 거두었는지에 대한 판단 여부가 그 중심을 이룬다고 주장하였다. 그러나 어떠한 연구도 잠재적 의뢰인에게 직접 서비스의 형태를 빌려 구체적으로 문제를 다룰 수 있는 대안적인 접근법의 제공에 대해서는 주목하지 못하였다.

직접 서비스와 간접 서비스 중 어떠한 서비스가 보다 효과적인가? 자원이 부족한 시대를 살아가고 있는 오늘날의 복지 서비스 전문가들은 그들 스스로 비용 · 효율요인에 대해 관심을 가져야 한다. 컨설테이션은 상담과 같이 노동 집약적인 직접적 개입과 비교할 때 투입되는 노동력 면에서는 유리할 수 있다(Reynolds et al., 1984). 그러나 경험에 기반한 지표나 지침이 전혀 개발되지 않았다는 한계가 있다. Schulte(2008)는 최근 그의 저서에서 "학교를 중심으로 한 근거 기반 또는 경험적 치료법 활용의 증가는 실행 가능하고 비용 효과가 높은 치료 방식으로, 컨설테이션의 발달을 촉진하는 데 전례 없는 기회를 제공한다."라고 언급하였다(p. 29).

앞서 주지한 바와 같이, 복지 서비스 기관에 종사하고 있는 전문가 사이의 관행 가운데 하나는 내담자에게 직접 서비스를 하는 것이다. 일반 교사가 개입 방안을 이행하는 데 특수교사가 협력하는 등의 형태와 같이 학교심리학자는 서비스 제공의 주요 수단으로 컨설테이션에 관심을 가져 왔다(Bardon, 1982; Meyers, 1973; Meyers, Parsons, & Martin, 1979). 그러나 학교에 기반을 둔 전문가들은 학교 내 긍정적인 변화를 조성하는 데 단순한 전략에만 의존할 수는 없다. 미국학교상담자협회(ASCA, 2003)가 지지하는 모델은 학교 조직 구성원들의 리더십 개발에 학교상담자의 참여를 매우 중요하게 다룬다. 상담자는 공식적인 권력구조 내에 존재하지 않기 때문에 그들에게는 컨설테이션 과정에 대한 숙달 능력보다는 협력적인 노력을 통해 구성원으로 하여금 조직 내 공통의 목표를 정의하고 추구할 수 있도록 돕는 능력이 중요하다고 할 수 있다. 전문가의 이러한 능력은 조직 및 구성원들의 긍정적 변화에 중요한 영향을 미치게 된다. 여기에서 중요하게 고려해야 할 문제는 성공 수준, 효과성, 효율성, 수용 가능성이라는 주어진 기준 내에서 어떠한 개입이 내담자의 욕구를 가장 잘 충족시킬 수 있는가 하는 것이다. 이러한 측면에서 직·간접 서비스의 효과에 대한 연구는 앞으로 오랜 시간 연구자들 사이에서 논의될 가능성이 높다. 그러나 직·간접 서비스가 혼합된 형태의 서비스를 배제한 학교 지원 서비스 모델을 상상하기란 쉽지 않다. 다양한 역할을 수행하고 있는 전문가 인력이 제한적인 상황에서 전문가들의 능력을 최대한 이끌어낼 수 있는 방법론에 대한 논의는 지속적으로 이루어질 것이다.

학생 학습활동 13-1

효율성(전문가가 소비하는 시간의 양)과 서비스 수요자의 수용 가능성을 기준으로 컨설테이션과 상담을 비교하시오. 이러한 기준에서 볼 때, 어떠한 개입이 보다 효과적인가?

 분류체계

다양한 복지 서비스 전문가 사이에서 컨설테이션의 활용이 확대되고, 이러한 움직임을 반영하여 컨설테이션 관련 저술 및 연구 활동이 활발하게 이루어지고 있기는 하지만 전문가들은 컨설테이션 모델의 분류체계 및 작업유형 체계 수립에는 주의를 기울이지 못했다.

컨설테이션 분류체계를 수립하기 위한 연구자들의 노력이 이루어지기도 했지만(Blake & Mouton, 1976; Caplan, 1970; Gallessich, 1985; Schein, 1969), 여전히 그 어떤 체계도 뚜렷하게 확립된 바가 없다. 체계수립을 위해서는 서로 다른 컨설테이션 유형들(예: Schein, 1969)에 대한 간단한 설명부터 이론적 차원에서 컨설턴트가 성공적이라고 생각하는 컨설테이션 과정 내 상호작용 등 복잡한 차원에 이르기까지 그 작업내용이 매우 광범위하다고 할 수 있다(Blake & Mouton, 1976).

조직모델에 개인적 접근을 혼합하거나 컨설턴트가 전문가로서의 정체성(예: 교사 컨설테이션, 정신의학 컨설테이션 수행 자원)보다는 컨설테이션 모델의 이론적 기반(예: 행동주의)에 집중하는 경향, 상호작용의 내용(예: 교육적 컨설테이션)을 강조하고 결과(예: 기법중심 컨설테이션)보다는 과정(예: 과정 컨설테이션)이나 협력을 중시하는 경향 등 최근의 이러한 추세들은 컨설테이션 분류체계 수립에 필요한 개념 정립에 관한 논의를 요한다. 이 장에서는 '컨설테이션 대 협력' 대 '협력적 컨설테이션' 그리고 '문제해결 컨설테이션'이라는 주제에 대해 논의할 것이다. 서비스의 수식어구로 '직접' 또는 '간접'이라는 단어를 사용하여 컨설테이션의 성격을 명확하게 규명하고자 하는 노력에도 불구하고 컨설테이션을 받는 대상에 대한 혼란이 발생할 수 있다. 예컨대, 일부 모델에서 컨설테이션 서비스는 '간접적' 성격을 띠고 있는데, 이는 개입의 대상이 의뢰인의 내담자이기 때문이다. 의미론은 때로 유형분류 체계 개발을 위한 노력에 혼란을 야기하기도 한다. 합리적인 근거에 기반하여 정비된 컨설테이션 모델의 분류체계는 현재에도 절실하게 요구되고 있다.

합리적인 컨설테이션 모델 분류체계는 컨설테이션의 목적(변화, 도움)과 컨설턴트가 추구하는 가치, 컨설테이션 내에서 작용하는 매개변수(내용, 목표, 대상)를 탐색함으로써 수립 가능하다. 예컨대, Chin과 Benne(1976)은 "컨설테이션을 통한 변화의 계획은 현재에 대한 배경지식에 바탕을 두고 이루어져야 하며, 컨설테이션에서 사용되는 기술은 과정으로써의 변화에 대한 지식에 바탕을 두고 활용되어야 한다."라고 주장하였다. 그들은 변화전략과 컨설테이션의 절차들을 분류하였는데, 이러한 변화전략과 절차들은 여러 가지 면에서 공통점이 있다는 사실을 발견하게 되었다. 그들은 첫 번째 변화전략을 '경험적-합리적' 변화전략이라고 명명하였다. 이 전략은 '개인은 이성적이기 때문에 합리적인 방식으로 그들 자신의 이익을 보호하기 위해 행동할 것'이라는 전제를 수반한다. 이러한 전략들은 정보와 지식에 바탕을 두고 있으며, 개인은 자료 및 논리적인 이유를 접하는 과정에서 변화될 것이라고 가정한다. '전문가 컨설테이션'으로 언급되어 온 형태가 바로 이러한 접근의 한 예라고 할 수 있을 것이다. 의학 또는 임상 컨설테이션, 행동주의 컨설테이션 역시 일정 부분 이 범주에 속한다고 할 수 있다.

'규범적-재교육' 전략은 두 번째 변화전략이다. 물론 '경험적-합리적' 전략의 가정에서 '규범적-재교육' 전략의 내용을 일정 부분 아우르고 있기는 하나, 규범적-재교육 전략은 사회·문화적 규범이 인간의 이성적·합리적 성향과 동등한 수준으로 인간의 동기에 중요한 영향을 미친다고 가정한다. 이 유형에서는 개인에게 나타나는 변화를 태도, 가치관, 기술, 중요한 대인관계에서의 모든 변화로 본다. 이 전략에 의하면, 컨설테이션의 성공을 원하는 컨설턴트는 사회적인 규범을 다루어야 한다. Caplan의 의뢰인 중심 컨설테이션이 조직개발 접근법으로 활용될 때, 규범적-재교육 전략을 적용하게 된다.

세 번째는 '권력-강압적'인 변화전략으로, 이 방법은 권력 이용에 그 기반을 두고 있다. 경제적이고 정치적인 압력은 이러한 접근의 흔한 예이지만 죄책감이나 수치심과 같은 감정을 자극하는 것 또한 도덕적 권력 사용의 한 예로 볼 수 있다. "내가 교사들에게 자료를 활용하도록 요구한다면 그들은 그렇게 해야 한다."라고 했던 교장의 사례에서 알 수 있듯이, 이러한 전략은 정당한 권력에 의해 이루어져야 한다. 요컨대, 컨설테이션 모델을 포함하여 개인의 변화를 추구하는 모든 모델은 그 기저를 이루는 가정에 의해 개념화되었다고 할 수 있으며, 변화전략은 변화의 규모 또는 대상이라는 측면에서 차이를 보이지 않는다. Chin과 Benne(1976)은 컨설테이션을 받는 대상과 상관없이 각각의 모델에서 나타나는 변화과정 간 유사점이 있으며, 각 컨설테이션 모델이 추구하는 변화전략을 확인함으로써 이론적으로 그 차이를 구분할 수 있다고 주장하였다.

Gallessich(1985)가 대안적으로 제시한 분류체계는 '현재 분산되어 있고 이질적인 개념'을 일정한 기준에 맞추어 통합하기 위한 목적 가운데 이루어졌다. 그녀는 컨설테이션 이론 및 실무에 관한 연구가 컨설테이션 적용범위의 확대수준에 미치지 못한다고 보았다. 이에 그녀는 컨설테이션 메타이론 연구(역자 주: 이론 체계 그 자체를 분석 대상으로 하는 연구)를 통해 네가지 컨설테이션 모델의 개념 및 모델의 일반적인 특징에 대해 정의하였다. Gallessich는 컨설테이션의 일반적인 특징(2인 구성, 3인 구성, 외부 컨설턴트)을 컨설테이션 매개변수(내용, 목표, 역할, 관계 규칙) 및 핵심 변수(가치 체계 또는 컨설턴트가 추구하는 사상)와 함께 확인해야 한다고 주장하였다. Gallessich는 이론 정립과 연구에 쏟는 노력이 보다 높은 수준의 개념화를 이끌어 내는 데 중요한 원동력으로 작용하게 될 것이라고 판단하였다. 그녀는 컨설테이션을 개념화하는 데 있어 Blake와 Mouton(1976)과 마찬가지로 세 가지 특성 요인, 매개요인 및 각종 변수를 통합하였다. Bardon(1985)은 "컨설테이션에 대한 설득력 있는 설명이 이루어지기 위해서는 컨설테이션의 상호 의사소통이 갖는 가변성을 규정하는 개념정의가 선행되어야 한다."라고 주장하였다. Caplan이 활용한 체계는 컨설테이션 초심자가 가장 무난하게 활용할 수 있다는 점에서 분류체계 가운데 가장 오랜 시간 그 지위를 확립하고 있다. 컨설테이션 과정에서 의뢰인이 봉착할 수 있는 어려움의 네 가지 주요범주와 더불어 컨설테이션의 네 가지 유형(〈표 2-1〉 참조)은 컨설테이션에서 발생할 수 있는 다양한 상황에 컨설턴트가 익숙해지도록 하는 데 있어 유용하다. 앞서 주지한 바와 같이, Meyers 등(1979)은 환경을 기준으로 구체적인 유형분류 체계를 제시하였는데, 특히 학교 환경을 중심으로 아동, 교사 또는 학교 체계에 초점을 둔 컨설테이션을 발달시키고자 하였다. 이후 Meyers(1995)는 특별한 상황에 놓인 컨설턴트의 경우, 두 개 혹은 그 이상의 대상을 중심으로 컨설테이션을 진행할 수도 있다는 점에 대해 지적하였다.

컨설테이션 분류체계를 공식화하는 작업에는 어려움이 따를 수도 있으나, 의뢰인과 함께 작업을 진행해 나가는 컨설턴트는 앞에서 언급한 저자들이 제시한 개념을 비롯하여 그 외의 여러 가지 요인에 대해 고려해야 한다. 적절한 컨설테이션 모델을 채택하기 위해서는 의뢰인의 특성 및 그가 처한 환경, 문제의 본질은 물론, 그 가정과 특성들, 컨설턴트의 소재(내부 또는 외부) 및 컨설테이션을 받는 대상에 대하여 명확한 이해가 이루어져야 한다. 컨설턴트는 일상적으로 의뢰인과 상호작용을 해 나가거나 연구논문 읽기 또는 평가나 연구를 수행하는 데 있어 앞에서 제시한 여러 가지 요인을 고려해야 한다.

전문직으로서의 컨설테이션

컨설테이션의 정의는 Webster의 '조언해 주다'에서부터 우리가 친구에게 베푸는 배려 또는 이 장에 기술된 모델에서 기대할 수 있는 상식 수준의 도움에 이르기까지 매우 다양하다. 대부분의 경우, 컨설테이션이라는 용어를 사용하는 데 있어 그 바탕을 이루는 가정은 자신의 인생경험을 비롯하여 훈련 및 그와 관련된 경험이 컨설턴트 자신의 의견에 충분히 반영된다는 것이다. 전자의 이미지가 컨설테이션의 일반적인 속성을 나타내는 반면, 후자의 개념은 컨설테이션의 내용에 컨설턴트의 전문지식이 반영된다는 점을 시사하고 있다.

Caplan(1970)은 정신건강 컨설테이션을 주제로 한 그의 저서에서 컨설테이션에 전문 지식이 필요한가, 컨설턴트를 새로운 직업군으로 봐야 하는가에 대해 회의적인 입장을 취하였다. 그는 컨설테이션이 새롭게 등장한 전문직이 아니라 전문가가 특별한 방식으로 운영하는 의사소통의 한 방법이라고 주장하였다. 컨설턴트의 역할이 슈퍼바이저, 상담자, 교사,

검토자의 역할과 구분되기는 하지만, 그 구분은 의뢰인은 물론, 컨설턴트에게조차 명확하지 않다. 요컨대, 이러한 혼란의 원인은 '컨설테이션'과 '협력'에 관한 정의가 너무 많이 존재하기 때문일 것이다.

반면, Gallessich(1982)는 컨설테이션이 최근 부각되기 시작한 전문직이라고 주장하였다. 그녀는 컨설테이션이 전문적 훈련을 필요로 하는 복잡한 과정으로, 컨설턴트들은 공통된 역할과 목적을 공유하고 있으며, 결과적으로 공통된 지식체계와 윤리강령이 필요하다는 점을 지적하면서 컨설테이션을 새로운 분야로 봐야 한다는 그녀의 주장을 점철시켰다. Levin, Trickett와 Kidder(1986)는 Gallessich의 주장을 검토한 후, 정신건강 컨설테이션 핸드북에서 그녀와 비슷한 의견을 제시하였다. 그들은 "컨설테이션을 수행하기 위해서는 기본적인 배경지식이 필요하며, 컨설테이션에서 다루어지는 윤리적 문제는 다른 전문영역의 윤리 기준으로는 설명할 수 없다는 주장, 컨설테이션이 그 수요나 환경적 필요에 의해 급증하고 있다는 분명한 증거들이 존재한다는 Gallessich의 주장은 전문가로서의 정체성을 지니고 있는 컨설턴트라면 인지하고 있어야 하는 컨설테이션의 전제 조건"이라고 결론지었다(p. 509).

컨설테이션을 전문직으로 볼 것인가와 관련하여 제안된 다양한 의견은 기존의 컨설테이션 단계를 유지하거나 통합하는 데 혼란을 야기할 수 있으므로, 현재로서는 컨설테이션에 대하여 최대한 단순하고 간단하게 정의하는 작업이 요구된다. 컨설턴트들은 컨설테이션을 전문직으로 인정해야 하는 근거를 그들이 제공하는 서비스의 형태보다는 그들이 지니고 있는 전문지식에서 찾고자 하였다. 컨설턴트는 의뢰인이 가지고 있지 못한 지식 또는 기술을 가지고 있기 때문이다. 이러한 관점은 외부 컨설턴트를 고용하는 데에도 적용되는데, 외부 컨설턴트 고용 시 외부인사로서 그가 갖는 객관성도 중요한 채용 조건으로 작용하기는 하지만, 가장 중요한 채용 기준은 바로 그 사람이 지닌 전문성이라고 할 수 있다. 이상을 통해 볼 때, 현재로서는 컨설테이션을 실용적인 서비스 개입 접근이라는 개념으로 이해하는 것이 가장 적절할 것이다. 만약 전문직으로서의 컨설테이션을 규정하는 '문제'에 대한 논의가 이루어지지 않는다면, 이와 관련된 주제는 역사의 뒤안길로 사라져 사람들의 관심 속에서 사라지거나 컨설테이션을 수행하는 전문가들과 관련된 중요한 전제들을 간과하게 될 수도 있을 것이다.

컨설테이션의 한계: 훈련과 실무에서의 어려움

컨설테이션은 의뢰인의 요청에 의해 착수될 수 있다는 사실을 감안한다면, 컨설테이션이라는 개입 접근을 활용하는 데 방해가 되는 정보만을 제공하는 의뢰인에게 맞서면서까지 컨설테이션을 지속시킬 이유가 없다는 사실을 알 수 있을 것이다. Caplan(1970)에 따르면, 컨설턴트는 컨설테이션 과정이 중단될 수도 있다는 가능성을 염두에 두고, 컨설테이션이 갖는 현실적인 한계를 기억해야 한다. 예컨대, 의뢰인의 행동이 내담자를 위험에 빠뜨릴 잠재적 가능성을 지니고 있다면, 컨설턴트는 컨설턴트로서의 역할에서 벗어나 의뢰인에게 조언을 하거나 그 자신의 사고 체계에 기초하여 전문적 조치를 취해야 한다고 주장하였는데, 이때 의뢰인은 컨설턴트의 조치에 대해 거부권을 행사할 수 없어야 한다는 것이다.

외부 컨설턴트 또는 내부 컨설턴트와 같은 컨설턴트의 고용 형태 및 이중적인 역할 책임은 컨설턴트가 의뢰인에게 취할 수 있는 태도 및 조치의 판단 근거가 될 수 있다. 외부 컨설턴트는 의뢰인이 컨설턴트의 역할에 대해 잘못된 판단을 하지 않도록 해야 하는데, 컨설턴트를 고용한 조직의 경우 컨설턴트에게 이러한 수준의 책임을 기대하기 때문이다. 외부 컨설턴트와 의뢰인의 관계와 같은 수준은 아니겠지만 내부 컨설턴트 역시 내담자의 복지에 대한 책임을 부담하고 있다는 점에서 기술적으로 보다 많은 딜레마를 안고 있다. 의뢰인이 기대하는 컨설턴트로서의 역할과 전문가로서 컨설턴트의 정체성 간 경계의 문제는 컨설턴트의 역할을 벗어나 생각하면 보다 복잡해질 수 있다. 예컨대, 상담자로서 컨설턴트는 의뢰인이 선호하는 방법과는 매우 다른 형태로 작업을 진행해 나가야 할 수도 있다. 여기에서 중요하게 짚고 넘어가야 하는 문제는 컨설턴트와 의뢰인 간에 이론적·방법적 차이가 존재하는지의 여부가 아니라, 의뢰인을 위험에 처하게 하는 컨설턴트의 조치, 해당 문제를 다룬 문헌에서 다루어지고 있는 지식이나 정보를 토대로 판단할 때 컨설턴트의 조치가 잘못되었다는 사실이 입증된 상황 등이라고 할 수 있다(학생 학습활동 12-2 참조).

컨설테이션 모델 선택하기

컨설테이션 관련 문헌에서는 대개 연구에서 활용하는 한 가지 모델에 대해서만 논의를 진행해 나간다. '어떠한 문제에 어떠한 모델이 좋은가?'에 대한 논의는 거의 이루어지지 않는 것이 사실이다. 한편, 컨설턴트가 지금까지와는 다른 방식으로 작업을 진행하는 것이 어렵다는 판단이 서는 경우, 컨설턴트는 보다 일반적이고 이론적이며 개인적 성향에 맞는 모델을 활용해야 한다는 주장이 제기될 수 있다. 그렇다면 컨설테이션 모델은 당면한 문제의 본질, 의뢰인의 성격, 컨설테이션이 이루어지고 있는 환경에서 확보할 수 있는 자원과 환경적 장애물, 이러한 변인들의 상호 연관성에 기초하여 선택되어서는 안 되는 것인가? 지금까지 수행된 연구들은 이 문제에 대해 명확하게 규명하지 못하고 있다. 컨설턴트는 적어도 컨설테이션 수행에 대한 자기평가에서 대안적 접근 사용의 영향에 대해 고려해야 한다. 이에 이 책의 저자들은 다중모델접근을 고려해 왔으며, 독자들은 이 책 전체를 통해 이러한 저자들의 생각을 확인했을 것이라고 생각한다.

Caplan(1970)이 제시한 컨설테이션의 유형(내담자 중심, 의뢰인 중심, 프로그램 행정 중심, 의뢰인 행정 중심)은 문제의 본질을 고려해야 한다는 요구에 대한 행정적 대응 방법이자 컨설테이션의 목표(의뢰인의 문제해결 능력 향상 또는 문제해결을 위한 전문적 견해의 제공)를 나타내는 하나의 지표라고 할 수 있다. Caplan은 컨설턴트가 진행하는 컨설테이션 대부분이 이러한 범주들 중 하나에 정확하게 부합되지는 않겠지만, 컨설테이션에서 드러나는 가장 두드러진 특징을 고려하면 이 네 가지 범주 가운데 어느 하나에 '속하게' 될 것이라고 주장하였다. 컨설턴트는 문제해결에 있어 가장 효과적인 전략이 무엇인지에 대한 판단을 통해 의뢰인보다 유리한 위치를 점할 수 있게 된다. Caplan은 의뢰인 중심 사례 컨설테이션을 네 가지 유형으로 다시 범주화하였는데, 각각의 유형은 컨설턴트의 반응에 대한 함축적 의미를 지니고 있다. 또한 Caplan은 외부 컨설턴트의 경우 의뢰인 중심 컨설테이션이 시작되기 전 일련의 연속적인 단계를 경험하게 된다고 주장하였다. 예컨대, 본격적인 컨설테이션 작업에 착수하기 전, 컨설테이션을 의뢰한 기관 및 시설 그리고 그 조직에 속한 의뢰인과의 연락 및 접촉을 통해 컨설턴트는 그들의 초기 반응을 예측하게 된다. 내담자 중심 사례 컨설테이션을 요청한 경우, 기관에서는 컨설턴트에게 직원 교육 담당자로서의 역할을 요구하기도 한다.

컨설테이션의 각 단계에서 중요하게 다루어지는 개념 체계를 염두에 두고 개인 컨설테이션 방법으로 신중하게 접근하는 것은 본격적인 컨설테이션 착수 전 과정을 한 단계 진전시킨 발상이라고 할 수 있다. 의뢰인은 컨설턴트와 문제해결을 위한 협력 관계를 형성할 준비가 되어 있지 않을 수도 있고, 컨설턴트가 아닌 의뢰인 중심으로 진행되는 방식을 선호할 수도 있기 때문이다. 또한 이론적 접근에 대한 컨설턴트의 오해는 특정 유형의 문제에 이론적 접근을 적용하는 데 방해요인으로 작용할 수도 있다. 또한 어떤 의뢰인은 다른 컨설턴트가 활용하고 있는 컨설테이션 기법 가운데 손쉽게 활용할 수 있는 일부 방법만을 선호할 수도 있다(Babcock & Pryzwansky, 1983). 예컨대, 어떤 의뢰인은 문제를 정의하는 데 있어 컨설턴트가 전문가로서의 견해를 제공할 것으로 기대할 수도 있지만, 어떤 의뢰인은 문제해결을 위해 무엇을 해야 할지를 결정하는 데 보다 많은 개입을 요구할 수도 있으며 혹은 그 반대일 수도 있다. 이때 컨설턴트가 컨설테이션 접근 방법을 변경해야 하는가에 대한 판단은 여전히 유보적이라고 할 수 있으며, 또한 컨설턴트가 이러한 방식으로 기능할 수 있도록 훈련받아야 하는가에 대해서도 명확한 해답은 존재하지 않는다.

한편, Tindal, Parker와 Hasbrouck(1992)의 탐색 연구 및 Doll, Haack, Osterloh, Siemers와 Pray(2005)의 연구에서는 컨설턴트의 훈련과 역량을 강조한 입장과는 다른 입장을 취하였는데, 그들은 모두 컨설테이션의 작업 단계에 대한 의문을 제기하였다. 예컨대, Tindal 등(1992)이 열 건의 개인 컨설테이션 사례를 분석한 결과, 그들은 컨설테이션에 적용되는 단계와 그 활동 내용에 일정한 규칙이 존재하지 않는다는 사실을 발견하게 되었다. 연구자들은 컨설테이션 훈련이라는 특별 교육 프로그램에 등록한 두 명의 중견 교사로 하여금 연구에 활용할 컨설테이션 접근 방법을 선택하는 데 중요하게 작용하는 주요 변수에 대하여 반응하도록 훈련시켰다. 반응 분석을 통해 '컨설테이션 과정을 임의로 구분하기' 등과 같은 연구 결과가 도출되었는데, 여기서 대두된 문제를 해결하기 위한 방법을 찾기 위해 전문가들(중견 교사)로 하여금 모든 사례에 동일한 기술을 적용하도록 하는 경험 중심 실험에 참여시켰다.

Conoley와 Conoley(1981)는 컨설테이션 모델의 관행적 활용을 지지하였는데, 이는 가능한 한 많은 컨설턴트가 훈련을 받을 수 있는 분위기를 조성하는 데 일조하였다. 그들은 문제의 특성에 근거하여 컨설턴트와 의뢰인이 함께 컨설테이션 모델을 선택(규정)하는 방법에 대하여 제안하였다. 맥락적인 변인들이 컨설테이션 모델 선택에 미치는 영향을 알아보기 위해 Conoley와 Conoley는 24개 서비스 사이트(초·중등학교 및 정신건강치료 기관)에 소속된 46명의 컨설테이션 훈련생들이 기록한 일지와 음성녹음 테이프를 분석하였다. 그 결과, 그들은 의뢰인 특성을 비롯하여 의뢰인의 역할, 성별이 행동주의 컨설테이션의 선택에 매우 중요하다는 사실을 발견하게 되었다. 행동주의 컨설테이션은 대부분 교사, 부모, 지역사회 공무원에 대한 훈련 목적으로 활용되며, 초등학생 이상의 수준에서는 거의 활용되지 않는 것으로 나타났다. 또한 컨설턴트는 의뢰인과 성별이 다른 경우 이 모델을 사용하려는 경향이 있었다.

한편, 정신건강 의뢰인 중심 컨설테이션을 선호하는 컨설턴트는 해당 컨설테이션 활용의 확산을 위해 많은 노력을 기울이고 있었다. 이 접근 방법은 초등학생 수준에서는 거의 사용되고 있지 않았으며, 주로 학교경영자와의 작업에서 활용되고 있었다. 내담자 중심 컨설테이션은 행동주의적 접근과 보다 깊이 관련되어 있기는 하지만, 행동주의 의뢰인 중심 컨설테이션 및 정신건강 의뢰인 중심 컨설테이션과 분명한 경계가 존재하는 것은 아니다. Conoley와 Conoley는 그들의 연구에서 프로그램 중심 모델의 활용에 대하여 제한적 입장을 취할 것인지 지지적 입장을 취할 것인지는 '컨설턴트'가 되고자 하는 훈련생들이 처한 환경의 영향을 받는다고 주장하였다. 예컨대, 관행적 훈련의 본질(해당 훈련에서는 어떠한 모델을 강조하고 있는가? 해당 훈련에서 활용하고 있는 컨설테이션 모델을 선택하는 데 있어 강조하고 있는 기준은 무엇인가?)을 둘러싼 정보가 부족하다는 사실은 훈련생들의 초기 준비 상태가 미흡하다는 사실을 파악하는 데 중요한 자료가 된다.

Meyers(2002), Davis와 Sandoval(1991)은 다양한 훈련 접근법을 뒷받침하는 이론적 근거의 제시를 강조하였다. Meyers의 정신건강 컨설테이션 접근은 구성주의 체계 내에 존재하는 세 가지 이론적 관점(정신역동, 인지행동, 생태학)의 원리를 결합한 것이라고 할 수 있다. Davis와 Sandoval(1991)은 만약 실증적이고 효과적이라고 입증된 모델이 존재하지 않는다면, "우리는 실용적 · 임상적이며, 현장 경험에 바탕을 둔 모델을 활용하여 실습해야 한다." 라고 주장하였다(p. 201). 컨설테이션을 개입이 불가피한 과정이라고 본 그들은 문제를 개념화하는 데 광범위한 체계 지향적 틀을 지향하였으며, 이러한 체계적 관점은 개입 그 자체라기보다는 개입에 대한 사고를 토대로 개입을 조직하는 방법이 되어야 한다고 결론지었다. 향후 이 문제에 대한 추가적인 체계적 고려가 있을 것으로 기대한다.

이 책의 초판에서 거론된 이후로 컨설테이션 모델 선택과 관련된 주제에 대한 연구는 거의 주목받지 못한 것이 사실이다. 그 이유는, 첫째, 컨설테이션에 관한 대부분의 연구(75%)가 한 가지 주요 접근법으로서의 행동 패러다임과 관련되어 있기 때문이다(Martens, 1993). 둘째, 대부분의 선행 연구는 협력 모델 및 행동주의 모델(다음 절 참조)에 대한 비생산적인 비판과 그에 대한 논의 수준에 머물러 있기 때문이다. 이러한 연구 결과는 대부분의 전문가가 여전히 한 가지 컨설테이션 모델의 사용을 고수하고 있는 현실을 반영하고 있다.

하나의 컨설테이션 모델을 기계적으로 사용할 것인가, 문제를 바라보는 관점에 따라 다른 모델을 사용할 것인가, 상황에 따라 적절한 모델을 응용하여 사용할 것인가에 대한 선택은 컨설턴트와 트레이너에게 어려운 결정일 수 있다. 앞서 설명한 바와 같이 연합 행동주의 컨설테이션 모델과 교육적 컨설테이션 모델은 모두 상호보완적인 내용 및 실행 절차뿐 아니라 이론적 근거를 필요로 하는 접근들로서, 구체적인 평가 및 개입 체계와 관련되어 있다고 할 수 있다. 한 가지 모델의 지속적인 활용은 경험에 기반을 둔 개입방법의 활용에서 책무 및 선택이 갖는 타당성과 관련된 논쟁을 유발할 수 있다. 즉, 한 가지 이론적 체계 내에만 머무를 때, 전문가의 꾸준한 훈련 참여 의지는 약화될 수밖에 없으며, 결론적으로 다른 컨설테이션 모델의 선택 가능성은 매우 낮아지게 된다.

보다 직접적인 문제는 누가 해당 모델을 선택하는가에 있다. 이 절에서 우리는 염두에 두어야 할 컨설턴트의 관점과 변인들에 대하여 제시하였다. 8장에서는 컨설테이션/협력 서비스에 있어 의뢰인이 보다 많은 정보를 섭렵한 소비자가 되도록 의뢰인을 훈련시키는 작업의 이점에 대하여 살펴본 바 있다. 이는 컨설턴트에게 의뢰인이 선호하거나 기대하는 서비스 모델을 제공할 의무가 있음을 의미하는가? 이것이 서비스의 시작점이 되는가? 컨설턴트는 컨설테이션에서 사용할 모델을 의뢰인과 함께 결정해야 하는가? 컨설턴트는 무엇이 최선인지를 결정해야 하는가?

학생 학습활동 13-2

교장과 교사는 해당 학교에 배정된 심리학자에게 컨설테이션을 요청하였다. 그들은 교사의 지갑에서 돈을 훔친 것으로 의심되는 4학년 여학생에 대하여 깊은 우려를 표하였다. 교장은 교사가 보고한 내용보다 많은 물건이 '없어진' 것으로 드러날 것에 대해 염려하였고, 교사는 해당 아동에게 도벽 증상이 있는 것으로 나타날까 봐 두려워하고 있었다. 회기가 진행됨에 따라 컨설턴트는 의뢰인들이 해당 학생을 조사하고, 그녀가 범인이라는 사실을 확증해 나가는 심리학자로서의 그의 능력에 관심이 있다는 사실을 발견하게 되었다. 이 문제에 대한 논의가 진행되는 과정에서 해당 학교에서는 지난 2년간 50센트와 연필 한 다스 외에는 귀중품에 대한 절도사건이 거의 없다는 사실이 밝혀졌다. 해당 학생을 범인으로 의심하는 증거로 의뢰인이 제시한 기록은 매우 열악하였다. 그 기록에는 해당 학생과 다른 학생이 교실 칠판을 지우는 동안 해당 학생이 교사의 귀걸이 한 쪽을 망가뜨리고, 이를 자신의 책상 위에 놓아 두었던 사건에 대한 내용이 담겨 있었다. 당시 교사는 경찰을 통해 사건 조사를 실시하였고, 경찰은 학생들을 대상으로 탐문조사 또한 실시하였다. 교사의 의심을 두려워하는 자녀가 안타까웠던 학부모는 자녀의 상태를 알리기 위해 교장을 찾아오기도 하였다. 교장과 교사는 해당 학생이 절도에 대한 충동을 느낄 수 있는 환경을 설정함으로써 사건 발생 상황이 재연되기를 원하였다. 이러한 함정 접근법은 앞으로 일어날 결과에 대해 모든 가능성을 열어 두고, 이에 대한 철저한 조사가 전제되어야 한다. 의뢰인들은 해당 학생을 불리한 입장으로 몰아넣는 증거 수집을 통해 학생이 죄를 범했다는 각본을 짜 두고, 해당 학생으로 하여금 자신의 잘못을 자백하도록 하여 이를 기초로 교정 교육 개입을 하는 것으로 컨설테이션 회기를 마무리하고자 하는 것 같았다.

당신이 이 사례의 컨설턴트라면 이 상황을 어떻게 해결해 나갔을까? 의뢰인들은 각 교육청에 소속되어 있고, 앞으로도 이 학교에 몸담고 있어야 하기 때문에 그 신변에 변화가 일어나는 것은 적절하지 않다. 그렇다면 컨설턴트는 어떠한 조치를 취해야 할까? 교장은 반드시 컨설테이션에 관여해야 하는가? 컨설턴트가 제공하는 서비스의 목적은 무엇이어야 하는가? 이 사례에 나타난 역동을 당신은 어떻게 이해하였는가? 이해한 내용을 기초로 무엇을 해야 할지에 대한 컨설테이션 회기 평가서를 작성하라. 기회가 된다면 담당하고 있는 학급의 학생들과 이 사례를 역할극으로 재구성해 보라. 이제 컨설턴트의 반응을 읽고(학생 학습활동 13-3 참조), 컨설턴트가 이 상황을 어떻게 처리해 나가는지 살펴보라. 당신은 그 접근법에 동의하는가?

컨설테이션 단계 또는 전환점

대부분의 컨설테이션 연구, 특히 이 책에서 참고하고 있는 문헌에서는 일련의 정형화된 단계로 컨설테이션 과정을 개념화하고 있다. 실제로 문제해결 활동으로 정의되는 컨설테이션/협력에서의 일반적 단계는 문제 확인, 개입 계획 등과 같이 과정을 표현하는 데 활용될 수 있다. 연구자에 따라 또는 컨설테이션 모형에 따라 특별히 강조하는 단계가 존재하기는 하지만 의뢰인이나 컨설턴트가 수행하는 역할의 중요성이나 책임감 측면에서 문제해결 패러다임은 분명하게 드러난다. 한편, 전문가들이 문제를 확인하고('문제 진술' '지향하는 가치') 다양한 대안 가운데 해결책을 모색하는 데 많은 시간이 소요되는 문제해결 접근 관련 초보자-전문가 연구(8장 참조)에서는 이에 대한 반론이 제기되기도 하였다. 즉, 컨설테이션 단계가 '일반적인 문제 영역' 설정 및 컨설턴트의 논리에 대한 의뢰인의 학습에 유용하게 활용된다는 주장이 제기되는 반면, 전문가가 받은 훈련의 내용 및 그들의 경험이 갖는 가치가 의뢰인의 생각보다 우선시되어야 한다는 의견 또한 존재한다.

Hylander는 컨설테이션을 주제로 한 연구에서, 컨설테이션에서 컨설턴트와 의뢰인 간 상호작용을 중시하는 기존의 입장에 대해 이의를 제기하였다. 그녀는 "컨설테이션을 구체적인 일련의 단계가 아닌 컨설테이션에 의뢰된 문제에 대하여 접근과 후퇴를 주기적으로 반복하는 과정"으로 보았다(Hylander, 2000). 그녀가 노련한 컨설턴트 및 의뢰인을 대상으로 실시한 인터뷰에 따르면, 컨설테이션 과정의 갑작스러운 전환은 컨설테이션 과정을 특징짓는 하나의 요인으로 작용할 수 있다는 것이다. 실제로 그녀는 '갑작스러운 변화'를 '방향전환' '전환점' '전환'의 세 가지 유형으로 구분하였다. 이러한 구분의 핵심적인 변인(변화 과정)은 문제에 대한 표현방식 및 인식에 있어 컨설턴트와 의뢰인에게 나타난 변화는 물론, 내담자와의 상호작용, 컨설턴트와의 상호작용에 대한 의뢰인의 관점 변화라고 할 수 있다. 이상과 같은 이유로 Hylander(2004)는 성공적인 컨설테이션이란 의뢰인이 문제를 다른 방식으로 표현하게 되는 것이라고 할 수 있으며, 이때 의뢰인에게 나타나는 변화라는 것은 소위 전환(shift) 내지 '방향전환(turning)'으로 볼 수 있다고 설명하였다.

협업에 관한 논란

한 전문가와 다른 전문가의 작업 수행에 협력이 활용되는 경우(Pryzwansky, 1974의 연구 참조), 현실적인 실무 수행에 있어 이는 '쟁점(issue)'으로 거론될 수 있다. 실제로 이는 컨설테이션의 남용 및 오용과 같은 의미로 '유행어(buzz word)'처럼 사용되어 왔다. 물론 협력이나 행동주의 컨설테이션 등과 관련하여 이러한 접근법들에 대한 논쟁과 비판이 제기되어 오기는 했으나, 이러한 관점을 제외하면 지난 10여 년간 문제해결에 대한 압력으로부터 비교적 자유로웠던 것이 사실이다. 그럼에도 저자들은 적절한 접근법을 채택하는 데 있어 중요하게 작용해야 하는 관점들을 발달시키기 위해 '해당 접근법이 추구하는 가치-이에 대한 반론'들을 계속해서 탐색하고 있으며, 이러한 이유로 이번 개정판에서도 이 주제에 대한 논의를 지속해 가고 있다.

협력 모델에 대한 비판(Witt, 1990)은 때로 잘못된 가정에 기반을 두고 이루어지는 경우가 있었다. 그러나 '협력 모델을 옹호하는 사람들'의 영향으로 컨설테이션이 기본적으로 지니고 있는 역량 또는 통합적인 처치에서 협력 관계(Fuchs & Fuchs, 1992)를 경시하는 경향은 거의 나타나지 않았다. 특정한 이론적 지향점을 추구하는 전문가만이 특별한 모델을 사용할 수 있다거나 전문가들은 특별한 가치관을 고수할 것이라는 가정을 당연시하는 경향은 논쟁을 불러일으킬 소지가 충분하다. 또한 이와 같은 논쟁은 정확성이 떨어지는 연구논문의 양산에 영향을 미치며, 이러한 이유로 논의를 통한 접근 개발은 보다 어려워지게 된다. 단, 여기서 한 가지 주목해야 할 점이 있다면 Fuchs와 Fuchs의 관점이다. 그들은 '컨설테이션이 갖는 힘'을 경시하는 응용 행동 분석 전문가가 행동주의 컨설턴트를 '협력자'의 한 사람으로 인식하고 있다는 사실을 간과하고 있다.

Sheridan(1992)은 또한 "학교 컨설테이션을 주제로 한 문헌 검토를 통해 발견된 문제 가운데 하나는 개념적 모순(conceptual inconsistency)과 정의적 모순(definitional inconsistency)에 대한 우려"라고 지적하며(p. 88), Witt가 그의 평론에서 협력을 잘못 규정하고 있음을 시사하였다. 그녀의 주장에 의하면, Witt는 동등성과 상호의존성이라는 협력의 두 가지 중요한 측면을 '잘못 표현'하는가 하면 때로는 언급조차 하지 않았다는 것이다. 그녀는 컨설턴트와 의뢰인의 관계는 상호보완적이기는 하나 '동등'이 '동일'을 의미하는 것은 아니라고 분석하였다. 컨설턴트는 서비스 제공, 해당 문제에 대한 사전 경험, 교사의 전문적 지식에 많은 가치를 두기 때문에 서비스 관계에 그 자신의 전문 지식을 적극적으로 투입하게 된다. 컨설테이션 관계에서 전문가들은 의뢰인과 "의사결정 지위에 있어서는 동등하지만, 전문 지식의 내용 수준이나 컨설테이션 과정 운영에 있어서는 동등하지 않다."(p. 90)라는 것이다. 개입에 대한 책임은 물론, 문제와 이를 해결하기 위해 제공되는 서비스에 대하여 의뢰인이 어떻게 개념화했는지에 대한 이해를 바탕으로 컨설턴트는 상호의존적인 상호작용을 이끌어 갈 수 있어야 한다.

이러한 논쟁은 컨설턴트와 의뢰인의 관계에 상충적 입장을 취하고 있는 연구 영역에서도 나타나고 있다(Erchul, 1999; Gutkin, 1999a, 1999b). 학교 심리학 분야의 간접 서비스 관련 연구에 대하여 날카로운 비평 작업이 이루어지고 있는 것 자체가 컨설테이션 연구에 많은 변화의 움직임을 반영한다고 할 수 있으며, 이에 독자는 이러한 변화에 대하여 관심 갖고 이해할 필요가 있다. 논쟁의 초점이 협력임에도 불구하고 컨설테이션 및 특정 영역에 대한 컨설테이션 접근과 관련된 비평적 연구에서 상반된 입장을 취하고 있는 두 저자가 내린 결론은 이후의 연구에 중요한 영향을 미쳤다. 여기서 흥미로운 점은 두 저자 모두 협력적 컨설테이션에 관심을 두기보다는 행동주의 컨설테이션을 중심으로 논의를 이끌어 나갔다는 사실이다. Gutkin(1999a)은 Erchul의 몇몇 연구 결과를 인용하여 컨설턴트의 지시나 지도가 컨설테이션 과정은 물론, 의뢰인의 리더십 발달에 방해요인으로 작용하지 않는다고 주장하였다. 그는 미래 연구에 사용될 지시적이고 협력적인 차원의 상호작용을 표현하는 데 있어 컨설테이션에 대하여 사분면이라는 명칭으로 개념화할 것을 제안하였다. Erchul(1999)은 "우리는 서로 다른 이론적 모델, 과정, 컨설테이션 내 개입 수준의 관점에서 협력적 컨설테이션의 운영상 정의를 모색해야 한다."라고 주장하였다(p. 194). 그는 양자 상호작용의 관점은 향후 직접 서비스로서의 컨설테이션을 연구해야 한다는 Gutkin의 주장을 이해하는 것은 물론, 컨설테이션 과정 자체를 이해하는 데에도 필수적이라 강조하였다. Erchul은 컨설테이션의 협력적 접근을 이해하는 데 '영향력'과 '권력'이 포함되어야 한다고 제안하였다.

Schulte와 Osborne(2003)은 컨설테이션에 관한 여섯 가지 관점을 탐색하고 이들 사이에 중요한 차이가 존재한다는 사실을 발견하였다. 이 가운데 컨설턴트와 의뢰인의 역할에 대한 해석은 협력을 바라보는 관점에 따라 현저하게 달라질 수 있는데, 컨설턴트와 의뢰인의 역할에 대하여 연구한 학자들(그리고 그들이 검토한 연구 경향)에 의하면, 협력이 컨설테이션에서 일정한 역할을 수행한다는 주장은 협력이 컨설테이션과는 다른 고유의 접근이 아닌 컨설테이션의 한 부분에 불과하다는 그릇된 전제에 기초하고 있다. Schulte와 Osborne이 그들의 연구에서 보고하고 있는 바와 같이, 대부분의 연구자는 그들이 추구하는 컨설테이션 방법 또는 모델에 협력적인 접근법을 적용하고 있으며, 이는 컨설테이션 관련 문헌에서도 이론(異論)의 여지없이 받아들여지고 있다. 이와 같은 경향이 지속되고, 연구자들이 협력에 내포되어 있는 기본 전제들을 간과하거나 이를 무시하는가 하면 현재 일반적으로 통용되는 방법과 전문적 개념을 혼용하는 한, 협력이 하나의 접근 방법으로 발전하는 것은 기대하기 어렵다.

물론 컨설테이션에서 전문가 유형과 의뢰인 참여 유형에 대한 구분이 선행되어야 하지만, 협력이 하나의 조력 모델이라는 점을 감안할 때 협력적 컨설테이션이라는 용어는 모순어법이 될 수 있다. 각각의 모델은 전문가가 다른 이의 도움을 필요로 하는 다른 전문가와 작업하는 방법에 대해 각기 다른 전제를 상정하고 있다. 오늘날 의뢰인은 컨설턴트가 조력 모델(협력이 컨설테이션의 보조수단)을 적용하여 컨설테이션 작업을 수행할 것이라 예상하고 있다. 한편, 컨설턴트/협력자에 대한 이론적 관점은 컨설테이션 내에서 일어나는 상호작용에 영향을 미치는 주요 요인으로 작용하게 된다. 이론적인 관점에서 조력 모델에 대해 설명하는 경우, 예컨대 행동주의적 관점을 지닌 컨설턴트는 자신과 다른 관점을 지닌 컨설턴트가 '협력' 또는 '상담'을 할 수 있다는 사실을 인정하지 않으며, 협력적 컨설테이션이라는 용어에 대해 오해를 하기도 한다. Brickman 등(1982)이 제시한 모델과 함께 이 장의 서두에서 언급한 Chin과 Benne(1976)의 변화 전략은 컨설테이션-협력에 대한 논의의 연속선상에서 반드시 기억해야 할 부분들이라고 할 수 있다.

행동주의 컨설테이션에 관한 논란

행동주의 컨설테이션(BC)에 대하여 비평한 Bergan과 Kratochwill(1990)의 연구는 교사의 행동 변화가 아동의 행동 변화를 이끌어 낸다는 결정적인 증거의 부재를 지적하였다(Witt, Gresham, & Noell, 1996a). 이들은 교사 행동 변화의 효과를 증명하는 어떠한 연구(efficacy study) 결과도 발견할 수 없었다. 컨설테이션 효과에 대한 철저한 검토하에 이루어지는 행동주의 컨설테이션은 주로 간접적인 평가 방법에 의존하고 있으며, 행동적 측면을 컨설테이션의 기본 단위로 다루게 된다. 경우에 따라 의뢰인의 행동이 아닌 '말(talk)'에 의존해야 하는 상황이 발생하기도 하는데, 이때 의뢰인이 사용하는 구어적 표현을 이해하고, 문제해결을 위한 자료수집 과정과 직접적으로 관련되어 있는 컨설턴트의 존재를 활용하는지를 판단하는 데 행동주의 컨설테이션의 방법적 측면은 문제가 될 수 있다. 행동주의 컨설테이션과 반대 입장에 있는 연구자들은 행동주의 컨설테이션에서 문제를 확인하는 방법, 기능적인 평가나 분석이 이루어지는 행동주의 분석 모델에서 정보를 수집하는 방식에 대해 유독 비판적 태도를 보인다. 행동 기능 분석 접근법은 행동을 통제하는 변인들을 변별하여 문제해결에 작용하는 처치적 측면을 규명하고자 하는 방법이라고 할 수 있다. 이때 처치 결과를 확인하기 위해 활용되는 교사의 기록이 처치의 효능을 판단하는 자료의 원천이 되는 경우, 이러한 교사의 기록이 신빙성을 갖는가의 문제가 제기된다(Witt, Gresham, & Noell, 1996b). 이상을 통해 볼 때, 행동주의 컨설테이션에 대한 Witt 등(1996b)의 비판에서 언급된 내용들은 협력적 컨설테이션 접근의 발달에 장애물로 작용하고 있는 것이 사실이다.

Erchul과 Schulte(1996)는 행동주의 컨설테이션 접근이 지니고 있는 많은 약점에도 불구하고 행동주의 컨설테이션의 효과를 뒷받침하는 연구 결과들이 존재하는 한 이를 개입 방안으로 활용하는 데에는 아무런 문제가 없다고 주장한다. 또한 그들은 한 컨설턴트가 보다 많은 내담자에게 영향을 미칠 수 있도록 의뢰인과 내담자에 대한 초점의 비율을 적정 수준에서 절충해야 함은 물론, 컨설테이션 과정에서 간접 서비스의 형태를 취할 것인지 혹은 직접 서비스의 형태를 취할 것인지에 대해서도 깊이 고려해야 한다고 지적하였다. 이를 위해 Erchul과 Schulte(1996)는 많은 학생의 역량 향상을 이끌어 내는 컨설턴트의 효과적인 개입 및 통제 방법에 대하여 제시한 연구를 인용하였다. 또한 Erchul과 Schulte(1996)는 당면한 문제를 해결하는 데 기능적 분석을 활용하도록 한 Witt 등(1996a)의 제안에 대해 효능·효율성 측면에서 논의할 것을 주장하였다.

행동주의 컨설테이션에 관한 논의에 앞서 언급한 내용들은 행동주의 컨설테이션 모델이 갖는 영향력은 물론, 컨설턴트가 추구하는 이론적 배경과 상관없이 행동주의 컨설테이션과 같은 간접서비스의 사용을 뒷받침하는 중요한 근거에 대해 비판적인 입장을 취하고 있다는 점에서 앞으로도 중요하게 다루어질 것이다. 컨설테이션 또는 협력에 있어 전문가가 내담자에게 제공하는 직접서비스 접근이 간접서비스 접근에 비해 효율적이라는 점을 감안할 때, 행동주의 컨설테이션이 '비용 효율'적인 측면을 충족시키고 있는지에 대해서는 의문이다. 또한 행동주의 컨설테이션이 표방하는 '양자택일' 체제는 개입 접근법에 일정 수준의 범위가 존재한다는 사실은 물론, 문제의 본질, '의뢰인'의 특성, 개입이 발생하는 상황적 맥락에 따라 전문가들이 사용하는 접근법의 적합성 여부가 결정된다는 전제를 간과하고 있기 때문에 행동주의를 추구하는 전문가에 대하여 조력하고자 하는 시도는 오히려 역효과를 낳을 수 있다는 점을 감안하여 신중하게 이루어져야 한다.

🕯️ 자발성

컨설테이션이 자발적 과정이라는 사실은 일찍이 컨설테이션에 영향을 미치는 변인 가운데 하나로 다루어져 왔다. 즉, 의뢰인들은 컨설테이션 서비스가 존재한다는 사실을 알고는 있지만 서비스 의뢰에 대한 결정은 오롯이 의뢰인의 몫이라는 것이다. 컨설테이션 서비스가 제공되던 초창기에도 특정 조직과 계약 관계를 수립한 외부 컨설턴트의 활동이 이루어졌으나 당시 의뢰인들은 컨설턴트와 직접적으로 접촉할 수 있다는 사실을 인식하지 못하였다. 이러한 이유로 그 당시 컨설턴트들은 의뢰인에게 '접근하기 위한' 독창적 방법에 대해 고민해야 했는데(Caplan, 1970), 학교에 소속되어 있는 학교상담자와 같이 일정한 집단에 서비스를 제공하는 컨설턴트와의 작업에 참여하는 의뢰인이 사례 제시의 의무조차 감당하려 하지 않았기 때문이다. 컨설테이션에 대한 의미 규정이 명확하게 이루어지지는 않았지만 컨설턴트의 '아이디어'에 대해 의뢰인이 '취사선택' '수용' 또는 '거부'할 수 있어야 한다는 원칙은 의뢰인의 독립성이 철저하게 보장되어야 함을 의미한다고 할 수 있으며, 이와 같은 맥락에서 의뢰인은 언제든지 컨설테이션을 종결할 수 있다는 사실에 대해서도 충분한 이해가 필요하다. 컨설테이션 초창기 모델 이후에 등장한 대부분의 모델은 이러한 가정에 대해 언급하는 대신 각각의 모델이 표방하는 변화 전략에 중요하게 작용하는 다른 전제들을 수립해 나가고 있다.

특정 조직에 고용된 전문가들이 제공하는 컨설테이션에서는 컨설테이션의 자발성을 고려하는 과정에서 흥미로운 문제들이 제기되는 한편, 딜레마가 발생할 수 있다. 때로 컨설테이션은 컨설턴트가 제공하는 서비스(교사가 의뢰한 학생의 문제를 학교심리학자가 사정함)에서 발전되거나 관리자 혹은 팀의 추천을 통해 이루어지기도 하는데, 이러한 경우 컨설턴트와 의뢰인은 동일한 조직에 소속되어 있기 때문에 컨설턴트는 조직에 소속된 직원으로서 내담자에 대하여 책임을 져야 한다는 의견이 제기될 수 있다. 컨설테이션을 통한 내담자의 자연스러운 변화로 표현되는 컨설테이션 성과를 비롯하여 컨설턴트의 의무적 개입으로 인한 컨설턴트-의뢰인-내담자 관계의 모호성은 컨설테이션 과정 또는 결과에 영향을 미치는 요인이 될 수 있다.

Harris와 Cancelli(1991)는 문제해결 상황에 영향을 미치는 컨설턴트-의뢰인 접촉의 결과 및 컨설테이션 과정의 각 단계에서 이루어지는 교사의 자발적 역할 수행에 대해 검토한 후, 비자발적 컨설테이션에 들이는 노력을 최대화해야 한다고 제안하였다. 예컨대, 그들은 의뢰인에게 컨설테이션 과정에 참여하는 데 필요한 노력의 적정 수준을 설정해 주고(예: 자료 수집), 사회적 영향력을 지닌 전략들을 제시해 주며, 컨설테이션 과정에서 문제해결에 대한 책임감을 갖도록 함으로써 의뢰인 스스로 컨설테이션 과정에 참여하고자 하는 동기를 부여해 주어야 한다고 강조하였다. 또한 그들은 의뢰인에게 컨설테이션 과정 및 기대 효과에 대한 이해가 선행되어 있는 경우, 서비스를 통해 얻을 수 있는 결과 획득을 위해 보다 집중할 수 있다고 주장하였다. 단, 정보에 근거한 선택은 컨설테이션 결과에 중요한 요소로 작용할 수 있다.

컨설테이션에서 의뢰인의 자발성을 촉진시키는 데 무엇이 중요한 변인으로 작용하는지에 대한 연구는 부족한 실정이며, 자발성이 부족하거나 전혀 없는 의뢰인 전문가들과 함께 작업하는 방법에 관한 지식은 더더욱 주목받아 오지 못한 것이 사실이다. 컨설테이션 의뢰 가능성이 가장 낮은 의뢰인은 누구인가? 의뢰인이 조직 내부 인사인 경우에도 컨설턴트가 제공하는 서비스의 대상이 될 수 있는가?

조력 요청하기

몇몇 컨설테이션 모델에서는 의뢰인의 서비스 요청 또는 요구를 중요하게 다룬다. 컨설테이션 요청 동기가 컨설테이션의 성공에 중요한 요소로 작용할 수도 있기 때문이다. 그러나 컨설테이션의 성공에는 변화를 위한 자극이 작용하는가 하면, 컨설테이션의 성공을 현실화하는 데 중요한 요소로 작용하는 변화 과정 또는 변화 대상의 특성이 의뢰인의 감정에 크게 좌우되지 않는다는 점을 감안할 때, 의뢰인의 조력 요청 동기는 중요하게 다루어지지 않을 수 있다. 지금까지 의뢰인으로 하여금 도움을 요청하도록 작용하는 역동에 대해서는 거의 알려진 바가 없으나 누가 컨설테이션을 찾는지 또는 찾지 않는지, 그들이 컨설테이션 과정에서 어떻게 변화될지, 개입 계획과 실제 수행되는 컨설테이션의 특성이 의뢰인에게 나타난 변화와 어떻게 관련되는지를 결정하는 강력한 변인이 될 수 있다는 점에 주목해야 한다.

문제해결은 물론, 문제 자체에 대하여 책임감을 지니고 있는 사람은 타인의 행동 변화를 이끌어 낼 수 있다는 의견이 제시되었다(Brickman et al., 1982). 문제 발생 및 이에 대한 해결에 있어 개인의 책임을 강조하는 오리엔테이션은 조력자 및 피조력자가 기억해야 할 조력의 의미를 중요하게 인식하는 모델에서 깊이 있게 다루어지는데, 이와 관련하여 Brickman과 그 동료들(1982)은 네 개의 모델을 제시한 바 있다. ① 사람들은 문제와 그 해결에 책임감을 가지고 있다. ② 사람들은 문제에 대해서는 책임감이 없지만 그 해결에 대해서는 책임감을 가지고 있다. ③ 사람들은 문제와 해결에 대해 책임감이 없다. ④ 사람들은 해결에 대해서는 책임이 없지만 문제에 대해서는 책임감을 가지고 있다. 조력은 피조력자들이 문제해결에 책임이 없다는 것을 의미하기 때문에 대부분의 경우, 조력자와 피조력자는 서로 다른 모델을 선호하기 마련이다. Brickman과 그 동료들은 도움(helping) 자체가 갖는 개념을 활용하여 그 안에서 발생하는 딜레마를 규명해 나갔다.

아이러니하게도 Brickman과 동료들은 피조력자들이 아무것도 하지 않을 때에도 조력자들은 도움을 통해 혜택을 누리고 있다는 사실을 보여 주는 증거를 제시하였다. 조력과 관련된 다양한 전제는 피조력자보다 조력자에게 보다 유리한 성격을 띠고 있는데, 이를 뒷받침하는 연구 결과를 도출해 내기 위해 Brickman과 동료들은 '다른 모델에 비해 우수한 모델이 일정하게 규정되어 있는가, 아니면 내담자에 따라 적절한 모델이 달라지는가? 내담자가 처음 설정한 가정과 다른 경향을 띠는 모델이 보다 효과적인가, 덜 효과적인가? 모델은 일관되게 적용되어야 하는가, 아니면 의뢰인의 권한이 변함에 따라 모델의 적용 방법도 변화되어야 하는가? 조력자에게 한 가지 모델을 활용하는 것과 한 가지 이상의 모델을 활용하는 것 가운데 보다 많은 소진이 발생하는 경우는 언제인가?'와 같은 연구 문제를 제시하였다.

컨설테이션 연구 결과를 바탕으로 한 자료에 근거하여 Macarov(1968)는 조력과 관련된 심리학적 제약에 대하여 검토하였다. 그는 의뢰인이 도움을 요청하거나 도움을 받는 과정에서 경험하는 어려움에 주목하였다. 의뢰인들은 현실적이지 않거나 그 자신에게 중요하지 않은 문제 또는 서둘러 해결하지 않아도 되는 문제를 제시할 수도 있다. 수년 전 자신이 교사였을 때 좌절감을 경험한 한 컨설턴트는 과거 자신과 비슷한 상황에 놓인 교사와 학급 관리 계획을 개발하는 데 어려움을 겪었던 기억이 있다. 컨설턴트에게 컨설테이션을 요청한 의뢰인(젊은 교사)은 두려움과 제압당하는 것 같은 느낌에 대해 설명하면서 결국 감정을 주체하지 못하고 울음을 터뜨렸는데, 이러한 감정은 의뢰인에게 학급 관리 컨설테이션을 요청한 이유로 강하게 작용하고 있었다. 컨설턴트는 '우위에 서서 책임을 지는' 역할에 중요한 의미를 부여하는 사회에서 도움을 요청하는 것이 실은 쉽지 않은 시도라는 사실을 알아야 한다. 실제로 도움을 구하는 것은 약점으로 비춰질 수도 있고, 의뢰인 자신의 직무에서 드러나는 결점에 대해 감시의 필요성을 인정하는 것이 될 수도 있기 때문이다.

Macarov(1968)는 도움을 받는 행위와 관련하여 컨설테이션이라는 개념을 수용하는 의뢰인의 태도에서 야기될 수 있는 문제들을 발견하였다. Macarov는 의뢰인이 여러 사람과 함께 도움을 받는 경우, 정보 제공 수준 또는 비공식적 맥락 안에서 도움을 받는 경우에 한하여 컨설테이션이라는 용어를 수용한다고 주장하였다. 그러나 대개 컨설테이션이라는 꼬리표는 높은 수준의 전문가 조력이 이루어지는 공식적 활동을 의미하는 것으로 인식되고 있기 때문에 의뢰인은 그들이 받은 서비스를 컨설테이션이라고 표현하는 데 불편함을 느끼고 있는 것으로 나타났다. 또한 Macarov(1968)는 연구를 통해 의뢰인은 다른 사람들과 함께 서비스를 받음으로써 정보를 공유하길 원한다는 사실을 발견할 수 있었는데, 정보제공은 다른 조력 형태에 비해 도움을 요청하거나 받아들이는 데에 비교적 손쉽게 접근할 수 있기 때문이라고 할 수 있을 것이다.

컨설턴트는 전문 용어가 의뢰인에게 어떠한 영향을 미치며, 그것이 의뢰인에게 무엇을 의미하는가의 측면에서 조력 과정과 관련하여 컨설테이션이라는 용어가 갖는 특성에 대해 반드시 기억해야 한다. 요컨대, 컨설테이션이라는 용어 자체보다는 서비스의 본질 자체를 이해하는 것이 중요하다고 할 수 있다. 9장에서 언급한 바와 같이 '협력적인 문제해결 자원'이라는 말은 일면 어렵고 복잡하게 느껴질 수도 있으나 의뢰인들은 '컨설턴트'라는 말보다 이 말을 거부감 없이 받아들이고 있는 것으로 보인다.

학생 학습활동 13-3
컨설턴트의 반응

컨설턴트는 교장 및 교사에게 도벽이 있는 학생을 '함정에 빠뜨림으로써' 발생하는 부정적 결과에 대해 정확하게 설명하였다. 이 과정에서 컨설턴트는 회기 초반에 실시했던 간접적인 조사 결과를 바탕으로 그러한 해결 방법이 갖는 문제점에 대해 반복하여 설명하였다. 컨설턴트는 직접적으로 교사와 교장의 계획에 동참하지 않겠다는 의사를 표명하였으며, 그러한 계획이 이행되어서는 안 된다는 조언 또한 아끼지 않았다. 그것이 겉치레에 불과하더라도 학생에 대한 관심을 표해야 한다고 생각한 교사(체면 세우기)는 학생에 대해 표면적으로 드러나는 어떠한 조치든 취하고자 하였고, 컨설턴트는 이러한 교사의 요구를 반영하여 다음과 같은 사항을 권하였다. ① 교사는 분실된 물건 목록을 보관한다. ② 그 물건이 다시 나타났는가의 여부에 따라 다음 결정이 이루어진다. ③ 교장은 다른 교과 교사들도 해당 학생에 대해 유사한 정보를 가지고 있는지 알아본다. ④ 반드시 필요한 경우가 아니라면 2주 후에 다음 회의를 열도록 한다. 그러나 컨설테이션 2회기 차에도 해당 학생과 관련된 절도 사건은 일어나지 않았고, 절도와 관련된 어떠한 보고도 없었다. 교사는 이전보다 교사 자신과 학생의 관계가 좋아졌다고 보고하였다. 실제로 남은 재학 기간 동안 해당 학생과 관련하여 그 어떤 사건 보고도 없었다.

의뢰인 감정 다루기

　모든 문제 상황에서 의뢰인은 자기개념, 내담자, 조직 내 중요한 타인과 관련하여 경험하는 감정이 있다. 컨설턴트가 개인의 감정을 직접적으로 다루어야 하는가, 개인의 감정을 효과적으로 다룰 수 있는 접근법을 선택하는 것은 직업적 문제와 관련된 경우로 국한시켜야 하는가를 두고 이루어진 논쟁은 초창기 컨설테이션 연구에서 중요한 주제 가운데 하나였다(Caplan, 1970). 당시 정신건강 컨설테이션 모델은 가장 대중화되어 있었으며, 컨설턴트는 그들 자신의 치료적 경험과 자신이 받은 정신역동 훈련 내용을 토대로 실무를 수행하는 것이 일반적이었다. 또한 정신건강 컨설테이션에서는 내담자의 욕구가 의뢰인의 정서 상태에 영향을 줄 수 있다는 주장에 근거하여 문제의 본질(즉, 내담자의 정서적 욕구를 포함하는)을 이해하였다. 대부분의 컨설테이션 방법론이 행동주의 이론을 토대로 발전해 나가면서 컨설테이션은 비교적 '위험하지 않은' 조건하에서 제공되었고, 의뢰인의 감정에 대해서는 간과하는 경향이 있었다. 그 결과, 의뢰인의 정서는 주로 컨설턴트가 추구하는 이론적 지향점의 영향을 받을 수밖에 없었다.

　Caplan(1970)은 컨설테이션 회기에서 개인의 감정을 인식하는 것도 중요하지만 직무를 수행하는 과정에서 발생하는 문제 및 그 문제를 처리하는 방법에 대한 명확한 이해가 선행되어야 한다고 주장하였다. 주제 방해 감소 기술(the technique of theme interference reduction)은 이러한 규칙에서 다소 벗어나기는 하지만, 이 기술에서 추구하는 전략 또한 결과적으로는 문제해결에 초점을 맞추고 있다는 측면에서 이해해야 할 것이다. 또한 정신건강과 관련된 직종에 종사하는 사람들은 사회에서 규정한 정형화된 역할 및 대인 상호 작용 방식을 반영하여 의뢰인 개인이 경험하고 있는 문제에 대한 사회적 용인 수준을 제시하게 된다(Caplan, 1970).

　Altrocchi(1972)는 정신건강 컨설테이션 모델에서 의뢰인의 감정을 직·간접적으로 다루기 위한 방법적 선택에 영향을 줄 수 있는 두 가지 변인을 확인하였는데, 그 변인들은 각각 '컨설턴트 및 집단의 성격'과 '개인 컨설테이션'이라고 할 수 있다. 어떤 컨설턴트는 개방적인 태도로 비교적 편안하게 의뢰인의 정서적인 측면에 대해 논하고, 개인의 생각과 감정을 자유롭게 표현한다. 이러한 태도는 여러 가지 면에서 많은 이점이 있지만, 다른 한편으로는 필요 이상으로 상황을 복잡하게 만듦으로써 컨설테이션에 보다 많은 노력과 수고를 쏟아야 하는 상황을 초래하는가 하면 상담이나 치료의 방향에서 초점을 놓치는 경우가 발생하기도 한다.

　Altrocchi는 대부분의 사람이 정신건강 집단 컨설테이션의 직접적 접근법을 선호한다는 사실을 발견하였다. 그는 집단이 개인의 감정을 자극하고 집단원 개인의 감정 표현을 지지하지만, 동시에 집단이라는 환경이 갖는 제한적 성격은 개인으로 하여금 자연스럽게 자신의 감정을 조절하여 표현하도록 하는 경향을 부추긴다고 주장하였다. 그는 집단 내에서 개인의 감정을 나눌 수는 있으나 개인의 병리적 문제를 다루는 것은 적절하지 않다고 하였다. 한편, 직무와 관련된 문제에 대해서는 직접적인 접근이 가능하다고 설명하였다. 단, 그는 집단이 설정하거나 규제하고 있는 일반적인 규칙에 따라 집단 내에서 발생할 수 있는 다양한 반응에 대한 토의가 선행되어야 한다고 제안하였다.

　집단 규칙에 관한 토의를 진행하고 이와 관련된 제반 사항에 대하여 결정을 내리기 위해서는 의뢰인의 성격과 문제의 특성에 대한 고려가 반드시 선행되어야 한다. 그러나 일반적으로 컨설턴트는 컨설테이션이 집단 구성원들에게 미치는 영향력에 대해 즉각적으로 반응하고 이에 대해 인정하는 것이 가장 좋은데, 만약 그렇게 하지 못할 경우 컨설턴트는 집단의 역동이나 집단원의 변화에 대해 무뎌질 수 있다. 이러한 측면에서 컨설턴트는 개인적인 문제를 안고 있는 의뢰인에게 도움을 제공할 수 있는 전문가로서의 지지적 자원이 되어야 한다.

컨설턴트의 개입

　컨설턴트가 의뢰인을 돕기 위해 취해야 하는 적극적인 개입의 수준은 컨설테이션 과정이 시작되면서 컨설턴트가 깊이 있게 고려해야 하는 문제 가운데 하나라고 할 수 있다. 예컨대, 컨설턴트는 '의뢰인의 문제를 해결하는 데 필요한 정보 획득 과정에 참여해야 하는가?' '정보를 획득하는 과정에서 다른 개인들과 접촉하고, 의뢰인의 이익을 옹호하며, 컨설테이션 계획이 실행될 수 있도록 조력해야 하는가?'와 같은 의문을 가지고 이에 대한 답을 찾고자 해야 한다.

　의뢰인을 '돕기 위해' 컨설턴트가 어떠한 조치를 취할지에 대한 결정은 전략적이고 윤리적인 관점에 기인한다(Macarov, 1968). 전략적 관점에서 컨설턴트는 다른 무엇보다 의뢰인의 가시적인 성장을 도모하고자 한다. 의뢰인의 성장은 분명 문제를 보다 빠르고 효과적으로 해결할 수 있도록 해 주는 좋은 방법 가운데 하나이다. 그러나 의뢰인의 문제해결 능력 증진 및 현재 당면한 문제와 유사한 문제를 미래에 직면했을 때 이를 처리하는 역량 수준의 향상이라는 장기적 목표 달성 의지는 오히려 약화될 수도 있다. 전략적인 관점에서 의뢰인의 선호, 욕구, 역량은 컨설테이션 모델을 선택하는 것과 마찬가지로 개입방법을 결정하는 데 중요한 요소로 작용한다. 개입방법에 대한 결정은 컨설턴트의 개입 없이 문제를 해결하는 데 필요한 기능이 충분히 학습되었는지, 역량을 제대로 갖추었는지 또는 컨설턴트의 역할 수행이 수용할 만하고 유용한 수준에서 이루어지고 있는지를 판단할 수 있는 평가기제를 토대로 하는 것이 합리적일 것이다. 컨설턴트가 의뢰인으로 하여금 학습을 통해 촉진하고자 하는 사항들을 판단하기 위해 전략적으로 고려해야 하는 부분은 바로 이직 또는 퇴직 가능성이라고 할 수 있다. 컨설테이션 서비스를 받는 조직의 임원이 마지막 임기 중에 있거나 퇴직을 앞두고 있는 경우, 남편이 지방대학에서 박사학위 취득을 앞두고 있는 의뢰인 교사의 경우, 적극적인 컨설테이션 그리고 성장 중심의 다양한 컨설테이션은 컨설턴트가 의도한 바와 다른 차원으로 작용할 수 있는 것이다. 성장 중심 컨설테이션은 조직에 남게 될 의뢰인에게 적용될 때 그 목표 달성에서 경제적 효과를 볼 수 있게 된다.

개입에 영향을 미치는 두 번째 고려사항은 윤리적 특성에 관한 것이다. 이는 의뢰인에게 특정 유형의 개입 또는 조치를 취하고자 할 때, 의뢰인을 독려하는 컨설턴트의 '권리'와 관련되어 있다. '컨설테이션의 목표 또는 활동을 고려하거나 선택하고자 할 때, 만약 그것이 의뢰인이 컨설테이션을 의뢰한 근본적인 목표에서 벗어나는 경우, 그럼에도 컨설턴트는 자신의 생각을 관철시키기 위해 영향력을 행사해야 하는가?' '제약이 존재하는 상황에서도 컨설턴트는 자신의 신념을 관철시키고, 이를 추진해 나가야 하는가?'와 같은 질문은 컨설테이션이 시작되기 전 컨설턴트에 의해 충분히 탐색되어야 하며, 계약 과정에서 의뢰인과 충분한 논의가 이루어져야 한다. 여기에서 한 가지 분명한 사실은 이러한 모든 작업들이 의뢰인을 돕기 위한 목적하에 다루어져야 한다는 것이다. 컨설턴트는 내담자의 문제가 큰 무게감으로 다가오는 상황에서 불안이 커지고 자신감을 잃은 의뢰인 중에는 지시적이고 행동중심적인 컨설턴트를 원할 수도 있다는 사실에 주목해야 한다. "자기결정, 누군가에게 영향을 미치는 의사 결정에 참여할 수 있는 권리에 대한 의구심, 그 누군가는 노력의 결과로서 성공 또는 실패에 대한 책임을 져야 한다는 인식이 여전히 남아 있다."(Macarov, 1968, p. 126).

어떤 면에서 윤리적인 고려사항은 컨설테이션에서 보다 실제적인 요소라고 할 수 있다. 컨설턴트는 컨설턴트와 의뢰인이 의존적 관계로 발전하지 않도록 이에 대해 분명한 의식을 가지고 몸소 실천해 나가야 한다. Stringer(1961)는 컨설테이션 초창기, 컨설턴트와 의뢰인에 대한 관찰을 토대로 "누구도 컨설턴트로 불리는 것에 대해 반감을 갖지 않을 것이다. 컨설턴트라는 용어는 신망과 품위의 보증 수표와도 같은 가치를 갖기 때문이다."(p. 85)라고 하였다. 확신에 찬 컨설턴트에게 자신에게 의존하는 의뢰인으로부터 받는 감사의 피드백은 매우 매력적이 될 수 있다.

컨설턴트가 갖는 한계는 그가 추구하는 철학, 훈련 내용, 선호하는 컨설테이션 모델, 개인적인 경험에 기인한다. 또한 앞서 언급한 바와 같이 컨설테이션에 적용하는 모델, 전문직으로서 준수하는 윤리, 조직의 기대로 인한 한계가 발생할 수도 있다. 조직에 속한 내부 컨설턴트는 컨설테이션 외에 다른 역할을 수행해야 하는 경우도 있는데, 개입방법을 고려하는 과정에서 의뢰인의 선호와 경험은 물론, 의뢰인의 요구 조건들이 갖는 특성에 대한 평가 또한 반드시 이루어져야 한다. 다시 말해, 컨설테이션은 컨설턴트와 의뢰인 간의 의사소통으로 국한시켜서는 안 되며, 컨설턴트는 의뢰인을 돕기 위해 그 자신이 취하는 행동의 의미에 대해 신중하게 고려해야 한다.

조작하기 또는 조작하지 않기

일반적으로 조작이라는 용어는 컨설턴트가 전문적인 역할 수행에 대한 요청을 받았을 때 과잉 반응한다는 부정적인 의미를 내포하고 있다. 어떤 이는 대인 상호작용에서 이러한 패턴을 보이는가 하면, 또 어떤 이들에게 조작은 누군가가 다른 사람에게 영향력을 행사하고자 하는 의도적 행위를 의미하기도 한다. 따라서 조작이라는 용어가 전문적인 기법으로 개념화될 때, 사람들은 조작적인 행동에 대해 보다 긍정적인 관점을 취하게 될 것이다.

어떤 이들은 사회적 영향력의 개념 및 그 토대에 대해 검토하고, 영향력 행사에 있어 '강압적 방법'에서 '교묘한 방법'에 이르기까지 개인의 행동에 영향을 미치는 권력의 '강 · 약' 수준 결정 근거(Koslowsky, Schwarzwald, & Ashuri, 2001)에 대해 규정해 왔다. 흥미롭게도 '여성 컨설턴트'는 남성 컨설턴트에 비해 컨설테이션 운영에 '부드러운' 접근 방법을 사용하는 것이 효과적이라고 보는 경향이 있었다(Erchul, Raven, & Wilson, 2004). 이는 컨설턴트의 개입방식과 명확하게 관련된 주제로, 앞서 이루어진 논의를 염두에 두고 이해해야 한다.

컨설테이션이라는 개념 자체에 변화의 의미가 내포되어 있으며, 전문적 변화의 동인은 잠재적 조종자(potential manipulatior)라고 주장되어 왔다(Lippitt, 1973). Lippitt는 의뢰인이 어떻게 배우고 변화되어야 하는지에 대하여 컨설턴트 자신이 추구하는 가치와 신념을 적극적으로 표현해야 한다고 주장하였다. 여기서 중요한 문제는 컨설턴트가 다른 사람을 변화시킬 권리를 가지고 있는지가 아니라 '나의 신념과 일치하는 방향으로 변화가 일어나도록 돕기 위해 나 자신과 기술을 보류할 권리를 가지고 있는가?'에 관한 것이라고 할 수 있다. Lippitt는 변화 과정에 대해 컨설턴트 자신이 갖고 있는 가치와 신념에 근거한 윤리적 방법론은 어떠한 변화가 필요한지를 결정하고 변화를 평가하는 데에 중요하게 작용해야 한다고 강조하였다. 윤리적 방법론을 활용하는 컨설턴트는 과업 성취에 대한 동기, 협력 수준, 경험적 문제해결 방법, 상황 대처 방법 및 책임감에 대하여 신중하게 고려하는 것이 일반적인데, 이들은 대체로 명분지향적이기보다는 과업지향적인 성향이 강하다고 할 수 있다. 즉, 이들에게는 컨설테이션이 이루어지기 전에 비해 바람직한 변화가 결과로 나타나는 것이 중요한 가치인 반면, 누가 공적을 인정받는가의 문제는 그리 중요하지 않음을 의미한다. 또한 변화의 영향을 받는 모든 개인은 컨설테이션 기획 및 개발 과정에 참여해야 한다. 문제를 해결하는 모든 방법은 실험적 성격을 띤다고 할 수 있으며, 이러한 점에서 모든 계획은 시도 가능성을 지니고 있다. Lippitt는 또한 변화 방법이 민주적·과학적이어야 함은 물론, 미래에 발생할 수 있는 문제를 해결하기 위해 보다 적절하게 개발되어 나가야 한다고 주장하였으며, 컨설턴트는 그들 자신 및 그들의 노력에 의해 영향을 받는 이들에 대해 책임감을 가져야 한다는 사실을 강조하였다.

Kelman(1965)은 조작의 문제를 다소 다른 방향에서 바라보았다. 그는 실무자(컨설턴트)가 직면할 수 있는 딜레마에 대해 언급하면서, 인간에게 선택의 자유가 갖는 근본적 가치를 믿는다면, 타인의 행동을 조작하는 것은 그러한 권리를 침해하는 조치라는 사실에 대해 인정하였다. 그러나 Kelman은 행동을 변화시키기 위해 어느 정도의 조작은 불가피하며, 컨설턴트는 끊임없이 변화를 위한 활동에 참여하기 때문에 윤리적인 문제와 직면할 수밖에 없다는 사실 또한 인정하였다. '① 다른 사람을 조작하는 것은 개인에게 주어진 선택의 자유를 침해하는 것이다.'와 '② 의뢰인의 조건을 조정할 수 있는 체계 또는 공식이 없다는 점에서 조작은 전무하다.'의 두 가지 전제는 조작과 관련하여 나타날 수 있는 딜레마의 중심축을 이루고 있다. Kelman은 실무자들이 의뢰인에 대하여 부여한 가치들이 갖는 잠재적 가능성에 대해 반드시 인식하고 있어야 한다고 주장하였다. 만약 그렇지 않으면 컨설턴트는 조작과 관련하여 나타나는 현상에 무감각해질 수 있으며, 의뢰인의 바람직한 행동 변화를 위한 컨설턴트의 좋은 의도가 반영되기 어려운 상황에 처할 수 있다고 설명하였다.

Kelman은 딜레마로 발생하는 어려움을 해결하기 위한 세 단계를 추천하였다. 첫째, 앞서 언급한 바와 같이 컨설턴트는 컨설테이션을 통해 이루어지는 개입이 갖는 조작적 특성에 대한 인식을 증진시켜 나가야 한다. 컨설턴트는 컨설테이션 및 의뢰인의 변화를 위한 노력에 그 자신이 추구하는 접근 방법이 반영되어 있는지 인식하고, 의뢰인을 대상으로 실시하는 예비교육을 통해 이러한 사항에 대해 충분한 소통을 하고자 해야 한다. 관계의 조작적 측면에서 볼 때, 이와 같은 견해는 통제적 기능이 작용할 수 있는 컨설턴트와 의뢰인 간 상호관계에도 적용할 수 있을 것이다. 그러나 Kelman은 의뢰인이 컨설턴트에게 '말대답'(자신의 견해를 충분히 피력)할 수 있어야 한다고 주장하였다. 둘째, Kelman은 "조작에 대한 보장과 저항을 제공하게 될 컨설테이션 절차 자체가 변화 과정이 될 수 있어야 한다고" 보았다(p. 42). 따라서 그는 변화를 판단하는 기준에서 의뢰인의 가치를 최대화하는 반면, 컨설턴트의 가치는 최소화하고자 하였다. Kelman은 실무자(컨설턴트)의 경우, 의뢰인에 대한 직·간접적 제약을 최소화해야 한다고 강하게 조언하였다. 또한 그는 의뢰인이 선택할 수 있는 폭을 넓히고 합리적으로 선택할 수 있는 능력을 증진시키기 위해 컨설턴트가 의뢰인과의 관계는 물론, 전문적인 기술을 활용할 수 있어야 한다고 주장하였는데, 여기서 의뢰인의 합리적 선택 능력 증진은 의뢰인의 자유 및 창의성 향상과 관련되어 있는 가치라고 할 수 있다.

　Caplan과 Caplan(1993)은 대부분의 '컨설턴트'와 '조작자'가 의뢰인의 약점을 확인하고자 한다고 지적하였다. 그러나 컨설턴트의 목표가 의뢰인으로 하여금 그 자신의 결점들을 극복하고 다루도록 돕는 것인 반면, 조작자는 의뢰인의 결점을 다루는 데에서 발생할 수 있는 저항을 약화시키는 데 목표를 둔다는 점에서 차이를 갖는다. 조작은 일면 '영향력을 행사하기 위한 은밀한 방법'으로 비춰질 수 있으나, Caplan과 Caplan은 조작이 긍정적 또는 부정적인 방법으로 활용될 수 있다고 설명하였다. 조작에 있어 보다 중요한 문제는 본격적인 컨설테이션 작업에 앞서 의뢰인에 대한 예비교육을 중시하는 전문가에 대하여 의뢰인이 보이는 반응이지만, 컨설턴트가 의뢰인에게 "영향을 미치기 위해 접촉하고 그 과정에서 활용하는 방법에 대하여 가지고 있는 생각의 세세한 부분까지를 기억하는 것"(p. 353) 또한 매우 중요하다고 할 수 있다. 모든 사람이 의뢰인 중심 컨설테이션 기법을 활용하는 것은 아니기 때문에 의뢰인의 역할 수행에 대한 묵인은 의뢰인을 중심으로 컨설테이션을 진행하지 않는 컨설턴트에게는 매우 중요한 문제라고 할 수 있다. Caplan과 Caplan(1993)에 따르면 조작을 사용할지에 대한 결정의 책임은 컨설턴트에게 있지만, "의뢰인으로 하여금 원하는 조력의 형태를 자발적으로 선택할 수 있도록 하는 제도적 틀을 개발해 왔기 때문에 의뢰인이 도움을 간절히 원한다면 컨설턴트의 개입 없이도 얼마든지 도움을 받을 수 있다"(p. 355).

　앞에서는 컨설테이션 본연의 가치보다는 컨설테이션 서비스의 남용과 같이 주의를 기울여야 하는 컨설테이션의 몇몇 특성을 중심으로 논의하였다. 중요한 것은 컨설턴트가 실무를 수행하는 과정에서 비도덕적이거나 비도덕적으로 되어 가는 것이 아니라 컨설테이션 과정에서 그들의 역할 가치를 인식하고자 하는 의지라고 할 수 있다. 이러한 인식이 이루어질 때, 비의도적이건 계획적이건 간에 컨설턴트의 조작 사용 가능성은 '온전히' 배제될 수 있을 것이다(p. 43).

조작이라는 주제와 관련하여 응용된 형태들이 이 책의 초판부터 두드러지게 언급되고 있다. 이는 앞 장에서 제시한 바와 같이, 교사 대상 컨설테이션에서 개입 방안의 용인 가능성에 대한 연구의 증가와도 관련되어 있다. 이러한 연구는 개입 방안이 충분히 활용되지 못하거나 부적절하게 실행될지도 모른다는 우려에서 비롯되어 이루어지게 되었다(Witt & Elliott, 1985의 연구 참조). Skinner와 Hales(1992)는 연구를 통해, 교사의 경우 행동주의 컨설턴트를 선호하는 것이 아니라 그 자신이 선호하는 이론적 관점을 추구한다는 사실을 발견하게 되었다. 이러한 연구 결과를 기초로 Skinner와 Hales(1992)는 컨설턴트가 교사들로 하여금 그들의 독특한 교수 스타일에 맞게 ABP 절차를 자유롭게 응용할 수 있는 분위기를 조성해야 한다고 제안하였다. 그들은 또한 행동주의 컨설턴트가 그들 자신과 의뢰인의 차이에 대해 인식하고, 그들이 사용하는 언어를 조정해 나가야 한다고 주장하였다.

의뢰인이 개입 방안을 제대로 이행하지 못하는 것은 해당 개입 방안이 갖는 낮은 수준의 수용 가능성 때문일 수 있다는 가설에 대해 검토한 연구가 이루어졌다. 의뢰인이 그들 자신, 표적 문제 그리고 자신이 추구하는 이론에 부합하는 개별화된 개입 원리를 활용하고, 이러한 요소들이 의뢰인의 자기 인식과 조화를 이룰 때, 개입 방안의 수용 가능성이 보다 높아진다는 연구 결과 또한 존재한다(Conoley, Conoley, Ivey, & Scheel, 1991). Conoley와 그 동료들은 "컨설턴트는 서로 다른 관점에서 다양한 개입에 대해 설명할 수 있어야 한다."(p. 69)라고 제안하면서 한 가지 원리만을 추구하는 것은 무의미하다고 주장하였다.

조작과 관련된 또 다른 연구에서, 행동주의 컨설테이션의 경우 의뢰인들은 컨설턴트가 의뢰인과의 대화에서 우위를 점할수록(즉, 한 사람이 상대방의 대화를 일방적으로 수용하는 방식) 컨설턴트를 유능하다고 판단하는 것으로 보고되었다(Erchul, 1987). 컨설턴트가 우위를 점한다는 것은 협력 및 팀워크와도 관련되어 있다는 주장이 제기되어 왔는데, 여기서 협력은 '이끄는 자와 따르는 자가 있다'는 것을 의미한다고 할 수 있으며, 팀워크는 '컨설테이션이 이루어지는 과정에서 이끄는 자와 따르는 자의 관계가 얼마든지 변할 수 있다'는 사실을 시사하고 있다(Erchul, 1992, p. 365). 실제로 컨설턴트는 의뢰인의 개입 방안 이행 추이를 진지하게 살펴야 한다. 만약 개입 방안을 이행하는 데 요구되는 시간이 의뢰인의 수용성에 영향을 미치는 중요한 요인이라면, 이 또한 의뢰인의 실제적인 이행 수준을 향상시키기 위해 고려해야 하는 변인이다. 한편, 컨설테이션 참여자가 협력에 대하여 미온적 태도를 보이거나 협력 관계를 형성하지 못하는 것은 각각의 참여자가 지향하는 이론적 관점의 차이 때문일 수 있다는 인식이 등장하면서 몇몇 복잡한 문제가 발생하게 되었다. 의뢰인이 컨설턴트의 이론적 지향점을 의식하지 못하도록 개입 방안을 효과적으로 표현할 수 있는 언어를 개발한다는 것은 무엇을 의미하는가? '약의 쓴맛을 느끼지 못하도록 약을 꿀꺽 삼키게 하는 (making the medicine go down)' 접근법은 컨설테이션 과정에서 의뢰인과 그들이 추구하는 가치들에 대한 컨설턴트의 태도에 논란의 여지를 초래할 수 있다. 이러한 방법으로 컨설테이션 실무를 운영했다는 것은 컨설턴트가 의뢰인으로 하여금 전문가 모델을 받아들이도록 했을 가능성을 시사한다. 그러나 의뢰인으로 하여금 컨설테이션을 협력이라고 믿도록 유도하는 경우를 제외하면, 이러한 방법은 그 자체로 봤을 때 큰 문제가 되지 않는다. 따라서 동기를 탐색하고 연구 결과를 활용하는 데 있어 컨설턴트는 신중히 고려해야 한다.

학생 학습활동 13-4

조작 과정에서 딜레마로 인해 발생하는 어려움을 다루는 데 있어 Kelman이 제시한 세 단계(이 장의 '조작' 부분에 기술됨)를 초기 컨설테이션 회기에서 어떻게 이행할 수 있는지 그 구체적 방법들에 대하여 기술하라. 가능하다면 구체적인 전략들을 역할극으로 시연해 보라.

학문적 실무자로서의 컨설턴트

컨설테이션의 절차나 철학적 지향점에 차이가 존재하기는 하지만(〈표 11-1〉 참조), 학문적으로 컨설테이션 연구에 접근하고자 하는 컨설턴트는 연구와 실무에서 받은 훈련 경험을 내담자에 대한 서비스 제공에 활용할 수 있는 전문가라 할 수 있다. 이러한 식으로 훈련된 전문가(실무자)는 실무에 영향을 미치는 요소들에 대해 밝힌 연구 결과물의 소비자인 동시에 컨설테이션 과정에서 감당해야 하는 책임뿐 아니라, 그 자신이 고안해 낸 개입방법에 대한 피드백을 반영하여 최종적으로 생산해 낸 개입 방안을 평가하는 평가자라 할 수 있다. 무엇보다 이들은 자신이 보유한 모든 자료를 동료들과 공식적·비공식적으로 공유한다는 측면에서 학자라고 할 수 있다(Barlow, Hayes, & Nelson, 1984). 학자로서의 컨설턴트는 그 자신의 실무 능력을 향상시키는 한편, 훈련 활동이나 실제적인 컨설테이션 실무의 지침으로 활용되는 지식 체계들을 현장에 투입할 수 있다는 이점을 가지고 있다. Lambart(1993)는 후자의 역할을 학문적 실무자로서 성장해 나가는 연속적 과정에서 보다 높은 수준이라고 평가하였다. 이와 관련하여 그녀는 '① 실무 현장에 대해 잘 알고, 그 발달 흐름에 뒤처지지 않을 것, ② 실무를 수행하는 과정에서 발생하는 문제의 기본 틀을 형성하고 개념화하는 데 있어 적절한 이론을 채택할 것, ③ 채택한 이론의 현장 적용 가능성을 시험하고, 경쟁적인 다른 이론들과의 비교ㆍ검토를 통해 해당 이론이 갖는 가치를 가늠하며, 관점의 통합을 통해 의미를 도출해 낼 것, ④ 성공적인 문제해결 방법을 다른 사람들에게도 전달할 것'의 네 단계를 제시하였다. Stoner와 Green(1992)은 실무가 연구로 수행되는 과학자-실무자 모델(scientist-practitioner model)의 한 예로 '실험적 학교 공동체(experimenting school community)'를 제시하였다. 이때, 과학적 절차들은 실무에서 문제해결을 위해 강조되어 온 중재의 성과들을 평가하기 위해 활용되었다.

실무자로서의 역할을 수행하는 컨설턴트는 무엇보다 문제해결에 있어 우선순위를 가지고 있어야 한다. 의뢰인을 비롯한 대부분의 기관장은 컨설테이션에 소요되는 시간을 최소화하는 범위 내에서 가장 적절한 개입이 이루어지기를 원한다. 따라서 컨설턴트가 컨설테이션의 목표를 성취하기 위해 최선을 다하지 않는 경우 많은 문제가 발생할 수 있는데, 이는 11장에서 주장한 바와 같이 컨설테이션을 운영하는 과정에서의 책임 및 자료 기반 접근의 중요성이 부각되는 것과 같은 맥락이라고 할 수 있다. 그렇다면 실무자의 관점을 통해 형성된 지식 기반 컨설테이션에서 컨설턴트의 책무는 어떠한 영향을 미치는가? 컨설턴트의 전문 지식은 경험적 연구 결과를 활용하고 적용하는 수준에 머물러야 하는가, 아니면 보다 활발한 연구 활동을 통하여 컨설테이션을 하나의 학문 수준으로 발달시켜 나가야 하는가?

Lewin(1946)은 사회과학자들로 하여금 실무 수행 과정에서 발생하는 문제들을 해결할 수 있도록 돕기 위해 액션 리서치(action research) 접근법을 지지한 선구자적 인물이다. 액션 리서치 접근법은 구체적인 문제를 처리하고자 하는 목적 가운데 수행되는 연구에서 유용하게 활용된다. Rapoport(1970)가 언급한 바와 같이 이와 같은 연구 형태는 "사람들이 개인의 인생에서 당면한 갖가지 문제 및 상호 수용 가능한 윤리적 틀 내에서 협력을 통한 사회 과학의 목표 성취에 영향을 미치게 된다"(p. 499). 이를 위해 액션 리서치 접근법은 모든 형태의 자료수집 전략에 대한 평가 및 연구 결과들을 충분히 활용한다. 그러나 Meade, Hamilton과 Yuen(1982)은 액션 리서치 모델을 활용한 컨설테이션은 연구보다 행동(action)을 중요시하는 경향이 있으며, 액션 리서치 모델에서 표방하는 평가 패러다임에서는 문제제기보다 해답 제공을 우선시하는 경향이 있다는 사실에 주목하였다.

오늘날의 교육법이 추구하는 바와 더불어 교육과 관련된 전반적 시대정신에 비추어 볼 때, 과거 컨설턴트를 과학적 전문가로 보는 시각에 대하여 가졌던 우려들은 더 이상 고려할 가치가 없게 되었다. 2001년에 입법 통과된 「아동낙오방지법(NCLB)」과 같은 법안들은 교육 관계자들에게 심리학, 사회학, 경제학과 같은 분야의 연구 결과를 현장에 적용하는 근거 기반 접근의 활용 지침을 제공하였다. 단, 이 과정에 활용된 연구들은 모두 과학적인 실험 설계하에서 이루어진 훌륭한 연구들로 엄선되었다. 또한 교육 기관에 소속된 전문가들은 학생들의 성장·발달을 평가하고 모니터링하는 데 경험적 연구를 통해 얻은 자료의 사용을 권고받기도 하였다(Appelt, 2009). Ownes와 Valesky(2007)는 연구에 활용된 246편의 참고문헌을 확인하였고, 그 결과 교육 관련 법안에 **과학적으로** 또는 **과학적인**이라는 용어가 116번 사용되었다는 사실을 발견하게 되었다. 최근 APA는 경험 기반 개입 방안의 채택 및 활용의 중요성을 강조하는 저서의 출판을 확대하고 있다. 1장에서 언급한 바와 같이 APA와 NASP는 학교에서의 활용을 겨냥하여 경험 기반 중재 전략을 주제로 한 저서 발간을 공동으로 추진하기도 하였다(Atkin-Little, Little, Bray, & Kehle, 2009). 미국학교상담자협회(American School Counselor Association, 2003)와 같은 조직들 또한 자료 기반 프로그램(data-based program) 개발에 적극적으로 참여하였다.

연구 및 평가에서 그 활동의 의도를 흐리는 행위들은 심각한 윤리적 문제를 유발할 수 있다. 컨설턴트는 평가라는 미명하에 연구를 수행해서는 안 된다. 다시 말해, 컨설턴트는 문제를 제기하거나 문제해결에 특정한 기준을 사용하는 이유에 대해 정확하게 설명할 수 있어야 한다. 이와 마찬가지로 만약 컨설턴트가 사용하는 자료수집 기술이 높은 비용 또는 서비스 지체를 초래한다면 실무 및 컨설테이션 서비스 제공은 오히려 역효과를 초래할 수 있다. 또한 컨설턴트의 계획을 검토하는가 하면 '인간 삶의 주제를 다룬 연구에 대한 검토' 등 어떠한 자료를 수집하는 데 의뢰인의 서면 동의를 고려해야 하는 조직(예: 위원회)과 접촉해야 할 수도 있다. 다시 한 번 강조하건대, 위원회와 같은 조직의 존재는 컨설턴트가 전문가로서의 역할 수행 시 준수해야 할 윤리 강령을 제시하기 때문에 윤리적 문제와 관련된 의사결정을 내려야 하는 상황에서 매우 유용할 수 있다. 이에 대해 보다 깊은 논의를 원하는 독자는 Barlow 등(1984)의 연구를 찾아보기 바란다. 〈표 13-1〉은 컨설테이션에서 평가만을 강조하거나 연구에 전념하는 태도 그리고 다양한 수준에서 평가와 연구 이 두 가지를 모두 강조하는 자료수집 접근 간의 차이를 요약한 것이다.

‖ 표 13-1 ‖ 평가, 컨설테이션 평가, 컨설테이션 연구, 연구 간의 차이

목적	순수한 평가	컨설테이션 평가/연구	컨설테이션 연구/평가	순수한 연구
과학적인 지식 증대에의 기여	없음	이차적인	중요함	중요함
의뢰인/내담자를 위한 문제해결	중요함	중요함	이차적인	없음

💡 실무수행을 위한 근거

2장과 9장에서는 근거 기반 치료(Evidence-Based Treatment: EBT)와 개입 반응 모델(Response to Interventions: RTI)이라 불리는 접근들이 자료 기반 접근과 관련성을 가지고 개입 실무와 동일한 양상으로 발전해 가는 움직임에 대해 살펴보았다. 이러한 움직임들은 컨설테이션 모델 개발과 관련되어 있다고 할 수 있으며, 이와 같은 이유로 컨설테이션 실무자 및 연구자들에게 환영받고 있다. 그러나 컨설턴트 수련생과 현직 전문가(과학자–실무자)들은 그들이 활용하는 중재 모델이 어떠한 주장을 개진하고 있는지에 대하여 신중하게 검토해야 한다는 점을 반드시 기억해야 한다.

이 책의 저자들은 앞서 언급한 움직임을 구분하기 위해 의도적으로 Kamphaus(2009)가 제안한 "실무 수행을 위한 증거(Evidence for Practice: EP)"라는 용어를 채택하였다. 이 용어를 채택한 이유는 'EP는 실무 수행에 정확성을 더해 주지만 대중에게 거의 알려지지 않은 용어로서, 특히 『학교심리학회지(School Psychology Quarterly: SPQ)』에 게재되는 연구에서 이 용어의 사용 빈도는 매우 미비한 수준이며, 그 활용 범위 또한 넓지 않다."라는 Kamphaus의 발언 때문이다. Kamphaus(2009)는 "실무는 대부분 증거에 기반하여 이루어지지 않으며, 또 그렇게 할 수도 없다."라는 가정을 상정하였는데, "증거는 마치 여러 갈래로 나누어져 있는 숲길에서 우리를 하나의 방향으로 이끌어 주는 발자국과 같다. 다음 발을 어디로 떼야 할지 혹은 어떠한 이정표를 따라야 하는지 갈등할 때, 우리의 판단과 예측은 우리를 성공으로 이끌어 주는 데 있어 결정적으로 작용한다."(p. 72)라고 전제했다. 예컨대, 근거 기반 실무(Evidence-Based Practice: EBP)는 EBT보다 광범위한 용어이지만, EBP는 "개입 방안, 임상적 전문지식, 환자의 요구, 가치관, 선호 그리고 개인치료를 위한 의사결정에 이 모든 요소가

통합된 증거를 제공하는 임상 실무"로 본 Kamphaus의 관점을 좇아 특수한 방식으로 활용되어 왔다(p. 147).

학생들의 정서적·인지적·사회적 성장과 발달을 돕고자 하는 전문가들이 직면하는 복잡한 문제들을 해결하는 데는 다소의 어려움이 있다는 사실을 부인할 수 없다. 그럼에도 이 장의 목표로 제시한 바와 같이 전문가들이 일반적으로 추구하는 컨설테이션의 목표와 관련하여 최근에 나타나고 있는 희망적인 움직임들 내에서 해결해야 할 중요한 과제들이 무엇인지 지금부터 구체적으로 살펴보고자 한다.

중재에 대한 반응

아동 개인에서부터 일반교육 및 특수교육에 이르기까지 RTI '모델'의 적용 가능성은 RTI 모델을 지지하는 사람들에게 수많은 도전 과제를 던지고 있다. 그러나 때로 이러한 도전 과제들은 사소한 문제로 다루어지기도 한다. 우리는 독자들이 RTI 개념을 보다 자세히 이해함으로써 이에 대해 보다 확장된 관점을 가질 수 있도록 풍부한 참고문헌을 비롯하여 다양한 경험적 연구들을 제시하되, 이 가운데 현실을 가장 잘 반영한 두 저자의 작업에 초점을 맞추고자 한다.

앞서 기술한 바와 같이 Knotek(2005)은 내담자 중심 컨설테이션과 그가 RTI 모델의 전형이라고 여겼던 교육적 컨설테이션(Instructional Consultation: IC)의 통합을 제안하였고, 그 이행과 관련하여 수없이 제기되는 문제에 맞닥뜨려 왔다. 이 패러다임을 소개한 한 전문가는 교실, 학교, 지역교육청의 문제에 대해 인식하고, 이러한 문제들을 해결하기 위한 개입 방안들의 이행 방법에 대해 규정하였는데, 그는 개입 방안을 이행하는 과정에서 다양한 논쟁을 함께 다룰 수 있다고 보았다. 개입 방안을 실제로 이행하는 데 있어 고려해야 하는 문제들은 ① 효율성, ② 전환성과 효과성, ③ 운반성과 보급성의 세 가지로 요약할 수 있다. 개입의 효율성은 통제된 실험 상황보다 자연스러운 환경에서 개입의 효과가 잘 나타나는 것을 의미한다. 또한 개입은 전환성을 지녀야 하는데, 이는 부단한 노력을 통해 연구와 실무 사이에 발생할 수 있는 괴리를 최소화할 수 있는 교량으로서의 역할을 할 수 있다. 온전한 치료 또는 성실한 치료는 개입이 치밀한 계획하에 이행되었음을 의미하며, 이는 '처음 계획한 대로 개입 방안이 적용될 수 있는가?'와 같은 질문에 대한 대답으로 볼 수 있다. 한편, RTI 모델은 지속성을 유지하기 위해 학교 문화의 변화를 요구한다. 이는 학급 및 단위 학교들이 이 모델에 대해 인식하도록 하는 것은 차치하고서라도 논의 자체만으로 충분히 그 목적을 달성했고 볼 수 있다.

Reynolds와 Shaywitz(2009)는 RTI에 대한 포괄적이고 냉철한 분석의 필요성을 제안하였다. 그들이 실시한 관찰 결과와 그들이 제안한 실무 지침은 RTI의 목적과 범위를 포함하여 RTI에 관한 모든 탐색적 연구가 가능하도록 해 주었다. Reynolds와 Shaywitz(2009)는 RTI가 주요 예방 모델로서 실무 장면에서 활용될 수 있다는 점에 대해서는 동의했지만, 진단 또는 결정 장애모델로 활용하는 데에는 반대 입장을 취했다. 보다 큰 문제는 'RTI의 개념화'와 절차 관련 지침에서 나타난 변화로 서비스 전달 과정으로서 RTI 모델의 효과를 입증할 수 있는 경험적 근거가 부족하다는 점이다. 저자는 RTI에 대하여 제기된 문제점들에 대해 상세하게 탐색하는 한편, RTI의 효과와 그 역할에 대해 진단하였고, 그 과정에서 '① 만약 RTI가 단순히 불일치를 판별하기 위한 모델이라면, ② 학습장애에 대한 진단, 개입, 개입의 결과 간의 관계뿐 아니라, ③ 학습장애를 식별하고 학습장애의 개념적·경험적 성격과 관련된 수많은 우려 가운데서 인지적·심리적 과정을 배제하는 데에 따른 영향은 어떠한가'와 같은 의문을 갖게 되었다. Reynold와 Shaywitz(2009) 및 Knotek(2005)은 교육 관계자들이 RTI에 내재된 복잡한 문제를 해결해 나가기 위해 컨설턴트가 그 역할을 수행하는 데 필요한 참고 문헌과 각종 자료에 대하여 독자들의 충분한 검토가 필요하다고 주장하였다.

근거 기반 치료

경험적으로 그 효과가 입증된 치료 또는 EBT는 통제된 실험 상황에서 치료적인 변화를 이끌어 내는 기법 또는 개입을 일컫는다(Kazdin, 2008). EBP는 EBT와 동의어처럼 사용되고 있지만, 엄밀한 의미에서 두 용어는 다르기 때문에 이를 혼용해서는 안 된다. "EBP는 보다 광범위한 용어로서, 개입 방안, 임상적 전문지식, 환자의 요구, 가치관, 선호 그리고 개인치료를 위한 의사결정에 이 모든 요소가 통합된 증거를 제공하는 임상 실무를 일컫는다."라는 Kamphaus의 정의를 이해하는 것은 매우 중요하다. 그러나 "EBP에 대한 연구는 미비한 것이 사실이다"(Kazdin, 2008, p. 147). Kazdin은 그의 연구를 통해 연구에서 임상적 실무에 이르기까지 EBT의 적용을 일반화시키고자 하는 목표를 둘러싼 각종 우려를 포함하여 EBT와 관련하여 제기되어 온 문제점들에 대해 다루었다. 이와 더불어 그는 임상적 실무에서 발생할 수 있는 또 다른 문제들에 대해서도 검토하였다. 다시 한 번 언급하건대, 각각의 환자에게 맞는 개별화된 치료 방법을 모색하는 임상가들이 당면한 문제는 그 자신이 추구하는 방법이 다른 치료법들과 차별화되어 있다는 사실을 입증하는 것이라고 할 수 있다. 연구 및 실무와 관련된 논쟁에서 화두가 되고 있는 주제에 대해 Kazdin(2008)은 정신치료에서 연구와 임상적인 실무의 괴리를 좁힐 수 있는 방법을 제안하였다. 조사 연구를 위해 그는 ① 변화해야 하는 '이유'와 그 '방법'에 대해 설명하는 과정, ② 변화에 있어 '중재자'(환자, 치료자, 맥락적 특징들)의 영향력에 대한 주의 깊은 관심, ③ 질적 연구 방법의 활용 등 세 가지 측면을 강조하였다. 또한 임상 실무에서 그는 ① 체계적인 평가 방법의 사용, ② 경험 및 이에 대한 체계적인 내용 분석을 통해 이루어지는 임상가의 정보 수집 활동, ③ 질적 연구 방법의 사용 등을 제안하였다. 또한 연구자와 실무자의 협력이 컨설테이션 연구와 실무 간의 괴리를 좁히는 가교로서 중요한 의미를 갖는다고 하였다. 이와 관련하여 보다 자세한 내용을 알고자 하는 독자들은 Kazdin(2008)의 글을 참고하기 바란다.

Schulte(2008)는 학교 컨설테이션에 EBT를 적용하는 데 있어 측정과 관련된 문제들을 포함하여 광범위하게 제시하였다. EBT의 역사는 컨설테이션 연구에서 무엇이 측정되고, 또 어떻게 측정되어야 하는지에 대한 탐색을 통해 개관할 수 있다. 다만 여기에는 컨설테이션 성과에 영향을 미치는 컨설턴트와 의뢰인의 상호작용(컨설테이션 과정) 및 내담자에게 나타난 긍정적 변화에 대한 측정 결과가 연구참여자들의 진술을 통해 상세하게 기술되어야 한다. 다시 한 번 강조하건대, 이 장은 컨설테이션 연구의 토대를 강화하는 데 필요한 정보와 쟁점들의 가치 있는 자원들로 활용될 수 있다.

Kratochwill은 개입 프로그램과 컨설테이션 과정의 효과를 향상시키기 위해 다른 학교의 교직원들뿐 아니라 EBI 및 RTI 관련 업무를 담당하는 학교심리학자들에 대한 컨설테이션 훈련에 대하여 다루었다(Kratochwill, 2007). 그는 특수교육에서 '경험 기반 개입(EBI)'과 RTI의 변화 동향 간 관계에 주목하였으며, 이를 바탕으로 학교체계의 맥락적 요인들과 관련된 훈련, 치료 관계 개념의 확대, 교직원들에 대한 훈련의 필요성을 제안하였다.

💡 연구 동향

컨설테이션 분야에 대한 연구는 비교적 활발하게 이루어지고 있다. 1978년부터 1985년까지 자료에 기반하여 이루어진 약 173편의 연구들이 『Psychological Abstracts』에서 언급되었고, 81개의 박사 논문이 『Doctoral Dissertations International』에 보고되었다(Pryzwansky, 1986). 연구는 컨설테이션 과정과 그 성과는 물론, 훈련에 관한 내용 등 다양한 주제로 이루어졌다. 비록 이 기간에 이루어진 모든 연구를 검토할 수는 없지만, 컨설테이션의 효과에 대하여 검토한 Mannino와 Shore(1975b) 및 Medway(1979)의 연구에서 정신건강 컨설테이션과 학교 컨설테이션의 효과는 비슷한 수준을 나타내고 있었는데, 그들이 검토한 연구의 76~ 78%가 컨설테이션의 성공에 대해 기록하고 있었다(Mannino & Shore, 1975b; Medway, 1979). 그러나 이러한 연구 결과는 보다 높은 수준의 연구 수행이라는 과제를 남겼다. 다시 말해, 컨설테이션 분야에 대한 관심은 계속되어 왔지만 학교심리학자(Gutkin & Curtis, 1999), 특수교육 교사(9장 참조), 학교상담자 관련 연구들은 충분히 이루어지지 못한 것이 사실이다. 컨설테이션 관련 연구들을 검토한 결과들을 토대로 컨설테이션 연구 방법론과 그 내용에 대하여 제안한 논평들은 이 분야의 연구를 수행하는 과정에서 부딪히는 어려움을 다루는 데 매우 유용하다(Gresham & Noell, 1993; Gutkin, 1993; Pryzwansky, 1986).

연구를 수행하는 과정에서 경험하는 방법론적 어려움과 연구 중단 이유는 해당 분야에서 이루어지는 연구의 특성을 나타내기도 한다. 컨설테이션 연구와 관련하여 가장 흔하게 발생하는 문제 가운데 하나는 바로 통제 집단 표집의 어려움과 부적절한 비교 집단의 표집이라고 할 수 있다. 연구 목적을 달성하기 위하여 컨설턴트가 의뢰인에게 직접적으로 도움이 될 수 있는 서비스를 제공하지 않는 것은 문제의 소지가 있다는 점을 감안할 때, 통제의 적정 수준을 결정하는 데는 많은 어려움이 따르며, 이와 같은 문제해결의 대안으로 시계열 설계가 권장되고 있다(Medway, 1979; Meyers et al., 1979; Meade et al., 1982). 성과형(outcome-type) 연구들, 특히 컨설테이션에 투입하는 노력에 기초하여 이에 대한 성과를 다각적으로 측정하는 성과 연구는 매우 필요하다. Gresham과 Noell(1993)은 전통적인 성과 연구 방법이 지닌 문제에 대하여 그 대안들을 제시하였는데, 그들은 주관적인 고려사항(현상학적 고려)은 물론, 목표 기준(예: 공격성의 감소)들을 감안하여 컨설테이션을 통해 얻은 긍정적 결과를 기능적으로 분석하도록 하였다. 그러나 컨설턴트 수련생들은 컨설테이션 결과에 영향을 미치는 요인들에 대한 충분한 고려 없이 '컨설턴트'로서 서비스를 제공하는 것으로 나타났다. 따라서 체계적인 방법으로 수집된 자료의 객관성을 입증하기 위한 노력이 필요하다. 컨설테이션 연구가 나아가야 할 방향을 검토하는 데 있어 Froehle과 Rominger(1993)는 컨설턴트를 위한 과학자-실무자 오리엔테이션 운영 시 컨설테이션 발달 초기 연구자들의 목소리를 반영해야 한다고 주장하였다.

현재 검토가 이루어지고 있는 연구 중에는 이 책에서 논의된 정의적인 문제로 홍역을 치르고 있는 경우도 있다. Meade 등(1982)은 컨설테이션의 과정 연구가 현재 연구에서 다루어지고 있는 컨설테이션의 실제 모델에 기반을 두고 이루어져야 한다고 주장하였다. 컨설테이션 모델의 기저를 이루는 이론에 대한 설명은 비이론적(비생산적) 연구로 특징지어지는 조사연구로서의 성격을 피하기 위해 상세히 이루어져야 한다. 구체적으로 Meade 등(1982)은 컨설테이션의 각 단계에서 나타나는 다른 컨설턴트의 행동을 조사하는 방법으로 수행된 연구는 거의 이루진 바 없다는 점을 지적하였다. 연구자들은 컨설테이션 과정에서 발생할 수 있는 문제에 대하여 명백하게 규정하는 작업의 이점을 컨설테이션 연구 수행이 갖는 두 번째 의미로 꼽았다. 모든 연구자는 그 자신의 연구를 위해 최소한의 정보 자료를 제공해야 하는데, 연구에는 컨설테이션 모델에 대한 설명 및 문제의 경중과 더불어 컨설테이션 목표와 평가에 대한 서술이 반드시 이루어져야 한다(Pryzwansky, 1986). 이와 같이 연구에서 제공하는 정보 수준에 대한 표준화 작업은 연구 결과를 일반화하고 미래에 발생할 수 있는 문제에 대한 해결 방안을 모색하는 데 매우 유용하다고 할 수 있다. 컨설테이션 연구는 주로 사례 연구 방법을 활용하는데, 이때 주관적 판단과 기준을 토대로 연구를 수행해서는 안 되며, 양적 연구(Kratochwill, 1985) 또는 질적 연구(Pryzwnsky & Noblit, 1985)의 표준화된 설계 모형에 근거해야 한다. 질적 연구의 가설 생성적 성격은 새로운 서비스 접근법 개발에 매우 유용하다. 이와 같은 맥락에서 Gutkin(1993)은 유사 연구의 중요성을 강조해 왔다. 또한 Henning-Stout (1994)는 컨설테이션 참여자들에게 '연결 접근법(connected approach)'을 활용한 서비스 제공에 대하여 제안한 바 있다. 이러한 관점은 컨설테이션 연구에서 활용되는 연구 방법의 선택이 방법론 자체가 갖는 의미 이상의 가치를 가질 수 있음을 시사하며, 컨설테이션 연구가 사회적 맥락 및 '연구 문제로부터 도출된 사회-철학-정치적 맥락' 모두를 반영하여 수행되어야 함을 의미한다(p. 17).

질적 방법론

이 장의 서두에서 제시한 바와 같이, 환자의 개인적 경험을 이해하는 데 질적 방법론이 유용할 것이라는 Kazdin(2008)의 견해는 컨설테이션 관계 내에 있는 의뢰인에게도 확대하여 적용할 수 있을 것이다. 그는 환자 개인에 따라 다른 방법론적 접근을 적용해야 한다고 주장하였는데, 이는 각각의 접근이 현상의 다른 측면을 드러낼 수 있기 때문이다. 그는 "질적 연구는 연구와 실무 사이에 존재하는 괴리를 좁힐 수 있는 자연스러운 방법이다."라고 주장하였다. Pryzwansky와 Nobit(1990)은 컨설테이션 연구에 있어 질적 사례 연구 방법의 활용을 주장하였는데, 이러한 연구 방법은 의뢰인이 직무 수행 과정에서 부딪히는 문제 및 차후 발생할 수 있는 문제에 대한 해결 방법을 이해하는 데 효과적이라는 생각 때문이다. 또한 의뢰된 문제에 대하여 사전 사정 작업을 실시하는 팀(prereferral team)의 대인관계 역동(Etscheidt

& Knesting, 2007) 및 이러한 팀들이 실무 관련 지침들을 충실하게 이행하지 않는 이유를 탐색하는 데 있어서도 질적 사례 연구가 활용될 수 있다(Knotek, Rosenfiled, Gravois, & Babinski, 2003). 심리학 박사학위 논문에서 활용되고 있는 프로그램들이 양적 연구 방법에 치중되어 있는 현실에 대한 반향으로 Leech와 Onwuegbuzie(2007)는 질적 연구 설계에 활용할 수 있는 일곱 가지 데이터 분석 도구를 제시하였다. 실제로 2001년에서 2005년까지 학교 심리학 분야에서 출판된 질적 연구는 여섯 편에 불과하다(Leech & Onwuegbuzie, 2008). 이에 Leech와 Onwuegbuzie(2008)는 대화, 관찰, 그림/사진/비디오, 기록 등 질적 연구의 네 가지 주요 자료수집 방법에 대한 18가지 분석 기법을 기술함으로써 보다 효과적으로 연구를 수행할 수 있도록 하였다.

요약

컨설테이션 연구는 컨설테이션 과정 자체가 갖는 복잡성을 반영하여 수행되어야 한다. 그러므로 독립변인과 종속변인의 상호작용을 설정하는 데 있어 의뢰인 및 내담자 변인을 포함하여 컨설테이션 과정과 성과 차원에서의 다각적 측정이 이루어져야 한다. 이 책의 저자들은 간단하고 효과적인 개입은 낮은 수준으로 프로그램화된 방법을 통해 생성된다는 전제를 바탕으로 CBC와 IC라는 통합 컨설테이션 체계의 출현을 수용하였다. 다시 말해, 복잡한 절차를 철저하게 이행하는 것은 오히려 효과적인 연구 수행에 장애물로 작용할 수 있다는 것이다. Cox(2005)는 가정과 학교의 협력을 통해 이루어진 개입에 대하여 논의한 경험적 연구 18편을 검토하였고, 그 결과 가정과 학교 간 이루어지는 두 가지 정보 교환 방법(예: 일기 카드, 알림장)은 연령이나 학년에 상관없이 모든 아동에게 효과적이라는 사실을 발견하게 되었다. 이는 단순화된 기법들이 "학교에서 부여하는 과제, 학문적 성취, 부적응 행동, 잦은 결석, 공부 기술, 과제 성취 능력과 같은 문제를 다루는 데 지속적으로 영향을 미칠 수 있음"을 나타낸다(pp. 491-492). 가정-학교 간 의사소통에 초점을 둔 개입 방안들은 전문가에 의해 개발된 것으로, 이러한 개입 방안들이 갖는 단순함은 다양한 집단과 표적 행동에 일반화 가능성을 더해 준다고 할 수 있다. 단, 연구 수행 시 활용 가능한 자원이 한정되어 있는 경우, 컨설턴트, 트레이너, 연구자들 간에는 보다 높은 수준의 협력이 요구된다. 이와 같이 단순화된 기법들이 보다 복잡한 연구와 개념화의 차원으로 전환될 때, 비로소 우리는 컨설테이션과 협력이 갖는 무한한 가능성에 대해 깨닫게 된다.

컨설테이션은 발달 과정 중에 있는 하나의 전략이라고 할 수 있다. 따라서 '컨설턴트가 컨설테이션 과정을 통제해야 하는가?' '컨설테이션의 한계를 규명하기 위한 최선의 방법은 무엇인가?' '직접서비스와 간접서비스 가운데 무엇이 보다 효과적인가?' 등 아직 해결되지 않은 쟁점들이 산재해 있다는 사실을 기억해야 한다. 이와 같이 미해결된 쟁점들은 전문가로서의 컨설턴트들이 향후 이론적·경험적 토대 위에서 컨설테이션의 지속적 발달을 위해 정진해 나가야 함을 시사하고 있다.

실무자를 위한 조언

이 장에서 확인한 쟁점들을 목록화하라. 이러한 쟁점을 논하는 데 있어 '옳고 그름'이라는 상반된 견해 가운데 당신은 어떠한 입장을 취하고 있는가? 당신의 의견이 컨설테이션 실무 수행에 미칠 수 있는 영향에 대해 기술하라.

확인 문제

1. 이 장에 제시된 모든 쟁점을 확인하고, 이에 대하여 현재 자신이 취하고 있는 입장을 제시하시오.
2. 이 장에 제시된 각 쟁점에 대하여 당신의 생각을 정리하여 작성하시오.
3. 이 장을 통독한 후, 1장에서 12장에 걸쳐 제기된 쟁점들 가운데 이 장에서 다루지 못한 문제의 목록을 작성하시오.
4. 컨설테이션 접근법을 채택하는 데 있어 당신이 활용하고자 하는 전략은 무엇인가?
5. 컨설턴트는 연구 활동을 수행해야 하는가? 당신이 제시한 대답의 근거는 무엇인가?

참고문헌

Alpert, G., & Kranzler, G. D. (1970). A comparison of the effectiveness of behavioral and client centered approaches for behavioral problems of elementary school children. *Elementary School Guidance and Counseling, 5*, 35-43.

Altrocchi, J. (1972). Mental health consultation. In S. E. Golann & C. Eisdorfer (Eds.), *Handbook of community mental health*. New York: Appleton-Century-Crofts.

American Psychological Association. (2002). *Guidelines on multicultural education, training, research, practice, and organizational change for psychologists*. Found at http://www.apa.org/pi/multiculturalguidelines.pdf. Accessed November 1, 2009.

American School Counselor Association. (2003). *ASCA national model: A framework for school counseling programs*. Alexandria, VA: Author.

Appelt, K. (2009). Evidence-based practice: Empirical evidence guided by professional wisdom. *Texas Adult & Family Literacy Quarterly, 1*, 1-2.

Arrendondo, P., Toporek, R., Brown, S. B., Jones, J., Locke, D. C., Sanchez, J., et al. (1996). Operationalization of the multicultural competencies. *Journal of Multicultural Counseling and Development, 24*, 42-78.

Atkin-Little, A., Little, S. G., Bray, M. A., & Kehle, T. J. (2009). *Behavioral interventions in schools: Evidence-based positive strategies.* Washington, DC: American Psychological Association.

Babcock, N. L., & Pryzwansky, W. B. (1983). Models of consultation: Preferences of educational professionals at five stages of service. *Journal of School Psychology, 21*, 359-366.

Bardon, J. I. (1982). School psychology's dilemma: A proposal for its resolution. *Professional Psychology, 13*, 955-968.

Bardon, J. I. (1985). On the verge of a breakthrough. *The Counseling Psychologist, 13*(3), 353-362.

Barlow, D. H., Hayes, S. C., & Nelson, R. O. (1984). *The scientist practitioner.* New York: Pergamon Press.

Bergan, J. R. (1977). *Behavioral consultation.* Columbus, OH: Charles E. Merrill.

Bergan, J. R., & Kratochwill, T. R. (1990). *Behavioral consultation and therapy.* New York: Plenum.

Blake, R. R., & Mouton, J. S. (1976). *Consultation.* Reading, MA: Addison-Wesley.

Brickman, P., Rabinowitz, V. C., Karuza, J., Coates, D., Cohn, E., & Kidder, L. (1982). Models of helping and coping. *American Psychologist, 37*(4), 368-384.

Bronfenbrenner, U. (1979). *The ecology of human development: Experiments by nature and design.* Cambridge, MA: Harvard University Press.

Brown, D., Pryzwansky, W. B., & Schulte, A. C. (2001). *Psychological consultation: Introduction to theory and practice* (5th ed.). Needham Heights, MA: Allyn & Bacon.

Caplan, G. (1970). *The theory and practice of mental health consultation.* New York: Basic Books.

Caplan, G., & Caplan, R. B. (1993). *Mental health consultation and collaboration.* San Francisco, CA: Jossey-Bass.

Chin, R., & Benne, R. D. (1976). General strategies for effecting changes in human systems. In W. G. Bennis, R. D. Benne, R. Chin, & K. E. Corey (Eds.), *The planning of change* (pp. 22-45). New York: Holt, Rinehart and Winston.

Conoley, C. W., Conoley, J. C., Ivey, D. C., & Scheel, M. J. (1991). Enhancing consultation by matching the consultee's perspectives. *Journal of Counseling and Development, 69*, 546-549.

Conoley, J. C., & Conoley, C. W. (1981). Toward prescriptive consultation. In J. C. Conoley (Ed.), *Consultation in schools* (pp. 265-293). New York: Academic Press.

Cox, D. O. (2005). Evidenced-based interventions using home-school collaboration. *School*

Psychology Quarterly, 20(4), 473–497.

Davis, J. M., & Sandoval, J. (1991). A pragmatic framework for systems–oriented consultation. *Journal of Educational and Psychological Consultation, 2*(3), 201–216.

Doll, B., Haack, K., Kosse, S., Osterloh, M., Siemers, E., & Pray, B. (2005). The dilemma of pragmatics: Why schools do not use quality team consultation practice. *Journal of Educational and Psychological Consultation, 16*, 127–155.

Erchul, W. P. (1987). A relational communication analysis of control in school consultation. *Professional School Psychology, 2*, 113–124.

Erchul, W. P. (1992). On dominance, cooperation, teamwork, and collaboration in school–based consultation. *Journal of Educational and Psychological Consultation, 3*, 363–366.

Erchul, W. P. (1999). Two steps forward, one step back: Collaboration in school–based consultation. *Journal of School Psychology, 37*(2), 191–203.

Erchul, W. P., Raven, B. H., & Wilson, K. E. (2004). The relationship between gender of consultant and social power perceptions within school consultation. *School Psychology Review, 33*, 582–590.

Erchul, W., & Schulte, A. C. (1996). Behavioral consultation as a work in progress: A reply to Witt, Gresham, & Noell. *Journal of Educational and Psychological Consultation, 7*(4), 345–354.

Etscheidt, S., & Knesting, K. (2007). A qualitative analysis of factors influencing the interpersonal dynamics of a prereferral team. *School Psychology Quarterly, 22*(2), 264–288.

Froehle, T. C., & Rominger III, R. L. (1993). Directions in consultation research: Bridging the gap between science and practice. *Journal of Counseling and Development, 71*, 693–699.

Fuchs, D., & Fuchs, L. S. (1992). Limitations of a feelgood approach to consultation. *Journal of Education and Psychological Consultation, 3*, 93–97.

Fullan, M., Miles, M. D., & Taylor, G. (1980). Organizational development in the schools: The state of the art. *Review of Educational Research, 50*, 121–183.

Gallessich, J. (1982). *The profession and practice of consultation.* San Francisco: Jossey–Bass.

Gallessich, J. (1985). Towards a meta–theory of consultation. *The Counseling Psychologist, 13*(3), 336–354.

Gresham, F. M., & Noell, G. H. (1993). Documenting the effectiveness of consultation outcomes. In J. E. Zins, T. R. Kratochwill, & S. N. Elliott (Eds.), *Handbook of consultation services for children* (pp. 249–273). San Francisco: Jossey–Bass.

Gutkin, T. B. (1993). Conducting consultation research. In J. E. Zins, T. R. Kratochwill, & S. N. Elliott (Eds.), *Handbook of consultation for children: Applications in educational and clinical settings* (pp. 227–248). San Francisco: Jossey–Bass.

Gutkin, T. B. (1999a). Collaborative versus directive/prescriptive/expert school–based consultation: Reviewing and resolving a false dichotomy. *Journal of School Psychology, 37*(2), 161–190.

Gutkin, T. B. (1999b). The collaboration debate: Finding our way through the maze. Moving forward into the future; A response to Erchul (1999). *Journal of School Psychology, 37*(3), 229–241.

Gutkin, T. B., & Curtis, C. R. (1999). School–based consultation theory and practice: The art and science of indirect service delivery. In C. R. Reynolds & T. B. Gutkin (Eds.), *The handbook of school psychology* (3rd ed, pp. 598–637). New York: John Wiley & Sons.

Harris, A. H., & Cancelli, A. A. (1991). Teachers as volunteer consultees: Enthusiastic, willing or resistant participants? *Journal of Educational Psychological consultation, 2*(3), 217–238.

Henning–Stout, M. (1994). Consultation and connected knowing: What we know is determined by the questions we ask. *Journal of Educational and Psychological Consultation, 5*(1), 5–21.

Hylander, I. (2000). *Turning processes: The change of representations in consultee-centered case consultation* (Linkoping Studies in Education and Psychology No. 74). Linkoping, Sweden: Linkoping University.

Hylander, I. (2004). Analysis of conceptual change in consultee–centered consultation. In N. M. Lambert, I. Hylander, & J. H. Sandoval. *Consultee-centered consultation* (pp. 45–61). Mahwah, NJ: Erlbaum.

IDEA. (2004). Individuals with Disabilities Education Act. Available at http://www.copyright.gov/legislation/p1108–446.pdf. Accessed September 30, 2009.

Kamphaus, R. W. (2009). Editorial. *School Psychology Quarterly, 24*(2), 71–72.

Kazdin, A. E. (1980). Acceptability of alternative treatments for deviant child behavior. *Journal of Applied Behavior Analysis, 13*, 259–273.

Kazdin, A. E. (2008). Evidenced–based treatment and practice. *American Psychologist, 63*(3), 146–159.

Kelman, H. C. (1965). Manipulation of human behavior. *Journal of Social Issues, 21*(2), 31–46.

Knotek, S. E. (2005). Sustaining REI through consultee–centered consultation. *The California School Psychologist, 10*, 93–104.

Knotek, S. E., Rosenfield, S. A., Gravois, T. A., & Babinski, L. M. (2003). The process of fostering consultee development during instructional consultation. *Journal of Educational and Psychological Consultation, 14*(3&4), 303–328.

Koslowsky, M., Schwarzwald, J., & Ashuri, S. (2001). On the relationship between subordinate's compliance to power sources and organizational attitudes. *Applied Psychology: An International Review, 50*, 455–476.

Kratochwill, T. R. (1985). Case study research in school psychology. *School Psychology Review, 14*, 204–215.

Kratochwill, T. R. (2007). Preparing psychologists for evidenced–based school practice: Lessons learned and challenges ahead. *American Psychologist, 62*(8), 829–843.

Lambert, N. M. (1993). Historical perspective on school psychology as a scientist-practitioner specialization in school psychology. *Journal of School Psychology, 31,* 163-193.

Lauver, P. J. (1974). Consulting with teachers: A systematic approach. *Personnel and Guidance Journal, 52,* 535-540.

Lee, S. W., & Jamison, T. R. (2003). Including the FBA process in student assistance team: An exploratory study or team communication and intervention selection. *Journal of Educational and Psychological Consultation, 14,* 209-239.

Leech, N. L., & Onwuegbuzie, A. J. (2007). An array of qualitative data analysis tools. A call for data analysis triangulation. *School Psychology Quarterly, 22*(4), 557-584.

Leech, N. L., & Onwuegbuzie, A. J. (2008). Qualitative data analysis: A compendium of techniques and a framework for selection for school psychology research and beyond. *School Psychology Quarterly, 4,* 587-604.

Levine, G., Trickett, E. J., & Kidder, M. G. (1986). The Hemes promise, and challenge of mental health consultation. In E. V. Mannino, E. J. Trickett, M. F. Shore, M. G. Kidder, & G. Levine (Eds.), *Handbook of mental health consultation* (DHHS Publication No. ADM 86-1446, pp. 505-520). Washington, DC: U.S. Government Printing Office.

Lewin, K. (1946). Action research and minority problems. *Journal of Social Issues, 2,* 34-46.

Lippitt, G. L. (1973). *Visualizing change.* Fairfax, VA: NTL Learning Responses.

Lott, B., & Rogers, M. R. (2005). School consultants working for equity with families, teacher, and administrators. *Journal of Educational and Psychological Consultation, 16,* 1-16.

Macarov, D. (1968). *A study of the consultation process.* New York: State Communities Aid Association.

Mannino, F. V., & Shore, M. F. (1975a). Effecting change through consultation. In F. V. Mannino, B. W. MacLennon, & M. F. Shore (Eds.), *The practice of mental health consultation* (pp. 478-499). New York: Gardner Press.

Mannino, F. V., & Shore, M. F. (1975b). The effects of consultation: A review of empirical studies. *American Journal of Community Psychology, 3,* 1-21.

Martens, B. K. (1993). A behavioral approach to consultation. In J. E. Zins, T. R. Kratochwill, & S. N. Elliott (Eds.), *Handbook of consultation services for children* (pp. 65-86). San Francisco: Jossey-Bass.

Meade, C. J., Hamilton, M. K., & Yuen, R. (1982). Consultation research: The time has come, the walrus said. *The Counseling Psychologist, 10*(4), 39-51.

Medway, F. J. (1979). How effective is school consultation?: A review of recent research. *Journal of School Psychology, 17,* 275-282.

Meyers, J. (1973). A consultation model for school psychological services. *School Psychology Review, 11,* 5-15.

Meyers, J. (1995). A consultation model for school consultation services: Twenty years later.

Journal of Educational and Psychological Consultations, 6, 73–81.

Meyers, J. (2002). A 30 year perspective in best practices for consultation training. *Journal of Educational and Psychological Consultation, 13*(1&2), 35–54.

Meyers, J., Meyers, A. B., & Grogg, K. (2004). Prevention through consultation: A model to guide future developments in school psychology. *Journal of Educational and Psychological Consultation, 15,* 257–276.

Meyers, J., Parsons, R. D., & Martin, R. (1979). *Mental health consultation in the schools.* San Francisco: Jossey–Bass.

Monroe, R. (1979). Roles and status of school psychology. In G. D. Phye & D. J. Rechly (Eds.), *School psychology: Perspectives and issues* (pp. 39–65). New York: Academic Press.

No Child Left Behind. P.L. 107–110. (2002). http://www.wrightslaw.com/nclb/law/nclb.107–110.pdf. Accessed September 6, 2009.

Owens, R. C., & Valesky, T. C. (2007). *Organization behavior in education* (9th ed.). Boston: Pearson/Allyn & Bacon.

Palmo, A. J., & Kuzniar, J. (1972). Modifications of behavior through group counseling and consultation. *Elementary School Guidance and Counseling, 6,* 258–262.

Pryzwansky, W. B. (1974). A reconsideration of the consultation model of delivery of school-based psychological services. *American Journal of Orthopsychiatry, 44,* 579–583.

Pryzwansky, W. B. (1986). Indirect service delivery: Considerations for future research in consultation. *School Psychology Review, 15,* 479–488.

Pryzwansky, W. B., & Noblit, G. W. (1990). Understanding and improving consultation practice: The qualitative case study approach. *Journal of Educational and Psychological Consultation, 1,* 293–307.

Randolph, D. L., & Hardage, N. C. (1973). A comparison of behavioral consultation and consultation with model–reinforcement group counseling for children who are consistently off task. *Journal of Educational Research, 67,* 103–107.

Rapoport, R. N. (1970). Three dilemmas in action research. *Human Relations, 23,* 499–513.

Reynolds, C. R., Gutkin, T. B., Elliott, S. N., & Witt, J. C. (1984). *School psychology: Essentials of theory and practice.* New York: John Wiley & Sons.

Reynolds, C. R., & Shaywitz, S. E. (2009). Response to intervention: Ready or not? Or, from wait-to-fail to watch-them-fail. *School Psychology Quarterly, 24*(2), 130–145.

Schein, E. H. (1969). *Process consultation.* Reading, MA: Addison–Wesley.

Schulte, A. C. (2008). Measurement in school consultation research. In W. P. Erchul and S. M. Sheridan (Eds.), *Handbook of research in school consultation: Empirical foundations for the field* (pp. 29–57). New York: Tyler & Francis.

Schulte, A. C., & Osborne, S. S. (2003). Why assumptive worlds collide: A review of definitions of collaboration in consultation. *Journal of Educational and Psychological Consultation,*

14(2), 109-138.

Sheridan, S. M. (1992). What do we mean when we say "collaboration"? *Journal of Educational and Psychological Consultation, 3*(1), 89-92.

Sheridan, S. M., Kratochwill, T. R., & Bergan, J. R. (1996). *Conjoint behavioral consultation: A procedural manual.* New York: Plenum Press.

Simonsen, B., & Sugai, G. (2009). School-wide positive behavior support: A systems level application of behavioral principles. In A. Akin-Little, S. G. Little, M. A. Bray, & T. J. Kehle, *Behavioral interventions in schools: Evidence-based positive strategies* (pp. 125-140). Washington, DC: American Psychological Association.

Skinner, M. E., & Hales, M. R. (1992). Classroom teachers' "explanations" of student behavior: One possible barrier to the acceptance and use of applied behavioral analysis procedures in the schools. *Journal of Educational and Psychological Consultation, 3*, 219-232.

Stoner, G., & Green, S. K. (1992). Reconsidering the scientist-practitioner model for school psychology practice. *School Psychology Review, 21*, 155-166.

Stringer, L. (1961). Consultation: Some expectations, principles, and skills. *Social Work, 6*(3), 85-90.

Sue, D. W., Arrendondo, P., & McDavis, R. J. (1992). Multicultural competencies and standards: A call to the profession. *Journal of Counseling and Development, 20*, 64-68.

Tindal, G., Parker, R., & Hasbrouck, J. E. (1992). The construct validity of stages and activities in the consultation process. *Journal of Educational and Psychological Consultation, 3*, 99-118.

Witt, J. C. (1990). Collaboration in school-based consultation: Myth in need of data. *Journal of Educational and Psychological Consultation, 1*, 367-370.

Witt, J. C., & Elliott, S. N. (1985). Acceptability of classroom intervention strategies. In T. Kratochwill (Ed.), *Advances in school psychology* (Vol. 4, pp. 251-288). Hillsdale, NJ: Lawrence Erlbaum Associates.

Witt, J. C., Elliott, S. N., & Martens, B. K. (1985). The influence of teacher time, severity of behavior problem, and type of intervention on teacher judgments of intervention acceptability. *Behavior Disorders, 17*, 31-39.

Witt, J. C., Gresham, F. M., & Noell, G. H. (1996a). What's behavioral about behavioral consultation? *Journal of Educational and Psychological Consultation, 7*(4), 327-244.

Witt, J. C., Gresham, F. M., & Noell, G. H. (1996b). The effectiveness and efficiency of behavioral consultation: Differing perspectives about epistemology and what we know. *Journal of Educational & Psychological Consultation, 7*(4), 355-360.

찾아보기

저자 소개

Duane Brown
노스캐롤라이나대학교 채플힐 명예교수

Walter B. Pryzwansky
노스캐롤라이나대학교 채플힐 명예교수

Ann C. Schulte
노스캐롤라이나 주립대학교 명예교수

역자 소개

이동훈(Lee, Dong Hun)
성균관대학교 사범대학 교육학과 교수(상담교육전공 주임)
미국 플로리다대학교 석사, 박사
전) 성균관대학교 카운슬링센터 센터장
　　성균관대학교 외상심리건강연구소 소장
　　전국대학상담센터협의회 회장
　　한국상담학회 대학상담학회 회장
　　한국청소년상담원 상담교수
현) 한국상담심리학회 상담심리사 1급
　　한국상담학회 전문상담사 수련감독급
　　한국상담심리학회 공공정책 및 위기지원위원장
　　행정안전부 중앙재난심리회복지원단 자문위원
　　한국법무보호복지공단 가족희망센터 보호위원
　　대한적십자사 재난안전사업 전문위원

김동민(Kim, Dong Min)
중앙대학교 사범대학 교육학과 교수(교육상담전공 주임)
서울대학교 교육학과 석사, 미국 위스콘신대학교 매디슨캠퍼스 박사(상담심리전공)
전) 한국상담학회 서울경기인천 상담학회 회장
　　한국청소년상담원 상담 조교수
현) 한국상담학회 전문상담사 수련감독급
　　중앙대학교 학생생활상담센터 센터장
　　한국상담학회 『상담학 연구』 편집위원장

김동일(Kim, Dong Il)
서울대학교 사범대학 교육학과 교수(교육상담 및 특수교육 주임)
미국 미네소타대학교 교육심리학과 석사, 박사
전) Developmental Studies Center, Research Associate
　　한국청소년상담원 상담교수
　　경인교육대학교 교육학과 교수
　　한국학습장애학회 회장
　　한국교육심리학회 회장
　　(사)한국상담학회 법인이사
　　한국청소년상담(복지개발)원 법인이사
현) 한국아동청소년상담학회 회장
　　한국청소년활동진흥원 이사
　　(사)한국교육심리학회 법인이사

서영석(Seo, Young Seok)
연세대학교 교육과학대학 교육학부 교수(상담교육전공 주임)
미국 미네소타대학교 석사, 박사(상담심리전공)
전) 한국기업상담학회 회장
　　한국상담심리학회 부회장
　　한국상담학회 『Journal of Asia Pacific Counseling』 편집장

강수운(Kang, Su Eun)
국립전통예술고등학교 전문상담교사
성균관대학교 교육학과 상담교육전공 박사
서울특별시교육청 교육연구정보원 교육정책연구지원단 위촉연구원
서울특별시남부교육지원청 통합교육지원단 심리상담전문위원
한국카운슬러협회 학교상담전문가 1급

심리 컨설팅(7판)
-컨설팅 이론 · 과정 · 기법 · 사례 중심-
Psychological Consultation and Collaboration (7th ed.)
-Introduction to Theory and Practice-

2020년 6월 20일 1판 1쇄 인쇄
2020년 6월 25일 1판 1쇄 발행

지은이 • Duane Brown · Walter B. Pryzwansky · Ann C. Schulte
옮긴이 • 이동훈 · 김동민 · 김동일 · 서영석 · 강수운
펴낸이 • 김진환
펴낸곳 • (주)**학지사**
　　　　04031 서울특별시 마포구 양화로 15길 20 마인드월드빌딩
대표전화 • 02)330-5114　　　팩스 • 02)324-2345
등록번호 • 제313-2006-000265호

홈페이지 • http://www.hakjisa.co.kr
페이스북 • https://www.facebook.com/hakjisa

ISBN 978-89-997-2120-5 93180

정가 28,000원

이 도서의 국립중앙도서관 출판시도서목록(CIP)은 서지정보유통지
원시스템 홈페이지(http://seoji.nl.go.kr)와 국가자료공동목록시스템
(http://www.nl.go.kr/kolisnet)에서 이용하실 수 있습니다.
(CIP제어번호: CIP2020021875)

출판 · 교육 · 미디어기업 **학지사**
간호보건의학출판 **학지사메디컬** www.hakjisamd.co.kr
심리검사연구소 **인싸이트** www.inpsyt.co.kr
학술논문서비스 **뉴논문** www.newnonmun.com
원격교육연수원 **카운피아** www.counpia.com